实证论文写作

——选题、文献、研究方法与数据处理

EMPIRICAL PAPER COMPOSITION

— TOPIC, LITERATURE, METHODOLOGY AND DATA PROCESSING

王德宏 ◎ 编著

首都经济贸易大学出版社

Capital University of Economics and Business Press

·北 京·

图书在版编目（CIP）数据

实证论文写作：选题、文献、研究方法与数据处理 /
王德宏编著. -- 北京 ：首都经济贸易大学出版社，
2025. 7. -- ISBN 978-7-5638-3883-7

Ⅰ. H152.3

中国国家版本馆 CIP 数据核字第 2025WF7942 号

实证论文写作——选题、文献、研究方法与数据处理

SHIZHENG LUNWEN XIEZUO

——XUANTI，WENXIAN，YANJIU FANGFA YU SHUJU CHULI

王德宏　编著

责任编辑	彭伽佳
封面设计	砚祥志远 · 激光照排　TEL：010-65976003
出版发行	首都经济贸易大学出版社
地　　址	北京市朝阳区红庙（邮编 100026）
电　　话	（010）65976483　65065761　65071505（传真）
网　　址	https：//sjmcb.cueb.edu.cn
经　　销	全国新华书店
照　　排	北京砚祥志远激光照排技术有限公司
印　　刷	北京建宏印刷有限公司
成品尺寸	185 毫米×260 毫米　1/16
字　　数	732 千字
印　　张	32.5
版　　次	2025 年 7 月第 1 版
印　　次	2025 年 7 月第 1 次印刷
书　　号	ISBN 978-7-5638-3883-7
定　　价	92.00 元

在学术的广袤天地里，实证研究是一座闪耀的灯塔，照亮探索未知的道路。对于开始实证研究的高年级本科生和硕博研究生而言，掌握实证论文写作技巧，是开启学术大门、实现自我价值的关键一步。这本教材，正是陪伴迈出实证研究坚实步伐的得力伙伴。

然而，刚开始触碰实证研究，迷茫却常如影随形：面对浩如烟海的文献往往不知从何入手，构思研究问题时绞尽脑汁难有头绪，处理数据、分析结果时总被复杂方法与模型裹挟。这些皆是实证研究的必经之路，无需独自承受。编写这本教材，正是源于对这些困惑与挑战的深刻理解，旨在提供一套全面、系统且易于理解的实证论文写作教程，助力跨越重重障碍，顺利踏上学术研究的正轨。

这本教材的独特之处，在于完全立足学习者视角，手把手拆解实证论文的各个组成部分。从论文的"门面——标题与摘要的精心雕琢，到引言部分研究背景的娓娓道来与研究问题的精准抛出；从文献综述对前人智慧的梳理整合，到研究设计中样本数据的科学选取与研究方法的审慎选择；再到基准回归与主回归、稳健性检验、样本数据偏差、内生性处理等核心分析环节的深入剖析，以及异质性分析、调节效应、中介效应、因果关系推断、路径分析和机制分析等复杂问题的巧妙化解，每一步都配有详细的讲解、清晰的指引与大量的实际示例。

针对学习过程中普遍感到吃力的环节，教材特别设置专门章节深入阐释。例如，选择研究问题时，指导从现实热点与学术前沿中挖掘灵感，结合自身兴趣与专业领域确定有价值的研究方向；寻找理论基础时，指引快速定位相关理论、深入理解内涵并合理运用于研究；进行稳健性检验时，提供多种实用方法与判断标准，确保研究结果的可靠性；开展进一步分析时，启发拓展研究思路，挖掘数据背后更深层次的信息；寻找代理变量、中介变量和工具变量时，分享实用技巧与经验，助力突破研究瓶颈；进行因果关系推断时，系统阐述各类方法的原理、推断过程、应用场景与适用性，精准揭示变量间的因果联系。

为让抽象的理论知识变得生动易懂，教材内含大量经典 Stata 处理过程、上百个经管领域实际示例，还包括十余篇高质量期刊实证论文数据处理过程的完整复刻演示。每个示例均经精心挑选，或为研究范例，或聚焦前沿热点话题。通过深入剖析与实际操作，将能掌握理论知识向实际研究的转化之道，真正领会实证研究的精髓。

探索实证研究的旅程或许充满挑战，但每一份努力与坚持，都在拉近与学术梦想的距离。这本教材不仅是知识的宝库，更是学术道路上的坚实后盾。研究中遭遇困境时，翻开它便能找到解决思路与方法；感到迷茫时，阅读它可重获前进的方向与动力。

愿这本教材助力在学术海洋中乘风破浪，收获知识，实现梦想。期待未来的学术舞台上，见证独有的光芒绽放！

最后，感谢所有帮助本书撰写和出版的人，特别是田玉春老师和彭伽佳老师的大力支持，使这本书的面世成为可能。本书为北京外国语大学规划教材。由于篇幅限制，部分内容较长的示例、涉及的其他相关知识介绍以及较长的 Stata 代码需要扫码阅读，由此带来的不便敬请谅解。

王德宏

于北京外国语大学国际商学院

教学建议

本书的初衷是作为实证论文写作的入门教程，但为了使初学者能够写出一定水平的文章，书中引入了部分较为深入的内容。教师可以根据课程的具体要求和学生的实际情况对书中的章节进行适当的选择。

实证论文在许多高校是 2 学分（32~36 课时）的课程，面对初学者，特别是未系统学习过计量经济学和 Stata 相关课程的学生，考虑到课时限制，建议教师可以介绍关键知识点为主，无须过多深入细节部分。学生们可根据需要自行阅读相关细节。

下面的教学建议针对的是本科高年级 2 学分的实证论文课程，针对硕博的实证论文课程根据需要可进行相应调整。

表 1　教学安排建议

序号	篇	章	课时	建议
1	第 1 篇 开篇	1　什么是实证论文？	1	概论性介绍
2		2　实证论文如何选题？	1	简介即可，后面还有详细介绍
3		3　如何撰写摘要和引言？	1	这部分实际上属于收尾工作，考虑阅读顺序放在前面，简要介绍即可，最后可再强调
4	第 2 篇 文献综述	4　文献综述Ⅰ：如何构思文献综述？	2	如何推出研究假设示例部分讲解 1 个即可，其余部分可让感兴趣的学生自行阅读
5		5　文献综述Ⅱ：常见的基本理论 1 6　文献综述Ⅲ：常见的基本理论 2	1	教师回顾一个相关领域的基本理论即可，其余部分可让感兴趣的学生自行阅读
6		7　文献综述Ⅳ：常见的研究问题 1 8　文献综述Ⅴ：常见的研究问题 2	1	教师介绍一个相关领域的研究选题即可，其余部分可让感兴趣的学生自行阅读

序号	篇	章	课时	建议
7	第3篇 研究设计	9 研究设计Ⅰ：如何构造实证模型？	3	此部分需要详细介绍，特别是对于未学过计量经济学的同学
8		10 研究设计Ⅱ：常见的代理变量	1	教师介绍一个相关领域的代理变量即可，其余部分可让感兴趣的学生自行阅读
9		11 研究设计Ⅲ：样本数据那些事儿	2	此部分需要详细介绍，特别是对于未学过计量经济学的同学
10	第4篇 实证分析	12 实证分析Ⅰ：回归前的准备工作	2	此部分需要详细介绍，特别是对于未学过计量经济学的同学
11		13 实证分析Ⅱ：主回归需要做什么？	3	此部分需要详细介绍，特别是对于未学过计量经济学的同学
12	第5篇 稳健性检验	14 稳健性检验Ⅰ：如何更换变量和样本数据？	2	此部分需要详细介绍，特别是对于未学过计量经济学的同学
13		15 稳健性检验Ⅱ：如何处理样本选择偏差？	1	对于本科课程，概略介绍；对于硕博课程，应重点讲解
14		16 稳健性检验Ⅲ：如何处理内生性问题？	1	对于本科课程，概略介绍；对于硕博课程，可调整教学安排重点讲解
15		17 稳健性检验Ⅳ：如何进行因果关系推断？		可仅对希望发表期刊论文者选讲
16	第6篇 进一步分析	18 进一步分析Ⅰ：如何进行异质性分析？	2	此部分需要详细介绍，特别是对于未学过计量经济学的同学
17		19 进一步分析Ⅱ：如何分析调节效应和中介效应？	1	对于本科课程，概略介绍；对于硕博课程，可调整教学安排重点讲解
18		20 进一步分析Ⅲ：如何进行路径分析和机制分析？		仅对希望发表期刊论文者选讲
19		21 实证论文数据处理演示	2	此部分需要详细介绍，特别是对于未学过计量经济学的同学。教师选讲一篇论文的实证过程演示即可，其余部分可让感兴趣的学生自行观看短视频
20	第7篇 收尾	22 如何撰写研究结论与建议？	1	主要介绍注意事项即可
21		23 如何选择和引用参考文献？	1	主要介绍注意事项即可
合　计			29	

目 录

第1篇 开 篇

第 2 篇　文献综述

第3篇　研究设计

第4篇　实证分析

第 5 篇 稳健性检验

第6篇　进一步分析

第7篇 收 尾

第1篇
开 篇

本篇的内容包括三个部分：

什么是实证论文？即实证论文概述。

实证论文如何选题？这里是简单介绍，后面还会详细介绍。

如何撰写摘要和引言？这里介绍实证论文摘要和引言的撰写方法。

需要说明的是，虽然从读者角度看，最先阅读的部分是摘要和引言，但对于文章作者而言，摘要和引言却很可能是最后撰写的部分。这里遵循文章各部分内容的自然顺序，先行介绍摘要和引言的基本写作方法。

1　什么是实证论文？

📖 学习要点

本章的主题是实证论文的内涵，主要内容包括：学术论文的内涵，学术论文的常见组成部分，学术论文与非学术类文章的差异，学术论文的常见类型，实证研究与规范研究的异同，实证研究与案例研究的异同，实证研究的优势，哪些话题更适合实证研究，以及探讨实证研究是否形式主义等。

1.1　什么是学术论文？

经管类学术论文是学术型研究论文的一种，是在经济管理领域（包括但不限于经济学、工商管理、会计学、财务管理、人力资源管理、市场营销等学科），针对某一特定的经济或管理问题进行研究、分析后撰写的具有一定学术价值的文章。为叙事方便，除非特别说明，本书中的"学术论文"一词均指经管类学术论文。

学术论文讲究的是理论性、科学性、创新性和实用性。

理论性方面要求学术论文以经济管理学科的相关理论为基础。例如，在研究企业成本控制问题时，会运用诸如成本管理理论、管理学中的激励理论等。作者需要对这些理论有深入的理解，并能够将其合理地应用到论文的研究框架中；需要通过对理论的阐述和运用来解释经济或管理现象，并且可能对现有理论进行修正、补充或者拓展。比如，在研究电商平台上的消费者行为时，可能会发现传统的消费者行为理论在某些方面无法很好地解释新的消费模式，从而提出新的观点来完善理论体系。

科学性方面是指学术论文的研究方法必须科学，包括采用科学的方法来收集数据，例如，在研究市场需求时，可能会使用分层抽样的方法从不同的消费群体中获取样本数据；运用合理的数据分析工具，例如，在分析财务数据时，会使用统计软件进行相关性分析、回归分析等；研究过程要严谨，推理符合逻辑，确保研究结论的可靠性，例如，在研究宏观经济政策对企业投资的影响时，要考虑到各种可能的干扰因素，并通过科学的方法进行控制和分析等。

创新性方面要求学术论文在观点、方法或者应用领域等方面有一定的创新。例如：在观点创新方面，提出一种全新的企业竞争战略理论；在方法创新方面，可能是将一种新的数据挖掘技术应用到市场细分研究中；在应用领域创新方面，将原本用于传统制造业的成本管理方法成功应用到新兴的互联网服务企业等。

实用性方面要求学术论文往往要对经济管理实践有一定的指导意义。例如，一篇关于供应链优化的论文，其研究成果应该能够帮助企业提高供应链的效率，降低成本，增强企业的竞争力。研究成果可以为企业管理者、政策制定者等提供决策参考。再如，有关税收政策对小微企业影响的研究可以为政府调整税收政策支持小微企业的发展提供参考。

1.2 学术论文有哪些常见的组成部分？

学术论文的常见组成部分一般包括标题、摘要、关键词、引言、文献综述、研究方法、研究结果、讨论与结论以及参考文献等。

标题是论文的首要元素，需要准确、简洁地反映论文的研究问题和研究方法。假如希望撰写一篇学术论文，其标题为"数字化转型对企业财务绩效的影响——基于制造业上市公司的实证研究"[1]，这个标题界定的研究主题是数字化转型和企业财务绩效之间的关系，并将研究对象限定在制造业上市公司，其研究方法是实证研究。

摘要是对论文内容简短而全面的概括，通常包括研究目的、方法、主要结果和结论。它能让读者快速了解论文的大致情况。例如，在上述关于数字化转型的论文摘要中，需要提到研究的目的是探究数字化转型如何影响企业财务绩效，方法是收集制造业上市公司的数据并进行实证分析，结果有可能是发现数字化转型在一定程度上提升了企业财务绩效，建议企业重视数字化转型等。

关键词是从论文中选取的能够准确反映论文主题和核心内容的词汇。对于前面提到的数字化转型论文，关键词可以包括"数字化转型""企业财务绩效""制造业上市公司""实证研究"等，方便读者在检索文献时能够快速找到该论文。

引言主要阐述研究的背景和意义，概述研究问题、研究方法、研究结论和研究贡献，介绍论文的主要组成部分等。在背景部分，要说明为什么要研究这个问题，比如，在数字化转型的论文中，可以提到当前全球制造业面临数字化浪潮的冲击，企业需要通过数字化转型来适应市场竞争等背景情况。研究意义部分则可以强调研究这个问题对理论和实践的重要性，如对完善企业财务管理理论和帮助企业提升绩效的重要性。此外，许多论文还会在研究背景的基础上简明扼要地引出研究问题，介绍研究方法、主要的研究结论以及研究贡献，一些论文也会在引言的最后介绍论文的主要结构。

文献综述是对前人在该研究领域的理论和文献进行系统的梳理和评价。例如，在关于数字化转型的论文中，可以回顾以往关于企业数字化转型的研究，包括转型的模式、

---

① 这个标题只是设想的一个例子，不代表与此标题重合或接近的论文及其内容，下同。

影响因素和经济后果等方面的文献,设法找出前人研究的空白或不足之处,如可能缺乏对某些特定财务绩效影响因素的深入实证研究等,从而引出自己的研究问题,并基于现有理论和文献推断出相应的研究假设。

研究设计着重阐述研究过程中所采用的详细分析方法。如果是实证研究,需要包括数据来源(如从数据库获取制造业上市公司的财务数据和数字化转型指标数据)、样本选择(如选择一定规模以上、一定年限内的上市公司)、变量定义(如定义数字化转型的衡量变量)和模型构建(如构建回归模型来分析数字化转型与财务绩效之间的关系)等内容。

研究结果着重呈现通过研究方法得到的分析或数据处理结果。例如,在数字化转型的论文中,可以展示回归分析的结果,如数字化转型变量的系数符号方向和显著性水平等,还可以用一些图表来直观地展示数据,如绘制数字化转型程度与财务绩效之间的关系图等。

讨论与结论部分需要对研究结果进行解释和分析,例如,考虑结果与预期是否相符,与前人研究结果是否一致等情况。结论部分需要总结研究的主要发现,提出针对性的建议等。例如,建议企业加大数字化转型的投入力度等,有时还会指出研究的局限性和未来的研究方向等。

参考文献部分需要按照相关的格式规范列出论文中引用的所有文献资料,包括书籍、期刊文章、报告等,以保证论文的科学性和规范性,并且方便读者查阅相关资料。

学术论文的常见组成部分可以归纳为表1-1。

表1-1 学术论文的常见组成部分

顺序	组成部分	主要作用
1	标题	论文的首要元素,用以准确、简洁地反映论文的核心研究问题和研究方法
2	摘要	对论文内容的简短而全面的概括,通常包括研究目的、方法、主要结果和结论。它能让读者快速了解论文的大致情况
3	关键词	从论文中选取的能够准确反映论文主题和核心内容的词汇,方便读者在检索文献时能够快速找到该论文
4	引言	主要阐述研究的背景和意义,概述研究问题、研究方法、研究结论和研究贡献,介绍论文的主要组成部分等
5	文献综述	对前人在该研究领域的理论和文献进行系统的梳理和评价,用以引出自己的研究问题和推断研究假设。这些内容在一些论文中还可能拆分为理论分析、文献综述和研究假设等部分分别撰写
6	研究方法	阐述研究过程中所采用的详细分析方法
7	研究结果	呈现通过研究方法得到的分析结果或数据处理结果
8	讨论与结论	对研究结果进行解释和分析,总结研究的主要发现,提出针对性的建议等
9	参考文献	列出论文中引用的所有文献资料,以佐证论文的科学性和规范性,方便读者查阅相关资料

1.3　学术论文与非学术类文章有何主要不同？

学术论文与非学术文章在写作目的、内容结构、研究方法和语言风格等四个方面存在明显的区别。

1.3.1　写作目的不同

学术论文的主要目的是对经济和管理领域的某个特定问题进行深入研究，通过严谨的分析方法揭示经济现象背后的规律或者管理问题的解决方案。例如，研究企业高管背景对公司治理的影响，其研究成果能够为企业决策提供理论支持。

非学术类文章以文学作品、新闻报道和一般性评论三种常见类型的文章为例。其中，文学作品的目的在于通过虚构或非虚构的故事、诗歌等形式表达情感、思想或者展现生活。比如，刘慈欣的科幻小说《三体》，讲述了地球人类文明与外星三体文明之间从接触、交流到对抗，进而引发对人类未来、科技发展、宇宙奥秘等诸多深刻思考的宏大故事。再比如，泰戈尔的诗集《飞鸟集》包含了多篇关于生命、爱、自由等主题的诗歌，诗集以小鸟的形象为象征，表达了人类对自由和幸福的向往和追求。新闻报道的目的主要是及时、客观地报道新近发生的事件，为公众提供实时动态信息。比如，新闻稿件报道小米汽车首款车型的新车发布会，重点是传达该事件的基本情况，包括时间、地点、车型特点、目标人群以及发布会经过等事实。一般性评论文章的目的是对某个事件、现象发表个人的观点和看法，起到引导舆论或者提供参考意见的作用。比如，对某个经济政策的评论文章，更多是从作者的立场表达支持或反对，以及对其可能产生的影响进行预估。

1.3.2　内容和结构不同

1.3.2.1　学术论文的内容和结构

学术论文的内容方面要求具有科学性和专业性，必须基于相关领域的理论基础，对所研究的问题进行全面阐述。例如，在研究企业供应链管理优化的论文中，作者可能需要详细回顾供应链管理的经典理论，如准时化生产（just in time，JIT）、精益生产（lean production）等相关研究，再指出当前企业在应用这些理论时存在的实际问题。

学术论文的结构方面有相对固定的结构模式，如标题、摘要、关键词、引言、正文（包含理论分析、研究方法、实证分析等）、结论、参考文献等部分。比如，在进行实证分析时，需要说明数据来源、变量选取的依据，然后通过合理的统计方法进行数据分析，最后根据分析结果进行讨论和解释等。

1.3.2.2　非学术类文章的内容和结构

继续以文学作品、新闻报道和一般性评论为例。文学作品的内容可以是虚构的情节、人物形象等，注重情节的跌宕起伏、人物性格的刻画以及语言的艺术性。其结构形式较为多样，如小说有线性结构、倒叙结构、多线并行结构等。例如，科幻连续剧《太空堡垒卡拉狄加》（*Battlestar Galactica*）采用了复杂的结构形式写作手法，包括事件的倒叙、人物的回忆和幻觉等的叙事结构来展现一个宏大的故事脉络。

新闻报道的内容常常强调"5W1H"（即 what、when、where、who、why 和 how），结构上常常出现倒金字塔式，把最重要的信息放在开头，然后依次递减。例如，一篇灾难新闻报道会在开头点明灾难的类型、严重程度和大致伤亡情况，随后再详细介绍事件的经过、救援情况等细节。

一般性评论文章的内容以主观观点为主，结合一定的事实依据，对理论深度的要求相对较低。一般性评论文章结构比较灵活，通常先提出观点，然后列举事实或理由来支持观点，最后可能会有总结或者建议部分。

1.3.3 研究方法和证据使用不同

学术论文要求使用科学的研究方法，如定量分析方法（包括统计分析、计量经济学模型等）和定性分析方法（如案例分析、访谈、扎根理论等）。以研究企业绩效与高管薪酬之间的关系为例，论文可能需要收集大量企业的财务数据，通过建立回归模型等定量方法进行分析；或者通过对典型企业进行深入的案例分析来探讨其中的因果关系。并且，证据来源要求可靠，通常是经过严格筛选的学术文献、企业实际数据、官方统计资料等。

非学术类文章中，文学作品主要依靠作者的想象力和创造力，不需要科学的研究方法和外部证据。作者通过对生活的观察、体验和感悟来创作，虽然可能会有一些历史背景或社会现象的融入，但这些更多是为了丰富故事内容而不是作为科学证据。新闻报道主要以采访获得的信息、官方发布的数据等作为证据。在报道过程中要确保信息来源真实可靠，对于未经证实的消息，一般会注明或者避免使用。一般性评论文章的证据可以是新闻事件、个人经验或者其他间接数据，但对于证据严谨性的要求低于学术论文。例如，在评论某一经济现象时可以引用一些媒体报道的案例或者个人的所见所闻来支持自己的观点。

1.3.4 语言风格不同

学术论文的语言风格相对严谨、准确、规范。尽量避免使用模糊、夸张或者带有感情色彩的词汇。术语的使用要准确，并且通常需要对一些非常用的专业术语进行定义，确保读者能够准确理解作者的意图。例如，在阐述资本市场股价崩盘风险的论文中，会对专业术语"股价崩盘风险"进行明确的定义和解释。

非学术文章中，文学作品的语言风格丰富多样，可以是华丽的、质朴的、诙谐的等，其目的是营造氛围、塑造人物形象或者表达情感。比如，在抒情诗中，作者可能会使用大量富有感染力的词汇来表达内心的情感等。新闻报道的语言要求简洁明了、客观公正，避免使用带有主观色彩和倾向性的语言，重点是清晰地传达信息。一般性评论的语言风格可以带有一定的个人色彩，根据作者的意图可以是严肃的、幽默的、讽刺的等，在表达观点时可以适当使用修辞手法来增强说服力。

1.4 学术论文有哪些常见类型？

从论文写作角度看，经管类学术论文的常见类型主要包括理论研究型、实证研究型、案例分析型、文献综述型和政策研究型等。当然，这种将研究方法与研究对象混在一起的划分方法并不十分严格，只是便于描述常见的学术论文类型。例如，理论研究型论文常常采用规范类研究方法，实证研究型和案例分析型既可以研究理论问题也可以研究政策问题，政策研究论文既可以采用实证研究方法也可以采用案例研究方法。这里将政策研究型单列出来，是因为其研究内容的针对性和时效性往往较强。

1.4.1 理论研究型论文

理论研究型论文主要是对经管领域的基本理论、原则和概念进行深入探讨，目的是构建新的理论框架，或者对现有理论进行修正、拓展，以加深对经管现象本质的理解。例如，对会计信息质量特征的重新审视。在当前复杂的经济环境和新兴技术（如大数据、人工智能）的影响下，探讨会计信息相关性、可靠性等质量特征是否需要重新定义其内涵与外延；在研究如何保证会计信息可靠性的同时，利用大数据分析提高其相关性，为财务决策提供更精准的支持。

1.4.2 实证研究型论文

实证研究型论文主要通过收集实际数据，运用统计分析等方法来检验已有的理论或者发现新的规律。这类论文强调数据支撑，以数据说话，增强研究结论的说服力。以"企业社会责任履行对财务绩效的影响"为例，研究者可以选取一定数量的企业作为样本，收集这些企业在社会责任方面（如环保投入、员工福利、慈善捐赠等）的数据，同时获取其财务绩效指标（如净利润、资产收益率等）的数据。通过建立回归模型等统计方法，分析企业社会责任履行程度与财务绩效之间是否存在显著的正向或负向关系。

1.4.3 案例分析型论文

案例分析型论文聚焦于具体的企业、组织或者项目的实际情况。通过详细剖析案例，能够生动形象地展示经管类问题及其解决方案，为其他类似情况提供实践参考借鉴。例如，分析某大型企业的财务造假案例，深入研究该企业财务造假的手段（如虚构收入、隐瞒成本等）、造假的动机（如管理层业绩压力、股权融资需求等），以及财务造假行为被揭露后对企业自身、投资者、市场等各方产生的严重经济后果。同时，探讨从该案例中得到的启示，如加强内部控制、完善外部审计等措施对防范财务造假的有效性。

1.4.4　文献综述型论文

文献综述型论文是对某一专题的已有文献进行系统梳理和评价。它能够帮助读者快速了解该领域的研究现状、研究热点以及研究空白，为后续研究提供基础。例如，关于"绿色会计"的文献综述，作者可以搜索大量有关绿色会计的学术论文、行业报告等文献，对绿色会计的定义、核算对象（如环境资产、环境负债等）、计量方法（如市场价值法、重置成本法）以及信息披露等方面的研究成果进行分类总结。同时，指出当前在绿色会计研究中存在的争议点（如环境成本的准确计量问题）和未来研究方向（例如，怎样将绿色会计与企业战略相结合）等。

1.4.5　政策研究型论文

政策研究型论文主要研究相关政策的制定、实施路径及其经济后果，它可以对现有政策进行评估，也可以为新政策的出台提供建议，对完善相关法规和监管政策具有重要意义。例如，研究税收政策的变化（如增值税改革）对企业财务行为的影响（如对企业现金流、利润等财务指标的影响），分析增值税税率调整前后企业在采购、销售、定价等财务决策方面的变化，还可以探讨企业为适应新政策可能采取的税收筹划措施，并从宏观角度评估政策调整对产业结构调整、经济增长等方面的影响等。

学术论文的常见类型可以归纳如表1-2所示。

表1-2　学术论文的常见类型

论文类型	论文内容
理论研究型	主要是对经管领域的基本理论、原则和概念进行深入探讨，目的是构建新的理论框架，或者对现有理论进行修正、拓展
实证研究型	通过收集实际数据，运用统计分析等方法来检验已有的理论或者发现新的规律
案例分析型	聚焦于具体的企业、组织或者项目的实际情况。通过剖析案例展示经管类问题及其解决方案，为其他类似情况提供借鉴
文献综述型	对某一经管类专题的已有文献进行系统梳理和评价，帮助读者快速了解该领域的研究现状、研究热点以及研究空白，为后续研究提供研究起点
政策研究型	主要研究相关政策的制定、实施路径及其经济后果

1.5　实证研究与规范研究有何异同？

规范研究论文使用规范研究法进行研究，它是理论研究型论文的一种重要形式。规范研究法是一种基于一定的价值判断和伦理道德观念，通过逻辑推理来构建相关理论和原则的研究方法，主要探讨"应该是什么"的问题，重点在于建立一套合理的、符合逻辑的和理想化的准则、原则与方法体系。例如，在研究"僵尸企业"处置中政府补贴的作用时①，可以首先分析"僵尸企业"形成与存在的历史缘由，以及政府补贴对于形成"僵尸企业"的作用，接着分析完全依靠市场力量出清"僵尸企业"能否调和"僵尸企业"利益相关者之间的矛盾，剖析政府的能力和干预市场的限度以及政府补贴作为调控手段的合理性，最后论述政府补贴避免沦为为"僵尸企业"续命工具的关键在于政府补贴效率的提高、补贴市场的计划性和竞争性的平衡、补贴定向使用管理的强化和补贴资金使用披露制度的完善等。

1.5.1 实证研究与规范研究的共同点

无论是实证研究论文还是规范研究论文，其研究目的和研究基础都是一致的。

两者的研究目的都是推动学科发展和提供决策依据。在推动学科发展方面，两者的研究目的都是致力于解决经济管理领域中的问题，或者对经济管理现象进行解释，从而增加该领域的知识积累。例如，在企业战略管理方面，两者都试图为企业如何制定更有效的战略提供有价值的见解。在提供决策依据方面，两者都能够为经济管理实践中的决策提供依据。实证研究通过对实际数据的分析，揭示经济管理现象背后的规律，规范研究则从理论和价值判断出发，构建合理的管理原则和方法。这些成果可以帮助管理者在市场竞争、资源配置、组织管理等方面做出更明智的决策。

两者在理论依据和文献综述方面具有相似性。在理论依据方面，两者都需要一定的经济管理理论作为基础。实证研究虽然侧重于数据收集和分析，但在提出研究假设、选择变量以及解释结果时，都要依赖已有的理论和文献。规范研究更是直接从理论出发，通过对现有理论的梳理和延伸，构建新的理论框架或对现有理论进行完善。例如，在研究市场营销渠道策略时，都可能需要参考渠道管理理论、交易成本理论等相关理论知识。在文献综述方面，两种研究类型的论文都需要进行文献综述。在写作过程中，作者需要回顾和总结前人在相关主题上的研究成果，找出研究的空白点或者争议点，以此作为研究的起点。文献综述可以帮助作者明确研究的价值和方向，避免重复劳动，同时也能够使研究更好地融入相关领域学术研究的脉络之中。

1.5.2 实证研究与规范研究的差异

实证研究和规范研究的差异主要体现在研究方法、研究内容和研究结论特点三个方面。

---

① 宋建波，苏子豪，王德宏．论"僵尸企业"处置中政府补贴的作用 [J]．中国人民大学学报，2019，33（2）：89-96．

1.5.2.1 研究方法的差异

（1）实证研究主要基于数据驱动，使用统计分析方法，注重验证。

基于数据驱动。实证研究以数据收集和数据分析为核心。研究人员需要通过各种渠道收集大量的数据，这些数据既可以是定量的数据（例如，企业的财务报表数据、市场交易数据、调查问卷得到的统计数据等），也可以是定性的数据（即需要后续工作转换为定量数据，如访谈记录、案例文本等）。例如，在研究消费者购买行为时，可以通过问卷调查收集消费者的年龄、收入、购买频率等定量数据，也可以通过访谈收集消费者购买决策过程中的心理感受等定性数据。

借助统计分析方法。实证研究运用多种统计分析方法对数据进行处理和分析，如描述性统计、相关性分析、回归分析等。以研究企业绩效与创新投入之间的关系为例，通过回归分析可以确定创新投入对企业绩效的影响程度和方向等。

注重验证。实证研究重点在于验证假设。研究人员先根据理论和实际观察提出研究假设，然后通过数据检验假设是否成立。如果假设得到数据的支持，则可以得出相应的结论；如果假设不成立，则需要重新审视研究思路和方法。

（2）规范研究注重理论构建与推理，主要以价值判断作为主导。

理论构建与推理。规范研究主要基于逻辑推理和理论构建，往往从一定的价值判断和假设出发，运用演绎推理、归纳推理等方法构建理论体系。例如，在研究企业伦理问题时，从公平、正义、诚信等基本的价值观念出发，通过演绎推理推导出企业在生产经营活动中应该遵循的伦理准则。

价值判断主导。价值判断在规范研究中起着关键作用。研究人员会根据自己的价值观、社会道德观念以及对经济管理目标的理解来确定研究的方向和结论。例如，在讨论企业税收筹划的合理性时，不同的研究者基于不同的价值判断（如税收公平与企业利益最大化）或者站在不同利益相关者的立场（企业视角与税务部门视角）会提出不同的研究建议。

1.5.2.2 研究内容的差异

（1）实证研究注重描述现象和关系、挖掘因果关系或预测趋势。

描述现象和关系。实证研究侧重于描述经济管理现象"是什么"以及各种因素之间的关系"是怎样"的。例如，实证研究可以描述某一行业的市场结构（如完全竞争、垄断竞争等）是怎样的、企业的规模与盈利能力之间存在何种关系等。

挖掘因果关系。实证研究常常试图挖掘经济管理现象背后的因果关系。通过控制变量、建立模型等方法，找出哪些因素是因、哪些因素是果。比如，研究企业的广告投入与销售额之间的因果关系，确定广告投入是否会导致销售额的增加以及增加的程度。

预测趋势。实证研究可以根据已有的数据和分析结果，对经济管理现象的未来发展趋势进行预测。例如，通过对宏观经济数据和行业数据的分析，预测某一产业的市场规模在未来几年的增长趋势。

（2）规范研究注重探讨应然问题以及建立标准和原则。

探讨应然问题。应然问题与实然问题相对。应然问题是指关于"应当是什么"的问题，即事物应该如何发展、人们应该如何行为等。这些问题涉及道德、伦理、价值等方面，往往需要通过思考和讨论来寻求最佳的解决方案。实然问题则是指关于"实际是什么"的问题，即事物实际上如何发展、人们实际上如何行为等。这些问题涉及事实、数据、经验等方面，需要通过观察和实证研究来寻求答案。规范研究重点探讨经济管理活动"应该是什么"的问题。例如，规范研究关注企业的财务管理应该遵循什么样的原则才能实现利益相关者价值最大化，公司治理结构应该如何设计才能保证企业决策的科学性和公正性等。

建立标准和原则。规范研究致力于建立经济管理活动的标准和原则，这些标准和原则可以为企业和经济组织的实践活动提供指导，也可以为政策制定者制定相关政策提供理论依据。例如，在会计领域，规范研究可以建立会计信息质量的标准，如可靠性、相关性、及时性等。

1.5.2.3　研究结论特点的差异

（1）实证研究的客观性较强，但其适用性有时具有一定限制。

客观性较强。由于实证研究基于实际数据和科学的统计分析方法，其研究结论通常较为客观。不同的研究者只要采用相同的数据和分析方法，一般能够得到相似的结论。例如，对某一市场的价格弹性进行实证研究，只要数据准确、分析方法得当，不同研究者得到的价格弹性指标应该是相近的。

有条件适用。实证研究的研究结论通常是有条件适用的。其研究结论是基于特定的数据样本、研究方法和假设条件得出的，在其他条件下可能不成立。例如，在研究某一地区企业的融资约束问题时，所得出的结论可能只适用于该地区的中小企业，对于大型企业或者其他地区的企业可能并不完全适用。

（2）规范研究的主观性较强，但往往具有较强的一般性和指导性。

主观性较强。规范研究结论受到研究者价值观和理论立场的影响，主观性相对较强。不同的研究者由于价值观念、伦理道德标准以及对经济管理目标的理解不同，可能会得出不同的结论。例如，在研究企业社会责任的边界时，基于股东利益至上价值观的研究者和基于利益相关者理论的研究者可能会给出不同的责任范围界定。

一般性和指导性。相对来说，规范研究的结论通常具有较强的一般性和指导性，它往往是从抽象的理论层面出发，提出一般性的原则、标准和建议，这些结论可以广泛应用于各种经济管理场景，为实践活动提供方向和准则。例如，规范研究提出的企业内部控制的基本原则可以指导不同行业、不同规模企业的内部控制制度建设。

实证研究和规范研究的差异归纳起来如表 1-3 所示。

表1-3 实证研究和规范研究的主要差异

表现方面	实证研究	规范研究
研究方法	主要基于数据驱动,使用统计分析方法,注重验证	注重理论构建与推理,主要以价值判断作为主导
研究内容	注重探讨实然问题,描述现象和关系,挖掘因果关系或预测趋势	注重探讨应然问题以及建立标准和原则
研究结论的特点	客观性较强,其适用性可能具有条件限制	主观性较强,往往具有较强的一般性和指导性

1.6 实证研究与案例研究有何异同?

案例研究通常选取一个或多个具有代表性、典型性的案例作为研究对象,运用多种研究方法,如访谈、观察、文档分析等,对案例进行全面、细致的剖析,旨在深入了解该案例中的事件动因、发展路径和经济结果等,并在此基础上进行理论探讨和总结归纳。

案例研究往往具有四个突出的优势:一是深入性。能够聚焦于特定案例,深入挖掘案例的细节和复杂性,揭示深层次的问题和机制。二是情境性。强调案例所处的具体情境,包括社会、文化、经济、政治等背景因素,有助于理解案例的独特性和局限性。三是综合性。可以综合运用多种研究方法和数据来源,如定性与定量数据相结合,以获取更全面、丰富的信息。四是启发性。通过对具体案例的分析,能够为相关领域的理论和实践提供新的见解、思路和启示。

实证研究论文和案例研究论文都是学术研究中常见的论文类型,两者在研究基础方面具有一致性,但在研究目的、研究方法、数据收集与分析、研究结果以及理论贡献等方面存在诸多差异。

1.6.1 研究目的的差异

实证研究旨在通过对大量样本数据的收集和统计分析,验证或证伪已有的理论假设,揭示变量之间的普遍关系和规律,从而对理论进行检验、完善或创新,具有较强的理论导向性。

案例研究重点在于对特定的、具有代表性或独特性的案例进行深入剖析,以理解和解释该案例所蕴含的复杂现象、问题或过程,通常更注重对具体情境的深度挖掘和理解,旨在提供丰富的情境化知识。

1.6.2 研究方法的差异

实证研究通常采用数据库查询、问卷调查、实验研究等方法来收集数据,这些方法可以获取大量标准化的数据，便于进行统计分析。

案例研究主要运用多种定性研究方法，如访谈、观察、文档分析等，对案例进行全方位、多角度的资料收集，以深入了解案例的背景、过程和细节。

1.6.3　数据收集与分析的差异

实证研究需要收集大量的样本数据，数据来源相对广泛，可能涉及多个地区、多个组织或多个个体。在数据分析方面，主要依赖于统计分析方法，如描述性统计、相关性分析、回归分析等，以揭示数据之间的量化关系。

案例研究的数据收集则更侧重于对特定案例的深度挖掘，数据来源相对集中，主要围绕所研究的案例展开。在数据分析过程中，常常通过对文本数据的编码、分类、主题分析等定性分析方法，提炼出关键信息和主题，构建理论或解释框架。

1.6.4　研究结果的差异

实证研究的研究结果通常以统计数据和图表的形式呈现，具有较强的客观性，可推广性相对较强。

案例研究的研究结果更强调对案例的详细描述和深入分析，通过对案例的独特性和复杂性的揭示，提供对特定现象的深入理解和解释，研究结果的可推广性相对较弱，但能为后续研究提供丰富的实践素材和理论启示。

1.6.5　理论贡献的差异

实证研究主要通过对大规模数据的统计分析，验证或修正现有理论，为理论的发展提供实证依据，其理论贡献往往体现在对理论的完善和拓展上。

案例研究则通过对具体案例的深入研究，有可能发现新的问题、现象或关系，从而提出新的理论概念、命题或框架，对理论的创新和发展具有推动作用。

1.7　实证研究具有哪些优势？

实证研究在研究方法的科学性、研究结果的可靠性、研究过程的可重复性、研究结论的可推广性、培养研究能力与科学思维、理论贡献与实践指导意义、促进跨学科交流等方面具有突出的优势。

1.7.1　研究方法的科学性与结果可靠性

典型场景：基于客观数据、采用严谨的研究方法。

（1）基于客观数据。实证研究以实际收集的数据为依据进行分析和论证，避免了主观臆断和个人偏见，使得研究结果更具客观性。例如，在企业投资策略研究中，通过对大量企业投资数据的分析得出的结论，比单纯的理论推测更具可信度。

（2）严谨的研究方法。实证研究运用科学的研究设计和统计分析方法，从样本选取、数据收集到数据分析，每个环节都遵循严格的规范和程序，确保研究过程的科学性和结果的可靠性。

1.7.2 研究过程的可重复性和研究结论的可推广性

（1）可重复性。实证研究详细记录研究过程和方法，使得其他研究者能够按照相同的步骤进行重复研究，验证研究结果的一致性，这体现了科学研究的严谨性和规范性。

（2）可推广性。通过科学的抽样方法选取具有代表性的样本，确保研究结果在一定条件下能够推广到更广泛的总体中，具有普遍的适用性。

1.7.3 培养研究能力与科学思维

（1）提升研究技能。在撰写实证研究论文的过程中，研究者需要掌握一系列研究技能，如研究设计技能、数据收集与分析技能、论文写作技能等，有助于提升研究者的专业素养和研究能力。

（2）培养科学思维。实证研究强调以事实为依据、用数据说话的研究方式，有助于培养研究者的科学思维和严谨的治学态度，促进研究的规范化和科学化。

1.7.4 理论贡献与实践指导意义

实证研究的理论贡献体现在四个方面：有助于验证和完善理论，有可能发现新理论，具有实践指导意义和提供决策支持。

（1）验证和完善理论。实证研究有助于对已有的理论进行实证检验，验证其在当前现实中的适用性和有效性，有可能发现理论与实际情况的差异，从而对现有理论进行修正和完善。

（2）发现新理论。通过对数据的深入挖掘和分析，可能发现新的变量关系或现象，为理论创新提供依据，推动学科理论的发展。

（3）实践指导意义。实证研究往往针对现实中的具体问题展开研究，研究结果能够为解决这些问题提供直接的参考和依据，具有很强的实践应用价值，有助于解决实际问题。

（4）提供决策支持。实证研究有助于为政府、企业、社会组织等各类主体的决策提供有力支持，帮助其制定更科学合理的政策、战略和方案。

1.7.5 促进跨学科交流

实证研究常常涉及多学科的理论和方法，如管理学、金融学、经济学和心理学等学科，有助于促进不同学科之间的交叉融合和交流合作，拓宽研究视野，从而为学科发展注入新的活力。

1.8 哪类话题更适合实证研究?

一般来说,实证研究在探究以下五类问题方面具有明显的优势:因果关系探究类问题、相关关系分析类问题、现象描述与解释类问题、差异比较类问题、预测与趋势分析类问题。

1.8.1 因果关系探究类问题

因果关系探究类问题包括政策影响评估、干预措施效果等。

(1) 政策影响评估,即研究政府出台的某项政策对社会、经济、环境等方面产生的影响。例如,分析"限购令"对房地产市场价格和成交量的影响,通过收集政策实施前后房地产市场的相关数据,运用计量经济学方法进行分析,能够清晰地揭示政策与市场变化之间的因果关系。

(2) 干预措施效果,即探究某种干预措施在特定领域的效果。比如,研究某种新的教学方法对学生成绩的提高是否有效,通过设置实验组和对照组,对学生进行前后测试,对比分析成绩数据,可确定该教学方法与学生成绩提升之间的因果联系。

1.8.2 相关关系分析类问题

相关关系分析类问题包括变量间的关联程度、因素间的协同作用等。

(1) 变量间的关联程度,即分析不同变量之间的相互关系,以揭示潜在的规律和趋势。例如,研究消费者的收入水平、年龄、教育程度等与消费行为之间的关系,通过问卷调查收集数据,运用统计分析方法,可以明确各变量之间的相关程度,为企业制定营销策略提供依据。

(2) 因素间的协同作用,即探讨多个因素之间的协同作用对某一现象的影响。比如,分析企业的创新能力、市场竞争程度、政府支持力度等因素如何共同影响企业的绩效,通过收集企业数据并进行回归分析等,能够发现这些因素之间的相互作用关系。

1.8.3 现象描述与解释类问题

现象描述与解释类问题包括社会现象剖析、市场趋势解读等。

(1) 社会现象剖析,即对社会生活中出现的各种现象进行深入描述和分析,揭示其背后的原因和机制。例如,研究当前社会中"996"工作模式普遍存在的原因及影响,通过访谈、问卷调查等方式收集数据,从社会、经济、文化等多方面进行分析,能够对这一现象给出合理的解释。

(2) 市场趋势解读,即分析市场中出现的新趋势、新动态,为企业和投资者提供决策参考。比如，研究共享经济模式在不同城市的发展现状和趋势，通过实地调研、数据分析等手段，描述共享经济在各城市的市场规模、用户特征、竞争格局等情况，并对其发展趋势进行解读。

1.8.4 差异比较类问题

差异比较类问题包括不同群体特征差异、不同地区情况对比等。

（1）不同群体特征差异，即比较不同群体在某一方面的特征差异，为针对性的政策制定和服务提供依据。例如，研究不同年龄段人群的消费观念和行为差异，通过问卷调查和访谈等方式收集数据，对比分析不同年龄段人群在消费偏好、消费方式、消费决策等方面的差异，帮助企业更好地进行市场细分和产品定位。

（2）不同地区情况对比，即对比不同地区在某一领域的发展情况或特点，为区域协调发展提供参考。比如，比较东部地区和中西部地区在教育资源配置、经济发展水平、科技创新能力等方面的差异，通过收集相关数据进行分析，能够为政府制定区域发展政策提供针对性的建议。

1.8.5 预测与趋势分析类问题

预测与趋势分析类问题包括经济形势预测、市场需求预测等。

（1）经济形势预测，即对宏观经济形势进行预测，为政府和企业的决策提供依据。例如，通过构建经济计量模型，分析发电量、铁路和公路运输量、通货膨胀率、失业率等经济指标之间的关系，预测未来一段时间内的经济走势，帮助政府制定宏观调控政策，帮助企业调整发展战略。

（2）市场需求预测，即分析市场中特定产品或服务的未来需求情况，辅助企业进行生产和销售规划。比如，研究新能源汽车市场中不同车型和价位的未来需求趋势，通过收集市场数据、消费者调研等，运用时间序列分析等方法进行预测，为新能源汽车企业的产品规划、产能准备和市场布局提供参考。

1.9 实证研究是否是形式主义？

实证研究论文常常包括若干典型的部分，如论文概述、引言、文献综述、研究设计、实证分析、稳健性检验、进一步分析、结论和参考文献等。

一些人认为实证研究容易落入形式主义的困境，究其原因，往往是撰写的实证研究论文或多或少出现了形式主义的问题，这些问题大致可归纳为四个方面：研究方法问题、数据问题、研究目的与实践问题、理解与表达问题。

1.9.1 研究方法问题

研究方法问题包括机械套用流程、方法选择不当等。

（1）机械套用流程。实证研究有一套相对固定的流程，包括问题提出、文献综述、研究设计、数据收集与分析等环节。一些初学者在实际操作中只是机械地按照这套流程来进行，没有真正深入理解每个环节的意义和目的，缺乏对所研究问题的深入思考和灵活运用，导致研究过程看似规范完整，但实际上只是走过场，给人以形式主义的印象。

（2）方法选择不当。一些初学者对各种实证研究方法的适用条件和局限性缺乏清晰认识，盲目选择一些复杂的统计方法或模型，而不顾其是否真正适合研究问题，使研究结果难以准确解释现实问题，显得过于理论化和脱离实际，有形式主义之嫌。

1.9.2　数据问题

数据问题包括数据质量不佳、数据至上倾向等。

（1）数据质量不佳。数据是实证研究的基础，如果数据收集过程不严谨，存在样本偏差、数据不准确或不完整等问题，那么无论后续的分析多么精细，都可能得出不可靠的结论。一些初学者为了追求数据的数量或方便获取，忽视了数据质量，导致研究结果缺乏可信度，让读者觉得只是在形式上做数据游戏。

（2）数据至上倾向。部分初学者过于依赖数据，认为只要有了大量数据和复杂的数据分析，就能得出有价值的研究结论，而忽视了对数据背后的社会现象、经济规律等本质问题的深入探讨。这种数据至上的观念容易导致研究浮于表面，陷入形而上学的困境。

1.9.3　研究目的与实践问题

研究目的与实践问题包括功利性目的驱动、理论与实践脱节等。

（1）功利性目的驱动。在学术评价体系中，发表论文的数量和质量往往与学者的毕业要求、职称评定、科研项目申请等利益密切相关。一些初学者为了追求功利性目标，盲目追求实证研究的形式，忽视了研究的实际价值和意义，甚至出现数据造假、抄袭等不端行为，这无疑会让人容易认为实证研究只是一种形式主义的手段。

（2）理论与实践脱节。有些初学者的实证研究虽然在理论上看似严谨，但在实践应用中却缺乏可操作性和指导意义。研究者可能过于关注理论模型的构建和验证，而忽视了研究成果对现实问题的解决能力，导致研究成果与实际情况相脱离，给人以形而上学的感觉。

1.9.4　理解与表达问题

理解与表达问题包括专业门槛问题、研究成果表述问题等。

（1）专业门槛较高。实证研究通常涉及较为复杂的专业知识和研究方法，如统计学、计量经济学等。对部分读者来说，可能难以理解实证研究的过程和结果，容易产生误解，认为那些看似烦琐的研究步骤和高深的数据分析只是形式主义和故弄玄虚。

（2）研究成果表述问题。部分初学者在撰写实证研究论文时，表述过于晦涩难懂，堆砌专业术语和复杂的统计图表，而没有用通俗易懂的语言将研究的核心问题、方法和结论清晰地传达给读者。这使得读者难以把握研究的实质内容，进而认为实证研究是一种脱离实际的形而上学。

上述这些方面其实也是撰写实证论文需要避免的问题。

📝 本章小结

本章首先介绍了学术论文的内涵和常见的组成部分，对比了学术论文与非学术文章的主要区别。其次介绍了学术论文的常见类型、实证研究与规范研究和案例研究的异同。最后阐述了实证研究的主要优势和适合实证研究的常见问题种类。本章的内容有助于初学者深入了解实证论文的特点。

❓ 思考与练习题

1. 在高质量专业期刊上选择一篇规范研究论文，简述这种类型论文的主要特色。
2. 在高质量专业期刊上选择一篇案例研究论文，简述这种类型论文的主要特色。
3. 在高质量专业期刊上选择一篇实证研究论文，简述这种类型论文的主要特色。

2 实证论文如何选题?

📖 **学习要点**

本章的主题是实证论文如何选题,主要内容包括:如何进行实证论文选题,什么样的选题更受欢迎,研究选题与论文标题的匹配,实证论文标题的常见类型,什么样的论文标题更容易受到质疑,论文标题中如何体现中介因素,论文标题中如何体现调节效应,以及调节效应与中介效应的主要区别等。

2.1 如何进行实证论文选题?

选题是学术研究和论文写作的第一关,需要综合考虑多种视角和多方面因素。常见的视角和考虑因素大体上有五个方面:从现实经济问题出发,参考已有文献,结合自身兴趣和专业优势,考虑数据可得性,以及注重选题的创新性和可行性等。

2.1.1 从现实经济问题出发

现实经济问题可通过关注热点新闻、深入经济实践等提取。

(1)关注热点新闻。热点话题往往具有较强的现实意义和研究价值,如企业数字化转型、新质生产力、企业创新、数字货币与加密货币、人工智能应用等。这些热点话题不仅新颖,而且能引起广泛关注,研究成果也更具实践意义。

(2)深入经济实践。可以从企业、行业的实际运作中发现问题,比如,研究新能源汽车产业的融资模式及风险,或是企业数据入表的动因、操作路径以及经济后果,或是分析传统制造业在数字化转型过程中的成本控制与效益提升等。通过对实际经济活动的观察和分析,往往能够挖掘出更具研究价值的选题。

2.1.2 参考已有文献

通过研读综述性文献、延伸经典文献等,有助于确定实证论文选题。

(1)综述性文献研读。通过阅读某个领域的综述性文章,了解该领域的研究现状、前沿问题以及尚未解决的分歧,从而找到研究的空白点、争议点或可拓展的问题方向。

(2)经典文献延伸。对某个领域的经典论文进行深入研究,同时查询那些引用经典理论的论文,可以在其基础上进行拓展和延伸。既可以是对原研究方法的改进,也可以是将原研究对象拓展到新的领域或时期,还可以是对原研究结论的进一步验证或反驳。

2.1.3 结合自身兴趣和专业优势

选择兴趣导向,或发挥专业优势,有助于找出合适的选题。

(1)兴趣导向。选择自己感兴趣的领域进行研究,会更有动力和热情去深入探索。例如,如果对股票市场感兴趣,可以研究股票市场的波动规律、投资者行为等。

(2)专业优势。充分利用自己在某个领域或某个专题中的专业知识和技能,选择与之相关的话题,在研究过程中能够更好地发挥自己的优势,提高研究的质量和深度。

2.1.4 考虑数据可得性

利用公开数据资源、实地调研和问卷调查、手工收集数据、使用工具抓取数据、通过实验获得数据等都是确定选题的好方法。

(1)利用公开数据资源。包括选择有丰富公开数据支持的选题,基于官方机构发布(如国家统计局、中国人民银行等)的数据,以及一些权威数据库(如东方财富 Choice、万得 Wind、国泰安 CSMAR、瑞思 Resset 等)提供的数据。

(2)实地调研和问卷调查。对于一些特定的研究问题,可能需要通过实地调研来收集一手数据,例如,对某地区小微企业的融资状况进行调查,就需要设计问卷、实地走访企业等。值得注意的是,选题时要考虑到实地调研的可行性和成本。

(3)手工收集数据。对于一些缺乏直接来源、来源分散或缺乏规律的信息,有时只能通过手工收集的方式获取数据。例如,高管的某些背景信息、企业的某些隐性关联方信息等。选题时要考虑到手工收集信息的工作量。

(4)使用工具抓取数据。通常是指使用大数据方法和 Python 工具从互联网页面或特定类型文件(如上市公司年报)中抓取信息。

(5)通过实验获得数据。除了自然科学之外,经管领域的研究也可以通过实验获得数据,它们可以用来测试理论、评估政策影响或者理解市场行为。经管领域的研究中通过实验获取数据的典型方法有五种:实验室实验、实地实验、准实验、管理游戏与模拟,以及行为经济学实验等。

实验室实验的两种典型方法有:模拟市场环境和博弈论实验。模拟市场环境是指研究人员可以在受控环境中创建一个虚拟的金融市场,邀请参与者扮演投资者、交易者等角色进行买卖操作。这些实验可以用来检验资产定价模型、投资策略的有效性等问题。博弈论实验是指设计特定的游戏情境,让参与者根据给定规则做出决策,以此来观察人类行为如何影响经济结果。例如,拍卖实验可以帮助我们了解不同拍卖机制下的竞价行为。

实地实验也有两种典型情形:自然环境干预和随机对照试验。自然环境干预是指,实地实验是在现实世界中进行的，但仍然保持了一定程度的控制。比如，在某些地区实施新的税收政策，并对比未实施该政策地区的经济表现，以评估政策效果。随机对照试验是指，将人群随机分为接受某种处理（如新金融产品推广）和不接受处理的两组，然后比较两者之间的差异。这种方法常用于评估诸如小额信贷项目、金融教育计划等的效果。

准实验也称准自然实验，与自然科学中的自然实验相对，是一种研究设计方法。它旨在模拟自然实验的条件，但并不完全符合自然实验的所有标准。在准自然实验中，研究者会尝试控制和选择一些相关因素，但并不能控制或干预其他可能影响结果的因素。这种设计通常应用于社会科学和行为科学等领域（如政策评估、投资者行为等），因为在这些领域中，进行完全的自然实验可能不可行或存在伦理和实践上的限制。例如，如果希望研究贫困地区的教育改革对地区脱贫和经济发展的影响，研究者可以选择实施教育改革的地区与没有实施改革的地区进行比较，以评估教育改革对地区经济发展的影响。在这种情况下，研究者选择并控制了实施教育改革的地区，但不能控制其他可能影响地区经济发展的非干预因素。总的来说，准自然实验是一种在现实世界条件下探究变量之间关系的实用研究方法，它在无法完全控制随机实验时提供了一种可行的替代方案。

管理游戏与模拟是指对于企业管理和战略决策的研究，可以通过管理游戏的形式让学生或专业人士在一个模拟的商业环境中做出各种经营决策，并收集关于成本控制、市场竞争等方面的宝贵数据。

行为经济学实验侧重于个人的心理因素如何影响其经济选择。例如，通过设置不同的奖励结构，研究人们对于风险的态度；或者考察信息不对称情况下人们的信任建立过程等。

通过实验获得数据需要注意以下三个事项：伦理因素、外部有效性和样本代表性。伦理因素方面，需要确保所有参与者都充分知情并且自愿参与实验，同时保护其隐私和个人信息安全。外部有效性是指实验结果能否被合理地推广到更广泛的情境中。虽然实验室实验提供了很好的内部控制，但是其发现可能难以直接应用于真实的市场条件。样本代表性方面，为了提高实验结论的可靠性，应该尽量保证样本能够代表目标群体。总之，实验方法为经管研究提供了一个有价值的工具，特别是在探索因果关系方面。然而，由于该领域相关现象的复杂性和多样性，实验设计需要特别谨慎，并且需要结合其他定量和定性的研究方法来增强研究的可信度。

2.1.5 注重选题的创新性和可行性

（1）创新性探索。选题应具有一定的创新性，可以是研究视角的创新，例如，从社会学角度研究金融问题；也可以是研究方法的创新，例如，将机器学习算法应用于财务风险预测等。

（2）可行性评估。在确定选题前，要对研究的可行性进行全面评估，包括时间、精力、研究能力以及数据获取等方面，确保在规定的时间内能够完成数据收集、分析和论文撰写等工作。

上述内容归纳起来如表2-1所示。

表2-1 实证论文选题时常见的考虑因素

出发点	途径	途径细分	途径再细分
从现实经济问题出发	关注热点新闻		
	深入经济实践		
参考已有文献	研读综述性文献		
	延伸经典文献		
结合自身兴趣和专业优势	选择兴趣导向		
	发挥专业优势		
考虑数据可得性	利用公开数据资源	官方机构发布的数据	
		权威数据库	
	实地调研和问卷调查		
	手工收集数据		
	使用工具抓取数据	网页数据	
		文件中的数据	
	通过实验获得数据	实验室实验	模拟市场环境
			博弈论实验
		实地实验	自然环境干预
			随机对照试验
		准自然实验	
		管理游戏与模拟	
		行为经济学实验	
注重选题的创新性和可行性	创新性探索		
	可行性评估		

2.2 什么样的选题更受欢迎？

选题是开展学术研究的关键步骤，其本身就是一个智者见智仁者见仁的过程。在判断选题是否受欢迎时，常见的经验做法有以下五种：紧跟政策热点、聚焦行业前沿、关注企业实践、进行国际比较，以及结合社会经济问题等。

2.2.1 紧跟政策热点

政策热点包括制度变革、政策调整、宏观经济政策冲击等。

（1）制度变革。例如，研究新会计准则的实施对企业财务报表、财务指标及相关决策的影响；新收入准则、新租赁准则等对不同行业企业影响的差异。

（2）政策调整。例如，分析税收优惠政策、税率变动等对企业税负、经营业绩、投资行为等方面的影响；研发费用加计扣除政策对企业创新投入的激励效应。

（3）宏观经济政策冲击。例如，探讨货币政策、财政政策等宏观经济政策对企业财务状况和经营成果的影响；利率调整对企业融资成本和资本结构的影响。

2.2.2 聚焦行业前沿

行业前沿诸如新兴行业的特殊问题、特定行业的投融资特征与风险、行业竞争与企业策略等。

（1）新兴行业的特殊问题。例如，AI、大数据、区块链等新兴技术在财会领域的应用及对企业财务管理的影响；区块链技术对财务信息透明度和安全性的提升。

（2）特定行业的投融资特征与风险。例如，深入研究一些特殊行业的财务特点和风险，如金融科技行业的盈利模式与风险控制、新能源汽车行业的成本结构与资金链管理等。

（3）行业竞争与企业策略。分析不同行业的竞争态势对企业战略的影响，如电商行业企业如何通过投融资策略提升竞争力。

2.2.3 关注企业实践

企业实践包括企业管理创新、企业并购重组、企业内部控制与风险管理等。

（1）企业管理创新。研究企业管理方面的创新实践，例如，共享财务服务中心的建设与运营效果、业财融合的实施路径与成效、数据资产入表对企业财务管理的影响等。

（2）企业并购重组。分析企业并购重组过程中的财务决策、估值方法、并购绩效以及并购后的整合风险等问题，例如，不同估值方法对并购对价的影响、不同支付方式对并购双方股东财富的影响等。

（3）企业内部控制与风险管理。探讨企业内部控制体系的有效性、风险管理框架的构建与运行，以及二者之间的协同效应；企业如何通过完善内部控制应对财务风险等。

2.2.4 进行国际比较

例如，国际会计准则对比、不同经济体之间企业行为比较等。

（1）国际会计准则对比。研究国际会计准则在不同国家或地区的应用差异及协调情况，分析其对跨国企业财务报告的影响。例如，中国和国际会计准则在收入确认方面的差异及其对企业财务业绩的影响。

（2）跨国企业行为比较。对比不同国家企业的融资行为、投资决策、股利政策等的特点和影响因素等。例如，中国企业与欧美企业在资本结构选择方面的差异及原因。

2.2.5 结合社会经济问题

例如，ESG、社会公平、数字化转型等。

（1）环境、社会和治理（ESG）。分析企业的 ESG 表现与财务绩效之间的关系，例如，企业的环保投入对其长期盈利能力的影响、社会责任履行对企业品牌价值和市场份额的提升。

（2）社会公平。探讨政府政策和企业实践对社会公平的影响，例如，税收政策对贫富差距的调节作用；企业决策对员工薪酬福利和职业安全感的影响。

（3）数字化转型。研究企业数字化转型对社会经济发展的影响，例如，数字化转型对企业创新能力和经济增长的促进作用。

2.3 选题与论文标题如何更好地匹配?

选题体现了论文的核心内容，标题则是论文的"门面"。选题与标题之间的良好匹配能够让读者迅速了解论文的主旨，准确地传达研究重点，吸引目标读者，并且有助于文献检索和引用。

2.3.1 匹配原则

选题与标题之间的匹配原则可以从四个方面进行考虑：准确性原则、简洁性原则、创新性原则，以及完整性原则。

（1）准确性原则。标题需要精准地反映选题的内容。假如选题是"基于面板数据的上市银行盈利能力影响因素实证研究"，标题就不能模糊地写成"银行相关因素研究"，而应该突出"上市银行""盈利能力""面板数据"这些关键要素，这可以让读者在看到标题时就能对论文的大致内容有清晰的认识，避免产生误解。

（2）简洁性原则。标题应简洁明了，避免冗长复杂的表述，在保证准确传达选题内容的前提下，尽量使用精练的语言。假如选题为"对沪深 300 指数成分股企业的财务杠杆与企业价值关系的实证研究"，标题可以简化为"沪深 300 成分股企业财务杠杆与企业价值实证"。简洁的标题更容易被读者理解和记忆，在众多文献中也更具吸引力。

（3）创新性原则。如果选题本身具有创新点，例如，采用新的研究方法、新的数据来源或者新的研究视角，标题应该体现这种创新。假如选题是"利用大数据技术对中小企业财务风险预警的实证探索"，标题可以突出"大数据技术在中小企业财务风险预警中的应用"这一创新点，其作用是吸引读者的眼球，尤其是那些关注行业前沿动态的读者，同时也有助于提升论文的学术价值。

（4）完整性原则。标题应该涵盖选题的主要内容，包括研究对象、研究内容和研究方法等重要信息。以"基于 VAR 模型对国际油价波动与我国新能源汽车企业股价相关性实证研究"为例，标题完整地包含了研究方法（VAR 模型）、研究对象（国际油价波动和我国新能源汽车企业股价）以及研究性质（相关性实证研究）。其作用是让读者对论文有全面的了解，便于判断论文是否符合自己的阅读需求。

2.3.2　匹配方法

选题与标题之间的匹配方法可以考虑三种情形：直接表述法、提问法，以及主副标题结合法。

（1）直接表述法。当选题内容比较明确、直接，且研究方法和对象比较具体时适用，可采用直接表述法。假如选题是"A 股市场动量效应的实证检验"，标题就可以直接采用"A 股市场动量效应实证检验"。这种方法简单明了，能够让读者快速抓住论文的核心内容。

（2）提问法。常用于激发读者的兴趣，引发读者对选题内容的思考。假如选题为"企业社会责任履行对财务绩效的影响实证研究"，标题可以写成"企业社会责任履行能够提升财务绩效吗？——基于实证研究的探索"。这种提问式的标题能够吸引读者进一步阅读论文来寻找答案。

（3）主副标题结合法。当选题内容较为复杂，需要同时体现研究的宏观主题、具体细节或限定研究范围时适用，可采用主副标题结合法。假如选题为"金融科技背景下商业银行数字化转型对其风险承担的影响实证研究"，标题可以是"数字化浪潮下的商业银行风险变革——金融科技背景下银行数字化转型对风险承担影响实证研究"。主标题可以突出主题的宏观性和吸引力，副标题则准确地描述具体的研究内容和方法等。

2.4　实证论文标题有哪些常见类型？

实证论文标题多种多样，并没有一定之规。比较常见的有关系型标题、影响因素型标题、预测型标题、比较型标题以及验证型标题等五种类型。

2.4.1　关系型标题

这类标题主要聚焦于探讨两个或多个变量之间的关系。通过实证研究揭示这些变量是正相关、负相关还是其他复杂的关联，如 U 形或倒 U 形关系等。

例如，标题"股票市场流动性与资产价格波动性的实证关系研究"，明确了研究对象是股票市场中的流动性和资产价格波动性，并且表明要通过实证来探究它们之间的关系。这种类型的研究对于投资者理解市场动态至关重要，因为流动性和价格波动性是影响投资决策的重要因素。

再如标题"企业财务杠杆与企业价值的实证关联分析"。财务杠杆和企业价值是企业财务管理中的关键概念，该标题提示读者，论文将通过实证方法分析企业在不同财务杠杆水平下，企业价值是如何受到影响的，其研究结论有助于企业管理者优化资本结构。

2.4.2　影响因素型标题

这类标题主要用于研究某一现象或变量受到哪些因素的影响，以及这些因素的影响程度如何。

以标题"宏观经济因素对上市公司盈利水平的实证影响研究"为例，宏观经济因素包括 GDP 增长率、通货膨胀率、基准利率等诸多因素。该标题表明论文将通过实证来确定这些宏观因素如何影响上市公司的盈利水平，其研究结论对于投资者评估上市公司的业绩以及政策制定者制定经济政策都有参考价值。

再如标题"企业创新投入影响因素的实证探索——基于行业竞争和企业规模视角"，此标题不仅指出要研究企业创新投入的影响因素，还明确了从行业竞争和企业规模这两个特定视角进行实证探索，使研究范围更加具体。

2.4.3　预测型标题

利用实证方法对变量未来的走势或数值进行预测，通常基于历史数据和相关模型进行研究。

以标题"基于时间序列模型的股票价格预测实证研究"为例，时间序列模型（如 ARIMA 模型等）是常用的预测工具。这个标题表明论文将使用这类模型对股票价格进行预测，为投资者提供参考，帮助他们做出更合理的投资策略。

再如标题"利用神经网络模型对汇率波动的实证预测分析"。随着 AI 技术的发展，神经网络模型在经管领域的应用越来越广泛。该标题显示了利用神经网络来预测汇率波动的研究方向，对于国际贸易企业等汇率敏感型实体具有参考意义。

2.4.4　比较型标题

对不同的主体、方法、政策等进行比较，通过实证找出它们的异同和优缺点。

例如，标题"传统银行与互联网银行盈利能力的实证比较研究"，聚焦于两种不同类型的银行（传统银行和互联网银行），通过实证比较它们盈利能力的差异，有助于了解两种银行模式在盈利方面的特点，为银行的战略规划和监管政策的制定提供依据。

再如标题"不同财政政策对区域经济增长影响的实证对比分析"，表明论文将对多种财政政策进行对比，研究它们对不同区域经济增长的不同影响，这对于政府制定更有针对性的财政政策具有参考价值。

2.4.5　验证型标题

对已有的理论、假说或观点进行实证验证，看其是否在当前的样本或情境下成立。

以标题"有效市场假说在新兴股票市场的实证验证"为例,有效市场假说在金融领域是一个经典理论,这个标题表明将通过新兴股票市场的数据来验证该假说是否成立,这对于完善金融市场理论和指导新兴市场的发展具有参考意义。

再如标题"资本资产定价模型(CAPM)在中国证券市场的实证检验",CAPM是一个广泛应用的金融定价模型。通过在中国证券市场的实证检验,可以发现该模型在当前中国市场环境下的适用性,为证券定价和投资组合管理提供参考。

2.5 什么样的论文标题更容易受到质疑?

初学者在命名论文标题时容易走入一些误区,使其论文标题受到读者质疑。这些误区大致表现为四种典型情形:标题范围过大,标题表述模糊,标题带有主观偏见,以及标题与文章实际内容不符等。

2.5.1 标题范围过大

(1)标题范围过大的典型表现有:包含过多变量或对象、涉及多个领域且未明确重点等。

包含过多变量或对象。以"全球金融市场所有因素相互关系的实证研究"为例,全球金融市场包含了股票、债券、外汇、衍生品等多种市场,"所有因素"更是涵盖了宏观经济指标、政策因素、企业微观数据等无数个变量,这样的标题范围过于宽泛,让人质疑是否能够在一篇论文中全面、深入地进行实证研究。

涉及多个领域且未明确重点。例如,"金融、经济与社会发展综合实证研究",这种标题涉及三个庞大的领域,每个领域都有众多的研究方向和变量,由于没有明确聚焦的点,读者会怀疑作者是否有能力在有限的篇幅内有效处理如此复杂且宽泛的主题。

(2)引发质疑的主要原因有:可行性存疑、研究深度不足等。

可行性存疑。范围过大的标题往往意味着需要大量的数据、复杂的模型和漫长的研究过程。读者会怀疑作者是否能够获取足够全面的数据,以及是否有足够的资源和能力来处理这些数据并得出有价值的结论。

研究深度不足。由于范围太广,很可能导致研究浮于表面,无法深入探究每个变量之间的关系或者每个领域的具体问题。

2.5.2 标题表述模糊

(1)标题表述模糊的典型表现有:关键概念不明确、研究方法和目的隐晦等。

关键概念不明确。例如,"一种金融现象与企业绩效的实证研究",这里的"一种金融现象"非常模糊,没有具体指出是金融市场波动、金融创新还是其他金融现象,使读者无法准确判断论文的研究内容。

研究方法和目的隐晦。例如,"关于财经问题的实证探索",没有说明是何种财经问题，也没有提及用什么方法进行探索，以及探索的目的是什么，这样的标题易让读者对论文的价值产生怀疑。

（2）引发质疑的主要原因有：信息传递不清晰、缺乏明确的研究思路等。

信息传递不清晰。标题作为论文的"招牌"，应该准确传达核心信息。模糊的标题无法让读者快速了解论文的主要内容、研究对象和研究目的，降低了论文的吸引力。

缺乏明确的研究思路。表述模糊的标题可能暗示作者自己对研究的重点和方向还不够明确，这会让读者质疑论文是否是经过严谨规划后开展的研究。

2.5.3　标题带有主观偏见

（1）带有主观偏见的标题典型表现为：带有价值判断词汇、先入为主的结论性表述等。

带有价值判断词汇。例如，"最佳投资策略的实证证明"，"最佳"一词体现了很强的主观判断。不同的投资者有不同的风险偏好、投资目标和市场环境，很难有一个被所有人认可的"最佳"投资策略，这样的标题容易引起读者对研究客观性的质疑。

先入为主的结论性表述。例如，"企业并购提升经济效益的实证研究"，这个标题表明了一种肯定的、先入为主的结论。实证研究应该是基于数据和分析来得出结论，而不是预设结论。

（2）引发质疑的原因：违背实证研究客观性原则。

实证研究要求以客观的数据和科学的方法来得出结论，带有主观偏见的标题会让读者怀疑作者是否能够公正地进行研究，是否会在研究过程中选择性地使用数据来支持自己预先设定的观点。

2.5.4　标题与实际内容不符

（1）标题与实际内容不符的典型表现有：标题涵盖的内容在文中未能充分体现、标题强调的重点与内容不一致等。

标题涵盖的内容在文中未能充分体现。如标题是"基于多模型的金融风险预测实证研究"，但论文实际只使用了一种模型，或者对其他模型只是简单提及，没有进行深入的实证分析，这就会让读者质疑标题的覆盖面。

标题强调的重点与内容不一致。如标题突出的是"金融创新对金融稳定性的贡献实证研究"，但在内容中大部分篇幅在讲金融创新可能带来的风险，对积极影响的实证部分很少，就会出现标题和内容"两张皮"现象。

（2）引发质疑的主要原因：误导读者期望、研究过程可能存在问题等。

误导读者期望。读者是基于标题来决定是否阅读论文，标题与内容不符会让读者觉得被误导，从而对论文内容产生怀疑。

研究过程可能存在问题。论文标题与内容的这种不匹配可能暗示作者在研究过程中偏离了最初的研究目标，或者没有很好地组织研究内容，使得标题不能准确地概括研究成果。

上述内容归纳起来如表 2-2 所示。

表 2-2　论文标题容易引起质疑的典型情形

问题类型	典型表现	质疑原因
标题范围过大	包含过多变量或对象	可行性存疑
	涉及多个领域且未明确重点	研究深度不足
标题表述模糊	关键概念不明确	信息传递不清晰
	研究方法和目的隐晦	缺乏明确的研究思路
标题带有主观偏见	带有价值判断词汇	违背实证研究客观性原则
	先入为主的结论性表述	
标题与实际内容不符	标题涵盖的内容在文中未能充分体现	误导读者期望
	标题强调的重点与内容不一致	研究过程可能存在问题

2.6　论文标题中如何体现中介因素？

实证论文中通过中介因素进行机制分析或路径研究有助于提升论文的增量贡献。如果希望突出中介因素在论文中的作用，可以在论文标题中加入中介因素。此时可以考虑几种典型的做法，如明确中介变量、使用专业术语、突出中介效应的研究方法，以及强调中介效应的重要性或创新性等。

2.6.1　明确中介变量

中介变量是在自变量和因变量之间起桥接作用的变量，它能够解释自变量是如何影响因变量的。在标题中明确中介变量，可以让读者快速了解研究的关键环节。例如，在研究"企业社会责任（自变量）对企业财务绩效（因变量）的影响"时，如果发现"企业声誉（中介变量）"在其中起到关键作用，明确这个中介变量有助于精准地传达研究的核心内容。论文标题可以考虑用"企业社会责任对财务绩效的影响实证研究——基于企业声誉的中介效应"，这个标题直接点明了自变量（企业社会责任）、中介变量（企业声誉）和因变量（企业财务绩效），清晰地展示了研究的重点是中介效应。

2.6.2　使用专业术语

选择研究领域中广泛认可的、准确描述中介效应的专业术语，如"中介作用"、"中介路径"、"传导机制（当强调中介变量作为一种传导渠道时）"等。例如，在研究宏观经济政策对企业投资决策的影响时，如果希望强调利率市场化程度作为中介变量，标题可以使用"中介作用"这一术语。论文标题可以考虑用"宏观经济政策对企业投资决策的影响：基于利率市场化程度的中介作用实证研究"，该标题通过专业术语"中介作用"，使读者能够立刻识别这是一篇关于中介效应的实证论文，并且清楚地知道中介变量是利率市场化程度。

2.6.3　突出中介效应的研究方法

如果在研究中介效应时采用了特定的、具有创新性或者重要性的研究方法，如结构方程模型（SEM）、中介效应检验的 Bootstrap 方法等，在标题中体现这些方法可以增强标题的专业性和吸引力。例如，Bootstrap 方法能够在小样本情况下更准确地检验中介效应，在标题中体现这种研究方法，可以让关注方法应用的读者更加感兴趣。论文标题可以考虑用"企业营销投入与市场份额关系实证研究：基于 Bootstrap 方法的品牌忠诚度中介作用"，标题突出了 Bootstrap 方法，同时明确了自变量（企业营销投入）、中介变量（品牌忠诚度）和因变量（市场份额）之间的关系，让读者了解到论文不仅关注中介效应本身，也注重 Bootstrap 研究方法的应用。

2.6.4　强调中介效应的重要性或创新性

可以通过在标题中使用一些强调性的词汇，如"关键中介""核心中介路径""新中介机制"等来突出中介效应的重要地位或创新性。例如，在研究数字化转型、科技政策与企业创新之间的关系时，如果发现一个之前未被充分研究的变量在某个经济关系中起到了重要的中介作用，就可以在标题中体现这种创新性。论文标题可以考虑用"数字化转型在科技政策与企业创新能力之间的关键中介机制实证研究"，标题中的"关键中介机制"能够吸引读者的注意力，使其意识到这篇论文可能在中介效应的研究上有新的发现或观点。

2.7　论文标题中如何体现调节效应？

在实证研究选题时考虑解释变量和被解释变量之间的调节效应同样有助于提升选题的增量价值。如果希望强调调节效应的贡献，可以考虑在论文标题中增加调节效应的词汇。常见的做法与在标题中加入中介效应的做法类似，例如：明确变量角色定位、使用专业词汇体现调节作用、突出调节效应的条件性或情境性，以及结合研究方法体现调节效应等。

2.7.1　明确变量角色定位：明确指出自变量、因变量和调节变量

在标题中清晰地指出研究中的关键变量，即自变量（X）、因变量（Y）和调节变量

（M）。例如，在研究"企业数字化转型（X）对企业绩效（Y）的影响受市场竞争程度（M）调节"时，要明确这些变量的名称。论文标题可以考虑用"市场竞争程度对企业数字化转型与企业绩效关系的调节效应实证研究"，这个标题直接表明了调节变量（市场竞争程度）对自变量（企业数字化转型）和因变量（企业绩效）之间关系的调节作用。

2.7.2　使用专业词汇体现调节作用

运用调节效应相关术语，使用"调节效应"、"调节作用"、"调节影响"等专业词汇突出研究的重点是调节关系。例如，在研究税收政策对企业投资决策和企业价值关系的调节作用时，论文标题可以考虑用"税收政策的调节作用：企业投资决策与企业价值关系的实证分析"。通过"调节作用"一词，读者能够快速识别这是一篇研究调节效应的论文。

2.7.3　突出调节效应的条件性或情境性：强调不同条件下的调节效应差异

如果调节变量在不同的条件或情境下会产生不同的调节效果，可以在标题中体现这一点。例如，研究不同行业环境下企业战略对企业财务状况的调节作用，论文标题可以考虑用"不同行业环境下企业战略对财务状况调节效应的实证研究"。标题中的"不同行业环境下"突出了调节效应的情境性，让读者了解到该研究将关注行业差异对调节关系的影响。

2.7.4　结合研究方法体现调节效应

如果在研究调节效应时采用了特定的实证方法，如分层回归分析、交互作用检验等，可以在标题中适当体现。例如，在研究金融市场波动对企业融资成本和融资规模关系的调节效应时，运用了分层回归分析方法。论文标题可以考虑用"基于分层回归分析的金融市场波动对企业融资成本与融资规模关系调节效应的实证研究"。这样的标题不仅表明了调节效应，还突出了所采用的实证方法，增加了标题的专业性和吸引力。

2.8　调节效应与中介效应有何区别？

前文探讨了在论文标题中加入调节效应和中介效应的典型做法，初学者容易产生一个问题：调节效应与中介效应有何主要区别？

调节效应与中介效应的区别大体上可以分为四个方面：概念不同、研究目的不同、变量的关系模式不同，以及统计分析方法不同。

2.8.1　概念不同

中介效应是一种间接效应，它描述的是自变量（X）通过中介变量（M）对因变量

（Y）产生影响的过程。中介变量起到了传递自变量对因变量影响的作用，就像一个桥梁。例如，在研究企业社会责任（X）对企业财务绩效（Y）的影响时，企业声誉（M）可能作为中介变量。企业履行社会责任会提升企业声誉，而良好的企业声誉又会进一步促进企业财务绩效的提升，这个过程就是中介效应。

调节效应强调的则是一个变量（调节变量，M）如何改变另外两个变量（自变量 X 和因变量 Y）之间的关系强度或方向。调节变量类似于一种"催化剂"，它会根据自身的不同取值来影响 X 和 Y 之间的关系。例如，在研究员工培训（X）对员工工作绩效（Y）的影响时，工作环境（M）就可以作为调节变量。在一个积极支持员工培训的工作环境下，员工培训对工作绩效的提升作用可能会更强；而在一个消极压抑的工作环境下，这种提升作用可能会被削弱，这就体现了调节效应。

2.8.2 研究目的不同

中介效应的研究目的主要是揭示自变量影响因变量的内部机制，找到这个中间的传递环节。通过识别和验证中介变量，可以更深入地理解为什么自变量会对因变量产生影响。例如，研究企业声誉作为中介变量，可以帮助企业管理者理解企业社会责任活动是如何转化为实际的财务收益的，从而为企业战略决策提供依据，比如是否要加大企业社会责任投入等。

调节效应的研究目的旨在探讨在不同的情境或条件下（由调节变量表示），自变量和因变量之间关系的变化情况。这有助于发现影响因素之间关系的边界条件，为更精准地理解和预测现象提供依据。例如，了解工作环境对员工培训和工作绩效关系的调节效应，可以帮助企业人力资源部门根据不同的工作环境来调整培训策略，以达到最佳的培训效果。

2.8.3 变量的关系模式不同

中介效应的变量关系是一种链式结构，即 $X \to M \to Y$。自变量先对中介变量产生影响，然后中介变量再对因变量产生影响。这种关系是间接的，并且通常可以通过分解总效应来得到中介效应的大小。例如，在路径分析中，可以计算企业社会责任通过企业声誉影响企业财务绩效的具体中介效应大小。

调节效应的变量关系更多的是一种交互关系，重点在于 X 和 Y 之间的关系如何随着调节变量 M 的变化而变化，常常使用交互项（$X \times M$）来表示这种关系。例如，在回归分析中，可以通过加入 $X \times M$ 这一交互项来检验调节效应。如果交互项的系数显著，就说明存在调节效应。以员工培训和工作绩效之间关系为例，可以构建包含员工培训（X）、工作环境（M）和员工培训×工作环境（$X \times M$）交互项的回归模型来检验工作环境对员工培训与工作绩效关系的调节效应。

2.8.4 统计分析方法不同

中介效应分析的常用方法包括逐步回归法、结构方程模型（SEM）等。在逐步回归中，首先检验自变量 X 对因变量 Y 的总效应，然后检验 X 对中介变量 M 的效应，以及 M 对 Y 的效应，通过比较系数数值和显著性变化等方式来确定中介效应是否存在。结构方程模型则可以同时估计多个变量之间的复杂关系，包括中介路径。例如，使用 AMOS（analysis of moment structures）等软件构建结构方程模型，可以更直观地分析企业社会责任、企业声誉和企业财务绩效之间的中介关系路径。

调节效应分析方法主要是通过构建包含交互项的回归模型来进行。首先对自变量 X 和调节变量 M 进行中心化处理（减少多重共线性），然后构建包含 X、M 和 $X \times M$ 的回归方程，通过检验交互项 $X \times M$ 的系数是否显著来判断调节效应是否存在。在方差分析（ANOVA）等情境下，也可以通过分组比较等方式来考察调节变量不同水平下自变量和因变量之间关系的差异，以检验调节效应。例如，将工作环境分为不同的水平（如良好、一般、较差），分别分析在这些不同水平下员工培训和工作绩效之间的关系来验证工作环境的调节效应。

中介效应和调节效应之间的区别可以归纳为表 2-3。

表 2-3　中介效应与调节效应的主要区别

主要区别	中介效应	调节效应
概念不同	桥接解释变量和被解释变量	调节解释变量和被解释变量之间关系的强度或方向
研究目的不同	揭示自变量影响因变量的内部机制	探讨在不同的情境或条件下自变量和因变量之间关系的变化情况
变量的关系模式不同	链式结构	交互关系
统计分析方法不同	逐步回归法 结构方程模型	构建交互项

关于在实证论文中如何使用中介效应和调节效应，可参见本书后面专门讨论中介效应和调节效应的章节。

✏️ 本章小结

本章首先介绍了实证论文的选题及其特点，然后介绍了论文标题命名过程中的常见做法，以及在标题中嵌入中介效应或调节效应的一般情形，最后扼要介绍了中介效应与调节效应的主要区别。本章的内容有助于初学者了解实证研究选题和论文标题命名的特点。

思考与练习题

在高质量专业期刊中分别选择三篇论文:一篇的标题中仅含解释变量和被解释变量,一篇的标题中含有中介变量,一篇的标题中含有调节变量(建议后续的练习与思考题继续使用这些论文),透过标题解析其选题或研究问题,并回答下列问题:

1. 论文涉及哪些研究领域?
2. 论文研究的被解释变量、解释变量及其关系是什么?
3. 如果论文标题中含有中介变量,尝试解读解释变量、中介变量与被解释变量之间的关系。
4. 如果论文标题中含有调节变量,尝试解读解释变量、调节变量与被解释变量之间的关系。
5. 如果论文标题中含有副标题,尝试解释其必要性和作用。

3 如何撰写摘要和引言？

📚 **学习要点**

本章的主题是如何撰写摘要和引言。如果说标题是论文的第一门面，摘要和引言就是论文的第二和第三门面。本章的主要内容包括：摘要的重要性，摘要的典型要素，如何选择论文的关键词，如何选择中图分类号和 JEL 分类号；引言的重要性，引言与摘要的区别，常见的引言结构，以及何时撰写摘要和引言等。

3.1 为什么需要摘要?

3.1.1 学术论文为何需要摘要?

常见的原因有四个：提供快速概览、便于文献检索、突出研究贡献，以及促进学术交流。

首先是提供快速概览。在当今信息爆炸的时代，读者需要快速判断一篇论文是否与自己的研究兴趣相关，是否值得深入阅读。摘要作为论文的浓缩版，能够让读者在较短时间内对论文的核心内容有一个初步的了解，从而决定是否继续阅读全文。

其次是便于文献检索。各种学术数据库和搜索引擎通常会收录论文的摘要，读者在进行文献检索时，首先看到的就是论文的摘要。一个清晰、准确的摘要能够提高论文被检索到的概率，增加其在学术界的可见度和影响力。

再次是突出研究贡献。摘要可以突出论文的主要研究贡献和创新点，使读者能够快速了解该研究在所属领域的重要性和独特性，从而引起读者的关注和兴趣。

最后是促进学术交流。在学术会议、研讨会等场合，学者们通常会通过阅读论文摘要来了解其他研究人员的工作。摘要可以作为一种有效的学术交流工具，促进学者之间的思想碰撞和合作。

3.1.2 读者期望从摘要中看到哪些内容?

换位思考，读者期望从摘要中看到的内容主要包括：研究问题、研究方法、研究发现、学术贡献、研究目的以及研究意义。

（1）研究问题。明确论文的研究问题是什么，该问题在所属领域的重要性和现实意义，以及为什么这个问题值得研究，这有助于读者判断该研究是否与自己关注的领域相关。

（2）研究方法。研究采用的主要方法和技术手段，包括数据来源、样本选择、变量测量、分析方法等。读者可以通过了解研究方法来评估研究的科学性和可靠性。

（3）研究发现。这是摘要的核心部分，读者期望看到论文的主要研究结果和发现，包括对研究问题的回答、变量之间的关系、实验或调查的结果等。这些发现应该是具体、明确的。许多论文在主要发现之后往往还有进一步的研究发现。

（4）学术贡献或创新点。常见的三种情形有：学术争鸣（与现有文献的结论不同），文献贡献（丰富某个领域的学术文献或填补现有文献的研究空白，如现有文献未曾研究的话题，或现有文献中未发现类似的研究结论），以及方法创新（与现有文献的研究方法不同）等。

（5）研究目的以及研究意义。了解论文的研究目的，了解研究结论对谁在哪些方面具有什么参考价值或意义。

3.2 摘要有哪些典型要素？

一篇典型的实证论文摘要往往包括多个方面的要素，如研究问题、研究方法、研究发现、学术贡献或创新点、研究目的、研究意义等。下面以具体实例说明如何在论文摘要中灵活阐述上述要素。

【例3-1】以"签字审计师之间的校友关系对审计质量的影响研究"① 为例，说明实证论文摘要的典型要素。该论文的摘要如下：

"利用2004—2011年我国A股上市公司及其签字注册会计师的数据，以出具非标意见的倾向和操纵性应计的绝对值作为审计质量的代理变量，考察签字审计师之间的校友关系对审计质量的影响。研究发现：签字审计师之间存在校友关系时，审计团队的沟通效率较高，团队合作效应增强，审计质量提高；进一步研究发现，审计师的性别和"211"高校学历在审计师校友关系对审计质量的影响中起到显著的正向调节作用。研究结论对于深入理解审计团队对审计质量的影响，以及完善事务所资源配置和团队建设具有一定的启示意义。"

摘要中"考察签字审计师之间的校友关系对审计质量的影响"指出了论文的研究问题和研究方法。在研究问题方面，被解释变量是上市公司定期报告的审计质量，解释变量是签字审计师之间的校友关系。

---

① 王德宏，宋建波，李洋. 签字审计师之间的校友关系对审计质量的影响研究 [J]. 会计与经济研究，2017，31（5）：76-88.

摘要中"利用2004—2011年我国A股上市公司及其签字注册会计师的数据，以出具非标意见的倾向和操纵性应计的绝对值作为审计质量的代理变量"指出了研究使用的样本数据，这意味着论文将使用实证研究方法。此处还声明了被解释变量（审计质量）使用的代理变量（出具非标意见的倾向和操纵性应计的绝对值），因为被解释变量并非是一个客观存在的测度指标，因此需要使用代理变量进行测度。

摘要中"签字审计师之间存在校友关系时，审计团队的沟通效率较高，团队合作效应增强，审计质量提高"阐述了论文的主要研究发现。

摘要中"审计师的性别和'211'高校学历在审计师校友关系对审计质量的影响中起到显著的正向调节作用"阐述了两种因素（审计师的性别，"211"高校学历）在解释变量（审计师校友关系）影响被解释变量（审计质量）过程中的调节作用，作为该论文的进一步发现。由于之前未发现有文献分析这些因素对于解释变量影响被解释变量的调节作用，这些结论丰富了该领域的研究文献，可以作为该论文的学术贡献。

摘要中"研究结论对于深入理解审计团队对审计质量的影响，以及完善事务所资源配置和团队建设具有一定的启示意义"阐述了该论文的研究意义。

【例3-2】 以"期间因素能否影响动量效应的市场表现？——来自中国股票市场的经验证据"[①] 为例，说明实证论文摘要的典型要素。该论文的摘要如下：

"现有文献对于我国股票市场是否普遍存在动量效应观点并不一致。本文以2010—2015年我国股票市场为背景，对动量效应的存在性进行再检验，并研究投资组合的期间因素（评估期和持有期）对动量效应市场表现的影响。研究发现：（1）与多数现有文献的结论不同，我国股票市场不仅存在反转效应，同时也存在动量效应。（2）动量（反转）效应的存在性和市场表现受到投资组合中的期间因素的显著影响。评估期越短，或者持有期越长，动量（反转）效应的市场表现就越强。现有文献尚未得出类似的结论。（3）借助期间因素，研究还发现，我国各个细分股票市场在动量（反转）效应的市场表现方面存在显著差异。动量（反转）效应在创业板的市场表现最强；中小板最弱，中小板的动量效应低于创业板60.7%，其反转效应低于创业板15.5%。本文结论为：基于动量（反转）效应的投资策略在我国股票市场均有意义；投资者制定这些策略时需要考虑期间因素和细分市场差异的影响。"

在研究目的、研究问题与研究方法方面，摘要中"现有文献对于我国股票市场是否普遍存在动量效应观点并不一致"首先明确了论文的研究目的，即希望检验中国股票市场是否普遍存在动量效应，同时铺垫了论文的研究问题。

摘要中"以2010—2015年我国股票市场为背景，对动量效应的存在性进行再检验，并研究投资组合的期间因素（评估期和持有期）对动量效应市场表现的影响"描

---

① 王德宏，宋建波．期间因素能否影响动量效应的市场表现？：来自中国股票市场的经验证据［J］．金融评论，2017，9（3）：75-90，125.

述了论文的研究方法和研究问题。在研究方法方面，由于使用的是股票市场数据，意味着论文将使用实证研究方法。论文中有两个研究问题，第一个是动量效应的存在性，第二个是研究投资组合的期间因素（评估期和持有期）对动量效应市场表现的调节作用。

在研究发现与学术贡献方面，摘要中"与多数现有文献的结论不同，我国股票市场不仅存在反转效应，同时也存在动量效应"阐述了第一个问题的研究结论。由于与当时许多文献的结论不同，以学术争鸣的方式说明了研究结论的学术贡献。

摘要中"动量（反转）效应的存在性和市场表现受到投资组合中的期间因素的显著影响。评估期越短，或者持有期越长，动量（反转）效应的市场表现就越强。现有文献尚未得出类似的结论"回答了第二个研究问题，其研究结论丰富了该领域的文献，同样说明了研究结论的学术贡献。

摘要中"我国各个细分股票市场在动量（反转）效应的市场表现方面存在显著差异。动量（反转）效应在创业板的市场表现最强；中小板最弱，中小板的动量效应低于创业板60.7%，其反转效应低于创业板15.5%"阐述了论文的进一步研究发现。

在研究意义方面，摘要中"基于动量（反转）效应的投资策略在我国股票市场均有意义；投资者制定这些策略时需要考虑期间因素和细分市场差异的影响"从两个方面阐述了该论文研究结论对于投资者制定投资策略的参考意义。

【例3-3】以"有效激励还是激励扭曲：员工持股计划对股价崩盘风险的影响"[①] 为例，说明实证论文摘要的典型要素。该论文的摘要如下：

"本文以2014—2020年中国沪深A股上市公司为样本，探究员工持股计划对股价崩盘风险的影响，发现：（1）员工持股计划的实施增大了股价崩盘风险；（2）员工持股计划主要通过大股东侵占机制、管理层自利机制以及信息披露质量机制来影响股价崩盘风险；（3）员工持股计划中高管认购比例越高，公司股价崩盘风险越大；（4）异质性分析表明，当大股东不具有相对控股权并且公司未面临外部收购风险时，员工持股计划使股价崩盘风险增加的效果更加显著。本文集中探讨了2014年《指导意见》出台后，上市公司重新推行的员工持股计划的实施效果，拓展了员工持股计划的经济后果，揭示了员工持股计划实施过程中大股东侵占及管理层自利行为抑制了其积极作用的发挥并产生的严重激励扭曲问题。本文对推动员工持股计划良性发展以及完善员工持股计划制度设计具有一定的参考意义。"

在研究问题与研究方法方面，摘要中"本文以2014—2020年中国沪深A股上市公司为样本"首先表明了论文将要使用的样本数据，这也意味着论文将使用实证研究方法。摘要中"探究员工持股计划对股价崩盘风险的影响"明确了论文研究问题的被解释变量

---

① 王德宏，孙亚婕．有效激励还是激励扭曲：员工持股计划对股价崩盘风险的影响 [J]．金融评论，2023，15（5）：77-102.

是股价崩盘风险，解释变量是员工持股计划。

在研究发现方面，摘要中"员工持股计划的实施增大了股价崩盘风险"阐述了论文的主要研究发现，表明了该论文的研究结论与许多现有文献不同。该论文的进一步研究发现内容较多，包括机制分析、调节效应和异质性分析三个方面。

摘要中"员工持股计划主要通过大股东侵占机制、管理层自利机制以及信息披露质量机制来影响股价崩盘风险"通过中介效应分析了解释变量（员工持股计划）影响被解释变量（股价崩盘风险）的三种机制（大股东侵占、管理层自利、信息披露质量）。

摘要中"员工持股计划中高管认购比例越高，公司股价崩盘风险越大"阐述了调节变量（高管认购比例）在解释变量（员工持股计划）影响被解释变量（股价崩盘风险）过程中的调节作用。

摘要中"当大股东不具有相对控股权并且公司未面临外部收购风险时，员工持股计划使股价崩盘风险增加的效果更加显著"阐述了异质性分析的结果。

在研究目的方面，中国企业自 1984 年起已经开始出现员工持股计划，由于早期设计不完善，员工持股计划在执行过程中出现了诸多问题，后来被叫停。

为了贯彻落实《国务院关于进一步促进资本市场健康发展的若干意见》（国发〔2014〕17 号）精神，2014 年 6 月 20 日中国证监会发布了《关于上市公司实施员工持股计划试点的指导意见》（即论文中所说的《指导意见》），在上市公司中开展员工持股计划试点。

摘要中"本文集中探讨了 2014 年《指导意见》出台后，上市公司重新推行的员工持股计划的实施效果"解释了论文的研究目的，即探讨 2014 年《指导意见》出台后，上市公司重新推行的员工持股计划的实施效果。上市公司实施员工持股计划具有多种经济后果，一篇论文难以探究全部的情形，于是该论文聚焦于对上市公司股价波动的影响方面，特别是上市公司的股价崩盘现象。这是该论文的研究目的。

在学术贡献与研究意义方面，摘要中"拓展了员工持股计划的经济后果，揭示了员工持股计划实施过程中大股东侵占及管理层自利行为抑制了其积极作用的发挥并产生的严重激励扭曲问题"叙述了论文的学术贡献和创新点。许多文献认为员工持股计划有助于降低上市公司的股价崩盘风险，但该论文对这个观点提出了质疑，进行了学术争鸣，通过实证研究表达了不同的观点，并发现了更多的结论（机制分析、调节效应、异质性分析）。

摘要中"本文对推动员工持股计划良性发展以及完善员工持股计划制度设计具有一定的参考意义"阐述了论文的研究意义。

3.3 如何选择论文的关键词？

实证论文在摘要之后往往还有论文的关键词。

选择实证论文的关键词是一个重要的过程，其目的是确保论文能够被正确索引、检索和引用。以下是选择关键词的一些常见原则和方法：

一是相关性和准确性。关键词应与研究主题密切相关，能准确地概括文章的主要内容，应该选择与文章核心观点、研究问题、方法和结果相关的词汇。

二是权威性和规范性。应该选择常用、标准的词汇和术语，尽量避免使用不规范的或过于特殊的词汇，确保关键词能够被他人理解并适用于检索。

三是多样性和广泛性。考虑使用不同类型和层次的关键词，包括通用词汇、专业术语、同义词和相关概念，以便在不同领域和检索系统中都能容易地找到文章。

四是具体性和细化性。尽量选择具体的关键词，避免使用过于宽泛的词汇。添加一些细化词汇可以更准确地描述研究对象和范围。

五是适当的关键词数量。一般建议选择 3~6 个关键词，不要过多，也不要过少。关键词过多可能会导致关注点不明确，而过少则可能无法覆盖文章的主要内容。

六是考虑主流术语和趋势。关注研究领域的主流术语和研究热点，确保关键词能够反映当前领域的最新发展和趋势。

七是从文中反复强调的内容中选取。这些部分通常包含了文章的核心内容，从中提取关键词可以确保其与文章内容的紧密相关。

八是从文章的研究背景、研究问题、研究方法和核心研究结论中选取。它们是文章的重要组成部分，从中选取关键词可以突出文章的研究重点。

九是换位思考。设想一下，你会使用什么关键词来搜索跟主题有关的论文。你搜索时所使用的短语或单词很可能就是其他研究者也会使用的，因此，选择合适的关键词短语，能够大幅缩小搜索范围，更快找到相关资料。

需要注意的是，这些原则和方法在一篇论文中不一定全部用上。

通过上述方法和原则，有助于选择适合论文的关键词，提高论文的可检索性和影响力。

3.4 中图分类号和 JEL 分类号是什么？

许多学术期刊明确要求投稿论文在摘要后面标注文献分类号。

3.4.1 为什么学术论文普遍需要文献分类号？

使用标准文献分类号的主要原因有：整理和归档、提高文献检索效率、统计和分析、学科交流和合作、规范学术出版等。

（1）整理和归档。文献分类号为大量的学术论文提供了系统化、有序的归类和整理方式，使得不同学科领域的研究成果能够清晰地分类和存档。

（2）提高文献检索效率。作为一种编码系统，文献分类号可以帮助科研人员高效地进行文献检索和信息查找。通过使用分类号，研究人员能够快速锁定自己感兴趣的论文和相关研究成果，节省时间和精力。分类号为学者们提供了一种系统化、标准化的方式来查找和分类期刊论文和其他相关文献，从而提高相关领域的文献检索效率。

（3）统计和分析。文献分类号的使用为学术界提供了一个进行数据统计和分析的基础。通过对大量的学术论文进行分类编码，研究人员可以对不同学科领域的研究热点、趋势和发展进行全面的分析和评估。

（4）学科交流和合作。文献分类号的存在促进了学科间的交流、合作和互动。只要使用相同的文献分类号体系，研究人员就能更容易地找到和联系到在同一领域内工作的其他学者，开展合作研究和学术交流。分类号也使得不同领域的研究者能够更容易地找到彼此的研究成果，进而推动学术研究的不断进步和发展。

（5）规范学术出版。文献分类号的使用也促进了期刊编辑出版的规范化，推动了编辑出版工作的现代化进程。

综上所述，文献分类号对于学术界和科研人员来说具有重要的作用，它们不仅提高了文献检索效率，而且促进了学术交流和知识传播，同时也为学术研究的整理、归档和统计分析提供了便利。

常用的学术论文分类号有两种：中图分类号和 JEL 分类号。

3.4.2 什么是中图分类号？

中图分类号①是指采用《中国图书馆分类法》对科技文献进行主题分析，并依照文献内容的学科属性和特征，分门别类地组织文献所获取的分类代号。

中图分类号包括 22 个基本大类，每个大类用一个英文字母代表：A 马克思主义、列宁主义、毛泽东思想、邓小平理论，B 哲学、宗教，C 社会科学总论，D 政治、法律，E 军事，F 经济，G 文化、科学、教育、体育，H 语言、文字，I 文学，J 艺术，K 历史、地理，N 自然科学总论，O 数理科学和化学，P 天文学、地球科学，Q 生物科学，R 医药、卫生，S 农业科学，T 工业技术，U 交通运输，V 航空、航天，X 环境科学、安全科学，Z 综合性图书。

了解中图分类号的
类目细分

中图分类号中每个大类在字母后用数字作进一步的类目细分。

这些分类号为中国学术论文的分类和检索提供了标准化的工具。在撰写和投稿学术论文时，正确标注中图分类号有助于提高论文的可检索性和专业性。

---

① 中图分类号官网：https：//www.clcindex.com/。

3.4.3　什么是 JEL 分类号?

JEL 分类号 (Journal of Economic Literature Classification)① 是由美国经济协会 (American Economic Association, AEA) 发布的经济学文献分类系统, 广泛应用于经济学领域的学术期刊和数据库。JEL 分类系统的特点主要体现在层次结构、编码方式、国际通用、应用广泛等方面。

(1) 采用层次结构。JEL 分类号具有明确的层次结构, 顶层类别涵盖经济学的各个领域, 如宏观经济学、微观经济学等, 下层类别则更为细化, 包括具体的研究主题或方向。

(2) 编码方式。每个经济学类别以一个英文字母开头, 接着是两位阿拉伯数字的编码, 类似于一本经济学词典, 清晰地划分了学术研究的各个领域。

(3) 国际通用。JEL 分类号为研究者提供了一个国际通用的文献检索工具, 有助于提升学术交流的效率。

(4) 应用广泛。它不仅用于学术期刊文章的分类, 还用于书籍、工作论文等经济学文献的分类。

JEL 分类号的重要性在于它为研究人员、学者和图书馆员提供了一种统一的标准, 使得经济学文献的分类、索引和检索变得直观且高效。无论是宏观经济学、微观经济学、金融学, 还是发展经济学、法律经济学, 每一个类别都有其专属的代码, 使得读者能够迅速找到相关研究的主题和内容。总的来说, JEL 分类号是经济学家和研究者进行学术交流和文献管理的必备工具, 它简化了学术研究的组织和查找过程, 极大地推动了经济学知识的传播和积累。

JEL 分类号有 20 个大类, 以英文字母表示, 这些大类包括: A 经济学总论与教育 (General Economics and Teaching), B 经济思想流派与方法论史 (History of Economic Thought, Methodology, and Heterodox Approaches), C 数学与计量方法 (Mathematical and Quantitative Methods), D 微观经济学 (Microeconomics), E 宏观经济学与货币经济学 (Macroeconomics and Monetary Economics), F 国际经济学 (International Economics), G 金融经济学 (Financial Economics), H 公共经济学 (Public Economics), I 保健、教育与福利 (Health, Education, and Welfare), J 劳工与人口经济学 (Labor and Demographic Economics), K 经济与法律 (Law and Economics), L 工业组织 (Industrial Organization), M 商业管理与商业经济、市场、会计与人事经济学 (Business Administration and Business Economics; Marketing; Accounting; Personnel Economics), N 经济历史 (Economic History), O 经济发展、创新、技术变革与经济 (Economic Development, Innovation, Technological Change, and Growth), P 政治经济与经济体系比较 (Political Economy and Comparative

---

① JEL 官网: https://www.aeaweb.org/jel/guide。

Economic Systems), Q 农业与自然资源经济学、环境与生态经济学（Agricultural and Natural Resource Economics; Environmental and Ecological Economics), R 城乡、区域、房地产与交通运输经济学（Urban, Rural, Regional, Real Estate, and Transportation Economics), Y 其他类别（Miscellaneous Categories), Z 其他特定主题（Other Special Topics）。

许多经管类中文类期刊既要求中图分类号，也要求 JEL 分类号。英文期刊仅需要 JEL 分类号。

了解 JEL 分类号
的细分类目

3.5　为什么需要引言?

实证论文通常都有引言部分。引言在整篇论文中扮演着至关重要的角色。

3.5.1　引言在论文中主要承担哪些角色?

（1）设定研究背景。引言部分首先为读者提供了研究的背景信息，解释为什么这项研究是重要的，还可能包括研究领域中当前的知识状态、存在的问题及其社会、经济或学术意义。

（2）明确研究问题。引言部分需要清晰地界定研究问题或研究假设。这有助于读者理解研究的目的和目标，以及研究试图解答的具体问题。

（3）阐述研究目的和贡献。在引言中，作者需要明确其研究目的，以及这项研究对现有文献和实践的贡献。这有助于读者了解研究的创新点和价值。

（4）提供文献简述。引言部分通常包含对相关文献的简要回顾，以展示研究是如何建立在前人工作基础之上的，以及研究是如何填补知识空白的。

（5）简述研究方法。虽然详细的研究方法描述通常放在研究设计部分，但引言中可以简要提及研究方法，为读者提供研究设计概览。

（6）概述论文结构。引言部分通常会概述论文的结构，告诉读者接下来可以期待什么。这有助于读者理解论文的组织方式，并跟随作者的思路。

（7）吸引读者兴趣。通过引言，作者有机会吸引读者的兴趣，激发他们对研究主题的好奇心。一个吸引人的引言可以显著提高论文的吸引力和影响力。

（8）建立研究的合理性。引言部分需要说服读者，研究问题是值得探究的，研究方法是合适的，研究结果是有意义的。

（9）设定研究范围和限制。在引言中，作者可以设定研究的范围，并提前说明研究的局限性，这有助于读者理解研究结果的应用范围和限制。

（10）提供理论框架。如果研究是基于特定理论的，引言部分可以介绍这些理论，并解释它们如何指导研究。

总之，引言是论文正文的"门户"，它为读者提供了研究的背景、目的、重要性和结构,为理解全文内容奠定基础。一个清晰、有说服力的引言可以显著提高论文的质量,使读者获得良好的阅读体验。

3.5.2 换位思考,读者希望从引言中获取到哪些信息?

如果完全站在读者的立场看引言,读者从引言中希望获取的信息主要包括以下几个方面:

(1)研究背景:研究领域的现状和历史背景,研究问题,研究问题在学术界和社会中的重要性。

(2)研究试图解决的具体问题或假设:研究问题的定义和范围,研究目的和目标。

(3)文献简述:相关领域的现有知识和研究,研究是如何建立在前人工作基础之上的。如果适用,研究的理论基础和理论如何指导研究。

(4)研究方法和设计:研究方法的关键内容、合理性和适用性。

(5)研究贡献:研究对现有文献的贡献,研究与现有研究相比的新颖之处或不同之处,研究的独特贡献和创新点,研究对实践或政策的潜在影响。

(6)研究的实际应用:研究结果如何应用于实际问题,研究对特定行业或社会群体的实际意义,研究可能对学术界、政策制定者或实践者产生的影响。

(7)研究的局限性:研究可能存在的局限性和假设条件,这些限制对研究结果的解释和应用可能产生的影响。

(8)论文结构:论文的组织结构和各部分内容的简述。

这些信息或许与前述内容有些重复,但换位思考有助于作者进一步理解引言的作用。

引言部分是读者对论文正文的第一印象,它需要清晰、有逻辑地传达上述信息,以吸引读者的注意力,并为他们理解整篇论文的内容和结构提供必要的背景。

3.6 引言与摘要有何区别?

实证论文中的引言和摘要虽然都提供了论文的概览,但它们在目的、内容和格式上存在明显的区别。

3.6.1 目的不同

摘要是整篇论文的简短总结,其目的是为读者提供一个快速的概览,使读者能够迅速了解论文的主要研究内容、方法、结果和结论。摘要通常用于吸引读者阅读全文。

从吸引读者的角度看,论文的标题是吸引力的第一层级,论文的摘要是第二层级,而引言则是第三层级。引言是为读者提供研究背景、问题陈述、研究目的和重要性的详细说明,它设定了研究的基调,并引导读者进入论文的主体部分。

3.6.2 内容不同

摘要通常包括研究问题、研究方法、主要发现和结论。它应该是客观的，不包含过多的细节，避免使用图表、引用或脚注。引言则能更详细地讨论研究的背景、研究问题的重要性、文献综述、研究假设或问题、研究目的和贡献，以及论文的结构。

3.6.3 格式和长度不同

摘要通常是一个段落，长度有限，一般在 150 至 300 字之间。学位论文的摘要可以稍长一些，但通常不建议超过一页。引言则没有严格的长度限制，它可以是一个或多个段落，长度取决于论文的复杂性和研究的深度。因此，从某种意义上看，引言可以认为是放大版的摘要。

3.6.4 阅读顺序不同

摘要是读者最先阅读的部分，它通常位于论文的开头，紧随标题之后。引言则是在摘要之后，正文的开始部分，它为读者提供了进入论文主体的过渡。

3.6.5 详细程度不同

摘要需要简洁，避免深入讨论，它更像是一个预告片，激发读者对全文的兴趣。引言则可以更详细，它需要提供足够的信息，使读者理解研究的背景和重要性，并说明研究的动机。因此，从某种意义上看，引言可以认为是详细版的摘要。

3.6.6 使用场合不同

摘要经常单独使用，例如，在文献数据库中搜索时，摘要是用户首先看到的内容，它需要独立于正文存在，主要用于检索。引言则是论文不可分割的一部分，它与正文紧密相连，为读者提供了进入论文主体的桥梁。

总的来说，摘要是论文的精简版，而引言则是论文的详细开场白。两者都旨在帮助读者理解论文的核心内容，但它们在形式和深度上有所不同。

3.7 常见的引言结构有哪几种?

实证论文中的引言部分往往具有一定的结构，以确保清晰、有逻辑地介绍研究的背景、目的和重要性。以下是几种常见的引言结构。

3.7.1 经典五步式结构

第一步介绍研究主题和背景，说明研究领域的重要性，指出现有研究的空白或分歧点。第二步明确提出研究问题或研究假设，阐述研究的目的和目标。第三步说明样本数据以及研究方法，如果使用了特别的样本数据或研究方法，可以在此处强调一下，以便突出其特殊性或研究方法的创新点。第四步简要描述研究结论和学术贡献。第五步概述论文的结构，预告后续各部分的主要内容。

需要注意的是，这里所说的五步并非严格意义上的五个段落，而是引言中的五个部分，一般来说每个部分是一个段落，但不排除某个部分可能需要两个或更多段落，也不排除两个或多个部分共用一个段落的可能性。

【例3-4】 以"董事海外背景能否降低股价崩盘风险?——来自中国A股上市公司的经验证据"① 为例，分析该文中引言的结构。

该论文的引言内容如下：

第一段："自2008年全球经济危机以来，上市公司的股价崩盘风险引发了学术界的高度关注，股价崩盘风险的成因一直是近年来公司治理领域的热点话题。上市公司管理层出于私人利益最大化的动机倾向于隐藏坏消息，坏消息积聚到一定程度后会集中爆发，造成股价断崖式下跌，形成股价崩盘现象（Jin and Myers, 2006；Benmelech et al.,2010）。股价崩盘不仅造成了股东利益的巨大损失，动摇了投资者对于资本市场的信心，也危及了资本市场的稳定和健康发展。鉴于股价崩盘风险的危害性，学术界纷纷从宏观制度设计（褚剑和方军雄，2016；林乐和郑登津，2016）、企业信息披露（Hutton et al.,2009；Kim and Zhang, 2014）以及管理层动机（Kim et al., 2011a）等视角探究了股价崩盘风险的成因，但基于上市公司管理层个体特征视角的股价崩盘风险影响因素研究仍较为缺乏。"

这一段描述了研究背景和研究领域，阐述了研究领域的重要性，指出了该领域中当前文献的研究空白之处，铺垫了研究问题，完成了第一步的功能。

第二段："传统的经济学理论均假设管理者是同质的，而高阶梯队理论则认为管理者异质性的背景特征与价值观念会对企业决策行为产生影响（Hambrick and Mason, 1984）。随着经济全球化的发展，上市公司中具有海外背景的董事已成为我国证券市场上不可忽视的重要群体。自20世纪90年代起，中国政府制定了一系列海归人才引进政策（Zweig,2006）。随着海归人才引进政策力度不断加大，我国留学回国人数不断增加，已经逐渐由"智力流失期"过渡到"智力回流期"（代昀昊和孔东民，2017）。海外背景的董事拥有较为丰富的阅历和国际化视野，道德与社会责任意识较强，在中国资本市场中具有一定的"明星效应"，更加注重个人的社会声誉。具有海外背景的董事能否影响股价崩盘风险？其作用机理表现在哪些方面？"

这一段在简要回顾现有文献的同时，提出了两个研究问题：具有海外背景的董事能

---

① 王德宏，文雯，宋建波. 董事海外背景能否降低股价崩盘风险?——来自中国A股上市公司的经验证据 [J]. 金融评论, 2018, 10（3）：52-69, 123-124.

否影响股价崩盘风险？其作用机理表现在哪些方面？明确了研究目的，完成了第二步的功能。

第三段："为探索上述问题，本研究基于2001—2015年中国A股上市公司分析董事海外背景对股价崩盘风险的影响及其作用机理。中国资本市场为分析上述问题提供了良好的研究场景，原因在于：(1) 与西方成熟的资本市场相比，中国资本市场的成立时间较短，制度设计尚不够完善，信息透明度较低，股价同步性较高 (Jin and Myers, 2006; Piotroski et al., 2010)。股价"暴涨暴跌"不仅会对金融市场的健康发展构成威胁，损害中小投资者的利益和信心，甚至可能影响实体经济的稳定。因此，在国内外差异化的制度背景下研究董事海外背景对于中国上市公司信息披露环境的影响具有重要的现实意义。(2) 我国自改革开放以来，实体经济和资本市场迎来了飞速发展，但是劳动力市场的发展滞后和高端人才的短缺仍是影响中国经济进一步发展的关键障碍。大批中国留学生赴海外求学和工作，希望获取先进的科学知识、一流的管理经验以及专业化的实践技能。伴随着国家和各省市力度不断加大的海归人才引进政策，一批优秀的海归人才回国效力。因此，基于股价崩盘风险视角研究海归高管的"智力回流效应"对于中国以及其他新兴市场国家均具有较大的借鉴意义。"

这一段描述了所要使用的样本数据，并分析了相关数据的历史背景，这也意味着论文将使用实证研究方法，同时说明了研究问题在中国市场中的特殊性，完成了第三步的功能。

第四段："本研究的主要发现：(1) 董事海外背景降低了企业的股价崩盘风险，当企业聘用的具有海外背景的董事人数越多、在董事会中占比越高时，股价崩盘风险显著降低。该结果在控制了潜在的内生性问题的影响之后依然成立。(2) 仅当董事的海外背景来源于投资者法律保护程度更好的国家（或地区）时，其对股价崩盘风险的抑制作用才能够成立，反之则不成立。(3) 深入探究董事海外背景对股价崩盘风险的作用机理后发现，具有海外背景的董事吸引了更多的证券分析师关注、提升了企业的信息透明度，董事海外背景通过降低企业内外部信息不对称性的方式抑制了股价崩盘风险。"

这一段阐述了论文的主要研究发现和进一步的研究发现，完成了第四步的部分功能。

第五段："本研究的主要贡献：(1) 从上市公司管理层背景特征视角拓展了股价崩盘风险影响因素领域的研究。股价崩盘风险是资本市场近年来的热点话题，学术界对此进行了广泛而深入的研究，但是从企业管理层个人特征层面的研究偏少，尚未发现研究考察董事海外背景特征对股价崩盘风险的影响。(2) 本研究从股价崩盘风险视角拓展了董事海外背景的经济后果领域的文献，并丰富了高阶梯队理论的研究成果。自高阶梯队理论提出以来，越来越多的学者关注管理层异质性对于企业决策的影响。海外背景作为董事的重要人力资本特征，目前研究较多从董事的咨询职能出发，发现海外背景的董事能对企业绩效 (Giannetti et al., 2015)、企业创新 (宋建波和文雯, 2016) 等方面产生影响。咨询与监督是董事的两大职能（Fama and Jensen, 1983），但关于海外背景董事如何发挥有效的监督职能探讨较少，并且尚未发现文献关注董事海外背景对于股价崩盘风险的影响。(3) 有关董事海外背景的文献鲜有对管理层海外背景来源国（地区）的制度背景特征进行深入挖掘。不同国家（地区）在经济发展水平和投资者法律保护程度等方面存在异质性特征，这些制度背景均会对管理层的思维方式和行为模式产生影响，仅采用企业是否聘用了海外背景董事的度量方式较为粗糙。本研究借助手工搜集的董事海外背景特征资料，不仅研究了海外背景董事人数及其在董事会占比对于股价崩盘风险的影响，还分析了董事海外背景来源国的投资者法律保护水平的差异化影响，研究内容更为细致和深入。(4) 除发现董事海外背景能降低股价崩盘风险之外，本研究还挖掘了董事海外背景对股价崩盘风险影响的机制和路径，发现具有海外背景的董事通过引入外部监督和治理机制、增强企业的信息透明度和提高会计信息质量降低了上市公司的股价崩盘风险，从而丰富了董事海外背景对企业决策的影响渠道及作用机理方面的研究内容。"

这一段阐述了论文在填补研究空白和丰富相关领域文献方面的学术贡献，补充了第四步的功能。

第六段："本文后续结构如下：第二部分是股价崩盘风险和高管海外背景的文献综述与研究假设提出；第三部分是研究设计，包括数据来源、研究样本和模型设计；第四部分报告假设检验的结果；第五部分报告基于替代指标和内生性问题的稳健性检验结果；第六部分针对董事海外背景对股价崩盘的作用机理进行进一步研究，并按照董事海外背景的两种类型进行细分检验；第七部分进行研究总结。"

这一段介绍了论文后续部分的结构安排，完成了第五步的功能。

3.7.2 问题导向结构

这种结构以一个具体的问题或现象作为引言的起点，逐步展开讨论，最终引出所要研究的问题和研究的必要性。

【例3-5】假如希望撰写一篇关于中国制造业转型升级创新路径的论文，可以在引言部分采用问题导向结构来引出研究问题。以下是一个例子：

(1) 背景设定，铺垫研究问题。

随着全球化的深入发展，国际贸易竞争日益激烈，中国制造业面临着转型升级的迫切需求。近年来，中国制造业在全球价值链中的地位逐渐提升，但同时也面临着劳动力成本上升、环境约束增强等挑战。在这样的宏观背景下，如何通过提升创新能力来增强制造业的国际竞争力，成为一个亟待解决的问题。

(2) 坚持问题导向，提出研究问题。

尽管学术界和业界已经对制造业创新进行了广泛的研究，但对于中国制造业而言，如何结合本国实际情况，制定有效的创新策略仍然是一个值得深入探讨的问题。特别是在当前全球经济不确定性增加的背景下，中国制造业的创新路径选择显得尤为重要。

（3）阐述研究目的。

本文旨在探讨中国制造业创新能力的现状，并分析其对国际竞争力的影响。通过构建一个包含创新投入和产出指标的评价体系，本文将实证分析中国制造业创新能力的变化趋势，并探讨提升创新能力的有效途径。

以上结构展示了如何通过问题导向的方式撰写论文的引言部分，可以从宏观背景出发，逐步聚焦到具体的研究问题，并引出研究的必要性和目的。

3.7.3 故事叙述结构

这种结构通过叙述一个故事或案例作为引言的起点，然后逐步引入研究问题和背景。在撰写论文时，采用故事叙述结构的引言可以有效地吸引读者的注意力，并逐步引导进入研究的核心议题。

【例3-6】假如希望撰写一篇农村金融有效需求分析的论文，可以在引言部分采用故事叙述结构引出研究问题。以下是一个例子：

（1）故事开端，背景设定，铺垫研究问题。

福建省南安以龙眼种植闻名，在那里老黄经营着一片果园，每年的收入虽然稳定，但增长缓慢。他一直梦想着扩大果园规模，引进新的种植技术，以提高产量和质量。然而，资金成为他实现梦想的最大障碍。老黄的故事并非个例，它反映了中国广大农村地区普遍存在的金融服务需求与供给之间的巨大鸿沟。这个故事引出了本研究的核心问题：农村金融的有效需求究竟有多大？为何像老黄这样的农户难以获得足够的金融支持？

（2）引出研究问题。

随着中国经济的快速发展，农村地区的经济活力日益增强，农户对于金融服务的需求也在不断增长。然而，由于多种原因，包括信息不对称、信用体系不完善等，农村金融服务的有效供给远远不能满足需求，这在一定程度上限制了农村经济的发展和农民收入的增长。本研究旨在通过实证分析，探讨中国农村金融有效需求的现状、问题及其背后的经济机制。

（3）研究目标和研究方法。

本文将采用定量分析与案例研究相结合的方法，通过收集和分析农村地区的金融数据，构建适合中国国情的农村金融需求模型，并结合实际案例，探讨提升农村金融服务有效性的可能路径。

（4）研究的必要性和意义。

通过深入分析农村金融有效需求的问题，本研究揭示了农村金融有效需求的关键因素，并提出相应的政策建议，为政策制定者提供决策依据，推动农村金融体系的改革与完善，为缩小城乡金融服务差距、推动农村经济发展提供理论支持和实践指导，促进农村经济的全面发展。

这个引言通过讲述一个具体的故事引入了研究问题，接着逐步展开了研究的背景、意义、内容与方法，使得读者能够快速把握论文的核心议题和研究价值。

【例3-7】假如希望撰写一篇电商平台消费者权益保护问题的论文，也可以在引言部分采用故事叙述结构引出研究问题。以下是一个例子：

（1）故事开端，背景设定，铺垫研究问题。

近年来，随着互联网技术的飞速发展，电子商务行业异军突起，成为推动中国经济增长的新引擎。然而，这一新兴行业的快速增长也带来了一系列监管和市场秩序的问题，尤其是关于消费者权益保护的问题日益凸显。

20××年，某知名电商平台因售卖假冒伪劣商品而遭到曝光，引发了社会公众的广泛关注和讨论。这一事件不仅损害了消费者的利益，也对电商平台的信誉造成了严重打击。在电子商务迅猛发展的时代，如何有效保护消费者权益，已成为一个亟待解决的现实问题。

（2）引出研究问题。

尽管学术界和监管机构对电子商务中的消费者权益保护问题有所关注，但现有的研究多集中于理论探讨，缺乏对现实问题的实证分析。特别是在中国这样一个电子商务发展迅速且市场环境复杂的国家，如何通过实证研究来评估和优化消费者权益保护机制，成为迫切需要回答的问题。

（3）研究目标和方法。

本文旨在通过实证分析，探讨中国电子商务领域消费者权益保护的现状及其存在的问题。本研究采用定量方法，收集并分析来自不同电商平台的消费者投诉数据，以及相关法律法规的执行情况，以期揭示消费者权益保护的实际效果和面临的挑战。

（4）研究的必要性和意义。

本研究期望能够为政策制定者提供实证依据，帮助其更好地理解电子商务领域消费者权益保护的现状，并制定出更为有效的政策措施。同时，本研究也希望能为学术界提供新的视角，推动消费者权益保护研究的深入发展。

以上引言部分通过叙述一个具体的事件（电商平台售卖假冒伪劣商品）作为故事的开端，逐步引入研究的背景、冲突和目标，最终引出研究的必要性和意义，形成了一个完整的故事叙述结构。这种结构不仅能够吸引读者的兴趣，还能有效地传达研究的重要性和紧迫性。

3.7.4 文献综述结构

这种结构从现有文献综述开始，指出研究领域的发展历程，然后提出研究空白和自己的研究贡献。

【例3-8】假如希望撰写一篇金融发展、收入分配与经济增长的论文，可以在引言部分采用文献综述结构引出研究问题。以下是一个例子：

（1）通过文献分析铺垫研究背景。

在新古典经济增长模型中，一个国家（地区）的经济增长率取决于外生的经济技术进步率（Solow，1956；Swan，1956）。随着内生经济增长理论的发展，技术进步被视为经济主体追求利润最大化的结果（Romer，1986；Lucas，1988），金融发展与经济增长的关系成为研究热点。20世纪80年代，金融中介和金融契约的研究取得了突破性进展（Diamond and Dybvig，1983；Diamond，1984；Gale and Hellwig，1985），为金融与经济增长关系的研究提供了理论基础。

（2）阐述文献分歧或研究空白，铺垫研究问题。

金融发展与经济增长的关系取决于金融是否可以增加（物质资本或人力资本）投资总量和/或金融是否可以优化投资结构。同时，如果金融发展有利于穷人进行融资，那么金融发展会缩小收入不平等。反之，金融发展则会扩大收入不平等。然而，现有文献在金融发展、收入分配与经济增长关系的研究中存在一定的局限性，特别是在中国背景下的研究相对较少，且对于金融发展如何影响收入分配的具体机制探讨不足。

（3）阐述研究问题、研究方法和研究目标。

本文旨在基于实证分析探讨金融发展对中国收入分配和经济增长的影响。首先提供一个综合分析框架，将金融发展、收入分配与经济增长联系起来；其次，基于中国数据实证检验金融发展对收入分配和经济增长的影响；最后，探讨金融发展影响收入分配的具体机制。本文的研究结果能够为相关政策的制定和改进提供理论依据。

以上示例展示了如何通过文献综述结构来撰写论文的引言部分，明确了研究背景、研究问题、研究方法以及研究目标。

3.7.5　理论框架结构

这种结构以理论为基础，介绍理论框架，然后说明如何将理论应用于具体的研究问题。

【例3-9】假如希望撰写一篇货币政策与股市波动性的论文，可以在引言部分采用理论框架结构引出研究问题。以下是一个例子：

（1）铺垫研究背景。

在全球化和金融市场一体化的背景下，货币政策作为宏观经济调控的重要工具，对股市波动性的影响日益受到关注。股市作为金融市场的重要组成部分，其波动性不仅关系到投资者的财富分配，也影响着整个经济体系的稳定性。因此，深入研究货币政策如何影响股市波动性，对于制定有效的金融政策、维护金融市场稳定具有重要的理论和实践意义。

（2）通过理论框架提出研究问题和研究思路。

本文基于金融市场的不确定性和货币政策传导机制，构建理论框架。首先假设货币政策通过影响市场流动性和利率水平，进而影响股市的波动性。其次，考虑到不同经济体的金融市场结构和货币政策传导效率的差异，探讨这些因素如何影响货币政策对股市波动性的影响。在此基础上，本文提出研究假设，即货币政策的调整将通过影响市场预期和流动性，进而对股市波动性产生影响。

（3）通过文献分析回顾研究问题，探讨现有文献的分歧或研究空白。

现有文献对货币政策与股市波动性的关系进行了广泛探讨。一方面，有研究认为宽松的货币政策会增加市场流动性，降低融资成本，从而刺激股市上涨，减少波动性。另一方面，也有观点认为，货币政策的宽松可能会导致资产价格泡沫，增加未来市场的不确定性，从而增加股市的波动性。然而，现有研究多集中于发达国家市场，对于新兴市场的研究相对较少，且研究结果并不一致。

（4）研究方法与数据。

本文采用实证分析方法，利用向量自回归模型和 GARCH 模型来分析货币政策与股市波动性之间的关系。数据方面，本文选取了中国股市 2000 年至 2020 年的月度数据，包括货币政策利率、股市指数及其波动率等指标。

（5）阐述研究意义。

本文的研究意义在于：一是将货币政策的动态调整与股市波动性的动态变化相结合，二是考虑了中国新兴市场的特殊性，三是运用计量模型找出二者之间的关系。这些研究有助于丰富货币政策与金融市场波动性领域的文献，也能够为政策制定者提供实证依据。

以上引言部分首先介绍了研究的背景和意义，然后构建了理论框架，接着回顾了相关文献，铺垫了研究问题，明确了研究方法和数据来源，并指出了研究的价值和意义。

3.7.6　政策或实践导向结构

这种结构从政策或实践问题出发，讨论其对研究领域的影响，进而引出研究问题和目的。

【例 3-10】假如希望撰写一篇税收优惠政策与中小企业创新活动的论文，可以在引言部分采用政策或实践导向结构引出研究问题。以下是一个例子：

（1）以政策实践作为研究背景，铺垫研究问题。

在当前全球经济竞争日益激烈的背景下，中小企业作为推动经济增长和创新的重要力量，其发展状况受到广泛关注。许多国家和地区为了促进中小企业的发展，纷纷出台了一系列税收优惠政策。然而，这些政策的实际效果如何，是否真正激发了中小企业的创新活力，成为政策制定者和学术界共同关心的问题。

我国自"大众创业、万众创新"政策提出以来，各级政府相继推出了一系列税收减免措施，旨在降低中小企业的税负，激励其增加研发投入和创新活动。但在实践中，这些政策的效果参差不齐，部分企业并未如预期那样增加创新投入，甚至存在政策资源错配的现象。

（2）引出研究问题，阐述其必要性。

本文旨在实证分析税收优惠政策对中小企业创新活动的影响，探讨税收激励是否有效促进了企业的研发投入和创新产出，以及不同类型税收优惠政策的效应差异。研究结果将为优化税收政策提供实证依据，帮助政策制定者更精准地制定和调整相关政策。

（3）阐述研究意义。

本研究的意义在于，它不仅能够为理解税收政策与企业创新之间的关系提供新的视角，而且能够为当前及未来税收政策的制定提供参考。特别是在我国经济转型升级的关键时期，本研究的结论对于指导中小企业创新发展具有重要的现实意义。

以上引言部分紧密结合政策实践，明确提出了研究问题和研究意义。

3.7.7　比较分析结构

这种结构通过比较不同研究或不同观点，展示研究的新颖性和重要性。

【例3-11】 假如希望撰写一篇研究跨国并购与绿地投资的论文，可以在引言部分采用比较分析结构引出研究问题。以下是一个例子：

（1）基于比较对象描述研究背景。

在全球化的背景下，中国企业对外直接投资（FDI）迅速增长，成为全球经济中不可忽视的力量。对外直接投资主要有两种形式：跨国并购（M&A）和绿地投资。两者在资本运作、管理控制、文化整合等方面存在显著差异，对东道国经济和中国企业自身的影响也不尽相同。

探讨现有文献的分歧点或研究空白。

现有文献对跨国并购和绿地投资的比较分析主要集中于投资动机、绩效影响及风险管理等方面。一些研究认为跨国并购能够快速进入市场，但可能面临较大的文化整合和经营风险（Morosini, Shane & Singh, 1998）；而绿地投资虽然能够更好地控制管理和文化，但进入市场的速度较慢，初始投资成本较高（Dunning, 1993）。然而，这些研究往往基于西方跨国公司的案例，对中国企业的特殊性关注不足。

（2）通过比较分析提出研究问题。

本文旨在比较分析中国企业通过跨国并购与绿地投资对外直接投资的效果差异，探讨不同投资模式对中国企业国际化进程的影响及其背后的动因。通过比较分析，本文试图揭示中国企业在选择对外直接投资方式时的战略考虑，以及这些选择如何影响其在全球市场中的竞争力。

（3）阐述研究意义。

本研究的意义在于：一是提供中国企业对外直接投资的比较分析框架，二是结合中国企业的具体实践，探讨跨国并购与绿地投资的不同效应，三是为理解中国企业国际化战略提供新的视角。在全球经济格局变化和中国企业国际化步伐加快的背景下，本研究具有一定的理论和实践意义。

以上引言部分通过比较跨国并购与绿地投资研究的不同观点，提出了研究问题，阐述了研究意义。

3.7.8　问题-解决方案结构

这种结构首先提出一个紧迫的问题，然后介绍研究是如何提供解决方案或见解的。

【例3-12】 假如希望撰写一篇研究供应链金融与中小企业融资约束缓解效应的论文，可以在引言部分采用问题-解决方案结构引出研究问题。以下是一个例子：

（1）通过描述当前存在的社会或企业难题，进而提出研究问题。

中小企业作为我国经济的重要组成部分，在促进就业、激发市场活力等方面发挥着不可替代的作用。然而，融资难、融资贵一直是制约中小企业发展的瓶颈问题。在传统金融体系下，中小企业由于缺乏足够的抵押物和信用记录，面临较为严重的融资约束。如何有效缓解中小企业的融资约束，成为当前亟待解决的问题。

（2）阐述研究目的与解决方案。

本研究旨在探讨供应链金融对中小企业融资约束的缓解效应，分析供应链金融如何通过整合供应链上下游企业的信息流、物流和资金流，降低融资成本，提高融资效率。研究将基于供应链金融的理论框架，构建实证模型，评估供应链金融服务对中小企业融资可获得性的改善程度，以及对企业绩效的影响。

（3）阐述研究意义。

本研究的意义在于，它不仅能够为理解供应链金融与中小企业融资约束之间的关系提供新的视角，而且能够为供应链金融政策的制定和优化提供实证依据。特别是在当前经济下行压力加大的背景下，本研究的结论对于指导金融机构和政策制定者更好地服务中小企业具有一定的参考意义。

以上引言部分首先直接提出了中小企业融资约束这一紧迫问题，然后介绍了研究如何提供解决方案或见解。

3.7.9　假设发展结构

这种结构从已有的假设出发，说明为什么这些假设需要被测试，以及研究如何进行测试。

【例3-13】 假如希望撰写一篇研究企业社会责任与财务绩效的论文，可以在引言部分采用假设发展结构引出研究问题。以下是一个例子：

（1）描述研究背景，提出研究假设。

在经济全球化和可持续发展理念日益普及的今天，企业社会责任已成为企业经营活动的重要组成部分。企业社会责任指的是企业在追求经济利益的同时，对环境、社会和利益相关者的责任。然而，关于企业社会责任与财务绩效之间的关系，学术界和业界存在不同的声音。一些观点认为，企业社会责任活动会增加企业成本，从而对财务绩效产生负面影响；而另一些观点则认为，企业社会责任能够提升企业形象，增强消费者信任，从而带来长期的财务收益。

基于此，本文提出两个竞争性假设：一是企业社会责任活动对企业的财务绩效无显著影响，二是企业社会责任活动对企业的财务绩效有显著正向影响。

（2）阐述研究假设的必要性。

测试这些假设对于理解企业社会责任的真实经济效应至关重要。如果企业社会责任活动确实能够提升财务绩效，那么这将为企业提供实施社会责任策略的强有力理由，同时也为投资者和监管机构提供了评估企业长期价值的新视角。反之，如果企业社会责任活动并未带来预期的财务收益，那么企业可能需要重新考虑其社会责任策略，以确保资源的有效分配。

（3）说明研究方法。

为了测试上述假设，本文将采用实证研究方法，通过收集多家上市公司的企业社会责任报告和财务数据，运用多元回归分析等统计方法，探究企业社会责任活动与财务绩效之间的相关性。本研究将控制其他可能影响财务绩效的变量，如企业规模、行业特性和市场环境等，以确保结果的准确性。

（4）明确研究意义。

本研究的意义在于，它提供了一个量化的视角来评估企业社会责任活动的经济后果，有助于企业制定更加科学合理的社会责任策略，同时也为投资者和政策制定者提供了决策参考。

以上引言部分首先提出了研究的背景和假设，然后说明了测试这些假设的必要性，接着介绍了研究方法和如何进行测试。

3.7.10 研究贡献结构

这种结构强调研究的创新点和对现有知识的贡献，然后逐步展开研究的背景和目的。

【例3-14】假如希望撰写一篇研究金融科技与中小企业融资约束的论文，可以在引言部分采用假设发展结构引出研究问题。以下是一个例子：

（1）首先阐述研究贡献。

本研究的核心贡献在于揭示金融科技如何通过降低信息不对称和提高融资效率，有效缓解中小企业的融资约束问题。与现有文献相比，本文尝试将金融科技的发展与中小企业融资约束的缓解联系起来，提供一个新的视角来理解金融科技创新对传统融资模式的影响。本文还探讨金融科技对不同地区中小企业融资约束影响的异质性，为区域金融政策的制定提供实证依据。

（2）接着描述研究背景。

中小企业作为经济活力的重要源泉，其融资问题一直是学术界和实务界关注的焦点。传统金融体系下，中小企业由于规模小、抵押物不足、信用记录不完善等原因，面临较为严重的融资约束。近年来，金融科技的快速发展为解决这一问题提供了新的途径。然而，金融科技对中小企业融资约束的具体影响机制和效果尚不明确，亟须系统性的研究来探讨。

（3）说明研究目的。

本文旨在实证分析金融科技对中小企业融资约束的影响，探讨金融科技创新如何改变中小企业的融资环境，并提出相应的政策建议。通过构建现金流敏感性模型，本文试图量化企业的融资约束程度，并运用多元回归模型实证分析金融科技的影响。

（4）阐明研究意义。

本研究的意义在于，它不仅能够为理解金融科技与中小企业融资约束之间的关系提供新的视角，而且能够为金融科技政策的制定和优化提供实证依据。特别是在金融科技快速发展的背景下，本研究的结论对于指导金融机构和政策制定者更好地服务中小企业具有一定的参考意义。

以上引言部分首先强调了研究的创新点和对现有知识的贡献，然后逐步展开了研究的背景和目的，符合论文引言的研究贡献结构。

总之，每种结构都有其优势，选择哪种结构取决于研究的性质、研究者的风格以及目标读者的期望。无论采用哪种结构，引言都应该清晰地传达研究的背景、问题、目的和重要性，同时吸引读者的兴趣，并为阅读全文做好铺垫。

3.8　何时撰写摘要和引言？

在撰写实证论文时，摘要和引言的撰写时机可以根据个人的写作习惯和论文的具体要求有所不同，以下是一些常见的建议：

3.8.1　何时撰写摘要？

摘要是论文内容的浓缩和精华，通常在论文主体完成之后动笔，一般是初稿后期撰写第一稿，在论文提交前修订第二稿，并根据期刊要求和审稿意见定稿。

（1）初稿后期撰写。摘要通常在论文初稿完成后撰写。这是因为摘要需要总结整篇论文的主要内容，包括研究目的、方法、结果和结论，而这些内容在初稿完成后才能完全确定。

（2）提交前修订。在论文最终提交前，摘要可以根据同行学术交流反馈和最终版本的论文内容进行修订，以确保其准确性和完整性。

（3）根据期刊要求定稿。有些期刊可能要求在提交论文时提供严格限制字数的摘要，而有些则可能允许在审稿过程中提供。应根据具体期刊的投稿与审稿指南来最后确定摘要的撰写要求和提交时机。

3.8.2　何时撰写引言？

引言的撰写时机与摘要既有相似之处又有不同，可分为早期撰写、中期撰写、根据研究进展撰写和最终修订四种典型情形。

（1）早期撰写。引言可以在论文写作的早期阶段撰写，因为它有助于明确、界定和约束研究的方向和框架。通过撰写引言，作者可以更清晰地确定研究问题和目标，为后续的文献综述、方法论和结果分析打下基础。

（2）中期撰写。引言也可以在论文写作的中期阶段撰写，这时作者已经对研究有了更深入的了解，可以更准确地描述研究的背景、目的和重要性。

根据研究进展撰写。引言的撰写时机还可以根据研究进展来决定，作者可能需要在研究过程中对引言进行多次修订，以反映新的发现或对研究问题的新理解。

（3）最终修订。在论文完成初稿后，作者应该重新审视引言，确保它与论文的最终内容和结构相匹配，并进行必要的修订。

无论何时撰写摘要和引言，重要的是它们都应该准确反映论文的内容，并且彼此一致。摘要是论文的精简版，而引言则提供了更详细的背景和研究框架，两者都是论文的重要组成部分，对读者理解论文的主旨至关重要。

📝 本章小结

本章首先介绍了实证论文的摘要及其典型要素，然后介绍了论文的关键词和常用的两种文献分类号，最后介绍了实证论文的引言及其常见的写作结构。本章的内容有助于初学者了解如何撰写实证论文的摘要和引言部分。

❓ 思考与练习题

1. 在高质量专业期刊中选择一篇论文，尝试解析其摘要的典型要素以及关键词和文献分类号的选取。

2. 在高质量专业期刊中选择一篇引言部分采用问题导向结构的论文，尝试解析其引言的撰写思路。

3. 在高质量专业期刊中选择一篇引言部分采用故事叙述结构的论文，尝试解析其引言的撰写思路。

4. 在高质量专业期刊中选择一篇引言部分采用文献综述结构的论文，尝试解析其引言的撰写思路。

5. 在高质量专业期刊中选择一篇引言部分采用理论框架结构的论文，尝试解析其引言的撰写思路。

6. 在高质量专业期刊中选择一篇引言部分采用政策或实践导向结构的论文，尝试解析其引言的撰写思路。

7. 在高质量专业期刊中选择一篇引言部分采用比较分析结构的论文，尝试解析其引言的撰写思路。

8. 在高质量专业期刊中选择一篇引言部分采用问题–解决方案结构的论文，尝试解析其引言的撰写思路。

9. 在高质量专业期刊中选择一篇引言部分采用假设发展结构的论文，尝试解析其引言的撰写思路。

10. 在高质量专业期刊中选择一篇引言部分采用研究贡献结构的论文，尝试解析其引言的撰写思路。

第2篇
文献综述

　　文献综述往往是初学者最头痛的部分之一，其难点主要有三个方面：其一是研究主题的理论基础，其二是发现现有文献的分歧点或研究空白，其三是如何有理有据地推导研究假设。本篇各章的目的就是解决上述问题。

4 文献综述 I：如何构思文献综述？

📖 **学习要点**

本书中的文献综述包括理论分析、文献述评和推出研究假设三部分内容。本章的主题是如何撰写文献综述之一，如何构思文献综述以及推出研究假设。本章的主要内容包括：读者希望在文献综述中看到什么，如何选择合适的理论和文献支撑，常见的文献综述写作结构，如何寻找现有文献的分歧点，如何寻找现有文献的研究空白，研究假设的常见类型，如何推出研究假设，以及撰写文献综述的常见误区等。

在如何选择合适的理论方面，本书后面有专门章节归纳经管学科中的那些常见的基本理论。在如何寻找热点话题的相关理论基础方面，本书后面也有专门章节进行举例分析。

在如何推出研究假设方面，本章以多个热点话题为例进行演示，这些话题主要包括：新质生产力，数据资产入表，内需拉动，绿色金融，"一带一路"，ESG 相关，企业数字化转型，供应链金融，企业创新，企业风险承担，并购重组，股价崩盘，以及高阶理论应用等。

4.1 读者希望在文献综述中看到什么？

学术论文的文献综述通常包含三部分内容：理论分析、文献述评和研究假设。也有论文将这些内容分开阐述，考虑到这三部分在逻辑上的承接关系，本书将这三部分统一介绍。

4.1.1 理论分析部分

理论分析部分至少希望看到清晰的理论框架、深入的理论解释以及理论的适用性说明等。

（1）清晰的理论框架。读者通常希望看到作者所依据的主要理论是什么，并且这些理论是如何构建起一个完整的框架来支撑研究的。例如，在研究企业战略转型对绩效的影响时，读者期望看到作者基于战略管理理论（如波特的竞争战略理论、资源基础观等），清晰地阐述战略转型的各个维度（如业务领域的转变、资源配置的调整等）与绩效衡量指标（例如财务绩效、市场绩效等）之间是如何通过理论关联起来的。

理论框架应该具有逻辑性，就像搭建建筑结构一样，从基础理论到具体应用的阐述要层次分明。例如，先介绍一般性的经济或管理理论，再说明这些理论在特定研究主题下的具体作用机制，以及各个理论之间是如何相互配合来解释研究现象。

（2）深入的理论解释。对于所引用的理论，读者希望看到作者能够深入解释其核心概念和关键观点。以行为经济学理论为例，在研究消费者非理性购买行为时，读者希望作者不仅提及该理论，还要详细解释诸如前景理论中的参考点、损失厌恶等概念是如何影响消费者决策的等。

作者需要解释理论与研究问题的相关性。例如，在研究企业创新激励机制时，若引用委托代理理论，读者希望看到作者详细说明委托代理关系在企业创新活动中的体现，以及该理论如何帮助理解激励机制设计对解决代理问题、促进创新的重要性等。

（3）理论的适用性说明。读者期望作者说明为什么选择这些理论来研究特定的经济或管理现象。例如，在研究新兴市场跨国企业的国际化战略时，作者应该解释为什么新兴市场跨国企业不能完全套用传统的跨国公司理论，而需要结合制度理论、资源拼凑理论等来更好地理解其战略选择和行为模式。

读者往往还希望看到作者对理论适用范围和局限性的讨论。例如，在运用博弈论分析企业竞争行为时，作者应该指出博弈论假设参与者是理性的，但在现实中企业决策可能受到多种非理性因素的影响，并且说明这种局限性可能对研究结果产生怎样的潜在影响等。

4.1.2　文献述评部分

在文献述评部分希望看到较为全面的文献覆盖、文献的系统性梳理以及研究不足或研究空白等。

（1）全面的文献覆盖。读者希望看到作者对该研究主题相关文献的广泛涉猎，包括不同时期、不同研究方法和不同观点的文献。例如，在研究供应链金融时，读者期望作者能涵盖从早期的供应链金融概念提出阶段的文献，到近期结合金融科技应用的最新研究成果。

对于重要的文献和经典研究，读者希望看到详细的引用和介绍。例如，在研究宏观经济政策对企业投资行为的影响时，作者应该重点提及凯恩斯主义、货币主义等经典理论在这方面的早期贡献，以及后续实证研究对这些理论的验证或修正等。

（2）文献的系统性梳理。读者希望看到作者对文献进行有条理的梳理。可以按照时间顺序、研究方法、理论流派等不同维度进行梳理。例如，在研究企业并购绩效的文献述评中，作者可以按照时间顺序梳理从早期单纯关注财务绩效指标的研究，到后来综合考虑战略协同、文化整合等因素对并购绩效影响的研究。

读者还希望看到作者对文献观点的分类和对比。例如，在研究品牌资产测量方法的文献述评中，作者应将不同的测量方法（如基于财务视角、基于市场视角、基于消费者视角的方法）进行分类介绍，并对比它们的优缺点，从而使读者能够清晰地了解各种方法的差异。

（3）研究不足或研究空白。读者希望作者能够通过文献述评指出已有研究的不足之处或者空白点。例如，在研究共享经济平台的监管问题时，作者应指出目前文献大多集中在经济效率方面的研究，而对监管政策的具体实施效果和社会公平性方面的研究还比较匮乏。

作者需要说明自己的研究如何在填补空白或改进现有研究方面做出贡献。例如，在研究数字化转型对中小企业竞争力的影响时，作者应在文献述评的基础上，说明自己的研究将通过采用新的实证方法或者纳入新的变量（如中小企业的数字化人才储备）来为该领域的研究提供新的见解。

4.1.3 研究假设部分

在研究假设部分至少希望看到明确合理的假设内容、假设的可检验性以及假设的创新性和重要性等。

（1）明确合理的假设内容。读者希望看到研究假设的表述清晰、明确。例如，在研究企业文化对员工敬业度的影响时，假设应该明确是正向影响、负向影响还是非线性影响，如"积极向上的企业文化与员工敬业度呈正相关"等。

假设内容要基于理论和文献回顾。读者期望作者能够说明每个假设是如何从前面的理论分析和文献述评中推导出来的。例如，在研究广告投放对产品销量的影响时，假设"广告投放频率与产品销量呈正相关"应该有相关的市场传播理论和前人的实证研究作为依据等。

（2）假设的可检验性。读者希望看到研究假设是可以通过实证方法进行检验的。这意味着假设中的变量是可操作化定义的，并且能够收集到相应的数据。例如，在研究组织创新氛围对创新绩效的影响时，假设中的"组织创新氛围"和"创新绩效"都应该有明确的测量指标，比如，通过问卷调查来衡量创新氛围的各个维度，用专利数量、新产品销售收入等指标来衡量创新绩效等。

作者还需要说明验证假设的大致方法和思路。例如，在研究企业社会责任与财务绩效的关系时，作者应提及是采用线性回归模型还是其他更复杂的模型（如结构方程模型）来验证假设，以及如何控制其他可能影响结果的变量等。

（3）假设的创新性和重要性。读者希望看到研究假设具有一定的创新性和重要性。这可以是对现有理论的新拓展，或者是在新的情境下对传统假设的重新审视。例如，在数字经济背景下重新检验传统的产业组织假设，或者提出关于新兴商业模式（如零工经济）与传统管理理论相结合的新假设等。

研究假设应该具有重要的经济或管理意义。例如，在研究人工智能对就业结构的影响时，假设应围绕人工智能对不同行业、不同技能水平就业岗位的影响，这对于政策制定和企业人力资源规划等方面具有重要的现实意义。

4.2 如何选择合适的理论和文献支撑？

理论来自文献，包括著作和论文中的研究结论，这些研究结论被广泛接受后就成为理论。恰当选择合适的理论来支持往往能够有效地增强研究问题的可信度。恰当地选择合适的近期文献有助于发掘研究问题的争议点或研究领域中的空白点。

4.2.1 选择合适的理论

在选择理论时需要注意紧扣研究问题、考虑研究主题的学科范围和说明评估理论适用性。

（1）紧扣研究问题。如何精准定位研究问题核心？首先，要对研究问题进行深度剖析。例如，若研究"企业数字化转型过程中的组织变革阻力"，需明确数字化转型涉及的技术应用（如大数据、人工智能等），以及组织变革阻力的具体来源（如员工习惯、组织架构僵化等）。

其次，需要寻找关联理论的领域。根据问题核心，探寻相关理论。对于上述例子，组织行为理论、技术接受模型理论和变革管理理论都与之紧密相关。组织行为理论可以解释员工在组织变革中的行为和态度；技术接受模型理论有助于分析员工对数字化技术的接受程度；变革管理理论能够阐述如何有效管理组织变革过程中的阻力等。

（2）考虑研究主题的学科范围。首先，明确所属学科分支，确定研究主题位于经济学、管理学、金融学等学科的具体分支。例如，"碳交易市场的价格波动机制"属于经济学中的环境经济学和金融经济学交叉领域；"企业知识管理策略对创新能力的影响"属于管理学中的知识管理和创新管理范畴等。

其次，梳理学科理论体系，需要熟悉各学科分支的主要理论。在环境经济学中有外部性理论、产权理论等；在知识管理中有知识创造理论、知识转移理论等。根据研究主题的具体方向，筛选出潜在适用的理论。如在"碳交易价格波动研究"中，可能用到市场均衡理论来分析供求关系对价格的影响，也可能用到博弈论来研究市场参与者之间的策略互动。

（3）评估理论适用性。首先，需要明确契合研究问题的变量关系。检查理论是否能够合理地解释研究问题中的变量关联。以"企业知识管理策略与创新能力研究"为例，知识创造理论可以很好地解释知识管理策略中的知识共享机制如何促进企业创新能力的提升，如通过跨部门知识共享激发新的创意等。

其次，需要考虑符合研究实际的假设条件，仔细研究理论的假设前提。例如，传统的完全竞争市场理论假设市场中有众多的买家和卖家、产品同质等，但在现实的产业环境中，很多市场并不满足这些条件。如果研究的是具有垄断竞争特征的行业（如智能手机行业），就需要考虑选择更符合实际的产业组织理论，如产品差异化理论等。

最后，需要理解理论的解释和预测能力，评估理论对研究现象的解释深度和广度。例如，在研究供应链中断风险对企业运营的影响时，供应链弹性理论能够从供应链的结构、节点企业的协同等多个维度深入解释企业如何应对中断风险，以及这种风险对企业运营的长期和短期影响。对于预测性研究，如预测未来金融市场趋势，金融计量理论中的时间序列模型等可以根据历史数据和市场动态因素进行预测。

许多初学者虽然已经学习了不少相关课程，但对于这些课程中的理论却比较茫然。为此，本书专门增加一章归纳主要经管类课程中那些常见的基本理论，并给出提出这些理论的经典文献。

4.2.2 选择合适的文献

选择合适的近期文献，一是要表明研究问题并非是一个死寂的过时问题，而是一个活跃的近期问题，具有研究价值；二是找出研究领域的空白之处或研究问题的争议点。为此，需要广泛检索文献、筛选文献并进行文献述评。

（1）广泛检索文献。首先，需要利用多种渠道，可以运用学术数据库（如 Web of Science、知网、SSRN 等）、图书馆馆藏、专业协会网站、政府机构报告等多种渠道进行文献检索。以研究"绿色金融对可持续发展的影响"为例，可以在学术数据库中检索"绿色金融""可持续发展""环境金融"等关键词，同时关注世界银行、中国人民银行等机构发布的相关报告。

其次，需要关注不同类型的文献，包括学术论文、专著、会议论文集、学位论文和行业研究报告等。学术论文通常经过同行评审，具有较高的学术严谨性；专著能够提供系统全面的知识体系；会议论文集往往反映了最新的研究动态；学位论文则可能包含详细深入的案例研究；行业研究报告能提供实际数据和实践案例等。

（2）筛选文献。广泛检索之后通常将获得大量的文献，这些文献并不能全部用于撰写论文，这时就需要对检索到的文献进行筛选。如何筛选文献？一般有两个原则：根据相关性筛选、根据文献质量筛选。

首先，根据相关性筛选，初步筛选出与研究主题直接相关的文献。例如，在检索绿色金融文献时，排除那些主要讨论传统金融业务而与绿色金融概念和实践关联不大的文献，可以关注文献的标题、摘要和关键词是否与研究主题紧密契合等。

其次，需要考虑文献质量，评估文献的质量和权威性。优先选择发表在高影响因子期刊上的学术论文，查看作者的学术声誉和研究机构背景；对于行业报告，选择来自知名咨询公司（如麦肯锡、波士顿咨询）或政府权威部门的报告；对于会议论文，优先考虑行业顶级会议的论文。对于一些快速发展中的行业或领域（如人工智能），顶级会议论文往往能够提供更加"新鲜"的学术思想；对于学位论文，可以吸收其归纳的文献脉络，但考虑到这些论文的权威性，一般不建议作为引用的文献使用。

（3）文献述评。引用文献并非简单地复制粘贴其学术观点，还需要对其进行述评，如梳理文献脉络、总结研究成果、关注研究空白和争议点等。文献述评尤为重要。

梳理文献脉络。对筛选后的文献进行系统梳理，按照时间顺序、研究主题、研究方法等进行分类。例如，在绿色金融文献综述中，可以按照绿色金融工具（如绿色信贷、绿色债券等）的发展历程，或者按照不同的研究方法（如实证研究、案例分析等）来梳理文献。

总结研究成果，提炼文献中的主要观点、研究结论和重要发现。例如，总结不同学者对绿色金融推动可持续发展的作用机制的研究成果，比如，绿色金融如何通过资金配置引导企业环保行为等。

关注研究空白和争议点，识别文献中尚未解决的问题、存在争议的观点。例如，在绿色金融对企业环境绩效的影响研究中，有些文献认为绿色金融能够显著提升企业环境绩效，而有些文献则对此持怀疑态度，这就成为值得深入研究的争议点。假如发现现有文献都是研究绿色债券对企业环境绩效的影响，而未发现研究绿色信贷对企业环境绩效影响的文献，这就可能成为该领域的一项研究空白。

关于发现的研究空白，常常是因为检索的文献不够充分导致的，因此需要谨慎对待。为证实发现的研究空白是否存在，不仅要检索境内的多种文献数据库，还需要检索境外的文献数据库，否则容易出现贻笑大方的尴尬局面。

4.3　常见的文献综述写作结构有哪几种？

常见的文献综述写作结构有四种：按时间顺序结构、主题分类结构、理论流派结构、研究方法结构。

4.3.1　时间顺序结构

按照文献的发表时间先后顺序来组织文献综述内容，这种结构能够清晰地展现研究主题的历史演变过程，使读者了解该领域从早期发展到当前状态的脉络。

按时间顺序结构适用于研究主题具有明显的时间发展轨迹，且早期研究对后续研究有重要的奠基作用的情况。例如，在研究人工智能在医疗影像诊断中的应用时，可以从早期简单的算法应用开始，逐步介绍随着时间推移，深度学习算法如何被引入并不断改进，从而体现技术的发展历程。

4.3.2　主题分类结构

将文献根据其内容的主题进行分类，每一类主题下对相关文献进行综合阐述。这种结构有助于将大量文献进行条理化的梳理，使读者能够快速了解该领域不同方面的研究现状。

这种结构在研究主题涉及多个不同的子领域或方面，且各子领域的研究相对独立但又共同构成完整的研究主题时较为适用。比如，在研究企业社会责任时，可以分为经济责任、环境责任、社会责任等不同主题类别来进行文献综述。

以研究企业数字化转型的文献综述为例，可以将文献分为技术层面（如云计算、大数据等技术在企业中的应用）、组织层面（包括组织结构调整、企业文化变革等方面的研究）和战略层面（企业数字化战略的制定和实施）三个主题类别。在每个类别下，详细阐述相关文献的研究方法、主要观点和结论，最后进行类别间的比较和综合分析。

4.3.3 理论流派结构

理论流派结构即以不同的理论流派或研究视角为线索来组织文献。这种结构能够突出研究领域内不同学术观点和理论框架之间的差异与联系，有助于深入剖析研究主题的理论基础。

这种结构适用于研究主题在理论上存在多种不同的解释或研究方法，且这些理论流派之间有明显的分歧或融合趋势的情况。例如，在组织行为学研究中，有理性选择理论、社会交换理论、制度理论等不同流派来解释员工行为和组织现象。

以研究消费者购买行为的文献综述为例，可以按照行为主义理论流派（强调外部刺激对购买行为的影响）、认知理论流派（关注消费者的认知过程在购买决策中的作用）和社会文化理论流派（从社会文化因素角度解释购买行为）来分别阐述相关文献。通过对比不同流派的研究假设、方法和结论，分析它们在解释消费者购买行为方面的优势和不足，以及不同流派之间的相互借鉴和整合趋势。

4.3.4 研究方法结构

这种结构是根据文献所采用的研究方法来进行分类综述。这种结构可以使读者清楚地了解到针对该研究主题不同研究方法的应用情况，包括其优缺点和适用范围。

这种结构在研究主题上可以通过多种不同的研究方法进行探索且研究方法的选择对研究结果有重要影响时较为适用。例如，在心理学研究中，实验法、调查法、案例分析法等多种方法都被广泛应用于研究心理现象。

以研究团队创造力的文献综述为例，可分为实验研究（阐述通过实验设计来验证团队创造力的影响因素的文献，如控制变量、设置实验组和对照组等方法）、问卷调查研究（对通过大规模问卷调查来收集数据，分析团队创造力相关因素的文献进行介绍）和案例研究（介绍对特定高创造力团队或企业进行深入案例分析的文献）。对每种研究方法下的文献进行总结，比较不同方法在研究团队创造力方面的发现和贡献。

4.4 如何寻找现有文献的分歧点？

一般而言，可以从下面五个方面入手寻找现有文献的分歧点：广泛了解文献观点，对比研究方法和数据，关注研究对象和范围差异，考虑理论基础和假设差异，挖掘作者立场和背景差异。

4.4.1　广泛了解文献观点

这是所有其他方法的基础，也是最耗时间精力的工作，包括多渠道收集文献和仔细研读文献观点两个过程。多渠道收集文献指的是，利用学术数据库（如知网、Web of Science、JSTOR 等）、专业期刊（如《经济研究》《管理世界》《金融研究》《会计研究》等）、行业报告以及学术会议论文集等多种渠道，获取丰富的文献。在收集文献时，要涵盖不同作者、不同研究机构以及不同时间发表的成果，以保证文献的多样性。

仔细研读文献观点指的是认真阅读每一篇文献的研究目的、方法、结论等部分。例如，在研究企业财务绩效的影响因素时，有些文献可能强调内部管理因素（如成本控制、资产管理）的重要性，而有些文献则侧重于外部市场因素（如市场竞争、宏观经济环境）。通过对这些观点的详细分析，初步发现可能存在的差异。

4.4.2　对比研究方法和数据

例如，方法差异分析、数据来源与处理差异等。其中，方法差异分析是指不同的研究方法可能导致不同的结论。在实证研究中，常见的研究方法包括回归分析、案例研究、实验法、调查法等。例如，采用回归分析的文献可能发现某些变量之间存在显著的线性关系，而案例研究则可能揭示出一些特殊情境下的非线性关系或其他复杂的因果联系。对比文献中不同的方法选择，如样本选取方法（随机抽样、分层抽样等）、变量测量方式（直接测量、间接测量）、模型构建（线性模型、非线性模型）等方面的差异，这些差异可能是产生分歧的原因。

【例 4-1】研究方法差异导致的分歧：以研究股票市场的有效性为例。

在研究股票市场的有效性时，一些文献采用随机游走模型来检验股票价格的随机性，认为股票市场是弱式有效的。例如 Fama 在其早期研究中，通过对美国股票市场数据的分析，发现股票价格的短期波动难以预测，支持了有效市场假说。然而，另一些文献则运用行为金融学中的过度反应和反应不足等理论，采用事件研究法，对特定事件发生前后的股票价格和交易量进行分析，发现投资者的非理性行为会导致股票价格偏离其内在价值，从而否定了市场完全有效的观点。比如，De Bondt 和 Thaler 研究发现，投资者对过去的输家组合存在过度反应，导致这些股票在后续的表现优于市场平均水平，这与有效市场假说相悖。

分歧点：基于不同的研究方法，对股票市场是否有效得出了不同的结论。采用随机游走模型等传统计量方法的研究倾向于支持市场有效，而运用行为金融学理论和事件研究法的研究则更倾向于发现市场中的非理性因素和无效性。

数据来源与处理差异指的是数据是财经实证研究的基础，而不同的数据来源（如企业财务报表、宏观经济数据库、市场调查数据等）和数据处理方式（如数据清洗、标准化、缺失值处理等）会影响研究结果。例如，一份文献使用上市公司公开的财务报表数据，另一份文献使用企业内部的详细成本核算数据来研究企业成本管理对绩效的影响，由于数据的范围和详细程度不同，可能会得出不同的结论。仔细比较文献中的数据差异，包括数据的时间跨度（短期数据可能反映的是即时影响，长期数据可能揭示出更稳定的关系）、数据的颗粒度（是总体数据还是细分数据）等方面，有助于发现分歧点。

【例4-2】数据来源与处理方式不同引发的分歧：以研究企业财务绩效与社会责任的关系为例。

在研究企业财务绩效与社会责任的关系时，部分文献使用上市公司公开披露的财务报表数据和社会责任报告数据来进行分析，发现企业社会责任的履行与企业的财务绩效之间存在正相关关系，企业积极履行社会责任能够提升其财务绩效。但也有文献通过实地调研，收集企业内部的详细成本数据、员工满意度调查数据以及客户反馈数据等，对企业社会责任的实际履行情况和成本效益进行深入分析，得出了不同的结论。例如，某些企业在履行社会责任过程中，虽然投入了大量的资源，但由于管理不善或项目实施效果不佳，并未带来显著的财务绩效提升，甚至在短期内还出现了财务指标下滑的情况。

分歧点：不同的数据来源和处理方式导致对企业财务绩效与社会责任关系的认识存在差异。依赖公开数据的研究可能只能观察到表面的相关性，而通过实地调研等方式获取更详细、更深入的数据，则能够更准确地评估企业社会责任履行的实际效果及其对财务绩效的影响，从而得出不同的结论。

4.4.3 关注研究对象和范围差异

例如，研究对象特性、研究范围界定等。

研究对象特性指的是实证领域的研究对象众多，包括企业、金融机构、投资者、市场等，其特性很可能具有差异。不同类型的企业（如大型企业与中小企业、国有企业与民营企业）或不同的金融市场（如股票市场与债券市场、国内市场与国际市场）具有不同的特性，这些特性会影响研究结论。例如，在研究企业融资偏好时，大型企业可能更倾向于股权融资，而中小企业可能因为融资门槛等因素更依赖债务融资。当文献的研究对象不同时，要注意这些对象本身的差异可能导致的研究分歧。

研究范围界定是指研究范围的宽窄也会产生不同的结论。有些文献可能聚焦于某个特定的行业（如制造业、金融业）或某个特定的经济区域（如沿海地区、中西部地区），而有些文献则进行跨行业、跨区域的综合研究。例如，在研究产业政策对企业发展的影响时，针对单一产业的研究可能发现产业政策具有显著的促进作用，但跨产业研究可能会发现产业政策的效果因行业而异。仔细梳理文献中的研究对象和范围，明确这些差异对研究结果的潜在影响，从而找出分歧点。

【例4-3】研究对象和范围界定不同产生的分歧：以研究货币政策对经济增长的影响

为例。

在研究货币政策对经济增长的影响时，一些文献聚焦于发达国家的宏观经济数据，研究发现货币政策在发达国家能够通过调节利率、货币供应量等手段，有效地影响投资、消费和出口，进而促进经济增长。例如，通过对美国等发达国家的研究，发现了货币政策在稳定经济周期、促进经济增长方面的重要作用。然而，另一些文献则以新兴经济体为研究对象，发现由于新兴经济体的金融市场不够发达、制度环境不够完善等因素，货币政策的传导机制存在一定的障碍，其对经济增长的影响效果与发达国家存在差异。例如，在一些新兴经济体中，货币政策的调整可能无法及时有效地传递到实体经济，导致经济增长对货币政策的敏感度较低。

分歧点：研究对象和范围的不同使得文献对货币政策与经济增长关系的研究结论存在分歧。针对发达国家的研究表明货币政策对经济增长有显著的促进作用，而针对新兴经济体的研究则指出由于其特殊的经济金融环境，货币政策的效果可能受到限制，不能简单地将发达国家的结论推广到新兴经济体。

4.4.4　考虑理论基础和假设差异

例如，理论基础不同、假设条件设定不同等。

理论基础不同指的是，实证研究往往基于不同的理论，如有效市场假说、委托代理理论、资本资产定价理论等。不同的理论基础会引导研究者从不同的角度进行研究。例如，基于有效市场假说的文献可能认为市场价格能够充分反映所有信息，而基于行为金融学理论的文献则强调投资者的非理性行为对市场价格的影响。对比文献所依据的理论，分析这些理论的核心观点和假设的差异，有助于理解研究分歧的根源。

假设条件设定不同指的是研究假设是实证研究的重要前提。不同的假设条件会导致不同的模型构建和结论推导。在实证研究中，假设条件可能涉及市场的竞争程度、信息的对称性、投资者的理性程度等诸多方面。例如，一篇文献假设市场是完全竞争的，另一篇文献假设市场存在垄断竞争，在研究企业定价策略时，这两种不同的假设就可能导致分歧的结论。仔细审查文献中的假设条件，找出其差异以及这些差异对研究结果的作用，是发现分歧点的关键步骤。

【例4-4】理论基础和假设条件设定不同造成的分歧：以研究企业投资决策为例。

在研究企业投资决策时，基于新古典投资理论的文献假设企业是完全理性的，市场是完全竞争的，企业的投资决策主要取决于资本成本、预期收益等因素。在这种假设下，研究发现企业会根据市场信号和自身的财务状况做出最优的投资决策，以实现利润最大化。然而，基于行为公司金融理论的文献则认为企业管理者存在过度自信、损失厌恶等非理性行为，这些行为会影响企业的投资决策。例如，过度自信的管理者往往会高估投资项目的收益，低估风险，从而导致企业过度投资。

分歧点：不同的理论基础和假设条件导致对企业投资决策的影响因素有不同的认识。

新古典投资理论强调理性决策和市场因素的作用，而行为公司金融理论则关注管理者的非理性行为对投资决策的影响，从而形成了两种不同的研究视角和结论。

4.4.5 挖掘作者立场和背景差异

例如，作者学术立场、作者背景等因素。

作者的学术立场和观点倾向会影响研究的方向和结论。有些作者可能更倾向于传统的经济理论和研究方法，而有些作者则更关注新兴的经济现象和创新的研究方法。例如，在关于数字货币对金融体系影响的研究中，一些传统金融学者可能对数字货币持谨慎态度，强调其风险和监管挑战；而一些技术创新领域的学者可能更关注数字货币的潜在优势和变革力量。通过了解作者的以往研究成果和学术声誉，判断其学术立场，有助于解释文献之间的分歧。

作者的工作背景、所属机构、资助来源等也可能对研究产生影响。来自企业界的作者可能更关注研究成果对企业实际运营的指导意义，而来自学术界的作者可能更注重理论的严谨性和创新性。例如，由企业资助的研究可能会更倾向于得出对企业有利的结论。分析作者的背景信息，考虑这些因素对研究的潜在影响，可以帮助发现文献中的分歧点。

4.5　如何寻找现有文献的研究空白？

不论是初学者还是有经验的研究人员，寻找现有文献的研究空白都是一个不小的挑战。可以尝试从四个方面开始寻找：基于概念和理论框架的研究空白、研究方法的局限性导致的空白、研究对象和范围的空白、实践与理论脱节产生的研究空白等。

4.5.1 基于概念和理论框架的研究空白

例如，概念理解差异、理论应用局限等。

【例4-5】概念理解差异产生的研究空白：以研究企业社会责任与财务绩效关系为例。

在研究企业社会责任与财务绩效关系时，不同学者对企业社会责任概念的界定和理解存在差异。一些学者从利益相关者理论出发，将企业社会责任定义为对股东、员工、消费者、社区等多方面的责任履行；而另一些学者则侧重于从环境、社会和治理（ESG）等特定维度来衡量。这种概念理解上的差异导致在研究两者关系时，选取的指标和得出的结论不尽相同，存在进一步统一和深化概念理解的研究空白。例如，对于一些新兴行业，如互联网金融企业的社会责任概念界定和衡量，现有文献较少涉及。

【例4-6】理论应用局限导致的研究空白：以研究金融市场效率理论为例。

有效市场假说在传统金融市场研究中占据重要地位，但随着金融科技的发展，数字货币、区块链等新兴技术对金融市场产生了冲击，现有理论在解释这些新现象时存在局限性。比如，数字货币的交易机制和市场效率与传统金融资产有所不同，目前关于数字货币市场是否符合有效市场假说以及如何运用新的理论框架来分析其市场效率的研究还相对较少，这便是一个明显的理论应用空白。

4.5.2 研究方法的局限性导致的空白

例如，数据获取与处理方面、模型设定与验证方面等。

【例 4-7】 数据获取与处理导致的研究空白：以研究宏观经济因素对股票市场的影响为例。

在研究宏观经济因素对股票市场的影响时，传统的研究方法多依赖于历史数据和公开的宏观经济指标。然而，随着经济全球化和金融市场的复杂性增加，一些非传统数据，如社交媒体情绪数据、网络搜索指数等对股票市场的影响逐渐受到关注，但现有文献中对于如何有效获取、整理和分析这些非传统数据的研究方法还不够完善。例如，如何准确地将社交媒体上关于某一股票的大量碎片化信息转化为可量化的情绪指标，并将其纳入实证模型中，还存在较大的研究空白。

【例 4-8】 模型设定与验证导致的研究空白：以研究投资组合风险评估模型为例。

在构建投资组合风险评估模型时，常用的均值-方差模型等在假设条件和实际应用中存在一定的局限性。例如，该模型假设投资者是风险厌恶的且资产收益服从正态分布，但实际金融市场中资产收益往往呈现出非正态性和厚尾特征。虽然有学者提出了一些改进的模型，如条件风险价值（CVaR）模型等，但对于这些新模型在不同市场环境和投资组合中的适用性和有效性验证，还缺乏系统深入的研究。

4.5.3 研究对象和范围的空白

例如，特定行业或企业类型、特定区域或市场等。

【例 4-9】 特定行业或企业类型的研究空白：以金融风险管理的研究为例。

目前关于金融风险管理的研究大多集中在银行、证券等传统金融机构，对于新兴的金融科技公司、小额贷款公司等非传统金融机构的风险管理研究相对较少。以金融科技公司为例，其业务模式和风险特征与传统金融机构有很大差异，如网络借贷平台的信用风险评估、数字货币交易平台的市场风险和操作风险等，现有文献在这些方面的研究还不够充分，为进一步探索特定行业的风险管理提供了研究空白。

【例 4-10】 特定区域或市场的研究空白：以研究国际贸易与经济增长关系为例。

在研究国际贸易与经济增长关系时，现有文献多聚焦于发达国家和大型新兴经济体，对于一些经济规模较小、地理位置特殊的国家或地区的研究相对不足。例如，对于太平洋岛国等小型经济体的国际贸易模式及其对经济增长的影响，相关研究较少，这就为针对特定区域的经济研究留下了空白。

4.5.4 实践与理论脱节产生的空白

例如，政策实施效果评估、企业实践与理论不符。

【例4-11】政策实施效果评估的研究空白：以研究金融监管政策为例。

随着金融监管政策的不断调整和完善，如巴塞尔协议Ⅲ的实施，现有文献对于这些政策在不同国家和地区的实际执行效果以及对金融机构和金融市场的具体影响还缺乏全面深入的评估和分析。理论上，这些政策旨在提高金融体系的稳定性，但在实践中，金融机构可能会采取各种应对策略，从而影响政策的实际效果，这之间的差距和具体影响机制是一个值得研究的空白。

【例4-12】企业实践与理论不符的研究空白：以研究资本结构决策模型为例。

在企业财务管理领域，理论上最优的资本结构决策模型在实际企业运营中并不一定完全适用。例如，一些高科技企业在成长初期往往倾向于选择较高的股权融资比例，而不是按照传统的权衡理论所建议的那样平衡债务和股权融资。这种企业实践与理论的差异表明，对于特定类型企业在不同发展阶段的资本结构决策影响因素和优化路径，还需要进一步结合实践进行深入研究，以填补理论与实践之间的空白。

4.6 研究假设有哪些常见类型？

虽然不同领域中研究假设的内容千差万别，但构思研究假设的范式确有一定的规律可循。常见的研究假设范式主要有七种：链式假设、并行假设、层次假设、交互假设组合、调节-中介假设组合、竞争性假设、互补假设等。

4.6.1 链式假设

链式假设又称因果链假设，是指多个假设按顺序排列，前一个假设中的因变量成为后一个假设中的自变量，形成因果链条。这种假设类型用于探究一个复杂过程中的连续因果关系，从初始因素逐步推导到最终结果。

【例4-13】链式假设结构：以供应链管理研究为例，从供应商生产技术到产品市场竞争力的因果链。

下列假设构成了从供应商生产技术到产品市场竞争力的因果链：

假设1：供应商的生产技术创新程度与原材料质量呈正相关，即生产技术越创新，原材料质量越高。

假设2：原材料质量与制造商的产品质量呈正相关，即原材料质量越高，产品质量越好。

假设3：制造商的产品质量与产品市场竞争力呈正相关，即产品质量越好，市场竞争力越强。

【例4-14】 以健康行为研究为例，这组假设展现了从健康意识到生活质量的因果传导机制：

假设1：个体的健康意识与体育锻炼频率呈正相关，即健康意识越强，体育锻炼频率越高。

假设2：体育锻炼频率与身体素质呈正相关，即体育锻炼频率越高，身体素质越好。

假设3：身体素质与生活质量呈正相关，即身体素质越好，生活质量越高。

4.6.2 并行假设

并行假设又称独立因素假设，是指多个假设同时存在，每个假设涉及不同的自变量对同一因变量的影响，或者不同组间在同一变量上的差异，这些假设之间相互独立，没有因果依赖关系。它们从多个角度探讨同一研究主题，旨在全面考察影响因变量的各种因素。

【例4-15】 并行假设结构：以广告投放渠道的多样性、频率和创意吸引力为例。

广告投放渠道多样性、频率和创意吸引力是独立的自变量，分别对产品市场知晓度产生影响。

假设1：广告投放渠道多样性与产品市场知晓度呈正相关，即广告渠道越多样，产品市场知晓度越高。

假设2：广告投放频率与产品市场知晓度呈正相关，即广告投放频率越高，产品市场知晓度越高。

假设3：广告创意吸引力与产品市场知晓度呈正相关，即广告创意越有吸引力，产品市场知晓度越高。

【例4-16】 并行假设结构：以教育研究为例，从学校的不同方面考察对学生成绩的影响，各假设之间相对独立。

下列假设从学校的不同方面考察对学生成绩的影响，各假设之间相对独立：

假设1：学校的师资力量与学生的综合学术成绩呈正相关，即师资越强，学生成绩越好。

假设2：学校的教学设施完备程度与学生的综合学术成绩呈正相关，即教学设施越完备，学生成绩越好。

假设3：学校的课程设置合理性与学生的综合学术成绩呈正相关，即课程设置越合理，学生成绩越好。

4.6.3 层次假设

层次假设又称嵌套假设，是指假设之间存在层次结构，高层次假设涵盖低层次假设。低层次假设是对高层次假设的分解或细化，从更具体的层面阐述高层次假设中的概念或关系。这种假设类型适用于研究具有复杂结构的对象，通过分层来深入剖析变量之间的关系。

【例 4-17】层次假设结构：以企业战略研究为例。

下列低层次假设围绕企业战略导向的不同类型展开，嵌套在高层次假设之中。

高层次假设：企业的战略导向对企业绩效有显著影响。

低层次假设 1：市场导向型战略（战略导向的一种）与企业的市场份额增长呈正相关，即市场导向越强，市场份额增长越快。

低层次假设 2：创新导向型战略（战略导向的另一种）与企业的新产品开发成功率呈正相关，即创新导向越强，新产品开发成功率越高。

4.6.4　交互假设组合

交互假设组合又称协同效应假设，是指多个假设聚焦于自变量之间的交互作用对因变量的影响。这些假设不仅考虑单个自变量的作用，更强调自变量之间相互配合、协同作用后对因变量产生的复杂效果，通常用于研究多个因素共同作用的情境。

【例 4-18】交互假设组合：以消费者行为研究为例。

下列假设探讨了不同自变量组合之间的交互作用对购买决策的影响：

假设 1：产品价格和品牌声誉对消费者购买决策有交互作用。当品牌声誉高时，消费者对价格的敏感度降低，价格对购买决策的负面影响减小；当品牌声誉低时，消费者对价格更敏感。

假设 2：产品功能和产品外观对消费者购买决策有交互作用。对于功能强大的产品，外观吸引力对购买决策的促进作用更明显；对于功能普通的产品，外观吸引力的作用相对较弱。

4.6.5　调节-中介假设组合

调节-中介假设组合又称复杂关系假设，这种假设组合同时包含调节效应假设和中介效应假设。调节效应假设关注某个变量如何改变自变量和因变量之间关系的强度或方向，中介效应假设则侧重于变量之间的间接因果关系，通过中介变量传递影响。这种组合用于研究非常复杂的变量关系，全面揭示变量之间的作用机制。

【例 4-19】调节-中介假设组合：以人力资源管理研究为例。

下列假设综合考虑了中介变量和调节变量在员工培训与工作绩效关系中的作用：

假设 1（中介效应）：员工培训（自变量）通过提升员工的工作能力（中介变量），进而正向影响员工的工作绩效（因变量）。

假设 2（调节效应）：工作环境支持度（调节变量）对员工培训与工作绩效之间的关系有调节作用。在高工作环境支持度下，员工培训通过提升工作能力对工作绩效的正向影响更显著；在低工作环境支持度下，这种影响相对较弱。

【例 4-20】调节-中介假设组合：以社会心理学研究为例。

下列假设组合有助于更深入地理解变量之间的复杂关系：

假设1（中介效应）：社会支持网络（自变量）通过增强个体的心理韧性（中介变量），正向影响个体在压力情境下的适应能力（因变量）。

假设2（调节效应）：个体的应对风格（调节变量）对社会支持网络与适应能力之间的关系有调节作用。对于积极应对风格的个体，社会支持网络通过心理韧性对适应能力的正向影响更强；对于消极应对风格的个体，这种影响相对较弱。

4.6.6　竞争性假设

竞争性假设又称替代假设，是指多个假设相互竞争，它们对同一现象提出不同甚至相反的解释或预测，通常基于不同的理论、观点或因素，通过实证研究来检验这些假设，以确定哪种假设更符合实际情况，或者在不同条件下哪种假设成立。

【例4-21】竞争性假设：以经济增长研究为例。

下列假设从不同的经济因素角度竞争解释经济增长的主要原因：

假设1：资本积累是经济增长的主要驱动力，即一个地区的资本存量增加会显著促进经济增长。

假设2：技术创新是经济增长的主要驱动力，即技术创新水平的提高会显著促进经济增长。

假设3：劳动力素质提升是经济增长的主要驱动力，即劳动力素质的改善会显著促进经济增长。

【例4-22】竞争性假设：以社会学中的犯罪原因研究为例。

下列假设从不同方面竞争解释犯罪率上升的主要因素：

假设1：贫困是犯罪率上升的主要原因，即贫困程度越高的地区，犯罪率越高。

假设2：社会控制薄弱是犯罪率上升的主要原因，即社会控制机制（如执法力度、社区监督等）越弱的地区，犯罪率越高。

假设3：文化价值观冲突是犯罪率上升的主要原因，即文化价值观多元且冲突频繁的地区，犯罪率越高。

【例4-23】竞争性假设：以研究员工持股计划与股价崩盘风险为例。

下列假设内容截然相反，但各有不同的文献和内在逻辑支持，仅凭文献分析难以确定，只能通过实证进行检验。

假设1：员工持股计划能够降低股价崩盘风险；

假设2：实施员工持股计划会增加股价崩盘风险。

4.6.7　互补假设

互补假设又称综合假设，是指多个假设相互补充，共同构成对一个复杂现象更全面的解释。每个假设都侧重于现象的一个方面，它们之间不存在竞争关系，而是通过整合这些假设能够更完整地理解研究对象。

【例4-24】互补假设：以企业创新研究为例。

下列假设从企业内部、外部和文化三个维度互补地解释企业创新能力的提升：

假设1：内部研发投入对企业创新能力提升有重要作用，通过开发新技术和新产品来增强企业的创新优势。

假设2：外部技术合作对企业创新能力提升有重要作用，通过获取外部技术资源和知识共享来拓宽企业的创新视野。

假设3：创新文化建设对企业创新能力提升有重要作用，通过营造鼓励创新的氛围和激励员工创新思维来激发企业的创新活力。

4.7　如何提出研究假设？

虽然不同领域中研究假设的内容千差万别，但在推出研究假设的方法论上有很多共同之处，例如：梳理文献中的共识与分歧、分析文献中的研究空白与不足、基于理论基础进行推导、参考实证研究结果和数据趋势、考虑实际应用场景和现实背景等。

4.7.1　梳理文献中的共识与分歧

例如，寻找共识观点、关注分歧点等。

寻找共识观点指的是在文献综述过程中，仔细识别不同文献对于研究主题所达成的共同看法。例如，在研究企业创新对绩效的影响时，发现众多文献都认同创新投入（如研发费用、技术人才投入）在一定程度上能够正向影响企业的财务绩效和市场竞争绩效。这些共识可以作为研究假设的基础部分。比如，可以初步假设"企业的创新投入与财务绩效之间存在正相关关系"。

关注分歧点指的是注意文献之间存在的矛盾观点或尚未明确的问题。例如，关于企业创新投入的滞后期对绩效的影响，有些文献认为创新投入在短期内就能产生绩效提升，而另一些文献则强调存在较长的滞后期才能看到明显的绩效改善。这种分歧可以引导我们提出假设，如"企业创新投入对财务绩效的正向影响在短期内不显著，在长期内显著"。

4.7.2　分析文献中的研究空白与不足

例如，发现未研究的领域、考虑研究不足的部分。

发现未研究的领域指的是，当发现现有文献在某个方面尚未进行研究时，可以围绕这个空白点提出假设。例如，在研究企业国际化战略时，发现现有文献大多关注大型企业的国际化模式和影响因素，而很少涉及中小企业国际化过程中的数字化营销战略。此时可以提出假设："中小企业在国际化过程中，数字化营销战略的实施程度与国际化绩效呈正相关。"

考虑研究不足的部分指的是，对于已有研究但不够深入或完善的内容，也可以提出假设。比如，在研究消费者购买行为的影响因素时，虽然已有文献涉及了价格、品牌等因素，但对于社交平台推荐对消费者购买决策的影响研究较少。那么可以假设："消费者在购买某类产品时，社交平台推荐信息的正向评价与购买意愿呈正相关。"

4.7.3　基于理论基础进行推导

例如，运用经典理论、结合新兴理论观点等。

运用经典理论是指根据相关的经济学和管理学经典理论来构建假设。例如，基于委托代理理论，在研究管理层激励与企业绩效的关系时，可以假设"管理层的股权激励程度与企业长期绩效呈正相关，因为股权激励能够使管理层利益与股东利益更加一致，减少代理成本"。

结合新兴理论观点指的是，如果有新的理论或跨学科理论出现，也可以将其融入假设推导。比如，在研究企业绿色供应链管理时，结合可持续发展理论和制度理论，可以假设"企业所处地区的环境规制强度越大，企业实施绿色供应链管理的程度越高，因为严格的环境规制会促使企业遵守制度要求，同时也符合可持续发展的外部压力"。

4.7.4　参考实证研究结果和数据趋势

例如，借鉴已有实证发现、观察数据变化趋势等。

借鉴已有实证发现指的是，如果文献中有相关的实证研究结果，且在不同的样本或情境下具有一定的一致性，可以据此提出类似的假设。例如，在研究企业员工培训对员工离职率的影响时，发现多篇文献通过对不同行业企业的实证研究，表明员工培训投入与员工离职率呈负相关。那么，可以在自己的研究中假设："在本研究的企业样本中，员工培训投入的增加会降低员工离职率。"

观察数据变化趋势指的是，有些文献可能会提供一些数据趋势或现象描述，这些也可以作为假设的参考。例如，在研究金融市场时，观察到随着金融科技的发展，移动支付用户数量逐年上升，而现金使用量逐年下降的趋势。可以假设："随着时间的推移，金融科技的发展程度与现金使用率呈负相关。"

4.7.5　考虑实际应用场景和现实背景

例如，结合行业实际情况、联系政策环境变化等。

结合行业实际情况指的是，将研究假设与行业的实际现状和需求相结合。例如，在研究电商行业的供应链整合时，考虑到电商行业竞争激烈、对物流时效性要求高的特点，可以假设："电商企业的供应链整合程度与物流配送及时性呈正相关，并且供应链整合能够提升电商企业的市场竞争力。"

联系政策环境变化是指政策环境的改变也会影响企业或市场的行为。例如，在研究新能源汽车企业的发展时，随着政府对新能源汽车补贴政策的调整，可以假设："新能源汽车补贴政策的退坡会促使新能源汽车企业加大研发投入，以提高产品竞争力，从而实现企业的可持续发展。"

下面以若干研究领域的话题为例，介绍如何基于研究问题构思文献综述并推出初步的研究假设。

4.7.6 如何推出研究假设示例：高阶理论

下面以高阶理论领域的三个研究问题为例，介绍构思文献综述和推出研究假设的过程。

【例4-25】 以研究高管任期与企业财务决策为例，构思文献综述脉络，并推出初步研究假设。

（一）构思文献综述的脉络

基于高阶理论，高管任期对企业财务决策的影响是一个重要的研究领域。一方面，较长任期的高管对企业内部情况更为熟悉，能够建立更广泛的社会关系网络，在进行财务决策时可能更加稳健。例如，他们在投资决策方面可能更倾向于选择熟悉的领域，以降低风险。同时，长期任职的高管可能更注重企业的长期发展，在融资决策上会平衡债务和股权融资，避免过度依赖短期债务而导致财务风险。另一方面，任期过长也可能导致高管思维僵化，对新的财务理念和市场变化反应迟钝。

部分研究发现，随着任期的增加，高管可能会出现过度自信的情况，在财务决策中产生盲目乐观的情绪，例如，过度投资或忽视新的融资渠道。不同企业规模下，高管任期的影响也有所差异，大型企业的高管任期对财务决策的长期导向性可能更为明显，而中小企业的高管任期可能因企业的灵活性而对财务决策的及时性影响更大。

（二）提出初步研究假设

假设1：在大型企业中，高管任期与长期债务融资比例呈正相关。由于大型企业的长期战略规划更为重要，任期较长的高管更注重企业的长期财务稳定性，倾向于增加长期债务融资来支持长期投资项目。

假设2：高管任期与企业投资效率呈倒U形关系。在任期初期，高管随着经验的积累能够提高投资效率，但任期过长后，可能因过度自信等因素导致投资效率下降。

【例4-26】 以研究高管价值观与企业社会责任行为为例，构思文献综述脉络，并推出初步研究假设。

（一）构思文献综述的脉络

在高阶理论视角下，高层管理者的价值观对企业社会责任（CSR）行为的研究日益受到关注。一方面，具有较强社会责任感的管理者倾向于将CSR理念融入企业战略和日常运营中。他们认为企业不仅要追求经济利益，还要对社会和环境负责。例如，这类管理者可能会主动推动企业减少环境污染、加强员工福利、参与社会公益活动等。另一方面，企业所处的外部环境和内部资源约束也会影响管理者价值观的践行。

部分研究指出，在竞争激烈的市场环境下，企业可能会因短期经济压力而忽视社会责任行为。同时，企业内部资源的有限性也可能限制管理者对 CSR 的投入。不同行业的 CSR 重点领域也不同，例如，能源行业更关注环境责任，而劳动密集型行业则更注重员工福利和劳动权益保护。

（二）提出初步研究假设

假设 1：在具有社会责任感价值观的高层管理者领导下，企业在环境责任方面的投入（如环保设备购置、污染治理费用）与企业的长期市场价值呈正相关。因为积极的环境责任行为有助于提升企业的社会声誉，进而增加企业的长期市场价值。

假设 2：在劳动密集型企业中，高层管理者对员工权益重视程度与员工满意度呈正相关。管理者越是重视员工权益，就越会在工资福利、工作环境等方面加大投入，从而提高员工满意度。

【例 4-27】以研究高层管理团队背景多样性与企业战略变革为例，构思文献综述脉络，并推出初步研究假设。

【例 4-27】

4.7.7　如何推出研究假设示例：股价崩盘风险

下面以股价崩盘风险领域的三个研究问题为例，介绍构思文献综述和推出研究假设的过程。

【例 4-28】以研究信息透明度与股价崩盘风险为例，构思文献综述脉络，并推出初步研究假设。

（一）构思文献综述的脉络

大量研究表明信息透明度在股价崩盘风险中扮演关键角色。一方面，高透明度的信息环境有助于减少信息不对称。公司及时、准确、完整地披露财务和非财务信息，能使投资者更好地评估公司价值。研究发现，信息披露质量高的公司，投资者能够更精准地预测公司业绩，降低不确定性。例如，上市公司按照严格的会计准则披露详细的财务报表，并且积极发布有关公司战略、经营风险等方面的信息，使得市场对公司有较为全面的了解。另一方面，信息不透明可能掩盖公司负面消息。部分研究指出，当公司内部存在坏消息时，管理层可能出于维护公司形象、个人私利等目的隐瞒信息。随着负面消息的积累，一旦集中爆发，就会导致股价崩盘。不同行业在信息披露的要求和实践上存在差异，金融行业通常受到更严格的监管和披露要求，而一些新兴产业的信息透明度可能相对较低。

（二）提出初步研究假设

假设1：上市公司信息披露质量（用信息披露评级、违规处罚次数等衡量）与股价崩盘风险（用股价负收益极端值出现的概率衡量）呈负相关。因为高质量的信息披露能够让投资者及时了解公司真实情况，减少因信息不对称导致的股价暴跌风险。

假设2：在新兴产业中，公司自愿信息披露的程度（如自愿披露研发进度、市场拓展计划等）与股价崩盘风险呈负相关。由于新兴产业不确定性高，公司自愿披露更多信息可以增加市场对其的了解，降低股价突然崩盘的可能性。

【例4-29】以研究高管行为与股价崩盘风险为例，构思文献综述脉络，并推出初步研究假设。

（一）构思文献综述的脉络

关于高管行为对股价崩盘风险的影响，现有文献提供了多种视角。一方面，高管的过度自信可能会增加股价崩盘风险。过度自信的高管往往会高估公司的投资机会和盈利能力，过度投资或进行高风险的项目。研究表明，这些行为可能导致公司财务状况恶化，当问题暴露时，股价可能会大幅下跌。例如，高管过度自信地进行大规模并购，却无法实现预期的协同效应，使公司背负沉重债务，增加了股价崩盘的隐患。另一方面，高管的股权激励也会影响股价崩盘风险。部分研究发现，当高管的股权激励过度偏向短期股价表现时，他们可能会采取操纵利润等不正当手段来抬高股价，而忽视公司的长期健康发展，从而埋下股价崩盘的祸根。不同所有制企业的高管行为模式和对股价崩盘风险的影响可能有所不同，国有企业高管可能更注重政策导向和社会形象，而民营企业高管可能更关注企业的市场价值和利润。

（二）提出初步研究假设

假设1：高管过度自信程度（用CEO个人持有的公司股票数量、个人财富与公司业绩的关联程度衡量）与股价崩盘风险呈正相关。因为过度自信的高管容易做出冒险决策，增加公司经营风险，进而提高股价崩盘的可能性。

假设2：在民营企业中，高管股权激励中短期激励占比与股价崩盘风险呈正相关。民营企业高管更关注短期股价表现时，可能会采取短期行为提升股价，增加股价崩盘的风险。

【例4-30】以研究市场情绪与股价崩盘风险为例，构思文献综述脉络，并推出初步研究假设。

【例 4-30】

4.7.8 如何推出研究假设示例：数字化转型

下面以企业数字化转型领域的三个研究问题为例，介绍构思文献综述和推出研究假设的过程。

【例 4-31】 以研究数字化转型与企业创新绩效为例，构思文献综述脉络，并推出初步研究假设。

（一）构思文献综述的脉络

诸多文献强调数字化技术为企业创新注入强大动力。一方面，云计算的弹性计算资源使企业能低成本快速搭建创新研发平台，大数据助力精准洞察市场需求与技术趋势，激发创新灵感；另一方面，人工智能在产品设计、流程优化中的应用加速创新进程。但部分研究也指出，数字化转型初期企业需高额投入，若组织架构、人才储备跟不上，会陷入"创新困境"，导致创新效率低下。

不同行业对数字化转型的适应性有别，例如，制造业数字化转型侧重于生产流程自动化、供应链协同，服务业更关注客户体验数字化、业务模式创新，且大型企业凭借资金、技术优势往往先行一步，中小企业则面临更多挑战。

（二）初步提出研究假设

假设 1：在制造业企业中，数字化转型程度与产品创新绩效呈正相关。即企业采用数字化技术深度融合生产流程、研发环节越多，新产品推出速度越快、创新性越强。这是基于制造业通过数字化提升生产与研发效率进而催生创新成果的逻辑。

假设 2：相较于大型企业，中小企业数字化转型对服务创新绩效的提升作用更为显著。因为中小企业组织灵活，能快速响应数字化变革优化服务流程、满足客户个性化需求，考虑到了中小企业在服务领域利用数字化弯道超车的可能性。

【例 4-32】 以研究数字化转型与企业供应链韧性为例，构思文献综述脉络，并推出初步研究假设。

【例 4-32】

【例4-33】以研究数字化转型与企业组织敏捷性为例，构思文献综述脉络，并推出初步研究假设。

【例4-33】

4.7.9　如何推出研究假设示例：ESG研究

下面以ESG相关领域的三个研究问题为例，介绍构思文献综述和推出研究假设的过程。

【例4-34】以研究ESG表现与企业财务绩效的关系为例，构思文献综述脉络，并推出初步研究假设。

（一）构思文献综述的脉络

许多研究表明，ESG表现与企业财务绩效之间存在复杂的关系。一方面，部分文献指出积极的ESG实践可以为企业带来长期的财务利益。例如，良好的环境管理（E）有助于企业降低能源成本、减少环境罚款等风险；良好的社会表现（S）能够提升员工满意度和忠诚度，进而提高生产效率，并且可以增强企业的品牌形象，吸引更多的消费者；健全的公司治理（G）可以降低代理成本，优化企业决策过程。另一方面，也有研究发现，短期内，ESG投资可能会增加企业的成本，对财务绩效产生一定的压力。同时，不同行业的ESG因素对财务绩效的影响程度和方向可能有所不同。例如，对于能源密集型行业，环境因素（E）的影响可能更为显著；而对于劳动密集型行业，社会因素（S）如员工福利和劳动权益保护等可能对财务绩效有更重要的作用。

（二）初步提出研究假设

假设1：长期内，企业的ESG综合表现与财务绩效呈正相关。即企业的ESG评级越高，其资产回报率（ROA）和股东权益回报率（ROE）越高，因为良好的ESG实践能够降低企业运营风险，提升企业的市场竞争力和声誉，从而促进财务绩效的提升。

假设2：在能源密集型行业，企业的环境（E）得分与财务绩效之间的正向关系比其他行业更为显著。因为这些行业在环境管理方面的改善能够带来更直接的成本节约和风险降低效果，如减少碳排放带来的政策补贴和能源效率提升带来的成本降低。

【例4-35】以研究ESG信息披露对企业市场价值的影响为例，构思文献综述脉络，并推出初步研究假设。

（一）构思文献综述的脉络

ESG信息披露是一个重要的企业行为。一方面，越来越多的投资者关注企业的

ESG 信息，完整、透明的 ESG 信息披露可以降低信息不对称，增强投资者对企业的信心。一些研究表明，当企业积极披露 ESG 信息时，能够吸引更多的社会责任投资者，从而增加企业的市场需求，提升股票价格。另一方面，也有观点认为，ESG 信息披露可能会暴露企业的潜在问题，尤其是在企业 ESG 表现不佳的情况下，过度披露可能会导致负面评价，进而降低企业的市场价值。而且，不同国家和地区的市场对 ESG 信息披露的重视程度和监管要求存在差异，这也会影响企业市场价值与 ESG 信息披露之间的关系。

（二）初步提出研究假设

假设 1：在发达国家市场中，企业的 ESG 信息披露质量与企业市场价值（以托宾 Q 值衡量）呈正相关。因为这些市场的投资者更加成熟，对 ESG 信息更为敏感，高质量的 ESG 信息披露能够吸引更多的资金流入，提升企业的市场估值。

假设 2：当企业的 ESG 综合得分低于行业平均水平时，增加 ESG 信息披露制度会导致企业的市场价值下降。因为较差的 ESG 表现通过信息披露被市场所了解，会引发投资者的担忧和负面评价。

【例 4-36】 以研究 ESG 投资策略与投资组合绩效的关系为例，构思文献综述脉络，并推出初步研究假设。

【例 4-36】

4.7.10　如何推出研究假设示例：新质生产力

本节以新质生产力领域的三个研究问题为例，介绍构思文献综述和推出研究假设的过程。

【例 4-37】 以研究新质生产力与企业创新生态系统为例，构思文献综述脉络，并推出初步研究假设。

【例 4-37】

【例4-38】以研究新质生产力与产业升级路径为例，构思文献综述脉络，并推出初步研究假设。

【例4-38】

【例4-39】以研究新质生产力与人才需求结构为例，构思文献综述脉络，并推出初步研究假设。

【例4-39】

4.7.11　如何推出研究假设示例：数据资产入表

本节以数据资产入表领域的三个研究问题为例，介绍构思文献综述和推出研究假设的过程。

【例4-40】以研究数据资产入表与企业财务绩效为例，构思文献综述脉络，并推出初步研究假设。

（一）构思文献综述的脉络

众多文献对数据资产及其对企业财务绩效的潜在影响进行了研究。一方面，数据资产被视为企业的重要战略资源，当数据资产能够被合理地确认和计量并入表后，企业的资产规模得到扩充。有研究指出，数据资产可以通过多种方式提升企业财务绩效。例如，企业利用数据资产进行精准营销，能有效提高客户获取率和客户忠诚度，从而增加销售收入。同时，在生产环节，数据资产有助于优化供应链管理和生产流程，降低成本。另一方面，数据资产入表也面临诸多挑战。部分研究发现，数据资产的价值评估和计量方法尚未统一，不同企业的评估标准差异可能导致财务报表信息的可比性下降。而且，数据资产的质量和有效性参差不齐，一些企业可能存在数据资产过度资本化的问题，这会对财务绩效的真实反映产生干扰。不同行业的数据资产在价值创造和财务绩效提升中的作用也有所不同，如互联网和科技行业的数据资产可能更侧重于用户数据的商业利用，而制造业的数据资产可能更多地与生产数据优化相关。

（二）初步提出研究假设

假设1：在互联网企业中，数据资产入表金额与企业营业收入增长率呈正相关。因为互联网企业通过对用户数据等数据资产的有效利用进行广告投放、增值服务等商业活动，入表的数据资产金额越大，意味着企业可利用的数据资源越丰富，越能促进业务增长，从而带动营业收入增长。

假设2：企业数据资产质量（用数据的准确性、完整性和时效性衡量）与数据资产入表后对企业净利润的提升幅度呈正相关。高质量的数据资产能够为企业决策和运营提供更可靠的支持，使其在成本控制和收入增加方面更有效，入表后对净利润的提升作用也更显著。

【例4-41】 以研究数据资产入表与企业市场价值为例，构思文献综述脉络，并推出初步研究假设。

（一）构思文献综述的脉络

关于数据资产入表与企业市场价值的关系，现有文献提供了多种观点。一方面，数据资产入表能够向市场传递企业拥有有价值的数据资源的信号，投资者越来越关注企业的数据资产状况，将其视为企业未来增长潜力的重要标志。研究表明，对于一些数据驱动型企业，数据资产入表后，市场对其估值可能会重新评估，提升企业的市场价值。另一方面，市场对数据资产入表的反应也受到多种因素的影响。部分研究发现，市场的信息透明度和投资者的专业素养会影响他们对数据资产入表信息的解读。如果市场信息不对称程度较高，投资者可能无法准确理解数据资产的价值，从而影响企业市场价值的合理反映。此外，数据资产的后续管理和利用效率也会对企业市场价值产生长期影响，若企业不能有效利用数据资产实现价值创造，市场价值可能不会持续提升。

（二）初步提出研究假设

假设1：在科技行业中，数据资产入表后，企业的托宾 Q 值（衡量企业市场价值与重置成本之比）与数据资产的账面价值占总资产账面价值的比例呈正相关。因为科技企业的数据资产往往具有较高的战略价值，该比例越高，表明企业的数据资产优势越明显，市场对其未来收益的预期越高，从而提升托宾 Q 值。

假设2：企业数据资产的信息披露质量（包括数据资产的来源、应用场景、风险等方面的披露）与数据资产入表后企业的市场价值波动幅度呈负相关。高质量的信息披露能够降低市场的信息不对称，使投资者更准确地评估数据资产的价值，减少因不确定性导致的市场价值波动。

【例4-42】 以研究数据资产入表与企业融资能力为例，构思文献综述脉络，并推出初步研究假设。

（一）构思文献综述的脉络

文献对数据资产入表如何影响企业融资能力也有诸多探讨。一方面，数据资产入表后，企业的资产负债表结构得到优化，资产实力增强，这可能会提高企业的信用评级。金融机构在评估企业的偿债能力和贷款风险时，会将数据资产考虑在内。有研究发现，对于一些轻资产的科技企业和互联网企业，数据资产入表有助于它们获得更多的银行贷款和其他债务融资。另一方面，数据资产的不确定性和无形性也给融资带来了一定的挑战。部分研究指出，由于数据资产的价值易受市场环境、技术更新等因素的影响，金融机构在为企业提供融资时可能会要求更高的风险溢价。而且，目前金融市场对数据资产的融资工具和评估机制还不够完善，这也限制了企业利用数据资产进行融资的效率。不同类型的融资方式对数据资产入表的反应也有所不同，股权融资可能更看重企业的未来增长潜力，而债务融资更关注企业的偿债保障。

（二）初步提出研究假设

假设1：在轻资产企业中，数据资产入表后，企业的银行贷款额度与数据资产的评估价值呈正相关。因为银行在评估贷款额度时会考虑企业的资产状况，入表的数据资产评估价值越高，企业的资产实力越强，可获得的银行贷款额度就越高。

假设2：数据资产入表后，企业股权融资成本与数据资产的收益不确定性（用数据资产未来现金流的波动程度衡量）呈正相关。由于数据资产收益的不确定性增加了投资者的风险，为了补偿风险，企业在进行股权融资时需要支付更高的成本。

4.7.12　如何推出研究假设示例：内需拉动

本节以内需拉动领域的三个研究问题为例，介绍构思文献综述和推出研究假设的过程。

【例4-43】以研究数字消费平台与内需拉动为例，构思文献综述脉络，并推出初步研究假设。

【例4-43】

【例4-44】以研究消费补贴政策与内需拉动为例，构思文献综述脉络，并推出初步研究假设。

【例4-44】

【例4-45】以研究消费信贷与内需拉动为例，构思文献综述脉络，并推出初步研究假设。

【例4-45】

4.7.13 如何推出研究假设示例：绿色金融

本节以绿色金融领域的三个研究问题为例，介绍构思文献综述和推出研究假设的过程。

【例4-46】以研究绿色金融政策与企业绿色投资为例，构思文献综述脉络，并推出初步研究假设。

（一）构思文献综述的脉络

众多研究表明，绿色金融政策在推动企业绿色投资方面发挥着关键作用。一方面，政府出台的绿色信贷政策为企业的绿色项目提供了资金支持。例如，许多国家的监管机构要求金融机构对环保型企业或绿色项目给予优惠贷款条件，包括较低的利率和更长的贷款期限。这使得企业能够更容易地获取资金用于绿色技术研发、可再生能源项目建设等绿色投资活动。另一方面，绿色金融政策的实施效果受到多种因素的影响。部分研究发现，企业对绿色金融政策的认知程度和自身的财务状况会影响其对绿色投资的积极性。一些小型企业可能由于信息不对称或财务约束，无法充分利用绿色金融政策带来的优势。同时，不同行业对绿色金融政策的敏感度也不同，高污染、高能耗行业受政策影响较大，而服务业等行业的绿色投资决策可能更多地受到市场需求和企业形象等因素的影响。

（二）初步提出研究假设

假设1：在高污染行业中，绿色信贷政策的宽松程度与企业绿色投资规模呈正相关。因为高污染行业的企业面临较大的环境整改压力，宽松的绿色信贷政策为其提供了资金保障，促使企业扩大绿色投资规模以满足环境监管要求并实现转型升级。

假设2：企业对绿色金融政策的认知水平与企业绿色投资效率（绿色投资产生的环境效益与投资成本之比）呈正相关。企业对政策了解得越充分，越能精准地选择符合政策支持且效益高的绿色投资项目，从而提高绿色投资效率。

【例4-47】以研究绿色金融产品创新与金融机构绩效为例，构思文献综述脉络，并推出初步研究假设。

（一）构思文献综述的脉络

关于绿色金融产品创新对金融机构绩效的影响，文献呈现出不同的观点。一方面，开发新的绿色金融产品，如绿色债券、绿色基金等，能够拓宽金融机构的业务范围和客户群体。研究发现，绿色金融产品吸引了越来越多关注环境、社会和治理（ESG）因素的投资者，为金融机构带来了新的资金来源。同时，这些产品有助于金融机构优化资产配置，降低对传统高风险资产的依赖，提升整体资产质量。另一方面，绿色金融产品创新也面临着诸多挑战。部分研究指出，由于绿色金融产品的标准和认证体系尚不完善，金融机构在产品设计、发行和管理过程中需要投入更多的人力、物力进行风险评估和信息披露。而且，绿色金融产品的市场需求受到宏观经济环境、投资者环保意识等因素的影响，其市场接受程度和收益稳定性存在一定的不确定性。

（二）初步提出研究假设

假设1：金融机构绿色金融产品创新的多样性（用不同类型绿色金融产品的数量衡量）与金融机构的非利息收入占比呈正相关。因为丰富的绿色金融产品能够吸引更多的客户和资金，通过收取产品发行、管理等费用增加金融机构的非利息收入。

假设2：在经济发达地区，金融机构绿色金融产品的市场份额与金融机构的资产回报率呈正相关。发达地区投资者的环保意识和对绿色金融产品的接受程度较高，金融机构拥有较大的市场份额意味着更高的产品销售和资金管理规模，从而能够获得更高的资产回报率。

【例4-48】以研究绿色金融与区域经济可持续发展为例，构思文献综述脉络，并推出初步研究假设。

【例4-48】

4.7.14　如何推出研究假设示例："一带一路"

下面以"一带一路"领域的三个研究问题为例，介绍构思文献综述和推出研究假设的过程。

【例4-49】以研究"一带一路"倡议与企业国际化战略为例，构思文献综述脉络，并推出初步研究假设。

【例4-49】

【例4-50】以研究"一带一路"倡议与跨境金融合作为例，构思文献综述脉络，并推出初步研究假设。

【例4-50】

【例4-51】以研究"一带一路"倡议与区域经济增长为例，构思文献综述脉络，并推出初步研究假设。

【例4-51】

4.7.15　如何推出研究假设示例：供应链金融

下面以供应链金融领域的三个研究问题为例，介绍构思文献综述和推出研究假设的过程。

【例4-52】以研究供应链金融与中小企业融资约束为例，构思文献综述脉络，并推出初步研究假设。

（一）构思文献综述的脉络

大量文献研究了供应链金融对中小企业融资的影响。一方面，供应链金融为中小企业提供了新的融资渠道。传统融资模式下，中小企业因信用资质不足、缺乏抵押物等问题面临融资困境。而供应链金融模式（如应收账款质押融资、存货融资等）是基于供应链中的核心企业信用，利用供应链交易的真实性和稳定性，金融机构可以为中小企业提供更灵活的融资服务。例如，许多研究表明，在有核心企业担保或参与的供应链金融业务中，中小企业的融资可得性显著提高。另一方面，供应链金融的实施效果也受多种因素制约。部分研究发现，供应链的稳定性和信息透明度会影响中小企业的融资额度和成本。如果供应链中存在信息不对称、合作关系不稳定等问题，金融机构的风险评估难度会增加，中小企业可能仍无法获得足够的融资。而且，不同行业的供应链金融模式和融资需求也有所差异，制造业供应链金融可能更侧重于存货和应收账款管理，而服务业供应链金融可能更关注服务交付过程中的资金流。

（二）初步提出研究假设

假设1：在制造业供应链中，中小企业参与应收账款质押供应链金融业务的程度（用应收账款质押融资额占企业总融资额的比例衡量）与企业融资约束程度呈负相关。因为应收账款质押融资能够将企业的未来现金流提前变现，参与程度越高，企业获取资金越容易，融资约束程度越低。

假设2：供应链的信息共享程度（用供应链中企业间信息共享平台的完善程度衡量）与中小企业供应链金融融资成本呈负相关。良好的信息共享可以降低金融机构的信息不对称风险，使中小企业在供应链金融业务中能够以较低的成本获取资金。

【例4-53】以研究供应链金融与供应链绩效为例，构思文献综述脉络，并推出初步研究假设。

【例4-53】

【例4-54】以研究供应链金融创新与企业竞争力为例，构思文献综述脉络，并推出初步研究假设。

【例4-54】

4.7.16 如何推出研究假设示例：企业创新

下面以企业创新领域的三个研究问题为例，介绍构思文献综述和推出研究假设的过程。

【例4-55】以研究企业研发投入与创新绩效为例，构思文献综述脉络，并推出初步研究假设。

（一）构思文献综述的脉络

大量研究聚焦于企业研发投入对创新绩效的影响。一方面，不少文献证实充足的研发资金投入是催生创新成果的关键要素，能够助力企业突破技术瓶颈，开发全新产品或优化现有工艺流程。例如，高科技行业的领军企业往往将营收的高比例投入研发，由此收获大量专利，抢占市场先机。另一方面，研发投入并非孤立发挥作用，还受人力因素、组织管理模式的制约。部分研究指出，单纯增加资金，若缺乏专业且富有创造力的研发团队，或是内部沟通不畅、激励机制不完善，研发效率会大打折扣，难以转化为亮眼的创新绩效。同时，行业特性也影响显著，技术密集型行业研发投入的边际收益通常高于传统劳动密集型行业。

（二）初步提出研究假设

假设1：在技术密集型企业中，研发投入强度（研发费用占营业收入的比例）与新产品销售收入占比呈正相关。因为高强度的研发投入为新技术、新产品开发提供资源保障，促使更多创新产品推向市场，进而收获更高的销售收入。

假设2：企业研发人员的专业多样性程度与研发投入转化为专利产出的效率呈正相关。研发团队成员专业背景越多元，越能从不同视角攻克技术难题，使既定的研发资金投入更快、更有效地产出专利成果。

【例 4-56】 以研究产学研合作与企业创新能力为例，构思文献综述脉络，并推出初步研究假设。

【例 4-56】

【例 4-57】 以研究企业创新战略与市场竞争优势为例，构思文献综述脉络，并推出初步研究假设。

【例 4-57】

4.7.17　如何推出研究假设示例：风险承担

下面以企业风险承担领域的三个研究问题为例，介绍构思文献综述和推出研究假设的过程。

【例 4-58】 以研究高管激励与企业风险承担为例，构思文献综述脉络，并推出初步研究假设。

（一）构思文献综述的脉络

大量文献对高管激励和企业风险承担之间的关系进行了研究。一方面，合理的高管激励机制可以促使高管积极承担风险。例如，股权激励使高管的利益与股东利益紧密相连，当公司业绩提升、股价上涨时，高管能够获得丰厚的回报。这种激励方式可能会鼓励高管投资高风险但具有高潜在回报的项目。

研究表明，在一些高科技企业中，高管股权激励比例较高的公司更倾向于加大研发投入，积极开拓新市场，展现出较高的风险承担意愿。另一方面，过度的激励也可能导致高管过度冒险。部分研究发现，当高管的薪酬与短期业绩过度挂钩时，他们可能会为了追求高额奖金而忽视风险，做出一些不利于公司长期稳定发展的决策，如过度负债经营或盲目进入不熟悉的业务领域。不同行业的企业对高管激励的反应和风险偏好有所不同，高成长型行业（如互联网、生物医药）的企业可能更愿意通过激励高管承担风险来获取竞争优势，而传统稳定型行业（如公用事业）则可能更注重风险控制。

（二）初步提出研究假设

假设1：在高科技企业中，高管股权激励比例与企业风险承担水平（用研发投入占营业收入的比例衡量）呈正相关。因为股权激励使高管更关注企业的长期价值增长，他们愿意通过加大研发投入等风险承担行为来提升企业的竞争力和股价，进而获取更多的股权收益。

假设2：企业高管薪酬中短期绩效奖金占比与企业财务风险（用资产负债率衡量）呈正相关。当高管薪酬过多依赖短期绩效奖金时，为了获取高额奖金，他们可能会过度举债进行投资，从而增加企业的财务风险。

【例4-59】以研究公司治理结构与企业风险承担为例，构思文献综述脉络，并推出初步研究假设。

（一）构思文献综述的脉络

关于公司治理结构对企业风险承担的影响，现有文献提供了多种观点。一方面，良好的公司治理结构可以有效监督和约束管理层，合理平衡风险与收益。例如，独立董事在董事会中发挥着重要的监督作用，他们能够独立于管理层，对公司的重大决策进行客观评估。研究表明，独立董事比例较高的公司在进行投资决策时会更加谨慎，能够避免管理层的过度冒险行为。另一方面，股权结构也会影响企业风险承担。部分研究发现，股权集中度较高的公司，大股东可能更倾向于追求自身利益最大化，他们可能会推动公司进行高风险投资。不同所有制企业的公司治理结构和风险承担特点也有所不同，国有企业通常受到政府监管和政策导向的影响，在风险承担决策上可能更加稳健，而民营企业的风险承担决策可能更受所有者个人意志和市场竞争压力的影响。

（二）初步提出研究假设

假设1：上市公司独立董事比例与企业投资风险（用投资项目的波动率衡量）呈负相

关。独立董事能够监督管理层的投资决策，使其更加理性和谨慎，从而降低企业的投资风险。

假设2：在民营企业中，股权集中度（用前几大股东持股比例之和衡量）与企业战略风险（用企业战略转型的频率和幅度衡量）呈正相关。因为民营企业的大股东对企业决策有较大的影响力，他们可能为了追求更高的收益而频繁推动企业进行战略转型，增加企业的战略风险。

【例4-60】以研究宏观经济环境与企业风险承担为例，构思文献综述脉络，并推出初步研究假设。

【例4-60】

4.7.18 如何推出研究假设示例：并购重组

下面以并购重组领域的三个研究问题为例，介绍构思文献综述和推出研究假设的过程。

【例4-61】以研究企业并购重组与财务绩效为例，构思文献综述脉络，并推出初步研究假设。

（一）构思文献综述的脉络

众多文献对企业并购重组后的财务绩效变化进行了研究。一方面，部分研究表明，并购重组能够为企业带来规模经济和协同效应。例如，横向并购可以使企业扩大市场份额，通过整合生产流程、共享销售渠道等方式降低单位成本，提高利润率；纵向并购能够加强企业对产业链的控制，优化供应链管理，减少中间环节的成本和风险，从而提升财务绩效。另一方面，也有文献指出，并购重组存在诸多风险和挑战。例如，并购后的整合困难可能导致企业运营效率下降，文化差异、组织架构冲突等问题可能使得企业在并购后无法实现预期的协同效应，甚至出现财务状况恶化的情况。而且，不同行业的企业并购重组对财务绩效的影响也有所不同，技术密集型行业的并购重组可能更注重技术和人才的整合，而传统制造业的并购重组可能更侧重于生产设备和市场资源的整合。

（二）初步提出研究假设

假设1：在传统制造业企业中，横向并购规模（用并购资产占企业总资产的比例衡量）与企业并购后的资产收益率（ROA）呈正相关。因为传统制造业企业通过横向并购扩大规模，能够实现生产资源的优化配置，降低生产成本，进而提高资产收益率。

假设2：企业并购后的文化整合程度（用员工对新文化的认同度和文化冲突解决机制的有效性衡量）与企业并购后的长期财务绩效（用并购后三年的净利润增长率衡量）呈正相关。良好的文化整合有助于企业内部的沟通协作，充分发挥并购的协同效应，从而促进企业长期财务绩效的提升。

【例4-62】 以研究企业并购重组与市场反应为例，构思文献综述脉络，并推出初步研究假设。

（一）构思文献综述的脉络

关于企业并购重组在市场上的反应，现有文献有不同的观点。一方面，许多研究发现市场对企业并购重组事件通常会有积极反应，当企业宣布并购重组消息时，如果市场预期该并购能够带来协同效应、提升企业竞争力，企业的股价可能会上涨。例如，在战略性新兴产业的并购重组案例中，市场往往看好企业通过并购获取新技术、新市场的前景，从而给予正面评价。另一方面，市场反应也受到多种因素的影响。部分研究指出，并购重组的交易结构、支付方式等因素会影响市场对企业的信心，如果企业采用高杠杆的支付方式进行并购，市场可能会担忧企业的财务风险，导致股价下跌。而且，行业竞争态势和宏观经济环境也会对市场反应产生作用，在竞争激烈或经济下行时期，市场对并购重组的期望和反应可能更加复杂。

（二）初步提出研究假设

假设1：在战略性新兴产业中，企业以股权置换方式进行并购重组的公告发布后，企业的股价超额收益率（相对于市场指数的收益率）与并购企业的技术互补性呈正相关。因为股权置换方式通常被市场视为较友好的交易结构，且技术互补性强的并购更容易获得市场对企业未来发展的看好，从而推动股价上涨。

假设2：在经济下行时期，企业并购重组的规模（用并购交易金额衡量）与企业股价波动幅度呈正相关。由于经济下行时市场对企业并购重组的风险关注度更高，并购规模越大，市场对企业未来的不确定性预期越强，股价波动幅度也就越大。

【例4-63】 以研究企业并购重组与创新能力为例，构思文献综述脉络，并推出初步研究假设。

【例4-63】

4.8 撰写文献综述有哪些常见误区?

撰写文献综述中常见的误区主要有三个方面：理论分析方面、文献述评方面、研究假设等。

4.8.1 理论分析写作中常见的误区

理论分析写作中常见的误区主要表现为理论选择不当、理论阐述不清晰、理论应用错误、缺乏理论整合等现象。

（1）理论选择不当。

错误表现：选择与研究主题不相关或关联性较弱的理论。例如，在研究电商平台的用户购买行为时，引用完全不相关的生产运作管理理论，而没有考虑消费者行为理论等更合适的理论。

影响后果：导致理论无法有效地解释研究现象，使整个研究缺乏合理的基础。读者会难以理解为什么要进行这样的研究，也无法看到理论与实际研究之间的逻辑联系。

（2）理论阐述不清晰。

错误表现：①对理论的核心概念和观点解释模糊。比如，在引用委托代理理论时，没有清楚地说明委托人和代理人的角色、目标不一致性以及信息不对称等关键要素。②未能将理论有条理地展开。在介绍复杂的理论体系时，如制度理论，只是简单罗列一些概念，没有详细说明制度环境、制度同构等要素之间的关系以及它们对研究对象的作用机制。

影响后果：读者难以理解理论的实质内容，无法判断理论是否能够适用于研究，这也使得后续基于理论的研究假设和实证分析缺乏坚实的依据。

（3）理论应用错误。

错误表现：①生搬硬套理论，没有考虑研究对象的特殊性。例如，在研究小型家族企业的治理结构时，直接套用适用于大型上市公司的公司治理理论，而忽略了家族企业中家族关系、情感因素等特殊情况。②错误解读理论，导致在应用过程中出现偏差。比如，对博弈论中的纳什均衡概念理解有误，在分析企业竞争策略时得出不符合实际的结论。

影响后果：使研究结论失去可信度，因为错误的理论应用无法真实地反映研究现象背后的规律，而且可能会引导研究方向出现偏差，使整个研究过程误入歧途。

（4）缺乏理论整合。

错误表现：在需要综合运用多个理论时，只是简单地堆砌理论，没有将它们有机地整合在一起。例如，在研究企业技术创新与市场竞争优势的关系时，同时提及资源基础理论和波特的竞争优势理论，但没有说明这两个理论如何相互补充来解释研究问题。

影响后果：研究显得零散、缺乏系统性，各个理论之间的协同效应无法发挥。读者很难看到一个完整的理论架构来支持研究，也不利于深入剖析研究问题的本质。

4.8.2 文献述评写作中常见的误区

文献述评写作中常见的误区主要表现为文献检索不全面、文献梳理混乱、缺乏批判性评价、未明确研究空白和贡献等方面。

（1）文献检索不全面。

错误表现：①仅关注少数几种期刊或者特定研究群体的文献，忽略了其他重要的学术资源。例如，在研究金融风险管理时，只检索了国内核心期刊的文献，而没有考虑国际上知名的金融学期刊或者行业报告。②遗漏最新的研究成果或经典的早期文献。比如，在研究人工智能在市场营销中的应用时，没有涵盖最新的基于深度学习算法的营销案例研究，或者忘记引用早期具有开创性意义的营销自动化文献。

影响后果：导致研究缺乏对整个研究领域的全面了解，可能会重复已有的研究内容，或者无法借鉴最新的研究方法和观点。同时，也会使文献述评的说服力不足，因为没有考虑到该领域的全部重要文献。

（2）文献梳理混乱。

错误表现：①没有按照合理的逻辑顺序对文献进行梳理。例如，在文献述评中随意罗列不同研究，没有按照主题、时间、方法等进行分类，使得读者难以把握研究的发展脉络。②对文献内容的总结过于简略或冗长。简略的总结无法准确传达文献的核心观点，而冗长的描述则会使重点不突出，让读者在大量文字中迷失方向。

影响后果：读者无法清晰地了解研究领域的现状和发展趋势，难以理解不同研究之间的关系。这也不利于作者发现研究空白和提出自己的研究贡献，因为混乱的文献梳理无法有效地对比不同研究的异同。

（3）缺乏批判性评价。

错误表现：①只是简单地罗列文献内容，没有对文献进行批判性分析。例如，在介绍各种企业绩效评价方法的文献时，没有指出每种方法的局限性和适用范围，也没有比较不同方法之间的优劣。②评价过于主观或缺乏依据。比如，在批评某一研究时，没有基于合理的学术标准（如研究方法的科学性、数据的可靠性等），而是仅凭个人喜好或直觉进行评价。

影响后果：文献述评变成了文献的简单堆砌，无法体现作者的学术思考能力。读者难以判断哪些研究更有价值，也无法从文献述评中了解研究领域的争议点和有待解决的问题。

（4）未明确研究空白或者研究空白。

错误表现：①没有明确指出已有研究的空白点。在文献述评结束后，读者仍然不清楚在该领域还有哪些问题值得进一步研究。②虽然提到了研究不足或者研究空白，但没有说明自己的论文将如何改善研究不足或填补研究空白。例如，只是说"现有研究在某个方面还比较少"，但没有阐述自己的研究在方法、变量、理论应用等方面如何弥补这一不足。

影响后果：使作者的研究意图不明确，读者无法理解作者为什么要进行这项研究，以及该研究的价值何在。这也会影响论文的创新性和学术价值的体现。

4.8.3　研究假设写作中常见的误区

研究假设写作中常见的误区主要表现为假设缺乏依据、假设表述模糊、假设不可检验、假设缺乏创新性等方面。

（1）假设缺乏依据。

错误表现：①提出的假设没有基于理论分析和文献述评。例如，在研究企业绿色供应链管理对企业竞争力的影响时，假设"绿色供应链管理与企业竞争力呈负相关"，但在前面的理论和文献部分没有任何线索支持这一相反的观点。②依据不充分，只是凭借个人感觉或初步观察提出假设。比如，在没有深入研究市场需求和竞争环境的情况下，就假设某种新产品一定会在市场上取得成功。

影响后果：研究假设的可信度大打折扣，因为没有合理的依据来支撑。在实证检验过程中，读者也会对假设的合理性产生怀疑，而且即使验证结果支持假设，也难以让人信服。

（2）假设表述模糊。

错误表现：①假设中的变量定义不明确。例如，在研究"组织氛围对员工满意度的影响"时，没有明确说明"组织氛围"是包括哪些具体的维度（如沟通氛围、领导风格等），"员工满意度"又通过什么方式来衡量。②假设的关系表述不清楚。比如，在假设中只说"两个变量有关系"，但没有说明是正相关、负相关还是其他复杂的关系。

影响后果：使得假设难以进行实证检验，因为不清楚变量的具体含义和预期的关系。同时也会让读者对研究的具体目标产生困惑，无法准确理解研究要验证的内容。

（3）假设不可检验。

错误表现：①假设中的变量无法操作化。例如，在研究"企业文化的精神内涵对企业长期发展的无形影响"中，"企业文化的精神内涵"很难用具体的指标来衡量，导致无法收集数据进行验证。②假设涉及的范围过于宽泛或者复杂，超出了现有研究方法的能力。比如，假设要同时验证多个变量之间的复杂交互作用，但目前没有合适的统计模型或研究手段来实现。

影响后果：使研究陷入困境，因为无法通过实证方法来验证假设。这也意味着研究无法为理论和实践提供有价值的证据，失去了实证研究的意义。

（4）假设缺乏创新性。

错误表现：①假设是对已有研究的简单重复。例如，在研究企业品牌建设时，提出的假设与之前大量研究品牌资产的假设完全相同，没有考虑新的市场环境（如社交媒体时代）对品牌建设的新要求。②没有在新的视角或情境下提出假设。比如，在研究数字化转型对企业的影响时，仍然局限于传统的组织管理视角，没有从新兴技术（如区块链、大数据）与企业业务融合的新视角提出假设。

影响后果：研究的价值和贡献有限，因为没有为研究领域带来新的知识或见解。在学术竞争激烈的环境下，这样的研究很难引起关注，也不利于推动学术和实践的进步。

本章小结

本章的重点是构思文献综述和推出研究假设，并以多个领域的研究问题为例介绍构思文献综述和推出研究假设的具体过程。本章的内容有助于初学者了解如何撰写实证论文的文献综述和研究假设部分。

思考与练习题

1. 在高质量专业期刊中选择一篇采用链式假设的实证论文，概述其文献综述的脉络和推出研究假设的逻辑过程。

2. 在高质量专业期刊中选择一篇采用并行假设的实证论文，概述其文献综述的脉络和推出研究假设的逻辑过程。

3. 在高质量专业期刊中选择一篇采用层次假设的实证论文，概述其文献综述的脉络和推出研究假设的逻辑过程。

4. 在高质量专业期刊中选择一篇采用交互假设组合的实证论文，概述其文献综述的脉络和推出研究假设的逻辑过程。

5. 在高质量专业期刊中选择一篇采用调节-中介假设组合的实证论文，概述其文献综述的脉络和推出研究假设的逻辑过程。

6. 在高质量专业期刊中选择一篇采用竞争性假设的实证论文，概述其文献综述的脉络和推出研究假设的逻辑过程。

7. 在高质量专业期刊中选择一篇采用互补假设的实证论文，概述其文献综述的脉络和推出研究假设的逻辑过程。

5 文献综述Ⅱ：常见的基本理论1

学习要点

理论基础往往是初学者撰写文献综述最薄弱的环节之一。本章的主题是文献综述之理论分析的第一部分，对常见经管学科中的基本理论进行了扼要的回顾和归纳，供撰写文献综述时选择引用。

本章覆盖的学科主要包括：宏观经济学、国际贸易、微观经济学、管理学、组织行为学、人力资源管理、战略管理，以及企业并购重组等。

5.1 为什么需要文献综述？

学术论文中引言之后一般是文献综述部分。也有一些文章将文献综述分为三个部分：理论分析、文献述评与研究假设。这里所说的理论其实也是来自文献，之所以能称之为理论，说明已经获得了广泛的认可。需要注意的是，即便已经称之为理论，也并非表明它们无懈可击。

为什么在开展学术研究时需要进行文献综述？下面从理论分析、文献述评与研究假设这三个方面分别阐述。

5.1.1 理论分析的重要性

理论分析的主要作用是为研究主题寻找理论依据，这些依据能够提供研究基础，解释研究现象，增强研究的逻辑性和连贯性。

（1）提供研究基础。如果把学术研究比喻为一座建筑，理论分析就像是建筑的基石，它为整个研究提供了坚实的理论框架。例如，在研究企业的成本控制对利润的影响时，需要依据成本管理理论来分析成本控制的各个环节与利润之间的内在联系。像传统的成本性态理论将成本分为固定成本和变动成本，这帮助我们理解成本变动如何影响利润，为后续的学术研究提供了基本的分析路径。

理论分析能够帮助确定研究变量的范围和定义。以消费者购买行为研究为例，根据消费者行为理论，可以确定影响购买行为的因素包括消费者的收入、偏好、商品价格等变量。如果没有理论分析，可能会遗漏重要变量，或者错误地选择一些无关变量，导致研究结果失去准确性和可靠性。

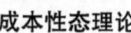

成本性态理论

消费者行为理论

（2）解释研究现象。理论分析可以帮助解释研究中的现象。例如，在研究市场结构对企业创新行为的影响时，产业组织理论中的不同市场结构模型（如完全竞争、垄断竞争、寡头垄断和完全垄断）能够用来解释为什么在某些市场结构下企业创新动力较强，而在其他市场结构下创新动力较弱。

当研究发现企业的规模与创新投入之间存在正相关关系时，理论分析可以从规模经济、资源基础观等理论角度来解释这种现象。规模经济理论表明，企业规模扩大可能会使单位成本降低，从而有更多的资源用于创新投入；资源基础观则强调企业规模越大，拥有的资源（如资金、人才、技术等）越丰富，更有利于开展创新活动。

产业组织理论

规模经济理论

资源基础观

（3）增强研究的逻辑性和连贯性。理论分析使整个研究过程更具逻辑性。从研究问题的提出，到研究方法的选择，再到结果的解释，都需要理论的支持。例如，在研究供应链协同对企业绩效的影响时，首先通过供应链管理理论阐述协同的优势和机制，然后在这个基础上构建实证模型，选择合适的绩效衡量指标（如财务指标、运营指标等），最后依据理论来解释实证结果中协同程度与绩效指标之间的关系。

理论分析有助于使论文的各个部分在逻辑上紧密相连。它可以在文献综述和研究假设之间搭建桥梁，使文献综述的成果能够自然地过渡到研究假设的提出。比如，在文献综述中总结了前人关于激励机制对员工绩效影响的研究成果，理论分析可以进一步深入挖掘激励理论的核心观点，从而为提出具体的研究假设（如不同激励方式对员工绩效的不同影响程度）提供合理的依据。

供应链管理

激励理论

考虑到理论分析的重要性，以及许多初学者对于已学学科的理论缺乏归纳总结，本章后面将会对经管领域常见学科的基本理论进行扼要的总结。这些学科主要包括企业并购重组、宏观经济学、国际贸易、微观经济学、管理学、组织行为学、人力资源管理以及战略管理等。

需要注意的是，鉴于经管领域相关理论涉及面较广且仍处于不断发展中，本章后面仅选取部分较为常见的经典理论进行介绍。

5.1.2 文献述评的重要性

如果说理论分析有助于奠定研究的基础，文献述评则能够奠定研究的起点，其主要作用可分为三个方面：梳理研究脉络、借鉴研究方法和思路，以及提升研究的合理性和可信度。

（1）梳理研究脉络。

文献述评能够对已有的相关研究进行系统的梳理。在经管领域，研究主题众多，通过文献述评，可以清晰地展现某一主题的研究历程。例如，在研究企业国际化战略的文献述评中，可以按照时间顺序梳理出早期的产品生命周期理论指导下的国际化战略，到后来的国际生产折衷理论以及新兴市场跨国企业理论等不同阶段的研究成果，了解该领域是如何从关注发达国家企业国际化逐步扩展到对新兴经济体企业国际化的研究。

产品生命周期理论　　　　　国际生产折衷理论　　　　新兴市场跨国企业理论

文献述评有助于发现现有文献的空白点或分歧点。通过对大量文献的阅读和总结，研究者可以发现哪些问题还没有得到充分的研究。比如，在共享经济的研究中，早期文献大多集中在共享交通和住宿领域，通过文献述评可能会发现共享办公、共享设备等领域的研究相对较少，这就为新的研究提供了方向。

（2）借鉴研究方法和思路。

文献述评可以让研究者学习前人的研究方法。在经管领域中，不同的研究主题可能需要采用不同的研究方法。例如，在研究金融市场波动时，文献中可能会用到时间序列分析、GARCH 模型等方法。通过文献述评，研究者可以了解这些方法在类似研究中的应用效果，从而选择合适的方法用于自己的研究。

基于文献述评可以借鉴前人的研究思路。例如，在研究品牌延伸对品牌资产的影响时，通过文献述评可以发现前人是从消费者认知、市场竞争等不同角度来进行研究的。研究者可以在此基础上结合新的理论视角或者研究背景，拓展研究思路，例如，考虑社交媒体环境下品牌延伸对品牌资产的影响等。

时间序列分析	GARCH 模型及其应用场景

（3）提升研究的合理性和可信度。

文献述评展示了研究者对该领域已有知识的掌握程度。在学术研究中，了解前人的研究成果是非常重要的。通过对文献的广泛阅读和深入述评，向读者表明自己的研究是建立在已有的学术基础之上的，而不是凭空想象的。

文献述评可以通过引用高质量的文献来支持自己的研究。如果研究者在文献述评中引用了权威学者在知名期刊上发表的研究成果，并且能够合理地与自己的研究相结合，那么就会增加自己研究的可信度。例如，在研究宏观经济政策对企业投资行为的影响时，引用知名学者在相关领域的经典研究，会使自己的研究在理论基础和研究方法等方面更具合理性。

5.1.3 研究假设的重要性

文献综述的终极目的是通过理论分析和文献述评推演出研究假设，即本研究的具体研究问题。研究假设的典型作用有三个方面：界定研究范围、帮助构建实证模型，以及促进知识的积累和创新。

（1）界定研究范围。研究假设为实证研究提供了具体的方向。在经管类研究中，研究问题往往比较宽泛。例如，研究企业的社会责任与财务绩效之间的关系就是一个比较笼统的问题。通过提出研究假设，如"企业履行社会责任与财务绩效呈正相关"或者"不同类型的企业社会责任活动对财务绩效的影响存在差异"等，可以将研究问题细化，使研究者明确要通过实证研究来验证什么样的关系，从而有效地界定研究范围。

研究假设还有助于聚焦研究内容。以市场细分研究为例，研究假设可以明确指出不同细分市场在消费者需求、购买行为等方面存在显著差异，这样研究者就可以集中精力收集数据来验证这些假设，而不是漫无目的地收集各种市场数据，从而提高研究的效率。

（2）帮助构建实证模型。研究假设是构建实证模型的基础。在实证研究中，需要根据研究假设来确定自变量、因变量和控制变量。例如，在研究营销投入对销售增长的影响时，如果假设营销投入与销售增长呈正相关，那么营销投入就是自变量，销售增长就是因变量。同时可能还需要考虑控制一些其他变量，如市场竞争程度、产品质量等，这些变量的选择也是基于对研究假设可能产生的影响因素的考虑。

研究假设可以指导模型的形式。例如，假设变量之间是线性关系还是非线性关系，这会影响到实证模型是采用线性回归模型还是其他非线性模型。如果假设企业的规模与成本之间存在 U 型关系，那么在构建实证模型时就需要考虑采用能够拟合这种非线性关系的模型。

（3）促进知识的积累和创新。研究假设的验证过程有助于知识的积累。当研究者通过实证研究验证了某个假设时，就为该领域的知识体系增添了新的内容。例如，在人力资源管理领域，验证了"员工培训投入与员工忠诚度呈正相关"这一假设，就为企业制定人力资源政策提供了有力的证据，也丰富了人力资源管理的理论知识。

研究假设也可以推动知识创新。如果研究假设与以往的研究结论不同，并且经过实证验证是正确的，那么就可能引发对现有理论的重新审视和创新。例如，传统理论认为企业多元化经营会分散企业资源，降低企业绩效。但如果新的研究假设提出在某些特定条件下（如资源互补、协同效应等），企业多元化经营可以提高企业绩效，并且通过实证研究得到验证，那么就会对传统的多元化经营理论进行创新。

5.2 常见的基本理论：企业并购重组

企业并购重组研究中常见的基本理论包括：协同效应理论①，规模经济理论②，规模不经济理论③，交易费用理论④，市场势力理论⑤，价值低估理论⑥，多元化经营理论⑦，

---

① Damodaran A. The value of synergy [J]. Available at SSRN 841486, 2005.

Hitt M A, King D, Krishnan H, et al. Mergers and acquisitions: Overcoming pitfalls, building synergy, and creating value [J]. Business Horizons, 2009.

Sirower M L. The Synergy Trap, Asia-Pacific Edition [M]. Simon and Schuster, 2010.

② 经典文献：马歇尔. 经济学原理 [M]. 朱志泰，陈良璧，译. 北京：商务印书馆，2019.

Edward Chamberlin: The theory of monopolistic competition [M]. Harvard University Press, 1933.

③ 经典文献：Harvey Leibenstein. Allocative Efficiency vs. "X-Efficiency" [J]. The American Economic Review, 1966, 56 (3): 392-415.

Kohr L. The overdeveloped nations: the diseconomies of scale [M]. Schocken Books (New York), 1977.

张永生. 厂商规模无关论：理论与经验证据 [M]. 北京：中国人民大学出版社，2003.

④ 经典文献：Ronald H. Coase: The Nature of the Firm [J]. Economica, 1937, 4 (16): 386-405.

罗纳德·哈里·科斯. 论生产的制度结构 [M]. 盛洪，陈郁，译. 上海：上海三联书店，1994.

奥利弗·E. 威廉姆森. 反垄断经济学：兼并、协约和策略行为 [M]. 张群群，黄涛，译. 北京：商务印书馆，2014.

⑤ 经典文献：Edward Chamberlin: The theory of monopolistic competition [M]. Harvard University Press, 1933.

Bain J S. Barriers to New Competition [M]. Harvard University Press. Cambridge, MA, 1956.

Robert Rothschild. The Theory of Monopolistic Competition: E. H. Chamberlin's Influence on Industrial Organization Theory over Sixty Years [J]. Journal of Economic Studies, 1987, 14 (1): 34-54.

⑥ 经典文献：James Tobin. A General Equilibrium Approach to Monetary Theory [J]. Journal of Money, Credit and Banking, 1969, 1 (1): 15-29.

Jensen M C, Ruback R S. The market for corporate control: The scientific evidence [J]. Journal of Financial economics, 1983, 11 (1-4): 5-50.

Shleifer A, Vishny R W. Management entrenchment: The case of manager-specific investments [J]. Journal of financial economics, 1989, 25 (1): 123-139.

⑦ 经典文献：Ansoff H I. Strategies for diversification [J]. Harvard business review, 1957, 35 (5): 113-124.

Edith Tilton Penrose. The Theory of the Growth of the Firm [M]. Martino Fine Books, 2013 (Reprint of 1959 American Edition).

战略调整理论①，生命周期理论②，信息与信号理论③，以及核心能力理论④等。

5.2.1 协同效应理论

该理论认为企业通过并购重组能够实现协同效应，也就是"1+1>2"的效果。这种协同效应主要体现在经营协同、管理协同和财务协同等方面。

（1）经营协同。

例如，一家拥有先进生产技术但市场销售渠道薄弱的企业，并购一家销售网络遍布全国但生产技术相对落后的企业，两者整合后可以优化生产流程、扩大市场份额，提高整体经营效率。再比如，联想收购 IBM 个人电脑业务，联想利用自身的成本控制优势，结合 IBM 原有的全球市场渠道等资源，实现了经营上更好的发展。

（2）管理协同。

如果一家管理效率高、管理理念先进的企业并购管理不善但资产基础不错的企业，并购后可以将自身优秀的管理模式输出，提升被并购企业的管理水平，进而提高整体效益。例如，海尔集团并购一些地方小型家电企业后，把自己成熟的"人单合一"等管理模式引入该企业，让被并购企业焕发生机。

（3）财务协同。

常见于不同资金状况的企业并购，例如，资金充裕但投资机会少的企业并购资金紧张但有良好投资项目的企业，并购后能优化资金配置，降低资金成本，还可能通过合理的税务筹划等实现财务上的协同，提升企业整体价值。

5.2.2 规模经济理论

该理论认为，企业并购重组后，随着生产经营规模的扩大，单位成本会逐渐降低，从而获得规模经济效益，具体体现在采购、生产、销售等多个环节。

在采购环节，大规模采购原材料等物资时，由于采购量增大，往往能获得供应商更多的价格折扣，降低采购成本。例如，一家大型连锁超市并购多家小型超市后，统一进行采购，凭借巨大的采购量可以和供应商协商更低的进货价格。

在生产环节，生产规模扩大能更好地实现专业化分工、提高设备利用率等。例如，汽车制造企业通过并购扩大规模后，可以对生产流程进行更精细的分工，让各环节工人

① 经典文献：Henry Mintzberg. Patterns in Strategy Formation [J]. Management Science, 1978, 24 (9)：934-948.
② 经典文献：伊查克·爱迪思. 企业生命周期 [M]. 王玥，译. 北京：中国人民大学出版社，2017.
③ 经典文献：Jensen M C, Ruback R S. The market for corporate control：The scientific evidence [J]. Journal of Financial economics, 1983, 11 (1-4)：5-50.
Connelly B L, Certo S T, Ireland R D, et al. Signaling theory：A review and assessment [J]. Journal of management, 2011, 37 (1)：39-67.
④ 经典文献：Prahalad C K, Hamel G. The core competence of the corporation [J]. Harvard Business Review, 1990 (68)：275-292.

专注于特定工序，提升生产效率，降低单位生产成本。

在销售环节，借助更广泛的销售网络和品牌影响力，降低单位销售成本。例如，一些化妆品品牌并购整合后，可以共用销售渠道、仓储物流等资源，分摊成本，提升利润空间。

5.2.3 规模不经济理论

与规模经济相对，规模不经济（diseconomies of scale）是指随着企业生产规模的扩大，单位成本不降反升，导致经济效益下滑的一种经济现象。

产生规模不经济的根本原因主要有两个方面：内部规模不经济和外部规模不经济。

（1）产生内部规模不经济有三个主要原因：管理效率低下、要素投入比例失衡，以及激励机制弱化。

一是管理效率低下。首先，当企业规模不断扩大时，管理层级会逐渐增多。例如，原本一个小企业，老板可以直接管理到基层员工，信息传递迅速且准确。但随着企业规模变大，可能会增设部门、增加多个管理层次，像从基层员工到部门主管，再到经理、总监，最后到高层管理者，这就使得信息在传递过程中容易出现失真、延误的情况。基层员工的实际工作情况和问题反馈到高层管理者那里时可能已经变了样，高层做出的决策传达下来也可能无法准确执行，进而导致管理效率降低，增加运营成本。其次，庞大的组织规模还容易滋生官僚主义作风，各部门之间可能会相互推诿责任，办事流程变得烦琐复杂，这都会消耗更多的时间和精力，影响整体的运营效率，使得单位成本上升。

二是要素投入比例失衡。在企业扩张过程中，如果只是盲目地增加某一种生产要素投入，而其他与之相配合的要素没有相应增加或合理调整，就容易出现问题。例如，一家工厂不断扩大厂房面积、增加设备（资本要素），但却没有招聘足够的熟练工人（劳动要素），设备就可能出现闲置现象，无法充分发挥作用，导致单位产品分摊的成本变高。

三是激励机制弱化。在大企业中，员工往往会觉得自己只是庞大组织中的一颗"螺丝钉"，个人的努力和贡献很难被精准识别和衡量，与企业整体的业绩关联感不强。例如，在一个上千人的大型工厂里，一名普通工人即使工作效率很高，对整个工厂成本降低、产量提升的影响也相对有限，很难像在小企业那样直接看到自己努力带来的明显成果，这就容易使员工缺乏足够的工作积极性，影响工作效率，最终造成单位成本增加。

（2）产生外部规模不经济主要有两个原因：行业资源竞争加剧、基础设施负担过重。

一是行业资源竞争加剧。当一个行业内众多企业都在大规模扩张时，对有限的资源竞争就会越发激烈。例如，如果某地区的各个造纸企业都扩大生产规模，那么对原材料木材的需求会大增，会导致木材价格上涨，使得企业的原材料采购成本上升，即使产量增加了，但因为成本上升幅度更大，最终单位产品的成本也会提高。

二是基础设施负担过重。如果大量企业在同一区域过度扩张规模，可能会超出当地基础设施的承载能力。例如，某个工业园区内企业不断增多且规模持续扩大，原有的道路、水电供应等基础设施可能无法满足需求，企业可能会面临频繁的停水停电情况，影响正常生产，增加额外的成本，如需要自备发电设备等，进而导致单位产品的成本上升。

（3）规模不经济的影响可分为企业层面和行业层面。

对于企业自身而言，规模不经济会侵蚀利润空间，降低企业的竞争力，使其在市场中面临更大的经营压力，甚至可能导致企业陷入亏损状态，影响企业的可持续发展。从行业层面来看，过多企业出现规模不经济现象，可能会引发行业的调整洗牌，一些经营不善的企业可能会被淘汰出局，行业的整体资源配置也会随之发生变化，促使资源向更有效率的企业流动。

（4）如何应对规模不经济？

一方面，企业需要优化内部管理结构，精简不必要的管理层级，建立高效的信息传递和沟通机制，例如，采用现代化的企业管理软件，减少信息失真和延误。另一方面，企业需要合理调整要素投入比例，根据企业的发展战略和实际生产经营情况，确保各类生产要素能协同发挥作用，避免出现资源闲置或短缺的情况。在外部方面，企业可以通过拓展原材料供应渠道、与供应商建立长期稳定的合作关系等方式来降低因资源竞争加剧带来的成本上升风险；也可以积极参与或推动当地基础设施的升级改造建设，改善自身的生产经营环境。

（5）规模经济与规模不经济之间的关系有三种表现形式：相互对立、相互依存、参照对比。

首先是相互对立关系，两者在成本表现上明显不同。规模经济指的是企业在扩大生产经营规模时，长期平均成本呈现下降趋势，单位产品所分摊的成本逐渐减少，从而能够获得更多的经济效益。例如，一家汽车制造企业原本年产量为10万辆，随着厂房扩建、设备增加和人员扩充，年产量提升到20万辆，由于原材料采购可以获得更大批量的折扣、生产流程更加专业化等原因，每辆车的生产成本从原来的10万元降低到8万元，这就是规模经济的体现。而规模不经济与之相反，是在企业规模扩张过程中，长期平均成本不降反升，单位产品成本增加，导致经济效益下滑。还是以那家汽车制造企业为例，继续盲目扩张规模到年产量30万辆后，却因为管理层次过多、信息传递不畅、各部门协调困难等原因，使得每辆车的生产成本上升到了12万元，出现了规模不经济的情况。

其次是相互依存关系，表现为出现阶段不同和阶段相互转化现象。出现阶段不同是指，企业在发展过程中往往会先后经历规模经济和规模不经济阶段。一般来说，企业在创业初期或成长阶段，通过合理扩大规模，如增加生产线、拓展销售渠道、整合上下游产业链等方式，能够实现规模经济，享受成本降低、利润增加的好处。但当规模扩张到一定程度后，如果不能妥善解决随之而来的管理、资源配置等一系列问题，就很容易陷入规模不经济状态。例如，一些互联网企业刚起步时，随着用户量和业务量的逐步增长，通过优化服务器配置、扩大团队等措施降低了运营成本，实现规模经济；然而后续规模过度膨胀，出现机构臃肿、创新能力下降等问题，便走向了规模不经济。相互转化现象是指两者在一定条件下还可以相互转化。当企业意识到规模扩张带来规模不经济后，如果能够及时采取有效的整改措施，如精简管理机构、调整生产要素投入比例、优化业务流程等，就有可能重新回到规模经济状态。反之，原本处于规模经济状态的企业，如果盲目扩张、忽视内部管理和外部市场变化，也会快速陷入规模不经济。

最后是参照对比关系。企业在做战略决策、规划发展路径时，需要将规模经济和规模不经济作为重要的参照对比因素。通过分析过往自身以及同行业其他企业在不同规模阶段的成本、效益等情况来判断当前处于何种状态，以及预测未来规模扩张或收缩可能带来的影响。例如，一家连锁餐饮企业打算在全国范围内开设更多门店，它会参考已有的不同规模连锁店的数据，分析哪些规模下能实现采购成本、营销成本等的降低（规模经济），哪些规模会导致管理成本过高、服务质量下降（规模不经济），进而确定合理的扩张规模和节奏。

总之，规模经济和规模不经济是企业在发展过程中需要重点关注和权衡的两种状态，理解它们之间的关系对于企业合理规划规模、提升经济效益有着至关重要的意义。

5.2.4　交易费用理论

该理论认为，企业存在的目的是节约市场交易费用，而并购重组可以把原来通过市场进行的交易活动内部化，从而降低交易成本。例如，一家企业需要频繁地从外部供应商那里采购零部件，每次采购都要经历寻找供应商、谈判、签订合同等复杂流程，会产生较高的交易费用。若通过并购一家零部件生产企业，将其纳入自身内部体系，那么原本的市场交易就变成企业内部的调配，减少了搜寻成本、谈判成本以及可能面临的违约风险等交易成本，从而提升了生产效率。

5.2.5　市场势力理论

该理论认为，企业通过并购重组能够扩大自身规模，增强在市场中的竞争地位和市场势力，进而获得更多的垄断利润，或者阻止新企业进入市场的能力。例如，在某地区的水泥行业，几家大型企业并购整合后，市场份额大幅提高，它们就可以在一定程度上影响水泥的市场价格，拥有更强的议价能力，面对客户和供应商时处于更有利的地位，同时也让新的水泥企业想要进入该市场面临更高的壁垒。

5.2.6　价值低估理论

该理论认为，目标企业的市场价值由于某些原因被低估时，并购企业就可能以相对较低的价格收购，然后通过改善经营管理、挖掘企业潜力等方式提升其价值，从而获得并购收益。例如，在经济不景气时期，部分企业的股价大幅下跌，资产价值被低估，但企业本身的核心技术、品牌等无形资产依然有潜力可挖，此时有实力的企业就可以趁机并购，后续通过优化运营、重新开拓市场等措施让被并购企业价值回升，从而实现盈利。

5.2.6.1　如何快速判断一家企业的价值是否被低估了？

使用托宾 Q 值是一种方法，它是詹姆斯·托宾于 1969 年提出的一个用于衡量企业价值的重要指标。

$$托宾\,Q\,值=企业的市场价值÷企业的重置成本$$

一般来说，企业的市场价值通常可以用其股票市值加上负债的账面价值（或市场价值）来估算。而重置成本是指重新购置该企业现有资产所需的成本。当托宾 Q 值大于1时，意味着企业的市场价值高于其重置成本，理论上说，这时企业通过扩张或并购等方式能获得更多价值，市场对其相对看好；当托宾 Q 值小于1时，表明企业市场价值低于重置成本，也就有可能存在价值被低估的情况。

使用托宾 Q 值判断企业价值的具体判断方法：与行业平均水平对比，结合企业自身历史托宾 Q 值分析。与行业平均水平对比需要收集同行业其他企业的托宾 Q 值数据，算出行业平均托宾 Q 值。如果目标企业的托宾 Q 值明显低于行业平均水平，说明相对同行业其他企业而言，该企业的价值在市场上没有得到充分的认可，存在被低估的可能。例如，某行业平均托宾 Q 值为 1.2，而目标企业的托宾 Q 值只有 0.8，这就需要进一步分析该企业是否真的价值被低估，是不是市场对它的预期过于悲观等原因导致的。

结合企业自身历史托宾 Q 值分析，需要查看目标企业过去若干年（如过去5年）的托宾 Q 值变化情况。倘若当前的托宾 Q 值处于其历史较低水平区间，同时企业的经营基本面并没有发生实质性的恶化，如盈利能力依然稳定、资产状况良好等，说明该企业现阶段的市场价值相对其重置成本处于较低位置，价值或许被低估了。例如，一家企业过去托宾 Q 值一直在 1~1.5 之间波动，而当前下降到了 0.7，且企业这几年盈利还略有增长、资产也没有重大减值情况，那就值得深入探究其价值是否真的被市场低估。

使用托宾 Q 值判断企业价值的注意事项有：企业负债的市场价值估计和行业特性影响。计算托宾 Q 值时，准确获取企业市场价值和重置成本的数据很关键。但在实际操作中，企业负债的市场价值较难精准确定，往往只能用账面价值近似替代；对于一些无形资产、特殊资产的重置成本估算也可能存在误差。并且不同行业资产构成差异大，重置成本核算难度不一，所以计算结果只是一个大致参考。

不同行业的托宾 Q 值合理区间有较大差别。例如，新兴的高科技行业，由于发展前景广阔、未来盈利预期高，其托宾 Q 值普遍相对较高；而传统的制造业、公用事业等行业，托宾 Q 值可能长期处于相对较低水平。所以，不能单纯依据托宾 Q 值低于1就判定企业价值被低估，要充分考虑行业特点来综合判断。

判断企业价值的指标中，除了托宾 Q 值外，常用的还有市盈率、市净率和市销率等。与托宾 Q 值内涵相对接近的是市净率。

托宾 Q 值与市净率有何不同？托宾 Q 值和市净率都是在金融分析领域用于衡量企业相关价值情况的指标，它们之间的区别主要有四个方面：概念及算法不同、侧重点不同、反映信息的深度和广度不同，以及应用场景不同。

（1）概念及算法不同。托宾 Q 值是企业的市场价值与企业重置成本的比值。

$$托宾\,Q\,值=企业的市场价值÷企业的重置成本$$

其中，企业的市场价值一般通过企业的股票市值加上负债的市场价值来估算（常简单用股价乘以总股数再加上负债账面价值近似计算），重置成本则是重新购置该企业现有资产所需花费的成本。市净率反映的是每股股价与每股净资产的比率关系，常用来衡量股票的投资价值。

$$市净率 = 每股市价 \div 每股净资产$$

（2）侧重点不同。托宾 Q 值侧重于从企业整体资产重置的角度出发，考量企业的市场估值相对其重置全部资产所需要成本的高低情况，以此来判断企业在市场上是否被高估或者低估，以及是否具有进一步扩张并购等方面的价值潜力。如果托宾 Q 值大于 1，意味着企业市场价值高于重置成本，可能存在扩张的经济动力；若小于 1，则表示市场价值低于重置成本。市净率则更关注股票价格相对于每股所代表的企业净资产的倍数情况，投资者常用它来初步判断一只股票的投资性价比，市净率越低，一般情况下意味着投资该股票时，相对其账面价值付出的价格越低，可能在一定程度上暗示股票具有较高的投资价值。但这也并非绝对，还需要结合行业等因素综合分析。

（3）反映信息的深度和广度不同。托宾 Q 值涉及对企业重置成本的考量，它不仅和企业现有的资产、负债情况相关，还间接涉及宏观经济环境下资产购置成本等因素，能从更宏观的角度反映企业在整个市场中的价值状态及其与实体经济层面资产重置之间的关系，对于分析企业长期战略发展、行业整合趋势等有一定的参考意义。市净率则主要聚焦于企业的股权价值与净资产的相对关系上，更多的是为投资者提供一个较为直观的、从股票市场交易层面去衡量该股票投资价值的视角，对于短期股票投资决策、比较同行业不同企业股票相对投资吸引力等方面应用较多。

（4）应用场景不同。托宾 Q 值常用于宏观经济研究、企业战略规划、行业整合分析等领域。例如，在研究行业的并购浪潮趋势时，如果整个行业托宾 Q 值普遍较高，企业通过并购其他企业来扩大规模的经济动机可能就较弱；而当行业内很多企业托宾 Q 值小于 1 时，并购活动可能就会相对活跃，因为理论上可以以低于重置成本的市场价值收购企业资产。市净率主要应用于证券投资分析当中，投资者在筛选股票、判断不同股票的相对投资价值、评估股票价格是否合理等日常投资决策过程中经常参考市净率这一指标。例如，在同一行业内对比两只股票，市净率低的那只可能会先进入投资者进一步考察是否值得投资的范围。

综上所述，托宾 Q 值和市净率虽然都和企业价值相关，但在多个方面存在明显的区别，各自有着不同的分析侧重点和应用场景。

5.2.6.2 价值低估理论和市场势力理论有何关系？

价值低估理论和市场势力理论是企业并购等经济活动相关理论中两个比较重要的部分，它们之间主要存在着四个方面的关系：概念内涵差异基础上的关联性、对企业并购动机解释角度的互补性、对市场竞争和资源配置影响的协同性，以及局限性方面的差异等。

（1）概念内涵差异基础上的关联性。价值低估理论认为，当目标企业的市场价值低于其真实价值（或者说其内在价值、重置成本等衡量的应有价值）时，就出现了价值低估的情况。市场势力理论侧重于强调企业通过并购等手段来增强自身在市场中的势力，这种势力可以表现为提高市场占有率、增强对上下游产业的议价能力、能够影响市场价格等。两者的关联性在于，价值低估有可能成为企业运用市场势力理论去实施并购行为的一个契机。如果发现某个在行业内具有一定市场份额但价值被低估的企业，另一家企业基于想要增强自身市场势力的目的，就可以通过并购该价值低估企业来低成本地扩张规模、整合资源，进一步巩固和强化自身的市场地位。

（2）对企业并购动机解释角度的互补性。在企业并购动机的分析中，价值低估理论主要从资产价值层面出发，关注的是目标企业自身价值与市场价格之间的差异所带来的并购机会和潜在收益，强调的是如何挖掘那些被市场错误定价、具有价值提升空间的企业进行并购整合。市场势力理论则是从竞争战略、市场结构的角度出发，着眼于企业通过并购扩大规模、减少竞争、提升对市场的掌控力等方面带来的好处，更侧重于企业在行业中所处地位的改变以及后续能获取的垄断或者准垄断利润等。二者在解释企业并购动机时是相互补充的，很多时候企业做出并购决策并非单纯基于价值低估或者单纯基于增强市场势力，而是综合考虑两方面因素。例如，一家互联网企业既看到行业内某个具有特色技术但价值被低估的小公司（符合价值低估情况），同时又意识到并购它之后能够补充自身业务板块，扩大用户群体，增强自身在整个互联网细分领域的话语权和市场支配力（符合市场势力理论的逻辑），从而决定实施并购。

（3）对市场竞争和资源配置影响的协同性。价值低估理论引导的并购活动在一定程度上有助于使资源从市场中对其价值认识不足的主体（被并购方）向能更好发掘和利用其价值的主体（并购方）转移，通过合理的并购整合，让被低估企业的资源（包括人力、物力、技术等）得到更有效的配置和利用，提升整个经济的运行效率。而基于市场势力理论下的并购可以促使行业内企业优胜劣汰，让具有更强经营能力和资源整合能力的企业做大做强，优化产业结构，也有利于资源向优势企业集中，提升行业整体的竞争力和资源配置效率。从宏观层面看，二者对市场竞争和资源配置的影响存在协同之处，都是通过企业间的并购等经济活动来推动资源在不同主体间流动，试图实现资源更优化的配置，只不过实现路径和侧重点有所不同。

（4）局限性方面的差异。价值低估理论的局限性在于准确判断企业价值是否真正低估存在难度，市场价格会受到众多复杂因素影响，很难精准界定企业的内在价值，而且即使判断出价值低估，也不意味着并购后一定能成功实现价值提升，还可能面临整合难题等。市场势力理论的局限性则是企业过度追求市场势力容易引发反垄断问题，受到监管部门的限制，而且单纯为了扩大势力而进行的并购可能会忽视并购后的协同效应等实际经营层面的问题，导致并购效果不佳。两者在局限性方面也能相互补充，提醒企业在做并购等决策时，既要避免盲目依据价值低估判断去行动，也要防止一味追求市场势力而不顾及市场规则和实际经营整合效果，需要综合权衡，规避各自理论所对应的潜在风险。

5.2.7　多元化经营理论

该理论认为，企业可以通过并购进入与自身原有业务不同的领域，开展多元化经营。这样做的目的是分散经营风险，利用不同业务之间的互补性，增加企业的盈利渠道和稳定性。例如，一家主营家电制造的企业通过并购一家餐饮企业进入食品服务行业。家电行业受宏观经济形势、技术更新换代等因素影响较大，而餐饮行业的影响因素主要集中在消费需求、食材价格等方面。当家电行业面临市场低谷时，餐饮业务若经营良好，就能在一定程度上弥补家电业务的亏损，使企业整体业绩保持相对稳定。同时，企业还可以共享一些后台资源，如财务管理、人力资源管理等方面的经验和系统，实现协同发展。

多元化经营理论的优点主要包括分散风险、充分利用资源、协同效应、拓展市场和增长机会以及增强竞争力等。

第一，分散风险。将资源分散到不同行业或产品领域，当某一业务受到市场波动、行业衰退等不利因素影响时，其他业务可能不受影响或影响较小，从而降低企业整体经营风险。例如，一家同时经营服装和食品的企业，当服装行业需求下降时，食品业务仍可能保持稳定盈利，弥补服装业务的亏损。

第二，充分利用资源。企业可以利用在原有业务中积累的技术、品牌、管理经验、销售渠道等资源优势，拓展到其他相关或不相关的业务领域，实现资源的共享和优化配置，提高资源利用效率。例如，一家拥有强大研发能力和生产技术的电子产品企业，利用其技术优势进入智能家居领域。

第三，协同效应。通过多元化经营，不同业务之间有可能产生协同效应，包括生产协同、销售协同、管理协同等。例如，企业内部不同业务之间可以共享原材料采购、物流配送等环节，降低成本；或者利用同一销售渠道推广多种产品，实现交叉销售，提高销售效率和市场覆盖范围。

第四，拓展市场和增长机会。进入新的行业或市场领域，为企业提供了更广阔的发展空间和增长机会。企业可以利用新业务的发展潜力，开拓新的客户群体，增加销售额和利润来源，实现规模经济和范围经济。例如，互联网企业拓展到金融科技领域，利用其庞大的用户基础和技术优势，开发新的金融产品和服务。

第五，增强竞争力。多元化经营可以使企业在多个领域积累经验和能力，提升企业的综合实力和抗风险能力，使其在面对竞争对手时更具优势。此外，多元化企业还可以通过内部资源调配和业务协同，快速响应市场变化，推出更具竞争力的产品和服务。

多元化经营理论的主要不足包括资源分散、管理复杂度增加、进入新行业风险、协同效应难以实现以及影响核心业务等。

第一是资源分散。企业的资源是有限的，多元化经营会使资源分散到多个业务领域，可能导致每个业务都无法获得足够的资金、人力、技术等资源支持，难以实现规模经济和提升专业化水平，从而影响企业的核心竞争力和盈利能力。例如，一些企业在进入新的业务领域后，由于资金和管理精力分散，导致原有核心业务的市场份额下降，新业务也未能取得预期的收益。

第二是管理复杂度增加。多元化经营涉及多个不同的行业和业务领域，每个领域都有其独特的市场环境、行业特点、技术要求和管理模式，这增加了企业的管理难度和复杂性。企业需要具备跨行业的管理能力和专业知识，否则可能导致决策失误、管理效率低下、内部协调困难等问题。例如，企业在并购不同行业的企业后，可能面临文化冲突、管理风格差异等问题，整合难度较大。

第三是进入新行业风险。进入不熟悉的新行业，企业可能面临技术门槛、市场准入障碍、行业竞争激烈、政策法规限制等风险，需要投入大量的时间和资源进行市场调研、技术研发、人才培养等，且新业务的成功率难以保证。如果对新行业的发展趋势和市场需求判断失误，可能导致投资失败和资源浪费。例如，一些传统制造业企业盲目进入互联网金融等新兴领域，由于缺乏相关经验和专业人才，最终陷入困境。

第四是协同效应难以实现。虽然多元化经营理论上存在协同效应，但在实际操作中，由于不同业务之间的差异较大，协调和整合难度较高，协同效应往往难以充分发挥。如果企业无法有效整合内部资源和业务流程，实现协同发展，那么多元化经营可能无法带来预期的效益，反而增加了企业的运营成本和管理负担。

第五是对核心业务的影响。过度追求多元化可能会导致企业对核心业务的关注和投入减少，影响核心业务的发展和竞争力提升。核心业务是企业的立身之本，如果核心业务出现衰退或竞争力下降，可能会对整个企业的生存和发展造成严重威胁。例如，一些企业在多元化过程中忽视了核心业务的创新和升级，导致核心业务逐渐失去市场优势。

5.2.8 战略调整理论

该理论认为，企业所处的外部环境不断变化，包括市场竞争格局、技术发展趋势、政策法规等方面。为了适应这些变化，企业需要通过并购重组对自身战略进行调整。并购可以帮助企业快速进入新兴市场、获取关键技术、完善产业链布局等，从而提升企业的竞争力和适应能力。例如，随着互联网技术的飞速发展，传统零售企业面临巨大挑战，一些大型零售企业通过并购电商平台企业，实现从传统线下销售模式向线上线下融合的新零售模式转型，这就是基于战略调整的并购行为。再比如，为了应对日益严格的环保政策要求，化工企业并购拥有先进环保技术的相关企业，以此来改进自身生产流程，降低环保风险，符合战略发展需求。

战略调整理论对企业管理有着多方面重要的启示。例如，企业需要关注外部环境变化、重视内部资源与能力评估、灵活调整战略方向与目标、强化组织沟通与协调、培养战略适应能力和创新意识，以及权衡战略调整成本与收益等。

（1）关注外部环境变化。企业所处的外部环境是动态且复杂的，包括宏观经济形势、政策法规、技术发展、市场竞争态势以及社会文化趋势等诸多方面都在不断变化。战调整理论提醒企业管理者需要时刻保持敏锐的洞察力，密切关注这些外部环境因素的动态，以便及时察觉可能对企业产生重大影响的变化信号。例如，随着互联网技术的快速发展，传统零售企业如果不能及时关注到电商模式崛起这一市场环境变化，依然故步自封，坚持只做线下门店销售，就很可能逐渐被市场淘汰。而那些能够敏锐捕捉到变化的企业能更好地适应环境，保持竞争力。

（2）重视内部资源与能力评估。企业自身的资源（如资金、设备、人力等）和能力（如研发能力、生产能力、营销能力等）是制定和调整战略的重要基础。管理者要定期对内部资源和能力进行全面且客观的评估，明确企业的优势和劣势所在，从而清楚知道企业在哪些方面具备拓展或调整战略的条件，哪些方面需要进一步加强或弥补短板。例如，苹果公司有着卓越的研发能力和强大的品牌影响力，基于对自身这些优势资源和能力的清晰认知，它不断在智能手机等产品领域进行战略升级，从注重外观设计到强化软件生态建设等，充分发挥优势来提升产品竞争力；相反，若一家企业自身研发能力薄弱，却盲目跟风去研发高端前沿技术产品，由于缺乏相应内部能力支撑，战略实施就容易失败。

（3）灵活调整战略方向与目标。企业不能一成不变地坚守最初设定的战略方向和目标，当外部环境发生重大改变，或者企业内部资源、能力出现明显变化时，要及时、灵活地对战略进行调整。这种调整既可能是对原有战略的局部优化改进，也可能是彻底转变战略方向，转向新的业务领域或市场。例如，柯达曾经是胶卷行业的巨头，在胶卷时代有着辉煌成就和既定的战略方向，但面对数码影像技术的兴起，柯达没能及时灵活调整战略，依然过度依赖胶卷业务，最终走向衰落；而富士胶片公司则较快地调整战略，将业务拓展到医疗影像等多个新领域，利用自身在影像技术方面的部分基础实现了成功转型。

（4）强化组织沟通与协调。战略调整往往涉及企业内部多个部门、层级的变动和协作，需要全体员工的理解与配合。管理者要强化组织内部的沟通渠道，确保战略调整的意图、内容和实施步骤等信息能够准确、高效地传达给每一位员工，并且要协调好各部门之间的工作，避免出现各自为政、互相推诿的情况，保障战略调整能顺利落地实施。例如，一家制造企业决定从传统批量生产模式向定制化生产模式进行战略调整，就需要研发部门及时研发出可灵活配置的生产技术，生产部门调整生产线流程和人员安排，销售部门对接客户定制化需求等。只有各部门之间充分沟通、紧密协调，才能使这一战略调整得以有效执行，否则很容易出现产品无法按时交付、质量不达标等问题。

（5）培养战略适应能力和创新意识。企业要在不断变化的市场环境中长久生存和发展，需要培养自身的战略适应能力，能够快速适应各种变化并做出有效应对。同时，创新意识也至关重要，通过创新，可以挖掘新的市场机会、优化业务流程、提升产品竞争力等，为战略调整提供更多的思路和可能性。例如，特斯拉在汽车行业面临传统燃油车占主导的局面下，凭借创新意识大胆采用纯电动技术和智能化驾驶理念，开启了汽车行业向新能源、智能网联方向的战略转型潮流，培养了强大的战略适应能力，不断引领行业发展，在全球汽车市场占据了重要地位。

（6）权衡战略调整成本与收益。战略调整并非毫无成本，它可能涉及资金投入、人员培训、设备更新、市场重新开拓等诸多方面的成本支出。管理者在考虑战略调整时，要综合评估调整所能带来的潜在收益，包括市场份额扩大、利润增长、品牌提升等，权衡成本与收益之间的关系，确保战略调整是符合企业长期利益且经济可行的。例如，一家餐饮企业想要从主打中低端快餐业务战略调整为高端餐饮业务战略，就需要重新装修门店、招聘和培训高端厨师、采购更优质食材等，成本投入巨大。此时企业管理者就要充分分析当地高端餐饮市场的需求、竞争状况等，预估调整后能否获得足够收益来弥补成本，再决定是否实施这一战略调整。

5.2.9　生命周期理论

该理论认为，企业像生物体一样有其生命周期，通常可分为初创期、成长期、成熟期和衰退期。在不同阶段，企业的资源需求、发展目标和面临的问题不同，并购重组可以作为一种手段来优化企业在各个生命周期阶段的发展路径。

（1）初创期企业可能缺乏资金、技术或市场渠道等关键资源，此时可以通过被并购的方式融入大型企业，借助其资源实现快速成长。例如，一些有创新技术但资金紧张的初创科技公司被行业内的成熟企业并购后，得到充足资金支持进行技术研发和市场推广。

（2）成长期企业为了加速扩张、巩固市场地位，可能并购同行业的小企业来扩大市场份额，或者并购相关配套企业完善产业链。例如，智能手机企业在成长期并购一些手机配件生产企业，既能保证配件供应的稳定性，又能通过整合降低成本。

（3）成熟期企业往往面临增长瓶颈，可能会通过多元化并购进入新的领域寻找新的增长点，或者并购竞争对手进行行业整合，提升行业集中度，获取规模经济效益。例如，饮料行业的成熟企业并购其他新兴饮料品牌或跨界并购食品企业等。

（4）衰退期企业可以选择被并购，由有能力的企业对其进行改造和整合，盘活资产；或主动并购一些有潜力的新兴企业，注入新的活力，实现转型重生。例如，传统胶片相机企业在数码时代到来后走向衰退，有的通过并购数码影像相关企业实现成功转型。

5.2.10　信息与信号理论

该理论认为，并购重组行为本身可以向市场传递信息和信号，影响投资者、供应商、客户等相关方对企业的看法和预期。一方面，并购企业的管理层可能基于自身掌握的内部信息做出并购决策，而市场会解读这一行为所包含的信息；另一方面，并购活动也可能是企业向外界发出的一种积极信号，表明企业具有良好的发展前景和实力。例如，当一家企业宣布并购某一热门行业的优质企业时，市场往往会认为该企业有能力进行扩张且看好这一行业的未来发展，投资者可能会增加对其股票的持有，供应商可能更愿意与其合作提供更优惠的供货条件，客户也会对其产品和服务更有信心，从而在一定程度上提升企业的市场地位和竞争力。

5.2.11 核心能力理论

该理论认为，企业的核心能力是其长期积累形成的、难以被竞争对手模仿的独特优势，如独特的技术、高效的管理模式、强大的品牌影响力等。并购重组可以作为企业获取或强化核心能力的手段，通过并购拥有相关核心能力的企业，将其整合到自身体系中，提升整体的核心竞争力。例如，一家制药企业的研发能力较弱，但市场销售渠道很广，它并购了一家拥有先进药物研发技术但市场推广不足的小型药企，将对方的研发技术整合进来，就可以强化自身研发核心能力，结合自身的销售优势，推出更有竞争力的药品，在医药市场上占据更有利的地位。

核心能力理论的主要观点包含五方面：核心能力是企业竞争优势的根源、并购重组应以获取或强化核心能力为导向、核心能力的识别与整合是关键、基于核心能力实现多元化发展，以及核心能力需要持续培育与更新。

（1）核心能力是企业竞争优势的根源。该理论认为企业的核心能力是其能够在市场竞争中获得持续优势的根本所在。核心能力不同于一般的资源或能力，它是企业内部一系列互补的技能和知识的组合，具有独特性、难以模仿性、价值性和延展性等特点。例如，苹果公司的核心能力在于其将工业设计、软件开发、硬件整合以及用户体验打造等多方面技能和知识完美融合的能力，这种能力让苹果推出的 iPhone 等产品具有很强的竞争力，在全球智能手机市场占据高端地位，持续获得高额利润，其他企业很难完全复制苹果这种能力，即便模仿外观设计等部分要素，也难以获得同样的市场效果。

（2）并购重组应以获取或强化核心能力为导向。企业进行并购重组活动时，不应单纯着眼于扩大规模、增加市场份额或者获取短期财务收益等目标，而要重点考虑能否通过并购重组获取被并购方的核心能力，或者强化自身已有的核心能力。例如，吉利汽车并购沃尔沃轿车业务，吉利并非只是看重沃尔沃的品牌和市场，更关键的是希望汲取沃尔沃在汽车安全技术研发、高端制造工艺等方面的核心能力，以此来提升自身在全球汽车行业中的整体竞争力，完善自身的技术体系，实现从相对中低端向中高端市场进军的战略跨越。

（3）核心能力的识别与整合是关键。在并购重组过程中，准确识别目标企业的核心能力以及自身的核心能力需求十分重要。企业需要深入分析目标企业所具备的独特技能、知识体系、技术研发能力、管理模式等是否契合自身战略发展，是不是真正的核心能力。同时，并购完成后，如何对双方的核心能力进行有效整合更是重中之重。以联想并购 IBM 个人电脑业务为例，联想在并购后需要将 IBM 在笔记本电脑研发、高端商务客户服务等方面的核心能力与自身在成本控制、供应链管理等方面的优势进行整合，通过合理的人员调配、流程优化、技术共享等措施，使双方的核心能力相互融合、协同发挥作用，提升企业整体的核心能力水平。

（4）基于核心能力实现多元化发展。企业凭借自身已有的核心能力可以向相关领域或者适度向不相关领域进行多元化发展，而并购重组是实现这种多元化发展的有效途径之一。如果企业拥有强大的研发创新核心能力，就可以通过并购在其他行业但对创新能力有同样高要求的企业，进入新的业务领域，实现多元化经营。例如，谷歌以其强大的搜索算法、大数据处理等核心技术能力为依托，通过并购重组涉足自动驾驶（Waymo）、智能家居等多个领域，利用自身的核心能力优势在新的业务板块中不断探索和发展，挖掘新的利润增长点，提升企业整体的抗风险能力和市场适应能力。

（5）核心能力需要持续培育与更新。企业所处的市场环境、技术环境等在不断变化，因此核心能力并非一成不变，需要持续培育和更新。并购重组也可以成为企业获取新的知识、技术等资源来更新自身核心能力的手段。例如，在数字化转型浪潮下，传统制造业企业可能通过并购一些拥有先进数字化技术、智能制造解决方案的科技企业，将新的数字化能力融入自身，对原有的生产制造、运营管理等核心能力进行更新升级，以适应新的市场竞争需求，保持企业的竞争优势。

5.3　常见的基本理论：宏观经济学

宏观经济研究中理论众多，常见的基本理论有：国民收入决定理论[1]，就业理论[2]，通货膨胀理论[3]，经济周期理论[4]，经济增长理论[5]，财政理论[6]，消费函数理论[7]，以及汇率决定理论[8]等。

宏观经济研究
领域的若干
基本理论

5.4　常见的基本理论：国际贸易

国际贸易研究中常用的基本理论包括：绝对优势理论[9]，比较优势理论[10]，要素禀赋理论[11]，新贸易理论[12]，以及产品生命周期理

国际贸易研究
领域的若干
基本理论

① 经典文献：保罗·萨缪尔森，威廉·诺德豪斯. 宏观经济学 [M] . 19版. 萧琛，译. 北京：人民邮电出版社，2012.

② 经典文献：约翰·梅纳德·凯恩斯. 就业、利息和货币通论 [M] . 高鸿业，译，北京：商务印书馆，1999.

③ 经典文献：弗雷德里克·S. 米什金. 货币金融学 [M] . 12版. 王芳译，译，北京：中国人民大学出版社，2021.

④ 经典文献：约瑟夫·熊彼特. 经济周期 [M] . 张云辉，李石强，译. 中国大百科全书出版社，2023.

⑤ 经典文献：罗伯特·M. 索洛. 经济增长理论：一种解说 [M] . 朱保华，译，北京：格致出版社，2015.

⑥ 经典文献：哈维·S 罗森. 财政学 [M] . 10版. 北京：中国人民大学出版社，2015.

⑦ 经典文献：米尔顿·弗里德曼. 消费函数理论 [M] . 陈明衡，译，商务印书馆，2023.

⑧ 姜波克. 国际金融新编 [M] . 6版. 上海：复旦大学出版社，2008.

⑨ 经典文献：亚当·斯密. 国民财富的性质和原因的研究 [M] . 郭大力，王亚南，译. 北京：商务印书馆，2020.

⑩ 经典文献：大卫·李嘉图. 政治经济学及赋税原理 [M] . 郭大力，王亚南，译. 北京：商务印书馆，2021.

⑪ 经典文献：贝蒂尔·俄林. 区域贸易和国际贸易 [M] . 修订版. 朱保华，译. 北京：格致出版社，2023.

⑫ 经典文献：埃尔赫·赫尔普曼，保罗·克鲁格曼. 市场结构和对外贸易：报酬递增、不完全竞争和国际经济 [M] . 尹翔硕，尹翔康，译. 北京：格致出版社，2014.

论①等。

5.5 常见的基本理论：微观经济学

微观经济研究中理论众多，常用的理论包括：供求理论②，消费者行为理论③，生产者行为理论④，市场结构理论⑤，成本理论⑥，博弈论⑦，以及福利经济学理论⑧等。

微观经济研究领域的若干基本理论

5.6 常见的基本理论：管理学

管理学的细分学科较多，相关研究中涉及的理论众多，这里仅做概要介绍，详细内容可阅读列出的参考文献。这些理论主要包括：科学管理理论、X-Y理论、马斯洛需求层次理论、双因素理论、期望理论、公平理论、强化理论、领导理论（包括领导特质理论、领导行为理论与领导权变理论）、决策理论、创新理论、企业文化理论、人际关系理论、职业生涯发展理论，以及人力资本理论等。扫码可阅读

管理学研究领域的若干基本理论

---

① 经典文献：Vernon R A. International Investment and International Trade in the Product Cycle [J]. The Quarterly Journal of Economics, 1966, 80 (2)：190-207.

② 经典文献：格里高里·曼昆. 经济学原理：微观经济学分册 [M].8版. 梁小民 梁砾，译. 北京：北京大学出版社，2020.

③ 经典文献：阿尔弗雷德·马歇尔. 经济学原理 [M]. 朱志泰/陈良璧，译. 北京：商务印书馆，2019.
罗伯特·S. 平狄克，丹尼尔·L. 鲁宾费尔德. 微观经济学 [M].9版. 李彬译/张军，校. 北京：中国人民大学出版社，2020.

④ 经典文献：哈尔·R. 范里安. 微观经济学：现代观点 [M].9版. 费方域，朱保华，译. 北京：格致出版社，2015.

⑤ 经典文献：爱德华·张伯伦. 垄断竞争理论 [M]. 周文，译. 北京：华夏出版社，2017. 琼·罗宾逊. 不完全竞争经济学 [M]. 王翼龙，译. 北京：华夏出版社，2013.
让·梯若尔. 产业组织理论 [M]. 张维迎，译. 北京：中国人民大学出版社，2018.

⑥ 经典文献：罗伯特·S. 平狄克，丹尼尔·L. 鲁宾费尔德. 微观经济学 [M].9版. 李彬译/张军，校. 北京：中国人民大学出版社，2020.

⑦ 经典文献：冯·诺伊曼，摩根斯坦. 博弈论与经济行为 [M]. 王建华，顾玮琳，译. 北京：北京大学出版社，2018.

⑧ 经典文献：阿瑟·塞西尔·庇古. 福利经济学 [M]. 朱泱，张胜纪，吴良健，译. 北京：商务印书馆，2024.
肯尼思·J. 阿罗. 社会选择与个人价值 [M].3版. 丁建峰，译. 北京：格致出版社，2020.

科学管理理论①、决策理论②、创新理论③、企业文化理论④和第一性原理⑤。其余部分将在组织行为学和人力资源管理一节中介绍。

5.7　常见的基本理论：组织行为学

组织行为学研究领域的若干基本理论

组织行为学主要研究组织中人的行为、心理规律以及组织与人的相互作用，关注员工的需求、动机、态度、行为等因素对组织绩效的影响，同时也探讨组织的结构、文化、领导方式等因素如何影响员工的行为和绩效。

组织行为学可助力管理者更好地理解员工需求，营造积极的工作环境，选择合适的领导方式，促进团队协作等。例如，通过了解员工的职业发展需求，为其提供相应的培训和晋升机会，提高员工的工作满意度和忠诚度；根据团队成员的特点和任务需求，选择变革型领导或服务型领导方式，激发员工的工作积极性和创造力。

组织行为学包括若干经典理论⑥，例如：X-Y理论⑦、马斯洛需求层次理论⑧、双因素理论⑨、期望理论⑩、公平理论⑪、强化理论⑫，以及领导理论等。其中，领导理论又

---

① 经典文献：弗雷德里克·泰勒. 科学管理原理 [M]. 朱智文，译. 北京：中国科学技术出版社，2023.

② 经典文献：赫伯特·A·西蒙 詹正茂. 管理行为 [M]. 原书第四版. 詹正茂，译. 北京：机械工业出版社，2004.

③ 经典文献：约瑟夫·熊彼特. 经济发展理论 [M]. 郭武军，译. 北京：中国华侨出版社，2020；彼得·德鲁克. 创新与企业家精神 [M]. 魏江，陈侠飞，译. 北京：机械工业出版社，2023.

④ 经典文献：埃德加·沙因，彼得·沙因. 组织文化与领导力 [M]. 5版. 陈劲，贾筱，译. 陈德金，校. 北京：中国人民大学出版社，2020。

⑤ 经典文献：Taylor F W. The Principles of Scientific Management [M]. NuVision Publications, LLC, 1911.

⑥ 经典文献：斯蒂芬·P. 罗宾斯，蒂莫西·A. 贾奇. 组织行为学精要 [M]. 原书第12版. 郑晓明，译. 北京：机械工业出版社，2014.

⑦ 经典文献：道格拉斯·麦格雷戈. 企业的人性面 [M]. （50周年纪念版）. 乔·卡彻·格尔圣菲尔德，注释. 韩卉，译. 北京：中国人民大学出版社，2008.

⑧ 经典文献：亚伯拉罕·马斯洛. 动机与人格 [M]. 杨佳慧，译. 杭州：浙江人民出版社，2022.

⑨ 经典文献：Herzberg F. One more time: How Do You Motivate Employees [M]. Boston, MA: Harvard Business Review, 1968.

⑩ 经典文献：Johnsen E. Victor H. Vroom, Work and Motivation [M]. London: Wiley, 1964.
Latham G P. Work motivation: History, Theory, Research, and Practice [M]. Sage publications, 2011.

⑪ 经典文献：Adams J S. Equity theory [M]. Organizational Behavior 1. Routledge, 2015：134-158.

⑫ 经典文献：Skinner B F. Reinforcement today [J]. American Psychologist, 1958, 13 (3), 94-99.
Gordan M, Krishanan I A. A review of BF Skinner's 'Reinforcement Theory of Motivation' [J]. International journal of research in education methodology, 2014, 5 (3): 680-688.

包括领导特质理论①、领导行为理论②和领导权变理论③等。

5.8 常见的基本理论：人力资源管理

人力资源管理相关理论④研究如何有效管理和激励组织的人力资源，包括人力资源规划、招聘与选拔、培训与开发、绩效管理、薪酬管理、员工关系管理等方面的内容，旨在通过科学的人力资源管理方法，提高员工的素质和能力，激发员工的工作积极性和创造力，实现组织与员工的共同发展。

企业的人力资源部门可依据这些理论，制定合理的人力资源规划，根据企业的战略目标和业务需求招聘和选拔合适的人才，为员工提供系统的培训与开发机会，建立科学的绩效管理体系和公平合理的薪酬福利制度，处理好员工关系，营造良好的工作氛围，提高员工的满意度和忠诚度，促进企业的发展。

人力资源管理拥有众多的理论，除了那些已在组织行为学一节阐述的之外，还有人际关系理论、职业生涯发展理论以及人力资本理论等。其中，现代人际关系理论源于霍桑实验，由乔治·埃尔顿·梅奥等提出⑤；职业生涯发展理论中比较有代表性的是唐纳德·舒伯提出的生涯彩虹图理论⑥；人力资本理论由西奥多·W. 舒尔茨等提出⑦。

人力资本理论

霍桑实验

人力资源管理研究领域的
若干基本理论

---

① 经典文献：Bass B M. Bass & Stogdill's handbook of leadership: theory, research, and managerial applications [J]. The Free Press google schola, 1990, 2: 173-184.

② 经典文献：Lewin K. A Dynamic Theory of Personality-Selected Papers [M]. Read Books Ltd, 2013.
Lewin K. From Social Psychology and Personality Theory [M] //Organizational Behavior 1. New York: Routledge, 2015: 37-45.

③ 经典文献：费德勒·加西亚. 领导效能新论 [M]. 何威，兰桦，冯丹龙，等译. 北京：生活·读书·新知三联书店，1989.

④ 经典文献：加里·德斯勒. 人力资源管理 [M].16 版. 刘昕，译. 北京：中国人民大学出版社，2024.

⑤ 经典文献：乔治·梅奥. 工业文明的人类问题 [M]. 陆小斌，译. 北京：电子工业出版社，2013.
乔治·埃尔顿·梅奥. 工业文明的社会问题 [M]. 时勘，译. 北京：机械工业出版社，2016.

⑥ 经典文献：Donald Super. Psychology of Careers [M]. Harper Press, 1957. Super D E. Life career rainbow [J]. Journal of Vocational Behavior. 1980; 16 (3): 282-298.

⑦ 经典文献：西奥多·W. 舒尔茨. 论人力资本投资 [M]. 吴珠华，等译. 北京：北京经济学院出版社，1990。

5.9　常见的基本理论：战略管理

现代战略管理研究中常用的基本理论主要包括：SWOT 分析①、波特五力模型②、资源基础理论③、价值链分析理论④、蓝海战略⑤、代理理论，以及利益相关者理论等。其中，代理理论和利益相关者理论已在公司治理一节中介绍。

战略管理研究领域的若干基本理论

✎ 本章小结

本章作为文献综述之理论概述的第一部分，以主要经管学科课程为线索，介绍并归纳了这些学科中常见的基本理论、经典文献和主要应用场景，主要包括宏观经济学、国际贸易、微观经济学、管理学、组织行为学、人力资源管理、战略管理以及企业并购重组等。本章的内容有助于解决初学者在撰写文献综述部分的薄弱环节。

❓ 思考与练习题

1. 在高质量专业期刊中选择一篇论文，尝试解析其文献综述中引用的宏观经济学理论。

2. 在高质量专业期刊中选择一篇论文，尝试解析其文献综述中引用的国际贸易理论。

3. 在高质量专业期刊中选择一篇论文，尝试解析其文献综述中引用的微观经济学理论。

4. 在高质量专业期刊中选择一篇论文，尝试解析其文献综述中引用的管理学理论。

5. 在高质量专业期刊中选择一篇论文，尝试解析其文献综述中引用的组织行为学

---

① 经典文献：Kenneth R. Andrews. The Concept of Corporate Strategy [M]. Dow Jones‒Irwin, Inc. Homewood, Illinois, 1971.

② 经典文献：迈克尔·波特. 竞争战略 [M]. 陈丽芳，译. 北京：中信出版社，2014.

③ 经典文献：Wernerfelt B. A resource‒based view of the firm [J]. Strategic Management Journal, 1984, 5 (2)：171‒180.

Barney, J. Firm Resources and sustained competitive advantage [J]. Journal of Management, 1991, 17 (1), 99‒120.

Peteraf M A. The cornerstones of competitive advantage：a resource-based view [J]. Strategic Management Journal, 1993, 14 (3)：179‒191.

④ 经典文献：Porter M E. Competitive advantage：Creating and Sustaining Superior Performance [M]. Simon and Schuster, 2008.

⑤ 经典文献：W. 钱·金，勒妮·莫博涅. 蓝海战略 [M]. 吉宓，译. 北京：商务印书馆，2010.

W. 钱·金，勒妮·莫博涅. 蓝海战略2：蓝海转型 [M]. 吉宓，译. 杭州：浙江大学出版社，2018.

理论。

6. 在高质量专业期刊中选择一篇论文，尝试解析其文献综述中引用的人力资源管理理论。

7. 在高质量专业期刊中选择一篇论文，尝试解析其文献综述中引用的战略管理理论。

8. 在高质量专业期刊中选择一篇论文，尝试解析其文献综述中引用的并购重组理论。

6 文献综述Ⅲ：常见的基本理论2

学习要点

理论基础往往是初学者撰写文献综述最薄弱的环节之一。本章的主题是文献综述之理论分析的第二部分，对常见经管学科中的基本理论进行了扼要的回顾和归纳，供撰写文献综述时选择引用。

本章覆盖的学科主要包括：投资学、市值管理、行为金融学、公司金融、风险管理、公司治理、企业财务会计、审计、盈余管理，以及高阶理论等。

6.1 常见的基本理论：投资学与投资管理

投资学与投资管理研究中常用的基本理论主要包括：有效市场假说①，现代资产组合理论②，套利定价理论③，趋势投资理论④，价值投资理论⑤，以及成长投资理论⑥等。

6.1.1 有效市场假说

有效市场假说（efficient market hypothesis，EMH）由尤金·法玛提出，对现代金融学的发展产生了深远影响。该假说认为，如果在一个证券市场中，价格完全反映了所有可以获得的信息，那么就称这样的市场为有效市场。衡量证券市场是否具有信息效率有两个标志，一是价格是否能自由地根据有关信息而变动，二是证券的有关信息能否充分地披露和均匀地分布，使每个投资者在同一时间内得到等量等质的信息。

有效市场假说分为三种形态：弱式有效（价格反映历史价格信息）、半强式有效（价格反映公众信息），以及强式有效（价格反映所有公开及私有信息）。

---

① 经典文献：Fama E F. Efficient capital markets [J]. Journal of finance, 1970, 25 (2)：383–417.
② 经典文献：Markowitz H. Portfolio selection [J]. Journal of finance, March 1952, 7 (1)：77–91.
③ 经典文献：Ross S A. The arbitrage theory of capital asset pricing [J]. Journal of Economic Theory, Volume 13, Issue 3, December 1976：341–360.
④ 经典文献：约翰·墨菲. 期货市场技术分析 [M]. 丁圣元，译. 北京：地震出版社，1994.
⑤ 经典文献：本杰明·格雷厄姆，戴维·多德. 证券分析 [M]. 巴曙松，陈剑，译. 北京：中国人民大学出版社，2013.
⑥ 经典文献：菲利普·A. 费舍. 怎样选择成长股 [M]. 吕可嘉，译. 北京：地震出版社，2017.

该假说认为，如果市场是有效的，那么投资者难以通过分析公开信息获得超额收益，此时被动投资策略（如投资指数基金）可能更合适；反之，如果投资者认为市场并非完全有效，就可以通过基本面分析、技术分析等手段挖掘被错误定价的证券，以获取超额收益。

6.1.2　现代资产组合理论

1952 年马克维茨发表的著名论文 Portfolio Selection 是现代资产组合理论（modern portfolio theory，MPT）的重要文献来源，这篇论文标志着现代金融学的诞生，为后续的金融理论研究和投资实践提供了重要的理论基础。

该理论认为投资者在进行投资决策时，不应只关注单一资产的预期收益和风险，而应考虑投资组合的整体风险和收益。通过分散投资，将资金分配到不同的资产类别、行业和公司，可以降低非系统性风险，实现风险与收益的平衡。投资组合的预期收益率是各资产预期收益率的加权平均数，而组合的风险则不仅取决于各资产的风险，还取决于资产之间的相关性。

该理论常用于指导投资者进行多元化投资，构建合理的投资组合，以在一定的风险水平下实现收益最大化，或在一定的收益目标下使风险最小化。投资者可以根据自己的风险承受能力和投资目标，选择不同的资产配置比例，优化投资组合。

6.1.3　套利定价理论

套利定价理论（arbitrage pricing theory，APT）于 20 世纪 70 年代由罗斯基于无套利原理提出，为资产定价提供了一种更具一般性的理论框架，丰富了金融资产定价的理论体系，对投资分析和资产配置等领域产生了重要影响。

无套利原理，是指在一个完善的金融市场中，投资者没办法通过同时进行一系列交易操作来获取无风险的利润，市场上各种资产的价格都处于一种合理的相对关系中，使得任何试图利用价格差异来套利的行为都无法实施。即在完善的金融市场中，不存在任何无风险套利机会。

例如，如果资产甲和资产乙在未来所能带来的收益情况（考虑风险等因素后）是完全等同的，那么，在无套利均衡状态下，它们此刻的价格就应该相等。如果资产甲的价格低于资产乙，就会有投资者迅速买入资产甲的同时卖出资产乙，等到两者价格回归合理相等时再反向操作平仓，从中赚取差价获利，而这种套利行为会使得更多投资者参与进来，最终推动价格调整，让市场重新回到无套利均衡状态，即两种资产价格相等，套利空间消失。

再比如，在远期合约与现货市场之间也存在这样的关系。假设某种商品的现货价格是 100 元，一年期无风险利率为 5%，如果该商品一年期远期合约价格不是 $100 \times (1+5\%) = 105$ 元，比如是 108 元，那么投资者就可以现在以 100 元买入现货，同时签订远期合约以 108 元在一年后卖出，到期就能无风险地赚取 3 元差价（不考虑其他成本）。但众多投资者这样做的结果就是会压低远期合约价格，直到远期合约价格达到理论上的 105 元，套利机会消失，市场达到无套利均衡。

该理论认为资产的预期收益率受到多种因素的影响，而不仅仅是市场风险。这些因素可以是宏观经济因素、行业因素等，资产的收益率是这些因素的线性函数。如果市场处于无套利均衡状态，那么具有相同风险因素敏感度的资产应该具有相同的预期收益率。APT 的数学表述如下：

$$E(R_i) = R_f + \sum_{j}^{k} \beta_{ij}\lambda_j$$

其中，R_f 为无风险利率，λ_j 为第 j 个系统性风险因子的风险溢价，β_{ij} 为资产 i 的预期收益率 $E(R_i)$ 对该因子（j）的敏感度。

无套利均衡状态是无套利原理的核心概念，是指在一个完善的金融市场中，不存在任何无风险套利机会的一种市场均衡情形。

无套利均衡状态的实现需要三个条件：一是市场参与者的理性。投资者需要具备理性思维，能够准确判断资产的价值以及潜在的套利机会，并且会迅速采取行动去捕捉这些机会。一旦出现价格不合理的情况，理性投资者会积极套利，促使价格回归均衡。例如，在股票市场中，专业的机构投资者往往会基于对公司基本面、行业发展等综合分析来判断股价是否合理，若发现不合理定价，就可能进行相应交易来套利。

二是信息的充分流动。市场上的各类信息要能够及时、准确且广泛地传播给所有参与者。只有这样，投资者才能基于相同的信息基础去评估资产价值，避免因信息不对称产生套利空间。例如，在债券市场，如果有的投资者提前得知某债券即将违约的内部消息而提前抛售获利，而其他投资者不知情，仍在正常交易，那就破坏了无套利均衡，所以完善的信息披露制度等对于保障信息充分流动很关键。

三是交易的便利性和低成本。投资者能够方便快捷地进行各种交易操作，并且交易成本（如手续费、佣金等）要足够低。如果交易成本过高，即便存在理论上的套利机会，扣除成本后可能无利可图，那投资者就不会去套利，市场价格也就难以调整到无套利均衡状态。例如，在外汇交易市场，一些交易平台手续费较高时，就可能使得一些微小的汇率套利机会被投资者忽视，影响市场达到理想的无套利均衡。

无套利均衡状态的重要性有：第一，实现资产定价合理性。保障资产价格能较为准确地反映其内在价值。在无套利均衡状态下，资产价格是基于其未来预期收益、风险等诸多因素合理确定的，有助于投资者做出正确的投资决策。例如，在房地产市场，若处于无套利均衡，房产价格就会和其租金收益、地段发展潜力等相匹配，投资者可以据此判断是否值得投资购买房产。

第二，提升市场效率。促使金融市场高效运行，让资金能流向更有价值的地方。由于不存在套利机会，资源会按照市场真实的供需和价值情况进行配置，避免资金在无意义的套利活动中浪费，推动实体经济更好地发展。例如，资金会更多流向有发展前景、经营良好的企业的股票，而不是在一些被错误定价的资产间来回套利。

投资者可以通过分析影响资产收益率的各种因素，寻找被错误定价的资产进行套利交易。当发现某种资产的实际收益率与根据套利定价理论计算出的预期收益率不符时，投资者可以通过买入或卖出该资产及其相关资产组合，获取无风险套利收益。

6.1.4 趋势投资理论

该理论认为，趋势投资者依据股票价格的走势来做出决策，他们相信市场趋势具有一定的持续性，通过技术分析工具，如移动平均线、相对强弱指标等来识别上升或下降趋势。当判定趋势向上时买入，趋势向下时卖出。

该理论对于短期投资者或希望通过捕捉市场短期波动获取收益的投资者较为适用。投资者需要密切关注市场价格的变化，及时根据趋势的转变调整投资策略。

6.1.5 价值投资理论

该理论认为，价值投资者认为股票的价值取决于企业的内在价值，包括资产、盈利、现金流等因素。股票价格会围绕其内在价值上下波动，当股票价格低于其内在价值时，该股票被低估，具有投资价值，反之则被高估。

投资者通过深入的基本面分析，如分析公司的财务报表，评估其盈利能力、偿债能力、成长潜力等，寻找被低估的股票进行投资。价值投资需要投资者具备耐心，等待市场发现股票的内在价值，使股票价格回归到合理水平。

6.1.6 成长投资理论

该理论主张侧重于投资具有高增长潜力的企业，成长型投资者更关注企业的发展前景、创新能力和市场份额的扩张，他们愿意为未来的增长潜力支付较高的价格。成长型企业通常具有较高的盈利增长率和市盈率，但也伴随着较高的风险。

该理论适合于那些对企业未来发展有较强判断能力且愿意承担较高风险以获取高收益的投资者。投资者需要对行业趋势、企业的核心竞争力、新产品研发等方面进行深入研究，挖掘具有成长潜力的公司进行投资。

6.2 常见的基本理论：市值管理

市值管理是上市公司通过优化公司治理、提升内在价值、加强投资者关系等方式，实现公司市值与内在价值相匹配的系统性工程。在现代资本市场的演进中，市值管理已成为上市公司不可忽视的重要工作。2024年9月24日，中国证监会发布《上市公司监管指引第10号——市值管理（征求意见稿）》，首次提出了"市值管理是指上市公司以提高上市公司质量为基础，为提升投资者回报能力和水平而实施的战略管理行为"。随着监管层对市值管理的重视和规范，这一概念正逐渐被赋予更加明确和深远的意义。

市值管理的理念主要包括市值与内在价值的匹配、合法合规性以及系统性思维等方面。市值管理的研究框架包括价值创造、价值成长、价值传递、价值维护四个要素。市值管理的工具一般包括资本运作工具、投资者关系管理和公司治理优化等方面。市值管理的挑战主要有合规风险、动态调整、市场认可度、可持续发展与技术赋能等方面。

市值管理研究领域的若干理论基础

6.3 常见的基本理论：行为金融学

20 世纪 80 年代对金融市场的大量实证研究发现了许多现代金融学无法解释的异象，为了解释这些异象，一些金融学家开始对投资者的行为进行分析，形成了行为金融学派。代表学者有马修·拉宾、丹尼尔·卡尼曼和弗农·史密斯等。

行为金融学将心理学尤其是行为科学的理论融入金融学中，认为投资者并非总是理性的，在决策过程中会受到情感、认知偏差和社会因素的影响，从而导致非理性的投资决策。过度自信、损失厌恶、锚定效应等心理因素会影响投资者对信息的处理和决策的制定。

该理论提醒投资者要认识到自己的认知偏差，并通过自我反思和学习来克服，以减少非理性决策；强调情绪管理在投资决策中的重要性，投资者需要在情绪波动时保持冷静；关注社会因素对投资决策的影响，投资者应学会独立思考，不受外界干扰。在投资策略上，还提出了动量策略和利用投资者行为偏差的策略等，试图利用市场中的非理性行为获取超额收益。

行为金融研究领域的若干理论基础

行为金融研究中常用的基本理论包括：前景理论①，后悔理论②，认知失调理论③，锚定效应理论④，以及羊群效应理论⑤等。

① 经典文献：Kahneman D, Tversky A. Prospect theory: an analysis of decision under risk [J]. Econometrica, 1979, 47 (2): 263-291.

② 经典文献：Shefrin H, Statman M. The disposition to sell winners too early and ride losers too long: theory and evidence [J]. The Journal of Finance, 1985, 40 (3), 777-790.

Statman, M. Behavioral finance: past battles and future engagements [J]. Financial Analysts Journal, 1994, 50 (1), 18-27.

③ 经典文献：Festinger, L. A Theory of Cognitive Dissonance [M]. Boston, MA: Stanford University Press. 1957.

Brehm J W, Cohen A R. Explorations in Cognitive Dissonance [M]. NewYork: Wiley, 1962.

④ 经典文献：Tversky A, Kahneman D. Judgment Under Uncertainty: heuristics and Biases [J]. Science, 1974, 185 (4157), 1124-1131.

Ariely D, Loewenstein G, Prelec D. Coherent arbitrariness: stable demand curves without stable preferences [J]. The Quarterly Journal of Economics, 2003, 118 (1), 73-105.

⑤ 经典文献：Shiller R J. Stock prices and social dynamics [D]. Brookings Papers on Economic Activity, 1984, 1984 (2): 457-510.

Banerjee A V. A simple model of herd behavior [J]. The Quarterly Journal of Economics, 1992, 107 (3): 797-817.

6.4 常见的基本理论：公司金融

公司金融研究中常用的基本理论包括：资本资产定价模型①，MM 定理②，权衡理论③，以及优序融资理论④等。其他相关理论将放在公司治理一节中介绍。

公司金融研究
领域的若干
理论基础

6.5 常见的基本理论：风险管理

风险管理研究中常用的基本理论包括：在险价值理论⑤，风险厌恶理论⑥，风险转移理论⑦，风险对冲理论⑧，以及全面风险管理理论⑨等。风险管理研究的其他理论将在投资学和公司金融等部分介绍。

风险管理研究
领域的若干
理论基础

---

① 经典文献：Sharpe W F. Capital asset prices: a theory of market equilibrium under conditions of risk [J]. The Journal of Finance, 1964, 19 (3): 425-442.

Lintner J. The valuation of risk assets and the selection of risky investment in portfolio and capital budgets [J]. Review of Economics and Statistics, 1965, 47: 13-37.

Mossin J. Equilibrium in a capital asset market [J]. Econometrica, 1966, 34 (4): 768-783.

② 经典文献：Modigliani F, Miller M H. The cost of capital, corporation finance and the theory of investment [J]. The American Economic Review, 1958, 48 (3): 261-297.

MILLER M H, MODIGLIANI F. Dividend policy, growth, and the valuation of shares [J]. The Journal of Business, 1961, 34 (4): 411-433.

③ 经典文献：Kraus, Litzenberger R H. A state-preference model of optimal financial leverage [J]. The Journal of Finance, 1973, 28 (4): 911-922.

Rubinstein M E. A mean-variance synthesis of corporate financial theory [J]. The Journal of Finance, 1973, 28 (1: 167-181.

Scott J H. A theory of optimal capital structure [J]. Bell Journal of Economics, 1976, 7 (1): 33-54.

Myers S C. The capital structure puzzle [J]. The Journal of Finance, 1984, 39 (3): 574-592.

④ 经典文献：Myers S C, Majluf N C. Corporate financing and investment decisions when firms have information that investors do not have [J]. Journal of Financial Economics, 1984, 13 (2): 187-221.

⑤ 经典文献：Philippe J. Value at Risk: The New Benchmark for Controlling Market Risk [M]. London: Irwin Professional Pub. 1997.

⑥ 经典文献：Pratt J W. Risk aversion in the small and in the large [J]. Econometrica, 1976, 44 (2): 420.

Arrow K J. The theory of risk-bearing: small and great risks [J]. Journal of risk and uncertainty, 1996, 12 (2): 103-111.

⑦ 文献来源：Gupta, R. C. Insurance and Risk Management. Alfa Publisher. , 2011.

Hull J C, Basu S. Options, Futures, and Other Derivatives [M]. New York: Pearson Education India, 2016.

⑧ 文献来源：Lo A W. Hedge Funds: An Analytic Perspective [M]. New York: Princeton University Press, 2010.

⑨ 文献来源：Lam J. Enterprise Risk Management: From Incentives to Controls [M]. New York: John Wiley & Sons, 2014.

6.6 常见的基本理论：公司治理

公司治理研究领域理论众多，常用的一些基本理论包括：控制权理论①、委托代理理论②、道德风险③、逆向选择④、管家理论⑤、信号传递理论⑥、利益相关者理论⑦、两权

---

① 经典文献：MANNE H G. Mergers and the market for corporate control [J]. Journal of Political Economy, 1965, 73 (2)：110-120.

JENSEN M C, MECKLING WH. Theory of the firm: managerial behavior, agency costs and ownership structure [J]. Journal of Financial Economics, 1976, 3 (4)：305-360.

SHLEIFER A, VISHNY R W. Large shareholders and corporate control [J]. Journal of Political Economy, 1986, 94：461-488.

JOHNSON S, LA PORTA R, LOPEZ-DE-SILANES F, et al. Tunneling [J]. American Economic Review, 2000, 90 (2)：22-27.

② 经典文献：JENSEN M C, MECKLING W H. Theory of the firm: managerial behavior, agency costs and ownership structure [J]. Journal of Financial Economics, 1976, 3 (4)：305-360.

HOLMSTROM B, MILGROM P. Multitask principal-agent analyses: incentive contracts, asset ownership, and job design [J]. Journal of Law, Economics, & Organization, 1991, 7：24-52.

JENSEN M C. Agency costs of free cash flow, corporate finance, and takeovers [J]. The American Economic Review, 1999, 76：323-329.

③ 经典文献：PAULY M V. The economics of moral hazard: comment [J]. The American Economic Review, 1968, 58 (3)：531-537.

HOLMSTROM B R. Moral hazard and observability [J]. The Bell Journal of Economics, 1979, 10：74-91.

HOLMSTROM B, MILGROM P. Aggregation and linearity in the provision of intertemporal incentives [J]. Econometrica, 1987, 55 (2)：303-328.

④ 经典文献：AKERLOF G A. The market for "lemons": quality uncertainty and the market mechanism [J]. The Quarterly Journal of Economics, 1970, 84 (3)：488-500.

ROTHSCHILD M, STIGLITZ J. Equilibrium in competitive insurance markets: an essay on the economics of imperfect information [J]. The Quarterly Journal of Economics, 1976, 90 (4)：629-649.

⑤ 经典文献：DONALDSON L, DAVIS J H. Stewardship theory or agency theory: CEO governance and shareholder returns [J]. Australian Journal of Management, 1991, 16 (1)：49-64.

DAVIS J H, SCHOORMAN F D, DONALDSON L. Toward a stewardship theory of management [J]. Academy of Management Review, 1997, 22 (1)：20-47.

⑥ 经典文献：Spence M. Job market signaling [J]. The Quarterly Journal of Economics, 1973, 87 (3)：355-374.

MICHAEL S A. Market signaling: informational transfer in hiring and related screening processes [M]. Boston, MA: Harvard University Press, 1974.

ROSS S A. The determination of financial structure: the incentive-signaling approach [J]. The Bell Journal of Economics, 1977, 8：23-40,

⑦ 经典文献：FREEMAN R E. Strategic Management: A Stakeholder Approach [M]. London: Cambridge University Press, 2010.

分离理论①、超产权理论②、董事会治理理论③等。

6.6.1　控制权理论

该理论强调公司控制权在不同利益主体之间的分配及其对公司决策和价值的影响。当公司的股权结构发生变化时，可能导致控制权的转移，从而影响公司的经营战略、投资决策等，进而影响公司的价值。例如，大股东可能通过控制权谋取私利（如"掏空"上市公司，tunneling），损害小股东利益；而管理层为了巩固自身控制权，可能采取一些不利于公司长期价值最大化的决策。

该理论在研究公司股权结构、并购重组、公司治理等方面具有重要应用价值。通过分析控制权的分配和争夺，可以更好地理解公司内部的权力博弈和决策机制，为优化公司治理结构、保护中小股东权益提供理论支持。

6.6.2　委托代理理论

该理论认为，在两权分离的公司制度下，所有者（委托人）和经营者（代理人）双方经济利益不完全一致，承担的风险大小不对等，公司经营状况和资金运用的信息不对称。经营者为追求自身利益最大化，其行为可能与所有者和公司的利益不一致，甚至侵损所有者和公司的利益，从而诱发道德风险和逆向选择行为。

该理论建立在非对称信息博弈论基础上，主要研究委托代理关系中，由于委托人与代理人的效用函数不一样，委托人追求财富最大化，而代理人追求工资津贴收入、奢侈消费和闲暇时间最大化，导致两者利益冲突。在信息不对称的环境下，委托人需设计最优契约激励代理人，以减少代理人的道德风险和逆向选择行为，使代理人的行为符合委托人的利益。

按照不同的视角，委托代理问题有不同的分类。从利益相关者视角看，委托代理问题可分为第一类代理问题和第二类代理问题；从内容视角看，委托代理问题又可分为道德风险和逆向选择行为。

第一类代理问题是指股东与管理层之间的代理关系及产生的代理成本问题。由于所有权和控制权的分离，管理层作为代理人在经营决策过程中可能不会完全以股东（委托人）的利益最大化为目标，进而产生利益冲突。例如，管理层可能会为了追求自身在职

---

①　经典文献：阿道夫·A. 伯利，加德纳·C. 米恩斯. 现代公司与私有财产 [M]. 甘华鸣，罗锐韧，蔡如海，译. 北京：商务印书馆，2005.

小艾尔弗雷德·D. 钱德勒. 看得见的手：美国企业的管理革命 [M]. 重武，译. 北京：商务印书馆，1987.

②　经典文献：MARTIN S，PARKER D. Privatization and economic performance throughout the UK business cycle [J]. Managerial and Decision Economics，1995，16（3）：225-237.

③　经典文献：Fama E F，Jensen M C. Agency problems and residual claims [J]. The Journal of Law and Economics，1983，26（2）：327-349.

张维迎. 理解公司：产权、激励与治理 [M]. 上海：上海人民出版社，2014.

消费、扩大管理权力等个人私利，做出过度投资或者偷懒等不利于股东利益的决策。由此产生了一系列代理成本，包括委托人的监督成本（如聘请外部审计监督管理层行为等产生的费用）、代理人的担保成本（管理层为保证自身行为符合股东利益而付出的成本，像购买责任保险等）以及剩余损失（因管理层决策偏离股东利益最大化导致的企业价值减少）等。

在研究第一类代理问题时还产生了著名的自由现金流假说。该假说认为，当企业拥有较多的自由现金流时，管理层出于自身利益考虑，可能会把这些资金投入到一些对自身有利但对股东价值提升并无益处甚至有损的项目中，例如盲目扩张业务规模以扩大自身权力范围，而非将现金流以股息、回购股票等形式分配给股东。该假说进一步揭示了管理层与股东在利益诉求上的差异以及由此引发的代理问题对企业财务决策等方面的影响，为理解企业的投资、融资及并购等行为背后的代理问题根源提供了重要见解。

第二类代理问题是指大股东在公司治理中的角色以及与中小股东之间的代理问题。大股东的作用具有双重性：一方面，大股东对管理层能够起到监督作用，有助于缓解股东与管理层间的第一类代理问题；另一方面，大股东可能会利用自身的控制权优势，通过关联交易、资金占用等方式谋取私利，损害中小股东的利益。因此，大股东与中小股东之间同样可能存在利益冲突。

该理论广泛应用于公司治理研究，有助于理解和解决公司内部股东与管理层、大股东与小股东之间的利益冲突问题。该理论还常常用于设计合理的激励约束机制（如股权激励、绩效奖金等），督促经营者为股东利益最大化服务；建立监督机制（如董事会监督、监事会监督、外部审计等），以减少信息不对称，防止经营者的机会主义行为，降低代理成本，提高公司治理效率。

6.6.3 道德风险

道德风险（moral hazard）是指在信息不对称的情况下，当交易中的一方（通常是代理人）的行为难以被另一方（通常是委托人）完全观察和监督时，代理人有可能会为了追求自身利益的最大化而采取一些不利于委托人利益的行动。

例如，在保险市场中，投保人购买了全额的车辆盗窃保险后，可能就会比没有购买保险时更加不注意车辆的停放安全，比如，随意停放在无人看管且治安较差的地方，因为他知道即便车辆被盗，自己也能获得保险公司的赔偿。在这里，保险公司作为委托人难以完全监督投保人后续的停车行为等，投保人这种因有保险保障而改变自身谨慎程度的做法就属于道德风险行为。

道德风险产生的三个主要原因：信息不对称、激励不相容，以及合同不完备。首先，信息不对称是最关键的原因，委托人无法全面知晓代理人的行动、决策过程及相关信息。像企业股东（委托人）很难时刻清楚经理层（代理人）日常经营决策的所有细节，经理层就有可能在一些决策上优先考虑自身利益，比如过度在职消费等。其次是激励不相容。

代理人和委托人的目标函数往往不一致。以公司为例，股东希望公司价值最大化、获得更多利润分红，而经理可能更关注自身权力的扩大、获得更高的薪酬待遇、更轻松的工作环境等，这种目标差异在缺乏有效约束和激励机制时容易引发道德风险。最后是合同不完备。现实中很难制定出一份能把未来所有可能情况及应对措施都涵盖进去的合同。比如，在一个工程项目外包合同里，很难事先明确规定承包商在遇到每一种意外情况时具体要采取的行动和成本控制标准等，这就给承包商留下了采取一些不利于发包方利益行为的空间。

道德风险的常见三种表现形式：偷懒与不尽责，过度消费与资源浪费，以及冒险行为。首先是偷懒与不尽责。在团队管理中，成员（代理人）可能会因为自己的努力程度很难被准确衡量，从而出现偷懒、减少工作投入的情况。例如，在一个软件开发项目组里，个别程序员可能会在上班时间做自己的私事，而没有全身心投入项目代码编写工作中，影响项目整体进度和质量，损害团队（委托人）利益。其次是过度消费与资源浪费。企业经理层可能利用职务之便进行过度的在职消费。比如，有的企业高管会超标准配置豪华办公设备、乘坐头等舱或进行不必要的出差等，这些过度支出增加了企业成本，减少了股东可分配的利润，损害股东利益。最后是冒险行为。当代理人不需要承担或只需承担很少的失败风险时，可能会采取过度冒险的行动。例如，一些基金经理用客户资金投资高风险项目，如果成功，会获得高额奖金提成，失败却由客户承担大部分损失，这也是一种道德风险行为。

防范道德风险常见的三种措施：设计合理的激励机制、加强监督机制，以及完善合同条款。首先是设计合理的激励机制。通过股权激励、绩效奖金等方式，将代理人的利益和委托人的利益绑定起来，让代理人在追求自身利益的同时也能促进委托人利益的实现。比如，企业给予高管一定比例的公司股票作为奖励，高管就会更有动力去提升公司股价和业绩。其次是加强监督机制。委托人可以建立完善的监督体系，如企业股东聘请外部审计机构对公司财务状况进行审计，监督经理层的经营决策是否合规、有无损害股东利益的行为；保险公司可以通过定期回访、查看相关记录等方式监督投保人是否遵守保险合同约定的合理行为规范。最后是完善合同条款，即尽可能把各种可能出现的情况及对应的处理办法明确写进合同，减少代理人可利用的漏洞。例如，在房屋租赁合同中，详细规定租客对房屋的使用要求、维修责任、违约处置等条款，避免租客对房屋进行不合理使用等道德风险行为的发生。

6.6.4 逆向选择

逆向选择指的是在市场交易中，由于买卖双方信息不对称，使得信息劣势方难以准确判断商品或服务的质量，最终导致市场上出现"劣胜优汰"（注意不是"优胜劣汰"）的现象，即质量差的产品或服务反而更容易成交，而质量好的产品或服务可能被挤出市场，从而降低了市场效率和资源配置的有效性。

信息不对称是逆向选择产生的根本原因。在很多交易场景中，交易的一方往往比另一方掌握更多关于交易对象的关键信息。以二手车交易市场为例。卖家清楚自己车辆过往的使用情况、是否发生过事故、有无故障隐患等真实信息，而买家通常只能通过外观、试驾等有限方式来了解车辆状况，难以知晓车辆的全部真实信息。这种信息不对称就会导致拥有信息优势的一方（二手车卖家）有动机隐藏不利信息或者夸大有利信息，而信息劣势方（买家）在缺乏足够准确信息的情况下，难以辨别车辆真实质量，只能按照市场平均质量水平给出价格。如此一来，高质量二手车的卖家觉得价格不合理，不愿出售，而低质量二手车的卖家却乐于成交，长此以往，市场上就充斥着更多低质量二手车，出现逆向选择现象。

再以健康保险为例。投保人对自己的健康状况最为清楚，而保险公司难以完全准确掌握每个投保人的实际健康情况。那些身体不太好、患有潜在疾病可能性较大的人更有意愿购买高额健康保险，因为他们预期自己获得赔付的概率高；而身体健康的人可能觉得购买保险性价比不高，不太愿意参保。这样保险公司面临的投保人大多是健康状况较差的群体，赔付风险增加，如果按照正常费率计算保费，可能会陷入亏损局面，从而影响保险公司的正常运营。

逆向选择问题难以彻底解决，一般只能缓解。常见的应对措施有三种：信号传递、信息甄别，以及加强监管和第三方认证。

首先是信号传递。"酒香也怕巷子深"，拥有优质产品或服务的一方应该主动向市场传递能够证明自身质量的可靠信号。比如，在劳动力市场，求职者（拥有私人信息方）可以通过展示高学历、专业资格证书、过往优秀工作成果等来向雇主（信息劣势方）传递自己能力强的信号，帮助雇主做出更好的雇佣决策，减少逆向选择的影响。

其次是信息甄别。处于信息劣势的一方通过设计特定的机制或合同来区分不同质量的交易对象。例如，保险公司可以提供不同保障范围、免赔额和保费水平的多种保险套餐，让投保人根据自身实际健康状况等因素自行选择，健康状况较好的人可能会倾向于选择低保费、高免赔额的套餐，而健康状况较差的人可能更愿意接受高保费、低免赔额的方案，以此来甄别投保人的类型，降低逆向选择带来的风险。

最后是加强监管和第三方认证。政府部门或行业组织通过制定严格的市场规则、质量标准等进行监管，同时引入第三方专业机构对产品或服务进行认证评估。例如，在食品市场，设立专业的食品安全检测机构对食品质量进行检测并出具认证报告，消费者可以依据这些报告来判断食品质量，减少信息不对称，缓解逆向选择问题。

6.6.5 管家理论

该理论由 Lex Donaldson 和 James H. Davis 提出，他们不完全认可代理理论，指出代理理论对管理者的假设存在负面性，而管家理论认为管理者和企业家有动机为组织和委托人的利益行事。核心观点是亲社会行为的回报比个人主义或自利行为具有更大的效用，管家在组织成功时会获得更大的个人满足感并相应地采取行动。由于管家可以被信任会按照委托人的利益行事，应该给予他们更大的自主权以促进组织的成功，因此，对于管家而言，几乎不需要浪费资源进行监督、约束或创造激励机制。

该理论认为，在代理理论下，代理人和委托人都追求个人效用最大化，而管家理论则认为高管作为管家有动机为委托人的最佳利益行事，其行为模式基于集体主义、组织至上，认为亲组织行为比个人主义、自利行为具有更高的效用，管家更看重合作而非背叛，相信自己的利益与公司及其所有者的利益是一致的，具有内在动机。如果管理者的动机符合管家理论下的人性模型，那么授权型的治理结构和机制是合适的，因此，管家理论更侧重于授权，而非监督和控制。

在一些家族企业或股权相对集中、经营者与股东关系紧密的企业中，管家理论有一定的应用空间。这些企业的所有者可能更倾向于给予经营者较大的信任和自主权，相信经营者会以企业的整体利益为出发点进行决策和管理，从而减少对经营者的监督和约束机制，提高企业的决策效率和灵活性。

6.6.6 信号传递理论

该理论认为，在信息不对称的市场中，公司的管理层或内部人员比外部投资者更了解公司的真实价值和未来发展前景。公司可以通过一些可观测的行为或决策，如股利政策、资本结构调整等，向市场传递有关公司价值的信号，以减少信息不对称程度，影响投资者的预期和决策，进而影响公司的市场价值。

企业在制定股利政策、融资决策等方面可利用该理论。例如，公司提高股利支付水平，可能向市场传递公司未来盈利能力强的信号，从而提升公司股价；或者公司选择发行债务融资，可能被市场视为公司对未来发展有信心、经营状况良好的信号，有利于增强投资者信心。

6.6.7 利益相关者理论

该理论由罗伯特·爱德华·弗里曼提出，他认为企业是其与各种利益相关者结成的一系列契约，包括投资者、管理人员、员工、顾客、供应商、政府部门、社区等。这些利益相关者都对企业进行了专用性投资并承担了相应的风险，因此企业的经营决策不仅要考虑股东的利益，还要兼顾其他利益相关者的利益，以实现企业的可持续发展。

该理论认为，公司的目的不能局限于股东利润最大化，而应同时考虑其他利益相关者，包括员工、债权人、供应商、用户、所在社区及经营者等的利益，企业各种利益相关者利益的共同最大化才应当是现代公司的经营目标。公司是各种生产要素的所有者为了各自的目的联合起来组成的一种具有法人资格的契约联合体，公司法人治理结构应是股东、债权人、职工等利益相关者之间有关公司经营与权利的配置机制。

该理论在企业战略决策、社会责任履行、公司治理等方面具有重要指导意义，需综合考虑利益相关者的利益和诉求，以实现企业与利益相关者的共同发展；在公司治理结构设计上，可吸收利益相关者代表参与公司决策，如员工代表进入董事会、设立债权人委员会等，以增强公司决策的科学性和民主性。例如，企业在制定战略时，需要考虑员工的职业发展需求、顾客的满意度、供应商的合作关系等因素，同时还要关注环境保护、社区发展等社会责任问题，以维护良好的企业形象和社会声誉，促进企业与利益相关者的共同发展等。

6.6.8　两权分离理论

伯利和米恩斯通过对美国200家大公司的分析，发现了所有权与控制权的分离现象。钱德勒则阐述了管理专业化和两权分离对美国企业发展的影响。

该理论认为，随着股份公司的产生，公司所有权与控制权发生分离。股权分散的加剧和管理的专业化，使得拥有专门管理知识并垄断了专门经营信息的经理实际上掌握了对企业的控制权，导致"两权分离"，由此产生了所有者如何监督制约经营者的问题，这也是委托代理理论所要解决的核心问题。

该理论建议，在公司治理实践中，为解决两权分离带来的代理问题，需要建立健全的公司治理机制，明确股东会、董事会、监事会和经理层的职责权限，形成有效的权力制衡关系，以保障所有者的利益。

6.6.9　超产权理论

该理论认为，企业产权改革、利润激励只有在市场竞争的前提下才能发挥其刺激经营者增加努力和投入的作用。产权改革并不能保证公司治理结构就一定变得有效率，竞争才是保障治理结构改善的根本条件。经营者不但受剩余索取权的激励，同时还受剩余控制权收益的激励，且控制权收益激励随市场竞争程度加大而发挥更大的作用。

剩余索取权（residual claim）是指对企业收入在扣除所有固定的合同支付（如原材料成本、固定工资、利息等）之后的剩余部分的索取权利。即当企业的总收入在按照事先约定支付完各项既定支出后，剩下的那部分收益归剩余索取权所有者获取。在现代股份制企业中，股东是主要的剩余索取权人。股东们通过购买公司的股票对公司进行投资，公司在运营过程中支付完各项成本和债务后，所产生的净利润会按照股东持有的股份比例进行分配，他们凭借股权来行使剩余索取权。

剩余索取权的两个重要意义：激励作用和体现风险承担。首先，拥有剩余索取权是一种很强的激励机制。例如，企业的股东为了获取更多的剩余收益，会积极关注企业的经营状况，监督管理层的工作，促使企业提高效率、增加利润，因为企业经营得越好，剩余收益越多，他们最终能获得的回报也就越高。其次，剩余索取权还体现了风险承担。以股东为例，他们投入资本购买股票后，如果企业经营不善出现亏损，他们可能无法获得任何剩余收益，甚至投入的本金也会遭受损失，所以他们要承担企业经营带来的风险，而剩余索取权在一定程度上是对这种风险承担的补偿。

剩余控制权（residual control rights）指的是在契约中没有特别规定的活动的决策权。即当企业经营过程中面临一些情况，在已有的合同、协议等没有明确约定该如何决策处理时，拥有剩余控制权的主体就有权对这些事项做出决定。在现代股份制企业中，剩余控制权的分配相对复杂一些。一般而言，股东作为企业的所有者拥有重要的剩余控制权，例如，选举董事会成员等重大决策事项的权力掌握在股东手中。而董事会又被赋予了对公司经营战略、重大投资、高级管理人员任免等诸多方面的剩余控制权，董事会会将日常经营管理等方面的部分剩余控制权进一步委托给职业经理人（管理层），由他们负责具体执行和做出相应决策。

剩余控制权的两个重要意义：应对不确定性，激励与监督。首先是应对不确定性。企业经营面临着各种各样的不确定性和复杂情况，不可能把所有未来可能发生的事情都在事先的契约中规定清楚。剩余控制权的存在使得企业在面对新问题、新机遇时能够及时做出决策，灵活应对变化。例如，在市场环境快速变化的当下，企业可能突然面临原材料供应短缺的情况，拥有剩余控制权的管理层就可以迅速决定寻找替代供应商或者调整生产计划等，以维持企业运营。其次是激励与监督作用。对于拥有剩余控制权的主体，他们有动力去合理行使权力，以提升企业的整体效益，因为企业经营得好往往也能给他们带来相应利益（比如，股东能获得更多分红、管理层能获得更好的薪酬和职业声誉等）。同时，这也促使其他利益相关者（如债权人、员工等）对拥有剩余控制权的主体进行监督，防止权力滥用，保障自身权益。

剩余控制权和剩余索取权的关系。剩余控制权和剩余索取权紧密相关且相互影响。理想情况下，拥有剩余控制权的主体应该也拥有剩余索取权，这样可以激励其做出有利于企业整体价值提升、增加剩余收益的决策。例如，企业的大股东既有权力决定公司一些重大未约定事项的走向（剩余控制权），又能分享公司最终的剩余利润（剩余索取权），促使他们从提升利润的角度去运用手中的决策权。

剩余控制权和契约控制权的关系。契约控制权是基于明确的合同约定而产生的对特定事项的控制权，与剩余控制权相对应。契约控制权明确了在既定规则下各主体的决策范围，而剩余控制权则填补了契约未涵盖部分的决策空白，两者共同构成了企业完整的决策体系。例如，在企业与供应商签订的采购合同中，明确规定了采购价格、交货时间等属于契约控制权范畴，而如果供应商所在地区发生不可抗力事件影响供货，后续如何协调解决等未约定事宜的决策就依赖于剩余控制权。

剩余控制权和剩余索取权是企业治理和经营决策机制中的一个关键概念，对于企业在复杂多变的环境中灵活运作、合理分配决策权力以及保障各利益相关者权益等方面都有着重要意义。

超产权理论强调市场竞争机制对公司治理的重要性，企业应积极参与市场竞争，通过引入外部竞争压力，促使经营者提高经营效率和管理水平，以提升企业的竞争力和价值。例如，在国有企业改革等实践中，可通过打破垄断、引入竞争机制等方式，改善国有企业的治理结构和经营绩效。

6.6.10 董事会治理理论

该理论强调董事会在公司治理中的核心作用和责任，董事会应代表股东监督经营者，制定战略决策并确保其合理实施，以保障公司的利益和股东的权益。董事会的有效运作对于提高公司治理水平、保护投资者利益至关重要。

该理论认为董事会在公司治理中至少应该发挥四个方面的作用：监督职能、决策职能、协调职能，以及风险控制职能。

（1）监督职能。董事会负责对管理层进行监督，以确保管理层的行为符合股东的利益。由于所有权与经营权分离，管理层可能会追求自身利益最大化而损害股东利益，董事会通过监督可以减少这种代理问题的发生。董事会可以制定和执行监督机制，例如，定期审查公司的财务报表、经营业绩、重大投资决策等，及时发现和纠正管理层的不当行为。

（2）决策职能。董事会在公司的战略决策、重大投资决策、高级管理人员任免等方面拥有重要的决策权。董事会需要根据公司的长期发展目标和市场环境，制定合理的战略规划，并确保公司的资源得到有效配置。董事会还负责聘任或者解聘高级管理人员，决定他们的报酬和激励机制，从而激励管理层为实现公司目标而努力工作。

（3）协调职能。董事会在公司内部和外部的利益相关者之间发挥着协调作用。在公司内部，董事会需要协调管理层与员工之间的关系，确保公司的运营顺畅。在公司外部，董事会需要与股东、债权人、供应商、客户等利益相关者进行沟通和协调，维护公司的良好形象和声誉，为公司的发展创造有利的外部环境。

（4）风险控制职能。董事会需要对公司面临的各种风险进行评估和控制，确保公司的稳健运营。董事会可以制定风险管理政策和程序，监督管理层对风险的管理和控制情况，及时发现和处理潜在的风险隐患。在面临重大风险时，董事会需要做出决策，采取有效的措施降低风险对公司的影响。

该理论可用于指导企业建立科学合理的董事会结构，主要有三个方面的指导意义：首先是董事会规模、董事的独立性、专业背景等方面的优化；其次是明确董事会的职责和权限，如战略决策、高管任免、监督考核等，以提高董事会的决策效率和监督效果；最后是加强董事会的运作机制建设，如董事会会议制度、决策程序、信息披露等，保障董事会的有效运作等。

6.7　常见的基本理论：企业财务会计

财务会计研究一些常见的基本理论包括：会计信息质量特征理论①，会计确认理论②，会计报告理论③，以及会计环境理论④等。

6.7.1　会计信息质量特征理论

会计信息质量特征是对会计信息应具备的质量标准所作的具体规定和要求，用于衡量会计信息的有用性，以更好地满足会计信息使用者的需求，包括主要质量特征和次要质量特征两大部分。这些特征相互联系、相互制约，共同保障会计信息的高质量。

（1）主要质量特征有四个方面：相关性、可靠性、可理解性，以及可比性。

相关性要求会计信息要与使用者的决策相关，能够帮助使用者预测未来事项、证实或修正过去的预期，从而影响其决策。例如，企业提供关于新产品市场前景预测以及新技术研发投入等信息，对投资者决定是否追加投资具有很强的相关性。

可靠性要求会计信息如实反映企业的经济活动，确保信息真实、准确且可验证。例如，财务报表中的数据必须基于真实发生的交易和准确的记录来编制，并且能通过原始凭证等进行核实，不能随意虚构或篡改。

---

① 经典文献：A Statement of Basic Accounting Theory. American Accounting Association（AAA），1966.

Statement of Financial Accounting Concepts No. 2（SFAC No. 2）：：Qualities of Accounting Information. Financial Accounting Standards Board（FASB），1980.

Framework for the Preparation and Presentation of Financial Statements. International Accounting Standards Committee（IASC，现为国际会计准则理事会 IASB），1989.《企业会计准则——基本准则》中华人民共和国财政部，2006.

② 经典文献：Statement of Financial Accounting Concepts No. 5（SFAC No. 5）. Financial Accounting Standards Board（FASB），1980.

Framework for the Preparation and Presentation of Financial Statements. International Accounting Standards Committee（IASC），1989.

③ 经典文献：Statement of Financial Accounting Concepts No. 1（SFAC No. 1）：Objectives of Financial Reporting by Business Enterprises. FASB，1978.

International Accounting Standard 1-Presentation of Financial Statements. IASB，1989.

Watts R L, Zimmerman J L. Positive accounting theory：aten-year perspective［J］. Accounting Review，1990：131-156.

Zeff S A. The rise of "economic consequences"［J］. Insights from Accounting History，2010：45-59. .

④ 经典文献：Gao S S. Environmental accounting：Neo-classical framework or alternative?［J］. Environmentalist，1995，15（2）：108-114.

Wilmshurst T D, Frost G R. Corporate environmental reporting：a test of legitimacy theory［J］. Accounting, Auditing & Accountability Journal，2000，13（1）：10-26.

Jones M J. Accounting for the environment：towards a theoretical perspective for environmental accounting and reporting［J］. Accounting Forum，2010，34（2）：123-138.

Hopwood A G. Accounting and the environment［J］. Accounting, Organizations and Society，2009，34（3-4）：433-439.

可理解性意味着会计信息要以清晰、简明的方式呈现，便于使用者理解和运用，避免使用过于复杂、晦涩的专业术语和表述方式，使投资者、债权人等非专业人士也能读懂财务报告的核心内容。

可比性包含横向可比和纵向可比两个维度。横向可比是指不同企业对于相同或相似的经济业务应采用基本一致的会计政策，方便投资者等进行企业间的比较分析；纵向可比则要求企业自身在不同时期对同类经济业务保持相同的会计处理方法，便于使用者了解企业财务状况和经营成果的变化趋势。

（2）次要质量特征也有四个方面：实质重于形式、重要性原则、谨慎性原则，以及及时性原则。

实质重于形式强调会计核算要依据交易或事项的经济实质，而非仅仅局限于其法律形式。例如，企业采用融资租赁方式租入的固定资产，虽然从法律形式上看企业在租赁期内没有所有权，但从经济实质角度，企业能够控制该项资产并从中受益，所以应按照自有固定资产进行会计核算。

重要性原则认为，企业需要根据交易或事项对财务报表使用者决策的影响程度来判断其重要性，对于重要的事项，需要详细、准确地披露和处理，对于不重要的则可简化处理。例如，一家大型企业对于小额办公用品采购可以一次性计入当期费用，因为这类小额支出相对企业整体财务状况而言不太重要，不会对使用者决策产生重大影响。

谨慎性原则要求企业在面临不确定因素时，对资产和收益不高估，对负债和费用不低估。例如，企业在对应收账款计提坏账准备时，如果存在客户信用风险等不确定因素，就应合理估计可能无法收回的金额并计提相应准备，以便能够稳健地反映企业财务状况。

及时性原则要求会计信息要及时提供给使用者，企业对于已发生的经济业务应尽快进行确认、计量和报告，不能提前或延后，以便使用者能依据最新信息及时做出决策。例如，上市公司需按规定的时间准时披露重大事项、季度报告、年度报告等。

6.7.2 会计确认理论

会计确认是将符合会计要素定义及确认条件的项目纳入财务报表的过程，它决定了哪些经济业务应当记录在会计账簿中并最终反映在财务报表上，明确了会计核算的具体范围和内容。

会计确认的关键是确认标准，包括可定义性、可计量性、相关性和可靠性。可定义性要求判断一项经济业务是否符合资产、负债、所有者权益、收入、费用、利润等会计要素的定义。例如，企业购买的用于生产的原材料，因其符合资产要素中"由企业拥有或控制、预期会给企业带来经济利益的资源"这一定义，所以可以确认为资产进行会计核算。

可计量性要求一项经济业务必须能够用货币进行可靠的计量，只有能够确定其金额，才能在财务报表中准确反映。例如，企业签订了一份销售合同，由于未来销售价格、销售数量等都能明确且可以用货币计量，当满足其他确认条件时，相关的收入就可以确认。

相关性要求确认的项目要与使用者的决策相关，能够向使用者提供有助于他们做出经济决策的信息。例如，企业确认研发支出的资本化部分，对于投资者了解企业未来的创新能力和潜在收益情况具有重要意义，满足相关性要求。

可靠性要求确认的信息真实可靠，有足够的证据支持。例如，企业确认一笔应收账款，需要有销售合同、发货单等可靠的凭证作为依据，以保证该笔应收账款信息的真实性。

6.7.3 会计报告理论

会计报告理论主要研究如何将企业经过会计核算和处理后的财务信息，以规范、系统的方式向使用者进行披露和传递，以便使用者全面了解企业的财务状况、经营成果和现金流量等情况，做出合理的决策。

会计报告的内容包括财务报表和附注两大部分。财务报表是会计报告的核心内容，包括资产负债表、利润表、现金流量表、所有者权益变动表等。资产负债表反映企业在特定日期的财务状况，展示资产、负债和所有者权益的构成及相互关系；利润表呈现企业在一定会计期间的经营成果，列示收入、费用和利润的具体情况；现金流量表说明企业在该期间内现金及现金等价物的流入和流出情况，有助于使用者分析企业的资金周转和偿债能力；所有者权益变动表则详细揭示所有者权益各项目在期间内的增减变动情况。

附注是对财务报表的补充说明，提供关于会计政策、会计估计、重大事项等详细信息，帮助使用者更好地理解财务报表内容。例如，企业在附注中披露固定资产的折旧方法、存货的计价方式等会计政策，以及关联交易、或有事项等重大信息。

会计报告的目标是向不同的使用者，如投资者、债权人、政府监管部门、企业管理层等提供满足其需求的有用信息，助力他们做出诸如投资决策、信贷决策、监管决策以及经营管理决策等不同类型的决策。

6.7.4 会计环境理论

会计环境理论认为会计活动是在特定的社会、经济、政治、文化、法律等环境下开展的，这些环境因素会对会计理论和实践产生深远的影响，不同的环境会塑造出不同特点的会计模式和会计处理方法。

会计环境的影响因素主要包括：经济环境、政治法律环境、文化环境，以及社会环境等。

经济环境方面，一个国家的经济发展水平、经济体制、资本市场发达程度等经济因素对会计有着直接影响。在市场经济发达的国家，对会计信息的及时性、相关性要求更高，会更多地采用公允价值计量等先进计量属性；而在计划经济体制下，会计核算可能更侧重于满足国家计划管理的需求。

政治法律环境方面，国家的政治体制、法律法规等决定了会计的规范程度和监管力度。例如，政府通过制定会计准则、会计法等法律法规来规范企业的会计行为，保障会计信息的质量，企业必须严格遵守相关法律规定进行会计核算和报告。

文化环境方面，不同的文化背景会影响人们对会计的认知、会计人员的职业判断以及会计信息的使用习惯等。在集体主义文化浓厚的地区，会计处理可能更强调集体利益的维护和统一规范；而在个人主义文化盛行的地方，可能更注重个体的需求和灵活的会计判断。

社会环境包括教育水平、科技发展等社会因素。教育水平高的地区，会计人员素质相对较高，能更好地理解和运用复杂的会计技术；科技的发展促使会计从传统的手工记账向电算化、信息化方向转变，提高了会计工作的效率和质量。

6.8　常见的基本理论：内部控制审计

内部控制审计
研究领域的
若干理论基础

企业内部控制审计是基于内部控制理论和审计理论的交叉领域，旨在通过评估企业内部控制体系的设计和执行情况，提高企业经营管理的效率和效果，保障财务报告的可靠性。

企业内部控制审计的理论基础主要包括受托责任理论、信息不对称理论、风险管理理论、系统管理理论等，其理论框架主要基于COSO（committee of sponsoring organizations of the treadway commission）内部控制框架，其核心要素主要包括控制环境、风险评估、控制活动、信息与沟通以及内部监督等。

6.9　常见的基本理论：企业年报审计

企业年报审计
研究领域的
若干理论基础

企业年报审计是注册会计师对企业年度财务报表进行的独立审计活动，旨在通过审计程序获取充分、适当的审计证据，对财务报表发表审计意见，确保其真实性和公允性。

企业年报审计的理论基础主要包括受托责任理论、信息不对称理论、风险导向审计理论、审计证据理论、审计重要性理论等，其理论框架主要包括审计目标、审计假设、审计要素、审计程序等方面。企业年报审计的内容主要包括财务报表的合规性、财务数据的准确性、重要事项的审计、内部控制的有效性、审计意见和建议等。

6.10　常见的基本理论：盈余管理

盈余管理是企业管理当局在遵循会计准则的基础上，通过对企业对外报告的会计收益信息进行控制或调整，以达到主体自身利益最大化的行为。

盈余管理相关的基本理论主要包括委托代理理论、信息不对称理论、契约理论等。企业进行盈余管理的主要动机包括薪酬动机、债务契约动机、资本市场动机、政治成本动机等。管理层进行盈余管理的基本手段主要包括会计政策选择和变更、会计估计变更、利用应计项目以及进行真实活动操控等。盈余管理的经济后果主要包括对投资者的影响、对资本市场的影响、对企业自身的影响等方面。

盈余管理研究
领域的若干
理论基础

6.11 常见的基本理论：琼斯模型及其衍生形式

琼斯模型（Jones model）及其衍生模型是用于检测应计类盈余管理的经典方法，通过回归分析分离出非操控性应计利润（NDA）和操控性应计利润（DA），从而衡量企业的盈余管理水平。常见的琼斯模型主要有：基本琼斯模型、修正琼斯模型、扩展琼斯模型、前瞻性修正琼斯模型、现金流量琼斯模型、收益匹配琼斯模型、横截面琼斯模型、非线性琼斯模型等。

6.11.1 基本琼斯模型

基本琼斯模型（Basic Jones Model）由 Jones（1991）提出，模型公式为：

$$\frac{TA_{i,t}}{A_{i,t-1}} = \beta_0 + \beta_1 \frac{\Delta REV_{i,t}}{A_{i,t-1}} + \beta_2 \frac{PPE_{i,t}}{A_{i,t-1}} + \varepsilon_{i,t}$$

其中：$TA_{i,t}$ 是第 i 家公司在第 t 年的总应计利润，$A_{i,t-1}$ 是第（$t-1$）年的总资产，$\Delta REV_{i,t}$ 是第 t 年的营业收入变动额，$PPE_{i,t}$ 是第 t 年的固定资产净额。

模型特点：假设非操控性应计利润与营业收入变动和固定资产规模呈线性关系；适用于跨时间序列分析，但未考虑信用销售（应收账款）的影响，可能导致对非操控性应计利润的高估。

6.11.2 修正琼斯模型

修正琼斯模型（Modified Jones Model）由 Dechow 等（1995）提出，模型公式为：

$$\frac{TA_{i,t}}{A_{i,t-1}} = \beta_0 + \beta_1 \frac{(\Delta REV_{i,t} - \Delta REC_{i,t})}{A_{i,t-1}} + \beta_2 \frac{PPE_{i,t}}{A_{i,t-1}} + \varepsilon_{i,t}$$

其中，$\Delta REC_{i,t}$ 是第 t 年的应收账款变动额。

模型特点：在基本琼斯模型的基础上，扣除了应收账款变动额，以更准确地反映经营活动对非操控性应计利润的影响；提高了模型对基于收入操纵的盈余管理的检测能力。

6.11.3 扩展琼斯模型

扩展琼斯模型（extended Jones model）由陆建桥（1999）提出，模型公式如下：

$$\frac{TA_{i,\ t}}{A_{i,\ t-1}} = \beta_0 + \beta_1 \frac{(\Delta REV_{i,\ t} - \Delta REC_{i,\ t})}{A_{i,\ t-1}} + \beta_2 \frac{PPE_{i,\ t}}{A_{i,\ t-1}} + \beta_3 \frac{IA_{i,\ t}}{A_{i,\ t-1}} + \varepsilon_{i,\ t}$$

其中，$IA_{i,\ t}$ 是第 t 年的无形资产和其他长期资产摊销额。

模型特点：在修正琼斯模型的基础上，增加了无形资产和其他长期资产摊销额的影响，更适用于无形资产占比较高的行业，避免低估非操控性应计利润。

6.11.4　前瞻性修正琼斯模型

前瞻性修正琼斯模型（prospective modified Jones model）由 Dechow 等（2003）提出，模型公式如下：

$$\frac{TA_{i,\ t}}{A_{i,\ t-1}} = \beta_0 + \beta_1 \frac{(\Delta REV_{i,\ t} - \Delta REC_{i,\ t})}{A_{i,\ t-1}} + \beta_2 \frac{PPE_{i,\ t}}{A_{i,\ t-1}} + \beta_3 \frac{TA_{i,\ t-1}}{A_{i,\ t-2}} + \beta_4 \frac{FSG_{i,\ t}}{A_{i,\ t-1}} + \varepsilon_{i,\ t}$$

其中，$TA_{i,\ t-1}$ 是第（$t-1$）年的总应计利润，$FSG_{i,\ t}$ 是第 t 年的未来销售增长率。

模型特点：考虑了前期应计利润和未来销售增长率的影响，更适用于检测企业为了避免亏损而进行的盈余管理行为。

6.11.5　现金流量琼斯模型

现金流量琼斯模型（cash flow Jones model）由 Dechow 和 Dichev（2002）提出，模型公式如下：

$$\frac{TA_{i,\ t}}{A_{i,\ t-1}} = \beta_0 + \beta_1 \frac{(\Delta REV_{i,\ t} - \Delta REC_{i,\ t})}{A_{i,\ t-1}} + \beta_2 \frac{PPE_{i,\ t}}{A_{i,\ t-1}} + \beta_3 \frac{CFO_{i,\ t-1}}{A_{i,\ t-2}} + \varepsilon_{i,\ t}$$

其中，$CFO_{i,\ t-1}$ 是第（$t-1$）年的经营活动现金流量。

模型特点：引入了经营活动现金流量的滞后项，考虑了现金流对应计利润的影响，更适合分析现金流量与应计利润之间的关系。

6.11.6　收益匹配琼斯模型

收益匹配琼斯模型（revenue matching Jones model）由 Kothari 等（2005）提出，模型公式如下：

$$\frac{TA_{i,\ t}}{A_{i,\ t-1}} = \beta_0 + \beta_1 \frac{(\Delta REV_{i,\ t} - \Delta REC_{i,\ t})}{A_{i,\ t-1}} + \beta_2 \frac{PPE_{i,\ t}}{A_{i,\ t-1}} + \beta_3 \frac{REV_{i,\ t}}{A_{i,\ t-1}} + \varepsilon_{i,\ t}$$

其中，$REV_{i,\ t}$ 是第 t 年的营业收入。

模型特点：引入了当期营业收入的影响，强调收益匹配原则，更适用于检测与收入相关的盈余管理行为。

6.11.7　非线性琼斯模型

非线性琼斯模型（non-linear Jones model）由 Ball 和 Shivakumar（2006）提出。

模型特点：考虑了应计利润的非线性关系，适用于更复杂的盈余管理检测，通常结合其他非线性方法进行分析。

6.11.8　横截面琼斯模型

横截面琼斯模型（cross-sectional Jones model）由 DeFond 和 Jiambalvo（1994）提出。

模型特点：以横截面数据为基础，按年度进行回归分析，适用于行业或年度特定分析，能够消除行业或年度经济状况变化的影响。

琼斯模型及其衍生模型在盈余管理检测中被广泛应用，不同模型适用于不同的研究场景和数据类型。基本琼斯模型适用于简单的跨时间序列分析；修正琼斯模型和扩展琼斯模型则更适合考虑企业经营活动和无形资产的影响；前瞻性修正琼斯模型和现金流量琼斯模型则更注重未来预期和现金流的影响。选择合适的模型需要根据研究目的和数据特点进行综合判断。

6.12　常见的基本理论：真实盈余管理模型

真实盈余管理（real earnings management，REM）是指企业通过操纵实际经营活动（而非仅通过会计手段）来影响报告利润的行为。与应计盈余管理相比，真实盈余管理更难以检测，因为它涉及实际的经济活动而非单纯的会计处理。检验真实盈余管理的常见方法主要有 Roychowdhury 模型和 Cohen 模型等。

6.12.1　Roychowdhury 模型

Roychowdhury 模型由 Roychowdhury（2006）提出，是真实盈余管理研究中最经典和广泛应用的模型，主要通过操纵经营活动现金流（CFO）、生产成本（PROD）和酌量性费用（DISC）来衡量真实盈余管理的程度。

经营活动现金流模型的模型公式为：

$$\frac{CFO_{i,t}}{A_{i,t-1}} = \beta_0 + \beta_1 \frac{1}{A_{i,t-1}} + \beta_2 \frac{Sales_{i,t}}{A_{i,t-1}} + \beta_3 \frac{\Delta Sales_{i,t}}{A_{i,t-1}} + \varepsilon_{i,t}$$

其中，$CFO_{i,t}$ 是第 t 期的经营活动现金流，$Sales_{i,t}$ 是第 t 期的销售收入，$\Delta Sales_{i,t}$ 是第 t 期销售收入的变动，$A_{i,t-1}$ 是第（$t-1$）期的总资产。基于该模型可计算第 i 家公司在第 t 期的经营活动现金流预期 $\widehat{CFO}_{i,t}$，用于下一步计算。

该模型也称销售操控模型。销售操控是指企业通过降价销售或放宽信用政策来增加当期销售收入，但这种行为可能会减少单位收入带来的现金流，故可以使用上述模型估计。

计算异常现金流（DCFO）：

$$DCFO_{i,t} = \frac{CFO_{i,t}}{A_{i,t-1}} - \frac{\widehat{CFO}_{i,t}}{A_{i,t-1}}$$

模型解读：如果企业通过操纵销售或信用政策来增加当期现金流，DCFO 将为负值，且数值越小，表明真实盈余管理的程度越高。

生产成本模型的模型公式如下：

$$\frac{PROD_{i,t}}{A_{i,t-1}} = \beta_0 + \beta_1 \frac{1}{A_{i,t-1}} + \beta_2 \frac{Sales_{i,t}}{A_{i,t-1}} + \beta_3 \frac{\Delta Sales_{i,t}}{A_{i,t-1}} + \beta_4 \frac{\Delta Sales_{i,t-1}}{A_{i,t-2}} + \varepsilon_{i,t}$$

其中，$PROD_{i,t}$ 是生产成本，等于销售成本（COGS）加上存货变动（ΔINV）。基于该模型可计算第 i 家公司在第 t 期的生产成本预期 $\widehat{PROD}_{i,t}$，用于下一步计算。

计算异常生产成本（DPROD）：

$$DPROD_{i,t} = \frac{PROD_{i,t}}{A_{i,t-1}} - \frac{\widehat{PROD}_{i,t}}{A_{i,t-1}}$$

模型解读：如果企业通过减少生产成本来操纵利润，DPROD 将为正值，且数值越大，表明真实盈余管理的程度越高。

酌量性费用模型的计算公式为：

$$\frac{DISC_{i,t}}{A_{i,t-1}} = \beta_0 + \beta_1 \frac{1}{A_{i,t-1}} + \beta_2 \frac{Sales_{i,t}}{A_{i,t-1}} + \varepsilon_{i,t}$$

其中，$DISC_{i,t}$ 是酌量性费用，如广告费、研发费用、员工培训费等。基于该模型可计算第 i 家公司在第 t 期的生产成本预期 $\widehat{DISC}_{i,t}$，用于下一步计算。

该模型也称费用操控模型。费用操控是指企业通过减少酌量性费用来减少当期费用总额，从而提高利润。

计算异常酌量性费用（DDISC）：

$$DDISC_{i,t} = \frac{DISC_{i,t}}{A_{i,t-1}} - \frac{\widehat{DISC}_{i,t}}{A_{i,t-1}}$$

模型解读：如果企业通过减少酌量性费用来操纵利润，DDISC 将为负值，且数值越小，表明真实盈余管理的程度越高。

6.12.2　Cohen 模型

Cohen 模型由 Cohen 等（2010）在 Roychowdhury 模型的基础上进行了扩展，进一步细化了真实盈余管理的检测方法。其核心思路与 Roychowdhury 模型类似，但在模型设定上更加灵活，例如，引入了更多的控制变量或对不同行业的特点进行调整。

主要改进：行业调整，根据不同行业的特点，调整模型中的关键变量（如销售收入、存货等）；动态调整，考虑企业的真实盈余管理行为可能随时间变化，引入滞后变量或动态面板模型；多重操纵检测，同时检测多种真实盈余管理手段（如销售操控、费用操控、生产操控）的综合影响。

6.12.3　模型的应用与局限性

上述模型主要应用场景有：①学术研究，用于检测企业是否通过真实活动操纵利润，分析其经济动机和后果；②监管实践，帮助监管机构识别可能的盈余管理行为，保护投资者利益；③企业内部治理，帮助企业管理层评估自身或下属公司的盈余管理行为，优化内部控制。

上述模型的局限性主要体现在：①数据要求高，需要高质量的财务数据和详细的经营活动数据，否则可能影响检测结果的准确性；②行业差异，不同行业的经营活动特点差异较大，模型需要根据行业特点进行调整；③动态变化，企业的真实盈余管理行为可能随时间变化，模型需要不断更新和优化。

真实盈余管理模型的核心是通过分析企业经营活动中的现金流、生产成本和酌量性费用等指标，检测企业是否通过操纵实际经营活动来操纵利润。Roychowdhury 模型是该领域最经典的模型，而 Cohen 模型则在此基础上进行了扩展和改进，但使用相对复杂。

6.13　常见的基本理论：高阶理论①

高阶理论（upper echelons theory）关注组织高层管理者的特征对组织战略选择和绩效的影响。该理论认为，组织的战略决策不是一个完全理性的过程，高层管理团队的人口统计学特征（如年龄、性别、教育背景、任期等）、心理认知和价值观等因素会对组织的战略决策产生重要影响。

6.13.1　高层管理团队的人口统计学特征

高层管理团队的人口统计学特征包括年龄、性别、教育背景、任期等。不同年龄的管理者在风险偏好、创新意识等方面可能存在差异。一般来说，年轻的管理者可能更愿意接受新事物，具有更高的风险承受能力，倾向于采用创新型的战略。例如，在科技行业，年轻的高层管理团队可能更积极地推动人工智能、区块链等新兴技术在公司业务中的应用。而年长的管理者可能更注重经验和稳定性，在战略决策上相对保守。

性别差异也可能导致战略决策风格的不同。研究发现，女性管理者在决策过程中可能更加注重合作、沟通和人际关系，而男性管理者可能更强调竞争和结果导向。在制定组织战略时，女性领导的团队可能更倾向于考虑员工的工作生活平衡和团队协作，男性领导的团队可能更关注市场份额和财务绩效等指标。

管理者的教育背景会影响其认知模式和专业视野。具有不同学科背景（如工程学、经济学、管理学等）的管理者在看待问题和制定战略时会有不同的侧重点。例如，拥有工程学背景的管理者可能更注重技术创新和产品质量，在战略决策中会优先考虑技术研发投入和产品升级；而具有经济学背景的管理者可能更关注成本控制、市场竞争和宏观

---

① 经典文献：Hambrick D C, Mason P A. Upper echelons：The organization as a reflection of its top managers [J]. Academy of Management Review, 1984, 9（2）：193-206.

经济环境变化对企业影响。再比如，拥有海外教育背景的企业高管不仅有助于降低企业股价崩盘风险①，还有助于提升企业风险承担水平②。

管理者在组织中的任期长短也很关键。任期较短的管理者可能会带来新的理念和方法，急于在短期内展现自己的价值，推动组织变革和创新战略。而任期较长的管理者对组织的内部运作、文化和外部关系有更深入的了解，他们在制定战略时可能会更注重组织的长期稳定发展，考虑如何维护现有的优势和资源。

6.13.2　高层管理团队的心理认知和价值观因素

高层管理者的认知模式会影响他们对环境的感知和对信息的处理方式。例如，具有乐观认知模式的管理者可能更容易看到市场机会，对战略决策充满信心，倾向于采取扩张性战略；而具有悲观认知模式的管理者可能更关注潜在的风险和威胁，在战略决策上较为谨慎，更注重风险防控和资源的稳健配置。

管理者的价值观决定了他们对不同目标的重视程度。如果管理者高度重视社会责任，那么在战略决策中会优先考虑环境保护、员工福利、社区发展等方面的因素，即使这些决策可能会在短期内影响财务绩效。相反，如果管理者将股东利益最大化作为首要价值观，那么在战略决策时可能会更侧重于利润增长、成本削减等财务指标相关的战略。

6.13.3　高层管理团队的特征对战略选择和组织绩效的影响

在战略选择方面，高阶理论认为，高层管理团队的特征会引导组织选择不同的战略。例如，一个由具有国际化教育背景和工作经验的管理者组成的团队，可能更倾向于选择国际化战略，积极拓展海外市场。他们的知识和经验使他们能够更好地理解国际市场环境，把握跨国经营的机会和风险。

在组织绩效方面，高层管理者的特征通过战略选择最终影响组织绩效。但这种影响是复杂的，可能是直接的，也可能是间接的。例如，一个具有创新意识和冒险精神的高层管理团队选择了高风险的研发战略，若研发成功，可能会为企业带来巨大的竞争优势和财务收益，提升组织绩效；但如果研发失败，也可能会对企业造成严重的财务危机和经营困境。同时，高层管理团队的稳定性、团队成员之间的协作等因素也会间接影响组织绩效。

高阶理论的局限性主要体现在四个方面：管理者特征衡量的局限性、忽视情境因素、因果关系的模糊性，以及团队动态性的处理方式等。

（1）管理者特征衡量的局限性。首先是人口统计学特征的不完整性。高阶理论常使

---

① 王德宏，文雯，宋建波. 董事海外背景能否降低股价崩盘风险?：来自中国 A 股上市公司的经验证据 [J]. 金融评论，2018，10（3）：52-69，123-124.

② 宋建波，文雯，王德宏. 海归高管能促进企业风险承担吗：来自中国 A 股上市公司的经验证据 [J]. 财贸经济，2017，38（12）：111-126.

用人口统计学特征（如年龄、任期、教育背景等）来代表管理者的认知和价值观，但这些特征只是一种简化的衡量方式。例如，仅通过年龄来推断管理者的风险偏好是不准确的，因为不同个体在相同年龄阶段可能有完全不同的风险承受能力，而且这些人口统计学特征并不能完全反映管理者内心复杂的认知结构和思维模式。

其次是心理特征难以量化。管理者的心理认知（如价值观、信念等）是影响决策的重要因素，但这些心理特征很难进行精确的量化和测量。例如，管理者的创新精神、战略眼光等心理特质很难用一个统一的标准来衡量，这使得在研究中难以准确把握这些因素对战略决策的具体影响程度。

（2）忽视情境因素。首先是外部环境的复杂性。高阶理论在一定程度上忽视了外部环境对战略决策的影响。企业所处的市场竞争环境、宏观经济环境、技术发展环境等是复杂多变的。例如，在一个高度竞争且技术迭代迅速的行业中，即使管理者具有创新的特质，企业也可能因为外部强大的竞争对手或者技术专利的限制而无法实施创新战略，而高阶理论在原有的框架中对这种外部环境的制约往往考虑不足。

其次是内部组织因素的多样性。企业内部的组织文化、组织结构、资源状况等因素也会对战略决策产生重要影响。例如，一个有着浓厚官僚文化的企业，即使高层管理者想要推行灵活的战略变革，也可能会受到内部组织惯性和文化抵制的阻碍，而高阶理论对这些内部情境因素与高层管理者决策之间的相互作用往往关注不足。

（3）因果关系的模糊性。首先是反向因果关系的可能性。高阶理论假设管理者特征会影响战略选择，进而影响组织绩效，但实际上可能存在反向因果关系。例如，企业绩效良好可能会使管理者任期延长，而不是管理者任期长导致企业绩效好。这种因果关系的模糊性使得对理论的验证和应用变得复杂。

其次是中间变量的干扰。在管理者特征与组织绩效之间存在许多中间变量，例如，战略实施过程中的资源配置效率、员工对战略的执行程度等。这些中间变量可能会干扰管理者特征与组织绩效之间的直接关系，使得研究难以准确地确定管理者特征对组织绩效的真正影响。

（4）团队动态性的处理方式。首先是忽视团队成员之间的互动。高阶理论在研究高层管理团队时，往往将团队成员看作个体特征的简单集合，而忽视了团队成员之间的互动过程。实际上，团队成员之间的沟通方式、权力斗争、合作默契等因素都会影响战略决策。例如，在一个高层管理团队中，成员之间的意见分歧和权力博弈可能会导致战略决策的延迟或妥协，而这在高阶理论的传统分析中没有得到充分体现。

其次是团队成员的动态变化。高层管理团队的组成不是静态的，成员的加入和离开会改变团队的特征和决策过程。例如，新成员的加入可能会带来新的理念和观点，引发团队内部的冲突和重新整合，而高阶理论对这种团队动态变化及其对战略决策和组织绩效的长期影响缺乏足够的研究。

✎ 本章小结

本章作为各学科理论归纳的第二部分，以投资学、市值管理、行为金融学、公司金融、风险管理、公司治理、企业财务会计、审计、盈余管理，以及高阶理论等为线索，介绍并归纳了这些学科中常见的基本理论、经典文献和主要应用场景，方便在撰写论文的文献综述时引用。本章的内容有助于解决初学者在撰写文献综述部分的薄弱环节。

❓ 思考与练习题

1. 在高质量专业期刊中选择一篇论文，尝试解析其文献综述中引用的投资学理论。

2. 在高质量专业期刊中选择一篇论文，尝试解析其文献综述中引用的市值管理理论。

3. 在高质量专业期刊中选择一篇论文，尝试解析其文献综述中引用的行为金融学理论。

4. 在高质量专业期刊中选择一篇论文，尝试解析其文献综述中引用的公司金融理论。

5. 在高质量专业期刊中选择一篇论文，尝试解析其文献综述中引用的风险管理理论。

6. 在高质量专业期刊中选择一篇论文，尝试解析其文献综述中引用的公司治理理论。

7. 在高质量专业期刊中选择一篇论文，尝试解析其文献综述中引用的财务会计理论。

8. 在高质量专业期刊中选择一篇论文，尝试解析其文献综述中引用的审计理论。

9. 在高质量专业期刊中选择一篇论文，尝试解析其文献综述中引用的盈余管理理论。

10. 在高质量专业期刊中选择一篇论文，尝试解析其文献综述中引用的高阶理论。

7　文献综述Ⅳ：常见的研究问题 1

内容要点

选择研究领域和研究问题是初学者撰写实证论文的主要挑战之一。本章的主题是如何撰写文献综述之研究问题的第一部分——选择研究领域和研究问题，对经管研究中的常见研究领域和研究问题进行回顾，归纳这些研究领域时可能涉及的主要理论，概括这些领域中常见的研究问题，供选择研究领域和研究问题时参考。

这些研究领域主要包括：新质生产力、国内国际双循环、高质量发展、创新力与创新绩效、企业数字化转型、业财融合、数据资产入表等。

7.1　研究领域：创新力与创新绩效

创新力是指企业、组织或个人创造新的想法、产品、服务或流程的能力。它是一种综合性的能力，不仅包括提出新颖的概念，还涉及将这些概念转化为实际成果的能力。例如，苹果公司通过创新力推出了 iPhone，这不仅是一个具有全新设计理念的智能手机，还改变了人们的通信和生活方式。

创新绩效是指创新活动所产生的成果和效益，包括对经济、社会和技术等方面的影响。它反映了创新力的实际效果，是衡量创新是否成功的重要标准。创新力与创新绩效之间的关系主要表现为三种形式：创新力是创新绩效的前提，创新绩效反作用于创新力，它们之间是相互促进的循环关系。

创新研究领域常见的基本理论主要包括熊彼特创新理论[①]、技术创新理论、制度创新理论、创新生态系统理论以及用户创新理论等。

创新研究领域的常见研究问题主要包括创新资源与创新绩效、创新过程与创新绩效、组织因素与创新绩效、外部环境与创新绩效、创新合作与创新绩效以及创新绩效评估等。

7.1.1　创新力

创新力的构成要素常常包括四个方面：一是知识与技术储备，这是创新力的基础。

---

① 经典文献：Schumpeter J A. The Theory of Economic Development [M]. Boston, MA：Harvard University Press，1934.

企业或个人需要掌握一定的专业知识和相关技术，才能在此基础上进行创新。例如，一家制药企业要研发新的药物，研发人员必须具备化学、生物学等多学科知识，并且熟悉药物研发的各种实验技术和流程。二是创造性思维，包括发散思维和聚合思维。发散思维能够帮助产生众多新颖的想法，聚合思维则用于筛选和提炼这些想法。例如，在设计一款新型汽车时，设计师运用发散思维可以想象出各种独特的外形、功能和动力系统，然后通过聚合思维确定最符合市场需求和技术可行性的方案。三是创新环境与文化，一个鼓励创新、包容失败的环境和文化能够激发创新力。例如，谷歌公司以其宽松的创新环境闻名，员工有一定的自由时间可以用于自己感兴趣的创新项目，这种环境有利于创新力的发挥。四是资源获取与整合能力，创新需要人力、物力和财力等多种资源的支持，企业要能够获取这些资源并有效地整合利用。例如，特斯拉在电动汽车创新过程中，需要整合电池供应商的资源、先进的制造设备资源以及优秀的研发人才资源等。

7.1.2　创新绩效

创新绩效是指创新活动所产生的成果和效益，包括对经济、社会和技术等方面的影响。它反映了创新力的实际效果，是衡量创新是否成功的重要标准。例如，一家企业推出了一款创新型的节能产品，如果这款产品在市场上获得了高销量并且降低了能源消耗，那么就说明该企业在这一创新活动中取得了良好的创新绩效。

创新绩效的衡量指标包括经济指标、技术指标和社会指标等维度。其中，经济指标通常包括销售收入增长、利润增长和投资回报率（ROI）等。①销售收入增长：创新产品或服务带来的销售收入的增加是最直接的经济指标。例如，一家科技公司推出新的软件产品后，其销售收入较之前有显著增长，这表明创新在经济上取得了成效。②利润增长：通过创新降低成本或提高产品附加值，从而增加利润。例如，通过生产工艺创新，企业降低了生产成本，在产品售价不变的情况下，利润得到提升。③投资回报率（ROI）：用于衡量创新投入与产出的比例关系。计算公式为：（创新收益−创新成本）÷创新成本×100%。如果ROI较高，说明创新绩效较好。

技术指标通常包括专利数量与质量和技术水平提升等。①专利数量与质量：专利是对技术创新成果的一种保护方式，专利数量可以反映创新的活跃度，专利质量（如专利的引用次数、技术的先进性等）则更能体现创新的价值。例如，一家半导体企业拥有大量高质量的芯片专利，说明其在技术创新方面具有较强的实力。②技术水平提升：与同行业相比，企业的技术水平是否得到提高。例如，一家新能源汽车企业通过创新使电池续航里程大幅提升，超过了竞争对手，这表明其在技术指标上有良好的创新绩效。

社会指标通常包括就业创造和环境改善等。①就业创造：创新活动可能会创造新的就业机会。例如，一家新兴的互联网电商企业的发展会带动物流、客服等多个相关岗位的就业。②环境改善：如果创新产品或服务对环境有积极影响，如环保技术的应用减少了污染排放，这也是创新绩效的一个重要方面。

创新力与创新绩效之间的关系有以下三种：创新力是创新绩效的前提，创新绩效反作用于创新力，它们之间是相互促进的循环关系。①创新力是创新绩效的前提：只有具备一定的创新力，才能开展创新活动，进而有可能取得创新绩效。例如，一家企业如果没有创新的想法和将想法转化为实际产品的能力，就无法在市场上推出新的产品或服务，也就谈不上创新绩效。②创新绩效反作用于创新力：良好的创新绩效可以为进一步的创新提供资源和动力。例如，企业通过创新产品获得了高额利润，就可以将这些利润投入新的研发项目中，吸引更多优秀的人才，从而提升创新力。同时，创新绩效的反馈还可以帮助企业或组织调整创新战略和方向，使其创新力得到更有效的发挥。③相互促进的循环关系：创新力的提升可以带来更好的创新绩效，而创新绩效的提高又会促进创新力的进一步提升，形成良性循环。例如，一家科技企业不断培养员工的创造性思维，加大研发投入，提升创新力，推出了一系列成功的产品，获得了良好的创新绩效，这些绩效又激励企业进一步改善创新环境，加大对知识和技术的储备，使得创新力持续提升。

7.1.3　创新研究领域的基本理论

创新研究领域常见的基本理论主要包括：熊彼特创新理论、技术创新理论、制度创新理论、创新生态系统理论，以及用户创新理论等。

（1）熊彼特创新理论由约瑟夫·熊彼特提出，该理论认为创新是把一种从来没有过的关于生产要素的"新组合"引入生产体系，这种新组合包括以下五种情况：一是采用一种新的产品，也就是消费者还不熟悉的产品，或一种产品的新的特性；二是采用一种新的生产方法，即在有关的制造部门中尚未通过经验检定的方法；三是开辟一个新的市场，也就是有关国家的某一制造部门以前不曾进入的市场；四是掠取或控制原材料或半制成品的一种新的供应来源；五是实现任何一种工业的新的组织，比如，造成一种垄断地位或打破一种垄断地位。

与创新力和创新绩效的联系：熊彼特创新理论强调创新对于经济发展的关键推动作用，从宏观层面阐述了创新可以通过多种形式来改变经济结构、促进经济增长。企业等经济主体的创新力就体现在能否成功实现上述这些新组合，创新力越强的主体，越有可能创造出全新的产品、开拓新市场、找到新的供应源等，进而在市场竞争中占据优势，带动整个经济的动态发展。例如，苹果公司凭借强大的创新力推出了 iPhone 这一具有全新特性的产品，改变了全球手机市场格局，引发了通讯行业的巨大变革，充分体现了企业创新力在产品创新方面的表现。

（2）技术创新理论主要聚焦于技术变革在创新过程中的核心地位，它探讨了技术创新的过程、模式、动力机制以及对经济社会的影响等内容。该理论认为技术创新不仅仅是单纯的技术发明，更重要的是新技术如何成功应用到实际生产和经营中，实现从技术成果到经济效益的转化。一般包括新设想的产生、研究与开发、商业化生产到扩散等多个阶段。

　　与创新力和创新绩效的联系：企业或科研机构的创新力在很大程度上体现在其技术创新能力上。拥有较强创新力的主体往往具备先进的研发设备、高素质的科研人才以及完善的技术转化机制，能够快速地将新的技术设想通过研发转化为实际可应用的产品或服务，并推向市场获取经济效益。例如，华为公司持续投入大量资源进行技术研发，在5G通信技术方面取得重大突破，成功实现了从技术创新到商业化应用的转化，展现出卓越的创新力，使其在全球通信行业占据重要地位。

　　（3）制度创新理论强调制度因素对创新的重要影响。该理论认为制度安排的变革能够为创新提供更有利的环境和条件，促进创新活动的开展。制度创新包括产权制度、企业组织制度、市场交易制度等多方面的变革，通过合理调整和优化这些制度，可以激发经济主体的创新积极性，提高创新效率，降低创新成本。

　　与创新力和创新绩效的联系：一个地区或企业的创新力受到所在地区制度环境的制约和推动。良好的制度创新能够鼓励创新行为，比如，完善的知识产权保护制度可以保障创新者的权益，使其有更大的动力去投入创新资源；灵活的企业组织制度能够促进内部信息流通、人才协作，有利于激发员工的创新思维，从而提升整体的创新力。例如，美国的硅谷之所以能成为全球创新高地，除了拥有顶尖的科技人才和技术资源外，其相对宽松的创业制度、完善的风险投资制度等也为众多创业者提供了良好的创新环境，极大地激发了各类主体的创新力。

　　（4）创新生态系统理论将创新看作是一个由多个主体（如企业、高校、科研机构、政府、金融机构等）以及它们之间复杂的关系、所处的外部环境等共同构成的生态系统。在这个系统中，各个主体相互作用、相互依存，通过知识、技术、资金等要素的流动和共享，共同推动创新的发生和发展。不同主体扮演着不同的角色，比如，高校和科研机构是知识和技术的源头，企业是将创新成果商业化的关键主体，政府起到政策引导和支持的作用，金融机构提供资金保障等。

　　与创新力和创新绩效的联系：衡量一个区域或行业的创新力不能仅仅关注单个主体的创新能力，而要综合考虑整个创新生态系统的运行状况。一个健康、完善的创新生态系统能够汇聚各方资源，产生协同效应，提升整体的创新力。例如，我国深圳的创新力在很大程度上得益于其良好的创新生态系统，当地有众多高校和科研机构提供科研支持，大量企业积极开展创新实践，政府出台优惠政策扶持创新产业，金融机构提供充足的资金助力创新项目，各方协同合作，使得深圳在电子信息、生物医药等多个领域展现出强大的创新力。

　　（5）用户创新理论指出，用户也是创新的重要主体，尤其在一些特定领域，用户出于自身需求，利用自身的知识和技能，对产品或服务进行改进、创造，往往能开发出更符合实际使用需求的创新成果。这种创新可能并非传统意义上由企业或科研机构主导的研发活动，而是由产品或服务的终端使用者发起的，并且他们的创新成果也有可能通过一定的渠道反馈给企业，推动企业进一步创新。

　　与创新力和创新绩效的联系：该理论拓宽了对创新力来源的认知，提示企业等创新主体要重视用户的创新能力和创新需求。企业可以通过搭建平台、收集用户反馈等方式挖掘用户创新潜力，将用户创新融入自身的创新体系中，从而提升整体创新力。例如，乐高公司鼓励用户利用乐高积木进行创意搭建，并将优秀的用户创意作品展示出来，甚至融入后续的产品设计中，借助用户创新丰富了产品种类，增强了公司的创新力。

7.1.4 创新研究领域中的问题

创新研究领域的常见研究问题主要包括：创新资源与创新绩效、创新过程与创新绩效、组织因素与创新绩效、外部环境与创新绩效、创新合作与创新绩效，以及创新绩效评估等。

（1）创新资源与创新绩效：科技经费配置对创新绩效的影响分析如何优化科技经费配置结构以提升创新绩效，包括研究不同产业、不同地区的科技经费投入产出效率，以及经费配置的时滞周期对创新绩效的影响等。人力资源与创新绩效探讨不同类型的人力资源，如高技能人才、创新型人才等对创新绩效的作用机制，以及如何通过人力资源管理实践，如培训、激励等提高员工的创新绩效。

（2）创新过程与创新绩效：知识管理与创新绩效研究知识的获取、整合、共享和应用等过程对创新绩效的影响，例如，企业如何通过建立有效的知识管理体系，促进知识在组织内部的流动和转化，从而提高创新绩效。创新速度与创新绩效分析创新速度对创新绩效的影响，以及如何在保证创新质量的前提下提高创新速度。例如，研究快速创新的企业在市场竞争中的优势，以及影响创新速度的因素。

（3）组织因素与创新绩效：组织文化与创新绩效探讨不同类型的组织文化，如创新文化、学习文化、合作文化等对创新绩效的影响，以及如何塑造有利于创新的组织文化。组织架构与创新绩效研究不同的组织架构，如扁平化组织、网络型组织、事业部制等对创新绩效的影响，以及如何根据企业的创新战略选择合适的组织架构。

（4）外部环境与创新绩效：政策环境与创新绩效分析政府的科技政策、产业政策等对企业创新绩效的影响，以及如何制定有效的政策来促进企业创新。市场环境与创新绩效研究市场竞争程度、市场需求变化等市场环境因素对创新绩效的影响，以及企业如何根据市场环境的变化调整创新战略。

（5）创新合作与创新绩效：产学研合作与创新绩效研究企业与高校、科研机构之间的合作对创新绩效的影响，以及如何建立有效的产学研合作机制，促进科技成果转化和企业创新绩效的提升。企业间合作与创新绩效探讨企业之间的战略联盟、技术合作等对创新绩效的影响，以及如何通过合作实现资源共享、优势互补，提高创新绩效。

（6）创新绩效评估：创新绩效评估指标体系构建科学合理的创新绩效评估指标体系，包括如何选择合适的指标来衡量创新的投入、产出和过程，以及如何确定各项指标的权重。创新绩效评估方法研究不同的创新绩效评估方法，如财务指标法、非财务指标法、平衡计分卡等的优缺点，以及如何根据企业的实际情况选择合适的评估方法。

7.2 研究领域：国内国际双循环

双循环是指以国内大循环为主体、国内国际双循环相互促进的新发展格局。国内大循环是指生产、分配、流通、消费等经济活动的各个环节主要在国内完成，形成一个相对独立、完整的经济循环体系。同时，国内经济循环不是封闭的，而是通过国际循环，即通过进出口贸易、跨境投资等方式与世界经济紧密相连，相互促进。

例如，在国内大循环方面，中国有庞大的消费市场，从生产端来说，国内的制造业企业为消费者提供各种各样的产品，产品通过物流等流通环节到达消费者手中，消费者购买产品后资金又回流到企业，完成一个国内的循环。在国际循环方面，中国企业可以出口产品到国外，获取外汇收入，然后用外汇进口国内需要的先进技术设备、原材料等，促进国内生产，两个循环相互影响。

双循环的理论基础主要包括马克思社会再生产理论、比较优势理论、经济全球化理论、内需主导型经济增长理论以及产业结构演变理论等。

双循环领域的
若干研究问题
及相关理论基础

双循环的内在机制主要体现在供求机制、竞争机制、协同机制等方面。双循环的影响因素主要表现为政策因素、市场因素、技术因素、贸易争端等。双循环的经济后果主要体现在经济增长、产业结构调整以及劳动就业等方面。

7.3 研究领域：高质量发展

高质量发展是经济发展进入新阶段后一种更高层次的发展目标，它强调经济发展的质量和效益，而不仅仅是规模和速度。高质量发展是全面贯彻新发展理念、适应经济发展新常态的必然要求，也是中国经济迈向现代化的重要战略选择。

高质量发展的特征主要表现为创新驱动①、协调发展、绿色发展、开放发展、共享发展等方面。衡量高质量发展的标准包括但不限于经济增长质量、社会福祉、生态环境、创新能力等方面。

高质量发展领域的
若干研究问题及
相关理论基础

高质量发展的主要理论基础涵盖多个方面，例如：新古典经济增长理论、内生增长理论、创新理论、可持续发展理论、产业结构升级理论、区域协调发展理论等。

高质量发展的常见研究问题包括：企业创新投入对其高质量发展

---

① 经典文献：Romer P M. Endogenous technological change [J]. Journal of Political Economy, 1990, 98 (5): 71-102.

的影响、金融结构优化与实体经济高质量发展的关系、财政政策对区域经济高质量协调发展的作用机制、企业数字化转型对高质量发展的影响、企业绿色供应链管理对高质量发展的作用机制、企业人才管理与高质量发展的关系、董事会结构对公司高质量发展的影响、股权结构与公司高质量发展的关系、企业社会责任与公司高质量发展的内在联系、企业创新投资与高质量发展的关系、融资结构对企业高质量发展的影响、投资效率与企业高质量发展的关系等。

7.4 研究领域：数字化转型

企业数字化转型是指企业利用数字技术，如大数据、云计算、人工智能、物联网、区块链等，对企业的业务流程、商业模式、组织架构、企业文化等进行全方位重塑和优化，以提升企业的竞争力、创新能力和运营效率，更好地适应数字时代市场变化和客户需求的过程。

企业数字化转型的目标往往包括多个方面，例如：业务流程数字化、商业模式创新、组织架构调整、企业文化变革，以及客户体验提升等。企业数字化转型面临的挑战主要来自五个层面：战略层面挑战、技术层面挑战、数据层面挑战、组织与人才层面挑战，以及文化层面挑战。

数字化转型领域的
若干研究问题
及相关理论基础

企业数字化转型涉及多方面的理论基础，如交易成本理论、资源基础理论、动态能力理论①、创新扩散理论、组织学习理论，以及委托代理理论等。

7.5 研究领域：业财融合

企业的业财融合是一种将企业的业务活动与财务管理深度结合的理念和实践模式，旨在通过打破业务部门与财务部门之间的信息壁垒，实现二者之间的协同运作，进而提升企业的整体管理水平和经济效益。

业财融合主要包括预算管理、成本控制、决策支持和绩效考核四个主要方面。业财融合对企业管理会计的影响主要包括五个方面：拓宽信息来源与提升信息质量、优化决策支持能力、强化成本控制与绩效管理、推动预算管理升级，以及促进风险管理完善等。实施业财融合的重要意义主要体现在优化资源配置、增强风险防控能力以及提升

业财融合领域的
若干研究问题及
相关理论基础

---

① 经典文献：Teece D J, Pisano G, Shuen A. Dynamic capabilities and strategic management [J]. Strategic Management Journal, 1997, 18 (7)：509-533.

企业整体效益等方面。实施业财融合面临的挑战主要包括数据、人员、流程以及系统等四个层面。

业财融合涉及多方面的理论基础，主要包括：信息经济学理论、价值链理论、委托代理理论、资源配置理论，以及内部控制理论等。

7.6 研究领域：数据资产入表

随着数字经济的蓬勃发展，数据已经成为企业的重要资产。数据资产入表就是在这种背景下产生的，它是对企业数据资源进行会计确认、计量和记录的过程，有助于更准确地反映企业的资产状况。例如，互联网企业拥有海量的用户数据，这些数据在经过合理的评估和处理后，能够作为资产在财务报表中体现，这就像企业的固定资产、无形资产一样，成为衡量企业价值的重要部分。

从会计学角度看，数据资产入表是将符合一定条件的数据资源确认为资产，并登记到企业的资产负债表中。这需要明确数据资产的定义、范围和确认标准。数据资产是企业拥有或者控制的，能给企业带来未来经济利益的数据资源。例如，企业通过多年积累的客户交易数据，可用于精准营销，从而为企业带来收入增长，这种数据就可以被认定为数据资产。

数据资产入表的经济后果主要体现在五个方面：融资与投资、市场竞争与商业合作、运营管理与成本控制、财务报表优化与决策支持、产生经济效益。数据资产入表的挑战主要表现在五个方面：数据资产的确认问题、会计处理方法的选择问题、数据质量与安全问题、入表动机与泡沫化问题，以及信息披露与监管问题等。

数据资产入表领域的若干研究问题及相关理论基础

数据资产入表的理论基础主要涉及产权理论①、会计计量理论、信息经济学理论、资源基础理论、资产定义相关理论、政策法规及指导文件等。

7.7 研究领域：新质生产力

新质生产力是创新起主导作用，摆脱传统经济增长方式、生产力发展路径，具有高科技、高效能、高质量特征，符合新发展理念的先进生产力质态。它是在新一轮科技革命和产业变革背景下产生的，是生产力在质的方面的跃升。例如，人工智能技术驱动的智能客服系统，它不仅改变了传统客服依靠人力接听电话、回复咨询的模式，而且利用自然语言处理等技术实现了更高效、精准的客户服务，这就是新质生产力的体现。这种

---

① 经典文献：Coase R H. The problem of social cost ［J］. Journal of Law and Economics, 1960, 3: 1-44.

生产力不是简单地增加客服人员数量或延长工作时间来提升服务量，而是通过创新的技术手段实现服务质量和效率的质变。

新质生产力研究领域的基本理论主要有常见的四个视角：技术创新理论、产业经济学理论、知识经济理论，以及经济增长理论等。

新质生产力领域常见的研究问题大致可分为五个层面：创新驱动与企业发展、产业融合与升级、人才与组织管理、市场与消费、区域发展与国际合作等。

新质生产力领域的
若干研究问题
及相关理论基础

✏ 本章小结

本章以新质生产力、国内国际双循环、高质量发展、创新力与创新绩效、企业数字化转型、业财融合、数据资产入表研究领域的选题为例，介绍了撰写文献综述部分涉及的主要理论基础、影响因素、路径、机制和经济后果等内容，为初学者构思文献综述提供启发，拓展思路。

❓ 思考与练习题

1. 在高质量专业期刊中选择一篇新质生产力方面的论文，尝试解析其文献综述中的理论基础以及该领域中的主要研究问题。

2. 在高质量专业期刊中选择一篇国内国际双循环方面的论文，尝试解析其文献综述中的理论基础以及该领域中的主要研究问题。

3. 在高质量专业期刊中选择一篇高质量发展方面的论文，尝试解析其文献综述中的理论基础以及该领域中的主要研究问题。

4. 在高质量专业期刊中选择一篇企业创新方面的论文，尝试解析其文献综述中的理论基础以及该领域中的主要研究问题。

5. 在高质量专业期刊中选择一篇企业数字化转型方面的论文，尝试解析其文献综述中的理论基础以及该领域中的主要研究问题。

6. 在高质量专业期刊中选择一篇业财融合方面的论文，尝试解析其文献综述中的理论基础以及该领域中的主要研究问题。

7. 在高质量专业期刊中选择一篇数据资产入表方面的论文，尝试解析其文献综述中的理论基础以及该领域中的主要研究问题。

8 文献综述Ⅴ：常见的研究问题2

> **📚 内容要点**
>
> 本章延续前一章关于选择研究领域和研究问题的话题，涉及的研究领域主要包括：资源编排、ESG、企业漂绿行为、企业风险承担、股价崩盘风险、财务舞弊与审计失败，以及跨国并购等。

8.1 研究领域：股价崩盘风险

股价崩盘风险是指股票价格在短时间内出现急剧、大幅度且通常是持续性的下跌现象。这种下跌往往是超预期的，会导致市场情绪从乐观或正常状态迅速转变为恐慌。

股价崩盘风险研究涉及多个基本理论，例如：信息不对称理论、委托代理理论、行为金融学理论、资产泡沫理论，以及市场微观结构理论等。

股价崩盘风险研究领域的常见研究问题：例如，股价崩盘风险的成因剖析、股价崩盘风险的传染效应研究、股价崩盘风险的市场反应及应对措施，以及股价崩盘风险的预测和应对等。

8.1.1 股价崩盘风险涉及的基本理论

股价崩盘风险研究涉及多个基本理论，例如：信息不对称理论、委托代理理论、行为金融学理论、资产泡沫理论，以及市场微观结构理论等。

（1）信息不对称理论认为，在股票市场中，不同参与者所掌握的信息存在差异，这种信息不对称会对股价产生重大影响，进而可能引发股价崩盘。通常公司内部管理层对公司的实际经营状况、未来发展规划、潜在风险等信息有着更全面且深入的了解，而外部投资者只能通过公开披露的财务报告、公告以及市场传言等渠道获取有限信息。

引发崩盘的机制：当公司内部出现问题，如业绩大幅下滑、重大项目失败等不利情况时，管理层可能出于自身利益考量（比如，维持股价高位以保住职位、获取更多薪酬或避免声誉受损等）选择隐瞒这些负面信息，继续向市场传递乐观信号。随着时间推移，一旦这些被隐瞒的负面信息逐渐泄露或者累积到无法掩盖的程度，投资者会突然意识到公司的真实价值远低于此前预期，便会大量抛售股票，导致股价急剧下跌，引发股价崩盘。例如，某些上市公司财务造假，虚增利润，长期误导投资者，最终东窗事发时股价一落千丈。

（2）委托代理理论主要关注公司所有者（股东）和管理层之间的委托代理关系。股东作为委托人，希望管理层能够以实现公司价值最大化、股东利益最大化为目标来经营管理公司；而管理层作为代理人，有着自身独立的利益诉求，比如追求个人权利、高额薪酬、舒适的工作环境等，其行为并不总是与股东利益完全一致。

对股价的影响机制：这种利益不一致可能促使管理层采取一些不利于公司长期发展但对自身短期有利的行为，例如，为了追求短期业绩好看，过度冒险进行高风险投资项目或者盲目扩张业务，而忽视潜在风险。当这些风险最终爆发，导致公司经营出现困境，反映在股价上就是投资者信心受挫，纷纷抛售股票，造成股价大幅下跌甚至崩盘。以一些盲目跨界并购扩张的企业为例，并购后未能实现预期协同效应，反而拖累自身业绩，股价随之下跌。

（3）行为金融学理论认为，投资者并非完全理性，在投资决策过程中会受到认知偏差、情绪等多种非理性因素影响。常见的认知偏差包括过度自信（投资者高估自己的投资能力和对信息的判断能力）、锚定效应（投资者将股价锚定在某个初始价位，后续判断时过度依赖该价位）、羊群效应（投资者跟随他人的投资行为，缺乏自己独立判断）等。

引发股价波动的机制：当市场上出现一些风吹草动时，受这些非理性因素影响的投资者可能会做出过激的买卖决策。例如，在牛市行情中，由于过度自信和羊群效应，大量投资者盲目跟风买入股票，不断推高股价，使其远远偏离公司实际价值；而一旦市场出现些许负面信号，投资者又会因恐慌情绪迅速转变态度，集体抛售股票，这种非理性的抛售行为很容易导致股价短期内急剧下跌，引发股价崩盘。像 2008 年全球金融危机爆发前，美国房地产市场泡沫催生的股市繁荣中就存在大量投资者非理性投资行为，危机爆发后，股市迅速崩盘。

（4）资产泡沫理论主要涉及泡沫形成过程和泡沫破裂的经济后果。在泡沫形成过程方面，资产泡沫理论指出，在股票市场中，股价可能会因为各种原因脱离公司基本面，形成泡沫。例如，当市场资金充裕、流动性过剩时，大量资金涌入股市，投资者对股票的需求迅速增加，而不考虑股票对应的公司实际盈利能力和内在价值是否支撑如此高的股价。同时，市场上乐观预期的氛围也会进一步推高股价，使股价持续上涨并与基本面严重背离，形成资产泡沫。

在泡沫破裂的经济后果方面，一旦支撑泡沫的因素发生变化，如货币政策收紧、宏观经济形势恶化等，泡沫就会破裂，股价会快速回归到合理水平甚至更低，导致股价出现崩盘式下跌。20 世纪 90 年代末的互联网泡沫就是典型案例，当时众多互联网公司股价被过度高估，在泡沫破裂后股价暴跌，许多公司甚至破产倒闭。

（5）市场微观结构理论主要涉及交易机制影响和订单流影响。交易机制影响理论聚焦于股票市场的微观交易结构，包括交易规则、买卖盘报价方式、做市商制度等对股价形成和波动的影响。不同的交易机制会影响股票的流动性、交易成本以及信息传递效率等。例如，在一个缺乏有效做市商的市场中，股票的买卖价差可能较大，意味着投资者买卖股票的成本较高，这会影响市场参与者的交易积极性，也可能导致股价不能及时反映真实信息，一旦有突发信息冲击，股价容易出现较大幅度波动甚至崩盘。

在订单流影响机制方面，订单流（即买卖订单的流向和规模）对股价也有重要作用。如果短时间内出现大量卖单，而市场承接能力有限，就会直接导致股价快速下跌，有可能引发股价崩盘，尤其是在一些流动性较差的股票市场中，这种情况更为明显。

8.1.2 股价崩盘风险研究领域常见的研究问题

这些问题包括：股价崩盘风险的成因剖析、股价崩盘风险的传染效应研究、股价崩盘风险的市场反应及应对措施，以及股价崩盘风险的预测等。

（1）股价崩盘风险的成因剖析包括内部因素挖掘和外部因素分析。

内部因素挖掘探究公司内部因素如何引发股价崩盘风险。例如，研究公司的经营策略失误，像盲目跨界扩张、过度依赖单一产品或客户等情况对股价的影响。以一些原本专注于传统制造业的企业突然跨界进入不熟悉的金融领域为例，由于缺乏相关经验和专业人才，投资项目失败，导致公司业绩大幅下滑，进而引发股价崩盘风险。同时，还要关注公司治理缺陷的作用，例如，内部监督机制失效、高管权力过大导致的利益输送等行为，损害公司利益的同时也增加了股价崩盘的风险。

外部因素分析探究外部宏观环境和市场因素对股价崩盘风险的推动作用。在宏观经济层面，研究经济衰退、通货膨胀、利率变动等如何影响企业经营和投资者预期，进而导致股价崩盘。例如，在经济下行期，企业面临市场需求萎缩、成本上升等困境，盈利能力下降，股价容易出现大幅下跌。从市场层面来看，分析政策变化（如监管政策收紧、税收调整等）、行业竞争格局改变（新竞争对手涌入、技术变革颠覆现有行业等）以及突发重大事件（如全球性公共卫生事件、自然灾害等）对股价的影响机制和程度，明确不同外部因素在股价崩盘风险中所扮演的角色。

（2）股价崩盘风险的传染效应研究包括跨行业传染和跨市场传染等。

跨行业传染关注股价崩盘风险在不同行业间的传播情况。例如，当房地产行业出现股价崩盘，可能会通过产业链上下游关系影响到建筑、钢铁、家装等相关行业的股价，因为这些行业的经营状况相互关联，房地产行业不景气会减少对其他行业产品或服务的需求，导致其业绩下滑，股价也随之波动。研究这种跨行业传染的路径、影响范围和持续时间等，有助于各行业企业提前做好应对策略，也利于监管机构从行业层面把控风险。

跨市场传染考察股价崩盘风险在不同股票市场之间的传染现象和机制。例如，研究美国股市发生崩盘时对新兴市场国家股市的影响。当美国股市大幅下跌，会引发全球投资者恐慌情绪，促使他们调整投资组合，从新兴市场撤资，进而导致新兴市场国家股市也出现股价下跌甚至崩盘的情况。分析这种跨市场传染的渠道，是通过贸易联系、资金流动、投资者情绪传导还是其他方式，以及不同市场之间传染的速度、强度等特征，以便更好地防范系统性金融风险。

（3）股价崩盘风险的市场反应分析股价崩盘发生后投资者的行为变化，包括恐慌抛售、止损操作、对风险偏好的调整等情况。了解投资者在面对股价崩盘风险时的心理状态和决策模式，例如，投资者是否会因过度恐慌而不计成本地抛售股票，还是会基于对公司长期价值的判断选择坚守。同时，研究不同类型投资者（如个人投资者、机构投资者）在股价崩盘中行为的差异及其对市场恢复的影响。

股价崩盘风险的企业应对策略探讨企业在股价崩盘后可以采取的措施，如信息披露策略（如何及时、准确、透明地向市场披露相关信息以稳定投资者信心）、业务调整策略（是否要收缩业务、优化产品结构等）以及资本运作策略（是否考虑回购股票、引入战略投资者等），分析这些策略的有效性和适用条件，帮助企业更好地度过股价崩盘后的危机时期。

股价崩盘相关的监管政策优化研究监管机构针对股价崩盘风险应制定和完善的政策措施，包括加强对上市公司信息披露的监管力度、完善市场交易制度（如涨跌停板制度的调整、熔断机制的设置等）、强化对市场操纵和内幕交易的打击等，以提升市场的稳定性和透明度，防范股价崩盘风险的发生以及减轻其带来的负面影响。

（4）股价崩盘风险的预测包括特征指标筛选和预测模型构建等。

在特征指标筛选方面，研究者致力于寻找能够有效预测股价崩盘的各类特征指标。这既包括传统的财务指标，如资产负债率、流动比率、盈利增长情况等，也涵盖非财务指标，像公司治理结构相关指标（独立董事比例、高管持股比例等）、市场交易指标（换手率、波动率等）。例如，高资产负债率可能暗示公司面临较大偿债压力，未来陷入财务困境进而引发股价崩盘的风险较高；而过高的换手率有时可能意味着市场投机氛围浓厚，是股价不稳定的信号。通过大量数据分析和实证研究来筛选出对股价崩盘有显著预测能力的指标组合，从而构建预测模型。

在预测模型构建方面，基于筛选出的指标，利用机器学习、计量经济学等多种方法构建股价崩盘预测模型。例如，运用逻辑回归、支持向量机、人工神经网络等算法，将历史股价数据以及相关指标数据作为输入，尝试准确预测股价是否会在未来某个时间段内发生崩盘，并且不断优化模型的准确性、稳定性和可解释性，以更好地服务于投资者的决策以及监管机构的风险监测。

8.2 研究领域：跨国并购

跨国并购是指一国企业（并购企业）为了达到某种目标，通过一定的渠道和支付手段，将另一国企业（目标企业）的全部或部分股权或资产收购下来，从而对目标企业的经营管理实施实际的或完全的控制行为。例如，中国的海尔集团收购美国通用电气的家电业务，这就是典型的跨国并购案例。跨国并购是企业实现国际化扩张、获取资源和技术、拓展市场等多种战略目标的重要手段。

跨国并购的常见类型主要有横向跨国并购、纵向跨国并购以及混合跨国并购。跨国并购的动机主要包括市场寻求型动机、资源寻求型动机、技术寻求型动机以及战略资产寻求型动机等。跨国并购的关键环节主要包括战略规划阶段、目标企业筛选阶段、尽职调查阶段、估值与交易谈判阶段以及并购整合阶段等。

跨国并购的优势主要包括市场拓展优势、资源获取优势、协同效应优势以及战略资产优势等。其劣势主要包括文化差异挑战、法律和监管风险、财务风险以及整合风险等方面。

跨国并购研究领域涉及的基本理论主要包括：规模经济理论、协同效应理论、交易成本理论、垄断优势理论、内部化理论、国际生产折衷理论等。

跨国并购研究领域的常见研究问题主要包括：并购绩效与价值创造、并购战略与决策、整合与协同效应、风险与风险管理、数字技术与跨国并购，以及对国家经济和产业的影响等方面。

8.2.1 跨国并购的类型

跨国并购包括横向跨国并购、纵向跨国并购，以及混合跨国并购。

横向跨国并购是指并购企业与目标企业处于相同行业，生产或销售相同或相似产品的并购行为。例如，联想收购国际商业机器公司（IBM）的个人电脑业务。联想和 IBM 的个人电脑业务在产品类型、市场定位等方面有很高的重合度。通过收购，联想迅速扩大了全球市场份额，提升了在个人电脑领域的技术实力和品牌影响力。

纵向跨国并购是指并购企业与目标企业在生产经营过程中处于上下游产业关系的并购。例如，中国石油化工集团公司收购国外的石油勘探公司。中石化作为一家大型的石油化工企业，石油勘探是其产业链的上游环节。通过收购国外石油勘探公司，中石化可以更好地控制原材料供应，降低生产成本，保障自身产业链的稳定性。

混合跨国并购是指并购企业与目标企业所处行业不同，没有直接的上下游关系或竞争关系的并购。例如，印度塔塔集团收购英国的捷豹路虎汽车公司。塔塔集团业务范围广泛，涉及钢铁、化工、信息技术等多个领域，其收购捷豹路虎这一汽车品牌，实现了跨行业的扩张，进入了高端汽车市场领域。

8.2.2 跨国并购的动机

跨国并购动机主要包括市场寻求型动机、资源寻求型动机、技术寻求型动机以及战略资产寻求型动机等。

市场寻求型动机是指，企业通过跨国并购可以快速进入国外新市场，避开贸易壁垒。例如，许多中国家电企业收购欧洲当地的家电品牌，以此来规避欧盟的反倾销等贸易措施，同时直接利用被收购品牌在当地的销售渠道和客户资源，迅速打开欧洲市场。

资源寻求型动机包括获取自然资源和人力资源。如一些资源匮乏的国家的企业会跨国收购拥有丰富矿产资源国家的企业。在人力资源方面，企业可能会收购国外拥有高端技术人才或优秀管理团队的公司，以提升自身的技术研发能力和管理水平。

技术寻求型动机的目的是获取先进的技术和知识产权。例如，吉利汽车收购沃尔沃汽车，吉利主要看中了沃尔沃先进的汽车安全技术和环保技术，通过收购后的技术整合，吉利提升了自身产品的技术含量和品牌形象。

战略资产寻求型动机是指，企业希望通过跨国并购获取品牌、销售渠道等战略资产。像青岛啤酒收购国外啤酒品牌，除了产品市场的拓展外，还能获得国外品牌的品牌价值及其在当地成熟的销售网络，增强自身在全球啤酒市场的战略布局。

8.2.3 跨国并购的环节

跨国并购的环节主要包括战略规划阶段、目标企业筛选阶段、尽职调查阶段、估值与交易谈判阶段以及并购整合阶段等。

在战略规划阶段，企业首先要明确并购的战略目标，确定并购是为了市场扩张、技术获取还是资源整合等目的。同时，要对自身的财务状况、管理能力等进行评估，确定是否有能力进行跨国并购。例如，一家企业如果自身资金不足，又没有稳定的融资渠道，就需要谨慎考虑跨国并购的可行性。

在目标企业筛选阶段，根据战略目标寻找合适的目标企业，需要考虑目标企业的规模、市场地位、财务状况、企业文化等诸多因素。比如，如果企业是为了获取高端技术，那么目标企业应该是在相关技术领域有较强研发实力和专利储备的公司。

尽职调查阶段是跨国并购的关键环节，包括对目标企业的财务状况、法律事务、知识产权、企业文化等方面进行全面调查。例如，调查目标企业是否存在未披露的债务、法律纠纷、知识产权侵权等问题。如果在尽职调查中发现目标企业存在重大风险，可能会导致并购计划的中止。

在估值与交易谈判阶段，双方就并购价格、支付方式、交易结构等进行谈判。并购企业需要对目标企业进行合理估值，估值方法包括资产基础法、收益法、市场法等。例如，采用收益法估值时，要考虑目标企业未来的现金流预测、折现率等因素。

在并购整合阶段，这是决定跨国并购成败的关键阶段，包括文化整合、组织架构整合、人员整合、业务整合等多个方面。例如，在文化整合方面，如果并购企业和目标企业的企业文化差异很大，可能会导致员工流失、工作效率低下等问题，影响并购后的企业运营。

8.2.4 跨国并购的优势

跨国并购的优势主要包括市场拓展优势、资源获取优势、协同效应优势，以及战略资产优势等。

（1）市场拓展优势主要体现在快速进入新市场和突破贸易壁垒等方面。

快速进入新市场：通过跨国并购，企业能够迅速获得目标企业在当地的市场份额和销售渠道。例如，当一家中国企业收购欧洲某国的当地知名品牌后，就能立即利用该品牌现有的客户资源、经销商网络以及品牌知名度，绕过新市场开拓初期的艰难阶段，在短时间内将产品或服务推向目标市场的消费者，有效缩短市场培育周期。

突破贸易壁垒：在国际贸易中，各国设置的关税壁垒、非关税壁垒（如进口配额、技术标准等）会对企业出口造成阻碍。跨国并购可以使企业以当地企业的身份在目标市场进行生产和销售，从而规避这些贸易障碍。比如，许多汽车企业通过在目标市场国家并购当地工厂，避免了高额的进口关税，降低了产品成本，增强了产品在当地市场的竞争力。

（2）资源获取优势主要体现在自然资源获取、人力资源和技术资源整合等方面。

自然资源获取：对于资源匮乏的国家的企业而言，跨国并购是获取国外丰富自然资源的有效途径。例如，一些石油公司通过并购拥有海外油田的企业，确保了自身稳定的能源供应，同时也能对全球资源进行战略布局，增强在资源市场的话语权。

人力资源和技术资源整合：并购企业可以获得目标企业的高端技术人才和先进技术。例如，科技企业之间的并购能够使收购方直接吸收被收购方的研发团队和专利技术。以软件行业为例，通过并购，收购企业可以获取新的软件算法、开发工具等知识产权，提升自身的技术创新能力，加速产品的升级换代。

（3）协同效应优势主要体现在规模经济协同和财务协同等方面。

规模经济协同：跨国并购后，企业规模扩大，能够实现采购、生产、销售等环节的规模经济。在采购方面，由于采购量大幅增加，企业可以从供应商处获得更优惠的价格和更好的服务条款。例如，大型连锁超市通过跨国并购整合供应链，能够降低采购成本，提高利润空间。在生产环节，通过优化生产流程、共享生产设施等方式提高生产效率。

财务协同：跨国并购可能带来财务上的优化。一方面，并购企业可能因为合并后资产规模的扩大而增强融资能力，获得更有利的贷款条件和更低的融资成本。另一方面，不同国家的税收政策差异为企业提供了税务筹划的空间，通过合理安排跨国业务，企业可以降低整体税负。

（4）战略资产优势主要体现在品牌提升、产品线拓展和多元化等方面。

品牌提升：并购具有良好品牌形象的国外企业，可以提升并购企业的品牌价值和国际形象。例如，一个新兴市场国家的服装品牌收购了国际知名时尚品牌后，借助被收购品牌的高端形象和全球声誉，能够提升自身品牌在国际市场上的定位，吸引更多高要求的消费者，进而拓展产品线和市场覆盖范围。

产品线拓展和多元化：跨国并购使企业能够快速进入新的业务领域，实现产品或服务的多元化。例如，一家传统制造业企业收购了一家国外的高科技服务企业，能够拓宽自身的业务边界，从单一的产品制造向提供综合解决方案转型，分散经营风险，适应不断变化的市场需求。

8.2.5　跨国并购的劣势

跨国并购的劣势主要包括：文化差异挑战、法律和监管风险、财务风险，以及整合风险等方面。

（1）文化差异挑战主要表现为企业文化冲突和民族文化差异等方面。企业文化冲突是指，不同国家的企业往往具有不同的企业文化，包括价值观、管理风格、工作方式等方面。例如，西方企业强调个人主义和创新精神，而东方企业可能更注重团队合作和等级制度。这种文化差异可能导致员工之间的沟通障碍、工作效率降低以及团队凝聚力下降。在跨国并购后，如果不能有效整合企业文化，可能会出现员工离职率上升、内部矛盾激化等问题。除了企业文化，民族文化的差异也会给跨国并购带来困难。民族文化差异是指，不同国家的员工在工作态度、时间观念、决策方式等方面存在差异。比如，在一些拉美国家，工作节奏相对较慢，员工更注重生活与工作的平衡；而在一些亚洲国家，工作强度可能较大，员工对加班的接受程度较高。这些差异可能会影响企业的日常运营和管理决策。此外，宗教因素也是需要考虑的一个方面。

（2）法律和监管风险主要表现为法律体系差异和监管政策变化等方面。法律体系差异是指，各国的法律体系不同，包括公司法、劳动法、知识产权法等方面。在跨国并购过程中，企业需要遵守目标国家的法律法规。例如，在一些国家，员工解雇的法律程序复杂且成本高昂，这可能会给并购后的企业重组和裁员带来巨大的法律风险。同时，对知识产权的保护力度和法律规定的不同也可能影响企业对技术和品牌等无形资产的整合。监管政策变化是指，目标国家的监管政策可能随时发生变化，对跨国并购后的企业经营产生不利影响。例如，政府可能会出台新的反垄断法或外资准入政策，限制企业的市场行为或增加外资企业的运营成本。此外，行业监管机构对产品质量、环保标准等方面的严格要求也可能使并购企业面临整改甚至退出市场的风险。

（3）财务风险主要表现为估值风险、融资风险和汇率波动等方面。在估值风险方面，对目标企业进行准确估值是跨国并购的关键环节，但由于信息不对称、市场波动等因素，可能会出现估值过高的情况。如果并购企业支付了过高的价格，可能会导致后续的财务压力增大。例如，在跨国并购中，目标企业可能存在未被发现的债务、潜在的法律赔偿责任或者高估的资产价值，这些因素都会影响估值的准确性。在融资风险方面，跨国并购通常需要大量的资金，企业可能需要通过债务融资、股权融资等方式筹集资金，如果企业的融资渠道有限或融资成本过高，可能会使并购计划面临资金链断裂的风险。此外，汇率波动也会影响并购成本。例如，在以美元结算的跨国并购中，如果本国货币对美元贬值，会增加并购企业的实际支出成本。

（4）整合风险主要表现为业务整合复杂和人员整合困难等方面。业务整合复杂是指，跨国并购涉及不同国家的业务整合，包括生产流程、供应链、销售渠道等多个方面。由于各国的市场环境、产业政策和基础设施不同，业务整合的难度较大。例如，并购企业可能需要将目标企业的生产基地与自身的全球生产网络进行整合，这需要考虑不同国家的生产标准、物流成本和劳动力素质等因素，协调不当可能会导致生产效率下降和成本上升。人员整合困难是指，除了业务整合，人员整合也是跨国并购的一大挑战。涉及不同国家员工的薪酬福利体系、职业发展规划和工作安排等问题。如果不能合理地整合人员，可能会导致优秀人才的流失，影响企业的核心竞争力。例如，并购后如果不能提供公平合理的薪酬和晋升机会，目标企业的关键员工可能会离职，带走重要的技术和客户资源。

8.2.6 跨国并购研究的基本理论

跨国并购研究领域涉及的基本理论主要包括：规模经济理论、协同效应理论、交易成本理论、垄断优势理论、内部化理论、国际生产折衷理论等。

（1）规模经济理论认为，企业通过扩大生产经营规模，能降低单位产品成本，进而提高经济效益。在跨国并购背景下，企业并购国外目标企业后，有可能整合双方资源，实现规模的扩张。例如，一家中国的汽车制造企业并购了一家欧洲同类型但规模较小的汽车企业。并购后，中方企业可以将自身先进的生产技术和管理经验应用到欧洲企业，同时利用欧洲企业当地成熟的销售渠道和供应链体系，扩大整体的生产和销售规模。原来双方各自单独生产时，由于零部件采购量有限，无法获得较大的价格优惠，并购整合后统一采购零部件，采购量大幅增加，能从供应商处争取到更低的折扣，从而降低了单位生产成本，实现了规模经济。

（2）协同效应理论强调并购后企业整体的价值会大于并购前两个独立企业价值之和，主要包括经营协同、管理协同和财务协同等方面。

在经营协同方面，例如，一家美国的连锁餐饮企业并购了一家法国当地的餐饮企业，并购后可以整合双方的店面资源、优化配送路线等，提高运营效率。原本美国企业在食材采购上有独特的全球采购渠道，能拿到低成本的优质食材，并购后法国企业也能共享这一渠道，降低食材采购成本；同时，法国企业对当地市场需求和口味偏好更为了解，能帮助美国企业调整菜品菜单，更好地满足当地消费者，增加营业收入，实现经营协同。

在管理协同方面，若一家管理高效的日本企业并购了一家管理相对低效的东南亚企业，日本企业可以输出其成熟的管理模式和经验，提升东南亚企业的管理水平，精简冗余部门，优化业务流程，使整个企业的管理效率得到提升，创造更多价值。

在财务协同方面，例如，一家资金充裕的德国企业并购了一家资金紧张但有良好发展前景的意大利企业，德国企业可以利用自身的资金优势为意大利企业提供资金支持，帮助其扩大生产、升级设备等。同时，并购后企业整体的融资能力可能增强，能以更优惠的条件获得贷款，降低资金成本，而且还可以通过合理的税务筹划等手段，减少整体的税务负担，实现财务协同。

（3）交易成本理论认为，企业在进行市场交易时会产生诸如寻找交易对象、谈判、签订合同、监督执行等一系列成本，而通过跨国并购，将原本外部的市场交易内部化，可以降低这些交易成本。例如，一家韩国电子企业，其生产的电子产品需要大量从国外采购某关键零部件，在市场采购过程中，需要不断寻找合适的供应商、谈判价格、监督零部件质量等，交易成本较高。后来该企业并购了一家生产该关键零部件的墨西哥企业，将零部件的采购环节变为企业内部的供应关系，减少了外部交易的诸多环节，从而节省了交易成本，并且可以更好地把控零部件的质量和供应时间等。

（4）内部化理论认为，企业为了避免外部市场的不完全性（如信息不对称、市场不确定性等）对其造成的不利影响，会将原本通过外部市场进行的交易活动转变为企业内部的交易，通过跨国并购实现这种内部化过程，以保障自身利益最大化。例如，一家瑞士制药企业研发出了一种新型特效药，但在对外授权生产、销售的过程中，面临着技术泄露风险、合作方可能不按约定执行等诸多问题。于是该企业并购了一家巴西的制药企业，将特效药的生产、销售环节内部化到自己的企业体系内，在巴西当地进行生产和销售，既能更好地保护自身的技术机密，又能根据当地市场情况灵活调整营销策略，确保企业获得稳定的收益。

（5）垄断优势理论认为，跨国公司之所以能够进行跨国并购并在海外市场取得成功，是因为其拥有特定的垄断优势，如技术优势、资金优势、规模优势、品牌优势等，凭借这些优势，可以在并购后的市场竞争中占据有利地位。例如，可口可乐公司作为全球知名的饮料企业，具有强大的品牌优势，当它并购一些新兴市场国家的小型饮料企业时，利用自身品牌影响力，可以快速打开当地市场，将被并购企业的产品纳入自己的销售渠道，借助自身成熟的营销体系进行推广，使得被并购企业的产品销量大幅提升，同时也巩固了可口可乐公司在当地饮料市场的垄断地位，从而获取更多的利润。

（6）国际生产折衷理论综合考虑了企业进行跨国投资（包括跨国并购）的三个优势条件，即所有权优势、内部化优势和区位优势。只有当企业同时具备这三种优势时，才会进行跨国并购等对外直接投资活动。例如，一家英国的服装企业，其拥有独特的服装设计技术和品牌（所有权优势），并且为了更好地保护和运用这些优势，通过建立自己的销售渠道、控制生产环节等实现内部化经营（内部化优势）。同时，该企业发现中国的劳动力成本低、服装消费市场庞大且有优惠的政策支持（区位优势），于是并购了一家中国的服装加工企业，在中国当地开展生产经营活动，充分利用这三种优势来提升企业的经济效益和国际竞争力。

8.2.7　跨国并购研究领域中的常见问题

跨国并购研究领域的常见研究问题主要包括：并购绩效与价值创造、并购战略与决策、整合与协同效应、风险与风险管理、数字技术与跨国并购，以及对国家经济和产业的影响等方面。

（1）并购绩效与价值创造包括影响因素研究、长期与短期绩效评估以及绩效衡量方法的改进等。其中，影响因素研究旨在探究哪些因素会对跨国并购后的绩效产生显著影响，例如，并购双方的文化差异、战略契合度、目标企业的资产质量、并购交易的支付方式等。文化差异可能导致沟通障碍和管理冲突，从而影响并购后的整合效率和绩效。长期与短期绩效评估分析跨国并购在短期和长期内对企业财务绩效、市场绩效、经营效率等方面的影响，并比较不同行业、不同国家和地区企业的绩效表现。比如，通过对比并购前后企业的股价波动、营业收入增长、资产回报率等指标，评估并购对企业价值创造的实际效果。绩效衡量方法的改进研究如何更准确地衡量跨国并购的绩效，除了传统的财务指标外，还要考虑非财务指标，如创新能力、品牌价值、市场份额等，以及如何构建综合的绩效评价体系。

（2）并购战略与决策包括目标企业选择、进入模式与股权结构、并购时机与节奏等。其中，目标企业选择探讨企业如何在全球范围内选择合适的跨国并购目标，包括目标企业的行业地位、技术实力、市场潜力、地理位置等因素的考量，以及如何评估目标企业的真实价值和潜在风险。进入模式与股权结构比较不同的跨国并购进入模式，如绿地投资、股权收购、资产收购等的优缺点，以及确定最优的股权结构，如全资收购、控股收购、少数股权收购等，分析其对企业控制权、资源整合和风险分担的影响。并购时机与节奏研究企业在什么时机进行跨国并购最为合适，以及并购的节奏和频率对企业发展的影响，例如，在行业周期的不同阶段、宏观经济环境变化时的并购决策。

（3）整合与协同效应包括文化整合、管理整合以及实现协同效应等。其中，文化整合：跨国并购往往涉及不同国家和地区的企业文化差异，如何促进并购双方的文化融合，减少文化冲突，形成共同的价值观和企业文化，是影响并购成功与否的关键因素之一。研究内容包括文化整合的模式、策略、过程以及对员工满意度、团队合作和企业绩效的影响等。管理整合涉及并购后企业的组织架构调整、管理制度融合、人员安排等方面，如何实现高效的管理整合，提升企业的运营效率和协同能力，如在全球范围内优化供应链管理、共享技术和研发资源等。协同效应的实现研究如何在跨国并购中实现经营协同、管理协同和财务协同等效应，以及如何克服各种障碍和挑战，如市场环境差异、法律法规限制等，确保协同效应的充分发挥，实现"1+1>2"的效果。

（4）风险与风险管理包括政治与法律风险、财务风险、整合风险等。其中，政治与法律风险分析跨国并购中面临的政治风险，如东道国的政治稳定性、政策变化、贸易保护主义等，以及法律风险，如不同国家的法律法规差异、并购监管要求等，研究如何进行有效的风险识别、评估和应对策略。财务风险包括汇率波动风险、融资风险、并购定价风险等，探讨如何通过合理的财务安排、风险管理工具的运用等降低财务风险，确保并购交易的顺利进行和企业的财务稳定。整合风险如文化冲突导致的员工流失、管理团队不稳定、业务整合不畅等风险，研究如何在并购前进行充分的风险评估和制定相应的风险防范措施，以及在并购后及时进行风险监控和调整。

（5）数字技术与跨国并购包括数字贸易对跨国并购的影响、数字化转型与并购绩效、数据安全与隐私保护等。其中，数字贸易对跨国并购的影响探究数字贸易的发展如何通过降低交易成本、打破时空限制、提高信息透明度等方式促进或阻碍跨国并购，以及不同数字产品类型和并购类型在其中的作用差异。数字化转型与并购绩效研究企业在数字化转型背景下进行跨国并购的特点和趋势，以及数字化能力的提升对并购绩效、整合效率和创新能力的影响。数据安全与隐私保护探讨随着数字化的深入，数据安全和隐私保护成为跨国并购中的重要问题，如何在并购过程中确保数据的安全和合规使用，避免数据泄露和隐私侵权等风险。

（6）对国家经济和产业的影响包括对东道国经济的影响、对母国经济的影响、产业整合与升级等。其中，对东道国经济的影响分析了跨国并购对东道国的经济增长、就业、产业结构调整、技术进步等方面的影响，以及东道国政府如何制定政策来平衡跨国并购带来的机遇和挑战，实现本国经济的可持续发展。对母国经济的影响研究企业跨国并购对母国的产业空心化、技术回流、国际竞争力提升等问题，以及母国政府应采取何种政策支持和引导企业的跨国并购活动，实现母国经济的利益最大化。产业整合与升级探讨跨国并购在全球产业整合和升级中的作用，如通过并购实现产业的优化重组、提高产业集中度、促进新兴产业的发展等，以及对全球产业链和供应链的影响。

8.3 研究领域：ESG 相关

ESG[①] 是一种关注企业在可持续发展方面表现的理念和评价体系，分为三大维度：环境（environmental）、社会（social）和治理（governance）。

ESG 的理论基础[②]主要包括：可持续发展理论、利益相关者理论、企业社会责任理论、代理理论、信息不对称理论、合法性理论、制度理论和信号传递理论等。

ESG 相关领域的若干研究问题及理论基础

ESG 对企业长期发展的影响主要包括风险管理、市场竞争力、人才管理、融资与投资以及政策与监管等方面。ESG 相关研究面临的问题主要包括：标准不统一问题、数据收集与管理问题、成本问题，以及意识与沟通问题等。

---

① 全球下载量排名前 10 的 ESG 学术研究论文列表：https://www.nossadata.com/blog/the-ten-most-downloaded-academic-esg-papers-of-all-time

② 文献来源：Freeman R E. Strategic Management: A Stakeholder Approach [M]. London: Cambridge Univ. Press, 1984.

Dryzek J S. The Politics of the Earth: Environmental Discourses [M]. London: Oxford Univ. Press, 1997.

Del Gesso C, Lodhi R N. Theories underlying environmental, social and governance (esg) disclosure: a systematic review of accounting studies [J]. Journal of Accounting Literature, 2024 (01).

8.4 研究领域：企业风险承担

企业风险承担是指企业在追求目标（如利润最大化、股东价值提升等）的过程中，愿意接受并主动承担不确定性所带来的潜在损失的倾向和行为。包括企业在投资决策（如对新市场、新技术、新产品的投资）、财务决策（如债务融资水平、资本结构选择）和经营决策（如市场扩张、供应链调整）等方面对风险的态度。

企业风险承担的理论基础主要包括：委托代理理论、前景理论、资源基础理论、资源依赖理论、制度理论、交易成本理论、社会网络理论，以及权衡理论等。

企业风险承担的影响因素主要包括企业内部和企业外部两大因素。其中，企业内部因素主要包括管理层特征和企业资源与能力两个方面，而企业外部因素可分为市场环境和政策与法规环境两个方面。

企业风险承担的经济后果主要包括积极经济后果和消极经济后果两个方面。其中，积极经济后果主要包括：提高资源配置效率，促进创新和长期增长，增加企业价值等。消极经济后果主要包括：业绩波动和短期损失，财务困境和破产风险。

企业风险承担领域的
若干研究问题
及理论基础

8.5 研究领域：资源编排

资源编排是战略管理和组织理论等领域的重要研究内容，旨在探讨企业如何有效整合、配置和利用资源，以创造价值和获取竞争优势。

资源编排研究领域涉及的基本理论主要包括：资源基础观、动态能力理论、交易成本理论，以及组织学习理论等。

资源编排领域的常见研究问题主要包括：与创新的关系、组织绩效提升、战略管理与决策、跨组织合作、数字化转型与技术融合，以及人力资源管理与组织行为等方面。

资源编排领域的
若干研究问题
及理论基础

8.6 研究领域：企业漂绿行为

企业的漂绿行为（greenwashing）是指企业为了塑造自身环保、可持续发展的良好形象，对外进行夸大、虚假或误导性宣传，而实际上其经营活动并没有真正达到所宣称的环保标准或可持续发展水平的做法。

研究企业漂绿行为的理论基础主要包括：信息经济学理论、信号传递理论、委托代理理论、博弈论、声誉理论，以及社会责任理

企业漂绿行为
领域的若干研究
问题及理论基础

论等。

漂绿行为主要体现在虚假宣传环保理念、夸大环保认证或标签以及隐瞒或模糊负面环保信息等方面。

企业出现漂绿行为的原因主要有四个方面：内部管理与认知问题方面、市场竞争压力、经济利益驱动，以及监管与政策不完善等方面。

8.7 研究领域：财务舞弊与审计失败

财务舞弊是指企业或组织的管理层、员工等通过故意歪曲财务报表等手段来欺骗财务报表使用者，以获取不正当利益的一种行为。这种不正当利益可能包括虚增利润来抬高股价、获取更多的奖金，或者隐瞒亏损以逃避监管等诸多目的。审计失败是指注册会计师由于没有遵守审计准则的要求而发表了错误的审计意见。

财务舞弊与审计失败研究领域涉及的基本理论主要包括风险导向审计理论、冰山理论、舞弊三角理论、委托代理理论以及信息不对称理论等。

财务舞弊的危害可分为三个视角：对投资者的危害、对企业自身的危害，以及对市场秩序的危害等。

财务舞弊的手段主要涉及四个大类：收入确认舞弊、成本费用舞弊、资产舞弊，以及负债舞弊等。

审计失败的原因主要有三方面因素：审计人员因素、审计程序问题，以及被审计单位因素等。

审计失败的后果主要涉及三种影响：对投资者的影响、对审计机构和审计人员的影响、对市场秩序的影响等。

财务舞弊与审计失败
领域中的若干研究
问题及理论基础

财务舞弊与审计失败领域的研究问题，主要包括舞弊动因与手段、审计失败的原因、舞弊与审计的关系、公司治理与内部控制、外部环境与监管以及技术应用与创新等。

✏️ **本章小结**

本章接续前一章，以资源编排、ESG、企业漂绿行为、企业风险承担、股价崩盘风险、财务舞弊与审计失败以及跨国并购研究领域的选题为例，介绍了撰写文献综述部分涉及的主要理论基础、影响因素、路径、机制和经济后果等内容，为初学者构思文献综述提供启发和拓展思路。

思考与练习题

1. 在高质量专业期刊中选择一篇资源编排方面的论文，尝试解析其文献综述中的理论基础以及该领域中的主要研究问题。

2. 在高质量专业期刊中选择一篇 ESG 方面的论文，尝试解析其文献综述中的理论基础以及该领域中的主要研究问题。

3. 在高质量专业期刊中选择一篇企业漂绿方面的论文，尝试解析其文献综述中的理论基础以及该领域中的主要研究问题。

4. 在高质量专业期刊中选择一篇企业风险承担方面的论文，尝试解析其文献综述中的理论基础以及该领域中的主要研究问题。

5. 在高质量专业期刊中选择一篇股价崩盘方面的论文，尝试解析其文献综述中的理论基础以及该领域中的主要研究问题。

6. 在高质量专业期刊中选择一篇财务舞弊或审计方面的论文，尝试解析其文献综述中的理论基础以及该领域中的主要研究问题。

7. 在高质量专业期刊中选择一篇并购重组方面的论文，尝试解析其文献综述中的理论基础以及该领域中的主要研究问题。

第3篇
研究设计

　　在实证论文中，研究设计是承上启下的部分，将研究工作从文字论证转换为数据论证。

　　研究设计部分的主要内容是，基于研究假设的需要，准备样本数据，进行模型设定，确定各个代理变量及其测量方式，最后根据研究假设预估模型中关键变量系数的显著性和符号方向。

9 研究设计 I：如何构造实证模型?

📖 **学习要点**

在推出研究假设之后，构造实证模型是研究设计阶段的第一步，本章的主题是实证模型的构造过程。

主要内容包括：为何需要专门撰写研究设计，研究设计的常见内容，定量分析、质性分析与元分析的概念，动态随机一般均衡模型 DSGE，多元回归模型与结构方程模型的区别，多元回归模型的常见类型，多元回归模型的组成部分，如何寻找、引用和修改回归模型，如何阐述复杂变量的来龙去脉，如何寻找和构造控制变量，固定效应和随机效应的概念，常见的固定（随机）效应类型，如何构造哑元变量，如何构造交互项，如何编写变量定义表，如何与研究假设相呼应，以及模型构造中的常见误区等。

9.1 为何需要专门撰写研究设计?

在经历选题、文献综述和推出研究假设之后，实证研究就进入了研究设计阶段。撰写研究设计相当于进行实证研究过程的顶层设计，具有十分重要的意义。这些意义可以归纳为五个主要方面：规划研究路径，确保逻辑连贯；聚焦研究问题，防止研究偏离；指导方法选择，保障研究质量；资源合理配置，提高研究效率；促进研究重复和验证，增强研究可信度。

9.1.1 规划研究路径，确保逻辑连贯

明确研究步骤顺序是指，在经管类实证研究中，研究设计能够清晰地规划出从研究问题的提出到得出结论的完整路径。例如，在研究企业的营销策略对市场份额的影响时，首先是进行文献综述，了解前人在该领域的研究成果和方法；接着提出研究假设，如假设不同的促销策略（价格促销、广告促销等）与市场份额增长之间存在特定的因果关系；然后再确定收集相关数据的方法（如对企业销售数据、广告投入数据的收集和对消费者的问卷调查）和分析数据的方式（如回归分析）。这样的顺序规划确保了研究过程有条不紊，每一个步骤都建立在前一个步骤的合理基础之上，使整个研究逻辑连贯。

避免研究过程混乱，如果没有研究设计，研究过程很容易变得混乱无序。例如，可能会在没有充分回顾文献的情况下就盲目收集数据，导致收集的数据与研究问题关联不大，或者在数据分析阶段才发现缺少关键变量的数据。而研究设计就像一张导航图，提前规划好各个环节，帮助研究者避免这些问题，确保研究能够按照预定的目标和方向顺利进行。

9.1.2 聚焦研究重点，防止研究偏离

精准界定研究方法是指，经管领域的研究问题往往较为宽泛复杂，研究方法多种多样，研究设计有助于精准地界定问题的研究方法。以研究企业的数字化转型为例，研究方法可能涉及多元回归分析、结构方程分析、质性分析或元分析等。例如，多元回归分析涉及各种各样的具体模型和相关变量，需要确定选择哪个模型，因变量如何确定，解释变量如何确定，选择哪些控制变量，是否使用交互项，如何处理固定效应和随机效应等。通过这种精准界定，使研究者能够集中精力深入研究问题的核心部分，避免研究过于宽泛而失去重点。

防止无关因素干扰，即在研究过程中，很容易受到各种无关因素的干扰而偏离研究主题。例如，在研究企业的财务绩效与创新投入的关系时，如果没有研究设计的约束，可能会在收集数据过程中加入过多与主题无关的财务指标（如非创新相关的短期投资收益等）或者企业运营的其他方面（如员工福利政策等）的数据，从而使研究重点模糊。研究设计能够提前设定好研究的边界和重点关注的变量，防止无关因素的干扰，确保研究始终围绕核心问题展开。

9.1.3 指导方法选择，保障研究质量

适配研究问题与方法是指，不同的研究问题需要不同的研究方法来解决。研究设计能够根据研究问题的性质（如探索性、描述性或因果性）和数据类型（如定量数据或定性数据）来选择合适的研究方法。例如，对于探索企业在新兴市场中的竞争策略问题，适合采用案例研究方法，深入分析几个典型企业在新兴市场中的竞争行为模式；而对于验证企业的资本结构与企业价值之间的因果关系，更适合采用定量分析方法，如多元回归分析或结构方程模型。通过研究设计合理选择研究方法，能够更好地回答研究问题，保障研究质量。

确定数据收集和分析策略。研究设计还包括确定数据收集的策略和数据分析的方法。在数据收集方面，它规定了数据的来源（如企业内部数据库、市场调研机构的数据、公开的经济统计数据等）、收集的方式（如问卷调查、访谈、观察等）和样本的选取方法（如随机抽样、分层抽样等）。在数据分析方面，根据研究方法和数据类型，确定合适的统计分析方法（如描述性统计、相关性分析、假设检验等）或定性分析方法（如编码、主题分析等）。这些详细的规定确保了数据收集的准确性和数据分析的有效性，从而提高

研究的质量。

9.1.4 资源合理配置，提高研究效率

预估资源需求是指，撰写研究设计可以帮助研究者提前预估研究所需的各种资源。例如，数据资源的来源渠道，样本的数量，数据的质量，样本预处理的工作量，实证分析过程的工作量，寻找内生性处理中工具变量的难度等。通过这种预估，研究者可以提前做好资源准备，避免在研究过程中因为资源不足而中断或延误研究。

优化资源分配。研究设计不仅能预估资源需求，还能帮助优化资源分配。例如，根据研究问题的重点和难度，合理分配时间和精力。例如，如果研究的重点是数据分析来验证复杂的因果关系，那么可以将更多的时间和人力分配到数据收集的准确性和完整性上，以及数据分析阶段的深入挖掘上。通过合理配置资源，能够提高研究的效率，使研究在有限的资源条件下达到最佳的效果。

9.1.5 促进研究重复和验证，增强研究可信度

详细记录研究过程是指，研究设计详细记录了研究的每一个步骤和细节，包括实证方法的选择、数据的收集处理和具体分析等过程，这使得其他研究者可以按照相同的步骤进行重复研究，验证研究结果的可靠性。例如，在研究企业的激励机制对员工绩效的影响时，如果研究设计足够详细，其他研究者就可以在不同的样本数据中重复该研究，看是否能得到相似的结果。这种可重复性是科学研究的重要特征之一，能够增强研究的可信度。

透明化研究方法和假设。通过撰写研究设计，研究过程中的方法和操作步骤都清晰可见，便于同行进行审查和评价。在学术交流和实践应用中，透明的研究过程是非常重要的。例如，良好的研究设计可以让审稿人更好地理解研究的可靠性和适用性，便于评估是否存在研究方法上的不合理之处，从而给出更加公平合理的审稿意见等。

9.2 研究设计的常见内容有哪些？

经管类实证论文研究设计部分的常见内容主要包括模型构建、变量定义与测量以及数据收集方法等部分。

9.2.1 模型构建部分的内容

在实证论文中，撰写模型构建部分是确保研究科学性和严谨性的关键环节，其主要内容是挑选变量，明确变量之间的关系。具体内容如下：

（1）研究假设与理论基础。其中，明确研究假设是指，陈述研究的主要假设，说明自变量与因变量之间的预期关系，以及控制变量对因变量的预期影响。理论支持是指，

提供理论依据或文献支持，解释为什么这些变量之间存在预期的关系，以及模型构建的理论基础。

（2）模型形式与设定。其中的关键是写出具体的模型方程，包括自变量、因变量、控制变量以及误差项等。

（3）变量选择与定义。其中的关键是列出研究中的自变量，说明它们在模型中的作用和预期影响；明确因变量，指出研究关注的核心结果或现象；列出控制变量，说明它们如何影响因变量，以及为什么需要在模型中控制这些变量。

（4）模型估计方法。主要包括：①估计方法选择，即根据模型类型和数据特点，选择合适的估计方法，如普通最小二乘法（OLS）、最大似然估计（MLE）、广义矩估计（GMM）等；②估计过程说明，即简要说明模型估计的过程和步骤。

9.2.2　变量定义部分的内容

完成模型构建之后，就需要对模型中的各个变量进行定义，说明其具体的测量方法。具体包括变量类型划分、变量的测量与量化方式以及变量的范围与边界确定等内容。

（1）变量类型划分，即变量包括自变量、因变量和控制变量三大部分。

自变量又称解释变量，是在研究中被认为是影响或解释因变量变化的因素。在经管类研究中，自变量的选择通常基于经济理论、管理实践或者前期研究成果。例如，在研究企业绩效的影响因素时，企业的研发投入、市场份额、员工素质等都可能被当作自变量。每个自变量为什么被选择？以企业研发投入为例，要说明从理论上看，研发投入能够增加企业的技术创新能力，进而可能影响企业的产品竞争力和市场份额，最终对企业绩效产生作用。并且还要提及该自变量的数据来源或者测量方式，如研发投入可以通过企业财务报表中的研发费用科目获取具体数据。

因变量又称被解释变量，是研究中要重点关注和解释其变化的核心变量。它代表了研究的主要对象。例如，在上述企业绩效研究中，企业绩效就是因变量，其可以通过多种财务指标（如净资产收益率 ROE、资产回报率 ROA）或者非财务指标（如市场占有率、顾客满意度）等来衡量。因变量为什么是研究的关键？比如，企业绩效是衡量企业经营成功与否的重要标志，对于投资者、管理者等利益相关者具有重要意义。同时，也要明确因变量的衡量标准和数据获取途径。如果用 ROE 衡量企业绩效，要说明 ROE 的计算公式（净利润/净资产）以及数据来源于企业的财务报表。

控制变量是为了排除其他可能干扰自变量和因变量关系的因素。在研究企业绩效与研发投入关系时，企业规模、行业竞争程度等因素可能是控制变量，因为这些因素也可能会对企业绩效产生影响，如果不加以控制，可能会错误地将这些因素的影响归结为研发投入的影响。选择控制变量的理由有哪些？例如，企业规模不同，其资源配置能力、市场影响力等不同，可能会影响企业绩效和研发投入的关系。对于控制变量的数据收集和处理方式也应提及，如企业规模可以用总资产、营业收入等指标衡量，数据同样可以从企业财务报表获取。

（2）阐述变量的测量与量化方式，具体可分为定量变量与定性变量两大部分。

定量变量分为可直接获取数据的变量与需要计算或转换的变量两种情形。其中，对于可直接获取数据的变量，如企业的财务数据（营业收入、成本等），需要说明数据的来源。例如，数据是来源于企业年报、数据库（如万得数据库）还是调查问卷中的财务相关问题。同时，要说明数据的统计口径是否一致。比如，营业收入是按照会计准则中的主营业务收入和其他业务收入之和来统计，还是有其他特殊的统计范围。需要计算或转换的变量是指，有些变量需要通过一定的计算或转换才能得到。例如，在衡量企业的劳动生产率时，可能需要用企业的产出（如工业增加值）除以员工人数来计算。需要详细说明计算的公式和所使用的数据。如果产出数据和员工人数数据来自不同的渠道，还需要说明如何进行数据匹配和整合。

定性变量可分为分类变量与有序变量两种。其中，对于分类定性变量，如企业的所有制性质（国有、民营、外资等），需要说明分类的标准。例如，按照企业的实际股权结构来划分所有制性质，并且对不同的类别可以进行编码，如国有为1、民营为2、外资为3等，以便于后续的数据处理和分析。对于有序定性变量，如顾客满意度（分为非常满意、满意、一般、不满意、非常不满意），需要说明等级划分的依据。比如，是通过顾客对一系列问题的回答综合评定得出的等级。同时要说明赋值方式，如可以将非常满意赋值为5，满意为4，一般为3，不满意为2，非常不满意为1，用于将定性的等级转换为可以进行统计分析的定量数据。

（3）变量的范围与边界确定，包括时间范围界定和样本范围确定两个维度。

时间范围界定涉及数据时间跨度和时间序列变量的频率两个方面。其中，数据时间跨度是指，需要明确变量数据所涉及的时间范围。例如，在研究宏观经济因素对企业投资行为的影响时，数据的时间跨度可能是从2010年到2020年。要解释为什么选择这个时间跨度，可能是因为这段时间内宏观经济政策相对稳定，或者是企业投资行为在这个时期有明显的变化等。时间序列变量的频率是指，如果涉及时间序列变量，如企业的月度销售额、季度利润等，要说明数据的频率，并且要考虑时间序列数据的季节性、周期性等特点，在变量定义中提及是否会对这些特点进行处理，如通过季节性调整等方式等。

样本范围确定主要包括研究对象范围界定和样本筛选标准两个维度。其中，研究对象范围界定是指，需要明确变量所涉及的研究对象范围。例如，在研究行业竞争对企业创新的影响时，要说明是针对某个特定行业（如信息技术行业）内的企业，还是涵盖多个行业。如果是特定行业，要说明选择该行业的原因，如该行业竞争激烈、创新速度快等。样本筛选标准是指，如果对研究对象进行了筛选，要说明筛选的标准。例如，在研究企业财务行为时，只选取了规模以上企业作为样本，要说明规模以上企业的定义（如年营业收入达到一定金额以上）以及为什么选择这样的筛选标准，可能是为了保证数据的质量、避免小型企业数据的不稳定性等。

9.2.3 样本数据部分的主要内容

描述研究所用的样本数据部分是确保研究可靠性和可重复性的关键环节，其主要内容包括样本选择、样本特征、数据预处理以及样本限制与偏差等方面。

（1）样本选择部分主要包括样本来源与数据收集方法、样本时间范围以及样本空间范围等。

在样本来源部分，需要说明样本数据的来源，包括数据集的名称、数据的获取渠道等。例如，样本数据可能来源于企业财务数据库、市场调查数据、政府统计数据等。

对于问卷调查和访谈，往往还要进一步说明数据收集方法，包括数据收集方式（介绍数据收集的具体方式，如问卷调查、访谈、实验、二手数据收集等）、数据收集过程（描述数据收集的过程和步骤，包括数据收集的时间、地点、对象等，例如，在问卷调查中，说明问卷的设计、发放、回收和整理过程）以及使用的数据收集工具（说明数据收集过程中使用的工具和设备，如问卷内容、访谈提纲、数据采集软件等）。

样本时间范围是指明确样本数据的时间跨度，例如，研究的时间区间是 2010 年至 2020 年等。

样本空间范围是指需要描述样本的空间范围，例如，研究的地区、国家、行业等，样本可能包括中国上市公司的数据、特定行业的企业数据等。

（2）样本特征部分主要包括样本规模、样本分布以及样本代表性等。

样本规模是指样本的大小，即样本中包含的观测值数量。例如，研究可能涉及 1 000 家企业的数据等。

样本分布是指样本在不同维度上的分布情况，如行业分布、企业规模分布、地区分布等。例如，样本中可能包括制造业、服务业、金融业等多个行业的企业。

样本代表性是指样本是否具有代表性，能否代表研究对象的总体特征。例如，样本是否能够代表整个行业的企业特征、市场的消费者特征等。在样本代表性方面，某些领域的研究往往有一些研究惯例，例如，研究样本"A 股上市公司"指的是中国股市中以人民币计价的股票总体。

（3）数据处理部分通常包括数据清洗、变量转换以及数据整合等内容。

数据清洗描述数据清洗的过程，包括如何处理缺失值、异常值、重复值等。例如，可能采用删除、填补、平滑等方法处理缺失值，使用箱线图等方法识别和处理异常值等。

变量转换说明对原始数据进行的变量转换和处理，如对数变换、标准化处理、分类变量的编码等。例如，将企业的总资产取对数以消除异方差性。

数据整合描述如何将不同来源的数据进行整合和匹配，以形成完整的样本数据集。例如，将企业的财务数据与市场数据进行匹配，形成综合的数据集。不过，为了控制篇幅，多数论文的正文中无须专门描述数据整合的具体步骤。

（4）样本限制与偏差部分主要说明样本限制、潜在偏差以及偏差处理等。

样本限制说明样本选择和数据收集过程中存在的限制，如样本量不足、数据获取难度等。

潜在偏差指出样本可能存在的偏差，如选择偏差、测量偏差等，并说明这些偏差可能对研究结果的影响。

偏差处理介绍为减少偏差而采取的措施和方法，如使用加权方法调整样本偏差、采用稳健性检验验证结果的稳健性等。

通过详细介绍样本数据部分，实证论文可以为读者提供清晰的数据背景和研究基础，确保研究的透明度和可理解性，为后续的实证分析和结果解释奠定坚实的基础。

9.3 定量分析、质性分析与元分析

在经管类实证论文中，定量分析、质性分析和元分析是三种常见的研究方法，它们各自具有不同的特点和应用场景。

9.3.1 定量分析

定量分析是通过收集和处理大量的数值数据，运用统计学和计量经济学方法对研究对象进行量化研究的方法。它关注的是事物的数量关系和规律性。

定量分析具有数据驱动、模型化和结果精确等特点。其中，数据驱动是指依赖于大量的数值数据，如财务报表数据、市场交易数据、问卷调查数据等。模型化通常需要建立计量经济模型来描述变量之间的关系，如回归模型、时间序列模型、面板数据模型等。结果精确是指，通过统计检验和参数估计，能够得出精确的数量结果和概率结论，如变量之间的相关系数、回归系数的显著性等。

定量分析常用于研究经济变量之间的关系、市场趋势、企业绩效评价、风险管理等方面。例如，研究企业研发投入与财务绩效的关系、股票市场的波动性分析等。

9.3.2 质性分析

质性分析是通过收集和分析非数值数据（如文本、访谈记录、观察笔记等），深入探讨研究对象的性质、特征、过程和意义的方法。它关注的是事物的内在规律和属性。

质性分析往往具有数据丰富、深入理解和归纳推理等特点。其中，数据丰富是指依赖于丰富的非数值数据，如访谈内容、案例描述、政策文件、新闻报道等。深入理解是指注重对研究对象的深入理解和解释，揭示其背后的动机、原因、过程和机制。归纳推理是指，通过归纳推理，从具体的数据中提炼出一般性的结论和理论，而不是通过演绎推理得出结果。

质性分析常用于研究企业战略决策、组织文化、消费者行为、政策影响等。例如，通过访谈企业高管来分析其战略选择的动机和过程、研究消费者对某一金融产品的使用

体验和态度等。

9.3.3　元分析

元分析是一种综合分析方法，通过对已发表的多项研究结果进行统计分析，以评估某一研究主题的整体效应和结论一致性。它是一种"研究的研究"，旨在整合和总结现有研究的发现。

元分析在整合性、统计方法以及发现规律等方面具有鲜明的特点。其中，整合性是指将多个独立研究的结果综合起来，形成一个更为全面和可靠的结论。统计方法是指运用统计方法对不同研究的结果进行标准化处理和综合分析，如进行异质性检验等。发现规律是指，通过元分析可以发现不同研究之间的共同点和差异，揭示研究主题的普遍规律和潜在问题。

元分析常用于评估某一财经理论或假设的整体支持程度、比较不同研究方法的效果、发现研究领域的空白和趋势等。例如，对多个关于企业财务杠杆与公司价值关系的研究进行元分析，以评估这一关系的整体效应和研究一致性。

在实证研究中，研究者可以根据研究问题和数据特点，选择单一的研究方法或将多种方法结合使用，以获得更全面和深入的研究结果。

9.4　动态随机一般均衡模型

DSGE 模型（dynamic stochastic general equilibrium model），即动态随机一般均衡模型，是一种适用于现代宏观经济分析的重要工具，广泛应用于学术研究、政策分析和经济预测等领域。DSGE 模型通过结合微观经济主体的行为（如家庭、企业、政府等）和宏观经济变量之间的动态关系来解释和预测经济系统的运行机制。该模型的核心在于将微观经济理论与宏观经济分析相结合，通过优化行为和一般均衡框架来研究经济变量的动态变化。

9.4.1　DSGE 模型的特征

DSGE 模型具有动态性、随机性、一般均衡三大特征。

动态性（dynamic）是指模型考虑了时间因素，经济主体会基于当前和预期的未来条件做出最优决策。例如，家庭会考虑未来的收入预期来决定当前的消费和储蓄行为，企业会根据未来的市场需求预期来决定当前的生产规模。

随机性（stochastic）是指模型引入了随机冲击，以反映现实经济中的不确定性和不可预测性。这些冲击可能来自技术进步、自然灾害、政策变动等，从而导致经济变量的波动。

一般均衡（general equilibrium）是指模型假设所有市场同时达到均衡状态，即供给和需求在所有市场上都相等。这意味着模型中的经济主体（如家庭、企业、政府）的行为是相互关联的，任何一个主体的决策都会影响其他主体的决策。

9.4.2　DSGE 模型的表现形式

DSGE 模型的表现形式主要是通过一组数学方程来描述经济主体的行为、市场均衡条件以及经济变量之间的动态关系。这些方程通常包括三个核心部分：经济主体的最优化行为、市场均衡条件、随机冲击等。DSGE 模型的最终形式是一个动态系统。

（1）经济主体的最优化行为。DSGE 模型基于微观经济主体的优化行为，如家庭、企业、政府等。每个主体的目标函数和约束条件被明确设定，从而推导出其最优决策规则。

以家庭的最优化行为为例。家庭通常被假设为最大化其效用函数，同时受到预算约束。效用函数可能包括消费、闲暇等因素。例如，家庭的效用最大化问题可以表示为：

$$\max_{\{C_t,\ L_t\}} \left[E_0 \sum_{t=0}^{\infty} \beta^t U(C_t,\ 1-L_t) \right]$$

其中，C_t 是时间 t 的消费，L_t 是时间 t 的劳动供给；U 是效用函数，通常假设为柯布–道格拉斯形式，β^t 是时间 t 的折现因子，表示未来效用的折现率，E_0 表示基于当前信息的期望。

家庭的预算约束可能表示为：

$$C_t + K_{t+1} = (1+r_t)K_t + W_t L_t + 其他收入$$

其中，K_t 是时间 t 的资产或资本，r_t 是时间 t 的利率，W_t 是时间 t 的工资。

再以企业的最优化行为为例。企业通常被假设为最大化利润，其利润函数可能表示为：

$$\max_{\{Y_t,\ L_t,\ K_t\}} \Pi_t = P_t Y_t - W_t L_t - R_t K_t$$

其中，Y_t 是时间 t 的产出，P_t 是时间 t 的价格，R_t 是时间 t 的资本租金，生产函数可以假设为柯布–道格拉斯形式：

$$Y_t = A_t K_t^{\alpha} L_t^{1-\alpha}$$

其中，A_t 是技术参数，α 是资本的产出弹性。

（2）市场均衡条件。DSGE 模型假设所有市场同时达到均衡，即供给等于需求。这些均衡条件包括商品市场均衡、劳动力市场均衡、金融市场均衡等。

商品市场的均衡条件可以表示为：

$$Y_t = C_t + I_t + G_t$$

其中，I_t 是时间 t 的投资，G_t 是时间 t 的政府支出。

劳动力市场的均衡条件可能表示为：

$$L_t = L_t^s = L_t^d$$

即时间 t 的劳动供给 L_t^s 等于劳动需求 L_t^d。

金融市场的均衡条件可能包括利率的确定：

$$r_t = f(其他变量)$$

其中，利率可能由资本的边际产出决定等。

（3）随机冲击。DSGE 模型引入随机冲击来模拟现实经济中的不确定性。这些冲击可以是技术冲击、政策冲击、偏好冲击等。例如，技术冲击可以表示为：

$$A_{t+1} = \rho A_t + \varepsilon_{t+1}$$

其中，ρ 是技术的自相关系数，ε 是随机扰动项，通常假设为白噪声。

（4）动态系统的表现形式。DSGE 模型的最终形式是一个动态系统，通常表示为一组差分方程。这些方程可以是线性的或非线性的，具体取决于模型的设定。例如，一个简单的线性化 DSGE 模型可以表示为：

$$y_{t+1} = Ay_t + B\varepsilon_{t+1}$$

其中，y 是经济变量在时间 t 的向量，A 和 B 是系数矩阵，ε 是随机扰动项向量。

9.4.3　DSGE 模型的构建步骤

DSGE 模型的构建步骤通常包括设定模型框架、引入优化行为、引入随机冲击、求解模型、参数估计与校准、政策分析与预测等。其中，设定模型框架确定模型中包含的经济主体（如家庭、企业、政府）和市场（如商品市场、劳动力市场、金融市场），以及它们之间的关系。引入优化行为设定每个经济主体的目标函数和约束条件，推导出其最优决策行为。例如，家庭最大化效用，企业最大化利润。引入随机冲击设定模型中的随机扰动项，如技术冲击、政策冲击等，以反映经济中的不确定性。求解模型是指通过数学方法（如线性化、数值求解等）求解模型的均衡路径，得到经济变量的动态变化规律。参数估计与校准通过历史数据对模型参数进行估计或校准，以确保模型能够更好地拟合现实经济数据。政策分析与预测利用模型评估不同政策工具（如货币政策、财政政策）的效果，或对未来的经济走势进行预测。

9.4.4　DSGE 模型的求解

DSGE 模型的表现形式是一组数学方程，这些方程描述了经济主体的优化行为、市场均衡条件以及随机冲击的动态影响。通过求解这些方程，可以得到经济变量的动态路径、脉冲响应函数以及政策分析结果，从而为宏观经济研究和政策制定提供支持。

DSGE 模型的求解通常需要借助数值方法或线性极化技术。DSGE 模型求解后的表现形式可以是：脉冲响应函数（impulse response functions，IRFs），展示随机冲击对经济变量的动态影响；预测路径，基于模型生成的经济变量的未来预测路径；政策分析，通过模拟不同政策情景，展示政策工具对经济变量的影响等。

9.4.5　DSGE 模型的常见应用领域

DSGE 模型常用于宏观经济政策分析、经济周期研究、经济预测、金融风险分析等领域。在宏观经济政策分析方面，DSGE 模型被广泛应用于中央银行和政府部门，用于评估货币政策和财政政策的效果。例如，分析利率调整对通货膨胀和经济增长的影响。在经济周期研究方面，通过引入随机冲击，DSGE 模型能够解释经济周期的波动特征，帮助研究者理解经济衰退和复苏的机制。在经济预测方面，模型可以生成宏观经济变量的预测路径，为政策制定者提供决策依据。例如，预测未来的 GDP 增长率、通货膨胀率等。在金融风险分析方面，一些扩展的 DSGE 模型（如包含金融摩擦的模型）被用于分析金融市场的波动和系统性风险。

9.4.6　DSGE 模型的优势

DSGE 模型具有模型设定优势、动态传导透明化、微观基础一致性等优势。在模型设定方面，DSGE 模型与传统计量经济模型不同，它基于微观经济主体的优化行为，能够更好地反映政策变化对经济的影响，避免了因模型设定不合理而导致的政策分析偏差。动态传导透明化是指，通过引入随机冲击和经济主体的优化行为，DSGE 模型能够清晰地展示不同冲击对经济系统的动态影响，帮助研究者和政策制定者理解经济波动的来源和传导机制。微观基础一致性是指，模型基于微观经济理论，经济主体的行为是基于个体偏好和约束条件的，这使得模型在理论和应用上具有更强的逻辑一致性和解释力。

9.4.7　DSGE 模型的局限性

尽管 DSGE 模型在理论和应用上具有诸多优点，但也存在一些局限性，例如，模型复杂性、数据依赖性、假设限制等。其中，模型复杂性是指，构建和求解 DSGE 模型需要较高的数学和计算能力，对研究者的技能要求较高。数据依赖性是指模型的参数估计依赖于历史数据，如果数据质量不高或样本量不足，可能会影响模型的预测能力。假设限制是指模型通常基于理性预期等假设，这些假设在现实中可能不完全成立，从而导致模型结果与实际情况存在一定偏差。

9.5　多元回归模型与结构方程模型

在实证研究中，多元回归模型和结构方程模型是两种常用的统计分析方法，它们各自具有独特的特点和应用场景。

9.5.1　多元回归模型

多元回归模型是研究多个自变量对一个因变量影响的统计模型，它是简单线性回归模型的扩展，可以同时考虑多个解释变量对被解释变量的影响。

多元回归模型具有一般线性关系假设、参数估计和简单易懂等特点。其中，线性关系假设是指，假设自变量与因变量之间存在线性关系，即因变量是自变量的线性组合，或者通过变量变换构造线性组合。参数估计是指，通过最小二乘法（OLS）等方法估计模型参数，得到每个自变量对因变量的边际影响。简单易懂是指，模型形式简单，易于理解和解释，适用于初步分析变量之间的关系。

多元回归模型常用于研究企业财务绩效的影响因素、股票收益的影响因素、宏观经济变量之间的关系等。例如，研究企业研发投入、广告支出、管理费用等对销售收入的影响时，可以使用多元回归模型来分析各因素的相对重要性和贡献程度。

9.5.2 结构方程模型

结构方程模型（structured equation model，SEM）是一种综合性的统计分析方法，它结合了因子分析和多元回归分析，能够同时分析观测变量和潜在变量之间的关系，以及潜在变量之间的结构关系。

结构方程模型一般具有处理潜在变量、复杂关系建模和测量误差处理等特点。其中，处理潜在变量是指，能够处理不可直接观测的潜在变量（如心理特质、概念等），并通过观测变量来间接测量这些潜在变量。复杂关系建模是指，可以同时考虑变量之间的直接效应和间接效应，以及变量之间的中介和调节效应，适用于分析复杂的因果关系等。测量误差处理是指，允许观测变量存在测量误差，并在模型中对测量误差进行估计和调整，进而提高模型的准确性。

结构方程模型常用于研究复杂的经济行为和心理因素，如消费者行为模型、企业战略与绩效关系模型、组织文化与员工绩效关系模型等。例如，在研究企业社会责任与财务绩效的关系时，可以使用结构方程模型来分析企业社会责任的多个维度（如环境责任、社会责任等）如何通过不同的中介变量（如企业声誉、顾客满意度等）影响财务绩效。

9.5.3 两者的比较与选择

可以从等视角对比多元回归模型和结构方程模型之间的差异，并根据研究问题做出选择。

在适用场景方面，多元回归模型适用于研究变量之间的简单线性关系，适合初步分析和验证假设；结构方程模型适用于研究复杂的因果关系网络，适合深入探讨潜在变量、中介效应、调节效应等。

在样本数据要求方面，多元回归模型对数据的要求相对较低，适合处理连续变量的数据；结构方程模型对数据的要求较高，需要较大的样本量和复杂的测量模型，适合处理包括潜在变量在内的多种类型的数据。

在分析深度方面，多元回归模型的分析相对简单，结果易于解释，但难以揭示复杂的因果机制；结构方程模型能够提供更深入的分析，揭示变量之间的复杂关系和潜在机制，但模型构建和分析过程较为复杂。

在选择依据方面，研究者可以根据研究问题的复杂性、数据的特点和研究目的来选择合适的模型。如果研究问题较为简单，数据较为直接，可以选择多元回归模型；如果研究问题较为复杂，涉及潜在变量和复杂的因果关系，可以选择结构方程模型。

总之，多元回归模型和结构方程模型各有优缺点，研究者需要根据具体的研究需求和数据特点来选择合适的模型，以获得准确和深入的研究结果。

9.6 多元回归模型的常见类型有哪些？

使用 Stata 实现线性回归的步骤

多元回归模型是研究多个自变量对一个因变量影响的常用方法。多元回归模型的常见类型主要包括线性回归模型、非线性回归模型、面板回归模型、时间序列回归模型、逻辑回归模型以及其他回归模型等。

9.6.1　线性回归模型

线性回归模型包括简单线性回归、多元线性回归等。

（1）简单线性回归只有一个自变量和一个因变量的线性关系模型，一般形式为：

$$Y = \beta_0 + \beta_1 X + \varepsilon$$

其中 Y 是因变量，X 是自变量，β_0 是截距，β_1 是自变量的回归系数，ε 是误差项。

（2）多元线性回归包含多个自变量和一个因变量的线性关系模型，一般形式为：

$$Y = \beta_0 + \beta_1 X_1 + \beta_2 X_2 + \cdots + \beta_n X_n + \varepsilon$$

其中 X_i 是自变量，β_i 是相应自变量的回归系数。

9.6.2　非线性回归模型

非线性回归模型包括对数回归、指数回归、多项式回归等。

（1）对数回归将因变量或自变量进行对数变换以处理非线性关系，把对数变换后的变量作为新的变量，这样模型就可以转换为线性关系。其一般形式如下：

$$\log(Y) = \beta_0 + \beta_1 X + \varepsilon$$

或

$$Y = \beta_0 + \beta_1 \log(X) + \varepsilon$$

（2）指数回归适用于因变量随自变量指数变化的情况，同样可以通过取对数的方式转换为线性关系模型。其一般形式如下：

$$Y = \beta_0 e^{\beta_1 X} + \varepsilon$$

（3）多项式回归通过引入自变量的多项式项来捕捉更复杂的非线性关系，可以通过把各个多项式作为新的变量从而转换为线性关系模型。一般形式如下：

$$Y = \beta_0 + \sum_{i=1}^{n} \beta_i X^i_1 + \varepsilon$$

9.6.3　面板回归模型

面板回归模型包括固定效应模型、随机效应模型以及混合效应模型等。

（1）固定效应模型假设个体效应是固定的，适用于个体间存在差异的情况。其一般形式为：

$$Y_{it} = \alpha_i + \beta X_{it} + \varepsilon_{it}$$

其中，α_i 是个体 i 的固定效应。

（2）随机效应模型假设个体效应是随机的，适用于个体效应与自变量不相关的情况，其一般形式为：

$$Y_{it} = \alpha + \beta X_{it} + \mu_i + \varepsilon_{it}$$

其中，μ_i 是个体 i 的随机效应。

（3）混合效应模型结合了固定效应和随机效应，适用于个体效应与自变量相关且存在随机效应的情况。

使用 Stata 实现使用固定
效应模型的步骤

使用 Stata 实现使用随机
效应模型的步骤

使用 Stata 实现混合
效应模型的步骤

9.6.4　时间序列回归模型

时间序列回归模型包括自回归模型、移动平均模型、自回归移动平均模型、自回归差分移动平均模型等。

（1）自回归模型（auto-regression，AR）描述因变量的当前值与其过去若干值之间的关系，一般形式为 AR（p）①，其中 p 为自回归项的阶数。

（2）移动平均模型（moving average，MA）描述因变量的当前值与过去若干随机误差项之间的关系，一般形式为 MA（q）②，其中 q 为移动平均项的阶数。

（3）自回归移动平均模型（auto-regressive moving average，ARMA）结合自回归和移动平均，适用于平稳时间序列数据，一般形式为 ARMA（p，q），其中 p 为自回归项的阶数，q 为移动平均项的阶数。

（4）自回归差分移动平均模型（autoregressive integrated moving average，ARIMA）是

---

① 实现 AR（p）的 Stata 指令：arima 变量名，arima（p，0，0）
② 实现 MA（q）的 Stata 指令：arima 变量名，arima（0，0，q）

一种广泛应用于时间序列分析的统计模型。它将自回归（AR）、差分（I）和移动平均（MA）三种过程结合起来，用于对具有趋势性、季节性等复杂特征的非平稳时间序列数据进行建模和预测。该模型通常表示为 ARIMA (p, d, q)，其中 p 是自回归项的阶数，d 是差分阶数，q 是移动平均项的阶数。

使用 ARIMA 模型的
主要步骤

9.6.5 逻辑回归模型

常见的逻辑回归模型为二元逻辑回归，此外还有多项逻辑回归等。

（1）二元逻辑回归（logit）适用于因变量为二分类变量的情况，一般形式为：

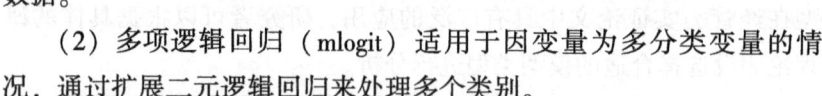

$$\ln\left(\frac{P(Y = 1)}{1 - P(Y = 1)}\right) = \beta_0 + \sum_{i=1}^{n} \beta_i X_i$$

使用 Stata 实现二元
逻辑回归的步骤

其中，$P(Y = 1)$ 是因变量取值为 1 的概率，β_0 是截距，β_i 是自变量 X_i 的回归系数。通过这种对数变换，可以将概率的取值范围从 $[0, 1]$ 映射到整个实数轴上，这样就可以使用线性模型来拟合数据。

（2）多项逻辑回归（mlogit）适用于因变量为多分类变量的情况，通过扩展二元逻辑回归来处理多个类别。

使用 Stata 实现多元
逻辑回归的步骤

9.6.6 其他回归模型

其他回归模型包括泊松回归、负二项回归、Tobit 回归等。

（1）泊松回归（poisson regression）适用于因变量为计数数据（即非负整数）的情况，即在固定时间或空间内某事件发生的次数。例如，在每年的四月份，A 股上市公司年报披露的个数等。其一般形式为：

$$\log(\lambda) = \beta_0 + \sum_{i=1}^{n} \beta_i X_i$$

其中，λ 是因变量的期望值（均值），该模型的前提是假设因变量服从泊松分布。

使用 Stata 实现泊松
回归分析的步骤

（2）负二项回归（negative binomial regression）也是一种用于分析计数数据的统计模型。当计数型数据的方差大于均值（即存在过度分散，over-dispersion）时，泊松回归模型的假设不再适用。负二项回归就是为了解决这个问题而引入的，适用于因变量为过度离散的计数数据的情况，是泊松回归的一种扩展。例如，正常情况下某一时间段内，上市公司并非频繁发生股价崩盘，股价崩盘的次数就可能属于高度离散的计数数据。

使用 Stata 进行
负二项回归
分析的步骤

（3）Tobit 回归也称受限因变量回归（censored regression），它主要用于处理因变量存在截断（censoring）情况的回归分析。截断是指因变量的取值范围受到限制，例如，在一些实证研究中，某些变量不能为负数，但是如果使用普通的线性回归，可能会预测出不合理的负数结果。Tobit 回归模型能够有效地处理这种因变量受到限制的情况。

使用 **Stata** 进行
Tobit 回归的
基本步骤

Tobit 回归在经管类实证研究中应用广泛。例如，在研究企业投资效率时，由于存在部分企业投资为零或投资不足的情况，这就导致数据存在截断问题，传统回归方法可能会产生偏差；在研究上市公司股利决策时，现金股利金额最低为零，不能为负数；在评估银行贷款违约风险时，违约损失率通常存在下限截断情况，即违约损失率不能为负，且大量正常贷款的违约损失率为零，传统线性回归模型难以准确处理这种数据特征；在研究上市公司创新投入时，部分上市公司可能创新投入较低甚至为零，但不会为负数，传统线性回归模型无法很好地处理这种受限因变量的情况；在消费行为分析中，消费支出不能为负数，存在截断；在分析储蓄行为时，储蓄金额也有下限（可能为零，因为不能出现负储蓄）；在工资决定因素研究中，由于存在最低工资标准，工资数据也是截断的等。

多元回归模型类型在经管类实证论文中具有广泛的应用，研究者可以根据具体的研究问题、数据特征和理论假设选择合适的模型类型进行分析。

9.7 多元回归模型有哪些组成部分？

多元回归模型是研究多个自变量对一个因变量影响的常用方法。其组成部分主要包括模型假设、变量、参数、模型形式、估计方法、模型检验等方面。

9.7.1 模型假设

多元回归模型的主要前提假设有：线性假设（自变量与因变量之间存在线性关系或可以转换为线性关系）、误差项的独立性（误差项之间相互独立）、误差项的同方差性（误差项具有相同的方差）、误差项的正态性（误差项服从正态分布）、无多重共线性（自变量之间不存在完全的线性关系），以及无内生性（自变量与误差项不相关）等。

9.7.2 变量

具体可分为因变量、自变量、控制变量等。其中，因变量（dependent variable）是研究关注的核心变量，即需要解释或预测的变量。它通常是研究问题中被影响或被解释的对象，如企业财务绩效、股票收益率、经济增长率等。自变量（independent variables）是影响因变量的变量，即解释变量。它们是研究中用来解释因变量变化的主要因素，如研发投入、广告支出、宏观经济指标等。控制变量（control variables）是可能影响因变量的其他变量，但不是研究的主要关注点。控制变量用于控制其他因素对因变量的影响，以更准确地估计自变量与因变量之间的关系，如企业规模、行业类型、时间等。

9.7.3 参数

参数具体包括回归系数、截距、误差项。其中，回归系数（regression coefficients）表示自变量对因变量的边际影响。每个自变量都有一个对应的回归系数，表示在其他变量保持不变的情况下，该自变量每增加一个单位因变量平均变化的数量。截距（intercept）表示当所有自变量都为零时因变量的预期值，它反映了因变量的基准水平。误差项（error term）表示模型中未被解释的部分，即因变量的实际值与模型预测值之间的差异。误差项反映了模型无法捕捉的随机因素和其他未考虑的变量对于因变量的影响。

9.7.4 模型形式

模型形式具体包括线性关系和非线性关系。其中，线性关系是指，多元回归模型通常假设自变量与因变量之间存在线性关系，即因变量是自变量的线性组合。非线性关系是指，在某些情况下，自变量与因变量之间可能存在非线性关系，可以通过对自变量进行变换（如对数变换、平方变换等）来捕捉这种非线性关系。

9.7.5 估计方法

普通最小二乘法（ordinary least squares，OLS）是最常用的估计方法，通过最小化残差平方和来估计回归系数，具有无偏性、一致性和有效性等优良性质。在特定情况下，可能需要使用其他估计方法，例如，加权最小二乘法（WLS）可用于处理异方差性问题，工具变量法（IV）可用于解决内生性问题等。

9.7.6 模型检验

模型检验包括统计检验和诊断检验等。其中，统计检验用于评估模型的统计显著性和解释能力，主要包括 t 检验（检验单个回归系数的显著性）、F 检验（检验整体模型的显著性）、R^2 检验（检验模型的拟合优度）等。

诊断检验用于诊断模型的潜在问题并进行相应的调整，主要包括异方差性检验（如 Breusch-Pagan 检验）、自相关检验（如 Durbin-Watson 检验）、多重共线性检验（如方差膨胀因子 VIF）等。

这些组成部分共同构成了多元回归模型的基本框架，研究者在构建和应用多元回归模型时需要对这些组成部分进行详细的分析和处理，以确保模型的有效性和研究结果的可靠性。

9.8　如何寻找回归模型?

在实证研究中，寻找和引用回归模型是研究设计的重要环节。回归模型的来源主要包括相关理论文献、经典文献、最新研究成果以及方法论文献等。

9.8.1　相关理论文献

引用支持回归模型使用的相关理论文献，说明模型的理论依据和适用性。例如，在使用结构方程模型研究企业战略与绩效关系时，可以引用企业战略管理理论的相关文献，说明模型的理论基础。

9.8.2　经典文献

（1）引用模型的原始文献。在论文中引用回归模型的原始文献，尤其是模型的创始人或首次提出者的工作。例如，在使用多元线性回归模型时，可以引用高斯–马尔可夫定理的相关文献，说明该模型的理论基础和统计性质。

（2）引用模型的假设检验文献。引用关于回归模型假设检验的相关文献，说明在模型使用过程中需要进行的假设检验和诊断分析。例如，在使用多元线性回归模型时，可以引用关于异方差性检验、自相关检验、多重共线性检验的相关文献，说明这些检验在模型分析中的重要性。

（3）引用模型的经典应用文献。引用在所研究领域中应用该模型的经典文献，展示其在实际研究中的应用效果和重要性。例如，在研究企业研发投入与财务绩效的关系时，可以引用一些经典的研究论文，说明多元回归模型在分析企业创新与绩效关系中的应用。

9.8.3　最新研究成果

（1）引用最新研究进展或研究成果，展示回归模型在当前研究中的应用和发展。例如，在研究企业财务风险与绩效关系时，可以引用近年来发表的相关论文，了解最新的回归模型和分析方法。

（2）引用改进和拓展的模型。引用对经典回归模型进行改进和拓展的最新研究成果，说明这些改进和拓展在研究中的意义和贡献。例如，研究企业盈余管理问题的经典模型是琼斯模型，但琼斯模型主要关注企业的可操纵应计利润（营收变动和固定资产净值），具有一定的局限性。为了克服这些局限性，研究人员做了许多模型改进，像修正的琼斯模型（从营收变动中扣除应收账款变动）、扩展琼斯模型（加入其他应收项目和现金流等）、行业模型（加入同行业公司的数据）、截面琼斯模型（加入同期其他企业数据）、前瞻性琼斯模型（加入总应计利润的滞后变量和销售增长率）、业绩匹配的修正琼斯模型

（在修正琼斯模型中加入同期 ROA 和滞后一期 ROA）、系统性修正琼斯模型（在修正琼斯模型中加入存货变动和财务费用）等。

9.8.4　方法论文献

（1）引用方法论指导文献。引用关于回归模型构建和应用的方法论指导文献，为论文中的模型构建和分析提供方法论支持。例如，在构建面板数据回归模型时，可以引用关于面板数据模型构建和估计方法的专著或论文，说明模型的构建步骤和估计方法。

（2）引用模型选择和比较文献。引用关于模型选择和比较的相关文献，说明在研究中选择特定回归模型的理由和优势。例如，在研究企业财务绩效的影响因素时，可以引用关于多元回归模型与其他模型（如结构方程模型、时间序列模型等）比较的相关文献，说明多元回归模型在该研究中的适用性和优势。

通过以上方法，研究者可以有效地寻找和引用回归模型，为研究的开展提供理论和方法上的支持，确保研究的科学性和可靠性。

9.9　如何修改引用的回归模型？

在研究设计中，修改引用的回归模型是研究者根据具体研究问题和数据特点对已有模型进行调整和优化的过程。修改引用的回归模型的常见方法主要包括替换变量、调整变量、调整模型形式、调整模型的结构、调整模型假设、调整模型的估计方法以及调整模型的检验方法等。

9.9.1　替换变量

研究者可以替换解释变量、替换因变量等。其中，替换解释变量是指，如果认为引用的模型中某些解释变量的测量方法或数据来源存在问题，可以寻找更合适的变量进行替换。例如，如果引用的模型中使用的是企业的总资产作为规模变量，而研究者认为营业收入更能贴近研究目的，可以将总资产替换为营业收入。

替换因变量是指，在某些情况下，研究者可能需要将引用模型中的因变量替换为更符合研究目的的变量。例如，在研究企业创新对绩效的影响时，如果引用的模型中因变量是企业的销售收入，而研究者更关注企业的盈利能力，可以将因变量替换为净利润或利润率。

9.9.2　调整变量

具体包括增加或删除变量。其中，增加变量是指，如果发现引用的模型中遗漏了一些重要的解释变量，可以根据理论和数据情况增加这些变量。例如，在研究企业财务绩效的影响因素时，如果引用的模型中没有考虑企业规模因素，可以增加企业规模变量，以更全面地分析影响因素。

删除变量是指，如果引用的模型中包含了一些与研究问题关系不大或数据难以获取的变量，可以将其删除，以简化模型或提高数据的可操作性等。

9.9.3　调整模型形式

具体包括使用非线性变换、引入交互项、引入滞后项等。其中，使用非线性变换是指，如果引用的模型假设变量之间存在线性关系，但实际数据表明存在非线性关系，可以对模型进行非线性变换。例如，对数变换可以用于处理异方差性问题或使非线性关系线性化，平方变换可以用于捕捉变量之间的二次关系等。

引入交互项是指，如果引用的模型没有考虑变量之间的交互作用，可以根据理论和数据特征引入交互项。例如，在研究企业研发投入与财务绩效的关系时，可以引入研发投入与企业规模的交互项，以分析研发投入对企业绩效的影响是否因企业规模不同而有所差异。

引入滞后项是指，在时间序列数据或面板数据中，如果引用的模型没有考虑变量的动态关系，可以引入滞后项。例如，在研究货币政策对经济增长的影响时，可以引入货币政策变量的滞后项，以捕捉货币政策的时滞效应。

9.9.4　调整模型的结构

可以使用分段回归或多层次模型等。其中，分段回归是指，如果引用的模型假设变量之间的关系在整个样本范围内是一致的，但实际数据表明这种关系在不同区间存在差异，可以采用分段回归模型。例如，在研究企业规模与经营风险的关系时，可以将企业规模分为小规模、中规模和大规模三个区间，分别估计不同区间内规模与风险的关系。

多层次模型是指，如果引用的模型没有考虑数据的层次结构，而数据本身具有多层次特征（如企业、行业、国家等），可以构建多层次模型。例如，在研究企业财务绩效的影响因素时，可以构建企业层面和行业层面的多层次模型，以分析不同层次因素的综合影响。

9.9.5　调整模型假设

包括处理异方差性、处理自相关性、处理多重共线性等。

处理异方差性是指，如果引用的模型假设误差项具有同方差性，但实际数据存在异方差性问题，可以采用加权最小二乘法（WLS）等方法对模型进行调整，以消除异方差性的影响。

处理自相关性是指，如果引用的模型假设误差项之间相互独立，但实际数据存在自相关问题，可以采用广义最小二乘法（GLS）或引

使用 Stata 检验异方差性的常用方法

入自相关结构等方法对模型进行调整，以消除自相关的影响。

处理多重共线性是指，如果引用的模型中存在多重共线性问题，可以采用主成分回归（PCR）或岭回归（ridge regression）等方法对模型进行调整，以降低变量之间的多重共线性。

使用 Stata 实现加权
最小二乘法
（WLS）的方法

使用 Stata 实现广义
最小二乘法
（GLS）的方法

使用 Stata 进行
主成分回归的
主要步骤

使用 Stata
进行岭回归的
方法

9.9.6　调整模型的估计方法

包括选择不同的估计方法、引入工具变量等。其中，选择不同的估计方法是指，如果引用的模型采用的是普通最小二乘法（OLS）估计，但研究问题或数据特点需要其他估计方法，可以选择不同的估计方法。例如，在面板数据中，如果引用的模型采用的是混合效应估计，而研究者认为固定效应模型更符合数据特征，可以选择固定效应估计方法。

引入工具变量是指，如果引用的模型存在内生性问题，可以引入工具变量对模型进行调整。例如，在研究企业盈余管理对审计质量的影响关系时，如果引用的模型中盈余管理与误差项存在相关性，可以尝试引入企业所有权结构等工具变量，以解决内生性问题。

9.9.7　调整模型的检验方法

包括增加检验内容、改进检验方法等。其中，增加检验内容是指，如果引用的模型没有进行某些重要的检验，可以根据研究需要增加相应的检验内容。例如，在模型估计后，可以增加模型的稳健性检验、参数的稳定性检验等，以验证模型结果的可靠性和稳健性。

改进检验方法是指，如果引用的模型采用的是传统的检验方法，而研究者认为有更新或更合适的检验方法，可以对检验方法进行改进。例如，如果引用的文献中仅仅进行了拟合优度检验（R^2 或调整后的 R^2），可以采用信息准则检验（AIC 或 BIC 值越小越好，它们能够在保证一定拟合优度的同时，尽量减少模型的复杂度）或进行交叉验证（将数据集分成训练集和验证集，先用训练集来拟合模型，再用验证集来评估模型的稳定性，可以有效地评估模型的泛化能力，避免模型过度拟合）等。

在修改引用的回归模型时，研究者需要根据具体的研究问题、理论假设和数据特征，合理地选择和调整模型的各个组成部分，以确保模型的科学性和适用性。同时，修改后的模型应能够更好地解释研究问题，提高研究结果的准确性和可信度。

9.10 如何阐述复杂变量的来龙去脉？

在研究设计中，清晰地阐述复杂变量的来龙去脉是确保研究可信的重要步骤。对于复杂变量，通常需要说明的事项有定义与概念界定、理论基础、变量的测量方法、变量之间的关系、变量的动态变化、变量的经济意义与实际应用等。

9.10.1 定义与概念界定

首先，对复杂变量进行清晰的定义。定义应简洁明了，使读者能够快速理解变量的基本含义。例如，如果研究中涉及"企业财务风险"，需要明确其定义，如"企业财务风险是指企业在财务活动中由于各种不确定因素导致的潜在财务损失"。其次是详细界定变量的范围和边界，区分其与其他相关概念的差异。例如，在研究"企业创新"时，需要界定其与"研发支出""新产品开发"等概念的区别和联系，明确"企业创新"涵盖的具体内容和范围。

9.10.2 理论基础

变量的理论基础包括理论支持和理论假设等。其中，理论支持是指说明复杂变量的理论基础和理论来源。引用相关理论文献，展示变量在理论框架中的地位和作用。例如，在研究"企业社会责任"时，可以引用利益相关者理论、企业公民理论等，说明企业社会责任的理论基础及其对企业行为的影响。

理论假设是指，基于理论提出关于复杂变量的假设或预期。例如，在研究"企业财务杠杆与公司价值"时，根据权衡理论假设，企业财务杠杆在一定程度上可以提高公司价值，但过高的财务杠杆会增加财务风险，从而降低公司价值。

9.10.3 变量的测量方法

具体包括测量指标选择、数据来源、代理变量说明等。

测量指标选择是指详细说明复杂变量的测量方法和测量指标的选择依据。例如，在测量"企业财务绩效"时，可以选择净利润、资产回报率（ROA）、股东权益回报率（ROE）等指标，并说明这些指标能够综合反映企业的财务状况和经营成果。

数据来源是指说明测量数据的来源，包括数据收集的方法、数据的可靠性和有效性。例如，如果数据来源于企业的财务报表，需要说明数据的获取渠道、数据的时间范围和数据的预处理方式等。

代理变量说明是指，如果复杂变量难以直接测量，需要使用代理变量，应详细说明代理变量的选择依据和合理性。例如，在研究"企业创新能力"时，如果直接测量创新难度较大，可以选择专利数量、研发支出占营业收入的比例等作为代理变量，并说明这些代理变量能够有效反映企业的创新能力。

9.10.4 变量之间的关系

具体包括因果关系、中介变量与调节变量、潜在的混淆变量等。

因果关系是指阐述复杂变量与其他变量之间的因果关系或逻辑关系。例如，在研究"企业研发投入与财务绩效"的关系时，可以说明研发投入通过提高企业的技术创新能力和市场竞争力，进而影响企业的财务绩效。

中介变量与调节变量是指，如果复杂变量在模型中涉及中介变量或调节变量，需要详细说明这些变量的作用机制和预期影响。例如，在研究"企业社会责任与财务绩效"的关系时，可以引入"企业声誉"作为中介变量，说明企业社会责任通过提升企业声誉进而影响财务绩效；同时，可以考虑"行业竞争程度"作为调节变量，探讨其对企业社会责任与财务绩效关系的调节作用。

潜在的混淆变量指出可能影响复杂变量与其他变量关系的潜在混淆变量，并说明如何在研究中控制这些变量的影响。例如，在研究"企业规模与经营风险"的关系时，需要考虑行业类型、市场环境等潜在混淆变量，通过控制这些变量来更准确地分析企业规模与经营风险之间的关系。

9.10.5 变量的动态变化

具体包括时间维度、变化原因等。其中，时间维度是指，如果复杂变量具有时间维度，需要阐述其在不同时间点或时间段的变化特征和趋势。例如，在研究"企业财务杠杆的动态变化"时，可以分析企业在不同成长阶段或不同经济周期阶段财务杠杆的变化情况，以及其对企业财务稳定性和盈利能力的影响。

变化原因探讨复杂变量变化的原因和驱动因素。例如，在研究"企业市场份额的变化"时，可以分析市场竞争、技术创新、企业战略调整等因素对企业市场份额变化的影响。

9.10.6 变量的经济意义与实际应用

其中，经济意义是指解释复杂变量的经济意义和实际含义，说明其在经济活动中的重要性和作用。例如，在研究"企业财务风险"时，可以说明财务风险对企业投资决策、融资决策、利润分配等方面的影响，以及其对企业长期发展和市场竞争力的重要性。

实际应用是指阐述复杂变量在实际应用中的价值和意义，如在企业管理和政策制定中的应用。例如，在研究"企业社会责任"时，可以说明企业社会责任在提升企业品牌形象、吸引消费者、促进可持续发展等方面的实际应用价值，以及政府在制定相关政策时如何考虑企业的社会责任表现。

通过以上方法和步骤，研究者可以清晰、全面地阐述复杂变量的来龙去脉，为研究设计和实证分析奠定坚实的基础，确保研究的科学性和可信度。

9.11 如何选择控制变量？

控制变量是研究设计中不可或缺的一部分。控制变量是指在研究中除了主要的自变量和因变量之外，可能对因变量产生影响的其他变量。这些变量在分析中被纳入模型，以控制其对因变量的影响，从而更准确地估计自变量与因变量之间的关系。控制变量类似于"过滤器"，通过控制这些变量，研究者可以排除或减少其他潜在因素对研究结果的干扰，使研究结果更加精确和可靠。

9.11.1 选择控制变量的原因

需要控制变量的常见原因有排除干扰因素、增强模型的解释力、满足理论假设以及提高研究的可比性等。

（1）排除干扰因素：如减少误差、提高结果的准确性等。其中，在减少误差方面，现实世界中一个因变量往往会受到多个因素的共同作用，如果不控制这些因素，可能会导致研究结果出现偏差。例如，在研究企业研发投入与财务绩效的关系时，如果不控制企业规模、行业类型等变量，可能会导致研发投入对绩效的影响被其他因素所掩盖。

在提高结果的准确性方面，通过控制变量可以更准确地揭示自变量与因变量之间的直接关系，避免因其他因素的干扰而导致错误的结论。

（2）增强模型的解释力：如解释因变量的更多变异、揭示潜在机制等。其中，在解释因变量的更多变异方面，控制变量可以帮助解释因变量的更多变异，提高模型的拟合优度（如 R^2）。例如，在研究教育对收入的影响时，控制年龄、性别等变量后，模型能够解释更多的收入变异，从而更好地理解教育对收入的贡献。

在揭示潜在机制方面，某些情况下，控制变量可以帮助揭示自变量影响因变量的潜在机制。例如，在研究企业广告支出与销售额的关系时，控制产品质量变量后，可以更清晰地看到广告支出在不同产品质量水平下的效果。

（3）满足理论假设：如理论一致性、验证理论推论等。其中，理论一致性是指，在某些理论框架下，控制变量是理论假设的一部分。例如，在经济学中的生产函数模型中，除了主要的生产要素（如劳动、资本）外，还需要控制技术进步、规模经济等变量，以满足理论模型的假设。

验证理论推论是指，控制变量可以帮助验证理论推论的正确性。例如，在研究企业财务杠杆与公司价值的关系时，控制企业风险、市场环境等变量后，可以更好地验证财务杠杆理论的相关推论。

（4）提高研究的可比性：如比较不同群体、跨研究比较等。其中，比较不同群体是指，在比较不同群体或情境下的研究结果时，控制变量可以消除群体之间的差异对结果的影响，使比较更加公平和合理。例如，在研究不同行业企业财务绩效时，控制行业特征变量后，可以更准确地比较不同行业的绩效差异。

跨研究比较是指，控制变量的使用可以提高不同研究之间的可比性，使研究结果更容易进行横向比较和综合分析。

9.11.2　如何选择控制变量？

选择控制变量时，主要考虑的因素包括理论指导、数据可得性、重要性排序、避免过度控制等。其中，理论指导是指，根据研究的理论框架和文献综述，识别出可能影响因变量的其他变量，并将其作为控制变量纳入模型。数据可得性是指，选择那些在数据集中、可以获取且测量准确的变量作为控制变量。重要性排序是指，根据控制变量对因变量影响的重要性进行排序，优先选择那些影响较大的控制变量。避免过度控制是指，虽然控制变量有助于排除干扰因素，但过多的控制变量可能导致模型过度复杂化，降低模型的解释力和可操作性。

通过合理选择和使用控制变量，实证研究可以更准确地揭示变量之间的关系，提高研究结果的科学性和可靠性，为理论研究和实际应用提供有力支持．

9.12　如何选择固定效应和随机效应？

在研究设计中，固定效应和随机效应是面板数据分析中两种重要的模型选择方法，它们各自适用于不同的研究场景和数据结构。

9.12.1　什么是固定效应？

固定效应（fixed effects）假设个体之间的差异是固定不变的，这些差异被视为不可观测的个体特定效应，对因变量的影响是固定的。固定效应模型主要关注个体内部的变化对因变量的影响，通过消除个体特定效应的影响来更准确地估计解释变量的效应。固定效应主要适用于研究个体内部变化的情况，如企业内部的决策变化、员工的个人能力变化等。

9.12.2　什么是随机效应？

随机效应（random effects）假设个体之间的差异是随机的，这些差异被视为随机效应，与解释变量无关。随机效应模型同时考虑个体内部的变化和个体间的差异对因变量的影响。随机效应主要适用于研究个体间的差异对因变量的影响，如不同国家、不同行业的经济效应等。

9.12.3 固定效应与随机效应的主要区别

具体体现在个体效应的处理方式、估计效率、估计一致性等方面。其中，在个体效应的处理方式方面，固定效应将个体效应视为固定的，通过差分或去中心化等方法消除个体效应的影响，只关注解释变量在个体内部的变化；随机效应将个体效应视为随机的，允许个体效应与解释变量无关，同时估计个体内部和个体间的效应。

在估计效率方面，由于只考虑个体内部的变化，固定效应模型的估计效率可能较低，因为它没有充分利用个体间的差异信息；由于同时考虑个体内部和个体间的差异，随机效应模型的估计效率通常较高，能够利用更多的样本信息。

在估计一致性方面，在个体效应与解释变量相关的情况下，固定效应模型能够提供一致的估计结果，如果个体效应与解释变量不相关，随机效应模型能够提供一致的估计结果；但如果个体效应与解释变量相关，随机效应模型的估计结果可能会产生偏差。

9.12.4 何时使用固定效应或随机效应

选择使用固定效应或随机效应主要有两个视角：研究的内在逻辑和统计检验。

从研究的内在逻辑看，使用固定效应有两种情形：个体效应与解释变量相关、关注个体内部变化。其中，个体效应与解释变量相关是指，当个体特定效应与解释变量相关时，应使用固定效应模型，以避免估计偏差。例如，在研究企业盈余管理与审计质量之间的关系时，若认为企业特定的盈余管理动机可能与审计质量相关，此时可以使用固定效应模型。关注个体内部变化是指，当研究的重点是个体内部的变化对因变量的影响时，固定效应模型更为合适。例如，在研究企业研发投入对财务绩效的影响时，关注的是企业在不同时间点的研发投入变化对绩效的影响。

从研究的内在逻辑看，使用随机效应也有两种情形：个体效应与解释变量不相关、关注个体间差异。其中，个体效应与解释变量不相关是指，当个体特定效应与解释变量不相关时，可以使用随机效应模型。例如，在研究不同国家的经济增长因素共性时，若认为各国的特定国情与解释变量无关，就可以使用随机效应模型。关注个体间差异是指，当研究的重点是个体间的差异对因变量的影响时，随机效应模型更为合适。例如，在研究不同行业的企业财务杠杆对风险的影响时，关注的是不同行业之间的差异。

Hausman 检验是区分固定效应和随机效应的常见统计方法。Hausman 检验用于判断固定效应模型和随机效应模型之间的差异是否显著，其原假设是个体效应与解释变量相关，即存在随机效应。如果检验结果显著，则拒绝随机效应的原假设，应选择固定效应模型；如果检验结果不显著，则可以选择随机效应模型。

使用 **Stata** 进行
面板数据豪斯曼
检验的步骤

通过合理选择固定效应或随机效应模型，实证研究可以更准确地分析面板数据中的个体效应和时间效应，提高研究结果的可靠性和解释力。

9.13 常见的固定（随机）效应有哪些？

在研究设计中，固定效应和随机效应是面板数据分析中常用的两种方法，用于处理个体间的异质性和时间效应。常见的固定效应和随机效应类型主要包括个体效应、时间效应和交叉效应等。

9.13.1 固定效应的类型

固定效应的常见类型有个体固定效应、时间固定效应、交互固定效应等。

个体固定效应（individual fixed effects）假设每个个体（如企业、国家、个人等）具有独特的、不随时间变化的效应，这些效应会影响因变量。个体固定效应主要适用于研究个体内部变化对因变量的影响，如企业内部的管理决策变化、员工的个人能力变化等。例如，在研究企业研发投入对财务绩效的影响时，可以使用个体固定效应来控制企业特定的、不随时间变化的效应，从而更准确地估计研发投入的影响。

时间固定效应（time fixed effects）假设不同时间点（如年份、季度等）具有独特的效应，这些效应会影响所有个体的因变量。时间固定效应主要适用于研究时间效应或宏观经济因素对因变量的影响，如经济周期、政策变化等。例如，在研究不同国家的经济增长因素时，可以使用时间固定效应来控制不同年份的宏观经济环境变化，从而更准确地分析各国的经济增长因素。

交互固定效应（interactive fixed effects）假设个体效应和时间效应之间存在交互作用，这种交互作用会影响因变量。交互固定效应主要适用于研究个体和时间之间的复杂交互关系对因变量的影响。例如，在研究企业创新对绩效的影响时，可以考虑企业特定的创新能力和不同年份的市场环境之间的交互作用。

9.13.2 随机效应的类型

随机效应的常见类型有个体随机效应、时间随机效应、交互随机效应等。

个体随机效应（individual random effects）假设个体之间的差异是随机的，这些差异被视为随机效应，与解释变量无关。个体随机效应主要适用于研究个体间的差异对因变量的影响，如不同国家、不同行业的经济效应等。例如，在研究不同行业的企业财务杠杆对风险的影响时，可以使用个体随机效应来捕捉不同行业之间的差异。

时间随机效应（time random effects）假设不同时间点的效应是随机的，这些效应与解释变量无关。时间随机效应主要适用于研究时间效应对因变量的影响，如不同年份的市场波动对投资决策的影响等。例如，在研究股票市场的波动性时，可以使用时间随机效应来捕捉不同年份的市场波动对投资者行为的影响。

交互随机效应（interactive random effects）假设个体效应和时间效应之间存在随机的

交互作用，这种交互作用与解释变量无关。交互随机效应主要适用于研究个体和时间之间的随机交互关系对因变量的影响。例如，在研究不同国家的经济增长因素时，可以考虑国家特定的经济政策与不同年份的全球经济环境之间的随机交互作用。

通过合理选择和使用固定效应和随机效应模型，实证研究可以更准确地分析面板数据中的个体效应和时间效应，提高研究结果的可靠性和解释力。

9.14　如何构造和使用哑元变量？

哑元变量也称虚拟变量，是一种用于处理分类变量的量化方法。哑元变量不同于普通的解释变量，在研究设计中往往具有特殊的价值和用途。

9.14.1　哑元变量的内涵

哑元变量（dummy variable）是人为设定的变量，通常取值为 0 或 1，用于表示某个分类变量的不同属性或类别。它将不能直接量化处理的定性因素（如性别、行业、季节等）转化为可量化的数值形式，以便在回归分析等统计模型中使用。

9.14.2　哑元变量的作用

哑元变量的作用有量化定性因素、比较不同类别、处理分类数据等。其中，量化定性因素是指，将定性因素（如职业、地区等）量化为可操作的数值变量，使其能够在回归模型中作为自变量或控制变量进行分析。比较不同类别是指，通过哑元变量可以比较不同类别对因变量的影响。例如，在研究不同行业对企业财务绩效的影响时，可以使用哑元变量来比较各个行业的效应。处理分类数据是指在处理分类数据时，哑元变量能够有效地将多分类变量转换为多个二分类变量，避免了直接使用分类变量可能导致的多重共线性问题。

9.14.3　如何构造哑元变量

构造哑元变量时通常需要考虑分类变量、参照类别、赋值规则、数据处理等方面。

确定分类变量包括识别分类变量和确定类别数量等。识别分类变量是指识别出研究中需要处理的分类变量。例如，在研究企业财务绩效的影响因素时，可能需要考虑企业的行业类型、所有权结构等分类变量。确定类别数量是指明确分类变量的类别数量。例如，行业类型可能包括制造业、服务业、金融业等类别。

选择参照类别包括设定参照类别和生成哑元变量等。设定参照类别是指，在构造哑元变量时，需要选择一个类别作为参照类别。参照类别的选择通常基于研究目的或数据的代表性。例如，在研究不同行业对财务绩效的影响时，可以选择制造业作为参照类别。生成哑元变量是指，对于有 n 个类别的分类变量，需要生成 $n-1$ 个哑元变量。每个哑元变量对应一个类别，表示该类别相对于参照类别的影响。

在赋值规则中，如果某个观测值属于某个哑元变量对应的类别，则该哑元变量取值为1。例如，如果某个企业属于服务业，则服务业的哑元变量取值为1；如果某个观测值不属于某个哑元变量对应的类别，则该哑元变量取值为0。例如，如果某个企业不属于服务业，则服务业的哑元变量取值为0。

数据处理是指将分类变量转换为哑元变量，例如，将上市公司的行业分类和样本数据中的不同年份转换为哑元变量等。可以使用统计软件中的相关功能进行转换。

9.14.4　哑元变量的应用场景

哑元变量可以应用于分类变量的回归分析、面板数据分析、交互项分析等场景。可在含有分类变量的回归模型中引入哑元变量，用于分析分类变量对因变量的影响。例如，在研究不同性别对收入的影响时，可以引入性别哑元变量。

使用 Stata 生成
行业类别哑元
变量的方法

在面板数据模型中，哑元变量可以用于处理个体固定效应（如上市公司的行业固定效应）或时间固定效应。

哑元变量可以与其他变量结合，构造交互项，用于分析不同类别之间的交互作用对因变量的影响。例如，研究不同行业和不同地区企业财务绩效的交互作用时，可以引入行业和地区的哑元变量交互项。

使用 Stata 生成
不同年份哑元
变量的方法

通过合理构造和使用哑元变量，实证研究可以更有效地处理分类变量，提高模型的解释力和研究结果的准确性。

9.15　何时需要交互项？

在研究设计中，交互项是一种重要的模型构建工具，用于捕捉和分析自变量之间的相互作用对因变量的影响。

9.15.1　什么是交互项？

交互项是指在回归模型中，由两个或多个自变量相乘得到的新变量。交互项用于描述这些自变量之间相互作用对因变量的影响。例如，在线性回归模型中，交互项的表达式可以是：

$$Y = \beta_0 + \beta_1 X_1 + \beta_2 X_2 + \beta_3 X_1 X_2$$

其中，β_3 是交互项的系数，表示 X_1 和 X_2 之间的交互效应对因变量的影响。

9.15.2 交互项的作用

交互项的作用主要包括捕捉相互作用、提高模型解释力、揭示条件效应等。其中，捕捉相互作用是指，交互项能够捕捉自变量之间的相互作用效应，揭示不同变量如何共同影响因变量。例如，在研究教育程度和工作经验对收入的影响时，交互项可以揭示教育程度对收入的影响是否因工作经验的不同而有所差异。

提高模型解释力是指，通过引入交互项，模型可以更准确地描述变量之间的复杂关系，提高模型的解释力和预测能力。例如，在分析广告支出和产品质量对销售额的影响时，交互项可以帮助理解广告支出在不同产品质量水平下的效果。

揭示条件效应是指，交互项有助于揭示某个自变量对因变量的影响是否受到其他变量的调节作用。例如，在研究企业研发投入与财务绩效的关系时，交互项可以揭示研发投入对绩效的影响是否受到企业规模的调节作用。

9.15.3 何时需要引入交互项？

引入交互项的主要依据和原因主要有理论假设支持、数据特征显示、研究目的需要、异质性分析、机制分析等。其中，理论假设支持是指，当理论或文献假设存在变量之间的相互作用时，需要引入交互项。例如，根据资源基础理论，企业资源的配置效率可能受到企业战略选择的影响，因此，在研究企业资源与绩效关系时，需要引入战略选择与资源配置效率的交互项。

数据特征显示是指，当数据分析显示自变量之间存在显著的相互作用时，应引入交互项。例如，在进行回归分析时，如果发现两个自变量的交互项系数显著，说明它们之间存在相互作用，需要在模型中加以考虑。

研究目的需要是指，当研究目的是探讨变量之间的相互作用或条件效应时，需要引入交互项。例如，在研究企业国际化与创新绩效的关系时，如果研究目的是分析国际化程度如何影响创新投入与绩效之间的关系，就需要引入国际化程度与创新投入的交互项。

异质性分析是指，在进行异质性分析时，交互项可以帮助识别不同群体或情境下变量之间的差异性。例如，在研究不同行业企业财务杠杆与公司价值的关系时，可以引入行业类型与财务杠杆的交互项，分析不同行业之间的差异。

机制分析是指，当研究需要探讨变量之间的中介机制或因果路径时，交互项可以用于分析中介变量或调节变量的作用。例如，在研究企业社会责任与财务绩效的关系时，可以引入企业声誉作为中介变量，并分析企业社会责任与声誉之间的交互作用。

9.16　如何构造交互项？

9.16.1　交互项的类型

在研究设计中，交互项用于捕捉和分析自变量之间的相互作用对因变量的影响。交互项的常见类型主要有：连续变量与连续变量的交互项、连续变量与虚拟变量的交互项、虚拟变量与虚拟变量的交互项、连续变量与非线性项的交互项等。

（1）连续变量与连续变量的交互项，即两个连续变量相乘形成的交互项。例如，在研究企业研发投入与财务绩效的关系时，可以引入企业规模与研发投入的交互项，以分析企业规模如何影响研发投入对绩效的影响。该交互项常用于分析两个连续变量之间的相互作用，如市场环境与企业盈利能力的交互作用对投资决策的影响。

不过，考虑到此时交互系数大小受两个连续变量原始量纲的影响较大，可能导致交互项回归系数严重衰减（attenuation bias），一般至少需要对两个连续变量做均值中心化（mean-centering）或标准化处理，降低多重共线性，提高可解释性和模型稳定性。

（2）连续变量与虚拟变量的交互项，即一个连续变量与一个虚拟变量相乘形成的交互项。虚拟变量通常用于表示分类变量，如性别、行业类型等。该交互项常用于分析分类变量对连续变量影响的差异性。例如，在研究教育程度对收入的影响时，可以引入性别与教育程度的交互项，以分析男性和女性在不同教育程度下的收入差异。

（3）虚拟变量与虚拟变量的交互项，即两个虚拟变量相乘形成的交互项，常用于分析两个分类变量之间的相互作用。例如，在研究不同行业和不同地区企业财务杠杆的影响时，可以引入行业类型与地区类型的交互项，以分析不同行业和地区组合下的财务杠杆效应。

（4）连续变量与非线性项的交互项，即一个连续变量与该变量或其他变量的非线性项（如平方项、对数项）相乘形成的交互项。常用于分析变量之间的非线性相互作用。例如，在研究企业规模对财务风险的影响时，可以引入企业规模与规模平方项的交互项，以捕捉规模与风险之间的非线性关系。引入这种类型交互项时需注意的是如何解释其经济意义。

9.16.2　如何解释交互项系数的经济意义？

交互项系数表示在其他变量保持不变的情况下，一个自变量对因变量影响的变化率随另一个自变量的变化而变化的程度。例如，如果研发投入与企业规模的交互项系数为正，则说明企业规模越大，研发投入对财务绩效的正向影响越强。

通过合理构造和分析交互项，实证论文可以更深入地揭示变量之间的复杂关系，为研究问题提供更全面和准确的解释。

9.17　构造交互项有哪些常见的问题？

在研究设计中，构造交互项时可能会遇到一些问题，这些问题可能会影响模型的准确性和结果的解释。

9.17.1 构造交互项时的常见问题

例如，遗漏变量、多重共线性、交互项系数解释困难、模型过度复杂、数据质量问题、样本量不足。

（1）遗漏变量问题。在构造交互项时，可能会遗漏一些重要的变量或交互项。例如，在研究企业创新与绩效的关系时，可能只考虑了研发投入与绩效的交互项，而忽略了企业规模或行业特征等其他重要变量的交互作用。

解决方法：在模型构建前进行充分的文献综述和理论分析，确保识别出所有可能影响因变量的变量及其潜在的交互作用，并在模型中加以考虑；此外，也可以通过统计方法检验是否存在遗漏变量。

遗漏变量的
检验方法

（2）多重共线性问题。交互项与其构成的自变量之间可能存在高度相关性，导致多重共线性问题。这会使得模型参数估计的方差增大，影响参数的显著性和解释力。

解决方法：对自变量进行中心化处理（即将自变量减去其均值）后再构造交互项，可以有效降低多重共线性的影响。此外，还可以通过计算方差膨胀因子（VIF）来检测多重共线性①，并在必要时进行变量选择或模型调整。

（3）交互项系数解释困难问题。交互项系数的解释需要结合其构成的自变量系数进行，对于非专业的读者来说，可能难以理解交互项系数的具体含义和经济意义。

解决方法：在论文中详细解释交互项系数的经济意义，通过具体例子或图表来说明交互项的影响机制。例如，可以通过绘制交互效应图来直观展示不同自变量水平下因变量的变化情况。

（4）模型过度复杂问题。为了捕捉更多的交互作用，可能引入了过多的交互项，导致模型过于复杂，难以解释和应用。

解决方法：根据研究目的和理论假设，合理选择需要引入的交互项，避免过度复杂化模型。可以通过模型选择和检验方法（如 AIC、BIC 等）来评估模型的复杂性和拟合优度，选择最优的模型。

使用 Stata 评估
模型复杂性和拟合
优度的常用方法

（5）数据质量问题。如果数据存在测量误差、异常值或缺失值等问题，可能会影响交互项的准确性和模型结果的可靠性。

解决方法：在数据收集和处理阶段，严格控制数据质量，进行数据清洗和预处理，排除异常值和缺失值，确保数据的准确性和完整性。

---

① 方差膨胀因子（VIF）是衡量多元线性回归模型中解释变量之间多重共线性严重程度的一个指标。VIF 值越大，说明该变量与其他自变量之间的线性关系越强，多重共线性问题越严重。一般认为，当 VIF 值大于 10 时，存在严重的多重共线性问题。在进行回归分析后使用命令 estat vif，可以输出每个自变量的 VIF 值。例如，先进行回归分析 regress y x_1 x_2 x_3，然后输入 estat vif 查看 VIF 值。

（6）样本量不足问题。引入交互项会增加模型的复杂性，需要更多的样本量来准确估计交互项的系数。如果样本量不足，可能导致交互项系数的估计不准确或不显著。

解决方法：在研究设计阶段，尽量选择足够大的样本量，以确保能够准确估计交互项的效应。如果样本量有限，可以考虑简化模型或减少交互项的数量。

9.17.2 甄别不适当交互项的方法和注意事项

甄别模型中不适当的交互项是确保模型准确性和结果可靠性的关键步骤。常见的甄别视角有理论基础、统计检验、稳定性检验、模型复杂性、经济意义等。

（1）理论基础。如理论支持、文献验证等。其中，理论支持是指，交互项的引入应有明确的理论依据或假设支持。如果交互项没有理论基础，可能就需要慎重考虑。例如，如果研究中引入了两个变量的交互项，但没有相关理论表明这两个变量之间存在相互作用，那么这个交互项可能是不适当的。文献验证是指，通过查阅相关文献，了解在类似研究中是否已经验证了该交互项的存在和重要性。如果大量文献都没有发现或验证该交互项，那么在自己的研究中引入这个交互项可能需要谨慎考虑。

（2）统计检验。如系数显著性检验、模型拟合优度检验、F 检验等。

在系数显著性检验方面，通常使用 t 检验对交互项的系数进行显著性检验。如果交互项的系数不显著，说明该交互项对因变量的影响不显著，可能是不适当的。例如，如果企业规模与研发投入的交互项系数不显著，说明企业规模对研发投入影响的调节作用不显著，可以考虑删除该交互项。

模型拟合优度检验是指，比较包含交互项和不包含交互项的模型的拟合优度，如 R^2、调整 R^2 等。如果引入交互项后模型的拟合优度没有显著提高，说明该交互项可能是不适当的。

F 检验是指，通过 F 检验查看交互项作为一个整体对模型的贡献是否显著。如果 F 检验结果不显著，说明交互项整体对模型的解释力不强，可能是不适当的。

（3）模型复杂性。如模型完整性、模型简洁性、模型诊断等。

模型完整性是指，在引入交互项时，必须同时纳入构成交互项的所有自变量，不能仅保留交互项而舍弃其组成部分。

模型简洁性是指，过多的交互项会增加模型的复杂性，降低模型的可解释性和实用性。如果模型中交互项过多，且没有充分的理论和数据支持，可能导致模型过度拟合和解释困难，这些交互项可能是不适当的。

进行模型诊断的目的是：检查是否存在多重共线性、异方差性、自相关等问题。如果交互项的引入导致模型出现严重的诊断问题，且无法通过调整解决，那么这些交互项可能是不适当的。

中心化处理是指，在构建交互项时，可以对自变量进行中心化处理，以减少多重共线性问题并提高模型的解释力。中心化处理是将自变量减去其均值，然后再进行相乘。

（4）稳定性检验。如稳健性检验、敏感性分析。

稳健性检验是指，通过稳健性检验验证交互项的稳健性。例如，改变模型的估计方法、样本范围、控制变量等，观察交互项系数的显著性和稳定性。如果交互项在不同的稳健性检验中表现不稳定或不显著，说明该交互项可能是不适当的。

进行敏感性分析，观察交互项系数对模型结果的影响程度。如果交互项系数的变化对模型结果影响较小，说明该交互项可能是不适当的。

（5）经济意义。如经济解释性、经济显著性。

经济解释性是指，交互项的系数需要有合理的经济解释。如果交互项的系数难以解释或与经济理论相悖，可能是不适当的。例如，如果某个交互项的系数为负，但根据经济理论，这两个变量的交互作用应该是正向的，那么这个交互项就需要谨慎考虑。

经济显著性是指，即使交互项的系数在统计上显著，也需要考虑其经济显著性。如果交互项的经济效应非常小，对实际问题的影响微乎其微，那么这个交互项也可能是不适当的。例如，某个交互项的系数虽然显著，但其对因变量的影响仅为 0.01%，在经济意义上完全可以忽略不计。

通过以上方法和注意事项，研究者可以更准确地甄别模型中不适当的交互项，从而优化模型结构，提高研究结果的科学性和可信度。

9.18 如何编写变量定义表？

变量定义表是研究设计中一个重要的组成部分，它对研究的清晰度和可理解性具有重要左右。变量定义表到底有哪些作用？什么样的变量定义表更受欢迎？

9.18.1 变量定义表的作用

（1）明确变量含义，包括对变量的清晰界定和避免歧义等方面。其中，清晰界定是指，变量定义表对每个变量进行明确的定义和描述，使读者能够准确理解每个变量的含义和研究中的具体作用。例如，对于"企业规模"这一变量，定义表可以明确指山是用总资产、营业收入还是员工人数来衡量。避免歧义是指，通过详细的定义，可以避免因变量名称或概念的模糊而导致的误解和歧义，确保研究的严谨性和一致性。

（2）提供测量方法，包括说明数据来源和计算公式等方面。其中，数据来源是指说明每个变量的数据来源，如财务报表、问卷调查、数据库等，使读者了解数据的可靠性和有效性。计算公式是指，对于需要计算或转换的变量，提供具体的计算公式或方法，如"资产回报率（ROA）＝净利润/总资产"。

（3）展示变量关系，包括明确区分自变量与因变量、进行控制变量说明等方面。其中，明确区分自变量和因变量，有助于展示它们之间的关系和研究假设。例如，在研究企业研发投入与财务绩效的关系时，定义表可以清晰地列出研发投入作为自变量，财务绩效作为因变量。控制变量说明是指，对控制变量进行详细说明，解释其在模型中的作用和预期影响，例如，控制企业规模、行业类型等变量以排除其对因变量的干扰。

（4）增强论文可读性，包括能够集中展示和节省篇幅等方面。其中，集中展示是指，将所有变量的定义和信息集中展示在一张表格中，使读者能够快速浏览和查找相关信息，提高论文的可读性和易读性。节省篇幅是指避免在论文正文中重复解释每个变量，节省篇幅，使论文结构更加紧凑。

9.18.2　什么样的变量定义表更受欢迎？

（1）详细全面：包含所有变量，详细描述。其中，包含所有变量是指涵盖研究中使用的所有变量，包括自变量、因变量、控制变量等，确保没有遗漏。详细描述是指对每个变量的定义、数据来源、计算方法、单位等进行详细描述，使读者能够全面了解变量的各个方面。

（2）清晰易懂：简洁明了，格式规范。其中，简洁明了是指使用简洁明了的语言进行描述，避免过于复杂或冗长的解释，使读者能够快速理解变量的含义和作用。格式规范是指表格格式规范、整齐，便于阅读和查找。例如，可以按照变量类型（自变量、因变量、控制变量）进行分组排列，使用清晰的标题和列名。

（3）逻辑性强：顺序合理，关联明确。其中，顺序合理是指按照一定的逻辑顺序排列变量，如先列出因变量，再列出自变量和控制变量，使读者能够顺畅地理解变量之间的关系和研究思路。关联明确是指明确展示变量之间的关联和预期影响以及控制变量的作用等。

（4）一致性高：与正文一致，与模型一致。其中，与正文一致是指变量定义表中的信息与论文正文中的描述保持一致，避免出现矛盾或不一致的情况。与模型一致是指与研究模型中的变量设置和假设保持一致，确保变量定义与模型分析相匹配。

（5）可操作性强：数据可获取，计算可操作。其中，数据可获取是指所定义的变量数据来源明确且可获取，便于研究者进行数据收集和分析。计算可操作是指计算方法清晰可行，便于研究者进行变量的计算和处理。

通过构建一个详细、清晰、逻辑性强且受欢迎的变量定义表，实证论文可以更好地展示研究的变量框架，提高研究的透明度和可理解性，为读者提供一个清晰的研究导向，促进学术交流和研究的深入发展。

9.19　如何与研究假设相呼应？

在研究设计中，模型构造是验证研究假设的关键步骤。要使模型更好地呼应研究假设，需要采取一些措施，例如：确保模型与假设的一致性、理论支持模型构建、数据与模型的匹配、模型的稳健性检验、模型的解释力和预测力、与文献的关联、模型的简洁性与复杂性平衡等。

9.19.1 确保模型与假设的一致性

变量对应假设：模型中的自变量、因变量和控制变量应尽量与研究假设中的概念一一对应。例如，如果假设是"企业研发投入增加会提高财务绩效"，那么模型中的自变量应是"研发投入"，因变量是"财务绩效"。

方向一致性：模型中变量之间的预期关系方向应与研究假设一致。例如，如果假设是"企业规模越大，财务风险越低"，那么在模型中，企业规模的系数预期应为负。

关系形式一致性：模型设定的关系形式（如线性、非线性）应与假设中的关系形式相匹配。例如，如果假设是"广告支出与销售额之间存在非线性关系"，则模型应采用非线性形式，如二次项或对数形式。

9.19.2 理论支持模型构建

理论框架指导：基于理论框架构建模型，确保模型的构建有坚实的理论基础。例如，在研究企业财务杠杆与公司价值的关系时，可以基于权衡理论构建模型，将财务杠杆作为自变量，公司价值作为因变量，并考虑其他相关因素作为控制变量。

理论假设纳入模型：将理论中的假设条件纳入模型中。例如，在生产函数模型中，假设规模报酬不变，则在模型中应体现这一假设，采用柯布-道格拉斯生产函数形式。

理论推导验证：通过理论推导验证模型的合理性。例如，在研究企业创新与绩效关系时，可以从创新理论出发，推导出创新投入与绩效之间的关系，并在模型中加以验证。

9.19.3 数据与模型的匹配

数据支持假设：确保收集的数据能够支持研究假设，并与模型中的变量相匹配。例如，如果假设是"企业研发投入影响财务绩效"，则需要收集企业的研发投入数据和财务绩效数据。

数据特征适应模型：根据数据的特征选择合适的模型形式。例如，如果数据存在异方差性问题，应选择能够处理异方差性的模型，如使用加权最小二乘法（WLS）。

数据完整性：确保数据的完整性，避免因数据缺失导致模型无法准确反映研究假设。例如，在研究企业财务风险时，如果缺少某些关键财务指标的数据，可能导致模型无法全面反映风险因素。

9.19.4 模型的稳健性检验

稳健性检验方法：采用多种稳健性检验方法，验证模型结果的稳健性。例如，通过改变模型的估计方法、样本区间、控制变量等，检验模型结果是否一致。

结果与假设一致性：在稳健性检验中，确保模型结果与研究假设保持一致性。如果在不同的稳健性检验下，模型结果与假设不一致，则需要重新审视模型的构建和假设的合理性。

异常值和离群点处理：在模型中处理异常值和离群点，避免这些数据对模型结果产生较大影响，从而偏离研究假设。例如，在研究企业财务绩效时，剔除一些异常的财务数据，确保模型能够更准确地反映假设中的关系。

9.19.5 模型的解释力和预测力

提高模型的解释力：通过引入适当的控制变量和交互项，提高模型的解释力，使模型能够更全面地解释研究假设中的变量关系。例如，在研究企业创新与绩效关系时，引入企业规模、行业类型等控制变量，可以更好地解释创新对绩效的影响。

增强模型的预测力：确保模型具有一定的预测力，能够对研究假设中的变量关系进行准确预测。例如，在研究宏观经济政策对企业债务融资的影响时，模型应能够预测不同政策条件下企业债务融资的变化趋势。

模型诊断和调整：进行模型诊断，检查模型是否存在多重共线性、自相关等问题，并根据诊断结果对模型进行调整和优化，以提高模型的解释力和预测力。

9.19.6 与文献的关联

文献支持模型构建：参考相关文献中的模型构建方法和变量选择，确保模型的构建与现有研究保持一致性和可比性。例如，在研究企业财务风险时，可以借鉴已有文献中关于风险因素的模型构建方法。

文献验证假设：通过文献综述，验证研究假设的合理性和已有研究的支持程度，并在模型构建中体现这些文献的发现和结论。例如，在研究企业社会责任与财务绩效关系时，可以引用已有文献中关于企业社会责任对绩效影响的实证结果，支持模型的构建。

9.19.7 模型的简洁性与复杂性平衡

避免模型过度复杂化：在模型构建中，避免引入过多的变量和复杂的模型形式，以保持模型的简洁性和可解释性。例如，在研究企业财务杠杆与公司价值关系时，避免引入过多与假设关系不密切的变量，使模型过于复杂。

适当增加模型的复杂性：必要时，适当增加模型的复杂性，以更准确地捕捉变量之间的复杂关系和交互作用。例如，在研究企业创新与绩效关系时，引入创新投入与企业规模的交互项，以揭示不同规模企业创新对绩效的不同影响。

通过以上措施，可以使实证研究中的模型更好地呼应研究假设，提高研究结果的科学性和可信度，为理论研究和实际应用提供有力支持。

9.20 研究设计中有哪些常见误区?

在实证研究中,研究设计是验证研究假设和得出可靠结论的关键环节。然而,在研究设计过程中,研究者可能会陷入一些常见的误区,这些误区可能会影响研究设计的有效性和研究结果的准确性。研究设计中常见的误区主要有变量选择误区、模型设定误区、数据处理误区、结果解释误区等。

9.20.1 变量选择误区

遗漏重要变量,即在模型中遗漏了重要的自变量或控制变量,导致模型无法准确捕捉变量之间的关系。例如,在研究企业财务绩效的影响因素时,遗漏了企业规模或行业类型等重要变量,可能导致模型结果不准确。其原因可能是由于研究者对研究问题的理解不够深入,或者对相关理论和文献的掌握不够全面,未能识别出所有重要的影响因素等。

过度控制变量,即在模型中引入了过多的控制变量,导致模型过于复杂,难以解释和应用。例如,在研究企业研发投入与财务绩效的关系时,引入了大量与研究假设关系不密切的控制变量,如企业员工的年龄分布、教育背景等。其原因可能是研究者为了尽可能控制所有潜在的影响因素而忽略了模型的简洁性和解释力,或者对某些变量的重要性缺乏准确判断。

选择不当的代理变量,即使用不恰当的代理变量来代替难以直接测量的变量,导致模型结果失真。例如,将企业的营业收入作为企业规模的代理变量,而实际上企业的总资产更能反映其规模。其原因可能是由于数据的可得性限制,或者对变量之间关系的理解不够准确,导致选择了不合适的代理变量。

9.20.2 模型设定误区

错误的模型形式,即假设变量之间存在线性关系,而实际上可能存在非线性关系。例如,在研究广告支出与销售额的关系时假设线性关系,而实际上可能存在边际效应递减的非线性关系。其原因可能是由于研究者对变量之间关系的理论假设过于简单,或者缺乏对数据特征的深入分析,未能识别出非线性关系。

忽视交互作用,即在模型中忽视了变量之间的交互作用,导致无法捕捉变量之间的复杂关系。例如,在研究企业创新与绩效关系时,没有考虑创新投入与企业规模之间的交互作用。其原因可能是由于研究者对变量之间潜在的交互作用缺乏认识,或者在模型构建时未能充分考虑理论和数据的支持等。

错误的假设检验,即在模型中错误地假设误差项具有同方差性、独立性等,而实际上可能存在异方差性、自相关、内生性等问题。例如,在面板数据分析中,假设个体效应与解释变量不相关,而实际上可能存在内生性问题。其原因可能是由于研究者对模型假设的理解不够深入,或者在模型诊断和检验过程中不够仔细,未能发现和纠正这些问题。

9.20.3 数据处理误区

数据质量问题，如使用存在测量误差、异常值或缺失值的数据，导致模型结果不准确。例如，在研究企业财务数据时，使用了存在明显异常值的财务指标，如异常高的净利润率。其原因可能是由于数据收集和处理阶段不够严谨，或者对数据质量的检查和处理不够充分。

样本选择不当，即样本选择不具有代表性，或者样本量过小，导致模型结果缺乏普遍性和可靠性。例如，在研究某一行业企业财务绩效时，仅选择少数几家企业的数据进行分析。其原因可能是由于研究者对样本选择的重要性认识不足，或者在数据获取过程中存在困难，导致样本选择不当。

时间序列数据的误区，即在时间序列数据分析中，忽视了数据的非平稳性、单位根等问题，导致模型结果不准确。例如，在研究股票市场收益率时，没有进行单位根检验和差分处理。其原因可能是由于研究者对时间序列数据的特性理解不够深入，或者在模型构建和检验过程中未能充分考虑时间序列数据的特殊性。

9.20.4 结果解释误区

过度依赖统计显著性，即只关注模型结果的统计显著性，而忽视了结果的经济显著性和理论意义。例如，在研究企业财务杠杆与公司价值关系时，发现杠杆系数在统计上显著，但其经济效应非常小，对实际问题的影响微乎其微。其原因可能是由于研究者对统计显著性和经济显著性的关系理解不够准确，或者在结果解释过程中过于关注数值结果，而忽视了其实际意义。

错误的因果推断，即在模型结果中错误地推断因果关系，而实际上可能存在内生性问题或遗漏变量问题，导致因果推断不准确。例如，在研究企业研发投入与财务绩效关系时，错误地认为研发投入是绩效提高的唯一原因，而忽视了其他潜在的影响因素。其原因可能是由于研究者对因果推断的方法和条件理解不够深入，或者在模型构建和分析过程中未能充分考虑内生性问题和遗漏变量问题。

忽视稳健性检验，即在模型结果中忽视了稳健性检验，导致结果的可靠性受到质疑。例如，在研究企业财务风险与绩效关系时，没有进行稳健性检验，结果可能受到样本选择、变量选择等因素的影响。其原因可能是由于研究者对稳健性检验的重要性认识不足，或者在研究过程中时间有限，未能充分进行稳健性检验。

9.20.5 避免误区的建议

（1）深入理论研究。在模型构造前，深入研究相关理论和文献，明确研究假设和变量之间的关系，确保模型的理论基础更加坚实。

（2）严格数据处理。对数据进行严格的质量检查和处理，排除异常值和缺失值，确保数据的准确性和可靠性。

（3）合理选择变量。根据研究目的和理论假设，合理选择自变量、因变量和控制变量，避免遗漏重要变量和过度控制变量。

（4）灵活设定模型。根据数据特征和变量之间的关系，灵活设定模型形式，考虑非线性关系和交互作用，确保模型能够准确捕捉变量之间的复杂关系。

（5）全面检验模型。对模型进行全面的检验，包括统计检验、稳健性检验和诊断检验，确保模型的准确性和可靠性。

（6）准确解释结果。在结果解释中，既要关注统计显著性，也要关注经济显著性和理论意义，避免错误的因果推断和过度依赖统计结果。

通过避免这些常见的误区，研究者可以更好地构造研究设计，提高研究结果的科学性和可信度，为理论研究和实际应用提供有力支持。

✎ 本章小结

本章是研究设计的第一部分，以介绍模型构造为主，主要内容包括撰写研究设计的重要性、研究模型的常见类型、多元回归模型、固定效应与随机效应、交互项和变量定义表等，并指出了研究设计中的常见误区。本章的内容有助于初学者深入了解研究设计的撰写方法和注意事项。

❓ 思考与练习题

1. 在高质量专业期刊上选择一篇使用质性分析的论文，简述这种类型论文在研究设计方面的主要特色。

2. 在高质量专业期刊上选择一篇使用元分析的论文，简述这种类型论文在研究设计方面的主要特色。

3. 在高质量专业期刊上选择一篇使用结构方程的论文，简述这种类型论文在研究设计方面的主要特色。

4. 在高质量专业期刊上选择一篇使用多元回归分析和固定效应模型的论文，简述这篇论文在研究设计方面的主要特色。

5. 在高质量专业期刊上选择一篇使用多元回归分析和随机效应模型的论文，简述这篇论文在研究设计方面的主要特色。

6. 在高质量专业期刊上选择一篇使用多元回归分析和交互项模型的论文，简述这篇论文在研究设计方面的主要特色。

7. 在高质量专业期刊上选择一篇使用多元回归分析模型的论文，简述这篇论文变量定义表的主要特色。

10　研究设计 Ⅱ：常见的代理变量

📚 学习要点

构成回归模型的基本要素是变量。然而，在经管类实证研究中，许多变量缺乏直接测量的方法，需要在回归模型中使用代理变量进行替代。本章将介绍一些研究领域中常见的代理变量，包括其内涵、用途、测量方法以及典型应用场景等。

10.1　什么是代理变量？

在实证研究中，代理变量是指在无法直接测量或难以准确测量某个理论上的概念或变量时所采用的一种替代变量。

10.1.1　代理变量的定义及作用

代理变量是与研究者真正感兴趣但难以直接观测或度量的变量高度相关的其他可观测变量。通过使用代理变量，研究者能够在实证分析中近似地反映那些无法直接获取的变量的影响和作用。

代理变量的作用是解决测量难题和数据可得性。其中，解决测量难题指的是，许多重要的经济、社会和心理等方面的变量难以直接测量。比如，"企业创新能力"是一个抽象概念，很难直接用一个精确的指标来衡量，但可以用"研发投入"或"专利申请数量"等可量化、可观测的变量作为代理变量来间接反映企业创新能力的高低。数据可得性指的是，在实际研究中，所需的真实变量数据可能无法获取，但与其相关的代理变量数据却容易获得。例如，在研究居民生活质量时，直接衡量生活质量的综合数据可能难以收集，但"人均可支配收入"或"恩格尔系数"等代理变量的数据相对容易获取，可用来间接研究生活质量。

10.1.2　代理变量的选择标准

代理变量一般要满足相关性、可观测性和可度量性、理论合理性等要求。

相关性是指代理变量与被代理的变量之间必须具有显著的相关性。这种相关性可以是正相关，也可以是负相关，关键是要能合理地反映被代理变量的变化趋势。比如，在研究教育对收入的影响时，用"教育年限"作为教育水平的代理变量，是因为一般来说，教育年限与教育水平呈正相关关系。

可观测性和可度量性是指代理变量必须是可以直接观测和准确度量的。例如，在衡量城市的经济发展水平时，"国内生产总值（GDP）"、"人均GDP"等都是可观测、可精确度量的指标，常被用作经济发展水平的代理变量。

理论合理性指的是选择代理变量要有坚实的理论基础，从理论逻辑上能够解释为什么该变量可以作为代理变量。例如，根据消费理论，收入是影响消费的重要因素，所以在研究消费行为时，用"家庭收入"作为家庭购买能力的代理变量是符合理论逻辑的。

以研究企业的投资效率为例，真实的投资效率难以直接衡量。一些研究就采用"投资–现金流敏感度"作为代理变量来间接反映投资效率。其逻辑是，如果企业投资对内部现金流过于敏感，可能意味着企业存在融资约束等问题，从而影响投资效率。即当企业内部现金流增加时，投资过度；现金流减少时，投资不足，通过这种敏感度来近似刻画企业的投资效率情况。

10.1.3　如何评估代理变量的可靠性？

评估方法有多种，主要从数据来源、变量稳定性、测量工具准确性等方面展开。

（1）基于数据来源的评估方法：如考察数据出处权威性、核实数据收集方法科学性。

考察数据出处权威性，是指权威机构的数据通常更可靠。比如，世界银行、国家统计局等发布的数据，在收集、整理和发布过程中有严格的规范和质量控制，若代理变量数据来自这些机构，可靠性相对较高。可通过查阅数据发布机构的官方网站，了解其数据收集和处理的流程、方法以及质量控制措施，判断数据的可信度。

核实数据收集方法科学性指的是科学的数据收集方法是数据可靠性的基础。若数据是通过随机抽样、分层抽样等科学抽样方法获取的，且样本具有足够的代表性和样本量，那么数据更可靠。例如，在市场调研中，采用随机抽样选取一定数量的消费者进行问卷调查，能更好地反映总体消费者的情况。可通过查看数据收集报告或相关文献，了解抽样方法、样本量、调查方式等细节，评估数据收集方法的科学性。

（2）基于变量稳定性的评估方法：如时间序列稳定性分析、跨样本稳定性检验。

时间序列稳定性分析是指对于时间序列数据，观察代理变量在不同时间点的取值是否相对稳定。若代理变量在较长时间内波动较小，且能合理反映目标变量的长期趋势，说明其稳定性较好，可靠性较高。例如，在研究经济增长时，国内生产总值（GDP）增长率在一定时期内相对稳定，可作为经济增长的可靠代理变量。可绘制代理变量的时间序列图，计算其标准差、变异系数等统计量，分析变量的波动情况。

跨样本稳定性检验指的是，将代理变量应用于不同的样本群体或不同的研究区域，观察其是否能稳定地反映目标变量。若在不同样本中，代理变量与目标变量的关系保持一致，说明其具有较好的跨样本稳定性。比如，在研究居民消费行为时，"人均可支配收入"在不同城市、不同收入群体的样本中都能较好地反映居民的消费能力。可通过分组分析、比较不同样本中代理变量与目标变量的相关系数、回归系数等统计量，检验其跨样本稳定性。

（3）基于测量工具准确性的评估方法：如信度分析、效度分析。

信度分析可分为重测信度和内部一致性信度。重测信度指的是，在不同时间点对同一组样本使用相同的测量工具测量代理变量，计算两次测量结果的相关系数。若相关系数较高，说明测量结果稳定，代理变量的信度高。例如，对同一批学生在间隔一个月的时间内进行两次相同的学习能力测试，若成绩的相关系数在 0.8 以上，说明该测试工具测量的学习能力代理变量具有较好的重测信度。内部一致性信度指的是，通过计算克朗巴赫 α 系数等指标，评估测量工具中各个题项之间的一致性。α 系数越高，说明各个题项测量的是同一个概念，代理变量的内部一致性越好。一般来说，α 系数在 0.7 以上，认为测量工具的内部一致性信度较好。

效度分析可分为内容效度、效标关联效度和结构效度。其中，内容效度是指从内容上判断测量工具是否全面、准确地涵盖了代理变量所代表的概念范围。通常由专家对测量工具的题项进行审核，判断其是否能充分反映目标变量的内涵。例如，对于一份测量员工工作满意度的问卷，邀请人力资源管理专家审核问卷内容是否涵盖了工作环境、薪酬待遇、职业发展等影响工作满意度的各个方面。效标关联效度指的是将代理变量与一个已被广泛认可的效标变量进行比较，计算两者之间的相关系数。若相关系数较高，说明代理变量具有较好的效标关联效度。例如，在研究学生的学习成绩时，以期末考试成绩为效标，若平时作业成绩与期末考试成绩的相关系数较高，说明平时作业成绩可作为学习成绩的有效代理变量。结构效度指的是通过验证性因子分析等方法，检验代理变量是否符合理论上的结构假设。若模型的拟合度指标良好，说明代理变量具有较好的结构效度。例如，在研究消费者购买意愿时，根据理论构建一个包含消费者态度、主观规范、感知行为控制等因素的结构模型，通过验证性因子分析检验这些因素与购买意愿代理变量之间的关系是否符合理论预期。

下面基于常见的研究领域分别归纳总结那些常见的代理变量。如未明确标注数据具体来源，通常指的是企业年报、数据库（如 CSMAR、Wind 等）、国家或地方统计年鉴、国家或地方统计局网站等。

10.2 常见的代理变量：股价崩盘风险

在股价崩盘风险领域的实证研究中，常见的代理变量指标主要有：负收益偏态系数、收益上下波动比率、崩盘事件指标、崩盘事件计数、企业财务绩效、企业规模、企业负债水平、企业盈利能力等。

10.2.1 负收益偏态系数

负收益偏态系数（negative conditional skewness，NCSKEW）衡量股票收益率分布的负偏度，反映股票收益率分布的不对称性。用于评估股票价格突然大幅下跌的可能性。

【度量方法】 计算股票周收益率与市场周收益率的残差；对残差进行对数转换，使其接近标准正态分布；计算负收益偏态系数。其公式如下：

$$NCSKEW_{it} = -\frac{n}{(n-1)(n-2)}\sum_{t=1}^{n}\left(\frac{W_{it}}{\sigma_{it}}\right)^3$$

其中，n 是某一年内公司 i 的交易周数，W_{it} 是公司 i 在第 t 周的周超额收益率，σ_{it} 是公司 i 在第 t 周的周超额收益率的标准差。

【应用场景】 作为被解释变量，检验影响股价崩盘风险的因素。

10.2.2 收益上下波动比率

收益上下波动比率（down-to-up volatility，DUVOL）衡量股票收益率在上涨和下跌阶段的波动性差异，用于评估股票价格在下跌阶段的波动性是否显著高于上涨阶段，从而反映股价崩盘风险。

【度量方法】 计算股票周收益率与市场周收益率的残差；对残差进行对数转换，使其接近标准正态分布；计算收益上下波动比率。其公式如下：

$$DUVOL_{it} = -\ln\left(\frac{n_u - 1}{n_d - 1} \times \frac{\sum_{t=1}^{n} W_{it}^2 \cdot I(W_{it} < 0)}{\sum_{t=1}^{n} W_{it}^2 \cdot I(W_{it} > 0)}\right)$$

其中，n_u 和 n_d 分别是公司 i 在某一年内周收益率高于和低于当年周收益率均值的周数；$I(W_{it} < 0)$ 是符号函数，当 $W_{it} < 0$ 时取值为 1，否则为 0；$I(W_{it} > 0)$ 也是符号函数，当 $W_{it} > 0$ 时取值为 1，否则为 0。

【应用场景】 作为被解释变量，检验影响股价崩盘风险的因素；稳健性检验，即可对负收益偏态系数进行稳健性检验。

10.2.3 崩盘事件指标

崩盘事件指标（crash event indicator，CRASH）衡量股票是否发生崩盘事件，用于评估股票在特定时期内是否出现显著的崩盘事件。

【度量方法】 计算股票周收益率与市场周收益率的残差；对残差进行对数转换，使其接近标准正态分布；定义崩盘事件指标。其公式如下：

$$CRASH_{it} = \begin{cases} 1, & \text{若} W_{it} \leq -3\sigma_{it} \\ 0, & \text{在其他情况下} \end{cases}$$

其中，W_{it} 是公司 i 在第 t 周的周超额收益率，σ_{it} 是公司 i 在第 t 周的周超额收益率的标准差。

【应用场景】作为被解释变量，检验影响股价崩盘风险的因素。

10.2.4 崩盘事件计数

崩盘事件计数（crash event count, CRASH_COUNT）衡量股票在特定时期内发生崩盘事件的次数，用于评估股票在特定时期内崩盘事件的频率。

【度量方法】计算股票周收益率与市场周收益率的残差；对残差进行对数转换，使其接近标准正态分布；计算崩盘事件计数。其公式如下：

$$CRASH\_COUNT_{it} = \sum_{t=1}^{n} I(W_{it} \leq -3\sigma_{it})$$

其中，W_{it} 是公司 i 在第 t 周的周超额收益率，σ_{it} 是公司 i 在第 t 周的周超额收益率的标准差，$I(W_{it} \leq -3\sigma_{it})$ 是符号（指示）函数，表示当 $W_{it} \leq -3\sigma_{it}$ 时取值为 1，否则为 0。

【应用场景】作为被解释变量，检验影响股价崩盘风险的因素。

10.2.5 企业财务绩效

企业财务绩效（corporate financial performance）衡量企业的财务表现，这里用于评估企业财务绩效对股价崩盘风险的影响。

【度量方法】资产回报率（ROA）：净利润与总资产的比率；股东权益回报率（ROE）：净利润与股东权益的比率；Tobin's Q：企业市场价值与账面价值的比率。

【应用场景】作为控制变量，检验企业财务绩效对股价崩盘风险的影响。

10.2.6 企业规模

企业规模（firm size），即用于评估企业规模的大小对股价崩盘风险的影响。

【度量方法】总资产：企业的总资产规模；营业收入：企业的营业收入规模。

【应用场景】作为控制变量，检验企业规模对股价崩盘风险的影响。

10.2.7 企业负债水平

企业负债水平（firm leverage），即用于评估企业负债水平的高低对股价崩盘风险的影响。

【度量方法】资产负债率：负债总额与资产总额的比率；债务与权益比：负债总额与股东权益的比率。

【应用场景】作为控制变量，检验企业负债水平对股价崩盘风险的影响。

10.2.8 企业盈利能力

企业盈利能力（firm profitability），即用于评估企业盈利能力对股价崩盘风险的影响。

【度量方法】净资产收益率（ROE）：净利润与股东权益的比率；总资产收益率

（ROA）：净利润与总资产的比率。

【应用场景】 作为控制变量，检验企业盈利能力对股价崩盘风险的影响。

10.3 常见的代理变量：风险承担

在企业风险承担领域的实证研究中，常见的代理变量指标主要有：企业风险承担水平、企业财务绩效、企业投资决策、企业治理结构、市场反应、企业规模、企业负债水平、企业盈利能力、企业成长性、企业创新投入等。

10.3.1 企业风险承担水平

企业风险承担水平（corporate risk-taking level）：衡量企业在经营活动中愿意承担的风险程度，用于评估企业的风险偏好和战略决策。

【度量方法】 业绩波动性：如资产回报率（ROA）的标准差、股票回报波动性等；研发强度：研发支出占营业收入的比例；生存可能性：企业存活时间或破产概率（如 Z 值）。

【应用场景】 作为被解释变量，检验企业风险承担水平的影响因素。

10.3.2 企业财务绩效

企业财务绩效（corporate financial performance）：衡量企业的财务表现，这里用于评估企业风险承担对财务绩效的影响。

【度量方法】 资产回报率（ROA）：净利润与总资产的比率；股东权益回报率（ROE）：净利润与股东权益的比率；Tobin's Q：企业市场价值与账面价值的比率。

【应用场景】 例如，作为被解释变量，检验企业风险承担对财务绩效的影响。

10.3.3 企业投资决策

企业投资决策（corporate investment decisions）：衡量企业在投资决策中的风险偏好，这里用于评估企业投资决策对风险承担的影响。

【度量方法】 投资强度：投资支出占营业收入的比例；投资回报率：投资项目的预期回报率。

【应用场景】 例如，作为解释变量，检验投资决策对企业风险承担的影响。

10.3.4 企业治理结构

企业治理结构（corporate governance structure）：衡量企业的治理结构和治理机制，这里用于评估企业治理结构对风险承担的影响。

【度量方法】 董事会独立性：独立董事的比例；董事会多样性：董事会成员的性别、

年龄、背景等多样性；信息披露质量：企业信息披露的及时性和完整性。

【应用场景】作为控制变量，检验企业治理结构对风险承担的影响。

10.3.5 市场反应

市场反应（market reaction）：衡量市场对企业风险承担的反应，这里用于评估市场对企业风险承担的认可程度和反应。

【度量方法】累计超额收益率：事件日前后一定时间内的累计超额收益率；市场估值变化：企业市场估值的变化情况。

【应用场景】作为被解释变量，检验企业风险承担对市场反应的影响。

10.3.6 企业规模

企业规模（firm size）：企业的规模大小，这里用于评估企业规模对风险承担的影响。

【度量方法】总资产：企业的总资产规模；营业收入：企业的营业收入规模。

【应用场景】作为控制变量，检验企业规模对风险承担的影响。

10.3.7 企业负债水平

企业负债水平（firm leverage）：这里用于评估企业负债水平对风险承担的影响。

【度量方法】资产负债率：负债总额与资产总额的比率；债务与权益比：负债总额与股东权益的比率。

【应用场景】作为控制变量，检验企业负债水平对风险承担的影响。

10.3.8 企业盈利能力

企业盈利能力（firm profitability）：这里用于评估企业盈利能力对风险承担的影响。

【度量方法】净资产收益率（ROE）：净利润与股东权益的比率；总资产收益率（ROA）：净利润与总资产的比率。

【应用场景】作为控制变量，检验企业盈利能力对风险承担的影响。

10.3.9 企业成长性

企业成长性（firm growth）：这里用于评估企业成长性对风险承担的影响。

【度量方法】营业收入增长率：营业收入的增长率；资产增长率：总资产的增长率。

【应用场景】例如，作为控制变量，检验企业成长性对风险承担的影响。

10.3.10 企业创新投入

企业创新投入（firm innovation investment）：即企业在创新方面的投入，这里用于评估企业创新投入对风险承担的影响。

【度量方法】研发强度：研发支出占营业收入的比例；专利数量：企业申请的专利总数。

【应用场景】作为解释变量，检验企业创新投入对风险承担的影响。

总之，在风险承担领域的实证研究中，选择合适的变量指标是确保研究结果可靠性和说服力的关键。通过上述变量指标的详细说明，研究者可以更好地选择和构建适合其研究问题的变量指标体系。

10.4 常见的代理变量：数据资产入表

在数据资产入表领域的实证研究中，常见的代理变量指标主要有：数据资产规模、数据资产质量、数据资产效益、数据资产披露、数据资产资本化、数据资产应用、数据资产合规性、数据资产投资、数据资产对企业绩效的影响等。

10.4.1 数据资产规模

数据资产规模（data asset size）：衡量企业数据资产的总量，主要用于评估数据资产在企业总资产中的比重和重要性。

【度量方法】数据资产金额：数据资产的账面价值或评估价值；数据资产占比：数据资产金额占总资产的比例。

【应用场景】作为解释变量，检验数据资产规模对企业绩效的影响。

10.4.2 数据资产质量

数据资产质量（data asset quality）：衡量数据资产的质量水平，主要用于评估数据资产的准确性和可靠性。

【度量方法】数据准确性：数据的准确性指标，如错误率；数据完整性：数据的完整性指标，如缺失值比例；数据一致性：数据的一致性指标，如数据标准的统一性。

【数据来源】企业 ERP 系统内部数据：从企业内部数据管理系统中提取相关数据；数据库：如 CSMAR、Wind 等数据库。

【应用场景】例如，作为解释变量，检验数据资产质量对企业绩效的影响。

10.4.3 数据资产效益

数据资产效益（data asset efficiency）：衡量数据资产的使用效率和经济效益，主要用于评估数据资产对企业经济效益的贡献。

【度量方法】数据资产回报率：数据资产带来的收益与数据资产金额的比率；数据资产周转率：数据资产的使用频率或周转速度。

【应用场景】例如，作为解释变量，检验数据资产效益对企业绩效的影响。

10.4.4 数据资产披露

数据资产披露（data asset disclosure）：衡量企业在财务报表中对数据资产的披露程度，用于评估企业对数据资产的透明度和信息披露质量。

【度量方法】披露词频：财务报表中提到数据资产的次数；披露详细程度：数据资产披露的详细程度，如是否披露数据资产金额、数据资产类型等。

【应用场景】例如，作为解释变量，检验数据资产披露对企业市场反应的影响。

10.4.5 数据资产资本化

数据资产资本化（data asset capitalization）：衡量企业将数据资产资本化的程度，用于评估企业将数据资产资本化的能力和效果。

【度量方法】资本化比例：数据资产资本化金额占数据资产总金额的比例；资本化方法：数据资产资本化的方法，如成本法、收益法、市场法等。

【应用场景】例如，作为解释变量，检验数据资产资本化对企业绩效的影响。

10.4.6 数据资产应用

数据资产应用（data asset applications）：衡量数据资产在不同应用场景中的使用情况，用于评估数据资产在不同业务领域的应用效果。

【度量方法】应用场景数量：数据资产在不同应用场景中的数量；应用场景效益：数据资产在不同应用场景中的经济效益。

【数据来源】企业内部数据：从企业内部数据管理系统中提取相关数据。

【应用场景】例如，作为解释变量，检验数据资产应用场景对企业绩效的影响。

10.4.7 数据资产合规性

数据资产合规性（data asset compliance）：衡量企业数据资产的合规性程度，用于评估企业数据资产的合法性和合规性。

【度量方法】合规审查结果：数据资产合规审查的结果，如合规报告；合规风险：数据资产面临的合规风险，如数据隐私风险、数据安全风险等。

【数据来源】企业内部数据：从企业内部合规管理部门中提取相关数据。

【应用场景】例如，作为解释变量，检验数据资产合规性对企业绩效的影响。

10.4.8 数据资产投资

数据资产投资（data asset investment）：衡量企业在数据资产上的投资规模，用于评估企业对数据资产的投资力度和效果。

【度量方法】投资金额：企业在数据资产上的投资金额；投资占比：数据资产投资金

额占企业总投资的比例。

【应用场景】比如，作为解释变量，检验数据资产投资对企业绩效的影响。

10.4.9 数据资产市场反应

数据资产市场反应（market reaction to data assets）：衡量市场对企业数据资产的反应，用于评估市场对企业数据资产的认可程度和反应。

【度量方法】累计超额收益率：事件日前后一定时间内的累计超额收益率；市场估值变化：企业市场估值的变化情况。

【数据来源】股票市场数据：从股票市场数据库中提取相关数据；数据库：如CSMAR、Wind 等数据库。

【应用场景】例如，作为被解释变量，检验数据资产对企业市场反应的影响。

10.4.10 数据资产对企业绩效的影响

数据资产对企业绩效的影响（impact of data assets on firm performance）：衡量数据资产对企业绩效的影响程度，用于评估数据资产对企业财务绩效、运营效率、创新能力等方面的影响。

【度量方法】财务绩效指标：如资产回报率（ROA）、股东权益回报率（ROE）等；运营效率指标：如总资产周转率（TATO）、存货周转率（ITO）等；创新能力指标：如专利数量、研发投入等。

【应用场景】例如，作为被解释变量，检验数据资产对企业绩效的影响。

总之，在数据资产入表领域的实证研究中，选择合适的变量指标是确保研究结果可靠性和说服力的关键。通过上述变量指标的详细说明，研究者可以更好地选择和构建适合其研究问题的变量指标体系。在实际应用中，应根据研究问题和数据特点选择合适的度量方法，并结合理论和实际情况对结果进行分析和解释。

10.5 常见的代理变量：跨国并购

在跨国并购领域的实证研究中，常见的代理变量指标主要有：跨国并购绩效、并购双方国家间的距离（包括文化距离、制度距离、经济距离、地理距离四个方面）、并购方所属母国的经济发展水平、并购方企业特征、并购目标企业特征、并购交易特征、并购方的跨国并购经验、并购方的企业性质、并购方的行业专长、并购双方的技术势差等。

跨国并购研究领域
若干代理变量的
内涵、度量方法
和应用场景

10.6 常见的代理变量：ESG 相关

在 ESG（环境、社会和公司治理）相关领域的实证研究中，常见的代理变量指标主要有：ESG 整体表现、环境表现、社会表现、公司治理表现、企业绩效、市场反应、ESG 信息披露、ESG 风险、ESG 与企业价值的关系等。

ESG 研究领域
若干代理变量的
内涵、度量方法
和应用场景

10.7 常见的代理变量：高质量发展

在高质量发展领域的实证研究中，选择合适的变量指标是确保研究结果可靠性和说服力的关键。例如：高质量供给、高质量需求、发展效率、经济运行水平、创新能力、环境质量、产业结构、金融深化程度、居民生活水平、区域经济高质量发展水平等。

高质量发展研究
领域若干代理
变量的内涵、度量
方法和应用场景

10.8 常见的代理变量：业财融合

在业财融合领域的实证研究中，常见的代理变量指标主要有：业财融合程度、财务共享实施、信息共享程度、企业财务绩效、企业创新能力、企业运营效率、企业市场表现、企业组织变革、企业业务模式创新、企业内部控制等。

业财融合研究领域
若干代理变量的内涵、
度量方法和应用场景

10.9 常见的代理变量：审计研究

在审计相关领域的实证研究中，常见的代理变量指标主要有：审计质量、审计费用、审计师变更、审计师规模、审计师行业专长、审计师任期、审计师独立性、审计师专业能力、审计师行业经验、审计师声誉等。

审计研究领域
若干代理变量的内涵、
度量方法和应用场景

10.10 常见的代理变量：创新与数字化转型

在创新力与创新绩效领域的实证研究中，常见的代理变量指标主要有：创新力、创新绩效、企业财务绩效、企业运营效率、企业市场表现、企业组织变革、企业业务模式创新、企业内部控

创新与数字化转型
研究领域若干代理
变量的内涵、度量
方法和应用场景

制等。

10.11 常见的代理变量：资源编排

在资源编排领域的实证研究中，常见的代理变量指标主要有：资源获取能力、资源整合能力、资源利用能力、资源编排能力、企业绩效、创新能力、市场反应、网络能力、数字平台能力、资源编排对企业绩效的影响等。

资源编排研究领域
若干代理变量的内涵、
度量方法和应用场景

10.12 常见的代理变量：漂绿行为

在漂绿行为领域的实证研究中，常见的代理变量指标主要有：漂绿行为、环境绩效、环境信息披露、企业规模、企业财务绩效、市场反应、媒体报道、企业治理结构、企业社会责任、企业环境风险等。

漂绿行为研究领域若干
代理变量的内涵、
度量方法和应用场景

10.13 常见的代理变量：财务舞弊

在财务舞弊领域的实证研究中，常见的代理变量指标主要有：财务杠杆、盈利能力、资产周转率、流动性、关联方交易、内部控制质量、管理层持股比例、独立董事比例、审计意见、企业规模等。

财务舞弊研究领域
若干代理变量的内涵、
度量方法和应用场景

10.14 常见的代理变量：新质生产力

在新质生产力领域的实证研究中，常见的代理变量指标主要有：高新技术应用、数字化水平、绿色化水平、人才素质、全要素生产率、新质产业体系、创新投入与产出、劳动者意识、有形与无形劳动资料、新质生产力水平等。

新质生产力研究领域
若干代理变量的内涵、
度量方法和应用场景

10.15 常见的代理变量：国内国际双循环

在国内外双循环研究领域的实证研究中，常见的代理变量指标主要有：国内循环参与度、国际循环参与度、数字经济发展水平、市场化指数、产业结构、政府干预程度、城镇化水平、人力资本、金融深化程度、实际利用外资等。

双循环研究领域
若干代理变量的内涵、
度量方法和应用场景

📝 本章小结

本章归纳了若干研究领域中常见的代理变量，包括其内涵、测量方法以及典型应用场景等。本章的内容有助于初学者深入了解如何在回归模型的指标中构造、选择和使用代理变量。

❓ 思考与练习题

1. 在高质量专业期刊上选择一篇创新或数字化转型领域的实证研究论文，简述其因变量、解释变量和控制变量的来源、依据和测量方法。

2. 在高质量专业期刊上选择一篇财务舞弊或审计领域的实证研究论文，简述其因变量、解释变量和控制变量的来源、依据和测量方法。

3. 在高质量专业期刊上选择一篇 ESG 领域的实证研究论文，简述其因变量、解释变量和控制变量的来源、依据和测量方法。

4. 在高质量专业期刊上选择一篇股价崩盘风险领域的实证研究论文，简述其因变量、解释变量和控制变量的来源、依据和测量方法。

5. 在高质量专业期刊上选择一篇高质量发展领域的实证研究论文，简述其因变量、解释变量和控制变量的来源、依据和测量方法。

6. 在高质量专业期刊上选择一篇业财融合领域的实证研究论文，简述其因变量、解释变量和控制变量的来源、依据和测量方法。

7. 在高质量专业期刊上选择一篇数据资产入表领域的实证研究论文，简述其因变量、解释变量和控制变量的来源、依据和测量方法。

8. 在高质量专业期刊上选择一篇国内国际双循环领域的实证研究论文，简述其因变量、解释变量和控制变量的来源、依据和测量方法。

9. 在高质量专业期刊上选择一篇新质生产力领域的实证研究论文，简述其因变量、解释变量和控制变量的来源、依据和测量方法。

11 研究设计Ⅲ：样本数据那些事儿

学习要点

在构造实证模型之后，样本数据就成了关键一环。缺乏充足的样本数据，实证模型就成了"无米之炊"。本章的主题是样本数据的获取和预处理过程，主要内容包括：常见的公开数据来源，如何选择样本数据的时间跨度，自然数据与准自然实验数据，为何需要对样本数据进行预处理，如何处理缺失值、极端值和数量级差异问题，某些研究中为何剔除金融类上市公司，平衡面板与非平衡面板，样本数据分布有偏问题等。

11.1 为何实证研究取决于样本数据？

在实证研究中，研究问题的选择和模型构造在很大程度上取决于样本数据的可获得性和可用性，主要原因包括：数据的可获得性限制研究范围和问题选择，数据的可获得性和可用性制约模型构造的可行性，数据的可获得性和可用性影响研究设计的细节，以及数据获取成本影响数据收集方法和样本规模等。

11.1.1 数据的可获得性限制研究范围和问题选择

具体包括需要基于数据的可获得性确定可行的研究问题、需要基于数据的可获得性选择合适的研究对象等。

基于数据的可获得性确定可行的研究问题。首先，如果某些关键数据难以获取，研究人员就不得不缩小研究问题的范围。例如，在研究新兴市场国家中小企业的融资约束对其创新能力的影响时，若无法获取中小企业的详细融资渠道（如风险投资的具体金额、民间借贷的利率和规模等）和创新投入（如研发人员的具体工时、研发中新技术的投入成本等）数据，就很难全面分析融资约束与创新能力之间的关系。这时就需要将研究问题聚焦在可以获取数据的部分，如仅考虑银行贷款作为融资渠道对企业专利数量（较易获取的数据）的影响等。其次，数据可获得性还影响研究的时效性。对于一些需要及时反映市场动态的研究，如高频交易策略的研究，只有能够快速获得实时或近实时的交易数据（如股票价格、成交量等），才能开展相关研究。否则，就只能研究低频数据下的长期趋势，研究问题的方向也会随之改变。

基于数据的可获得性选择合适的研究对象。样本数据的可获得性决定了研究对象的选取。以研究金融市场投资者行为为例，如果无法获取个人投资者的交易数据，就只能转向研究机构投资者，因为机构投资者的数据相对更容易获取。例如，研究基金公司的投资组合调整策略，数据可能来源于基金的季报、年报等公开信息，这些信息的可获得性使得基金公司成为一个可行的研究对象；而由于个体股民的数据较为零散且难以收集，就可能被迫放弃将个体股民作为研究对象。

11.1.2 数据的可获得性和可用性制约模型构造的可行性

具体包括数据缺失对模型选择的限制、可用数据类型的限制等。

数据缺失对模型选择的限制。如果关键变量的数据存在大量缺失，一些对数据完整性要求较高的模型就无法使用。例如，在构建结构方程模型（SEM）来分析消费者金融素养、金融行为和金融市场环境之间的复杂关系时，需要完整的数据集来估计多个变量之间的路径系数。如果消费者金融行为的数据（如购买理财产品的频率、金额等）缺失严重，就很难应用 SEM 模型。此时就需要选择对数据缺失更具包容性的模型，如基于贝叶斯估计的可观测马尔可夫决策过程（POMDP）模型，或者对缺失数据进行合理处理后再考虑模型构造。

可用数据类型的限制。数据的可获得性往往决定了能够使用的数据类型。如果只能获得分类数据（如企业所属行业等类别数据），而无法获得连续型数据（如企业的精确市场份额数值），那么在模型构造中就不能使用基于连续变量假设的传统线性回归模型，只能采用逻辑回归模型（如果因变量也是分类变量）或者分类数据分析方法，如列联表分析等。例如，在研究企业行业类别与是否获得银行贷款

列联表分析

（是/否）的关系时，由于行业类别是分类数据，就可以使用逻辑回归或列联表来分析不同行业类别对贷款获批概率的影响。

11.1.3 数据的可获得性和可用性影响研究设计的细节

数据质量影响实证模型的构建，不同的数据获取渠道提供的数据质量参差不齐。如果数据主要来自官方统计机构或高质量的数据库，这些数据通常经过了严格的收集和审核流程，质量较高，且在时间序列和定义上比较一致，在研究设计中就可以基于这些高质量数据构建复杂的时间序列模型，如用 ARIMA 模型来分析宏观经济变量之间的动态关系。

ARMA 模型
与 **ARIMA** 模型

数据格式也会影响实证分析的细节。如果数据是通过网络爬虫从多个金融网站获取的公司财务数据，可能会存在数据格式不一致、数据更新不及时以及数据不匹配等问题。

此时研究设计中就需要首先进行数据清洗和整理，如统一数据格式、核对数据准确性等，并且在模型构造时可能要采用更稳健的方法，以应对可能存在的数据质量问题。

11.1.4 数据获取成本影响数据收集方法和样本规模

获取某些数据可能需要支付高昂的费用，例如，一些专业的金融数据库（如彭博终端、万得资讯等）提供详细的全球金融市场数据，但需要购买昂贵的订阅服务。对于预算有限的研究人员，可能只能获取少量样本数据或者采用其他替代数据，这可能导致被迫限制样本规模，进而影响研究设计。如果样本规模较小，可能就不能构建过于复杂的模型，如大数据分析中的深度学习模型通常需要大量数据，在数据获取成本高导致样本规模小的情况下就不适用。

此外，数据获取的时间成本也很重要。如果收集数据需要花费大量时间，例如，通过实地调查收集企业的内部财务和管理数据，研究周期就会变长。在这种情况下，研究设计可能会采用阶段性的数据收集和分析方法，先利用已收集的数据进行初步模型构建，然后根据后续收集的数据进行模型调整和完善等。

11.2 特殊样本数据对实证研究的重要性

特殊样本数据一般是指来源于非公共渠道的数据。拥有特殊样本数据有助于开展一些特定领域的研究，从而在这些领域的研究中具有竞争优势，而没有这些样本数据的研究者就无法进行实证研究。特殊样本数据往往具有一些鲜明的特点，如独特性和新颖性、深度和精准性以及选择研究问题的竞争优势等。

11.2.1 独特性和新颖性

首先，非公共渠道的数据往往具有独特的价值。以财经领域为例，比如，企业内部的详细财务数据（包括未公开的成本结构、特定项目的预算分配细节等）、管理层的战略规划文件等这些数据通常不会通过公共渠道发布，而对于研究企业内部运营效率、战略决策效果等方面却有着至关重要的作用。以一家汽车制造企业为例，通过获取其内部关于不同车型研发投入的非公开数据，包括人力投入时间、零部件定制成本等详细信息，可以深入分析不同车型的成本效益情况。这种分析有助于揭示企业在产品开发过程中的资源分配是否合理，以及不同车型对企业利润的潜在贡献，这是仅依靠公共财务报表数据无法完成的。

其次，非公共渠道的数据还能为研究提供新颖的视角。例如，在研究金融机构的风险管理策略时，获取银行内部的信用风险评估模型细节（非公共渠道），包括各种风险权重的设定依据、对不同行业客户风险评估的特殊考量等，能够让研究人员深入了解金融机构在实际操作中如何应对风险。这与基于公开的监管要求和宏观统计数据来研究金融风险相比，更能触及金融机构风险管理的核心机制，为实证研究提供新的思路。

11.2.2 深度和精准性

非公共渠道的数据可以提供更深入的信息。例如，对于投资基金的研究，通过非公共渠道获取基金公司内部的投资决策会议记录，可以了解基金经理在选择投资标的时考虑的各种因素，如对公司管理层稳定性的看法、对行业未来政策变化的预期等。这些信息相比于公开的基金持仓数据，能更精准地分析基金投资策略的形成过程。研究人员可以利用这些数据构建更准确的模型，预测基金的投资行为和业绩表现。

非公共渠道数据可以针对特定的研究问题提供量身定制的数据。在研究供应链金融时，通过与核心企业和上下游企业的深度合作，获取其之间的交易信用额度、账期等非公开数据，可以精准地分析供应链金融模式在缓解企业资金压力、优化资金流等方面的实际效果。这种精准的数据有助于更准确地评估供应链金融工具的有效性，避免了使用公共数据（如行业平均账期等较为笼统的数据）可能带来的误差。

11.2.3 竞争优势

在学术研究中，使用非公共渠道的数据可以使研究成果具有独特的竞争优势。由于这些数据不易获取，基于此类数据的研究能够在众多基于公共数据的研究中脱颖而出。例如，在研究新兴金融科技公司的创新模式时，通过与公司内部人员访谈获取非公开的产品研发路线图、技术应用细节等数据，能够对金融科技公司的创新过程进行深度剖析。这样的研究成果在学术界能够吸引更多关注，为研究人员在学术交流、发表高质量论文等方面提供优势。

在商业实践中，对于咨询公司、金融机构等，非公共渠道数据是提供高质量服务的关键。例如，咨询公司利用从企业客户那里获取的非公开运营数据，能够为其制定更具针对性的战略咨询方案，帮助企业在市场竞争中获得优势。金融机构通过获取非公开的企业信用数据，可以更准确地评估信贷风险，做出更合理的贷款决策。

11.3 常见的公开数据库Ⅰ（国内）

以经管类研究为例，中国国内知名的公开数据库主要有：CSMAR（国泰安）、WIND（万得）、Choice（东方财富）、Resset（瑞思）等。

11.3.1 CSMAR 数据库

CSMAR 数据库，即中国经济金融研究数据库，是深圳希施玛数据科技有限公司开发的经济金融型数据库。

CSMAR 数据库的
主要内容、特点、
优势和应用场景

11.3.2　Wind 数据库

Wind 数据库是中国金融行业最权威的综合性数据库之一，由上海万得信息科技股份有限公司开发。

11.3.3　Choice 数据库

Choice 数据库是东方财富旗下的专业金融数据服务平台，是中国资本市场中另一个知名的数据库。它从行业经济、中国宏观、全球宏观三个视角，分类整理了覆盖大量企业、行业和经济体的经济指标，可满足不同类型用户对各类经济体个性化数据报表的需求。

11.3.4　Resset 数据库

Resset 数据库是一个综合性的金融经济研究数据库，在经管类实证研究中应用广泛，在许多高校图书馆的数字资源中都有它的身影。

Wind 数据库的主要内容、特点、优势和应用场景

Choice 数据库的主要内容、特点、优势和应用场景，以及与 Wind 和 CSMAR 数据库的对比

Resset 数据库的主要内容、特点、优势和应用场景，以及与 Wind、CSMAR 和 Choice 数据库的对比

11.3.5　其他中国金融经济数据库

例如，CCER 中国经济金融数据库、中经网统计数据库、CEIC 宏观经济数据库、国研网宏观经济数据库、EPS DATA 中国宏观经济数据库等。

其他中国金融经济数据库简介

11.4　常见的公开数据库Ⅱ（国际）

国际上常见的公开数据库大致上可分为综合经济数据库、国际财经数据库、社会调查数据库、国际贸易与投资数据库等类别。

11.4.1　综合经济数据库

比较知名的有世界银行数据库、国际货币基金组织数据库、经济合作与发展组织数据库等。

国际综合经济数据库简介

11.4.2　国际财经数据库

比较知名的有 Compustat 数据库、CRSP 数据库、IBES 数据库、WRDS 数据库、Bloomberg 数据库等。

11.4.3　国际社会调查数据库

比较知名的有欧洲社会调查数据库和世界价值观调查数据库等。

11.4.4　国际贸易与投资数据库

比较知名的是联合国商品贸易统计数据库和国际投资头寸统计数据库。

国际财经数据库简介

国际社会调查数据库简介

国际贸易与投资数据库简介

11.5　如何选择样本数据的时间跨度？

在研究设计中，选择样本数据的时间跨度是一个重要步骤，建议综合考虑多个因素以确保研究的有效性和可靠性。需要注意的主要事项包括研究目的与假设、数据的可获得性与质量、经济环境与政策变化、研究方法与模型要求、研究资源与成本、研究的稳健性与可靠性等方面。

11.5.1　研究目的与假设

具体包括明确研究目标和避免短期波动干扰等。

明确研究目标是指，根据研究的具体目标和假设来确定时间跨度。例如，如果研究关注的是短期事件的影响，如政策变化对市场的影响，可以选择较短的时间跨度；而如果研究关注的是长期趋势或周期性变化，如企业长期绩效或行业演变，则需要选择较长的时间跨度。

避免短期波动干扰是指，对于一些具有周期性或季节性特征的研究对象，较短的时间跨度可能会受到短期波动的干扰，从而影响研究结果的准确性。因此，选择时间跨度时应尽量避免短期波动对研究结论的影响。

11.5.2 数据的可获得性与质量

需要考虑数据的完整性与连续性、数据的一致性、数据的代表性等。

数据的完整性与连续性是指，确保所选时间跨度内的数据完整且连续。数据缺失或不连续可能会导致分析结果的偏差。例如，在研究企业财务数据时，如果某些年份的数据缺失较多，可能需要调整时间跨度以保证数据的完整性。

数据的一致性是指，在不同时间段内，数据的统计口径、计量单位等应保持一致，以确保数据的可比性。如果数据在不同时间段存在较大的差异，可能需要进行相应的调整或转换。

数据的代表性是指，选择的时间跨度应能够充分反映研究对象的特征和变化趋势，具有代表性。例如，在研究某一行业的市场结构时，应选择能够涵盖该行业不同发展阶段的时间跨度，以全面反映其市场结构的变化。

11.5.3 经济环境与政策变化

需要考虑经济周期的影响、政策变化的影响、避免外部冲击干扰等。

经济周期的影响是指，考虑经济周期对研究对象的影响。如果研究涉及经济周期因素，应选择能够涵盖一个或多个经济周期的时间跨度，以便观察和分析其在不同经济周期下的表现和变化。

政策变化的影响是指，如果研究涉及政策变化的影响，需要选择包含政策实施前后的时间跨度，以便比较政策变化对研究对象的影响。例如，在研究税收政策改革对企业投资的影响时，应选择政策改革实施前后几年的数据进行比较分析。

避免外部冲击干扰是指，尽量避免选择在重大外部冲击（如金融危机、自然灾害等）期间的时间跨度，因为这些外部冲击可能会对研究对象产生较大的干扰，影响研究结果的准确性。

11.5.4 研究方法与模型要求

需要考虑模型的适用性、数据的平稳性与季节性等。

模型的适用性是指，不同的研究方法和模型对时间跨度的要求不同。例如，时间序列模型通常需要较长的时间跨度来捕捉数据的动态变化特征，而横截面模型更关注某一特定时间点的数据特征。

在时间序列分析中，需要考虑数据的平稳性和季节性。如果数据存在非平稳性或季节性特征，可能需要对数据进行相应的处理，如差分、季节调整等，以满足模型的要求。

11.5.5 研究资源与成本

需要考虑数据获取的成本与时间、研究的时效性等。

数据获取的成本与时间是指，获取数据需要投入一定的时间和资源。如果选择的时间跨度过长，可能会导致数据获取的成本和时间增加，影响研究的进度和效率。因此，在选择时间跨度时，需要在保证研究质量的前提下，考虑数据获取的可行性和成本效益。

研究的时效性是指，对于一些时效性较强的研究，如对当前经济形势的分析和预测，需要选择较近的时间跨度，以便及时反映和分析最新的经济变化情况。

11.5.6　研究的稳健性与可靠性

需要考虑稳健性检验、避免过度拟合等因素。

在选择时间跨度时，可以考虑进行稳健性检验，即在不同的时间跨度下进行分析，以检验研究结论的稳健性。如果在不同的时间跨度下得出的结论一致，说明研究结果较为稳健和可靠。

在选择时间跨度时，也应避免过度拟合的问题。过度拟合可能导致模型在样本内表现良好，但在样本外的预测能力较差。因此，选择时间跨度时应注重模型的预测能力和泛化能力。

综上所述，在研究设计中选择样本数据的时间跨度时，需要综合考虑研究目的、数据的可获得性与质量、经济环境与政策变化、研究方法与模型要求、研究资源与成本以及研究的稳健性与可靠性等因素，以确保研究的有效性和可靠性。

11.6　自然数据与准自然实验数据

一部分实证研究是基于准自然实验数据进行的，它们与基于自然数据的研究有何异同？

11.6.1　自然数据概述

自然数据是指在自然状态下，没有经过实验设计而收集到的数据。这些数据通常是对现实世界现象的观察和记录，反映了事物的自然发生和发展过程。

自然数据的来源与收集方式包括观测记录、社会经济统计数据、企业运营数据、市场数据等。其中，①观测记录是指实际观测得到的数据，例如，气象站对天气状况（如温度、湿度、降雨量、风速等）的长期记录，这些数据是通过气象仪器自动观测并存储下来的。又如，天文学家对星体位置、亮度等特征的观测数据，是利用望远镜等设备在自然的天文环境下收集的。②社会经济统计数据是指，政府部门统计的各种经济数据（如国内生产总值、通货膨胀率、失业率等）和社会数据（如人口普查数据、教育程度分布、犯罪率等）也属于自然数据。这些数据是通过大规模的调查、统计报表等方式收集而来，是对社会经济自然运行状态的反映。③企业运营数据是指，企业内部的财务报表（如资产负债表、利润表）、销售数据（如销售额、销售量、客户分布）等是企业日常经营活动中自然产生的数据，用于记录企业的实际运营情况。④**市场数据是指市场运行过程中所产生的数据**，例如，证券市场中股票、债券等产品的价格数据等。

自然数据的特点通常具有真实性和客观性、丰富性和复杂性、存在噪声和干扰因素等方面。其中，①真实性和客观性是指，自然数据能够真实地反映现实世界的实际情况，因为它是在自然发生的情境下收集的，没有人为干预实验条件。例如，疾病控制中心收集的传染病发病率数据是基于真实的病例报告，能够客观地展示疾病在人群中的传播情况。②丰富性和复杂性是指，自然数据涵盖了各种各样的信息，由于其收集环境是自然的、不受控制的，所以数据往往包含多种因素的相互作用。以股票市场数据为例，股票价格受到宏观经济状况、公司业绩、行业竞争、投资者情绪等众多复杂因素的综合影响，这些数据呈现出丰富多样的变化模式。③存在噪声和干扰因素是指，由于自然数据是在自然环境中收集的，不可避免地会受到各种噪声和干扰因素的影响。例如，在收集消费者购买行为数据时，可能会受到季节变化、促销活动、社会热点事件等多种因素的干扰，这些因素会使数据产生波动，增加了数据分析和解释的难度。

11.6.2　准自然实验数据的内涵及其产生背景

准自然实验数据是在自然场景下，利用自然发生的事件或政策变化作为外生冲击，近似模拟随机实验的数据收集方式。它不是像实验室实验那样完全通过人工严格控制变量来获取数据，而是借助现实世界中已有的事件来构造类似实验的环境。

在很多社会科学、经济学等领域，由于伦理、成本、实际操作等原因，很难进行真正的随机对照实验。例如，在研究教育政策对学生成绩的长期影响时，不可能随机分配学生到不同的教育政策环境下。而准自然实验数据就提供了一种可行的替代方法，通过利用如学校自行改革教学方法（政策变化）或突然的教育资源分配调整（自然事件）等情况来收集数据。

11.6.3　准自然实验数据的来源与类型

（1）政策干预相关数据。如政策变化、法规变更等。

政策变化是指，政府出台新的经济政策（如税收政策、补贴政策、产业政策等）会对不同主体产生不同的影响。例如，研究政府对新能源汽车企业的补贴政策效果，就可以收集补贴政策实施前后新能源汽车企业和传统燃油汽车企业的生产、销售、研发投入等数据。补贴政策在这里作为一个外生冲击，使得新能源汽车企业成为"实验组"，传统燃油汽车企业可看作"对照组"。

法规变更是指，法律法规的改变也能提供准自然实验的数据来源。比如，劳动法规对工作时间的限制修改后，收集不同行业企业在法规变更前后的雇佣人数、劳动生产率、企业利润等数据来分析法规变更对企业运营的影响。

（2）自然事件引发的数据。如自然灾害、外部经济冲击等。

地震、洪水、飓风等自然灾害对当地经济和社会结构会产生重大影响。例如，在研究自然灾害对当地企业的影响时，可以收集受灾地区企业和未受灾周边地区企业在灾害前后的财务、市场份额、供应链状况等数据。自然灾害在这里相当于一个自然的实验干预，受灾企业是实验组，未受灾企业是对照组。

全球性或区域性的经济危机、贸易摩擦等外部事件也能产生准自然实验数据。例如，在研究贸易摩擦对出口企业的影响时，将受贸易摩擦影响较大的出口企业作为实验组，受影响较小的企业作为对照组，收集贸易摩擦前后企业的出口额、利润率、市场布局等数据。

11.6.4　准自然实验数据的优势

具体包括因果推断优势、外部有效性高等。

因果推断优势是指，相对于纯粹的观察数据，准自然实验数据能够在一定程度上进行因果推断。通过对比实验组和对照组在事件前后的变化，可以推断外生冲击（政策或自然事件）与结果变量之间的因果关系。例如，在研究新的医保政策对居民医疗支出的影响时，将符合医保政策覆盖范围的居民作为实验组，未覆盖的居民作为对照组，对比两组居民在医保政策实施前后的医疗支出变化，能够更合理地推断医保政策对医疗支出的因果影响。

外部有效性高是指，由于准自然实验数据是基于现实世界的实际事件或政策变化，其研究结果具有较高的外部有效性。这些数据反映了真实社会经济环境中的情况，研究成果更易于推广到类似的实际场景中。例如，通过研究某个城市实施交通拥堵收费政策（准自然实验）后的交通流量和空气质量改善情况，其结果对于其他城市考虑类似政策时具有直接的参考价值。

11.6.5　准自然实验数据的局限性及解决方法

（1）准自然实验数据具有一定的局限性，如内生性问题、混杂因素干扰等。

尽管有外生冲击，但准自然实验仍可能存在内生性问题。例如，在研究产业政策对企业创新的影响时，企业自身的创新意愿和能力可能会影响其是否会受到产业政策的支持（即选择偏差），同时也会影响企业的创新成果。这种内生性会干扰因果关系的判断使估计结果出现偏差。

在现实场景中，准自然实验也很难完全隔离其他因素的影响，即易受混杂因素干扰。比如，在研究税收政策对企业投资的影响时，除了税收政策这个外生冲击外，宏观经济形势、行业竞争状况、企业内部治理结构等因素都可能对企业投资产生影响，这些混杂因素会使对税收政策与企业投资之间因果关系的分析变得复杂。

（2）准自然实验数据局限性的解决方法：常见的有倾向得分匹配法、双重差分法等。

倾向得分匹配法（PSM）主要用于解决选择偏差问题，通过构建一个预测个体进入实验组概率的模型，然后根据这个概率对实验组和对照组进行匹配，使得两组在可观察的特征上尽可能相似，从而减少内生性的影响。例如，在研究企业补贴政策对企业绩效的影响时，利用 PSM 方法，根据企业规模、行业、年龄等特征进行匹配，找到相似的受补贴企业（实验组）和未受补贴企业（对照组），再进行比较分析。

双重差分法（DID）可以通过比较实验组和对照组在事件前后的差异，进一步控制其他因素的影响。例如，在研究环保政策对污染企业减排的影响时，使用 DID 方法计算实验组（受环保政策约束的污染企业）和对照组（未受环保政策约束的污染企业）在政策实施前后的减排量差异，从而更准确地评估环保政策的效果。需要注意的是，在使用 DID 方法时，还需要进行平行趋势检验等，以确保结果的可靠性。

11.6.6 基于准自然实验数据的研究举例

（1）税收政策对企业投资行为的影响。

研究背景与数据来源：某国政府出台了一项针对特定行业（如制造业）的税收优惠政策，旨在鼓励企业增加投资。研究人员选取了受该政策影响的制造业企业作为实验组，同时选取了未受此政策直接影响的服务业企业作为对照组。数据来源于企业的财务报表、税务申报记录等，收集了政策实施前 3 年和实施后 3 年企业的固定资产投资、研发投入等相关数据。

研究方法与发现：运用双重差分法（DID）进行分析。研究发现，在税收优惠政策实施后，实验组制造业企业的固定资产投资增长率和研发投入占比相较于对照组服务业企业有显著提高。这表明税收优惠政策对企业投资行为具有积极的激励作用，为政府制定税收政策以促进产业投资提供了经验证据。

（2）货币政策冲击对金融市场流动性的影响。

研究背景与数据来源：假设央行意外调整利率或准备金率，这一货币政策变化构成了自然的外生冲击。研究人员收集了银行间市场拆借利率、股票市场成交量和买卖价差、债券市场换手率等数据，以衡量金融市场的流动性。数据时间跨度涵盖了货币政策调整前后的一段时间，包括不同规模银行和金融机构的数据。

研究方法与发现：通过事件研究法，以货币政策调整日为事件日，观察前后一段时间内金融市场流动性指标的变化。研究发现，货币政策冲击后，金融市场流动性在短期内会出现明显波动。例如，利率上调后，银行间拆借市场资金供给减少，拆借利率上升，股票市场买卖价差扩大，成交量下降，表明金融市场流动性收紧。这有助于理解货币政策传导机制对金融市场的影响。

（3）企业并购对公司绩效的影响。

研究背景与数据来源：在某些行业，监管政策的放松导致企业并购活动频繁发生。研究人员选取发生并购的企业作为实验组，未发生并购的同行业类似企业作为对照组。数据来源包括企业的财务报表、并购公告、市场交易数据等，收集了并购前后 3~5 年企业的资产收益率、权益收益率、市场价值等绩效指标。

研究方法与发现：采用倾向得分匹配法（PSM）来控制实验组和对照组企业在规模、行业、经营状况等方面的差异。研究发现，并购后的企业在短期内市场价值可能会因市场预期等因素上升，但长期来看，资产收益率和权益收益率等财务绩效指标的变化因企业而异。部分企业通过并购实现了协同效应，提升了绩效；而另一些企业则可能由于整合困难等原因绩效下滑，说明企业并购并不必然提升公司绩效。

（4）金融科技对传统银行业务的影响。

研究背景与数据来源：随着金融科技公司的兴起，如移动支付平台、互联网信贷平台等，金融科技对传统银行的业务产生了冲击。研究人员将受金融科技影响较大的城市（如金融科技公司业务开展较为集中的一线城市）的银行分支机构作为实验组，将受影响较小的城市（如金融科技服务尚未普及的三、四线城市）的银行分支机构作为对照组。数据来自银行的业务报表，包括存款余额、贷款发放量、手续费收入等，时间跨度为金融科技公司崛起前后的几年。

研究方法与发现：利用双重差分法进行分析。研究发现，在金融科技公司发展迅速的地区，传统银行的存款余额增长速度放缓，手续费收入受到一定程度的挤压，但贷款发放量的变化因银行的应对策略（如与金融科技公司合作开展联合贷款等）而有所不同。这为传统银行应对金融科技挑战提供了实证依据，也为金融监管机构制定相关政策提供了参考。

（5）其他研究实例。

绿色信贷与低碳转型：以2012年《绿色信贷指引》实施为准自然实验，基于企业微观数据，运用双重差分方法，研究发现，该政策显著促进了高污染、高能耗企业全要素生产率的提升，但减污降碳效应尚未显现。

中国银保监会印发
《绿色信贷指引》

税收优惠政策对企业创新的影响：政府出台针对特定行业或地区的税收优惠政策，如研发费用加计扣除政策等，以享受该政策的企业为实验组，未享受的类似企业为对照组，收集政策实施前后企业的研发投入、专利申请数量等数据，研究发现，税收优惠政策对企业创新投入和产出有显著的促进作用。

"宽带中国"战略对涉农企业价值的影响：以"宽带中国"战略为背景，利用2010—2023年沪深A股上市涉农企业和地级市面板匹配数据，实证检验农业信息基础设施建设对涉农企业价值的影响效果与机制，研究发现，农业信息基础设施建设能够显著提升涉农企业价值。

网络基础设施建设对企业投资决策和金融资产配置的影响：基于"宽带中国"示范城市政策的准自然实验和2010—2023年中国A股制造业上市公司数据，采用多期双重差分法考察了网络基础设施建设对企业投资决策和金融资产配置的影响，研究发现，网络基础设施建设不仅提高了企业的投资支出，也显著提高了企业的金融资产占比。

数字金融与县域产业结构升级：以网商银行进入农村市场作为一项准自然实验，利用2013—2023年的县域数据构建多期双重差分模型，实证分析数字金融对县域产业结构升级的影响，研究发现，数字金融显著促进了县域产业结构升级。

科学家的声誉效应与信息鉴证效应的准自然实验研究：以科学家的声誉效应与信息鉴证效应为研究主题，通过准自然实验，研究发现，科学家的声誉对公司创新融资和信息鉴证具有重要作用，为企业治理和创新提供了新的视角。

11.7 为何需要对样本数据进行预处理？

在实证研究中，对样本数据进行预处理是十分必要的，主要有以下几方面原因：数据质量提升、数据标准化与一致性、符合模型假设与要求等。

11.7.1 数据质量提升

具体包括去除噪声和异常值、保障数据完整性和准确性等。

（1）去除噪声和异常值：样本数据在收集过程中容易受到各种因素干扰而产生噪声。例如，在股票市场数据中，由于交易系统的短暂故障、网络延迟或者市场微观结构因素（如高频交易的瞬间波动），可能会出现一些偏离正常价格波动范围的价格数据。这些噪声数据如果不加以处理，会掩盖数据的真实趋势和规律。

异常值的存在也会对数据分析产生较大干扰。比如，在企业财务报表数据中，可能由于会计错误、一次性重大资产处置或者极端市场情况等原因，出现个别年份利润等指标的异常高值或低值。在计算统计指标（如均值、方差）或者进行回归分析时，异常值会使这些统计量产生偏差，进而影响模型的准确性和稳定性。

（2）保障数据完整性和准确性：如填补缺失值、纠正错误数据等。

填补缺失值是指，样本数据可能由于多种原因出现缺失。例如，在长期经济数据序列中，某些历史时期的数据可能因为记录丢失、统计方法变更或者数据收集机构的疏忽而缺失。如果直接使用包含缺失值的数据进行分析，可能会导致样本量减少，降低统计效力，或者使分析方法无法正常使用。通过合适的方法（如均值插补、回归插补等）填补缺失值，可以保证数据的完整性。

纠正错误数据是指，样本数据来源广泛，在数据录入、传输过程中可能会出现错误。比如，在宏观经济统计数据中，可能会出现数据单位错误、小数点位置错误等情况。对数据进行检查和纠正，能够确保数据的准确性，使研究基于正确的数据进行。

11.7.2 数据标准化与一致性

具体包括统一变量单位和量级、维护数据一致性等。

（1）统一变量单位和量级，是指实证研究中常常涉及多个变量，这些变量的单位可能不同。例如，在分析企业的财务状况和市场表现时，变量可能包括资产价值（以货币单位衡量）、员工数量（以人数衡量）、销售增长率（以百分比衡量）等。如果不进行单位统一，在进行一些运算（如计算协方差、进行主成分分析等）时，变量的量级差异会导致某些变量在分析中占据主导地位，而其他变量的影响被忽视。

数据量级的巨大差异也会对模型产生影响。以线性回归模型为例，如果自变量的量级差异很大，可能会导致回归系数的估计不准确，并且会影响模型的收敛速度和稳定性。通过标准化（如将数据转换为均值为 0、标准差为 1 的标准正态分布形式）或者归一化（将数据映射到特定区间，如 [0, 1] 区间）等方法，可以消除量级差异的影响。

（2）维护数据一致性：如跨数据源整合、时间序列数据的连贯性等。

跨数据源整合问题是指，实证研究可能会使用多个数据源的数据，不同数据源的数据格式、统计口径等可能存在差异。例如，在研究宏观经济和行业经济的关系时，宏观经济数据可能来自政府统计部门，采用的是一种统计标准；而行业数据可能来自行业协会，统计口径和范围可能有所不同。对这些数据进行预处理，使其在定义、范围、时间频率等方面保持一致，是进行有效数据分析的前提。

时间序列数据的连贯性是指，对于时间序列数据，如股票价格序列、宏观经济指标的时间序列等，需要保证数据的连贯性。包括数据的时间间隔一致（如都是日数据、月数据等），以及数据的统计口径在时间序列上保持不变。如果在时间序列中间出现统计方法的变更或者数据缺失，需要进行适当的调整，以确保数据能够真实反映经济或金融变量随时间的变化规律。

11.7.3　符合模型假设与要求

具体包括满足统计模型假设、数据结构适配模型要求等。

（1）满足统计模型假设，如正态分布假设，线性关系假设等。

正态分布假设是指，许多统计模型（如 t 检验、方差分析等）假设数据服从正态分布。然而，原始的财经数据很可能不满足这一假设。例如，股票收益率数据通常呈现出尖峰厚尾的分布特征。通过数据预处理（如对数变换、Box-Cox 变换等），可以使数据更接近正态分布，从而满足模型的假设条件，提高模型的有效性和可靠性。

线性关系假设是指，在一些线性模型（如线性回归）中，假设自变量和因变量之间存在线性关系，但实际数据中变量之间的关系可能是非线性的。通过对数据进行预处理，如采用多项式变换、指数变换等方式，可以将非线性关系转化为更接近线性的关系，或者通过添加非线性项到模型中，使模型更好地拟合数据。

（2）数据结构适配模型要求，如面板数据结构调整、复杂模型的数据准备等。

面板数据结构调整是指，在面板数据模型（同时包含截面数据和时间序列数据）中，数据需要按照特定的结构进行组织。例如，需要明确个体标识（如企业编号、地区编号）和时间标识，并且要保证数据的排列顺序正确。对面板数据进行预处理，包括数据的排序、缺失值处理等，能够使数据符合面板数据模型的输入要求，便于进行有效的参数估计和假设检验。

复杂模型的数据准备是指，对于一些复杂的模型（如机器学习模型、神经网络等），数据的预处理尤为重要。这些模型通常对数据的格式、范围等有严格的特定要求。例如，神经网络模型可能要求输入数据进行归一化处理，并且数据的维度需要根据模型的结构进行调整（如将二维数据转换为适合神经网络输入的张量形式）等。

11.8　如何处理缺失值?

样本数据中的缺失值很可能对实证研究的结果产生影响，轻则使模型回归的结果失真，重则使模型回归失败。因此，在进行实证回归之前，需要对样本数据中的缺失值进行必要的处理。

11.8.1　确定缺失值的范围和模式

具体包括对缺失值进行范围统计和模式识别。

使用 Stata 统计
缺失值的基本方法

范围统计是指，在开始处理缺失值之前，需要先确定缺失值在数据集中的分布范围。可以通过计算每个变量的缺失值比例来了解情况。例如，在一个包含 1 000 个样本的财务数据集中，某个变量（如企业研发投入）有 100 个缺失值，那么该变量的缺失比例为 10%。同时，要关注缺失值是集中在某些特定的样本群体（如小型企业）还是分散在整个数据集中。

模式识别是指观察缺失值是否呈现出某种规律，即缺失是否是随机的。如果缺失值是完全随机的，那么缺失与其他变量的值没有关联；如果是非随机缺失，可能与其他变量存在一定的关系。例如，企业的市场份额数据缺失可能与企业是否处于竞争激烈的行业有关，在竞争激烈的行业中，企业可能更不愿意披露这一数据。

11.8.2　缺失值的处理方法 I：删除法

具体包括列表删除、成对删除等。其中，列表删除是指，当缺失值在整个样本中所占比例较小，并且缺失是随机发生的时候，可以采用列表删除法。这种方法直接删除包含缺失值的观测样本。例如，在

使用 Stata 删除
缺失值的常见方法

一个包含 500 家企业财务数据的样本中，如果只有不到 5% 的样本存在缺失值，且这些缺失值在各个变量之间没有明显的关联，那么可以考虑删除这些含有缺失值的企业记录。但是，这种方法可能会导致样本量减少，从而降低统计检验的效力。

成对删除是指，在计算相关系数、协方差等统计量时，如果涉及多个变量，且每个

变量的缺失值情况不同，可以采用成对删除法。该方法只在计算涉及的变量有缺失值时才删除相应的观测样本。例如，在研究企业的盈利能力（净利润率）和偿债能力（资产负债率）的关系时，对于净利润率缺失的样本，在计算与净利润率相关的统计量时删除；对于资产负债率缺失的样本，在计算与资产负债率相关的统计量时删除。不过，这种方法可能会导致不同的统计量基于不同的样本数量进行计算，使结果的解释变得复杂。

11.8.3 缺失值的处理方法Ⅱ：插补法

包括均值插补、中位数插补、众数插补、回归插补、多重插补等。其中，均值插补是一种简单的插补方法，适用于数值型变量。对于存在缺失值的变量，可以用该变量的均值来代替缺失值。例如，在企业员工工资数据中，如果有部分员工的工资数据缺失，可以用所有员工工资的平均值来填补缺失的工资数据。但是，这种方法可能会低估数据的方差，因为它没有考虑到数据的变异性。

使用 Stata 对缺失值进行均值插补的方法

中位数插补与均值插补类似，不过是用中位数来代替缺失值。中位数插补对于存在偏态分布的数据更为合适。例如，在房地产价格数据中，由于价格数据可能存在少数极高或极低的极端值，导致分布偏斜，此时用中位数插补缺失的房价数据可以更好地反映数据的集中趋势。

使用 Stata 对缺失值进行中位数插补的方法

众数插补适用于分类变量的插补。如果一个分类变量（如企业所属行业）有缺失值，可以用该变量出现频率最高的类别（即众数）来填补缺失值。例如，在一个企业样本中，制造业企业占比最高，如果企业所属行业变量有缺失，就可以将缺失值填补为制造业。

使用 Stata 对缺失值进行众数插补的方法

回归插补是指，当缺失值与其他变量之间存在线性关系时，可以使用回归插补。首先建立一个包含缺失值变量和其他相关变量的回归模型，然后根据其他变量的值预测缺失值。例如，在研究企业的销售收入和广告投入、市场份额等变量的关系时，如果销售收入有缺失值，可以根据广告投入和市场份额等变量建立回归模型，预测销售收入的缺失值。这种方法能够利用变量之间的关系进行插补，但建立回归模型时需要确保模型的合理性和准确性。

使用 Stata 对缺失值进行回归插补的方法

多重插补是一种更为复杂但更有效的方法，它不是简单地用一个估计值来填补缺失值，而是通过模拟缺失数据的分布，生成多个完整的数据集。在每个数据集中，缺失值都被不同的插补值

使用 Stata 对缺失值进行多重插补的方法

所替代。例如，使用马尔可夫链蒙特卡洛（MCMC）方法进行多重插补，根据变量的分布和变量之间的关系生成多个合理的插补值。然后对这些数据集分别进行分析，并综合多个分析结果得到最终的结论，这种方法能够更好地考虑到缺失值的不确定性。

使用 **Stata** 对缺失值进行 **MCMC** 插补的方法

11.8.4 缺失值的处理方法Ⅲ：模型法

可用于插补缺失值的模型较多，以基于机器学习模型的插补为例，可以考虑利用决策树算法或最近邻算法来处理缺失值。其中，决策树算法是指，决策树可以根据其他变量的特征将样本划分为不同的组，然后根据每组的特征来预测缺失值。这种方法的优点是能够处理复杂的变量关系，但需要注意模型的过拟合问题。最近邻算法又名 K 近邻算法（KNN），它根据与缺失值样本在特征空间中最邻近的 K 个样本的值来预测缺失值。

使用 **MCMC** 方法进行多重插补时辅助变量的选择方法

相对其他方法，利用模型进行缺失值插补略显复杂，但如果样本数据较为珍贵，这种插补方法的综合效果可能更好。

11.9 如何处理极端值?

相比缺失值，样本数据中的极端值会使得数据的统计分布异常，带偏回归结果，对实证模型结果的危害性更大，必须进行相应的处理。

11.9.1 如何识别极端值?

常见的方法有统计方法和可视化方法等。

典型的统计方法主要有标准差法和四分位距法等。其中，标准差法是指，对于符合正态分布的数据，通常可以认为数据点在均值加减 3 倍标准差范围之外的为极端值。例如，在分析股票收益率数据时，若收益率的均值为 5%，标准差为 2%，那么收益率大于 11%（5%+3×2%）或者小于-1%（5%-3×2%）的数据点就可能被视为极端值。四分位距法（IQR）[①] 通常适用于非正态分布的数据。其做法是，计算数据的四分位距（Q_3-Q_1，IQR），然后确定上下限。一般认为小于 $Q_1-1.5 \times IQR$ 或者大于 $Q_3+1.5 \times IQR$ 的数据为极端值。例如，对于企业的资产负债率数据，若 Q_1 为 30%，Q_3 为 60%，IQR 为 30%，那么资产负债率小于-15%（30%-1.5×30%）或者大于 105%（60%+1.5×30%）的数据点就

---

① 四分位距（interquartile range，IQR）是一种统计量，用于描述数据的离散程度。将数据从小到大排序后进行四分位会产生三个分位点：Q_3（上四分位数）、Q_2（中四分位数）和 Q_1（下四分位数）。位于数据前 25% 位置的数值就是下四分位数（Q_1），位于数据前 75% 位置的数值就是上四分位数（Q_3）。IQR 是上四分位数（Q_3）与下四分位数（Q_1）的差值，即 IQR=Q_3-Q1。

可能是极端值。

典型的可视化方法主要有箱线图法和直方图法等。其中，箱线图法通过绘制箱线图，可以直观地观察到数据中的极端值。箱线图展示了数据的中位数、四分位数以及上下限范围，超出上下限（即 $Q_1-1.5\times IQR$ 和 $Q_3+1.5\times IQR$）的数据点即为极端值。例如，在分析行业内企业的销售增长率数据时，通过箱线图可以快速定位到那些增长率异常高或低的企业。直方图法通过将数据绘制成直方图观察数据的分布情况，识别出那些远离数据主体部分的极端值。如果数据在直方图来的某个区间出现了极少数的孤立点，这些点可能是极端值。比如，在分析金融产品的收益率分布时，直方图中收益率极高或极低的孤立区间可能包含极端值。

11.9.2   处理极端值的方法Ⅰ：缩尾处理

缩尾处理法（winsorize）是将极端值替换为指定分位数的值。例如，对数据进行1%的缩尾处理，就是将小于1%分位数的数值替换为1%分位点的数值，将大于99%分位数的数值替换为99%分位点的数值。这种方法可以在一定程度上保留数据的分布特征，同时减少极端值的影响。缩尾处理法是处理极端值最常用的方法之一，在审稿人中的接受度较高。

使用 Stata 进行
缩尾处理的方法

典型应用场景：以分析企业财务流动比率数据为例，如果存在少数企业的流动比率过高或过低，通过缩尾处理可以使数据更加稳健。假设对企业流动比率数据进行5%的缩尾处理，若原始数据中有企业流动比率低于5%分位数，就将其替换为5%分位点的流动比率；若有高于95%分位数的，就替换为95%分位点的流动比率。

11.9.3   处理极端值的方法Ⅱ：截尾处理

截尾处理法比较简单直接，直接删除极端值，但可能会导致样本信息的丢失。一般仅在样本数据较多、极端值占比较小且对研究结果可能产生较大干扰的情况下使用。

使用 Stata 进行
截尾处理的方法

典型应用场景：在研究某新兴金融市场的股票日换手率时，发现有极少数股票的日换手率极高，这些极端值可能是由于数据错误或者异常交易导致的。如果这些极端值的数量较少，且经过验证确实是异常情况，就可以考虑截尾处理，将这些极端值对应的样本删除。

11.9.4   处理极端值的方法Ⅲ：变量变换

常见的做法主要有对数变换、平方根变换或其他幂次变换等。

对数变换是指，对于大于0的正数数据，进行对数变换可以减小极端值的影响。例如，在分析企业的营业收入数据时，如果存在少数

使用 Stata 进行
变量变换的方法

企业的营业收入极高，通过取对数（如自然对数），可以使数据的分布更加均匀，极端值的影响也会减弱。对数变换后的变量更符合一些统计模型的假设，如线性回归模型中对误差项正态分布的假设。需要注意的是，对数变换不能处理负数和零，如果遇到含有负数的数据项，通常需要对整个数据项加上一个常数，使整个数据项全部变为正数后再进行对数处理。

平方根变换或其他幂次变换类似于对数变换，对于一些数据，可以采用平方根变换（如对企业的资产规模数据）或其他幂次变换来改善数据的分布，使极端值的影响降低。例如，若资产规模数据存在极端值，取平方根后，极端大的资产规模值会明显变小，数据分布也会更加紧凑。

11.9.5 处理极端值的方法Ⅳ：稳健统计法

稳健统计法的原理是使用对极端值不敏感的统计方法。例如，在计算中心趋势时，用中位数代替均值，因为中位数具有不受极端值影响的优势。在衡量数据的离散程度时，可以使用中位数绝对偏差（MAD）来代替标准差。MAD是所有数据点与中位数差值的绝对值的中位数，它对极端值有较强的稳健性。

使用 **Stata** 实现稳健
统计法的常见方法

典型应用场景：在分析金融市场风险指标（如收益率的波动性）时，如果收益率数据存在极端值，使用稳健统计法可以更准确地衡量风险。比如，在计算投资组合的风险调整后收益[1]时，用稳健的统计量来衡量风险可以避免极端值对夏普比率等指标的过度影响。

11.10 如何处理数量级压制问题？

在样本数据中，一些数据项的数量级远远高于其他数据项，数据项之间数量级差异过大，例如，上市公司总资产的数量级（通常以亿元计）远高于其资产负债率的数量级（通常小于1）。如果直接将这些数据项代入回归模型，数量级较大的数据项很可能在回归结果中占据主导地位，并压制数量级较小的数据项在回归结果中的作用，形成数量级压制问题（order of magnitude suppression，OMS）。因此，在回归之前，通常需要对数量级较大的数据项进行预处理。处理数量级较大的数据项有两种基本思路：进行数据变换，或采用稳健的回归估计。其中，进行数据变换的常见方法主要有数据标准化法、对数变换、

---

① 风险调整后收益，又称风险调整收益（Risk-Adjusted Return，RAR）权衡了收益与风险之间的依赖关系，将收益指标与风险指标统一为一个风险调整收益指标。其评估标准有两个：RAR 必须为正数，其数值越大越好。RAR 的常见指标主要有夏普比率、索替诺比率、特雷诺比率以及詹森阿尔法等。具体内容可参见王德宏《证券投资学——基本原理与中国实务》（入门版，中国人民大学出版社，2022）或王德宏《证券投资分析：理论、实务、方法与案例》（中级版，机械工业出版社，2023）。

数据分组聚合等。

11.10.1　数据变换方法Ⅰ：数据标准化法

具体包括正态化方法、Min-Max 标准化方法等。

正态化方法将数据转换为均值为 0、标准差为 1 的标准正态分布形式，其计算公式为：

$$Z = (X - \mu)/\sigma$$

其中，X 是原始数据，μ 是数据的均值，σ 是数据的标准差，Z 是正态化后的数据。

应用场景与优势：这种方法在经管类研究中广泛应用于多个变量的数据处理，尤其是在构建模型（如线性回归、聚类分析等）时。例如，在分析企业的财务指标（如资产负债率、流动比率、净利率等）和市场指标（如市盈率、市净率等）时，这些指标的数量级和单位可能不同。通过正态化，可以将所有指标放在同一尺度上进行比较和分析。标准化后的数据可以更好地满足许多统计模型对于数据分布的假设，有助于提高模型的准确性和稳定性。

Min-Max 标准化又称归一化，它将原始数据映射到一个指定的区间，通常是 [0，1] 区间，其计算公式为：

$$X_{new} = \frac{(X - X_{min})}{(X_{max} - X_{min})}$$

其中，X_{new} 是标准化后的数据，X_{min} 和 X_{max} 分别是原始数据的最小值和最大值。

应用场景与优势：在一些特定的模型和算法中非常有用，如神经网络中的输入数据预处理。在使用神经网络模型预测股票价格走势时，将各种输入的财经数据（如历史价格、交易量、宏观经济指标等）进行 Min-Max 标准化，可以使数据适应神经网络的输入要求，加快模型的收敛速度。同时，归一化后的数据在一定程度上更直观地展示了每个数据点在整个数据范围内的相对位置。

11.10.2　数据变换方法Ⅱ：对数变换

具体包括自然对数变换（以 e 为底）或常用对数变换（以 10 为底）。对数变换是处理具有巨大数量级的数据项时最常用的方法之一，在经管类论文的审稿人中接受度较高。

对数变换对原始数据取对数，得到新的数据。取对数可以有效地缩小数据的数量级差异，尤其是对于具有指数增长或幂律分布的数据。需要注意的是，对数变换只能对正数进行处理。

应用场景与优势：在经管领域，对数变换常用于处理一些具有较大动态范围的数据，如企业的营业收入、资产规模、市场交易金额等。例如，在研究企业的长期增长趋势时，企业的营业收入可能从几百万增长到数十亿，数量级跨度很大。通过取对数，可以将这种增长趋势转换为更线性的形式，便于分析和建模。同时，对数变换还可以使数据的分布更接近正态分布，符合许多统计模型的假设。例如，在分析股票收益率的波动性时，收益率数据可能呈现尖峰厚尾的非正态分布，取对数后可以改善数据分布，更准确地进行统计分析。

11.10.3 数据变换方法Ⅲ：数据分组聚合

数据分组包括等距分组或不等距分组两种情形。该方法根据数据的取值范围将数据划分为若干个组。等距分组是按照固定的间隔划分，例如，将股票价格按照每10元一个区间进行分组；不等距分组则是根据数据的特点和研究目的，采用不同的分组间隔，比如，在分析个人收入与消费关系时，对于低收入人群可以采用较小的收入分组间隔，而对于高收入人群则采用较大的间隔。

应用场景与优势：在处理大量数据时，可以将数据进行粗化处理，减少数据的复杂度。例如，在研究宏观经济数据（如GDP在各地区的分布）时，将各个地区的GDP按照一定的规则分组后，可以更直观地观察不同经济发展水平地区的分布情况。同时，分组后的数据可以进行聚合操作，如计算每组的平均值、中位数、频数等统计量，用于进一步的分析和展示。这种方法在数据挖掘和数据分析的探索性阶段非常有用，可以帮助研究人员快速了解数据的大致结构和特征。

11.10.4 稳健回归方法Ⅰ：稳健回归模型

稳健回归模型（如最小中位数平方回归–LMS回归）对异常值和数据的数量级差异具有一定的稳健性。它不是基于最小二乘法来拟合数据，而是通过最小化残差的中位数来估计模型参数，从而减少数据中极端值和数量级差异对模型的影响。

应用场景与优势：在实证研究中，当样本数据存在数量级巨大差异且可能包含异常值时，稳健回归模型可以提供更可靠的参数估计。例如，在分析房地产市场价格影响因素时，房价数据可能因地区、房屋类型等因素存在巨大差异，同时可能存在一些特殊房产（如豪华别墅）的价格数据作为异常值。使用稳健回归模型可以更好地估计土地价格、房屋面积、房龄等因素对房价的真实影响。

11.10.5 稳健回归方法Ⅱ：基于树的算法

具体包括决策树、随机森林等。

决策树和随机森林等算法在处理数据时，不需要对数据进行标准化等预处理操作来处理数量级差异。这些算法通过对数据进行分割和组合，基于数据的内在结构和特征来构建模型。例如，决策树通过选择最优的特征和分割点，将数据集划分为不同的子集，每个子集的划分主要基于数据本身的信息增益或基尼不纯度等指标。

应用场景与优势：基于树的算法在经管类数据挖掘和预测任务中应用广泛。例如，在预测企业的财务困境时，企业的财务数据（如

信息增益

基尼不纯度

资产、负债、现金流等）可能具有不同的数量级。基于树的算法可以自动处理这些数据，挖掘出不同财务指标之间的复杂关系，有效地进行财务困境预警，而不需要担心数据数量级差异对模型性能的影响。

11.10.6　何时需要使用对数变换处理样本数据？

使用对数变换处理样本数据的常见场景包括：数据呈现指数增长或幂律分布时，改善数据分布以满足统计模型假设时，以及分析变量之间的弹性关系时等。

（1）数据呈现指数增长或幂律分布的情形，如经济增长和金融资产、企业规模和市场份额等。

经济增长和金融资产场景是指，在研究宏观经济增长指标（如国内生产总值）或金融资产价格（如股票价格、房地产价格）的长期变化趋势时，这些数据通常呈现指数增长的特点。例如，一个国家的 GDP 可能在几十年间从较低水平持续快速增长，其增长路径类似于指数函数。以中国的 GDP 数据为例，改革开放以来，经济持续高速增长，数据量级变化巨大。对 GDP 数据进行对数变换后，增长趋势可以转化为更接近线性的形式，能够更清晰地观察到增长的稳定速率，便于进行趋势分析和预测。

企业规模和市场份额场景是指，对于企业的销售收入、资产规模等数据，随着企业的发展壮大，也常常呈现指数增长或者幂律分布。以互联网行业的企业为例，一些大型互联网企业在发展初期用户数量和营业收入可能增长缓慢，但随着市场份额的扩大和网络效应的显现，会出现爆发式增长。通过对数变换，可以将这种快速增长的数据转换为相对平滑的形式，有助于分析企业增长阶段的特征和转折点，以及不同企业之间增长模式的比较。

（2）需要改善数据分布以满足统计模型假设，如正态分布假设、降低异方差性等。

许多常见的统计模型（如线性回归、T 检验、方差分析等）都假设数据服从正态分布，然而，经管领域中的原始数据往往呈现非正态分布，特别是数量级巨大的数据，可能会出现尖峰厚尾的情况，例如，股票收益率数据通常不满足正态分布假设，对数变换可以在一定程度上使数据分布更接近正态分布，通过对股票收益率进行对数变换后，其分布的尖峰厚尾特征会得到改善，从而更符合统计模型对于数据分布的假设，提高模型估计的准确性和可靠性。

在回归分析中，异方差是一个常见的问题，即误差项的方差不是常数，而是随着自变量的变化而变化，当数据的数量级差异较大时，很容易出现异方差现象。例如，在研究企业的广告投入与销售收入之间的关系时，如果企业的规模差异较大，销售收入数据的量级也会有很大不同，这可能导致回归模型中的异方差问题。对数变换可以有效降低异方差性，使误差项的方差更加稳定，从而满足回归模型的基本假设，得到更有效的参数估计。

（3）分析变量之间的弹性关系，如价格弹性和收入弹性研究、生产要素弹性研究等。

在经济学中，弹性是一个重要的概念，用于衡量一个变量对另一个变量变化的敏感程度。在研究商品价格弹性（如需求价格弹性）或收入弹性（如消费收入弹性）时，对数变换后的变量系数可以直接解释为弹性。例如，在分析消费者对某种商品的需求与价格之间的关系时，对价格和需求量都进行对数变换后建立回归模型，回归系数表示价格每变化1%时需求量变化的百分比，这种弹性解释在经济分析中具有直观的意义，能够帮助研究人员更好地理解变量之间的相互关系。

在生产函数分析中，研究劳动、资本等生产要素投入与产出之间的弹性关系也经常使用对数变换。例如，在柯布-道格拉斯生产函数的估计中，对产出、资本和劳动投入数据进行对数变换后，通过回归分析得到的系数就是资本和劳动的产出弹性，这种处理方式非常方便研究人员评估不同生产要素对产出的相对贡献。

柯布-道格拉斯
生产函数

11.11　某些实证研究为何剔除金融类上市公司？

财经类实证研究常常以上市公司作为样本数据，非金融类上市公司在上市公司中是绝对多数，金融类上市公司的占比相对较少。非金融类上市公司与金融类上市公司在财务报表科目方面存在较大的差异。在涉及财务数据的实证研究中，难以将非金融类上市公司与金融类上市公司混同处理。因此，在进行样本数据处理时一般需要剔除金融类上市公司。

使用 Stata 删除
金融类上市
公司的方法

从实证研究的视角看，非金融类上市公司与金融类上市公司之间的主要差异体现在财务特征、监管环境与风险特性、数据和模型适用性等方面。

11.11.1　财务特征差异

具体体现在资本结构、资产特性、盈利模式等方面。

在资本结构方面，金融类上市公司（如银行、证券、保险等）的资本结构与非金融类公司有显著不同。金融机构主要依靠负债经营，其债务比率通常较高，例如，银行的资金大部分来源于存款，这种高杠杆经营模式使得其资产负债率可能高达90%以上。相比之下，非金融类企业的资产负债率一般较低，且债务构成也较为复杂，包括银行贷款、债券发行等多种形式。这种差异会导致在分析资本结构相关问题（如资本成本、财务风险等）时，金融类公司的数据会使样本产生偏差。

在资产特性方面，金融类公司的资产主要是金融资产，如贷款、证券投资等，这些资产的估值和风险特性与非金融类企业的实物资产（如厂房、设备、存货等）有很大区别。金融资产的价值易受市场利率、信用风险、市场波动等因素的影响，其价值评估相对复杂且波动性较大。而非金融类企业的实物资产价值相对稳定，其折旧、减值等会计处理方式也与金融资产不同。因此，在研究资产配置、资产回报率等问题时，金融类公司的数据会干扰对一般企业资产运营规律的分析。

在盈利模式方面，金融类公司的盈利主要来源于利息收入、手续费收入、投资收益等金融业务。例如，银行通过发放贷款获取利息差，证券公司通过经纪业务、承销业务等收取手续费。这种盈利模式与非金融类企业通过生产销售产品或提供服务获取利润的方式有本质区别。在分析盈利能力、利润质量等方面，金融类公司的特殊盈利模式会使整个样本的盈利数据分布和特征发生变化，不利于对非金融类企业的准确研究。

11.11.2 监管环境与风险特性差异

在监管要求方面，金融行业受到严格的政府监管，监管机构对金融类上市公司的资本充足率、风险管理、信息披露等方面有特殊且严格的要求。例如，银行需要满足《巴塞尔协议》规定的资本充足率标准，以确保其具备足够的风险抵御能力。这些监管要求使得金融类公司在财务报表编制、风险计提等方面与非金融类企业存在很大差异。在研究公司治理、合规成本等问题时，金融类公司的监管因素会引入额外的变量，影响研究结果的一般性。

在风险类型与程度方面，金融类公司面临的风险主要是金融风险，包括信用风险、市场风险、流动性风险等。这些风险的形成机制、传导途径和影响程度与非金融类企业面临的经营风险（如市场竞争风险、原材料价格波动风险、技术创新风险等）不同。例如，银行的信用风险主要来自借款人的违约，而制造业企业的经营风险可能更多地源于产品市场需求的下降。在研究风险与收益关系等问题时，金融类公司的高金融风险特性会使样本的风险-收益关系呈现出与非金融类企业不同的特征，从而影响对整体样本风险规律的研究。

11.11.3 数据和模型适用性差异

具体包括会计处理差异、模型适用性问题等方面的差异。

在会计处理层面，金融类公司的会计处理相对复杂，涉及大量金融工具的确认、计量和披露。例如，金融资产的分类和后续计量（如以公允价值计量且其变动计入当期损益的金融资产、以摊余成本计量的金融资产等）需要遵循特定的会计准则，这与非金融类企业的一般会计处理（如存货计价、固定资产折旧等）有很大不同。在构建财务指标和进行数据分析时，金融类公司的特殊会计处理会使财务数据的内涵和计算方法与非金融类企业不一致，影响数据的可比性。

在模型适用性层面，在许多财经类实证研究模型中，假设和参数估计是基于非金融类企业的一般经济行为和财务特征设定的。例如，在一些资本资产定价模型（CAPM）的应用中，假设投资者的投资组合主要由非金融类资产构成，因为金融类资产的风险-收益关系受到其特殊行业性质和监管因素的影响，与模型的基本假设可能不符。如果将金融类上市公司包含在样本中，可能会导致模型的参数估计不准确，降低模型的解释力和预测能力。

11. 12　什么是平衡面板与非平衡面板？

许多经管类实证研究是基于面板数据进行回归，面板回归的基本假设是平衡面板，而很多实际的样本数据却是非平衡面板。究竟什么是平衡面板和非平衡面板？

11. 12. 1　什么是平衡面板数据？

平衡面板是指在面板数据中，每个个体（如企业、行业、个人等）在所有观测时期都有完整的数据记录。简言之，对于包含 N 个个体和 T 个时期的面板数据，如果每个个体都有 T 个观测值，那么这个面板数据就是平衡面板。

例如，假设研究100家上市公司（个体）在5年（时期）内的财务绩效，如果能够获取这100家公司每年的财务报表数据，如营业收入、净利润、资产负债率等，那么这个数据就是平衡面板数据。即每个公司都有5个时期（5年）的数据，数据在时间和个体维度上是完整且平衡的。

面板数据的主要优点有统计分析便利性、数据一致性和可比性等。

统计分析便利性是指，在进行计量经济学分析时，平衡面板数据更便于应用标准的面板数据模型，如固定效应模型和随机效应模型。这些模型在平衡面板数据下，参数估计和假设检验的方法相对成熟和简单。例如，在固定效应模型中，通过对个体固定效应的去除，可以有效地控制个体异质性对估计结果的影响，并且由于每个个体都有相同数量的观测值，使得估计过程更加稳定和准确。

数据一致性和可比性是指，平衡面板数据保证了每个个体在时间序列上的数据完整性，这使得在比较不同个体之间的变化趋势和差异时，数据具有更好的一致性和可比性。例如，在比较不同企业的长期财务绩效变化时，平衡面板数据可以确保每个企业都在相同的时间跨度内进行比较，避免了因数据缺失而导致的比较偏差。

11. 12. 2　什么是非平衡面板数据？

与平衡面板相对的就是非平衡面板。非平衡面板是指在面板数据中，部分个体在某些观测时期的数据缺失，导致不同个体的观测值数量不同。这种数据缺失可能是由于多种原因造成的，如数据收集过程中的遗漏、个体中途退出（如企业倒闭、被并购等）或者新个体在某些时期才加入研究等。

仍以上述100家上市公司的财务绩效研究为例，如果其中有一些公司在某些年份的数据由于财务报表未及时披露、公司重组等原因无法获取，或者有新的公司在研究期间的中间年份才上市，那么这个面板数据就是非平衡面板数据。

非平衡面板的基本处理方法：在面对非平衡面板数据时，研究人员可以采用多种方法进行处理。一种常见的方法是删除缺失值过多的个体，将数据转换为平衡面板，但这种方法可能会丢失大量有用信息，并且如果缺失值是随机分布的，删除个体可能会导致样本选择偏差。另一种方法是使用能够处理非平衡面板的计量模型，如广义矩估计（GMM）方法，它可以在一定程度上克服数据非平衡带来的问题，通过利用样本中所有可用的信息来进行参数估计。

非平衡面板数据在回归分析过程中会带来一些挑战。首先，由于个体观测值数量不同，在进行传统的面板数据模型估计时，可能会导致估计偏差。其次，数据缺失可能会引入内生性问题，因为缺失数据的原因可能与研究的变量相关。例如，如果企业因为经营不善而倒闭导致数据缺失，那么这些缺失的数据可能与企业的财务绩效和其他研究变量存在内在联系，从而影响研究结果的准确性。

11.13　如何检验是否平衡面板？

检验是否平衡面板并不复杂，常见做法有观察数据结构、统计个体观测值数量、利用软件检验等。

11.13.1　观察数据结构

最直接的方法是查看数据表格或数据框的结构。在面板数据中，通常有两个维度，一个是个体维度（如企业、家庭、地区等），另一个是时间维度（如年份、季度、月份等）。对于平衡面板数据，每个个体在所有时间点上都应该有观测值。

例如，如果研究的数据是关于多家上市公司（个体）在若干年（时间）的财务数据，在 Excel 或 Stata 软件中，可以直观地看到每一行代表一个公司（个体），每一列代表一个变量（如营业收入、净利润等），而时间则是其中一个变量或者作为数据表格的分层维度。如果每个公司对应的每一年都有数据记录，那么就可以基本判断是平衡面板。

11.13.2　统计个体观测值数量

在统计软件中，可以通过简单的代码或命令来计算每个个体的观测值数量。如果所有个体的观测值数量相同，那么数据很可能是平衡面板；如果个体观测值数量存在差异，那么数据就是非平衡面板。例如，在一个包含 100 个企业的面板数据中，统计每个企业的观测年份数，如果每个企业都是 10 年的数据，那么是平衡面板；若有企业的数据年份数小于 10，那么就是非平衡面板。

**利用 Stata 统计面板
数据中个体数量
分布的方法**

11.13.3　利用软件检验

在 Stata 软件中，可以使用"xtbalance"命令来检验和处理面板数据是否平衡。当运行"xtbalance"命令时，Stata 会检查数据是否为平衡面板，如果不是，它会根据用户的要求删除一些观测值使数据平衡，或者提供数据不平衡的相关信息。

利用 Stata 检验
和处理非平衡
面板的方法

11.14　如何处理非平衡面板数据？

在面板回归时，如果样本数据是非平衡面板，就需要进行相应的处理，常见的两种思路是筛选与补齐数据、选择与调整估计方法。

11.14.1　数据筛选与补齐

筛选与补齐数据包括进行数据筛选、进行数据补齐或兼而有之等 3 种做法。

（1）数据筛选又分为个体筛选和时间阶段筛选两个方面。

个体筛选是指，如果非平衡面板数据是因为部分个体的数据缺失过多而导致不平衡，可以考虑删除这些个体。例如，在研究多个城市的经济发展面板数据中，如果少数几个城市只有很少几年的数据，而其他城市的数据相对完整，可以将这些数据缺失严重的城市从样本中剔除。不过，这种方法可能会导致样本选择偏差，尤其是当被剔除的个体具有某些特殊性质时，所以需要谨慎使用。

时间阶段筛选是指，当某些时期的数据缺失较为严重时，可以考虑只保留数据完整度较高的时期。例如，在研究金融市场波动的面板数据中，如果某几年由于市场动荡或者数据收集系统故障，导致数据质量差或缺失较多，可以将这几个年份的数据排除，只使用数据质量较好的时期进行分析。但这样做可能会丢失一些重要的信息，特别是如果缺失的时期正好是研究对象的关键变化时期。因此，在删除之前需要仔细考虑这些个体或时期是否属于随机缺失，以及删除后对研究问题和结论的潜在影响。

（2）数据补齐的常见方法有均值插补法、线性插值法、多重填补法等。

均值插补法是指，对于缺失的数据，可以用同一变量的均值来代替。例如，在一个地区经济增长的面板数据中，如果某个地区某一年的 GDP 增长率数据缺失，可以用该地区其他年份 GDP 增长率的均值来填充。不过，这种方法可能会低估数据的方差，并且如果数据存在明显的时间趋势或个体差异，填充后的数据可能不符合实际情况。

线性插值法是指，如果数据在时间序列上呈现一定的线性趋势，那么可以使用线性插值法来补齐缺失数据。假设面板数据中有企业的销售额数据，对于缺失的中间年份的销售额，可以根据相邻年份销售额的线性关系进行估算。这种方法适用于数据具有较为稳定的增长或下降趋势的情况，但对于非线性变化的数据可能效果不佳。

多重填补法是一种较为复杂但更合理的方法，它通过建立缺失数据的预测模型，基于其他变量的信息来生成多个可能的填补值，然后综合这些填补值进行分析。例如，在分析家庭消费面板数据时，利用家庭收入、家庭成员数量等其他变量来构建模型，对缺失的消费数据进行填补。这种方法考虑了数据的不确定性，并且可以通过适当的统计方法来处理填补后的数据，减少单一填补方法带来的偏差。

（3）综合运用数据补齐和筛选。在实际操作中，为了将非平衡面板转换为平衡面板，可能需要同时使用数据补齐和筛选方法。例如，先对缺失值较少的变量进行合理的填补，如使用多重填补法，然后对那些仍然无法有效填补或者缺失值过多的个体或时期再进行适当的筛选。在这个过程中，需要不断地检查数据的质量和平衡性，并且要根据研究问题的特点和数据的实际情况来灵活调整方法。同时，还需要注意在使用任何填补或筛选方法后，要对数据进行验证和敏感性分析，以确保转换后的平衡面板数据能够合理地反映原始数据的特征和研究问题的本质。

11.4.2　估计方法的选择与调整

可以使用适当的回归模型应对非平衡面板，如与固定效应模型、随机效应模型、广义矩估计等。

（1）固定效应模型。

固定效应模型（fixed effects model）的适用场景与优势：固定效应模型可以控制个体的异质性，在处理非平衡面板数据时仍然能够有效地估计变量之间的关系。它通过在模型中引入个体固定效应，将个体的特定因素（如企业的管理风格、地区的资源禀赋等）从误差项中分离出来，从而减少因个体差异导致的内生性问题。例如，在研究不同企业的投资决策（因变量）与市场利率、企业规模等因素（自变量）之间的关系时，即使面板数据是非平衡的，固定效应模型也能够考虑到每个企业自身的固定特征，提供相对稳健的估计。

使用固定效应模型的局限性与注意事项：固定效应模型可能会因为个体固定效应的存在而消耗较多的自由度，尤其是在个体数量较多而时间周期较短的非平衡面板数据中。此外，它假设个体固定效应与自变量不相关，如果这个假设不成立，可能会导致估计偏差。在使用固定效应模型时，还需要对模型的假设进行检验，如进行 Hausman 检验来判断固定效应模型和随机效应模型的适用性。

（2）随机效应模型。

随机效应模型（random effects model）的适用场景与优势：随机效应模型将个体异质性视为随机变量，并且假设个体效应与自变量之间不存在系统性的关联。在非平衡面板数据中，如果个体效应符合这种随机分布的假设，那么随机效应模型可以提供更有效的估计，尤其是在个体数量较大且个体差异相对较小的情况下。例如，在研究消费者购买行为（因变量）与产品价格、广告投入等因素（自变量）的面板数据中，如果消费者个体之间的差异可以被看作随机的，并且数据是非平衡的，随机效应模型可以通过利用个体之间的协方差结构来提高估计效率。

使用随机效应模型的局限性与注意事项：随机效应模型的关键假设是个体效应与自变量不相关，如果这个假设被违反，会导致估计结果不一致。在实际应用中，需要对这个假设进行检验，例如，通过 Breusch-Pagan 检验来判断是否存在随机效应。此外，对于非平衡面板数据，随机效应模型可能对数据的分布和缺失模式比较敏感，需谨慎使用。

（3）广义矩估计。

广义矩估计（generalized method of moments，GMM）的适用场景与优势：GMM 是一种在处理内生性问题和非平衡面板数据方面非常有效的估计方法，它不依赖于数据的严格分布假设，而是基于一组矩条件来进行估计。例如，在研究金融市场中资产价格（因变量）与宏观经济变量、市场情绪等因素（自变量）的关系时，这些变量之间可能存在内生性问题，并且数据由于市场交易的不连续性等原因可能是非平衡的。GMM 可以利用变量之间的协方差结构和滞后关系等矩条件来有效地估计模型参数。

使用 GMM 的局限性与注意事项：GMM 估计的有效性依赖于正确选择矩条件，如进行过度识别检验（J-test）来判断矩条件的合理性等。如果矩条件选择不当，可能会导致估计效率低下甚至不一致。此外，GMM 估计通常需要较大的样本量，计算过程相对复杂，并且需要对估计结果进行稳健性检验等。

11.15　如何检验样本数据是否有偏?

样本数据有偏是指在样本获取过程中，所得到的样本不能准确地代表总体的特征。基于有偏的样本数据进行实证研究，其分析结果往往缺乏可靠性和可信度。

样本数据有偏可以分为样本选择偏误问题和样本数据分布有偏问题。样本选择偏误问题是指由于样本选择方法不当导致的样本数据有偏。样本数据分布有偏问题是指样本数据的分布不能满足实证模型回归估计的要求。

即使没有样本选择偏误问题，样本数据分布有偏问题也可能存在；即使没有样本数据分布有偏问题，也可能存在样本选择偏误问题。两者并非相互排斥，最糟糕的情形就是两者同时存在。

样本选择偏误问题将在本书后面的章节中深入探讨，本节聚焦样本数据分布有偏问题。检验样本数据分布有偏问题的常见方法主要有正态性检验、均值比较检验、方差比较检验、两组数据比较检验以及多组数据比较检验等。

11.15.1　正态性检验

常见的正态性检验方法主要有 Jarque-Bera 检验、Shapiro-Wilk 检验等。

（1）Jarque-Bera 检验（简称"JB 检验"）基于样本数据的偏度和峰度来检验数据

是否服从正态分布。该检验统计量的计算公式为：

$$JB = n\left[S^2/6 + (K-3)^2/24\right]$$

其中 n 是样本容量，S 是样本偏度，K 是样本峰度。在正态分布假设下，JB 统计量服从自由度为 2 的卡方分布。如果计算得到的 JB 统计量对应的 p 值小于设定的显著性水平（如 0.05），则拒绝数据服从正态分布的假设，表明数据可能有偏。

使用 **Stata** 进行
Jarque-Bera
检验的基本方法

典型应用场景：适用于检验各种财经数据（如股票收益率、企业财务指标等）是否符合正态分布。例如，在构建资本资产定价模型时，需要对股票收益率进行正态性检验，若收益率数据不服从正态分布，可能会影响模型的准确性。

（2）Shapiro-Wilk 检验通过比较样本数据的经验分布函数与正态分布的理论分布函数来判断数据是否正态。它对样本数据的顺序统计量进行加权组合，构建检验统计量。当样本数据来自正态分布时，该统计量接近 1；否则，统计量的值会变小。与 Jarque-Bera 检验相比，Shapiro-Wilk 检验在小样本情况下更为敏感。

使用 **Stata** 进行
Shapiro-Wilk
检验的方法

典型应用场景：在小样本的实证研究中应用广泛。例如，在研究新成立的小型金融机构的财务比率分布是否正常时，由于样本量可能较小，Shapiro-Wilk 检验可以更有效地检测数据的正态性。

11.15.2　均值比较检验（用于与已知总体均值对比）

均值比较检验常见的方法是单样本 t 检验。

单样本 t 检验主要用于检验样本均值与已知的总体均值是否存在显著差异。其检验统计量为：

$$t = \frac{\bar{x} - \mu}{s/\sqrt{n}}$$

其中 $\bar{x}$ 是样本均值，μ 是总体均值，s 是样本标准差，n 是样本容量。

该统计量服从自由度为 $(n-1)$ 的 t 分布。如果计算得到的 t 值对应的 p 值小于显著性水平，则拒绝样本均值等于总体均值的假设，表明样本可能存在偏差。

典型应用场景：当已知总体均值（如行业平均资产回报率），想检验抽取的样本企业是否具有代表性时使用。例如，已知某行业的平均资产回报率为 10%，通过单样本 t 检验可以判断抽取的企业样本的平均资产回报率是否与行业均值存在显著差异，从而确定样本是否有偏。

11.15.3　方差比较检验

方差比较检验用于与已知总体方差对比，常见的方法是卡方检验。

卡方检验常用于检验样本方差与已知的总体方差是否一致。检验统计量为 χ^2（读音为 chi-square）：

$$\chi^2 = \frac{(n-1)s^2}{\sigma^2}$$

其中 n 是样本容量，s^2 是样本方差，σ^2 是总体方差。

该统计量服从自由度为 $(n-1)$ 的卡方分布。如果计算的 χ^2 统计量对应的 p 值小于显著性水平，则拒绝样本方差等于总体方差的假设，提示样本可能存在偏差。

典型应用场景：卡方检验在质量控制或风险评估等领域广泛应用。例如，已知某投资组合的风险（方差）指标，通过卡方检验来检查新抽取的样本投资组合的风险是否与已知风险一致，以判断样本的合理性。

11.15.4 两组数据比较检验（用于子样本比较）

两组数据比较检验的方法有独立样本 t 检验、Mann-Whitney U 检验等。

（1）独立样本 t 检验主要用于比较两个独立子样本的均值是否存在显著差异时使用。例如，将企业样本分为两组（如大型企业组和小型企业组），检验两组企业的平均利润是否有显著差异。检验统计量基于两组样本的均值、方差和样本容量计算，服从自由度为一定调整后的值的 t 分布。如果 p 值小于显著性水平，说明两组子样本均值存在显著差异，可能暗示样本划分过程或样本本身存在偏差。

典型应用场景：在研究不同类别企业（如不同行业、不同所有制）的财务指标差异、不同市场（如主板市场和创业板市场）的股票交易特征差异等场景中应用。

（2）Mann-Whitney U 检验（非参数检验），不依赖于数据分布的假设，用于比较两个独立样本的分布是否相同。它通过将两组样本的数据合并排序，计算每个样本数据的秩和①，进而构建检验统计量。如果两组样本的分布相同，那么它们的秩和应该相近；否则，秩和会有较大差异。当样本数据不满足正态分布等参数检验的假设时，Mann-Whitney U 检验是一种有效的替代方法。

使用 Stata 进行 **Mann-Whitney U 检验**的方法

典型应用场景：在样本数据不满足正态性假设（如金融市场极端波动时期的数据），但需要比较两个子样本（如危机前后的企业经

---

① 秩和在统计学中是一个重要的概念，常常用于非参数检验。将一组数据按照从小到大的顺序排列，每个数据所处的位置序号称为秩。如果有相同的数据，则它们的秩取它们位置序号的平均值，因此秩不一定是整数。对于两组或多组数据，分别计算每组数据的秩，然后将每组数据的秩相加，得到的结果就是秩和。

在一些样本中，数据是以等级等非参数形式出现的，如对某种产品的质量评价分为"优"、"良"、"中"、"差"等级。对于这类等级资料，可以使用秩和检验来比较不同组之间的差异。例如，要比较两种不同生产工艺生产的产品质量是否存在差异，将产品分为上述等级，然后统计每种等级的产品数量。将等级转换为秩，如"优"为4，"良"为3，"中"为2，"差"为1，计算每组产品的秩和，通过秩和检验来判断两种生产工艺对产品质量的影响是否存在显著差异。

营绩效）时使用。

11.15.5   多组数据比较检验（用于子样本比较）

多组数据比较检验的方法有方差分析、Kruskal-Wallis 检验。

（1）方差分析（ANOVA）用于检验多个组（三个或更多）的均值是否相等。它通过比较组间方差和组内方差来构建 F 统计量。如果组间方差显著大于组内方差，F 统计量会较大，对应的 p 值小于显著性水平时，拒绝所有组均值相等的假设，表明组间存在显著差异，可能暗示样本存在偏差。

典型应用场景：在研究多种因素（如不同地区、不同产品类型等）对变量（如销售额、利润率等）的影响时，用于检验不同因素水平下样本数据的差异。例如，分析不同地区企业的税负水平是否存在差异时，方差分析可以帮助判断样本是否在地区维度上存在偏差。

（2）Kruskal-Wallis 检验（非参数检验）是 Mann-Whitney U 检验的扩展，用于检验多个独立样本的分布是否相同。它基于将所有样本合并排序后的秩和计算统计量，同样不依赖于数据的分布假设。当 p 值小于显著性水平时，表明至少有两组样本的分布存在显著差异，提示样本可能有问题。

典型应用场景：当研究多个组（如不同行业的企业、不同投资策略下的基金等）的数据，且数据不符合正态分布等参数假设时，用于检测样本在组间的差异是否合理。

使用 Stata 进行
Kruskal-Wallis
检验的方法

11.16   如何处理数据分布有偏问题？

如何处理样本选择偏误问题将在本书后面的章节中深入探讨，本节聚焦样本数据分布有偏问题的应对方法。这些方法主要包括数据清洗与筛选、数据转换与调整、采用稳健的统计方法、样本扩充与重新抽样等。

11.16.1   数据清洗与筛选

数据清洗与筛选包括识别和去除异常值、调整数据筛选规则等。

（1）异常值可能是导致样本数据分布有偏的一个重要因素。通过统计方法或基于业务逻辑（如企业财务数据中，某项指标与行业平均水平相差过大且无合理原因）来识别异常值。基于统计的解决方法主要有箱线图法、Z-score 法以及缩尾法等。其中，箱线图法是指，通过使用统计软件（如 Stata 等）绘制箱线图可以直观地观察和找出异常值，超出上下四分位数 1.5 倍四分位距的数据点可被视为异常值。Z-score 又称标准化分数，该方法计算 Z-score 分数，一般 Z-score 大于 3 或小于-3 的数据点可考虑为异常值。对于识别出的异常值，虽然可以直接删除，但需要谨慎操作，因为某些异常值可能包含重要信息。例如，如果异常值是由于企业的重大战略调整或市场的结构性变化引起的，可能需要进一步分析，而不是简单删除。缩尾法是先为样本数据指定一个分位数阈值，如1%，然后将分位数低于1%的样本直接设置为1%分位点的样本数值，将高于99%的样本设置为99%分位点的样本数值。

（2）调整数据筛选规则是指，重新审视数据筛选的标准，确保样本能够更准确地代表研究对象。例如，如果研究目的是分析正常经营状态下企业的财务特征，但最初的样本包含了大量处于财务困境或特殊重组阶段的企业，就需要调整筛选规则，排除这些不符合要求的企业。

解决方法：明确研究目标和对象的关键特征，根据这些特征制定或修改数据筛选条件。例如，在研究中小企业的融资行为时，定义中小企业的标准（如根据资产规模、营业收入等指标），并筛选出符合该标准且处于正常经营周期的企业数据。

11.16.2　数据转换与调整

数据转换与调整的方法有对数变换、Box-Cox变换等。

（1）对数变换是指，对于具有正偏态分布（右偏）的数据，对数变换可以使数据分布更加对称。例如，企业的销售收入、资产规模等数据往往呈现右偏分布，通过对数变换（如自然对数 ln）可以大幅度压缩数据的数值范围，减小偏度。对数变换还可以将乘法关系转换为加法关系，在一些经济模型（如生产函数模型）中更符合线性假设。

需要注意的是，对数变换只适用于数据值为正数的情况，对于包含零或负数的数据，可能需要先进行适当的处理（如加上一个常数使所有数据为正）。

（2）Box-Cox变换是一种更灵活的幂变换方法，可以根据数据的特点自动确定最佳的变换参数，使数据更接近正态分布，从而减少数据的偏度。

11.16.3　采用稳健的统计方法

采用稳健的统计方法如采用稳健回归或非参数统计方法等。

（1）稳健回归方法（如最小中位数平方回归，即 LMS 回归）对异常值和有偏数据具有一定的耐受性。与普通最小二乘法（OLS）回归不同，稳健回归不是最小化残差平方和，而是最小化残差的中位数，这样可以避免异常值对回归系数估计的过度影响，使得在数据有偏的情况下仍然能够得到相对可靠的变量关系估计。

在使用稳健回归时，需要注意其与普通回归的区别，如回归系数的解释可能会有所不同，并且稳健回归的计算效率可能相对较低，对于大规模数据，可能需要更多的计算资源。

（2）非参数统计方法不依赖于数据的特定分布假设（如正态分布），而是基于数据的排序或秩（即升序排列后的序号）进行分析。例如，当数据有偏且不符合正态分布时，使用非参数方法（如 Mann-Whitney U 检验用于两组独立样本比较、Kruskal-Wallis 检验用于多组独立样本比较）可以更有效地检验组间差异。在估计变量之间的关系时，非参数回归（如核回归）可以根据数据的局部特征来拟合曲线，不受数据分布的限制。

11.16.4　样本扩充与重新抽样

（1）样本扩充是指，如果样本数据分布有偏是由于样本量较小或者样本覆盖范围有限导致的，可以尝试扩充样本。例如，在研究新兴金融市场的投资者行为时，最初的样本可能只包含了少数活跃投资者的数据，导致样本有偏，通过扩大数据收集范围，增加样本中的投资者类型和数量，可以使样本更具代表性。

解决方法：寻找更多的数据来源来扩充样本。具体可以通过延长数据收集时间周期、增加调查对象范围或者整合多个相关数据集来实现。例如，收集更长时间序列的金融市场交易数据，或者联合不同金融机构的客户交易数据（在合法合规的前提下）。但在扩充样本时，需要注意数据的质量和一致性，避免引入新的偏差。

（2）重新抽样方法（Bootstrap）是一种通过有放回地从原始样本中抽取样本的方法来估计统计量的不确定性。当样本数据有偏时，可以利用 Bootstrap 法来重新构造样本，通过多次抽样得到多个"新样本"，然后对这些新样本进行分析，如计算均值、方差、置信区间等统计量。这种方法可以在一定程度上减少原始样本偏差对结果的影响，并且可以评估统计量的稳定性。

使用 Stata 实现 Bootstrap 重新抽样的方法

✒ 本章小结

本章的主题是研究设计中样本数据的采集和预处理。首先介绍了国内外常见的公开数据源、自然数据与准自然数据、如何选择样本数据的时间跨度等。其次介绍了如何处理样本数据中的缺失值、异常值、数量级差异问题、非平衡面板问题以及样本数据分布有偏问题等。本章的内容有助于初学者深入了解如何准备实证研究的样本数据。

❓ 思考与练习题

1. 在高质量专业期刊上选择一篇基于自然数据的实证研究论文，简述该论文的数据采集与预处理过程。

2. 在高质量专业期刊上选择一篇基于准自然数据的实证研究论文，简述该论文的数据采集与预处理过程。

3. 在高质量专业期刊上选择一篇含有处理非平衡面板的实证研究论文，详述该论文中处理非平衡面板的过程。

4. 在高质量专业期刊上选择一篇含有处理极端值的实证研究论文，详述该论文中处理极端值的过程。

5. 在高质量专业期刊上选择一篇含有插补方式处理缺失值的实证研究论文，详述该论文中插补处理的方法和过程。

6. 在高质量专业期刊上选择一篇以稳健回归处理极端值的实证研究论文，详述该论文中稳健回归的方法和过程。

7. 在高质量专业期刊上选择篇含有非参数回归的实证研究论文，详述该论文中非参数回归的方法和过程。

第4篇
实证分析

在实证研究中，实证分析的部分反倒相对容易，其主要工作是：按照研究设计的规划先进行初步分析，包括样本数据的描述性统计和各个变量之间的相关性分析，这两部分没有异常情况时再进行基准回归和主回归。通过对比基准回归和主回归的结果，验证研究设计中模型设定的有效性，并肯定或否定相关的研究假设，进而为下一步的稳健性检验和进一步分析打下基础。

12 实证分析Ⅰ：回归前的准备工作

学习要点

收集和整理样本数据后，就可以开始进行实证分析了。作为实证分析的第一步，在进行模型回归之前，还需要对样本数据进行描述性统计和相关性分析，以此对研究假设进行初步检验。如果初步检验的结果与研究假设相矛盾，后面的模型回归其实就没必要做下去了。本章的主题是基于样本数据对研究假设进行初步检验，主要内容包括描述性统计和相关性分析等。如果样本数据来源于问卷调查或访谈等，往往还需要进行信度和效度分析。

12.1 回归分析前为何要做描述性统计？

在实证研究中，进行回归分析之前进行描述性统计是非常重要的步骤。描述性统计可以帮助研究者全面了解数据的基本特征、分布情况以及潜在问题，从而为后续的回归分析奠定基础。回归之前进行描述性统计的原因主要有：了解数据的基本特征，识别异常值和极端值，检查数据的完整性，为回归模型的选择提供依据，以及增强研究的透明性和可重复性等。

12.1.1 了解数据的基本特征

描述性统计提供了数据的集中趋势（如均值、中位数、众数）和离散程度（如标准差、方差、极差）等基本信息。这些统计量可以帮助研究者快速了解变量的总体情况。例如，通过计算均值和标准差，研究者可以初步判断变量的分布范围和集中程度。如果某个变量的标准差过大，可能意味着数据存在较大的变异，需要进一步分析其原因。

12.1.2 识别异常值和极端值

描述性统计可以帮助研究者发现数据中的异常值或极端值。异常值可能对回归分析产生显著影响，尤其是在线性回归中，极端值可能导致回归系数的估计不准确。例如，通过计算最小值、最大值、四分位数以及箱线图，研究者可以快速识别出潜在的异常值。对于这些异常值，研究者可以选择删除、修正或进行稳健回归分析。

12.1.3 检查数据的完整性

描述性统计可以揭示数据中是否存在缺失值、重复值或错误值。这些问题如果不加以处理，可能会导致回归分析的偏差或错误。例如，通过描述性统计，研究者可以发现某些变量存在大量缺失值。此时，研究者需要决定是删除缺失值、填补缺失值，还是采用其他方法来处理这些缺失数据。

12.1.4 为回归模型的选择提供依据

描述性统计可以帮助研究者根据数据的特征选择合适的回归模型。例如，如果因变量是二分类变量，可能需要选择逻辑回归；如果因变量是计数变量，可能需要选择泊松回归。再比如，通过描述性统计，研究者发现因变量是正偏态分布且存在大量零值，此时可能需要选择零膨胀泊松回归模型等。

12.1.5 增强研究的透明性和可重复性

描述性统计的结果通常会在研究报告或论文中呈现，这不仅有助于读者理解数据的基本特征，还能增强研究的透明性和可重复性。例如，在论文中呈现变量的均值、标准差、最小值和最大值等信息，可以帮助其他研究者更好地理解数据的背景和研究的起点。

在实证研究中，描述性统计是回归分析的重要前置步骤，它不仅帮助研究者了解数据的基本特征和分布情况，还能识别潜在问题（如异常值、缺失值），为选择合适的回归模型提供依据。通过描述性统计，研究者可以更好地准备数据，从而提高回归分析的准确性和可靠性。

12.2 如何进行描述性统计？

进行描述性统计分析是一个简单而重要的步骤，可以帮助研究者快速了解数据的基本特征。计量工具软件通常提供了多种命令来生成描述性统计结果，包括均值、标准差、中位数、最小值、最大值、偏度、峰度等。以下以 Stata 为例，说明常用的描述性统计命令及其使用方法。假设企业员工数据集中含有性别（gender）、年龄（age）、收入（income）等数据项。

12.2.1 基本描述性统计

Stata 中最常用的描述性统计命令是' summarize '，它提供了变量的基本统计信息，如均值、标准差、最小值、最大值和观测数。例如：

summarize income age

这将为 income 和 age 两个变量生成描述性统计结果，包括每个变量的观测数、均值、标准差、最小值和最大值。

12.2.2 详细描述性统计

如果需要更详细的统计信息，如中位数、四分位数、偏度和峰度，可以使用'summarize'命令的 detail 选项。例如：

summarize income, detail

这将为 income 变量生成更详细的描述性统计结果，包括：观测数（N）、均值（Mean），标准差（Std. Dev.），最小值（Min），最大值（Max），中位数（Median），四分位数（25%、50%、75%），偏度（Skewness）和峰度（Kurtosis）。

12.2.3 分组描述性统计

如果需要按某个分类变量对数据进行分组，并生成描述性统计结果，可以使用 by 前缀。例如，基于分类变量 gender（性别），可以按性别分组计算 income 的描述性统计：by gender, sort：summarize income

这将分别输出男性和女性的 income 描述性统计结果。

12.2.4 生成描述性统计表格

如果需要将描述性统计结果输出为表格形式，可以使用 tabstat 命令。tabstat 命令允许自定义统计量和输出格式。例如：

tabstat income age, statistics（mean sd min max）by（gender）columns（statistics）

这将按 gender（性别）分组，输出 income 和 age 的 mean（均值）、std（标准差）、min（最小值）和 max（最大值），并以表格形式展示。

12.2.5 绘制描述性统计图形

除了数值结果，Stata 还可以通过图形直观地展示数据的分布特征。常用的图形包括直方图、箱线图和散点图。

直方图（Histogram）：histogram income, frequency

这将生成 income 的直方图，展示数据的分布情况。

箱线图（Boxplot）：graph box income, over（gender）

这将生成按性别分组的 income 箱线图，直观展示数据的分布范围和异常值。

散点图（Scatter Plot）：scatter income age

这将生成 income 和 age 的散点图，帮助观察两者之间的关系。

12.2.6 保存描述性统计结果

如果需要将描述性统计结果保存到外部文件，可以使用 outreg2 或 esttab 等第三方命令（需要先用 ssc install 安装）。例如：

summarize income age，detail

outreg2 using descriptive_statistics. doc，replace word

这将把描述性统计结果保存到一个 Word 文档 descriptive_statistics. doc 中。

在 Stata 中，描述性统计可以通过 summarize、tabstat、by 前缀和图形命令轻松完成。这些工具不仅能够提供数据的基本特征，还能帮助研究者快速发现数据中的潜在问题（如异常值、分布偏差等）。通过这些步骤，研究者可以为后续的复杂分析（如回归分析）做好充分准备。

12.3 如何解读描述性统计的结果？

描述性统计的结果提供了数据集的基本特征和分布情况。正确解读描述性统计的结果对于理解数据和进行后续分析至关重要。以下是描述性统计结果的常见指标及其解读方法。

12.3.1 集中趋势指标

集中趋势指标包括均值、中位数、众数等。其中，均值（mean）是数据集的平均值。均值可以反映数据的中心位置，但受极端值的影响较大。中位数（median）是将数据集按大小顺序排列后位于中间位置的值。中位数对极端值不敏感，可以反映数据的中心位置。众数（Mode）是数据集中出现频率最高的值。众数可以反映数据的最常见值，但可能不唯一。

12.3.2 离散程度指标

离散程度指标包括标准差、方差、极差、四分位数等。其中，标准差（standard deviation，SD）用于衡量数据集的离散程度。标准差越大，数据的变异越大。方差（variance）是标准差的平方，同样衡量数据的离散程度。极差（range）是数据项的最大值与最小值之差。极差可以反映数据的全距，但受极端值影响较大。四分位数（quartiles）将数据集分为四等份的值，包括第一四分位数（Q1）、第二四分位数（Q2，即中位数）、第三四分位数（Q3）。四分位数可以反映数据的分布情况，不受极端值影响。

12.3.3 分布形状指标

分布形状指标包括偏度、峰度等。其中，偏度（skewness）衡量数据分布的对称性。偏度为 0 表示数据分布对称；偏度大于 0 表示正偏态（右尾长）；偏度小于 0 表示负偏态（左尾长）。峰度（kurtosis）衡量数据分布的尖峭程度。峰度为 0 表示数据分布为正态分布；峰度大于 0 表示尖峰分布（比正态分布更尖峭）；峰度小于 0 表示平坦分布（比正态分布更平坦）。这里的峰度指的是超额峰度（excess kurtosis）；若为原始峰度（kurtosis），其分界点数值则为3。

12.3.4　其他指标

其他指标还有最小值、最大值、计数等。其中，最小值（minimum）是数据项中的最小值。最大值（maximum）是数据项中的最大值。计数（count）是数据项中非缺失值的数量。

12.3.5　解读方法归纳

比较集中趋势指标：比较均值、中位数和众数，判断数据分布的对称性和是否存在极端值。

评估离散程度：通过标准差、方差和极差，了解数据的变异程度。

分析分布形状：通过偏度和峰度，判断数据分布是否接近正态分布。

识别异常值：通过最小值、最大值和四分位数，识别数据中的异常值。

描述性统计的结果提供了数据集的基本特征和分布情况。正确解读这些结果可以帮助研究者了解数据的集中趋势、离散程度和分布形状，为后续的分析提供基础。解读时，应综合考虑所有指标，以全面了解数据的特征。

12.4　描述性统计如何发现数据问题？

描述性统计是数据分析中的重要步骤，它可以帮助研究者在进行更复杂的分析（如回归分析）之前，快速发现样本数据中可能存在的潜在问题。以下是通过描述性统计发现样本数据潜在问题的一般方法和常见问题的识别方式。

12.4.1　检查数据的集中趋势和离散程度

描述性统计提供了数据的均值、中位数、众数、标准差、方差等统计量，这些信息可以帮助研究者初步判断数据的分布特征。

常见问题：异常的均值或中位数、过大的标准差或方差、均值和中位数差异过大等。其中，异常的均值或中位数是指，如果均值或中位数明显偏离预期范围，可能是数据来源问题或存在极端值。过大的标准差或方差是指，标准差或方差过大可能表明数据存在较大的变异，可能是由于异常值或数据分布不均匀。均值和中位数差异过大是指，如果均值和中位数相差较大，可能表明数据分布存在偏态。

一般解决方法：检查数据来源；计算偏度和峰度，进一步判断数据分布是否异常；如果发现异常值，考虑删除或修正。

12.4.2　检查数据的分布情况

通过绘制直方图、箱线图或计算偏度和峰度，可以直观地了解数据的分布是否符合预期。

常见问题：非正态分布、多峰分布、异常值等。其中，非正态分布问题是指，如果数据严重偏离正态分布（偏度或峰度过大），可能会影响后续分析（如线性回归）。多峰分布问题是指，数据可能存在多个峰值，表明数据中可能存在多个群体或类别。异常值问题是指，箱线图中的异常点可能表明数据中存在极端值。

一般解决方法：如果数据偏态严重，可以考虑数据转换（如对数转换、平方根转换）；如果存在多峰分布，可以考虑分层分析或分类变量的引入；对于异常值，可以删除、修正或使用稳健的统计方法。

12.4.3 检查数据的完整性

描述性统计可以帮助研究者发现数据中是否存在缺失值、重复值或错误值。

常见问题：缺失值、重复值、错误值等。其中，缺失值问题是指，某些变量可能存在大量缺失值，影响分析的完整性。重复值问题是指，数据中可能存在重复记录，导致分析结果偏差。错误值问题是指，某些变量的取值可能超出合理范围（如年龄为负数）。

一般解决方法：对于缺失值，可以删除、填补（如均值填补、多重填补）或使用不依赖完整数据的分析方法；删除重复记录或检查数据来源是否重复录入；检查数据录入规则，修正错误值或删除不合理记录。

12.4.4 检查数据的范围和合理性

描述性统计提供了变量的最小值、最大值和四分位数等信息，可以帮助研究者判断数据是否在合理范围内。

常见问题：超出合理范围、数据逻辑错误等。其中，超出合理范围问题是指，某些变量的取值可能超出预期范围（如年龄超过 120 岁）。数据逻辑错误是指，某些变量的取值可能不符合逻辑（如性别为"3"）。

一般解决方法：检查数据逻辑规则，修正错误值或删除不合理记录。

12.4.5 检查样本的代表性

通过描述性统计，研究者可以判断样本是否具有代表性。

常见问题：样本偏差、样本量不足等。其中，样本偏差问题是指，样本的均值、中位数或分布可能与总体差异较大，表明样本可能存在偏差。样本量不足问题是指，某些变量的样本量可能过小，影响分析的可靠性。

一般解决方法：检查抽样方法，确认样本是否具有代表性；如果样本量不足，可以考虑增加样本量或使用分层抽样。

通过描述性统计，研究者可以快速发现样本数据中的潜在问题，包括异常值、数据分布问题、缺失值等。这些问题如果不加以处理，可能会严重影响后续分析的结果和可靠性。因此，描述性统计不仅是数据分析的起点，也是确保数据质量的重要环节。

12.5　为何要做相关性分析?

在实证研究中，进行回归分析之前通常要做相关性分析，主要原因有探索变量关系、辅助变量选择、检验共线性问题、为回归分析做铺垫。

12.5.1　探索变量之间的关系

具体包括初步了解关联程度、发现潜在关系模式等。

初步了解关联程度是指，相关性分析能够帮助研究者快速直观地了解各个变量之间的线性关联程度。通过计算相关系数，如皮尔逊相关系数等，可以得到一个介于 -1 到 1 之间的值，明确变量之间是正相关、负相关还是几乎没有线性关系，以及这种关系的紧密程度。例如，在研究居民收入与消费支出的关系时，通过相关性分析可以初步判断两者之间是否存在明显的关联，为后续深入分析奠定基础。

发现潜在关系模式是指，除了线性关系，相关性分析还可能帮助发现一些非线性的关系趋势或其他潜在的关系模式。虽然相关系数主要衡量的是线性相关程度，但在某些情况下，如果数据呈现出特定的分布特征，也能从相关分析的结果中得到一些关于变量间其他关系的线索，从而为进一步的模型设定提供思路。

12.5.2　辅助变量选择

具体包括确定关键变量、排除无关变量等。

确定关键变量是指，在众多可能的自变量中，通过相关性分析可以筛选出与因变量相关性较强的变量，作为回归分析中自变量的候选。这样可以避免在回归模型中纳入过多与因变量关系不密切的变量，从而简化模型，提高模型的解释力和预测准确性。例如，在研究企业绩效的影响因素时，可能有多个财务指标和非财务指标可供选择，通过相关性分析可以挑选出与企业绩效相关性显著的指标进行回归分析。

排除无关变量是指，对于与因变量相关性较弱或几乎没有相关性的变量，可以考虑将其排除在回归模型之外，减少模型的复杂性和估计误差。因为这些变量可能对因变量的解释作用很小，甚至可能会引入噪声，影响回归结果的稳定性和可靠性。

12.5.3　检验共线性问题

具体包括识别自变量间的共线性、预防模型估计问题等。

识别自变量间的共线性是指，相关性分析可以帮助检测自变量之间是否存在高度共线性。如果两个或多个自变量之间的相关性过高，可能会导致回归模型出现多重共线性问题，使得模型的参数估计不稳定，标准误差增大，从而影响对自变量与因变量之间真实关系的判断。例如，在分析房地产价格的影响因素时，房屋面积和房间数量可能存在较高的相关性，通过相关性分析发现后，可以采取相应的处理措施，如删除其中一个变量或进行变量变换等。

预防模型估计问题是指，提前发现共线性问题，有助于研究者在进行回归分析之前采取适当的方法进行处理，如主成分分析、岭回归等，以提高回归模型的质量和可靠性，避免由于共线性导致的模型估计不准确和解释困难等问题。

12.5.4　为回归分析提供合理性依据

具体包括初步验证理论假设、评估回归分析的可行性等。

初步验证理论假设是指，在进行回归分析之前，通常会有关于变量之间关系的理论假设。相关性分析可以作为初步验证这些假设的一种方法，如果相关性分析的结果与理论假设相符，即变量之间存在预期方向和程度的相关性，那么可以在一定程度上支持回归分析的合理性和必要性。例如，根据经济理论假设消费者的收入水平与消费水平正相关，通过相关性分析得到两者之间显著的正相关关系，就为进一步建立回归模型来研究两者之间的具体数量关系提供了支持。

评估回归分析的可行性是指，如果相关性分析显示变量之间几乎不存在线性相关关系，那么进行线性回归分析可能就不太合适，需要考虑其他类型的分析方法或对变量进行进一步的转换和处理。相关性分析可以帮助研究者判断回归分析是否是一个合适的方法来研究变量之间的关系。

12.6　如何进行相关性分析?

进行相关性分析是一个简单而重要的步骤，可以帮助研究者了解变量之间的线性关系。计量工具软件通常提供了多种命令来计算相关系数，并进行显著性检验。下面以 Stata 为例，说明用于进行相关性分析的常用命令和步骤。

12.6.1　计算皮尔逊相关系数

皮尔逊相关系数是衡量两个连续变量之间线性关系的常用指标，取值范围为 $[-1, 1]$。命令格式:

correlate [变量 1] [变量 2] [变量 3] …

或简写为:

corr [变量 1] [变量 2] [变量 3] …

例如，假设有变量 income 和 age，计算它们之间的相关系数:

correlate income age

如果需要计算多个变量之间的相关系数矩阵:

correlate income age education experience

输出结果是一个相关系数矩阵，对角线上的值为 1（变量与自身的相关系数），非对角线上的值表示变量之间的相关系数。

12.6.2 计算斯皮尔曼秩相关系数

斯皮尔曼秩相关系数适用于非正态分布的数据或变量之间的非线性关系，它基于变量的秩次而非实际值。命令格式：

spearman［变量1］［变量2］［变量3］…

例如，计算 income 和 age 的斯皮尔曼秩相关系数：

spearman income age

12.6.3 计算肯德尔秩相关系数

肯德尔秩相关系数也是一种非参数相关性分析方法，适用于小样本数据或存在大量平级（ties）的情况。命令格式：

kendall［变量1］［变量2］［变量3］…

例如，计算 income 和 age 的肯德尔秩相关系数：

kendall income age

12.6.4 显著性检验

在计算相关系数时，Stata 会自动提供相关系数及其显著性检验结果（p 值）。其中，相关系数（r）表示变量之间线性关系的强度和方向。p 值表示相关性是否显著。一般认为，如果 p 值小于显著性水平（如 0.05），则认为相关性具有统计学意义。当然，在某些学科（如财会类）的实证研究中，如果 p 值小于显著性水平（如 0.1），通常也认为具有显著性。

12.6.5 绘制散点图

为了更直观地理解变量之间的关系，可以绘制散点图。例如，绘制数据项 income 和 age 的散点图：

scatter income age

如果需要添加拟合线：

twoway（scatter income age）（lfit income age）

12.6.6 输出相关性分析结果

如果需要将相关性分析结果保存到外部文件，可以使用 outreg2 或 esttab 等第三方命令。例如：

correlate income age education experience

outreg2 using correlation_results. doc，replace word

通过上述指令，可以将相关性分析的结果保存在 Word 文件 correlation_results. doc 中。

进行相关性分析非常简单，在 Stata 中主要通过 correlate（皮尔逊相关系数）、Spearman（斯皮尔曼秩相关系数）和 kendall（肯德尔秩相关系数）命令完成。这些命令不仅提供了相关系数的计算结果，还附带显著性检验的 p 值。通过散点图和结果输出，研究者可以更直观地理解变量之间的关系，并为后续的回归分析提供初步线索。

12.7　如何解读相关性分析的结果？

在实证研究中，相关性分析是研究变量之间关系的重要工具。正确解读相关性分析的结果，并将其与研究假设相呼应，是确保研究结论科学性和可靠性的关键步骤。

12.7.1　解读相关性分析的结果

相关性分析结果主要包括相关系数的大小和方向、统计显著性检验、置信区间等。

（1）相关系数的大小和方向。相关性分析的结果通常以相关系数（如皮尔逊相关系数、斯皮尔曼相关系数）表示，其取值范围为 [-1, 1]。相关系数的绝对值越大，表示变量之间的线性关系越强；符号表示关系的方向。

正相关（$r>0$）：两个变量的变化方向一致，一个变量增加时，另一个变量也增加。负相关（$r<0$）：两个变量的变化方向相反，一个变量增加时，另一个变量减少。无相关（$r≈0$）：变量之间没有明显的线性关系。

相关系数的强度判断标准：以皮尔逊相关系数为例，$|r|≥0.7$：强相关；$0.4≤|r|<0.7$：中等程度相关；$0.2≤|r|<0.4$：弱相关；$|r|<0.2$：几乎没有相关性，

（2）统计显著性检验。相关性分析不仅关注相关系数的大小，还需要进行显著性检验，以判断观察到的相关性是否具有统计意义。显著性检验的目的是判断样本相关系数是否显著偏离零（即无相关性）。

原假设（H_0）：$\rho=0$（无相关性）；备择假设（H_1）：$\rho \neq 0$（存在相关性）。

p 值：根据 t 分布计算双侧 p 值。如果 p 值小于显著性水平（如 0.05 或 0.1），则拒绝原假设，认为变量之间存在显著相关性。

（3）置信区间提供了相关系数的估计范围，常用的方法是通过 Fisher 的 Z 变换。置信区间的计算可以帮助研究者更全面地理解相关系数的不确定性。

除了数值结果，散点图可以直观地展示变量之间的关系。通过观察散点图，可以判断变量之间是否存在线性关系，是否存在异常值，以及关系的强弱。

12.7.2　将相关性分析结果与研究假设相呼应

首先，明确研究假设。在进行相关性分析之前，研究者需要明确研究假设。假设通

常包括以下两种类型：方向性假设，预测变量之间存在正相关或负相关；非方向性假设，仅预测变量之间存在相关性，但不指定具体方向。

其次，对比分析结果与假设。根据相关性分析的结果，研究者需要判断分析结果是否支持研究假设，一般有两种情形：支持假设、不支持假设。

情形1：支持假设。如果假设预测变量之间存在正相关，且相关性分析结果显示显著的正相关（$r>0$ 且 $p<0.05$ 或 $p<0.1$），则假设得到支持。如果假设预测变量之间存在负相关，且相关性分析结果显示显著的负相关（$r<0$ 且 $p<0.05$ 或 $p<0.1$），则假设得到支持。

情形2：不支持假设。如果假设预测变量之间存在相关性，但相关性分析结果显示无显著相关性（$p\geqslant0.05$），则假设未得到支持。如果假设预测变量之间存在正相关，但相关性分析结果显示负相关（或反之），则假设未得到支持。

最后还要考虑潜在问题。即使相关性分析结果显示变量之间存在显著相关性，研究者仍需谨慎对待诸如因果关系、多重共线性、样本偏差等问题。其中，因果关系是指，相关性并不等同于因果关系。即使两个变量之间存在显著相关性，也不能直接推断出因果关系。多重共线性是指，如果多个自变量之间存在高度相关性，可能需要进一步检查是否存在多重共线性问题。样本偏差是指，相关性分析的结果可能受到样本特征的影响。如果样本不具有代表性，结果可能无法推广到总体。

将上述过程举例说明。假设研究问题是"教育水平是否与收入水平相关"，研究假设为"教育水平越高，收入水平越高（正相关）"。在相关性分析结果中，教育水平与收入水平的皮尔逊相关系数为 $r=0.65$，p 值为 0.001，散点图也显示两者呈明显的线性关系。结果解读：相关系数 $r=0.65$，表示教育水平与收入水平之间存在中等程度的正相关；p 值为 0.001，小于显著性水平 0.05，表明这种相关性具有统计意义。分析结果支持研究假设，即教育水平与收入水平之间存在显著正相关。为了更准确地评估这种关系，可以进一步进行回归分析，控制其他潜在影响因素（如工作经验、行业等）。

相关性分析是实证研究中重要的初步分析工具，其结果可以帮助研究者了解变量之间的关系强度和方向，并为后续的回归分析提供线索。正确解读相关性分析的结果，并将其与研究假设相呼应，是确保研究结论科学性和可靠性的关键。同时，研究者需要注意相关性分析的局限性，结合其他分析方法（如回归分析、因果推断方法）以更全面地验证研究假设。

12.8 如何通过相关性分析发现研究设计缺陷？

在实证研究中，相关性分析不仅可以帮助研究者了解变量之间的关系，还可以通过分析结果发现研究设计中的潜在缺陷。以下是通过相关性分析识别研究设计缺陷的一般方法和思路。

12.8.1　通过相关性发现多重共线性问题

在多变量回归模型中，如果自变量之间存在高度相关性（如相关系数 $|r| > 0.7$），可能会导致多重共线性问题。这种情况下，回归模型的系数估计可能不稳定，解释力也会受到影响。

如何发现问题？通过计算自变量之间的相关系数矩阵，检查是否存在高度相关的变量对；利用热力图直观地展示变量之间的相关性，红色表示强正相关，蓝色表示强负相关。

可能的问题：如果存在高度相关的自变量，说明研究设计中可能存在变量选择不当的问题，导致某些变量包含重复信息。

解决方案：删除或合并高度相关的变量；使用主成分分析（PCA）等降维方法减少冗余信息。

12.8.2　通过相关性发现变量选择问题

相关性分析可以帮助研究者判断自变量与因变量之间的关系强度。如果某些自变量与因变量的相关性非常低（如 $|r| < 0.2$），可能表明这些变量对因变量的解释力不足。

如何发现问题？检查哪些变量与因变量的相关性较低；通过散点图直观地观察变量之间的关系。

可能的问题：如果某些自变量与因变量的相关性很低，可能表明研究设计中变量选择不当，或者遗漏了重要的解释变量。

解决方案：重新审视变量选择，删除或替换相关性低的变量。基于理论或文献补充可能遗漏的重要变量。

12.8.3　通过异常相关性发现数据质量问题

相关性分析可以帮助研究者发现数据中的异常情况，如异常值、数据录入错误或样本偏差。

如何发现问题？如果某些变量之间的相关性不符合预期（如方向错误或相关性过高），可能表明数据中存在问题；通过散点图识别数据中的异常点。

可能的问题：数据逻辑错误或异常值可能导致相关性分析结果异常；样本选择偏差可能导致变量之间的关系与总体不一致。

解决方案：检查数据逻辑规则，修正错误值或删除异常值；重新审视样本选择或抽样方法，确保样本具有代表性。

12.8.4　通过相关性分析发现样本量不足的问题

如果样本量过小，相关性分析的结果可能不稳定，甚至出现虚假的相关性。

如何发现问题？如果样本量过小，相关系数的置信区间可能较宽，导致统计显著性不足。

可能的问题：样本量不足可能导致相关性分析结果不可靠。

解决方案：增加样本量（例如，进行 bootstrap 自主重采样等）以提高相关性分析的可靠性。

通过相关性分析，研究者可以发现研究设计中的多种潜在缺陷，如多重共线性问题、变量选择不当、数据质量问题以及样本量不足等。相关性分析不仅为后续的回归分析提供线索，还能帮助研究者优化研究设计，提高研究结果的可靠性和科学性。

12.9　什么是信度和效度分析？

信度和效度分析是实证研究中用于评估测量工具（如问卷、量表①等）质量的重要方法。

12.9.1　信度分析

信度（reliability）主要指测量结果的可靠性、一致性和稳定性，即使用相同的测量工具对同一对象进行多次测量时，所得结果是否相近或一致。如果测量结果不受随机因素干扰，能够稳定地反映被测量对象的真实情况，那么就认为该测量具有较高的信度。

例如，使用同一把尺子多次测量同一段绳子的长度，如果每次测量结果都非常接近，说明这把尺子的测量信度较高；反之，如果每次测量结果相差较大，就说明尺子的信度存在问题。

---

① 在实证研究中，量表（Scale）是一种用于测量抽象概念或变量的标准化工具，通常由一组经过精心设计的条目（Items）或问题组成，通过这些条目来量化研究对象的特征、态度、行为或其他难以直接测量的变量。量表是实证研究中非常重要的工具，尤其是在社会科学、心理学、市场营销和健康科学等领域。

一、量表的类型

根据不同的设计目标和测量对象，量表可以分为态度量表、能力量表、行为量表、心理量表、满意度量表等类型。其中，态度量表用于测量个体对某一对象、事件或观念的态度。常见的态度量表包括：李克特量表、语义差异量表。李克特量表（Likert Scale）是最常用的量表形式，通常采用 5 点或 7 点评分，如"非常不同意"到"非常同意"。语义差异量表（Semantic Differential Scale）通过一组对立的形容词对来测量个体对某一概念的看法，如"好-坏"、"强-弱"等。

能力量表用于测量个体的能力或技能水平，如智力测试、职业技能测试等。行为量表用于记录和评估个体的行为表现，如行为频率、行为强度等。例如，运动行为量表、饮食行为量表等。心理量表用于测量心理状态或特质，如焦虑、抑郁、自尊等。常见的心理量表包括：贝克抑郁量表（Beck Depression Inventory）、状态-特质焦虑量表（State-Trait Anxiety Inventory）等。满意度量表用于测量个体对产品、服务或体验的满意度，通常采用评分或等级形式。

二、量表在实证研究中的作用

首先是量化抽象概念，将难以直接测量的变量（如态度、心理状态）转化为可操作的数值数据。其次是支持复杂分析，量表数据可以用于回归分析、结构方程模型等复杂统计分析，为深入研究奠定基础。

12.9.2　效度分析

效度（validity）指的是测量工具能够准确、有效地测量出所要测量的概念或特质的程度，即测量结果与研究目标之间的契合程度。如果一个测量工具能够准确地测量到研究者想要研究的变量，没有偏差或错误地反映被测量对象的真实特征，那么就认为该测量具有较高的效度。

例如，如果想要测量学生的数学能力，却使用了一份主要考察语文知识的试卷，那么无论这份试卷的信度有多高，它都无法有效测量学生的数学能力，即该试卷对于测量数学能力这个目标来说效度很低。

12.9.3　信度与效度的关系

信度与效度是相互关联的。一般来说，信度是效度的基础，没有信度就谈不上效度。如果测量结果本身不稳定、不可靠，就无法保证它能够准确地测量到真正想要测量的东西。

信度与效度又有所区别。高信度并不一定意味着高效度。例如，一个体重秤每次测量的结果都很稳定，显示的数字几乎相同（信度高），但如果它的测量结果总是比实际体重多5公斤，那么它虽然信度高，但效度低，因为它不能准确测量真实体重。

12.10　哪类样本数据需要信度和效度分析？

在实证研究中，需要进行信度和效度分析的样本通常包括：问卷调查数据、量表数据、实验数据、专家打分数据等。

12.10.1　问卷调查数据

为何需要进行信度分析？问卷调查数据的信度是指测量工具（如问卷）在不同时间、不同样本或不同环境下是否能够得到一致的结果。信度分析可以确保问卷的稳定性和一致性，从而保证数据的可靠性。例如，如果问卷的信度较低，可能会导致研究结果受到随机误差的影响，使得研究结论不可靠。

为何需要进行效度分析？效度是指测量工具是否真正测量了研究者想要测量的概念或变量。问卷调查数据的效度分析可以确保问卷设计的合理性，避免测量偏差。例如，如果问卷的效度不足，可能会导致研究结果与实际现象不符，无法准确反映研究问题。

典型分析方法：常用的信度指标包括克隆巴赫 α 系数（Cronbach's α）、折半信度、重测信度等。常用的效度分析包括内容效度（通过专家评审）、构念效度（通过因子分析或结构方程模型）、效标关联效度（与外部标准进行比较）等。

12. 10. 2　量表数据

为何需要进行信度和效度分析？量表数据通常用于测量一些抽象的、无法直接观察的概念（如满意度、焦虑程度、幸福感等）。信度和效度分析可以确保量表能够稳定地、准确地反映这些概念。例如，心理量表、生活质量量表等都需要经过严格的信度和效度检验，以确保其在不同人群和不同情境下的适用性。

典型分析方法：克隆巴赫 α 系数是常用的信度指标。此外，还可以通过重测信度来评估量表的稳定性。常见的效度分析包括探索性因子分析（EFA）、验证性因子分析（CFA）等，以验证量表的维度结构是否合理。

12. 10. 3　实验数据

为何需要进行信度和效度分析？实验数据的信度和效度分析可以确保实验设计的科学性和结果的可靠性。信度分析可以验证实验操作的重复性和稳定性，而效度分析可以确保实验结果能够准确反映研究假设。例如，在心理学实验中，信度和效度分析可以帮助研究者判断实验测量工具是否能够准确测量预期的心理变量。

典型分析方法：信度分析可以采用内部一致性分析（如 Cronbach's α）或重测信度。常见的效度分析包括构念效度、内容效度和效标关联效度等。

12. 10. 4　专家打分数据

为何需要进行信度和效度分析？专家打分数据通常用于评估某种评价体系或指标的有效性。信度分析可以确保不同专家之间的评分一致性，而效度分析可以验证专家打分是否真正反映了研究对象的特征或属性。例如，在评价指标体系的构建中，需要通过信度和效度分析来确保专家打分的可靠性和有效性。

典型分析方法：信度分析可以采用 Cronbach's α 系数或肯德尔和谐系数（Kendall's W）来评估专家评分的一致性。在效度分析方面，可通过与外部标准进行比较或进行内容效度分析。

12. 10. 5　部分二手数据

为何需要进行信度和效度分析？二手数据（如公开数据库、政府统计数据等）可能来源于不同的研究背景和测量工具，信度和效度分析可以帮助研究者评估这些数据在当前研究中的适用性和可靠性。例如，研究者在使用二手数据时，需要验证数据是否能够准确反映研究变量，以及数据的来源是否可靠。

典型分析方法：信度分析可以通过内部一致性分析（如 Cronbach's α）或重测信度。效度分析可以通过与原始研究的效度分析结果进行对比，或通过内容效度分析来验证数据的有效性。

信度和效度分析是确保实证研究科学性和可靠性的关键步骤。无论是问卷调查、量表测量、实验数据，还是专家打分和二手数据，都需要通过信度和效度分析来验证数据的质量。只有当数据具备高信度和高效度时，研究结果才具有可信度和科学性，能够为后续的研究和实践提供有力支持。

12.11　如何进行信度分析?

计量工具软件中进行信度分析主要通过计算 Cronbach's α 来评估量表或问卷的内部一致性。

【例 12-1】 假设有一个问卷数据集，包含 10 个问题（变量），即 q_1, q_2, q_3, …, q_{10}，如何对该问卷数据集进行信度分析?

信度分析是确保测量工具可靠性的重要步骤，尤其是在问卷调查和心理测量中。Stata 进行信度分析主要通过 alpha 命令实现，它可以计算 Cronbach's α 并评估量表的内部一致性。通过 item 选项，还可以检查每个项目的贡献，帮助优化量表设计。

进行信度分析的主要
步骤和 **Stata** 代码

12.12　如何解读信度分析的结果?

信度分析是评估测量工具（如问卷、量表）可靠性的重要方法。解读信度分析结果时，需要根据具体的信度指标（如 Cronbach's α、重测信度等）来判断测量工具的稳定性和一致性。

12.12.1　Cronbach's α

Cronbach's α 是评估量表内部一致性的常用指标，其值范围在 0 到 1 之间。解读时可参考以下标准：α>0.9 表示信度非常高，量表的内部一致性极好，适用于高要求的研究（如心理学、教育学等）；0.8≤α≤0.9 表示信度较高，量表的内部一致性较好，适用于大多数研究场景；0.7≤α<0.8 表示信度可接受，量表的内部一致性一般，适用于探索性研究；0.6≤α<0.7 表示信度较低，量表的内部一致性较差，需谨慎使用。建议对量表进行修订或增加题项；α<0.6 表示信度差，量表的内部一致性不足，测量工具不可靠，需要重新设计或修改。

值得注意的是，如果某个题项的删除会使 α 系数显著提高（如增加 0.1 以上），则可以考虑删除该题项以提高量表的整体信度。

12.12.2　重测信度

重测信度是通过两次测量同一对象在不同时间的结果来评估测量工具的稳定性。解读时可参考以下标准：相关系数>0.8 表示信度高，测量工具在不同时间表现出高度一致性；0.7≤相关系数≤0.8 表示信度较好，测量工具具有一定的稳定性；0.6≤相关系数<0.7 表示信度可接受，但需注意可能存在的误差；相关系数<0.6 表示信度低，测量工具的稳定性不足，不建议使用。

值得注意的是，重测信度受时间间隔的影响。时间间隔越长，相关系数通常越低。

12.12.3 分半信度

分半信度是将测量工具的题项随机分为两部分，分别计算两部分的相关性，再通过斯皮尔曼-布朗公式进行校正。解读时可参考以下标准：相关系数>0.8 表示信度高，量表的内部一致性好；0.7≤相关系数<0.8 表示信度较好；0.6≤相关系数<0.7 表示信度可接受；相关系数<0.6 表示信度低，需进一步优化量表。

12.12.4 其他注意事项

如样本量的影响、题项数量的影响、题项方向一致性等。其中，样本量的影响是指，样本量较小时，信度系数可能会被高估。因此，信度分析时应尽量保证样本量足够大。题项数量的影响是指，题项数量较多时，Cronbach's α 系数可能会偏高。因此，不能仅依赖 α 系数来判断信度，还需结合其他指标。题项方向一致性是指，所有题项应与研究目标一致，且方向相同（如正相关）。如果题项方向不一致，可能会影响信度分析结果。

信度分析结果的解读需要结合具体的信度指标和研究背景。Cronbach's α 主要用于评估内部一致性，重测信度用于评估稳定性，分半信度则用于评估题项的一致性。根据不同的研究目的和要求选择合适的信度指标，并结合实际数据进行综合判断，才能确保测量工具的可靠性。

12.13 如何进行效度分析？

相比信度分析，效度分析略显复杂。进行效度分析可以通过多种方法实现，具体取决于研究设计和效度类型。

12.13.1 效度分析的类型

效度分析主要包括内容效度、结构效度、效标效度、聚合效度等类型。其中，内容效度（content validity）评估测量工具是否全面覆盖了研究概念的所有方面。结构效度（construct validity）评估测量工具是否能够准确反映其声称的理论构念，通常通过因子分析验证。效标效度（criterion validity）评估测量工具与外部标准（效标）的相关性，包括同时效度和预测效度。聚合效度（convergent validity）和区分效度（discriminant validity）评估测量工具是否能够正确区分不同构念。

12.13.2　结构效度分析（因子分析）

结构效度分析通常通过探索性因子分析（EFA）或验证性因子分析（CFA）实现。在 Stata 中，可以使用 factor 和 sem 命令进行这些分析。假设有一个数据集 xiaodu.dta 需要进行效度分析，首先是导入数据：use "xiaodu.dta"，clear

（1）探索性因子分析（EFA）。

如何进行因子分析？

factor var1 var2 var3 ...，pcf

其中，pcf 表示主成分因子分析（principal component factor analysis）。可选选项：factors（k）指定因子个数。rotate（varimax）使用最大方差法旋转因子。

如何查看因子分析结果？

rotate，varimax

estat loadings

estat communality

estat eigenvalue

如何判断分析结果？

KMO 值：大于 0.6 表示数据适合进行因子分析。Bartlett 球形检验：p 值小于 0.05，表示数据适合因子分析。因子载荷：每个变量在因子上的载荷值应大于 0.4。累积方差解释率：大于 50% 表示因子分析效果良好。

（2）验证性因子分析（CFA）。

如何建立模型？

sem（factor1 -> var1 var2 var3）（factor2 -> var4 var5 var6）

如何查看模型拟合指标？

estat gof

estat mindices

如何判断分析结果？

RMSEA：小于 0.05 表示模型拟合良好。CFI：大于 0.95 表示模型拟合良好。SRMR：小于 0.08 表示模型拟合良好。

12.13.3　内容效度分析

内容效度主要通过专家评审来评估，通常不依赖于统计分析。在 Stata 中，可以使用描述性统计来辅助说明内容效度。例如：

summarize var1 var2 var3，detail

12.13.4　效标效度分析

效标效度通过计算测量工具与外部标准（效标）的相关性来评估。效标效度分析通常可以使用皮尔逊相关系数或斯皮尔曼秩相关系数。例如，假设 score 是测量工具的得分，criterion 是外部标准：

correlate score criterion

如何判断结果？相关系数大于 0.5 表示效标效度良好。

12.13.5 聚合效度和区分效度分析

聚合效度和区分效度通常通过验证性因子分析（CFA）来评估。

如何解读分析结果？包括聚合效度和区分效度两个方面。其中，在聚合效度方面，每个因子的 AVE（average variance extracted）值应大于 0.5；每个因子的 CR（composite reliability）值应大于 0.7。在区分效度方面，AVE 平方根应大于因子之间的相关系数。

【例 12-2】假设对一个包含 10 个问题的问卷数据集 xiaodu. dta 进行效度分析。

进行效度分析可以通过探索性因子分析（EFA）、验证性因子分析（CFA）、效标效度分析等多种方法实现。通过这些分析，研究者可以评估测量工具是否能够准确反映其设计目标。效度分析是确保研究工具科学性和可靠性的关键步骤，尤其是在问卷调查和心理测量中。

进行效度分析的
步骤和 Stata 代码

📝 本章小结

本章的主题是完成样本数据处理后进行实证回归前的准备工作，主要内容包括描述性统计、相关性分析、信度与效度等。这些内容有助于初学者深入了解实证回归前需要进行的准备工作。

本章中的 Stata 代码片段（包含二维码中的内容）仅为示意性的说明，目的在于介绍关键的代码指令。如需了解更多细节，可参阅第 21 章提供的演示，里面包含了多篇高质量期刊论文中数据处理过程的完整 Stata 代码。

❓ 思考与练习题

1. 在高质量专业期刊上选择一篇实证研究论文，简述该论文的描述性统计部分。

2. 在高质量专业期刊上选择一篇实证研究论文，简述该论文的相关性分析部分。

3. 在高质量专业期刊上选择一篇基于问卷调查的实证研究论文，简述该论文的信度分析部分。

4. 在高质量专业期刊上选择一篇基于问卷调查的实证研究论文，简述该论文的效度分析部分。

13 实证分析 Ⅱ：主回归需要做什么？

📚 学习要点

在完成样本数据的描述性统计和相关性分析等初步分析后，就可以开始进行回归分析了。回归分析的第一步是进行主回归。本章的主题是主回归分析的过程，主要内容包括：主回归的内涵，研究假设、研究设计与主回归之间的关系，基准回归与主回归，如何解读交互项的回归结果，如何检验是否存在多重共线性，何时需要在回归中增加聚类检验，如何检验和处理异方差性，如何进行小样本回归等。

13.1 主回归是什么？

在实证研究中，主回归是用于检验核心研究假设的关键分析步骤。它是实证分析的核心部分，通过建立回归模型来分析主要解释变量（自变量）对因变量的影响，同时控制其他可能的干扰因素。主回归的结果直接决定了研究假设是否成立，是实证研究中最重要的环节之一。

13.1.1 主回归的内涵

主回归是实证研究的中心部分，直接针对研究的核心假设进行分析。它通过回归模型来量化主要变量之间的关系。主回归的结果通常决定了研究的主要结论。

主回归模型中通常会包含多个控制变量，以排除其他因素对核心关系的干扰。通过控制变量，可以更准确地估计主要解释变量对因变量的影响。

主回归模型的选择取决于数据类型、研究问题的性质以及变量之间的关系。常见的回归模型包括简单线性模型、固定效应模型和随机效应模型、动态面板模型、Logit/Probit模型、双重差分模型、倾向得分匹配模型等①。其中，简单线性模型适用于因变量为连续变量且满足线性关系的情况。固定效应模型和随机效应模型常用于面板数据，固定效应模型可以控制不随时间变化的个体异质性，随机效应模型则假设个体效应与解释变量不相关。动态面板模型适用于因变量存在滞后项的面板数据。Logit/Probit模型适用于因变

---

① 这些模型的 Stata 实现方法参照本书的研究设计部分。

量为二元变量（如0和1）时的情况。双重差分模型（DID）用于处理政策干预或自然实验等情境，通过比较处理组和对照组在政策实施前后的变化来估计政策效应。倾向得分匹配模型（PSM）适用于在处理非随机实验数据时，通过匹配处理组和对照组的个体，减少选择偏差。

主回归的结果通常包括核心解释变量的系数、显著性水平（如 p 值和 t 值）、符号方向等。这些结果用于判断主要变量之间的关系是否显著，以及关系的方向和程度。除了核心解释变量，主回归还会关注模型的整体拟合优度（如调整 R^2）和控制变量的影响等。

13.1.2　主回归的步骤

主回归的典型步骤通常包括：基准回归和主回归、展示和解读主回归的结果、检验多重共线性、检验异方差性、进行聚类检验等。

其中，基准回归和主回归是指，根据研究设计确定的模型进行基准回归和主回归，将回归结果进行对比。其目的主要有两个：一是检验研究设计中的模型设定是否合理，二是检验模型中的控制变量设定是否合理。

展示和解读主回归的结果是指，展示主回归的结果表格，将其中的关键内容，特别是主要解释变量系数的显著性与符号方向，与研究假设和研究设计的相应内容进行对照，其目的是检验本研究的主要研究假设是否成立。

检验多重共线性是指，如果回归模型中存在多重共线性，要么修改回归模型，要么使用能够兼容多重共线性的回归方法。

检验异方差性是指，如果回归结果存在异方差性，要么修改回归模型，要么使用能够兼容异方差性的回归方法。

进行聚类检验是指，如果样本数据是面板数据或分组数据，聚类检验有助于控制数据中潜在的相关性问题。对于其他样本数据类型，聚类检验并非必需。

13.1.3　主回归的后续工作

主回归验证了研究假设中的主要结论，但往往还需要至少两项后续工作：稳健性检验和进一步分析。

稳健性检验的目的是证明研究假设的主要结论是稳定的和一致的，而不是偶然性的表现。稳健性检验中的两项重要工作是排除潜在的数据选择偏误和内生性。

进一步分析是指在主要结论的基础上增加更多的细节性结论。当主要结论与现有文献基本一致时，这些细节性结论很可能是本研究的实质性贡献。即使主要结论与现有文献不一致，这些细节性结论也能提升本研究贡献的深度。

总之，主回归是实证研究中最关键的部分之一，它直接关系到研究假设的验证和研究结论的可靠性。

13.2 研究假设、研究设计与主回归之间的关系

在实证研究中，研究假设、研究设计与主回归三者之间存在着紧密且相互依存的关系。它们共同构成了实证研究的核心框架，从理论构思到实证检验，再到结果验证，三者相互作用、相互支持。

13.2.1 研究假设

研究假设（research hypothesis）是实证研究的起点，是对研究问题的明确表述，它是基于理论和文献提出的具体、可验证的命题，用于指导研究的方向和目标。

研究假设通常具有两个主要作用：一是明确研究方向，研究假设为研究设计和主回归提供了明确的目标；二是提供理论基础，研究假设基于理论和文献支持，为实证分析提供了理论依据。

研究假设通常以"如果……那么……"的逻辑推断形式提出。例如，"如果企业增加研发投入，那么企业的创新能力将显著提高。"这种逻辑推断形式在实际成文时通常可以进行简化，比如，上述推断就可以简化表述为"增加研发投入能够提高企业的创新能力"。

13.2.2 研究设计

研究设计（research design）是实现研究假设的具体规划，它详细规划了如何通过实证方法验证研究假设，包括研究方法、变量选择、数据收集和分析方法等。它是连接研究假设和实证分析的桥梁。

研究设计一般具有4种典型的作用：模型设定、变量选择、数据收集、潜在问题处理等。其中，模型设定是指选择合适的回归模型（如 OLS、固定效应模型、Logit 模型等）。变量选择是指根据研究假设，研究设计确定因变量、核心解释变量和控制变量。数据收集是指规划数据来源、样本选择和数据处理方法。潜在问题处理是指考虑可能的内生性问题、异质性问题、样本选择偏差等，并设计相应的解决方案（如工具变量法、双重差分法等）等。

13.2.3 主回归

主回归（main regression）是实证分析的核心环节，是基于研究设计构建的回归模型，通过回归模型检验核心解释变量对因变量的影响，验证研究假设是否成立。

主回归具有两个典型作用：验证假设和控制干扰因素。其中，验证假设是指主回归结果直接验证研究假设是否成立。如果核心解释变量的系数显著且符合预期，说明研究假设得到支持。控制干扰因素是指，主回归通过引入控制变量，排除其他因素对核心关

系的干扰。

13.2.4 研究假设对研究设计和主回归的指导作用

首先，研究假设是研究设计的基础。研究假设明确了研究问题和目标，为研究设计提供了方向。研究设计需要围绕研究假设展开，包括变量选择、模型设定和数据收集等。例如，对于研究假设"广告投入对销售额有显著影响"，研究设计需要选择"销售额"作为因变量，"广告投入"作为核心解释变量，并考虑其他可能影响销售额的因素（如市场竞争、产品质量等）作为控制变量。

其次，研究假设是主回归的目标。研究假设直接决定了主回归的核心任务，即验证核心解释变量对因变量的影响。主回归的结果用于判断研究假设是否成立，如果结果显著且符合预期，说明研究假设得到支持；否则，可能需要重新审视研究假设。

13.2.5 研究设计对主回归的支撑作用

首先，研究设计是主回归的实施框架。研究设计为主回归提供了具体的实施步骤，包括变量定义、模型选择、数据处理等。例如，研究设计选择固定效应模型来处理面板数据，主回归则按照这一设定进行回归分析。

其次，研究设计为解决潜在问题提供方法。例如，研究设计考虑了可能的多重共线性问题、异方差问题、内生性问题等，并设计相应的解决方案。这些解决方案在主回归中具体实施。

13.2.6 主回归对研究假设和研究设计的反馈作用

首先，主回归结果验证研究假设。主回归的结果是验证研究假设的关键。如果核心解释变量的系数显著且符合预期，说明研究假设成立；否则，可能需要重新审视研究假设。例如，若主回归结果显示广告投入对销售额的系数显著，就可以初步验证研究假设"广告投入对销售额有显著影响"基本合理。

其次，主回归结果反馈研究设计。主回归过程中可能会发现新的问题，如模型拟合不佳、变量之间的异常关系等。这些问题可能需要在研究设计阶段进行调整。例如，主回归发现某些控制变量对因变量有显著影响，可能需要在研究设计中进一步探讨这些变量的作用机制。

下面从一个具体的研究问题出发，说明研究假设、研究设计与主回归之间的关系。假如研究问题是"企业研发投入是否对企业的盈利能力有显著影响"。

研究假设就可以设定为"企业研发投入对企业的盈利能力有显著正向影响"。

研究设计中的变量选择：因变量可以设定为企业盈利能力（如净利润率）；核心解释变量可以设定为研发投入（如研发费用占营业收入的比例）；控制变量可以设定为企业规模、行业类型、市场竞争程度等。

研究设计中的模型选择：选择固定效应模型来控制企业个体异质性。

主回归阶段的回归分析：使用固定效应模型进行回归分析，得到核心解释变量（研发投入）的系数、显著性水平等结果。

主回归阶段的结果解释：如果研发投入的系数显著为正，说明研发投入对企业的盈利能力有显著的正向影响。

主回归阶段的反馈调整：如果发现研发投入的系数不显著，可能需要重新审视研究假设和研究设计，检查变量定义是否准确、模型设定是否合理等。例如，采用固定效应模型增加对于不同年份的异质性控制。

总之，研究假设、研究设计和主回归三者之间的关系可以归纳为：研究假设是研究的起点，为研究设计和主回归提供了方向和目标；研究设计是实现研究假设的具体规划，为主回归提供了实施框架和方法支持；主回归是研究设计的实证检验，通过回归分析验证研究假设是否成立，并为研究设计提供反馈。三者相互依存、相互作用，共同推动实证研究的顺利进行。

13.3 基准回归与主回归

在实证研究中，基准回归和主回归是两个经常被提及的概念，它们在实证分析中扮演着重要的角色，它们之间既相似又有所不同。

13.3.1 基准回归和主回归的内涵不同

基准回归是实证分析中的一个基础模型，通常是最简单的模型设定，主要用于提供一个初步的分析结果，为后续的复杂模型提供参考。其目的有两个：一是初步验证，通过简单的模型设定，初步验证核心解释变量对因变量的影响；二是提供基准，为后续的复杂模型（如加入控制变量、分组回归等）提供一个基准结果，用于比较和验证模型的稳健性。

主回归是实证分析中的核心模型，通常是最完整的模型设定，包含了所有重要的解释变量和控制变量，用于最终验证研究假设。其目的也有两个：一是全面验证，通过完整的模型设定，全面验证核心解释变量对因变量的影响，同时控制其他干扰因素；二是提供最终结论，主回归的结果是研究结论的主要依据，用于判断研究假设是否成立。

13.3.2 基准回归和主回归的模型设定不同

在模型设定方面，基准回归通常只包含核心解释变量和因变量，不考虑其他控制变量。例如：

$$Y = \alpha + \beta_1 X_1 + \varepsilon$$

其中，Y 是因变量，X_1 是核心解释变量。

需要注意的是，基准回归的模型类型需要与主回归保持一致。例如，如果主回归使用固定效应模型，基准回归也要使用相同的固定效应模型。

主回归使用完整的模型设定，不仅包含核心解释变量，还要包括所有的控制变量，以排除其他因素对核心关系的干扰。例如：

$$Y = \alpha + \beta_1 X_1 + \beta_2 X_2 + \beta_3 X_3 + \cdots + \beta_k X_k + \varepsilon$$

其中，X_2，X_3，$\cdots$，X_k 是控制变量。

13.3.3   基准回归和主回归的结果解释不同

基准回归的结果主要用于初步验证核心解释变量对因变量的影响，其中不包括控制变量的影响。如果结果显著且符合预期，说明核心解释变量可能对因变量有影响；但如果结果不显著，往往说明主回归就没有必要进行了，可能需要修改研究设计。基准回归的结果可能存在偏差，因为它没有控制其他干扰因素。因此，基准回归的结果不能作为最终结论。

主回归的结果是最终结论的主要依据。通过控制其他干扰因素，主回归可以更准确地估计核心解释变量对因变量的影响。如果核心解释变量的系数显著且符合预期，说明研究假设成立。对比主回归和基准回归的结果差异还可以解释控制变量的必要性和适用性。主回归的结果通常还需要通过稳健性检验来验证其可靠性。

13.3.4   基准回归和主回归的应用场景不同

基准回归通常用于初步分析，特别是在研究初期，研究者需要快速验证核心解释变量对因变量的影响时。例如，在研究"广告投入对销售额的影响"时，基准回归可能只包含广告投入和销售额两个变量，初步验证广告投入对销售额的影响。

主回归通常用于最终分析，特别是在研究设计阶段已经考虑了所有重要的控制变量和潜在干扰因素后。例如，在研究"广告投入对销售额的影响"时，主回归不仅包含广告投入，还包括市场竞争程度、产品质量等多个控制变量，全面验证广告投入对销售额的影响。

下面以研究问题"广告投入对销售额的影响"为例，说明基准回归和主回归的具体应用。

基准回归：

$$销售额 = \alpha + \beta_1 \text{广告投入} + \varepsilon$$

如果广告投入的系数 β_1 显著为正，说明广告投入可能对销售额有正向影响，可以继续进行主回归，但这一结果可能受到其他因素的干扰。基准回归的结果不能作为最终结论，需要主回归进行进一步分析。

主回归：在基准模型的基础上增加市场竞争程度和产品质量两个控制变量。

$$销售额 = \alpha + \beta_1 广告投入 + \beta_2 市场竞争程度 + \beta_3 产品质量 + \varepsilon$$

如果广告投入的系数 β_1 在控制其他因素后仍然显著为正，说明广告投入对销售额有显著的正向影响。如果系数 β_2 和 β_3 显著，说明控制变量"市场竞争程度"和"产品质量"是适用的。然而，如果系数 β_2 和 β_3 并不显著，说明控制变量"市场竞争程度"和"产品质量"在这里是不适用的。这时就需要回头检讨模型和变量的设定是否出了问题。主回归的结果是最终结论，但仍需要通过稳健性检验来验证其可靠性。

总之，基准回归是实证分析中的基础模型，主要用于初步验证核心解释变量的影响，为后续复杂模型提供基准。主回归是实证分析中的核心模型，通过全面控制其他干扰因素，提供最终结论。

基准回归是主回归的基础，主回归是基准回归的拓展和深化。基准回归的结果可以帮助研究者初步判断核心解释变量的影响，而主回归的结果是最终验证研究假设的主要依据。通过合理使用基准回归和主回归，研究者可以更全面、更准确地验证研究假设，得出可靠的结论。

13.4 如何解读基准回归和主回归的结果?

在实证研究中，对比基准回归与主回归的结果是验证模型稳健性和研究假设可靠性的重要步骤。通过对比这两个模型的结果，研究者可以判断控制变量的引入是否影响了核心解释变量的估计结果，从而评估模型设定的合理性。

13.4.1 对比目的

对比基准回归与主回归结果的目的：验证稳健性，评估控制变量的作用，诊断潜在问题。其中，验证稳健性是指，通过对比基准回归和主回归的结果，判断核心解释变量的系数是否在引入其他控制变量后仍然保持稳定。如果结果稳定，说明模型设定合理，核心解释变量的影响是可靠的。

评估控制变量的作用是指，通过对比两个模型的结果，评估控制变量是否对核心解释变量的估计结果产生显著影响。如果控制变量的引入改变了核心解释变量的系数或显著性，说明这些控制变量是必要的。

诊断潜在问题是指，如果基准回归和主回归的结果存在显著差异，可能提示模型存在遗漏变量、内生性问题或其他潜在问题，需要进一步分析。

13.4.2 对比步骤

对比基准回归与主回归结果的步骤主要包括：比较核心解释变量的系数、比较模型的整体拟合优度、比较控制变量的影响等。

（1）比较核心解释变量的系数包括比较系数大小、系数符号和显著性水平三个方面。

其中，比较系数大小是指比较基准回归和主回归中核心解释变量的系数大小。如果系数在两个模型中保持一致或变化不大，说明控制变量的引入没有显著改变核心解释变量的影响。例如，基准回归中广告投入对销售额的系数为 0.5，主回归中系数为 0.48，变化不大，一方面说明控制变量对销售额的影响较小，另一方面也说明结果较为稳定。

比较系数符号是指比较两个模型中核心解释变量的系数符号。如果符号方向保持一致，说明核心解释变量的影响方向在控制其他变量后仍然一致。如果符号方向不一致，往往说明样本数据、变量定义或模型设定出了问题。例如，基准回归中广告投入对销售额的系数为正，主回归中系数也为正，说明广告投入对销售额的正向影响在控制其他因素后仍然成立。

比较显著性水平是指比较两个模型中核心解释变量的显著性水平（如 p 值）。如果显著性水平在两个模型中保持一致，说明核心解释变量的影响在统计上是稳定的。如果显著性水平在两个模型中差距较大，往往说明样本数据、变量定义或模型设定出了问题。例如，基准回归中广告投入的 p 值为 0.01，主回归中 p 值为 0.02，显著性水平相近，说明核心解释变量的影响在控制其他因素后仍然显著。

（2）比较模型的整体拟合优度包括 R^2 和 F 统计量两个方面。其中，比较 R^2（或调整 R^2，下同）是指比较基准回归和主回归的 R^2 值。R^2 值表示模型对因变量的解释能力。如果主回归的 R^2 值显著高于基准回归，说明控制变量的引入提高了模型的解释能力。

（3）比较 F 统计量是指比较两个模型的 F 统计量，评估模型的整体显著性。如果主回归的 F 统计量显著高于基准回归，说明主回归的整体拟合效果更好。

比较控制变量的影响包括控制变量的系数和控制变量的经济意义两个方面。其中，比较控制变量的系数是指检查主回归中控制变量的系数和显著性水平。如果某些控制变量的系数显著且对因变量有重要影响，说明这些变量是必要的，控制变量的引入是合理的。例如，主回归中市场竞争程度的系数显著为负，说明市场竞争对销售额有显著的负向影响，控制这一变量是合理的。

控制变量的经济意义是指评估控制变量的经济意义，判断其对因变量的实际影响。如果控制变量在经济上具有合理解释且对因变量有显著影响，说明模型设定合理。例如，产品质量的系数显著为正，说明产品质量对销售额有正向影响，这一结果在经济上是合理的。

13.4.3 对比结果的解释

对比结果的解释有结果一致和结果不一致两种情况。其中，结果一致是指，如果基准回归和主回归中核心解释变量的系数、符号、显著性水平以及模型的整体拟合优度均保持一致，说明模型设定合理，核心解释变量的影响是稳健的。例如，基准回归中广告投入对销售额的系数为 0.5，p 值为 0.01，R^2 为 0.3；主回归中广告投入的系数为 0.48，

p 值为 0.02，R^2 为 0.35。结果一致，说明广告投入对销售额的正向影响是稳健的。

结果不一致是指，如果基准回归和主回归的结果存在显著差异，可能提示模型存在潜在问题，需要进一步分析。如果核心解释变量的系数在主回归中显著变化，可能提示存在遗漏变量或内生性问题。例如，基准回归中广告投入的系数显著为 0.5，主回归中系数变为 0.2 且不显著，说明控制变量的引入改变了广告投入的影响，可能需要进一步分析内生性问题。

如果主回归的 R^2 值显著高于基准回归，但核心解释变量的系数不显著，可能提示模型存在过度拟合或控制变量选择不当。例如，基准回归的 R^2 为 0.3，主回归的 R^2 为 0.6，但广告投入的系数不显著，说明控制变量的引入可能掩盖了广告投入的真实影响，需要重新评估控制变量的选择。

总之，通过对比基准回归和主回归的结果，研究者可以验证模型的稳健性和核心解释变量的可靠性，主要步骤包括：比较核心解释变量的系数、符号和显著性水平；比较模型的整体拟合优度（如 R^2 值）；评估控制变量的影响等。

13.5 如何解读交互项的回归结果？

在回归模型中，交互项（interaction term）用于捕捉两个变量之间的相互作用关系。交互项的回归系数反映了当一个变量变化时，另一个变量对因变量的影响如何变化。正确解读交互项的回归系数对于理解变量之间的复杂关系至关重要。

交互项是两个或多个变量的乘积形式，用于表示这些变量之间的相互作用。交互项用于捕捉变量之间的非线性关系或协同效应。当一个变量对因变量的影响取决于另一个变量的取值时，交互项可以更好地反映这种复杂关系。

13.5.1 交互项回归模型的形式

假设有一个包含交互项的回归模型：

$$Y = \alpha + \beta_1 X_1 + \beta_2 X_2 + \beta_3 X_1 X_2 + \varepsilon$$

其中，Y 是因变量，X_1 和 X_2 是解释变量，β_1 和 β_2 分别是 X_1 和 X_2 的主效应系数，β_3 是交互项 $X_1 X_2$ 的系数。

13.5.2 如何解读交互项的回归系数

解读交互项在回归模型中的作用一般包括主效应、交互效应、边际效应、系数的符号和显著性等方面。

主效应：β_1 和 β_2 分别表示 X_1 和 X_2 对 Y 的直接影响，假设其他变量保持不变时。

交互效应：β_3 表示 X_1 和 X_2 之间的相互作用对 Y 的影响。具体来说，β_3 反映了当 X_2 变化一个单位时，X_1 对 Y 的影响如何变化，或者反之。

边际效应：当存在交互项时，X_1 对 Y 的边际效应不再是常数，而是依赖于 X_2 的取值。具体来说，X_1 对 Y 的边际效应为：

$$\frac{\partial Y}{\partial X_1} = \beta_1 + \beta_3 X_2$$

这表明 X_1 对 Y 的影响会随着 X_2 的取值而变化。这种边际效应突出了交互项的计量意义，即解释变量 X_1 对因变量 Y 的影响已经不是一种常量关系，而是一种动态线性关系。

同理，X_2 对 Y 的边际效应为：

$$\frac{\partial Y}{\partial X_2} = \beta_2 + \beta_3 X_1$$

这表明 X_2 对 Y 的影响会随着 X_1 的取值而变化。

系数的符号：交互项系数 β_3 的符号表示交互效应的方向。如果 β_3 为正，说明 X_1 和 X_2 之间的相互作用对 Y 有正向影响；如果 β_3 为负，说明交互效应为负向。

系数的显著性：交互项的显著性水平（如 p 值）用于判断交互效应是否在统计上显著。如果 β_3 显著，说明 X_1 和 X_2 之间的相互作用对 Y 的影响是显著的。

13.5.3 进一步解读交互项的回归系数

这具体可分为交互项显著且为正、交互项显著且为负、交互项不显著三种情形。

交互项显著且为正：当 β_3 显著且为正时，说明 X_1 和 X_2 之间的相互作用对 Y 有正向影响。具体来说，随着 X_2 的增加，X_1 对 Y 的正向影响增强。同理，随着 X_1 的增加，X_2 对 Y 的正向影响也增强。例如，假设研究广告投入 X_1 和市场竞争程度 X_2 对销售额 Y 的影响，若交互项系数 β_3 显著且为正，就表明在市场竞争程度较高的情况下，广告投入对销售额的正向影响更强。

交互项显著且为负：当 β_3 显著且为负时，说明 X_1 和 X_2 之间的相互作用对 Y 有负向影响。具体来说，随着 X_2 的增加，X_1 对 Y 的正向影响减弱，极端情况下甚至可能变为负向影响。例如，同样假设研究广告投入 X_1 和市场竞争程度 X_2 对销售额 Y 的影响，若交互项系数 β_3 显著且为负，就表明在市场竞争程度较高的情况下，广告投入对销售额的正向影响减弱。

交互项不显著：如果交互项的系数 β_3 不显著，说明 X_1 和 X_2 之间的相互作用对 Y 的影响不显著。此时，可以考虑去掉交互项，简化模型。例如，同样假设研究广告投入 X_1 和市场竞争程度 X_2 对销售额 Y 的影响，若交互项系数 β_3 不显著，就表明广告投入和市场竞争程度之间没有显著的相互作用，可以考虑去掉交互项，只保留主效应。

【例1】假设研究广告投入 X_1 和市场竞争程度 X_2 对销售额 Y 的影响，分析广告投入 X_1 和市场竞争程度 X_2 对销售额 Y 的交互作用。

回归模型如下：

$$Y = \alpha + \beta_1 X_1 + \beta_2 X_2 + \beta_3 X_1 X_2 + \varepsilon$$

回归结果如下：$\beta_1 = 0.5$，p 值 $= 0.01$；$\beta_2 = -0.2$，p 值 $= 0.05$；$\beta_3 = 0.1$，p 值 $= 0.03$。解读如下：

主效应：广告投入（X_1）对销售额（Y）有显著正向影响（$\beta_1 = 0.5$，p 值 $= 0.01$）。市场竞争程度（X_2）对销售额（Y）有显著负向影响（$\beta_2 = -0.2$，p 值 $= 0.05$）。

交互效应：交互项系数 $\beta_3 = 0.1$ 为正数且显著（p 值 $= 0.03$），说明广告投入和市场竞争程度之间存在显著的正向交互效应。具体来说，随着市场竞争程度的增加，广告投入对销售额的正向影响增强。

边际效应：广告投入对销售额的边际效应为：

$$\frac{\partial Y}{\partial X_1} = 0.5 + 0.1X_2$$

当市场竞争程度 X_2 增加时，广告投入对销售额的正向影响增强。进一步而言，市场竞争程度 X_2 每增加一个单位，广告投入对销售额正向影响增强的速率（可以理解为正向影响的"加速度"）为 0.1 个单位。

同理，市场竞争程度对销售额的边际效应为：

$$\frac{\partial Y}{\partial X_2} = -0.2 + 0.1X_1$$

需要注意的是，此时的边际效应具有特殊性。例如，如果 $X_1 = 1$，边际效应为负数 -0.1（$-0.2 + 0.1 \times 1$）；如果 $X_1 = 2$，边际效应为 0，没有边际效应；而当 $X_1 = 3$ 时，边际效应为正数 0.1。

13.6 如何检验是否存在多重共线性？

在回归分析中，多重共线性（multicollinearity）是指回归模型中的解释变量之间存在高度相关性，这可能导致回归系数的估计不准确，甚至无法解释。因此，检验是否存在多重共线性是回归分析中的一个重要步骤。

13.6.1 多重共线性的常见检验方法

多重共线性的常见检验方法有相关系数矩阵、方差膨胀因子、条件指数、特征值和特征向量等。

（1）相关系数矩阵方法[①]：计算所有解释变量之间的相关系数矩阵。如果任意两个变量之间的相关系数接近 1 或 -1，说明这两个变量之间存在高度相关性，可能存在多重共线性。

---

① 使用 Stata 计算相关系数矩阵的方法：
corr   //计算当前数据集中所有变量之间的相关系数矩阵
corr x_1 x_2 x_3 //仅计算当前数据集中变量 x_1、x_2、x_3 之间的相关系数矩阵

（2）方差膨胀因子（variance inflation factor，VIF）①：计算每个解释变量的方差膨胀因子（*VIF*）。*VIF* 衡量了由于其他解释变量的存在，一个解释变量的方差被放大的程度。通常认为，如果某个解释变量的 *VIF* 大于 10，说明存在严重的多重共线性。*VIF* 在 5 到 10 之间可能存在一定程度的多重共线性。当 *VIF* 值小于 5 时，多重共线性问题通常可以忽略。平均 *VIF* 值可以作为整体判断多重共线性程度的一个参考指标，如果平均 *VIF* 值较大，也暗示模型可能存在较严重的多重共线性。

（3）条件指数（condition index）：计算回归模型的条件指数。条件指数是基于回归模型的特征值计算的，用于衡量解释变量之间的线性相关性。如果条件指数大于 30，说明存在多重共线性。

使用 Stata 计算
回归模型条件
指数的方法

（4）特征值和特征向量（eigen value & eigen vector）：计算自变量矩阵的特征值和特征向量。特征值接近 0 的变量可能与其他变量存在高度相关性。

13.6.2　处理多重共线性的常见方法

处理多重共线性最简单的方法是去掉回归模型中引起共线性的相对不重要的控制变量。如果不希望去掉某些控制变量，可以采取能够兼容共线性的回归方法。如岭回归、主成分回归、偏最小二乘回归等。

使用 Stata 计算
回归模型特征值
和特征向量的方法

（1）岭回归（ridge regression）：通过引入一个惩罚项来减少解释变量之间的共线性。

（2）主成分回归（principal component regression，PCR）：通过提取解释变量的主成分来减少共线性。

（3）偏最小二乘回归（partial least squares regression，PLSR）：通过提取解释变量和因变量的共同成分来减少共线性。

使用 Stata 进行
岭回归的方法

使用 Stata 进行
主成分回归的方法

使用 Stata 进行
偏最小二乘回归的方法

---

① 使用 Stata 计算方差膨胀因子的方法：

假设被解释变量为 y，解释变量为 x_1、x_2、x_3，可以先进行回归，在完成回归后，接着使用 vif 命令来计算每个解释变量的方差膨胀因子。

regress y x_1 x_2 x_3

vif

多重共线性是回归分析中的一个常见问题，它可能导致回归系数的估计不准确。通过使用上述方法，研究者可以有效地检验和处理多重共线性问题，提高回归分析的准确性和可靠性。在实际应用中，研究者应根据具体情况选择合适的检验方法，并采取相应的处理措施。

13.7 何时需要在回归中增加聚类检验？

在回归分析中，聚类检验（clustered standard errors）是一种用于处理数据中潜在相关性问题的方法，特别是在面板数据或分组数据中。聚类检验可以帮助我们更准确地估计标准误，从而提高统计推断的可靠性。

13.7.1 增加聚类检验的典型情形

需要增加聚类检验的典型情形有：数据存在分组结构、残差项存在自相关性、整群抽样、实验设计中的分组处理等。

（1）数据存在分组结构：当数据存在明显的分组结构时，例如，面板数据中的个体（如公司、国家、个人），组内观测值可能相互关联，而组间观测值相对独立。例如，面板数据，公司层面的数据，同一公司不同年份的观测值可能相关；时间序列数据，同一时间点的多个个体观测值可能相关等。在这种情况下，需要在回归中增加聚类检验，以处理组内相关性。

（2）残差项存在自相关性：在某些回归模型中，残差项可能在组内存在自相关性，即同一组内的残差项之间存在相关性。这种自相关性会导致标准误被低估，从而影响统计推断的准确性。以固定效应模型为例。在固定效应模型中，即使控制了个体固定效应，组内残差项仍可能存在自相关性，在这种情况下，需要使用聚类稳健标准误来纠正这种自相关性。

（3）整群抽样（cluster sampling）：当数据是通过整群抽样得到的，即样本是从总体中以群组为单位抽取的，而不是随机抽取的个体，此时需要使用聚类标准误来处理群组内的相关性。例如，从多个乡镇中抽取农村经济调查样本，每个乡镇内的个体可能相互关联。在这种情况下，需要在聚类抽样的层级上进行聚类检验。

（4）实验设计中的分组处理：在实验设计中，如果实验组和对照组的选择是基于群组进行的，而不是随机分配个体，此时需要使用聚类标准误来处理群组内的相关性。以政策干预为例。某项政策在某些地区的个体上实施，而其他地区的个体作为对照组。在这种情况下，需要在实验组的层级上进行聚类检验。

13.7.2 聚类检验的作用

聚类检验的作用主要是处理组内相关性、提高统计推断的可靠性等。其中，处理组内相关性是指聚类检验允许组内残差项存在相关性，从而提供更准确的标准误估计。例如，在面板数据中，同一公司的不同年份观测值可能相关，聚类检验可以处理这种相关性。

提高统计推断的可靠性是指聚类检验可以纠正标准误被低估的问题，从而提高统计推断的准确性。例如，使用聚类标准误后，如果显著性水平下降，意味着之前的结果可能受到了误差项相关性的影响。

13.7.3 聚类检验的实现

在 Stata 中，可以在回归命令使用 cluster 选项来计算聚类稳健标准误。

通过使用聚类检验，可以更准确地估计标准误，从而提高统计推断的可靠性。

使用 Stata 实现
聚类检验的方法

13.8 如何检验和处理异方差性？

在回归分析中，异方差性（heteroscedasticity）是指回归模型的残差项的方差随着解释变量的变化而变化，这可能导致回归系数的显著性检验不准确。因此，检验和处理异方差性是回归分析中的一个重要步骤。

13.8.1 如何检验异方差性？

在回归分析中，检验异方差性的常见方法有布罗施–帕甘检验、怀特检验、Goldfeld-Quandt 检验等。

其中，布罗施–帕甘检验（Breusch-Pagan test），简称 BP 检验。原假设是残差具有恒定方差。chi2 是表示卡方检验统计量。Prob>chi2 表示与卡方检验统计量对应的 p 值。如果 p 值小于设定的显著性水平（如 0.05），则拒绝原假设，认为存在异方差性。

怀特检验（White Test），也称白检验。解读方法与 BP 检验类似。

Goldfeld-Quandt 检验，将数据分为两组，分别计算两组的残差项的方差，然后进行 F 检验。原假设是不存在异方差性。如果 F 检验的 p 值小于显著性水平（如 0.05），则拒绝原假设，认为存在异方差性。

使用 Stata 进行 Breusch-
Pagan Test 的方法

使用 Stata 进行
White Test 的方法

使用 Stata 进行 Goldfeld-
Quandt 检验的方法

13.8.2 如何处理异方差性?

如果发现回归结果存在异方差性,可以采取稳健标准误回归、加权最小二乘法回归、进行变量变换(如对因变量进行对数变换)等方法进行处理。

通过使用上述检验和处理异方差性的方法,可以更准确地估计回归系数的标准误,从而提高统计推断的可靠性。

在 Stata 中采用稳健标准误回归的方法

使用 Stata 进行加权最小二乘法进行回归的方法

13.9 小样本如何进行回归?

在实证研究中,小样本数据(通常指样本量较小,如少于 30 个观测值)可能会导致回归分析的结果不够稳健,因为小样本的统计功效较低,存在异常值、异方差和多重共线性问题的可能性较大。为了提高小样本回归分析的可靠性和准确性,可以采用以下几种方法。

13.9.1 使用 Bootstrap 方法

使用 Bootstrap 方法进行回归分析可以提高结果的稳健性和可靠性,特别是在小样本或数据分布不正态的情况下。通过重复抽样和计算,Bootstrap 方法可以更准确地估计标准误和置信区间,从而提高统计推断的准确性。

使用 Stata 实现 Bootstrap 的方法

13.9.2 使用贝叶斯回归

使用贝叶斯回归进行小样本分析是一种有效的方法,可以提高估计的稳健性和可靠性。贝叶斯回归通过引入先验分布,结合数据中的信息得到后验分布,从而进行参数估计和推断。

使用 Stata 实现 贝叶斯回归的方法

13.9.3 使用分层抽样

使用分层抽样(stratified sampling)后再进行回归分析可以帮助提高估计的精度,特别是在数据存在分组结构时。分层抽样通过将数据分成不同的层（strata），然后在每一层中进行抽样，可以减少抽样误差。

使用 **Stata** 进行分层
抽样分析的方法

13.9.4 处理小样本回归的异方差性问题

小样本数据产生异方差性的概率相对更大，采用加权最小二乘法（WLS）和稳健标准误回归等方法可以抑制异方差性，提高估计的效率和准确性。使用加权最小二乘法进行回归分析时，权重通常是残差方差的倒数。使用 Stata 进行 WLS 和稳健标准误回归（使用 robust 选项）的具体过程参见本章前面的相关内容。

13.9.5 处理小样本回归的多重共线性问题

小样本数据的数据量较小，如果回归模型中的变量较多，有可能因样本量不足引起解释变量之间的多重共线性问题。此时因研究问题需要，可能难以通过删除某些解释变量的方法解决多重共线性问题，可以考虑使用岭回归（ridge regression）、主成分回归（principal component regression，PCR）、偏最小二乘回归（partial least squares regression，PLSR）等方法抑制多重共线性问题，从而提高估计的稳定性。使用 Stata 进行上述回归方法的具体过程参见本章前面的相关内容。

13.9.6 处理小样本数据集中的异常值问题

小样本数据集因样本量不足，产生异常值（离群值）的可能性往往更大，使用稳健回归（robust regression）可以减少异常值的影响，提高估计的稳定性。

使用 **Stata** 进行
稳健回归的方法

13.9.7 处理小样本数据的组内相关性问题

如果小样本数据存在分组结构，由于小样本数据集中的样本数量不足，产生组内相关性问题的概率相对更高。使用聚类稳健标准误可以处理组内相关性问题。在 Stata 中实现聚类稳健标准误的方法是在回归命令中增加 cluster 选项，具体过程可参见本章前面的相关内容。

通过上述这些方法，可以更好地处理小样本数据中的问题，从而提高回归分析的可靠性和准确性。

13.10 解释变量的系数不显著怎么办？

在回归分析中，如果解释变量的系数不显著，这可能意味着该变量对因变量没有显著的影响，或者模型中存在其他问题。以下是一些可能的解决方法和步骤：

13.10.1　检查模型设定

检查模型设定，如变量选择、变量定义、模型形式等。

其中，变量选择是指确保所有重要的解释变量都已包含在模型中。遗漏重要的解释变量可能导致系数不显著。变量定义是指，检查解释变量的定义是否合理。例如，是否使用了适当的代理变量、变量的测量是否准确。模型形式是指，考虑是否需要引入非线性项（如平方项、对数项）或交互项来捕捉变量之间的复杂关系。

13.10.2　检查数据质量

检查数据质量，如样本大小、异常值、数据分布等。

其中，样本大小是指样本过大或过小可能导致系数不显著。增加样本大小可以提高统计功效。异常值是指，检查数据中是否存在异常值或离群点，这些值可能影响系数的显著性。可以考虑排除异常值或使用稳健回归方法。数据分布是指检查数据的分布是否正常。如果数据分布不正常，可能需要进行数据变换（如对数变换）。

13.10.3　检查多重共线性

检查相关系数：计算解释变量之间的相关系数，检查是否存在高度相关性。如果存在多重共线性，可以考虑排除一些变量或使用主成分分析（PCA）等。

检查方差膨胀因子（VIF）：计算每个解释变量的 VIF，检查是否存在多重共线性。如果 VIF 大于 10，说明存在多重共线性。

13.10.4　检查异方差性

例如，进行布罗施-帕甘检验，检查是否存在异方差性。如果检验结果显著，说明存在异方差性。

13.10.5　检查内生性

使用滞后项：在面板数据中，可以考虑使用滞后项来初步处理内生性问题。如果存在内生性问题，可以考虑使用工具变量法。选择适当的工具变量，进行两阶段最小二乘法（2SLS）。回归模型中的内生性问题是一个比较重要的话题，本书后面将会有专门的章节讲述具体的检验和处理方法。

13.10.6　重新评估研究假设

理论支持：检查研究假设是否有充分的理论支持。如果理论支持不足，可能需要重新评估研究假设。

文献回顾：回顾相关文献，检查其他研究者是否遇到类似问题。这可能提供新的视角或解决方案。

总之，如果解释变量的系数不显著，需要从多个角度检查模型设定、数据质量、多重共线性、异方差性、内生性等问题。通过这些步骤，可以更准确地评估解释变量对因变量的影响，并提高研究的可靠性。在某些情况下，不显著的结果可能提示研究假设或理论需要重新评估。

13.11　回归结果如何与研究假设和研究设计相呼应？

在实证研究中，回归结果与研究假设和研究设计之间的呼应是至关重要的。研究假设是研究的出发点，研究设计是实现假设的蓝图，而回归结果是对假设的实证检验。确保三者之间的紧密联系和一致性，是确保研究质量的关键。

13.11.1　回归结果如何与研究假设相呼应？

回归结果与研究假设的呼应一般包括核心解释变量的系数和显著性、控制变量的影响、模型的整体拟合优度等方面。

（1）检查核心解释变量的系数和显著性。回归结果中的核心解释变量的系数方向和显著性水平是验证研究假设的关键。其中，系数方向是指，检查核心解释变量的系数是否与研究假设一致。例如，对于研究假设"广告投入对销售额有正向影响"，回归结果中广告投入的系数应为正。

显著性水平是指检查核心解释变量的显著性水平（如 p 值）。如果 p 值小于设定的显著性水平（如 0.05 或 0.1），说明研究假设得到支持；如果 p 值大于显著性水平，说明研究假设未得到支持。例如，研究假设为"广告投入对销售额有正向影响"。如果回归结果是广告投入的系数为 0.5，p 值为 0.01，说明回归结果支持研究假设，广告投入对销售额有显著的正向影响。

（2）评估控制变量的影响。控制变量的系数和显著性水平可以帮助评估模型的合理性。其中，检查控制变量的系数是否显著，以及其对因变量的影响方向是否合理。如果某些控制变量的系数显著且对因变量有重要影响，说明这些变量是必要的。如果控制变量的系数不显著，可能提示这些变量对因变量的影响较小，可以考虑重新评估控制变量的选择。例如，对于研究假设"广告投入对销售额有正向影响"，如果控制变量的回归结果是市场竞争程度的系数为 −0.2、p 值为 0.05，产品质量的系数为 0.3、p 值为 0.03，意味着市场竞争程度对销售额有显著的负向影响、产品质量对销售额有显著的正向影响，说明控制变量的选择是合理的。

（3）分析模型的整体拟合质量，如拟合优度和 F 统计量。其中，模型的整体拟合优度（如 R^2 值或调整 R^2 值）可以帮助评估模型的解释能力。检查模型的拟合优度，评估模型对因变量的解释能力。较高的拟合优度说明模型对因变量的解释能力较强。检查模

型的 F 统计量，评估模型的整体显著性。如果 F 统计量显著，说明模型对因变量的解释是显著的。例如，对于研究假设"广告投入对销售额有正向影响"，如果回归结果中，R^2 值为 0.4，F 统计量显著，说明模型对销售额的解释能力较强，整体显著性较高。

13.11.2　回归结果如何与研究设计相呼应？

回归结果与研究设计的呼应一般包括变量定义和数据处理、模型设定的合理性、潜在问题的处理等方面。

（1）检查变量定义和数据处理。研究设计中对变量的定义和数据处理方法直接影响回归结果。在变量定义方面，确保回归结果中的变量定义与研究设计一致。如果变量定义不一致，可能导致回归结果不准确。在数据处理方面，检查数据处理方法是否合理，如是否有异常值处理、数据变换等。不合理的数据处理可能导致回归结果不准确。例如，在研究设计中，广告投入定义为广告费用占营业收入的比例。在回归结果中，广告投入的系数为 0.5，p 值为 0.01。说明回归结果中的广告投入定义与研究设计一致，数据处理方法合理。

（2）评估模型设定的合理性。研究设计中对模型设定的选择直接影响回归结果。在模型形式方面，检查回归结果中的模型形式是否与研究设计一致。例如，是否需要引入非线性项、交互项等。在控制变量方面，检查回归结果中的控制变量是否与研究设计一致。如果控制变量的选择不合理，可能导致回归结果不准确。例如，在研究设计中选择固定效应模型来处理面板数据。在回归结果中，固定效应模型的回归结果显示广告投入的系数为 0.5，p 值为 0.01，说明回归结果中的模型设定与研究设计一致。

（3）检查潜在问题的处理。研究设计中对潜在问题（如内生性、异方差性、多重共线性等）的处理直接影响回归结果。在内生性问题方面，检查回归结果中是否考虑了内生性问题。如果存在内生性问题，可以后续使用工具变量法等方法进行处理。在异方差性方面，检查回归结果中是否考虑了异方差性问题。如果存在异方差性，可以使用异方差性稳健标准误等方法进行处理。在多重共线性方面，检查回归结果中是否存在多重共线性问题。如果存在多重共线性，可以使用 VIF 等方法进行检测，并排除一些变量。

13.11.3　回归结果与研究假设和研究设计的综合评估

主要关注点包括验证研究假设、评估研究设计的合理性、进行稳健性检验等方面。

（1）验证研究假设。回归结果是验证研究假设的关键。如果回归结果支持研究假设，说明研究假设合理；如果回归结果不支持研究假设，可能需要重新评估研究假设。

（2）评估研究设计的合理性。回归结果可以帮助评估研究设计的合理性。如果回归结果与研究设计一致，说明研究设计合理；如果回归结果与研究设计不一致，可能需要重新评估研究设计。

（3）进行稳健性检验。稳健性检验可以帮助验证回归结果的可靠性。如果稳健性检验结果与回归结果一致，说明回归结果可靠；如果稳健性检验结果与回归结果不一致，可能需要重新评估回归结果。稳健性检验是回归分析中的重要组成部分，本书后面将有专门的章节介绍具体的处理方法。

总之，确保回归结果与研究假设和研究设计紧密呼应是实证研究中的关键步骤。通过上述步骤，确保回归结果能够准确反映研究假设和研究设计的意图，从而提高研究的质量和可信度。

13.12 主回归的后续工作有哪些？

在实证研究中，主回归是检验研究假设的关键步骤。然而，在主回归完成后尚有一些问题需要处理，例如：主回归的结果是否稳健、是否存在样本数据选择偏误问题、是否存在内生性问题等。

如果主回归的结果仅仅是对现有文献研究成果的再次验证，这些结果并不能构成本研究的额外贡献，也不能说明本研究的价值和意义。这时就需要对主回归的结果进行扩展研究，以期发现研究假设中的更多更加深入的细节，以此提升本研究的意义和贡献。本书将在进一步分析部分深入探讨这些话题。

✒ 本章小结

本章的主题是如何进行主回归对研究假设进行验证，主要内容包括如何实现基准回归与主回归、如何使用交互项、如何检验多重共线性、异方差性、小样本回归等常见问题等。这些内容有助于初学者深入了解主回归的具体内容和做法。

本章中的 Stata 代码片段（包含二维码中的内容）仅为示意性的说明，目的在于介绍关键的代码指令。如需了解更多细节，可参阅第 21 章提供的演示，里面包含了多篇高质量期刊论文中数据处理过程的完整 Stata 代码。

❓ 思考与练习题

1. 在高质量专业期刊上选择一篇实证研究论文，简述其中的基准回归与主回归之间的关系。

2. 在高质量专业期刊上选择一篇使用交互项的实证研究论文，简述其中交互项的引入依据和解读过程。

3. 在高质量专业期刊上选择一篇实证研究论文，简述其中多重共线性的处理方法和过程。

4. 在高质量专业期刊上选择一篇实证研究论文，简述其中对于异方差的检验和处理过程。

5. 在高质量专业期刊上选择一篇基于小样本回归的实证研究论文，简述其中对于小样本的处理过程。

第5篇
稳健性检验

　　上一篇的主回归完成后，其实已经检验了相关的研究假设，为何还要进行稳健性检验？

　　原因主要有三个：其一，主回归的结果有可能是具有偶然性的，即依赖于特定的样本数据，或特定的代理变量测量方式，或特殊的模型设定；其二，主回归的结果仅仅表明了解释变量与被解释变量之间的相关性，并不能说明两者的因果关系，为满足研究假设的内容，往往需要再检验两者的因果关系；其三，解释变量与被解释变量之间的关系还可能有其他"插曲"，例如，互为因果关系、间接因果关系、遗漏重要变量等。这些"插曲"都需要一一解决，然后才能证明研究结果确确实实是可靠的结论。本篇中的内容就是要完成上述工作。

第14 稳健性检验Ⅰ：如何更换变量和样本数据？

> 📑 学习要点
>
> 主回归之后需要进行稳健性检验，作为稳健性检验的第一步，通常是采取更换的方法，例如，更换变量的度量方式、更换样本数据等。

14.1 更换变量的度量方式

在实证回归分析中，为了进行稳健性检验，更换变量的度量方式是一种常用的方法。这种方法可以帮助验证研究结论是否对变量的度量方式敏感，从而增强研究结果的可靠性和说服力。常见的变量类型有连续型变量、离散型变量、比率型变量等。当然，比率型变量通常也是连续型变量，因其更换度量方式方法与连续型变量可能有所不同，这里将其单列。

14.1.1 连续型变量如何更换度量方式？

方法一：变换数据尺度。对原始连续变量进行对数变换、开方变换或平方变换等。例如，若原变量是企业的营收额，其数值可能较大且可能存在异方差问题，可对营收额取自然对数后作为新的变量进行回归分析，以观察回归结果是否稳定。

方法二：采用不同统计量。对于一组数据，可以使用均值、中位数等不同统计量来进行度量。例如，在研究员工工资水平对企业绩效的影响时，除了使用平均工资作为变量，还可以采用中位数工资来替换，检验回归结果的稳健性。因为均值可能会受到极端值（例如，受到业绩提成影响的销售人员工资）的影响，而中位数更能反映数据的中间水平，使结果更具稳定性。

14.1.2 离散型变量如何更换度量方式？

方法一：重新定义分类标准。对于离散型变量，尤其是分类变量，可以根据研究目的和数据特点，重新划分分类标准。例如，在研究企业员工规模对数字化转型的影响时，原先是按照员工人数将企业分为小型（<50人）、中型（50~200人）、大型（>200人）三类。为进行稳健性检验，可以将分类标准调整为小型（<30人）、中型（30~150人）、

大型（>150人），然后重新进行回归分析，看结论是否一致。

方法二：转换为虚拟变量。将多分类的离散型变量转换为多个虚拟变量。例如，对于企业的行业类型变量，原本有制造业、服务业、金融业等多个类别，可以将其转换为多个虚拟变量，如制造业设为虚拟变量1（是为1，否为0），服务业设为虚拟变量2，金融业设为虚拟变量3等，然后将这些虚拟变量纳入回归模型进行稳健性检验。

14.1.3　比率型变量如何更换度量方式？

方法一：调整分子分母。根据数据的可获取性和合理性，对构成比率的分子和分母进行调整。例如，在研究企业资产负债率对偿债能力的影响时，原始的资产负债率是负债总额与资产总额的比率。为了进行稳健性检验，可以考虑用有息负债代替负债总额，计算有息资产负债率来重新进行回归分析，以验证结果的可靠性。

方法二：采用替代比率。寻找与原比率变量含义相近但计算方式不同的替代比率。例如，在衡量企业的盈利能力时，除了常用的净利润率（净利润/营业收入），还可以采用营业利润率（营业利润/营业收入）或毛利润率（毛利润/营业收入）作为替代变量进行稳健性检验，观察回归结果是否稳定，以更全面地评估企业盈利能力对其他变量的影响。

14.1.4　更换变量度量方式的注意事项

在稳健性检验中更换变量的度量方式时，需要在理论依据、数据质量、变量性质等方面加以注意，以确保研究的科学性和可靠性。

（1）在理论依据方面，需要保持逻辑一致性和契合研究目的。其中，保持逻辑一致性是指新的度量方式要与研究的理论框架和假设逻辑一致。例如，在研究企业创新能力对绩效的影响时，若原用专利申请数量衡量创新能力，后改用研发投入强度，需确保研发投入强度与创新能力及企业绩效的关系在理论上是合理的，符合相关理论和研究假设。契合研究目的是指度量方式的改变要服务于研究目的。比如，研究居民消费行为，若目的是探究居民对高端商品的消费偏好，原用购买高端品牌金额度量，若改为用高端商品消费占总消费的比重，能更准确地反映研究目的。

（2）在数据质量方面，需要保持数据的准确性、完整性和一致性。其中，数据的准确性是指新的度量方式所依赖的数据必须准确可靠。比如，更换度量方式后用到新的调查数据，要核实数据收集过程是否科学、样本是否具有代表性、有无数据录入错误等。数据的完整性是指确保新度量方式所需数据完整无缺。例如，以企业财务数据为基础更换变量度量方式，要保证资产负债表、利润表等相关数据完整，避免因数据缺失导致分析偏差。数据的一致性是指不同来源或不同时期的数据要保持一致和可比性。若更换度量方式涉及不同年份或不同统计部门的数据，需检查数据口径、统计方法等是否一致，必要时进行调整和校准。

（3）在变量性质方面，需要注意变量类型匹配、变量的稳定性和避免多重共线性。其中，变量类型匹配是指新的度量方式应尽量保持变量类型的一致性。若原变量是连续型，更换后也建议是连续型，不建议随意将连续变量转换为离散变量，因为变量类型的改变可能涉及回归估计方法的改变。例如，员工年龄原是连续变量，在缺乏充分依据时不建议将其简单划分为几个年龄区间，变成离散变量。变量的稳定性是指新度量方式下的变量要具有相对稳定性，避免变量值波动过大或过于敏感。比如，用股票日收益率衡量投资风险时，若改为用分钟收益率，可能会使变量过于敏感，受短期波动影响大，不利于回归分析。避免多重共线性是指如果同时更换多个变量的度量方式，要注意新变量之间不能存在严重的多重共线性。例如，在研究生产函数时，不能将资本投入和劳动投入的度量方式都改为高度相关的指标，否则会影响回归结果的准确性和可靠性。

（4）在统计方法方面，需要注意方法适用性、结果的可解释性以及对比与验证等。其中，方法适用性指的是要根据新变量的特点和数据分布选择合适的统计方法。比如，新的度量方式使变量呈现非正态分布，可能就需要采用非 OLS 回归方法或对数据进行适当变换后再用传统回归方法。结果的可解释性指的是更换度量方式后，回归结果要具有可解释性，且解释要符合经济社会常理。例如，回归系数不能出现与理论和实际经验相悖的情况，若出现系数符号异常等难以解释的结果，要检查度量方式是否合理。对比与验证指的是将新度量方式下的结果与原结果进行对比和验证，观察核心结论是否一致。若结果差异较大，要深入分析原因，判断是度量方式本身问题，还是数据或模型存在其他缺陷。

14.1.5 更换变量度量方式的更多例子

（1）企业绩效。如果原始度量方式为净利润，可更换为总资产收益率（ROA）或净资产收益率（ROE）。净利润虽然直观，但可能受到企业规模和资本结构的影响，而 ROA 和 ROE 能够更好地反映企业的资产利用效率和股东权益回报情况，从而更全面地评估企业绩效。通过替换变量，可以验证结论是否对不同的绩效度量方式具有稳健性。

（2）企业信用风险。如果原始度量方式为违约概率，可更换为信用评级或 Z-score 分数。违约概率是衡量企业信用风险的常用指标，但信用评级和 Z-score 能够从不同角度反映企业的信用状况和财务稳定性。信用评级综合考虑了企业的财务状况、市场环境等因素，而 Z-score 通过多个财务指标的加权组合来评估企业的破产风险。通过替换变量，可以验证结论在不同风险度量方式下的稳健性。

（3）投资回报。如果原始度量方式为年化收益率，可更换度量方式为夏普比率或詹森阿尔法指标。年化收益率仅反映了投资的绝对回报，而夏普比率和詹森阿尔法指标能够考虑投资的风险调整回报。夏普比率通过比较投资组合的超额回报与风险（标准差）的比值来评估投资的性价比，詹森阿尔法指标则衡量了投资组合在扣除市场风险后的超额收益。通过替换变量，可以验证结论在不同回报度量方式下的稳健性。

（4）消费支出。如果原始度量方式为总消费金额，可更换度量方式为消费支出占收入的比例等。总消费金额虽然直观，但可能受到收入水平的影响，而消费支出占收入的比例能够更好地反映消费者的消费倾向和消费行为。通过替换变量，可以验证结论在不同消费度量方式下的稳健性。

（5）市场竞争。如果原始度量方式为市场份额 CRn 指数①，可更换度量方式为赫芬达尔-赫希曼指数（HHI）② 等。CRn 指数是衡量市场竞争程度的常用指标，但 HHI 指数能够更全面地反映市场的竞争格局。通过替换变量，可以验证结论在不同竞争度量方式下的稳健性。

（6）企业创新能力。如果原始度量方式为专利数量，可更换度量方式为研发投入占营业收入的比例或创新指数等。专利数量是衡量企业创新能力的常用指标，但研发投入占营业收入的比例或创新指数能够更全面地反映企业的创新投入和创新成果。通过替换变量，可以验证结论在不同创新度量方式下的稳健性。

（7）企业社会责任。如果原始度量方式为企业社会责任报告的发布情况（是否发布、连续发布的年数等），可更换度量方式为企业社会责任指数或相关评级。企业社会责任报告的发布情况虽然直观，但企业社会责任指数或相关评级能够更全面地反映企业在环境保护、社会公益等方面的综合表现。通过替换变量，可以验证结论在不同社会责任度量方式下的稳健性。

（8）企业治理结构。如果原始度量方式为董事会独立性，可更换度量方式为董事会多样性或高管持股比例等。董事会独立性是衡量企业治理结构的重要指标，但董事会多样性和高管持股比例能够从不同角度反映企业的治理质量和激励机制。通过替换变量，可以验证结论在不同治理结构度量方式下的稳健性。

（9）企业财务杠杆。如果原始度量方式为资产负债率，可更换度量方式为债务与权益比率或利息保障倍数等。资产负债率是衡量企业财务杠杆的常用指标，但债务与权益比率和利息保障倍数能够更全面地反映企业的债务水平和偿债能力。通过替换变量，可以验证结论在不同财务杠杆度量方式下的稳健性。

（10）企业市场地位。如果原始度量方式为企业的市场份额，叮更换度量方式为品牌价值或客户满意度等。市场份额是衡量企业市场地位的常用指标，但品牌价值和客户满意度能够从不同角度反映企业的市场竞争力和客户认可度。通过替换变量，可以验证结论在不同市场地位度量方式下的稳健性。

（11）企业规模。如果原始度量方式为总资产，可更换替换度量方式为营业收入或员

---

① CRn 指数指行业内规模最大的前 n 家企业的相关数值（如销售额、产量、资产等）占整个市场或行业的份额总和。n 通常取 4 或 8。该指标数值越高，表明市场集中度越高，市场竞争程度越低。

② 赫芬达尔-赫希曼指数（HHI）是一种测量产业集中度的综合指数，它是指一个行业中各市场竞争主体所占行业总收入或总资产百分比的平方和，用来计量市场份额的变化，即市场中厂商规模的离散度。HHI 值越大，表明市场集中度越高，竞争程度越低。

工人数等。总资产是衡量企业规模的常用指标，但营业收入和员工人数能够从不同角度反映企业的经营规模和人力资源配置。通过替换解释变量，可以验证结论在不同规模度量方式下的稳健性。

（12）企业财务绩效。如果原始度量方式为净利润，可替换度量方式为总资产收益率（ROA）或净资产收益率（ROE）。净利润虽然直观，但可能受到企业规模和资本结构的影响。而 ROA 和 ROE 能够更好地反映企业的资产利用效率和股东权益回报情况，从而更全面地评估企业财务绩效。通过替换变量，可以验证结论是否对不同的绩效度量方式具有稳健性。

（13）企业信用风险。如果原始度量方式为资产负债率，可替换度量方式为 Z-score 分数或信用评级。资产负债率是衡量企业信用风险的常用指标，但 Z-score 和信用评级能够从不同角度反映企业的财务稳定性和信用状况。通过替换变量，可以验证结论在不同风险度量方式下的稳健性。

（14）企业研发投入。如果原始度量方式为研发投入金额，可替换度量方式为研发投入占营业收入的比例或研发人员占比。研发投入金额是衡量企业研发投入的常用指标，但研发投入占营业收入的比例和研发人员占比能够更全面地反映企业的研发强度和研发资源投入。通过替换变量，可以验证结论在不同研发投入度量方式下的稳健性。

14.2　放宽变量的选择条件

放宽变量的选择条件是指在变量定义中放宽因变量或自变量的选择条件，以检验研究结论的稳健性。例如，陈仕华等（2015）[①] 在研究国企高管政治晋升对企业并购行为的影响时，高管政治晋升的原始定义为董事长或总经理调任政府部门职位，放宽条件后为高管职位变更去向包括平级或更高级别的政府部门职位、集团层面的董事长或总经理、集团层面的党委或党组书记。通过放宽高管政治晋升的定义，进一步验证了研究结论的稳健性。

14.3　使用熵值法度量变量

熵值法是一种客观赋权的加权平均方法，主要根据各指标传递给决策者的信息量大小来确定权重，进而形成一个综合指标用于度量变量，替代主回归模型中的单一指标变量。

---

① 陈仕华、卢昌崇、姜广省、王雅茹. 国企高管政治晋升对企业并购行为的影响：基于企业成长压力理论的实证研究 [J]. 管理世界, 2015 (9)：125-136.

14.3.1 什么是熵值

在信息论中，熵（entropy）是对不确定性的一种度量。信息的效用价值越大，对决策的作用就越大，其熵值就越小；反之，信息的效用价值越小，其熵值就越大。如果某个指标的信息熵越小，就意味着该指标的变异程度越大，提供的信息量越多，在综合评价中所起的作用也就越大，其权重也就应该越高。

14.3.2 熵值法的特点

熵值法（entropy method，也称 entropy value method，有时又称 entropy weight method，强调用熵来确定权重这一含义）通常具有客观性、数据依赖性和可操作性强等特点。其中，客观性指的是，熵值法是基于数据本身的变异程度来确定权重，不受主观因素的影响，能够较为客观地反映各指标在综合评价中的重要程度。数据依赖性指的是，权重的确定完全依赖于原始数据，数据的质量和特征对权重的影响较大。如果数据存在异常值或噪声，可能会影响熵值法计算结果的准确性和合理性。可操作性强指的是，计算过程相对简单，不需要复杂的数学模型和大量的先验信息，容易理解和掌握，在实际应用中具有较强的可操作性。

14.3.3 在实证模型中使用单一变量和熵值法处理后的变量有何不同

在实证模型中，直接使用单一变量和使用熵值法处理后的变量存在多方面的不同，具体体现在数据信息利用、变量性质和特征、模型分析效果、权重确定方式等方面。

（1）在数据信息利用方面，单一变量仅利用了该变量自身所包含的原始信息，只能从一个特定的维度去反映研究对象的特征或与其他变量的关系。例如，在研究企业绩效时，若只使用净利润这一单一变量，就只能从盈利数额这一个角度来考察企业的经营成果，无法综合考虑资产、负债、运营效率等其他方面的信息。

熵值法是一种客观赋权法，它通过计算变量的信息熵来确定各变量的权重，进而将多个原始变量综合成一个新的变量。这种方式能够充分利用多个原始变量所包含的信息，将不同维度的信息进行整合，更全面地反映研究对象的综合特征。比如，在构建企业综合绩效评价指标时，利用熵值法可以将净利润、资产负债率、应收账款周转率等多个财务指标进行综合，得到一个能综合反映企业财务状况和经营成果的新变量。

（2）在变量性质和特征方面，单一变量保持了原始数据的性质和特征，其数值的大小、单位、分布等都与原始数据一致。例如，销售额这个单一变量，其单位是货币单位，数据的分布取决于实际的销售情况，可能呈现出正态分布、偏态分布等各种形态。

经过熵值法处理后，变量的性质和特征发生了变化。新变量是多个原始变量的加权综合，其数值不再具有原始变量的具体物理意义，单位也被统一化或标准化。而且，由于熵值法的计算过程，处理后的变量在数值范围和分布上也会与原始变量不同，通常会被归一化到一定的区间内，比如 [0，1]，其分布也更趋于均匀或符合特定的规律。

（3）在模型分析效果方面，在模型中使用单一变量可能会导致模型的解释力不足，因为它只考虑了一个因素的影响，无法全面捕捉研究对象与其他因素之间的复杂关系。例如，在分析股票价格波动时，仅使用公司的每股收益这一单一变量，可能只能解释股票价格波动的一部分原因，无法考虑市场宏观环境、行业竞争态势等其他重要因素。

使用熵值法处理后的变量能够提高模型的解释力和准确性。由于综合了多个变量的信息，它可以更全面地反映研究对象的本质特征和内在规律，从而在模型中更好地解释因变量的变化。比如，在构建经济增长模型时，将多个经济指标通过熵值法处理后作为一个综合变量纳入模型，能够更准确地分析经济增长的影响因素和驱动机制，使模型的拟合效果和预测能力得到提升。

（4）在权重确定方式方面，单一变量不存在权重确定的问题，它在模型中是以其原始的重要性和作用来参与分析的，其对模型结果的影响程度取决于变量本身的性质和与其他变量的关系。

通过熵值法确定各原始变量在综合变量中的权重。这种权重是基于数据本身的变异程度来确定的，变异程度越大的变量，其权重越高，说明该变量在综合评价中所起的作用越大。与单一变量相比，这种权重确定方式更加客观、科学，能够避免人为因素对权重赋值的干扰。

14.3.4 熵值法的典型应用领域

熵值法的精髓在于构建相对客观的综合指标，而不是仅仅依赖单一评价指标，综合指标往往代表性更强。

（1）熵值法在经管研究领域的典型应用包括经济发展评价、企业绩效评价、风险评估等。其中，经济发展评价用于综合评估不同地区或国家的经济发展水平，如构建包含经济增长、产业结构、就业水平等多维度指标体系，通过熵值法确定权重来计算经济发展综合指数。企业绩效评价指的是对企业的经营绩效进行评价，选取财务指标（如盈利能力、偿债能力、营运能力等）和非财务指标（如市场份额、客户满意度等），利用熵值法确定各指标权重，得出企业绩效综合得分。风险评估指的是在金融风险评估中，从市场风险、信用风险、流动性风险等多个维度选取指标，通过熵值法计算各指标权重，构建风险评估模型，对金融机构或投资项目的风险水平进行评价。

（2）熵值法在多目标决策研究领域中的应用更为广泛，例如，项目投资决策、供应商选择、人力资源管理等。

熵值法在项目投资决策上可用于评估投资方案和资源分配等方面。在评估投资方案方面，在对多个投资项目进行评估时，会涉及多个目标，如投资回报率、风险水平、投资回收期、市场潜力等。利用熵值法，可以根据各指标的变异程度确定其权重，从而综合评估各个投资方案的优劣。例如，在对新能源项目、人工智能项目和传统制造业项目进行投资决策时，通过熵值法确定各评估指标权重后，能更客观地计算出每个项目的综合得分，为投资决策提供科学依据。在资源分配上的应用是指，企业在进行资源分配时，需要考虑不同项目对资金、人力、技术等资源的需求以及项目的预期收益、战略重要性等多目标因素。熵值法可用于确定各目标的权重，进而合理分配资源，使资源在不同项目间达到最优配置，提高企业整体效益。

熵值法在供应商选择上可用于综合评价供应商和供应商关系管理等方面。在综合评价供应商方面，企业选择供应商时通常要考虑产品质量、价格、交货期、售后服务、技术能力等多个目标。熵值法可以对这些指标进行客观赋权，对不同供应商进行综合评价和排序。比如，汽车制造企业在选择零部件供应商时，运用熵值法，能根据各指标的实际数据确定权重，选出综合表现最优的供应商，降低采购风险，保障供应链的稳定。在供应商关系管理上的应用是指，在与供应商建立长期合作关系后，也可以使用熵值法定期对供应商进行评估，根据各目标的权重和供应商在各指标上的表现，调整与供应商的合作策略，如采购量分配、合作深度等，以实现供应链的高效运作。

熵值法在人力资源管理上可用于员工绩效评估和人才选拔等方面。在员工绩效评估上的应用是指，在对员工进行绩效评估时，通常会从工作业绩、工作能力、工作态度、团队合作等多个目标维度进行考核。熵值法可以根据各指标的实际数据确定权重，对员工进行全面、客观的绩效评价，为员工的薪酬调整、晋升、培训等提供科学依据。在人才选拔上的应用是指，在招聘和选拔人才时，对于不同岗位会有不同的能力和素质要求，如专业技能、沟通能力、创新能力、适应能力等多目标，熵值法可以帮助企业确定各目标的权重，综合评价候选人，选拔出最适合岗位的人才。

14.3.5 熵值法的计算步骤

以企业的综合绩效评估指标为例。假设要对 n 家同行业企业的综合绩效进行评价，选取了总资产收益率、资产负债率、营业收入增长率、员工满意度、研发投入占比等 m 个指标作为评价体系。收集这 n 家企业在这 m 个指标上的数据，形成原始数据矩阵 $X - (x_{ij})_{n \times m}$，其中 $i = 1, 2, \cdots, n$ 表示不同的企业，$j = 1, 2, \cdots, m$ 表示不同的指标。

使用 **Stata** 实现
熵值法的主要步骤

步骤一：进行数据标准化。对于正向指标（即越大越好的指标）总资产收益率、营业收入增长率、研发投入占比，使用公式 $x'_{ij} = \dfrac{x_{ij} - \min(x_j)}{\max(x_j) - \min(x_j)}$ 进行标准化。对于负向指标（即越小越好的指标）资产负债率，使用公式 $x'_{ij} = \dfrac{\max(x_j) - x_{ij}}{\max(x_j) - \min(x_j)}$ 进行标准化。员工满意度指标假设是 0~100 之间的数值，可根据实际情况判断是否需要进一步标准化，若认为其取值范围合适，也可直接使用原始数据。标准化后得到新的数据矩阵

$X' = \left(x'_{ij} \right)_{n \times m}$。

步骤二：计算指标比重。计算第 j 项指标下第 i 个样本值的比重 $p_{ij} = \dfrac{x'_{ij}}{\sum\limits_{i=1}^{n} x'_{ij}}$。例如，对于总资产收益率这一指标，计算每个企业的标准化值占该指标标准化值总和的比重。

步骤三：计算熵值。计算第 j 项指标的熵值 $e_j = -k \sum\limits_{i=1}^{n} p_{ij} \ln p_{ij}$，其中 $k = 1/\ln n$（n 的自然对数的倒数）。按照公式计算出总资产收益率、资产负债率、营业收入增长率、员工满意度、研发投入占比等 m 个指标各自的熵值。

步骤四：计算差异系数。计算第 j 项指标的差异系数 $g_j = 1 - e_j$。差异系数反映了指标的相对重要程度，差异系数越大，说明该指标在综合评价中的作用越大。

步骤五：计算权重。计算第 j 项指标的权重 $w_j = \dfrac{g_j}{\sum\limits_{j=1}^{m} g_j}$。

步骤六：计算综合评价得分。计算每家企业的综合评价得分 $S_i = \sum\limits_{j=1}^{m} w_j x'_{ij}$。根据前面计算出的权重和标准化后的数据，计算出 n 家企业各自的综合评价得分，根据得分对这 n 家企业的综合绩效进行排序和评价，得分越高，表明企业的综合绩效越好。

14.4　使用变异系数法度量变量

变异系数法与熵值法概念不同，但用途相似。变异系数法是一种在多指标评价或数据分析中用于确定指标权重的方法，其基本原理是：指标的变异程度越大，其在评价或分析中所起的作用越大，应该赋予其更大的权重。变异程度通常用变异系数来衡量，变异系数越大，说明该指标的离散程度越大，各样本之间的差异越明显，该指标提供的信息量也就越大，在综合评价中所起的作用就越重要。

14.4.1　变异系数法的特点

变异系数法的特点有客观性、数据依赖性、相对重要性等。其中，客观性是指变异系数法完全依据数据本身的离散程度来确定权重，不需要主观赋值，避免了人为因素的干扰，具有较强的客观性。数据依赖性指的是，权重的确定完全取决于原始数据的分布情况，数据的变化会直接导致权重的变化。如果数据存在异常值或数据质量不高，可能会对权重的计算产生较大影响。相对重要性指的是，它衡量的是指标相对于其他指标的变异程度，反映的是各指标在数据中的相对重要性，而不一定能完全体现指标在实际问题中的绝对重要性。

14.4.2　何时适用变异系数法

变异系数法适用的主要数据和研究场景有：数据离散程度差异较大、关注指标变异性对结果影响、指标单位和量级不同、强调指标区分能力、数据分布相对稳定、缺乏先验信息等。

（1）数据离散程度差异较大。当数据集中各指标的离散程度差异明显，即不同指标的波动范围、变化幅度存在较大不同时，适合使用变异系数法。比如，在分析不同行业的企业财务数据时，一些新兴行业企业的利润增长率可能波动极大，而传统行业企业的资产负债率相对较为稳定，这种情况下，变异系数法能根据各指标的离散特性，合理确定权重，准确反映各指标在评价中的相对重要性。

（2）关注指标变异性对结果影响。如果研究目的侧重于关注指标的变异性对整体结果的影响，变异系数法是一个合适的选择。例如，在评估运动员的比赛表现时，除了平均得分等指标外，得分的稳定性也很重要。变异系数法可以通过计算得分的变异系数，衡量运动员得分的波动情况，从而更全面地评估其表现，为选拔运动员或制订训练计划提供依据。

（3）指标单位和量级不同。在多指标评价中，若各指标的单位和量级差异较大，难以直接进行比较和综合评价，变异系数法可以消除单位和量级的影响。比如，在评价城市的综合发展水平时，涉及人口数量、GDP、人均绿地面积等指标，它们的单位和量级各不相同，使用变异系数法能够将这些指标转化为具有可比性的相对值，进而确定合理的权重，实现对城市综合发展水平的客观评价。

（4）强调指标区分能力。当需要突出指标对不同样本的区分能力时，变异系数法能够发挥很好的作用。例如，在人才选拔中，对候选人进行多维度测评，包括专业知识、工作经验、创新能力等指标。变异系数法可以根据各指标在候选人之间的差异程度，确定哪些指标更能有效地区分不同候选人，从而为选拔出最优秀的人才提供科学依据。

（5）数据分布相对稳定。如果数据的分布相对稳定，不存在明显的异常值或极端情况，变异系数法能够较为准确地反映数据的特征和各指标的重要性。例如，在长期跟踪监测某种产品的质量数据时，若产品生产过程相对稳定，质量指标的波动主要是由正常的生产误差等因素引起，此时使用变异系数法可以根据质量指标的变异情况，合理确定各指标在质量评价中的权重，及时发现质量控制的关键环节。

（6）缺乏先验信息。在没有太多先验信息或主观判断依据来确定指标权重的情况下，变异系数法可以基于数据本身的特征客观地确定权重。比如，在对新开发的市场进行调研，评估不同市场因素对产品销售的影响时，由于对该市场了解有限，无法主观确定各因素的重要性，此时变异系数法可以根据市场调研数据中各因素的变异程度，为确定权重提供客观依据，帮助企业制定营销策略。

14.4.3　变异系数法的应用领域

变异系数法的应用场景十分广泛，如投资风险评估、企业财务分析、市场波动分析、教育评价、社会发展水平评估、民意调查分析等。

投资风险评估：在投资组合分析中，变异系数法可用于衡量不同投资产品的风险与收益特征。通过计算各资产收益率的变异系数，投资者能直观了解每单位预期收益所承担的风险程度，从而根据自身风险偏好合理配置资产，构建最优投资组合。

企业财务分析：在对企业进行财务状况综合评价时，运用变异系数法可以确定各项财务指标（如资产负债率、流动比率、净资产收益率等）的权重，客观地评估企业的偿债能力、营运能力和盈利能力，帮助投资者、债权人等利益相关者做出决策。

市场波动分析：分析不同行业或市场的价格波动情况时，变异系数法可以帮助确定不同市场指标（如股票价格指数、商品价格波动率等）的权重，从而比较不同市场的稳定性和风险水平，为市场监管和投资策略制定提供参考。

教育评价：在教育领域，对学生综合素质评价或学校教育质量评估时，涉及学习成绩、社会实践、创新能力等多个指标，变异系数法可确定各指标权重，实现对教育效果的客观评价，为教育教学改革提供数据支持。

社会发展水平评估：在评估不同地区的社会发展水平时，涵盖经济、教育、医疗、文化等多个维度的指标，变异系数法可以根据各指标的变异程度确定权重，综合评价社会发展的均衡性和协调性，为政府制定社会发展政策提供依据。

民意调查分析：在民意调查中，对于多个调查问题或指标（如对不同政策的满意度、对社会问题的关注度等）的综合分析，变异系数法可以确定各指标的权重，更准确地反映民意倾向，为政策制定和社会研究提供参考。

14.4.4 变异系数法的计算步骤

使用 **Stata** 实现
变异系数法的
主要步骤

在实证分析中，变异系数法可用于稳健性检验，尤其是在确定指标权重或评估数据的离散程度时。实现变异系数法的主要步骤包括数据收集与整理、数据标准化、计算均值、计算标准差、计算变异系数、计算权重和进行综合评价等。

（1）数据收集与整理。首先确定研究对象和所需分析的指标体系，收集相关的数据。假设有 n 个样本，每个样本有 m 个指标，形成原始数据矩阵 $X = (x_{ij})_{n \times m}$，其中 $i = 1, 2, \cdots, n$ 表示样本序号，$j = 1, 2, \cdots, m$ 表示指标序号。然后对数据进行初步的整理和检查，确保数据的准确性和完整性，去除明显错误或缺失的数据记录。

（2）数据标准化。由于不同指标的量纲和数量级可能不同，为了消除量纲影响，使各指标具有可比性，通常需要对数据进行标准化处理。常见的标准化方法有极差标准化、标准差标准化等。例如，采用极差标准化时，对于原始数据 x_{ij}，经过标准化后的计算公式为：

$$x'_{ij} = \frac{x_{ij} - \min(x_j)}{\max(x_j) - \min(x_j)}$$，其中 $\min(x_j)$ 和 $\max(x_j)$ 分别是第 j 个指标的最小值和最大值。

（3）计算均值。对于第 j 个指标，计算其均值的公式为 $\bar{x}_j = \dfrac{1}{n} \sum_{i=1}^{n} x_{ij}$ 。它反映了该指标在所有样本中的平均水平。

（4）计算标准差。计算第 j 个指标标准差的公式为 $s_j = \sqrt{\dfrac{\sum_{i=1}^{n}(x_{ij} - \bar{x}_j)^2}{n-1}}$ 。标准差衡量的是数据相对于均值的离散程度，标准差越大，说明数据的波动越大。

（5）计算变异系数。第 j 个指标的变异系数为标准差与均值的比值，即 $CV_j = \dfrac{s_j}{\bar{x}_j}$ 。变异系数消除了均值和量纲的影响，更能准确地反映数据的相对离散程度。需要注意的是，当 $\bar{x}_j = 0$ 时，通常认为该指标的变异系数无意义，需要根据实际情况进行特殊处理，比如剔除该指标或对数据进行调整。

（6）计算权重。将各指标的变异系数进行归一化处理，得到指标 j 权重的公式为 $w_j = \dfrac{CV_j}{\sum_{j=1}^{m} CV_j}$ 。所有指标权重之和应为 1，权重大小反映了各指标在综合评价中的相对重要性，变异系数越大的指标，其权重越高。

（7）综合评价。如果需要进行综合评价，可以根据计算得到的权重对各样本的标准化数据进行加权求和，得到综合评价得分。假设已对数据进行了合适的标准化处理得到 x'_{ij} ，第 i 个样本综合得分的计算公式为 $S_i = \sum_{j=1}^{m} w_j x'_{ij}$ 。根据综合得分可以对各样本进行排序和比较，从而分析不同样本在综合评价中的表现和差异。

14.4.5　用变异系数法进行指标综合的常见例子

（1）企业绩效评估。原始指标：净利润、总资产收益率（ROA）、净资产收益率（ROE）。通过变异系数法确定各指标权重，更全面地评估企业绩效。

（2）企业风险评估。原始指标：资产负债率、债务与权益比率、利息保障倍数。通过变异系数法确定各指标权重，更全面地评估企业风险。

（3）市场竞争分析。原始指标：市场份额、赫芬达尔指数（HHI）、市场集中度指数。通过变异系数法确定各指标权重，更全面地评估市场竞争程度。

（4）企业创新能力评估。原始指标：专利数量、研发投入占营业收入的比例、创新指数。通过变异系数法确定各指标权重，更全面地评估企业创新能力。

（5）企业治理结构评估。原始指标：董事会独立性、董事会多样性、高管持股比例。通过变异系数法确定各指标权重，更全面地评估企业治理结构。

（6）企业财务杠杆评估。原始指标：资产负债率、债务与权益比率、利息保障倍数。通过变异系数法确定各指标权重，更全面地评估企业财务杠杆。

（7）企业市场地位评估。原始指标：市场份额、品牌价值、客户满意度。通过变异系数法确定各指标权重，更全面地评估企业市场地位。

（8）企业研发投入评估。原始指标：研发投入金额、研发投入占营业收入的比例、研发人员占比。通过变异系数法确定各指标权重，更全面地评估企业研发投入。

（9）企业社会责任评估。原始指标：企业社会责任报告的发布情况、企业社会责任指数、相关评级。通过变异系数法确定各指标权重，更全面地评估企业社会责任。

（10）企业财务绩效评估。原始指标：净利润、总资产收益率（ROA）、净资产收益率（ROE）。通过变异系数法确定各指标权重，更全面地评估企业财务绩效。

14.4.6　应用变异系数法的注意事项

应用变异系数法的注意事项包括：数据标准化、指标选择、结果解释、稳健性检验等。其中，数据标准化是指确保数据标准化处理正确，避免因量纲差异导致的权重偏差。

指标选择指的是选择的指标应具有理论和实际意义，且数据质量可靠。

结果解释指的是变异系数法计算的权重仅是参考，最终权重的确定还需结合实际情况和专家意见。

稳健性检验指的是通过替换不同的指标或方法，验证结果的稳健性。例如，使用变异系数法和熵值法相互进行验证等。

14.4.7　变异系数法和熵值法的区别

变异系数法和熵值法的区别主要体现在稳健性检验、计算方法、数据要求、权重体现的侧重、适用场景等方面。

（1）在原理基础方面，变异系数法是基于数据的变异程度，即通过计算各指标的变异系数，衡量指标数据的离散程度。变异系数越大，说明该指标在不同样本间的差异越大，所提供的信息量越多，在评价中应赋予更大的权重。

熵值法的依据是信息熵的概念，信息熵是对系统不确定性或无序程度的度量。在多指标评价中，若某个指标下各样本的取值差异越小，说明该指标提供的信息量越少，其熵值越大，权重就越小；反之，差异越大，熵值越小，权重越大。

（2）在计算方法方面，两种方法都建议进行数据的标准化处理，计算目标都是获取各个指标的权重。变异系数法先计算各指标的均值和标准差，再得出变异系数，最后对变异系数进行归一化处理得到权重。熵值法首先计算各个样本值的比重，接着计算信息熵，再计算差异系数，最后得到权重。

（3）在数据要求方面，变异系数法对数据的要求相对较为宽松，一般只需要数据具有一定的离散性即可。不过，当数据中存在极端值或数据量级差异过大时，可能会对结果产生较大影响，有时需要进行数据预处理，如剔除异常值、进行数据标准化等。

熵值法要求数据具有一定的波动性和差异性，以体现指标的信息价值。如果数据过于集中或某一指标下各样本值几乎相等，会导致熵值计算结果出现问题，可能使该指标权重为 0 或非常小，在使用时通常也需要对数据进行标准化等预处理。

（4）在权重侧重方面，变异系数法更侧重于指标本身的离散程度，即各样本在该指标上的差异大小。离散程度大的指标权重高，更突出数据的变异性对权重的影响，一定程度上反映了指标在区分不同样本时的能力。

熵值法更强调指标所包含的信息量，通过信息熵来衡量指标的无序程度或不确定性。信息量大、能有效区分样本的指标权重高，更关注指标在整个评价体系中的相对信息价值。

（5）在适用场景方面，变异系数法适用于对数据离散程度较为关注，且指标的变异程度能较好地反映其重要性的场景。如在经济数据波动分析中，衡量不同经济指标的变化幅度对经济整体的作用。

熵值法适用于指标数据的差异性能够体现其信息价值，且需要从信息角度来确定权重的场景。如在多目标决策中，根据各目标实现程度的差异来确定其在决策中的重要性；在文本分类中，依据不同特征词在文本中的出现频率差异来确定特征词的权重等。

14.5 更换样本数据

在实证回归分析中，为了进行稳健性检验，更换样本数据是一种常用的方法。这种方法可以帮助验证研究结论是否对样本的选择敏感，从而增强研究结果的可靠性和说服力。

14.5.1 更换数据集

即使用不同的数据集进行分析，以验证研究结论的一致性。例如，假设原始数据集为使用 2000—2010 年度的公司财务数据，可以替换数据集使用 2011—2019 的公司财务数据；或者使用不同来源的数据集等。

14.5.2 子样本回归

即将样本分为不同的子样本，分别进行回归分析，以检验研究结论的稳健性。例如，按时间，将样本分为期间 1（如 2019 年之前）和期间 2（如 2019 年及之后）等；按行业，将样本分为不同行业，分别进行回归分析；按公司规模，将样本分为大公司和小公司，分别进行回归分析。

14.5.3 扩展或缩短样本时间窗口

即通过扩展或缩短样本的时间范围来检验研究结论的稳健性。例如，扩展时间窗口，将样本时间范围从 2010—2015 年扩展到 2005—2020 年；缩短时间窗口，将样本时间范围从 2010—2015 年缩短到 2012—2013 年。

14.5.4 使用滚动时间窗口

使用滚动时间窗口进行分析，以检验研究结论的稳健性。例如，使用3年滚动时间窗口进行回归分析。

14.5.5 增加或减少样本数量

即通过增加或减少样本数量来检验研究结论的稳健性。例如，将样本从省会城市扩展到所有地级市；减少样本数量，将样本从所有上市公司减少到非 ST 上市公司。

14.5.6 排除特定样本

即通过排除特定样本来检验研究结论的稳健性。例如，排除特定年份——排除新冠疫情期间的数据，重新进行回归分析；排除特定行业——从所有上市公司中排除金融行业的数据，重新进行回归分析。

14.6 更换模型设定

在实证回归分析中，为了进行稳健性检验，更换模型设定也是一种常用的方法。这种方法可以帮助验证研究结论是否对模型设定敏感，从而增强研究结果的可靠性和说服力。

14.6.1 替换回归模型

即使用不同类型的回归模型进行分析，以检验结果的稳健性。例如，原始模型使用普通最小二乘法（OLS），可替换模型为 Logit 模型、Probit 模型、Tobit 模型等。需要注意的是，更换回归模型时要考虑变量的设定是否需要相应改变。

14.6.2 加入滞后项

即在模型中加入因变量或自变量的滞后项，以检验模型的动态效应。例如，假设原始回归模型为"reg y x_1 x_2"，可以假如滞后项变为"reg y L. y x_1 x_2"。

14.6.3 使用断点回归

使用断点回归（RDD）方法来识别因果关系。例如，原始模型为普通最小二乘法（OLS），可替换为断点回归方法。

断点回归（regression discontinuity design，RDD）是一种准实验方法，用于评估政策或干预措施的因果效应。其核心思想是：当某个变量（称为"分组变量"或"运行变量"）达到某个特定值（称为

使用 Stata 实现断点回归的基本方法

"断点") 时，个体或单位会突然从一种状态转变为另一种状态（例如，从"未接受处理"变为"接受处理"）。通过分析断点附近的观测值，可以估计处理效应。

断点回归（RDD）方法的典型应用场景包括因果推断、解决内生性问题、政策评估等。在因果推断方面，RDD 方法能够在非实验环境中提供因果推断，类似于随机实验的效果。在解决内生性问题方面，通过利用断点的自然实验特性，RDD 方法可以有效解决遗漏变量和选择偏差问题。在政策评估方面，广泛应用于经管等领域，用于评估政策或干预措施的效果。

✎ 本章小结

本章的主题是如何使用替换法对主回归的结果进行初步的稳健性检验，主要内容包括更换变量的度量方式、更换样本数据、更换模型设定等。这些内容有助于初学者深入了解稳健性检验的初步做法。

本章中的 Stata 代码片段（包含二维码中的内容）仅为示意性的说明，目的在于介绍关键的代码指令。如需了解更多细节，可参阅第 21 章提供的演示，里面包含了多篇高质量期刊论文中数据处理过程的完整 Stata 代码。

❓ 思考与练习题

1. 在高质量专业期刊上选择一篇实证研究论文，简述其稳健性检验方法中变量度量方式的变更情况。

2. 在高质量专业期刊上选择一篇实证研究论文，简述其稳健性检验方法中放宽变量选择条件的情况。

3. 在高质量专业期刊上选择一篇实证研究论文，简述其稳健性检验方法中使用熵值法的情况。

4. 在高质量专业期刊上选择一篇实证研究论文，简述其稳健性检验方法中使用变异系数法的情况。

5. 在高质量专业期刊上选择一篇实证研究论文，简述其稳健性检验方法中更换样本数据的情况。

6. 在高质量专业期刊上选择一篇实证研究论文，简述其稳健性检验方法中更换模型设定的情况。

15 稳健性检验Ⅱ：如何处理样本选择偏差？

📖 学习要点

主回归使用的样本数据可能存在样本选择偏差问题，进行稳健性检验的第二步往往是检验和处理样本选择偏差。本章将介绍样本选择偏差的常见类型、检验和处理方法等。

15.1 产生样本选择偏差的原因

样本选择偏差是指在样本获取过程中，由于选择的样本不能完全代表总体，导致样本的特征与总体特征存在系统性差异，从而使基于样本的统计推断出现偏差。

在经管类实证研究中，样本选择偏差的常见原因主要有非随机抽样、自我选择问题、数据可获取性限制等。

非随机抽样是指，如果抽样过程不是随机的，就容易产生样本选择偏差。例如，在研究企业绩效时，只选择大型企业作为样本，而忽略了中小企业，这样的样本就不能代表整个企业群体，因为大型企业和中小企业在很多方面（如经营模式、资源获取能力、市场竞争地位等）存在差异。

自我选择问题是指，当研究对象可以自主决定是否参与样本时，可能会出现自我选择偏差。比如，在研究某项培训项目对员工绩效的影响时，只有那些对自身能力提升有较高积极性的员工可能会选择参加培训，这些员工本身可能就具有一些与绩效相关的积极特质（如学习能力强、上进心强等），而未参加培训的员工可能在这些特质上有所不同，这样就导致样本不能真实反映培训对所有员工的影响。

数据可获取性限制指的是数据收集的限制也可能导致样本选择偏差。例如，在研究金融市场中的投资者行为时，某些交易数据可能由于隐私保护或数据存储系统的局限，只有部分投资者的数据能够被获取。如果这些可获取数据的投资者具有特定的特征（如高净值投资者、活跃交易者等），那么样本就会偏向这些特定类型的投资者，而不能代表整个投资者群体。

15.2　样本选择偏差的影响

样本选择偏差对实证研究的影响主要体现在参数估计偏差、结论的外部效度降低等方面。

参数估计偏差是指，在回归分析等统计模型中，样本选择偏差会导致回归系数的估计出现偏差。例如，在研究工资水平与教育程度、工作经验等因素的关系时，如果样本只包括了高收入行业的员工，那么估计出的教育程度和工作经验对工资的影响可能会被高估，因为高收入行业本身可能存在其他未被考虑的因素（如行业垄断利润、高端技术需求等）也在影响工资水平。

结论的外部效度降低指的是样本选择偏差使得研究结论难以推广到总体。如果样本不能代表总体，那么基于样本得出的结论可能只适用于样本本身，而对于总体不具有普遍适用性。例如，在研究某种新型营销模式对消费者购买行为的影响时，如果样本仅来自年轻消费者群体，那么得出的关于该营销模式有效性的结论可能在中老年消费者群体中并不适用。

15.3　样本选择偏差的常见类型

在经管类实证研究中，样本选择偏差的常见类型主要有自我选择偏差、截断选择偏差、非随机抽样偏差、样本流失偏差等。

自我选择偏差是指个体基于自身某些未被观测到的特征或偏好，自主决定是否进入样本。例如，在研究劳动力市场中培训对工资的影响时，更有上进心、学习能力更强的个体可能更倾向于参加培训，这些个体本身就具有潜在的高工资特质，导致样本选择非随机。

截断选择偏差通常包括左截断偏差和右截断偏差两种情形。左截断偏差是在当样本选择过程排除了某个变量取值较低部分的数据时发生。比如，研究人群的消费行为时，将收入低于一定水平的个体排除在外，这就造成了左截断偏差。右截断偏差与左截断相反，是指样本排除了变量取值较高部分的数据。例如，在研究新企业的成长问题时，只关注成立年限较短的企业，忽略了成熟企业，产生右截断偏差。

非随机抽样偏差包括方便抽样偏差和判断抽样偏差两种情形。方便抽样偏差是指抽样基于获取数据的便利性，而不是随机原则。例如，在街边随机访问路人进行市场调研，这种抽样方式可能会过多地包含某些特定人群，如在办公区抽样会使上班族比例过高，导致样本不能代表总体人群。判断抽样偏差是指研究者根据自己的主观判断选择样本，这种选择可能受到研究者预期或偏好的影响。例如，研究某种疾病的治疗效果，医生可能会选择那些看起来身体状况较好的患者作为样本，从而使样本不能真实反映所有患者的情况。

样本流失偏差是在跟踪调查或纵向研究中，部分样本个体由于各种原因（如失去联系、中途退出等）从样本中流失。例如，在长期健康的研究中，身体状况较差的个体可能更容易中途退出，使得剩余样本的健康状况数据存在偏差。

15.4 样本选择偏差的常见处理方法

样本选择偏差的常见处理方法主要有 Heckman 两阶段方法、工具变量法、PSM 方法以及 DID 方法等。每种方法针对具体样本选择偏差类型的适用性和局限性有所不同。

15.4.1 Heckman 两阶段方法的适用性

（1）针对自我选择偏差。该方法在处理自我选择偏差方面具有很强的针对性，它通过建立一个选择方程来模拟个体的自我选择行为，然后在第二阶段的回归方程中引入逆米尔斯比率（inverse mills ratio，IMR）来纠正选择偏差。例如，在研究教育对个人收入的影响时，如果个人是否接受高等教育是自我选择的结果，Heckman 两阶段方法可以有效地控制这种自我选择因素对收入估计的影响。

局限性：该方法的有效性依赖于正确设定选择方程，并且要求选择方程和结果方程中的误差项满足一定的联合分布假设（通常假设为正态分布和零均值）。如果这些假设不成立，可能会导致估计偏差。

（2）针对截断选择偏差。该方法可以在一定程度上适用，它可以将截断问题视为一种特殊的选择问题，通过适当的方程设定来处理。例如，在处理左截断问题（如研究高收入人群）时，第一阶段可以构建一个关于个体进入高收入样本的选择方程，然后在第二阶段的消费方程中考虑这种选择因素的影响。

局限性：对于复杂的截断情况，特别是当截断规则与多个不可观测因素相关时，该方法的应用可能会受到限制，因为很难准确地设定选择方程来捕捉所有截断因素。

（3）针对非随机抽样偏差。对于方便抽样和判断抽样偏差，Heckman 方法不太直接适用，因为这些偏差主要源于抽样过程本身的非随机性，而不是像自我选择那样的内生选择行为。不过，如果能够将非随机抽样问题转化为类似自我选择的内生问题，通过合理设定选择方程，Heckman 方法可能会有一定的应用空间。

局限性：实际运用过程中通常很难将非随机抽样偏差转化为符合 Heckman 方法假设的内生选择问题，并且在抽样偏差主要由不可观测因素导致时，Heckman 方法无法有效纠正偏差。

（4）针对样本流失偏差。可以将样本流失视为一种自我选择行为来应用 Heckman 方法。第一阶段建立样本流失的选择方程，预测个体流失的概率，第二阶段在分析结果变量时，将逆米尔斯比率作为控制变量加入方程，以此来调整由于样本流失导致的偏差。

局限性：该方法假设样本流失是基于可观测和不可观测因素的某种理性选择过程，然而在实际情况中，样本流失可能是由于一些不可预测的随机事件导致的，这种情况下 Heckman 方法的假设可能不成立，从而影响偏差纠正的效果。

15.4.2 工具变量方法的适用性

（1）针对自我选择偏差。工具变量方法在处理自我选择偏差时有一定的适用性，它需要找到一个与内生的自我选择变量相关，但与结果变量的误差项不相关的工具变量。例如，在研究个体是否参加职业培训（自我选择）对工资的影响时，如果能找到一个合适的工具变量，如距离培训中心的距离（距离近可能增加参加培训的可能性，假设与工资的其他影响因素无关），通过两阶段最小二乘法（2SLS）可以有效地控制自我选择偏差，得到较为准确的培训对工资影响的估计。不过，如果考虑到"距离培训中心的距离"有可能与结果变量（工作效率、薪酬）产生关联，则需要严格检验其外生性，并进行弱工具变量检验。

局限性：合适的工具变量往往很难找到，并且需要满足相关性和外生性的严格要求。如果工具变量选择不当，不仅无法纠正偏差，还可能会引入新的估计问题。

（2）针对截断选择偏差。对于截断选择偏差，工具变量方法的应用较为复杂，在某些情况下，如果能找到一个工具变量，它能够影响样本的截断状态但不直接影响结果变量（除了通过截断机制），可以尝试使用工具变量来纠正偏差。例如，在研究被特定政策截断后的企业绩效时，如果有一个政策实施强度的工具变量，它与企业是否被截断相关，但与企业绩效的其他因素无关，可能可以用于处理截断偏差。

局限性：实践中，很难找到满足上述要求的工具变量，特别是对于复杂的截断情况，工具变量与截断机制和结果变量之间的关系很难准确把握，导致该方法在处理截断偏差时受到限制。

（3）针对非随机抽样偏差。对于方便抽样和判断抽样偏差，工具变量方法有一定的应用潜力，如果能找到一个工具变量，它与抽样方式有关但与研究的结果变量不相关（除了通过抽样机制），可以用来纠正偏差。例如，在街边抽样中，如果可以找到一个与抽样地点（导致方便抽样偏差）相关但不直接影响调查结果的工具变量，如该地点的交通流量（假设交通流量只影响抽样是否方便，不影响调查问题的答案），可以通过工具变量方法来调整偏差。

局限性：同样，合适的工具变量难以寻找，并且需要仔细验证其与抽样过程和结果变量的关系。而且对于判断抽样偏差，由于其主观性较强，很难找到一个合适的工具变量来准确纠正这种偏差。

（4）针对样本流失偏差。在处理样本流失偏差时，工具变量方法可以尝试使用，如果能找到一个工具变量，它与样本流失相关但不直接影响结果变量（除了通过样本流失机制），可以用来控制流失偏差。例如，在健康研究中，如果有一个与患者是否退出研究

（样本流失）相关的工具变量，如患者家庭到医院的距离（假设距离只影响患者是否继续参与研究，不影响健康结果），可以通过工具变量方法来调整由于样本流失导致的偏差。

局限性：在实际应用中，很难确保工具变量只通过样本流失机制影响结果变量，并且样本流失可能是由多种复杂因素导致的，很难找到一个有效的工具变量来全面控制这种偏差。

总之，工具变量方法在理论上接近完美，但在实际运用过程中往往困难重重，主要挑战是不易找到合适的工具变量。如何运用工具变量方法将在本书后面章节专门详述。

15.4.3 倾向得分匹配法（PSM）的适用性

（1）针对自我选择偏差。PSM 方法在处理自我选择偏差方面有较好的适用性。它首先通过逻辑回归等方法估计个体进入处理组（如参加培训）的倾向得分，该得分基于可观测的协变量（如年龄、教育程度等）。然后根据倾向得分将处理组和对照组进行匹配，使得两组在可观测特征上相似，从而减少自我选择偏差。例如，在研究培训对就业的影响时，通过 PSM 方法可以匹配在培训前具有相似特征的参加培训和未参加培训的个体，进而比较两组在就业结果上的差异，更准确地评估培训的效果。

局限性：PSM 方法只能控制可观测的协变量，对于不可观测因素导致的自我选择偏差无法有效处理，而且匹配过程可能会受到共同支撑问题（common support problem）的影响。即如果某些倾向得分区间内只有处理组或对照组个体，就无法进行有效的匹配。

（2）针对截断选择偏差。PSM 方法的适用性有限，因为截断选择偏差通常涉及样本范围的限制，不仅仅是基于可观测因素的选择。例如，在左截断或右截断情况下，即使基于可观测因素进行倾向得分匹配，也很难纠正由于截断本身导致的不可观测因素的差异。不过，在截断主要与可观测因素有关的简单情况下，PSM 方法可以尝试通过匹配来减轻偏差。

局限性：当截断与不可观测因素密切相关时，PSM 方法无法有效恢复样本的代表性，因为它无法处理不可观测因素导致的截断偏差。

（3）针对非随机抽样偏差。PSM 方法对于方便抽样和判断抽样偏差有一定的应用价值。如果能够识别出导致非随机抽样的可观测因素，通过构建倾向得分并进行匹配，可以使样本在这些因素上更加平衡，从而减轻偏差。例如，在市场调研中，如果知道抽样时间和地点等因素导致了方便抽样偏差，基于这些因素进行倾向得分匹配可以调整样本的代表性。

局限性：如果非随机抽样偏差主要是由不可观测因素导致的，PSM 方法无法有效纠正偏差。而且在实际应用中，很难完全识别出所有导致非随机抽样偏差的因素，并且匹配过程也可能受到数据质量和样本容量的限制。

（4）针对样本流失偏差。PSM 方法不太适用于处理样本流失偏差，因为样本流失后，很难找到合适的未流失样本与之匹配，尤其是当流失是由于不可观测因素（如个人突然改变主意、意外事件等）导致时，PSM 方法无法有效解决由于样本流失带来的偏差。

局限性：样本流失通常涉及复杂的动态过程和不可观测因素，PSM 方法基于匹配的原理在这种情况下很难发挥作用，无法恢复由于样本流失而失去的样本代表性。

15.4.4　双重差分法（DID）的适用性

（1）针对自我选择偏差。在存在外生政策干预或事件冲击导致个体分组（实验组和对照组）的情况下，DID 方法可以在一定程度上减轻自我选择偏差。例如，政府实施一项新的税收政策，企业是否受到政策影响（进入实验组）不是企业自我选择的结果，而是由政策范围决定。通过比较政策实施前后实验组和对照组企业的行为变化（如投资、利润等），可以在一定程度上控制企业自身的某些未观测到的特征差异，从而减轻自我选择偏差。

局限性：DID 方法的有效性依赖于平行趋势假设，即如果没有政策干预，实验组和对照组的结果变量应该具有相同的时间趋势。如果这个假设不成立，可能会导致估计偏差。而且如果自我选择因素在政策实施后仍然对结果产生影响（如企业可以通过某些方式规避政策影响），DID 方法也无法完全消除偏差。

（2）针对截断选择偏差。一般来说，DID 方法不太适用于截断选择偏差，它主要关注政策或事件前后的差异对比，对于样本范围本身的截断问题没有直接的处理机制。不过，如果截断是由于政策变化引起的（如政策只针对某一收入区间的人群），且可以找到合适的对照组，DID 方法可能在一定程度上用于分析政策对截断样本的影响，但不能很好地解决截断本身导致的样本代表性问题。

局限性：DID 方法无法有效纠正截断选择偏差，因为它没有针对样本截断的纠正机制，不能恢复样本的完整分布，对于非政策引起的截断情况几乎没有处理能力。

（3）针对非随机抽样偏差。DID 方法不太适用于非随机抽样偏差。因为它主要是利用政策或事件的外生性来进行因果推断，对于抽样过程中产生的偏差没有针对性的纠正机制。除非抽样偏差与政策或事件的实施相关联，并且可以通过设置合适的实验组和对照组来分离出抽样偏差的影响，否则 DID 方法难以处理非随机抽样偏差。

局限性：DID 方法不能直接处理非随机抽样偏差，因为它不涉及抽样过程的调整，无法解决由于抽样方式不合理导致的样本代表性问题。

（4）针对样本流失偏差。DID 方法不适合用于样本流失偏差。因为 DID 方法主要基于实验组和对照组在政策或事件前后完整的数据进行分析，样本流失会破坏这种完整性，并且 DID 方法本身没有处理样本流失的机制，无法有效应对由于样本流失导致的偏差。但若样本流失与时间不变的个体异质性相关，可考虑借助面板数据固定效应+DID 混合模型缓解。

局限性：样本流失导致的数据缺失不符合 DID 方法的基本假设，它无法通过自身机制来填补或调整由于样本流失而产生的偏差，从而影响结果的准确性。

15.5 如何用 Heckman 方法处理样本选择偏差？

Heckman 方法共分为两个阶段，第一阶段是选择方程，第二阶段是主方程。

15.5.1 Heckman 方法的第一阶段——选择方程

Heckman 两阶段方法主要用于处理样本选择偏差问题。在第一阶段，构建一个选择方程来估计个体进入样本的概率。这个选择方程通常是一个 Probit 模型（对于二元选择问题）或 Logit 模型。例如，在研究劳动者工资决定因素时，可能存在部分劳动者因为失业或非自愿退出劳动力市场而导致样本选择偏差。选择方程中的自变量可以包括个体的教育程度、年龄、性别、家庭状况

使用 Heckman 两阶段
方法处理样本选择
偏差问题的主要过程

等因素，这些因素会影响劳动者是否参与工作（即是否进入样本）。通过 Probit 或 Logit 回归，可以得到一个逆米尔斯比率。

15.5.2 Heckman 方法的第二阶段——主方程

在第二阶段，将第一阶段得到的逆米尔斯比率作为一个额外的自变量放入主方程（即主回归模型）中进行回归。主方程中的因变量是真正关心的经济变量（如工资水平），自变量包括常规的解释变量（如工作经验、行业类型等）和第一阶段计算出的逆米尔斯比率。加入逆米尔斯比率的目的是修正由于样本选择偏差导致的参数估计偏误。逆米尔斯比率能够捕捉到样本选择过程中的非随机因素，从而使主方程的估计更加准确。

15.5.3 在处理有偏样本数据方面的典型应用场景

（1）在劳动力市场研究中，当分析女性劳动者工资水平与工作经验、教育程度等因素的关系时，可能存在样本选择偏差。因为部分女性可能由于家庭原因等未进入劳动力市场，而这部分未进入市场的女性的特征可能与已就业女性不同。通过 Heckman 两阶段方法，可以在第一阶段考虑影响女性就业选择的因素（如是否有小孩、丈夫收入等），计算出逆米尔斯比率，然后在第二阶段工资方程中加入该比率，有效修正由于女性就业样本选择偏差导致的工资方程参数估计不准确的问题。

（2）在企业投资行为研究中，当研究企业投资决策（如企业固定资产投资）与企业财务状况（如现金流、资产负债率等）和外部环境因素（如市场竞争程度、宏观经济政策等）的关系时，可能存在样本选择偏差。一些企业可能由于破产、战略调整等原因退出了投资市场，导致样本中只有正在投资的企业数据。Heckman 两阶段方法可以在第一阶段构建企业是否进行投资的选择方程（考虑企业的盈利能力、行业前景等因素），然后在第二阶段投资方程中加入逆米尔斯比率，从而更准确地估计企业财务和外部因素对投

资行为的真实影响。

（3）在金融市场研究中，当研究投资者参与特定金融产品（如股票期权）交易与投资者风险偏好、财富水平、金融知识等因素的关系时，存在样本选择偏差。因为只有一部分投资者会选择参与股票期权交易，而未参与的投资者可能具有不同的特征。Heckman两阶段方法可以在第一阶段构建投资者是否参与股票期权交易的选择方程，将风险偏好、财富水平等因素纳入其中，计算逆米尔斯比率，然后在第二阶段交易行为方程（如交易频率、交易金额等）中加入该比率，修正样本选择偏差对交易行为方程估计的影响。

15.5.4　应用 Heckman 方法的注意事项

应用 Heckman 方法的注意事项包括：模型假设的合理性、变量选择的重要性、数据要求和计算复杂性。

（1）模型假设的合理性要求。Heckman 两阶段方法假设选择方程和主方程中的误差项是联合正态分布，并且选择方程中的自变量与主方程中的误差项不相关。如果这些假设不成立，可能会导致估计结果仍然存在偏差。例如，在实际应用中，很难完全保证选择方程中的变量能够充分捕捉到样本选择的所有非随机因素，而且误差项的分布可能由于未观测到的因素而不符合联合正态分布假设。

（2）变量选择的重要性要求。在第一阶段选择方程中，变量的选择至关重要。如果遗漏了重要的选择因素，会导致逆米尔斯比率的计算不准确，进而影响第二阶段主方程的估计效果。例如，在研究企业创新投入（主方程）时，如果在第一阶段选择方程中没有考虑企业所处的技术竞争环境对企业是否进行创新的影响，可能会使计算出的逆米尔斯比率不能有效修正样本选择偏差。

（3）数据要求。Heckman 两阶段方法需要足够的数据来估计选择方程和主方程。特别是在第一阶段，需要有足够的样本变异来准确估计选择概率。在解释结果时，也需要对两阶段的系数估计和统计检验有深入的理解，因为加入逆米尔斯比率后的系数解释与传统回归有所不同。

15.6　如何用 PSM 方法处理样本选择偏差?

使用 PSM 方法时可分为两个步骤：倾向得分的计算和样本匹配过程。

使用 PSM 方法处理样本选择偏差的主要过程

15.6.1　倾向得分的计算

PSM 方法主要用于处理观察性研究中的选择偏差问题。首先，它通过构建一个 Logit 或 Probit 模型来估计个体进入实验组（受到某种处理或干预）的概率，这个概率被称为倾向得分。例如，在研究企业获得政府补贴（处理组）对企业绩效的影响时，倾向得分模型中的自变量可以包括企业规模、行业、年龄、盈利能力等因素，这些因素会影响企业是否获得补贴。通过估计这个 Logit 或 Probit 模型，为每个企业计算出一个倾向得分。

15.6.2 样本匹配过程

在计算出倾向得分后，PSM 方法根据倾向得分将处理组和对照组（未受到处理或干预）的个体进行匹配。匹配的原则是找到倾向得分相近的个体，使得处理组和对照组在可观察的特征上尽可能相似。例如，可以采用最邻近匹配法，将处理组中的每个企业与对照组中倾向得分最接近的企业进行匹配；也可以采用半径匹配法，在一定的倾向得分半径范围内寻找匹配的个体；或者采用核匹配法，根据倾向得分的分布密度进行加权匹配。

15.6.3 PSM 方法在处理有偏样本数据方面的典型应用场景

在政策评估领域，当评估税收优惠政策对企业创新的影响时，可能存在样本选择偏差。因为企业是否能获得税收优惠政策可能与企业自身的一些特征（如企业的研发实力、规模大小等）有关。通过 PSM 方法，可以先估计企业获得税收优惠政策的倾向得分，然后进行匹配，使得获得优惠政策的企业（处理组）和未获得优惠政策的企业（对照组）在这些特征上具有可比性。这样就可以更准确地评估税收优惠政策对企业创新投入（如研发支出占比）和创新产出（如专利数量）的真实影响。

在市场干预研究领域，当研究政府对房地产市场的限购政策对房价的影响时，存在样本选择偏差问题。因为限购政策只针对部分城市或部分购房群体，而这些受政策影响的区域或群体可能具有一些特殊的特征。PSM 方法可以根据城市的经济发展水平、人口密度、房地产市场供需状况等因素估计倾向得分，将限购城市（处理组）和非限购城市（对照组）进行匹配，从而更有效地分析限购政策对房价涨幅、成交量等市场指标的影响。

15.6.4 应用 PSM 方法的注意事项

应用 PSM 方法的注意事项有共同支撑假设、不可观测因素的影响、匹配质量评估等。

（1）共同支撑假设是指，PSM 方法要求处理组和对照组在倾向得分上有足够的重叠区域，即共同支撑区域。如果这个条件不满足，可能会导致部分个体无法找到合适的匹配对象，从而丢失样本信息。例如，在研究一种高端医疗服务对患者的影响时，如果处理组（接受高端医疗服务的患者）的倾向得分普遍高于对照组，且两组的倾向得分分布没有足够的重叠，那么 PSM 方法的匹配效果会受到严重影响。

（2）不可观测因素的影响是指，PSM 方法只能控制可观察的混杂因素，对于不可观测的因素（如企业的内部管理文化、患者的心理因素等）无法进行处理。如果这些不可观测因素与处理变量（如政策干预、医疗技术应用）和结果变量（如企业绩效、患者治疗效果）都相关，那么仍然可能存在内生性问题，导致估计结果有偏。

（3）匹配质量评估是指，需要对匹配后的样本进行质量评估，以确保匹配过程的有效性。可以通过比较匹配前后处理组和对照组在各个协变量（用于计算倾向得分的变量）上的差异来评估匹配质量。如果匹配后两组在某些关键协变量上仍然存在显著差异，那么可能需要调整匹配方法或者重新考虑变量选择。

15.7 如何用 DID 方法处理样本选择偏差?

应用双重差分法（DID 方法）的过程可分为两个步骤：构建实验组和对照组，比较差异变化。

使用 DID 方法处理
样本选择偏差
问题的主要过程

15.7.1 构建实验组和对照组

DID 方法将样本分为实验组和对照组，其中实验组受到某种政策干预或事件冲击，对照组则未受到影响。例如，在研究税收政策变化对企业投资的影响时，将受到新税收政策影响的企业作为实验组，未受该政策影响的企业作为对照组。

15.7.2 比较差异变化

DID 方法通过比较实验组和对照组在政策干预或事件前后的差异变化来评估影响效果。具体来说，计算实验组在干预前后的差值（处理后−处理前），以及对照组在相同时间范围内的差值（未处理后−未处理前），然后用实验组的差值减去对照组的差值，得到双重差分估计量。这个估计量可以在一定程度上消除时间趋势、个体异质性等因素的影响，从而更准确地估计干预或事件的净效应。

15.7.3 DID 方法处理样本选择偏差的优势

DID 方法处理样本选择偏差的优势主要体现在：控制时间趋势和个体固定效应、利用自然实验场景减少选择偏差、灵活性和广泛适用性等方面。

（1）控制时间趋势和个体固定效应。在存在样本偏差的情况下，如果偏差是由于个体之间的固有差异（如企业规模、行业属性等）或者随时间变化的共同趋势（如宏观经济周期对所有企业的影响）引起的，DID 方法可以有效控制这些因素。例如，即使实验组和对照组的企业在初始状态下存在一些不可避免的差异（如规模大小不同导致的投资能力差异），只要这些差异在时间上是相对稳定的，并且两组企业受到相同的宏观经济趋势影响，DID 方法就可以通过差分操作来消除这些因素对估计结果的干扰。

（2）利用自然实验场景减少选择偏差。在一些情况下，DID 方法可以利用类似自然实验的场景来减轻样本选择偏差。例如，当政策在地理区域或特定行业范围内实施时，企业是否进入实验组（受到政策影响）并非由企业自身决定，而是由政策范围决定。这种外生的政策干预类似于随机分配，使得 DID 方法能够在一定程度上避免因企业自主选择（如只有某些有特定优势的企业才会主动参与政策项目）而导致的样本偏差。

（3）灵活性和广泛适用性。DID 方法可以应用于多种数据类型和研究场景，包括面板数据、时间序列-截面混合数据等。对于有偏的样本数据，如果能够合理地划分实验组和对照组，并确定合适的干预时间点，DID 方法可以提供一个相对稳健的估计框架。例如，在研究金融市场监管政策对不同类型金融机构（如银行、证券、保险）风险承担行为的影响时，即使样本中的金融机构在风险偏好、经营模式等方面存在偏差，DID 方法也可以通过比较政策前后不同机构组的变化来评估政策效果。

15.7.4　应用 DID 方法的注意事项

应用 DID 方法的注意事项：平行趋势假设、样本组成变化和动态效应、内生性问题等。

（1）平行趋势假设。DID 方法的一个关键假设是在没有政策干预或事件发生时，实验组和对照组的结果变量应该具有相同的时间趋势。如果这个假设不成立，即实验组和对照组在干预前就存在不同的发展趋势，那么 DID 估计结果可能会产生偏差。例如，在研究环保政策对污染企业和非污染企业的影响时，如果污染企业本身由于行业困境在政策实施前就呈现出业绩下滑趋势，而非污染企业业绩稳定上升，那么不满足平行趋势假设，使用 DID 方法可能会错误地估计环保政策的效果。

（2）样本组成变化和动态效应。如果在政策干预期间，实验组或对照组的样本组成发生变化（如企业退出市场、新企业进入等），或者干预效应存在动态变化（如政策的短期和长期效果不同），DID 方法可能无法完全捕捉这些复杂情况，导致估计偏差。例如，在研究产业补贴政策对企业创新的长期影响时，可能会有一些企业在补贴期间因为经营不善而退出市场，新的创新型企业进入，这种样本动态变化会影响 DID 估计的准确性。

（3）内生性问题依然可能存在。尽管 DID 方法在一定程度上减轻了样本选择偏差，但对于一些与干预同时发生的不可观测因素（如未被考虑的行业竞争变化、宏观经济政策的其他配套措施等），如果这些因素与结果变量相关，仍然可能导致内生性问题。例如，在研究贸易政策对出口企业的影响时，同时期国内的货币政策调整可能也会对企业的出口产生影响，但如果没有在模型中考虑这一因素，就会产生内生性问题，影响 DID 估计的可靠性。

15.8　处理样本选择偏差的更多例子

【例 15-1】电商平台用户购买行为研究中的样本选择偏差处理。

研究问题：某电商平台想要了解用户购买行为特征，以优化

使用 PSM 方法处理
例 15-1 中样本选择
偏差的主要步骤

营销策略。研究团队最初抽取了平台上近一个月内活跃的用户数据作为样本，这些用户涵盖了不同年龄、地域、消费层级。分析发现，样本中高消费频次用户的占比远高于平台整体用户中的实际占比，存在明显的样本选择偏差，这可能导致对用户购买行为的错误解读，进而影响营销策略的制定。

【例 15-2】 小微企业融资难问题研究中的样本选择偏差处理。

研究问题：在研究小微企业融资难问题时，研究人员从银行贷款数据库中抽取了获得贷款的小微企业样本，试图分析这些企业的财务特征与融资成功的关系。然而，这一样本遗漏了大量申请贷款但未获批的小微企业，导致样本选择偏差，无法全面反映小微企业融资的真实困境。

使用 Heckman 两阶段
方法处理例 15-2 中样本
选择偏差的主要步骤

【例 15-3】 劳动力市场培训政策效果评估中的样本选择偏差处理。

研究问题：某地政府推行了一项针对失业人员的职业培训政策，旨在提升他们的再就业能力。研究人员对参与培训的失业人员进行跟踪调查，以评估培训效果，但发现参与培训的人员并非随机选取，而是存在自我选择偏差，那些学习积极性高、自身基础较好的失业人员更倾向于参加培训，使得样本不能代表全体失业人员，影响对培训政策效果的准确评估。

使用工具变量方法
处理例 15-3 中样本选择
偏差的主要步骤

📝 本章小结

本章的主题是实证研究中的样本选择偏差，首先介绍了样本选择偏差产生的原因和大致分类，其次介绍了处理样本选择偏差的常见方法及其适用性。这些内容有助于初学者深入了解稳健性检验中处理样本选择偏差的方法。

本章中的 Stata 代码片段（包含二维码中的内容）仅为示意性的说明，目的在于介绍关键的代码指令。如需了解更多细节，可参阅第 21 章提供的演示，里面包含了多篇高质量期刊论文中数据处理过程的完整 Stata 代码。

❓ 思考与练习题

1. 在高质量专业期刊上选择一篇采用 Heckman 两阶段方法处理样本选择偏差的研究论文，简述采用这种处理方法的主要原因、过程和效果。

2. 在高质量专业期刊上选择一篇采用 PSM 方法处理样本选择偏差的研究论文，简述采用这种处理方法的主要原因、过程和效果。

3. 在高质量专业期刊上选择一篇采用 DID 方法处理样本选择偏差的研究论文，简述采用这种处理方法的主要原因、过程和效果。

4. 在高质量专业期刊上选择一篇采用工具变量方法处理样本选择偏差的研究论文，简述采用这种处理方法的主要原因、过程和效果。

16 稳健性检验Ⅲ：如何处理内生性问题？

📚 学习要点

内生性是稳健性检验中最重要的问题之一，使用工具变量是处理内生性问题最常用的方法之一。本章主要介绍实证研究中内生性的内涵、产生原因、种类和使用工具变量处理内生性的方法。本章还将介绍经管类实证研究领域一些常用的工具变量。

16.1 内生性与外生性

内生性和外生性是经济学和统计学中两个重要的概念，主要用于描述变量的性质及其在模型中的作用。

16.1.1 内生性和外生性的内涵

内生性（endogeneity）是指模型中的解释变量（自变量）与误差项（随机扰动项）存在相关性的情况。换句话说，解释变量受到模型中未观测因素的影响，或者解释变量与被解释变量之间存在反馈机制。这种情况下，解释变量被称为"内生变量"。

内生性问题会导致回归模型的估计结果不准确，从而影响研究结论的可靠性。例如，如果解释变量与误差项相关，那么普通最小二乘法（OLS）估计量是有偏的，无法正确反映解释变量对被解释变量的真实影响。因此，在进行实证研究时，识别和解决内生性问题是确保研究结果可信的关键步骤。

外生性（exogeneity）是指模型中的解释变量与误差项无关的情况。换句话说，解释变量是由模型之外的因素决定的，不受模型中未观测因素的影响，也不与被解释变量存在反馈机制。这种情况下，解释变量被称为"外生变量"。

通常情况下，实证回归模型中的解释变量都应该是外生性的，这也是绝大多数实证模型保证回归结果无偏的基本条件。

16.1.2 内生性和外生性的相同点

（1）内生性和外生性都是对变量的分类。内生性和外生性都是用来对模型中的变量进行分类的，以帮助研究者更好地理解和分析模型的结构和因果关系。

（2）内生性和外生性都与因果推断有关。在实证研究中，区分内生性和外生性是为了更准确地进行因果推断，避免因变量的性质不当而导致的估计偏差。

（3）内生性和外生性都依赖于模型设定。变量的内生性或外生性并不是绝对的，而是相对于具体的模型设定而言的。同一个变量在不同的模型中可能具有不同的性质。

16.1.3　内生性和外生性的不同点

内生性和外生性的定义和来源不同，两者的处理方法不同，对模型估计的影响不同。

（1）定义不同。内生变量是指在模型内部被决定的变量，其值受到模型中其他变量的影响，同时也可能反过来影响其他变量。例如，在一个简单的消费函数模型中，消费是收入的函数，消费量受到收入的影响，而收入也可能受到消费的影响（如消费增加导致企业扩大生产，进而增加收入），因此消费是一个内生变量。

外生变量是指在模型外部被决定的变量，其值不受模型内部变量的影响，但可以影响模型内部的变量。例如，天气是一个外生变量，它会影响农产品的产量，但农产品的产量不会反过来影响天气。

（2）来源不同。内生性问题通常来源于模型内部原因，如遗漏变量、测量误差、双向因果关系等。外生变量通常来源于模型之外的因素，这些因素不受模型内部变量的影响。例如，政府的政策变量（如税率调整）通常是外生的，它由政府决策产生，不受经济模型内部变量的直接影响，但会对经济模型中的变量（如企业的投资决策）产生影响。

（3）处理方法不同。处理内生性问题的方法主要有工具变量法、固定效应模型、差分法等。工具变量法是通过寻找一个与内生变量相关但与误差项无关的工具变量来解决内生性问题。例如，在研究教育对工资的影响时，可以使用父母的教育水平作为教育的工具变量，因为父母的教育水平与子女的工资无关，但与子女的教育水平相关。

外生变量通常不需要特殊处理，因为它们与模型内部的误差项无关。但在实际应用中，需要确保外生变量的外生性假设成立。如果外生变量与误差项相关，那么它实际上就变成了内生变量，需要重新考虑模型设定或寻找替代变量。

（4）对模型估计的影响不同。内生性问题会导致模型估计结果出现偏差，使得估计的系数不一致。例如，在存在内生性的情况下，使用普通最小二乘法（OLS）估计的系数可能会高估或低估真实的因果效应。

如果变量是外生的，那么使用 OLS 等方法估计的系数通常是无偏且一致的。外生变量为模型提供了一个稳定且可靠的影响因素，有助于准确估计模型中的因果关系。

总之，内生性和外生性是两个相对的概念，它们在定义、来源、处理方法以及对模型估计的影响等方面都存在显著差异。在实际研究中，正确区分变量的内生性和外生性对构建准确的模型和进行有效的因果推断至关重要。

16.2　内生性的产生原因及其内在机制

内生性问题是计量经济学和实证研究中常见的问题，它指的是模型中的解释变量与误差项存在相关性，从而导致估计结果不准确。以下是产生内生性问题的六种常见的原因及其内在机制。

16.2.1　遗漏变量（omitted variables）

内生性的产生机制：当模型中遗漏了与解释变量相关且对被解释变量有影响的变量时，遗漏变量的影响会被归入误差项，从而导致解释变量与误差项相关。

影响：导致估计结果有偏且不一致，难以准确反映因果关系。

典型例子：研究教育对工资的影响时，遗漏个人能力这一变量。个人能力既影响教育水平，也影响工资水平，因此教育变量表现出内生性；研究企业投资对利润的影响时，遗漏了企业内部管理效率这一变量，管理效率高的企业可能更倾向于投资，同时也能获得更高的利润，因此投资变量表现出内生性；研究广告支出对销售额的影响时，遗漏了产品质量这一变量，产品质量好的产品可能更容易通过广告提升销售额，因此广告支出变量表现出内生性。

16.2.2　测量误差（measurement error）

内生性的产生机制：如果解释变量或被解释变量的观测值与真实值之间存在偏差，这种偏差会导致解释变量与误差项相关。

影响：导致估计结果有偏且不一致，难以准确反映变量之间的关系。

典型例子：研究收入对消费的影响时，如果收入数据存在测量误差（如受访者低估收入），那么收入变量与误差项相关，导致估计结果有偏；研究研发投入对创新产出的影响时，如果研发投入的数据不准确（如企业少报或多报研发支出），那么研发投入变量与误差项相关，导致估计结果有偏；研究股票价格对公司业绩的影响时，如果股票价格数据存在测量误差（如市场波动导致的短期价格偏差），那么股票价格变量与误差项相关，导致估计结果有偏。

16.2.3　双向因果关系（simultaneity/bidirectional causality）

内生性的产生机制：如果解释变量和被解释变量之间存在互为因果的关系，那么解释变量与误差项相关。

影响：导致估计结果有偏且不一致，难以准确识别因果方向。

典型例子：研究商品价格对需求的影响时，需求的变化也会影响价格。例如，需求增加导致价格上涨，价格上涨又会抑制需求，这种双向因果关系使得价格变量表现出内生性；研究企业投资对利润的影响时，利润的变化也会影响企业的投资决策，例如，利润高的企业更有可能进行投资，而投资又会进一步提高利润，这种双向因果关系使得投资变量表现出内生性；研究利率对经济增长的影响时，经济增长也会影响利率，例如，经济增长快时，资金需求增加，利率上升，利率上升又会影响企业的投资和消费，进而影响经济增长，这种双向因果关系使得利率变量表现出内生性。

16.2.4 样本选择偏差（sample selection bias）

内生性的产生机制：如果样本的选择不是随机的，而是受到某些不可观测因素的影响，那么样本选择偏差会导致估计结果有偏。

影响：导致估计结果有偏且不一致，难以准确反映总体特征。

典型例子：研究培训对工资的影响时，如果选择参加培训的人本身就具有更高的能力和更高的工资，那么直接比较培训生和非培训生的工资会导致有偏估计；研究企业上市对绩效的影响时，如果选择上市的企业本身就具有更好的绩效，那么直接比较上市企业和非上市企业的绩效会导致有偏估计；研究信贷对中小企业成长的影响时，如果获得信贷的中小企业本身就具有更好的成长潜力，那么直接比较获得信贷和未获得信贷的中小企业成长情况会导致有偏估计。

16.2.5 动态面板数据中的滞后因变量（dynamic panel data with lagged dependent variables）

内生性的产生机制：在动态面板数据模型中，被解释变量的滞后项作为解释变量出现在模型中，滞后因变量与误差项可能存在相关性。

影响：导致估计结果有偏且不一致，难以准确反映动态关系。

典型例子：研究企业当前投资与上期投资的关系时，上期投资可能与当前期的误差项相关，导致估计结果有偏；研究股票当前价格与上期价格的关系时，上期价格可能与当前期的误差项相关，导致估计结果有偏；研究当前经济增长与上期经济增长的关系时，上期经济增长可能与当前期的误差项相关，导致估计结果有偏。

16.2.6 错误的模型函数形式（incorrect functional form）

内生性的产生机制：如果模型的函数形式不正确，例如，遗漏了重要的非线性项或交互项，那么模型的误差项可能会与解释变量相关。

影响：导致估计结果有偏且不一致，难以准确反映变量之间的关系。

典型例子：研究广告支出对销售额的影响时，如果模型中遗漏了广告支出的平方项（非线性关系），那么广告支出变量与误差项相关，导致估计结果有偏；研究企业规模对利润的影响时，如果模型中遗漏了企业规模与行业竞争程度的交互项，那么企业规模变量就可能与误差项相关，导致估计结果有偏；研究利率对通货膨胀的影响时，如果模型中遗漏了利率与通货膨胀的非线性关系，那么利率变量与误差项相关，导致估计结果有偏。

总之，内生性问题的产生主要有以下几种原因：遗漏变量导致解释变量与误差项相关，测量误差导致解释变量与误差项相关，双向因果关系导致解释变量与误差项相关，样本选择偏差导致样本选择过程与误差项相关，动态面板数据中的滞后因变量导致滞后因变量与误差项相关，错误的模型函数形式导致解释变量与误差项相关。这些原因都可能导致估计结果有偏且不一致，从而影响因果推断的准确性。因此，在实证研究中，识别和解决内生性问题至关重要。

16.3 解决内生性问题的常见方法

缓解解决内生性问题的常见的方法包括工具变量法（IV）、固定效应模型（FE）、双重差分法（DID）、断点回归法（RDD）和倾向得分匹配（PSM）等。这些方法各有其适用情形，一般不能相互替换。

16.3.1 工具变量法

工具变量法（IV）通过引入一个与内生解释变量相关但与误差项不相关的工具变量来替代内生变量，从而解决内生性问题。

工具变量需要满足两个条件：相关性条件，工具变量与内生解释变量之间有较强的相关性；外生性条件，工具变量与误差项之间没有相关性。

典型例子：

①教育对工资的影响。内生性问题：教育年限可能受到个人能力的影响，而个人能力无法直接观测，导致教育年限与误差项相关。

工具变量：使用父母的教育水平作为工具变量，因为父母的教育水平与子女的工资无关，但与子女的教育水平相关。通过工具变量法，可以得到教育对工资的真实因果效应。

②企业投资与利润的关系。内生性问题：企业投资可能受到企业内部管理效率的影响，而管理效率无法直接观测，导致投资与误差项相关。

工具变量：使用行业平均投资水平作为工具变量，因为行业平均投资水平与企业利润无关，但与企业投资水平相关。通过工具变量法，可以准确估计企业投资对利润的因果效应。

③广告支出与销售额的关系。内生性问题：广告支出可能受到产品质量的影响，而产品质量无法直接观测，导致广告支出与误差项相关。

工具变量：使用竞争对手的广告支出作为工具变量，因为通常可以假定说竞争对手的广告支出与本企业的销售额无关，但与本企业的广告支出相关。通过工具变量法，可以准确估计广告支出对销售额的因果效应。然而，如果对这个假设不确定，即竞争对手的广告支出有可能直接影响本企业的销售额，就必须对此进行检验以确定两者之间是否存在相关性，只有在这种检验结果不显著的情况下才可使用该工具变量。

16.3.2 固定效应模型

固定效应模型（FE）通过引入个体固定效应或时间固定效应，控制个体或时间维度上的不变特征，消除个体或时间维度上的不可观测因素对估计结果的影响，进而起到缓解内生性问题的作用。但该方法对因变量与解释变量双向因果、测量误差等情况无能为力。

典型例子：

①企业绩效与 CEO 能力的关系。内生性问题：企业绩效可能受到企业固有特征（如企业文化、历史背景）的影响，这些特征无法直接观测，导致 CEO 能力与误差项相关。

固定效应：使用企业固定效应，控制每个企业特有的不变特征。通过固定效应模型，可以准确估计 CEO 能力对企业绩效的因果效应。

②股票价格与公司业绩的关系。内生性问题：股票价格可能受到公司固有特征（如公司治理结构）的影响，这些特征无法直接观测，导致股票价格与误差项相关。

固定效应：使用公司固定效应，控制每个公司特有的不变特征。通过固定效应模型，可以准确估计股票价格对公司业绩的因果效应。

③经济增长与政策的关系。内生性问题：经济增长可能受到国家固有特征（如地理环境、文化传统）的影响，这些特征无法直接观测，导致政策与误差项相关。

固定效应：使用国家固定效应，控制每个国家特有的不变特征。通过固定效应模型，可以准确估计政策对经济增长的因果效应。

16.3.3 双重差分法

双重差分法（DID）通过比较处理组和对照组在政策实施前后的变化差异，控制时间趋势和个体特征的影响，从而解决内生性问题。使用 DID 需要面板数据，其基本假设是平行趋势假设，即如果没有政策干预，处理组和对照组的变化趋势是一致的。因此，实施 DID 之前需要进行平行趋势检验。

典型例子：

①最低工资政策对企业就业的影响。内生性问题：最低工资政策可能受到企业特征（如企业规模、行业）的影响，导致政策变量与误差项相关。

DID 设计：选择实施最低工资政策的地区作为处理组，未实施的地区作为对照组，比较政策实施前后的就业变化。通过双重差分法，可以准确估计最低工资政策对企业就业的因果效应。

②税收政策对企业投资的影响。内生性问题：税收政策可能受到企业特征（如企业

财务状况）的影响，导致政策变量与误差项相关。

DID 设计：选择实施税收优惠政策的地区作为处理组，未实施的地区作为对照组，比较政策实施前后的投资变化。通过双重差分法，可以准确估计税收政策对企业投资的因果效应。

③金融开放对金融市场的影响。内生性问题：金融开放政策可能受到国家特征（如经济基础、金融体系）的影响，导致政策变量与误差项相关。

DID 设计：选择实施金融开放政策的国家作为处理组，未实施的国家作为对照组，比较政策实施前后的金融市场变化。通过双重差分法，可以准确估计金融开放对金融市场的因果效应。

16.3.4　断点回归法

断点回归法（RDD）通过利用政策或事件的断点，比较断点两侧的样本差异，控制其他因素的影响，从而解决内生性问题。RDD 的基本假设是，断点附近样本的其他特征（协变量）是连续的或平滑变化的，只有处理效应本身在断点处发生跳跃。

典型例子：

①奖学金对学生成绩的影响。内生性问题：奖学金的发放可能受到学生其他特征（如家庭背景）的影响，导致奖学金变量与误差项相关。

RDD 设计：以成绩分数线为断点，比较分数线附近获得奖学金和未获得奖学金的学生的成绩变化。通过断点回归法，可以准确估计奖学金对学生成绩的因果效应。

②贷款额度对企业成长的影响。内生性问题：贷款额度的分配可能受到企业其他特征（如企业关系网络）的影响，导致贷款额度变量与误差项相关。

RDD 设计：以贷款额度的审批标准为断点，比较标准附近获得贷款和未获得贷款企业的成长情况。通过断点回归法，可以准确估计贷款额度对企业成长的因果效应。

③税收优惠对企业创新的影响。内生性问题：税收优惠政策的分配可能受到企业其他特征（如企业规模）的影响，导致政策变量与误差项相关。

RDD 设计：以税收优惠政策的申请门槛为断点，比较门槛附近获得优惠和未获得优惠的企业创新情况。通过断点回归法，可以准确估计税收优惠对企业创新的因果效应。

16.3.5　倾向得分匹配

倾向得分匹配（PSM）通过匹配处理组和对照组样本，使两组样本在匹配变量上具有相同的分布，从而控制样本选择偏差，缓解内生性问题。PSM 的基本假设是，样本选择过程可以被匹配变量（协变量）所解释。该方法不能真正处理因果倒置或测量误差导致的内生性。

典型例子：

①培训对员工工资的影响。内生性问题：选择参加培训的员工可能具有更高的能力

和更高的工资，导致培训变量与误差项相关。

PSM 设计：计算每个员工参加培训的倾向得分（如基于年龄、学历等因素），将处理组和对照组员工按倾向得分进行匹配。通过倾向得分匹配，可以准确估计培训对员工工资的因果效应。

②企业上市对绩效的影响。内生性问题：选择上市的企业可能具有更好的绩效，导致上市变量与误差项相关。

PSM 设计：计算每个企业上市的倾向得分（如基于企业规模、盈利能力等因素），将上市企业和非上市企业按倾向得分进行匹配。通过倾向得分匹配，可以准确估计企业上市对绩效的因果效应。

③信贷对企业成长的影响。内生性问题：获得信贷的中小企业本身可能就具有更好的成长潜力，导致信贷变量与误差项相关。

PSM 设计：计算每个中小企业获得信贷的倾向得分（如基于企业信用评级、资产规模等因素），将获得信贷和未获得信贷的企业按倾向得分进行匹配。通过倾向得分匹配，可以准确估计信贷对企业成长的因果效应。

总之，处理内生性问题的主流方法包括工具变量法、固定效应模型、双重差分法、断点回归法和倾向得分匹配等。这些方法通过不同的机制，控制不可观测因素或样本选择偏差，从而缓解内生性问题，提升因果推断的稳健性。

16.4 使用工具变量处理内生性问题

使用工具变量解决回归模型中的内生性问题一般有 4 个步骤：识别内生变量和内生性问题、选择工具变量、进行两阶段最小二乘法估计，以及检验和评估结果。

16.4.1 识别内生变量和内生性问题

首先要明确回归模型中可能存在内生性的变量。内生性问题通常产生于解释变量与误差项相关的情况，比如存在遗漏变量，它既影响被解释变量，又与解释变量相关；或者存在测量误差，使得观测到的变量不能准确反映真实的变量；还有可能存在双向因果关系，即解释变量和被解释变量相互影响。

16.4.2 选择工具变量

工具变量通常要满足相关性、外生性、排除性条件等条件。其中，相关性指的是工具变量要与内生解释变量高度相关，这种相关性可以通过统计方法进行检验，例如，计算工具变量与内生解释变量之间的相关系数等。

外生性是指工具变量必须与回归模型中的误差项不相关，即工具变量只能通过影响内生解释变量来影响被解释变量，而不能直接影响被解释变量，这是一个关键且往往难以完全验证的条件，通常需要基于理论和对问题的理解来判断。

排除性条件（exclusion restriction）是指，除了通过与内生变量的联系外，工具变量不应与模型中的其他变量存在直接的因果关系，以确保工具变量对被解释变量的影响是通过影响内生变量来间接实现的。

选择合适的工具变量是使用工具变量法解决内生性问题的关键，本章后面将归纳一些常见的工具变量以供参考。

16.4.3　进行两阶段最小二乘法（2SLS）估计

2SLS 的第一阶段：将内生解释变量作为被解释变量，对工具变量和其他外生解释变量（如控制变量）进行回归。例如，若内生变量为 X，工具变量为 Z，其他外生变量为 W，则第一阶段回归方程为 $X = \varphi_0 + \varphi_1 Z + \varphi_2 W + \varepsilon_1$，通过这个回归得到内生变量 X 的预测值 $\hat{X}$。

2SLS 的第二阶段：将第一阶段得到的预测值 $\hat{X}$ 代入原回归模型，代替原来的内生解释变量 X，然后进行普通最小二乘法（OLS）回归。假设原回归模型为 $Y = \beta_0 + \beta_1 X + \beta_2 W + \varepsilon_2$，在第二阶段则进行 $Y = \beta_0 + \beta_1 \hat{X} + \beta_2 W + \varepsilon_2$ 的回归，得到 β_1 的估计值就是在控制了内生性问题后的回归系数估计。

16.4.4　检验和评估

完成两阶段最小二乘法一般还需要进行两个检验：工具变量有效性检验和模型整体评估。

（1）工具变量有效性检验包括弱工具变量检验和过度识别检验。弱工具变量检验是指检查工具变量与内生解释变量之间的相关性是否足够强。如果工具变量是弱工具变量，可能会导致两阶段最小二乘法估计量有较大的偏差和不稳定性。常用的检验方法有 Cragg-Donald Wald F 统计量和 Kleibergen-Paap Wald F 统计量等。一般来说，当该统计量的值大于一定的临界值时，可认为不存在弱工具变量问题。

过度识别检验是指，如果工具变量的个数多于内生变量的个数，就需要进行过度识别检验。常用的方法是 Sargan 检验或 Hansen's J 检验，其原假设是工具变量都是外生的。如果检验结果不拒绝原假设，则认为工具变量满足外生性条件。

弱工具变量的检验方法　　　工具变量过度识别的检验方法

（2）模型整体评估使用常规的模型评估指标，如 R^2、调整后的 R^2、模型 F 值等来评估使用工具变量后的回归模型对数据的拟合程度和预测能力，同时观察系数的显著性、符号和大小是否符合理论预期和实际意义。

16.5 常见的工具变量：ESG 研究领域

在 ESG（环境、社会和治理）相关研究领域，解决内生性问题时常常使用的工具变量主要有：行业平均 ESG 水平、地区政策强度、媒体关注度、股东 ESG 偏好、企业历史 ESG 表现、地区文化价值观、国际 ESG 标准接轨程度、同行业标杆企业 ESG 实践、政府 ESG 补贴政策等。

16.5.1 行业平均 ESG 水平

研究问题：研究企业 ESG 表现对企业市场价值、财务绩效等的影响。例如，在新能源汽车行业，行业平均 ESG 水平较高，某企业受行业影响提升自身 ESG 表现后，市场价值有所增加。

内生性的产生机制：行业内企业面临相似的市场环境、监管要求和社会期望，行业平均 ESG 水平会对单个企业的 ESG 表现产生影响，但它是行业整体情况，不受单个企业市场价值等因素影响，具有外生性。

模型处理：两阶段最小二乘法（2SLS）。第一阶段，将企业自身的 ESG 水平对行业平均 ESG 水平进行回归；第二阶段，把被解释变量（如企业市场价值）对第一阶段得到的 ESG 水平预测值以及其他控制变量进行回归。

需要注意的是，不同行业的 ESG 重点和衡量标准差异较大，应分行业进行研究。同时，要确保行业划分的合理性，避免行业界定过宽或过窄。

16.5.2 地区政策强度

研究问题：分析 ESG 表现对企业融资成本、投资决策等的影响。例如，在环保政策严格的地区，企业为符合政策要求提升 ESG 表现，融资成本可能降低。

内生性的产生机制：地区政策会引导和约束企业的 ESG 行为，政策强度由地方政府根据地区发展战略和社会需求制定，外生于企业融资成本。

模型处理：2SLS。第一阶段，用地区政策强度（如环保政策、社会责任政策的严格程度）对企业 ESG 表现进行回归；第二阶段，将企业融资成本对 ESG 表现预测值和其他控制变量进行回归。

需要注意的是，地区政策的执行力度和效果可能存在差异，需要准确衡量政策强度。此外，要考虑地区间经济发展水平、产业结构等因素对企业 ESG 表现和融资成本的综合影响。

16.5.3 媒体关注度

研究问题：研究 ESG 信息披露质量对投资者行为、企业声誉的影响。例如，企业因

ESG 问题被媒体大量报道后，加强了信息披露，投资者信任度逐渐恢复。

内生性的产生机制：媒体关注度会促使企业提高 ESG 信息披露质量，但媒体报道受新闻价值和社会热点等因素影响，外生于投资者对企业的信任度。

模型处理：2SLS。第一阶段，以媒体对企业 ESG 相关事件的报道数量对企业 ESG 信息披露质量进行回归；第二阶段，将投资者对企业的信任度对 ESG 信息披露质量预测值和其他控制变量进行回归。

需要注意的是，媒体报道可能存在片面性和虚假信息，要对报道内容进行筛选和甄别。同时，不同媒体的影响力不同，需考虑媒体的权威性和受众范围。

16.5.4 股东 ESG 偏好

研究问题：研究 ESG 战略对企业长期竞争力、可持续发展的影响。例如，企业的主要股东具有较强的 ESG 偏好，推动企业制定了积极的 ESG 战略，提升了企业的长期发展潜力。

内生性的产生机制：股东的 ESG 偏好会影响企业的 ESG 战略决策，但股东偏好是股东自身价值观和投资理念的体现，外生于企业的长期发展潜力。

模型处理：2SLS。第一阶段，以股东的 ESG 偏好（如股东对 ESG 议题的投票倾向）对企业 ESG 战略制定进行回归；第二阶段，将企业的长期发展潜力对 ESG 战略预测值和其他控制变量进行回归。

需要注意的是，股东 ESG 偏好的衡量具有一定主观性，需要通过合适的代理变量进行量化。同时要考虑股东结构变化对企业 ESG 战略的影响。

16.5.5 企业历史 ESG 表现

研究问题：分析 ESG 投入对企业创新、技术进步的影响。例如，企业过去 ESG 表现良好，积累了一定的环保技术和管理经验，当前加大 ESG 投入后，创新能力得到提升。

内生性的产生机制：企业历史 ESG 表现反映了其过去的 ESG 实践经验和资源积累，会影响当前的 ESG 投入决策，但历史表现是过去的结果，外生于企业当前的创新能力。

模型处理：2SLS。第一阶段，用企业历史 ESG 表现对企业当前 ESG 投入进行回归；第二阶段，将企业的创新能力对 ESG 投入预测值和其他控制变量进行回归。

需要注意的是，随着时间推移，企业内外部环境会发生变化，历史 ESG 表现的影响可能会减弱。同时，要控制其他可能影响企业创新能力的因素。

16.5.6 地区文化价值观

研究问题：研究 ESG 意识对企业社区融入、社会形象的影响。例如，在环保意识较强的地区，企业 ESG 意识较高，与社区的关系更加融洽。

内生性的产生机制：地区文化价值观会塑造企业的 ESG 意识，但文化价值观是长期形成的社会现象，外生于企业的社区关系。

模型处理：2SLS。第一阶段，以地区文化价值观（如对环保、社会责任的重视程度）对企业 ESG 意识进行回归；第二阶段，将企业的社区关系对 ESG 意识预测值和其他控制变量进行回归。

需要注意的是，地区文化价值观的衡量较为困难，需要采用合适的代理变量。同时，要考虑文化的多元性和变迁对企业 ESG 意识的影响。

16.5.7   国际 ESG 标准接轨程度

研究问题：分析 ESG 管理水平对企业国际市场拓展、全球形象提升的影响。例如，企业积极接轨国际 ESG 标准、提升了 ESG 管理水平、在国际市场上更具竞争力。

内生性的产生机制：与国际 ESG 标准接轨会促使企业提升 ESG 管理水平，但接轨程度受企业国际化战略和资源投入等因素的影响，外生于企业的国际市场竞争力。

模型处理：2SLS。第一阶段，用企业与国际 ESG 标准的接轨程度（如是否采用国际通用的 ESG 报告框架）对企业 ESG 管理水平进行回归；第二阶段，将企业的国际市场竞争力对 ESG 管理水平预测值和其他控制变量进行回归。

需要注意的是，国际 ESG 标准不断发展和变化，企业接轨程度的衡量需要动态调整。同时，要考虑不同国家和地区对 ESG 的理解和需求差异。

16.5.8   同行业标杆企业 ESG 实践

研究问题：研究 ESG 创新对企业市场份额、竞争优势的影响。例如，企业借鉴同行业标杆企业的 ESG 实践进行创新，市场份额得到增长。

内生性的产生机制：同行业标杆企业的 ESG 实践会为其他企业提供借鉴和动力，促进企业的 ESG 创新，但标杆企业的实践是独立于其他企业市场份额增长的外生因素。

模型处理：2SLS。第一阶段，以同行业标杆企业的 ESG 实践（如领先企业的环保技术应用、社会责任项目）对企业 ESG 创新进行回归；第二阶段，将企业的市场份额增长对 ESG 创新预测值和其他控制变量进行回归。

需要注意的是，不同企业的资源和能力不同，对标杆企业实践的模仿和创新效果可能存在差异。同时，要关注标杆企业的动态变化和行业发展趋势。

16.5.9   政府 ESG 补贴政策

研究问题：分析 ESG 项目投资对企业环境绩效、可持续发展的影响。例如，企业在获得政府环保补贴后，加大 ESG 项目投资，节能减排效果显著提升。

内生性的产生机制：政府补贴政策会激励企业进行 ESG 项目投资，但补贴政策由政府根据宏观政策目标制定，外生于企业的节能减排效果。

模型处理：2SLS。第一阶段，用政府 ESG 补贴政策（如环保补贴金额、补贴项目数量）对企业 ESG 项目投资进行回归；第二阶段，将企业的节能减排效果对 ESG 项目投资预测值和其他控制变量进行回归。

需要注意的是，政府补贴政策的实施和效果可能受到多种因素影响，如补贴申请条件、资金发放流程等。同时，要考虑企业自身的管理和运营能力对 ESG 项目投资效果的影响。

16.6 常见的工具变量：公司治理领域

在公司治理研究领域，工具变量常被用于解决内生性问题，以更准确地探究变量间的因果关系。该领域常见的工具变量主要有：行业平均治理水平、地区法律制度环境、历史治理结构、行业监管强度、大股东背景、公司上市年限、高管教育背景、审计师声誉、行业竞争程度、地区文化传统等。

公司治理
领域的工具
变量举例

16.7 常见的工具变量：新质生产力领域

新质生产力是以科技创新为主导、摆脱传统经济增长方式、符合新发展理念的先进生产力质态。在新质生产力研究领域，为解决内生性问题，常见的工具变量主要有：国家科研政策力度、高校科研资源集聚度、科技金融发展水平、行业技术标准更新速度等。

新质生产力
领域的工具
变量举例

16.8 常见的工具变量：区域国别领域

在区域国别研究领域，为解决内生性问题常需使用工具变量来更准确地分析变量间的因果关系，这些工具变量主要有：地理区位因素、宗教信仰比例、民族构成多样性、语言通用性、区域自然灾害频率等。

区域国别
领域的工具
变量举例

16.9 常见的工具变量：国际贸易领域

国际贸易研究领域中，为解决内生性问题常常会使用工具变量，这些工具变量主要有：地理距离、贸易协定签署、汇率波动、文化差异等。

国际贸易
领域的工具
变量举例

16.10 常见的工具变量：金融市场领域

在金融市场与市场监管研究领域，为了处理内生性问题，往往会使用工具变量。该领域常见的工具变量主要有：金融市场波动、宏观经济政策变动、行业技术创新水平、国际证券市场联动性、监管机构人员变动、媒体关注度、投资者保护法律修订、行业周期性波动、金融科技应用程度、区域经济发展差异、证券分析师覆盖度等。其中，使用金融市场波动作为工具变量的模型处理一般采用两阶段最小二乘法回归模型，常结合GARCH等波动模型来刻画金融市场波动。

GARCH 模型　　　　使用 Stata 实现 GARCH　　　金融市场研究领域的
及其实现过程　　　　模型的主要过程　　　　　工具变量举例

16.11 常见的工具变量：行为金融领域

在行为金融与非理性行为研究领域，用于解决内生性问题的常见工具变量主要有：媒体报道强度、社交媒体热度、季节因素、节假日效应、天气状况、地区文化差异、年龄结构变化等。

行为金融研究
领域的工具
变量举例

16.12 常见的工具变量：高管特征研究

在高管特征研究领域，为解决内生性问题使用的工具变量主要有：行业高管平均特征、地区教育水平、高管前任公司业绩、行业监管强度、高管母校声誉、高管家庭背景、地区文化传统、高管行业经验年限、高管社交网络规模、高管性别比例等。

高管特征研究
领域的工具
变量举例

16.13 常见的工具变量：股利政策领域

为解决内生性问题，股利政策研究领域常见的工具变量主要有：行业股利支付率均值、地区税收政策变动、宏观经济周期、企业上市年限、高管薪酬激励机制、行业监管要求、股东控制权结构、通货膨胀率、利率变动、企业社会责任压力等。其中，使用地区税收政策变动作为工具变量时，一种典型的情况是股息红利税调整对企业股利政策的影响。

股息红利税　　　　　　股利政策研究领域的
　　　　　　　　　　　工具变量举例

16.14　常见的工具变量：融资约束问题

在融资约束研究领域，通常使用 KZ 指数或 WW 指数作为企业面临的融资约束指标。为解决内生性问题而使用的工具变量主要有：货币政策变动、地区金融发展水平、行业竞争程度、企业上市年限、高管金融背景、宏观经济周期、地区法治水平、行业政策支持力度、企业历史信用记录、金融科技应用程度等。

融资约束指标——KZ 指数　　融资约束指标——WW 指数　　融资约束研究领域的
　　　　　　　　　　　　　　　　　　　　　　　　　　工具变量举例

16.15　常见的工具变量：税务负担领域

企业税负研究领域常见的工具变量主要有：税收政策改革、地区税收竞争程度、行业税收政策差异、宏观经济周期等。

税务负担研究领域的
工具变量举例

16.16　常见的工具变量：财会研究领域

财会研究领域常见的工具变量主要有：会计准则变更、税收政策调整、金融市场波动、行业集中度、管理层激励、供应商集中度、客户集中度、地区金融发展水平、宏观经济政策、行业监管强

财会研究领域的
工具变量举例

度、地区法律制度环境、企业上市年限、媒体关注度、大股东性质、行业竞争程度、高管财务背景等。

16.17　常见的工具变量：审计研究领域

在审计研究领域，为解决内生性问题，常常需要运用工具变量。该领域常见的工具变量有：审计师声誉、审计师行业专长、审计市场竞争程度、审计师事务所规模、审计师任期、地区法律制度环境、行业监管强度、审计师教育背景、审计师职业道德水平、审计技术创新

审计研究领域的
工具变量举例

程度等。其中，使用审计师声誉作为工具变量进行模型处理时，通常采用两阶段最小二乘法模型或有序 probit 模型①。

16.18　常见的工具变量：盈余管理领域

为解决内生性问题，盈余管理研究领域常用的工具变量主要有：行业平均盈余管理程度、地区税收政策变动、宏观经济周期、企业上市年限、高管薪酬激励机制、行业监管强度、审计师声誉、媒体关注度等。

盈余管理研究
领域的工具
变量举例

📝 本章小结

本章的主题是实证研究中的内生性问题及其处理方法，聚焦使用工具变量等方法处理内生性问题，还介绍了经管研究领域一些常见的工具变量用法。这些内容有助于初学者深入了解如何选择和使用工具变量处理内生性问题。

本章中的 Stata 代码片段（包含二维码中的内容）仅为示意性的说明，目的在于介绍关键的代码指令。如需了解更多细节，可参阅第 21 章提供的演示，里面包含了多篇高质量期刊论文中数据处理过程的完整 Stata 代码。

❓ 思考与练习题

1. 在高质量专业期刊上选择一篇采用工具变量方法处理内生性的研究论文，阐述文中的研究问题、内生性的形成原因、内生性的产生机制、模型处理过程以及可能的注意

---

① 有序 probit 模型是基于 probit 回归的一种扩展。在普通的线性回归中，因变量通常是连续的数值变量；而在有序 probit 模型中，因变量是有序分类变量，即变量的取值是具有顺序的不同类别，比如满意度分为"非常不满意""不满意""一般""满意""非常满意"等。

事项。

2. 在高质量专业期刊上选择一篇采用 PSM 方法处理内生性的研究论文，简述采用这种处理方法的主要原因、过程和效果。

3. 在高质量专业期刊上选择一篇采用 DID 方法处理内生性的研究论文，简述采用这种处理方法的主要原因、过程和效果。

4. 在高质量专业期刊上选择一篇采用断点回归方法处理内生性的研究论文，简述采用这种处理方法的主要原因、过程和效果。

17 稳健性检验Ⅳ：如何进行因果关系推断？

> **📚 学习要点**
>
> 　　实证分析的主回归通常仅能检验因变量和自变量之间的相关关系，并不能完全说明因变量和自变量之间存在因果关系。本章将介绍实证分析中因果关系推断的常用方法，这些方法本身在本书稳健性检验部分已有阐述。本章从因果关系推断的角度重新梳理这些方法的原理和使用过程。本章的主要内容包括：随机对照实验方法、断点回归模型、倾向得分匹配方法、双重差分方法、工具变量方法、结构方程方法以及格兰杰因果关系检验模型等。

17.1 相关关系与因果关系

　　相关关系和因果关系是在统计学、经济学等多个领域经常被提及和使用的两个概念，它们既有联系又有区别。

17.1.1 相关关系的内涵

　　相关关系是指两个或多个变量之间存在某种非确定性的相互依存关系，即当一个变量发生变化时，另一个变量也会相应地发生变化，但这种变化关系并不一定意味着存在直接的因果联系。

　　变量之间的相关关系可以通过相关系数等统计指标来衡量，相关系数的取值范围在 -1 到 1 之间，绝对值越接近 1，表示相关性越强。例如，在财经研究中，股票市场上不同行业股票价格指数之间可能存在一定的相关性，当宏观经济形势较好时，多个行业的股票价格指数可能同时上涨，但这并不意味着它们之间存在因果关系。

17.1.2 因果关系的内涵

　　因果关系是指一个变量（原因）的变化直接导致了另一个变量（结果）的变化，即如果没有原因的发生，结果就不会出现，或者原因的变化必然会引起结果的相应变化。

　　在因果关系中，原因和结果之间存在明确的先后顺序，原因在前，结果在后。比如，在宏观经济学中，货币供应量的增加可能会导致通货膨胀率上升，这里货币供应量的变化就是原因，通货膨胀率的变化就是结果。

17.1.3 相关关系与因果关系之间的联系

相关关系可能暗示因果关系。在很多情况下，相关关系可能是因果关系的一种表现形式或提示。当两个变量之间存在显著的相关关系时，有可能存在潜在的因果关系，这会引导研究者进一步去探究是否存在因果联系。例如，研究发现居民收入水平与消费支出之间存在正相关关系，这可能暗示着收入水平的提高是导致消费支出增加的一个原因。

因果关系必然存在相关关系。当两个变量之间存在显著的因果关系时，两者之间必然存在显著的相关关系。

相关关系与因果关系都是用于描述和分析变量之间相互联系的概念，在数据分析和研究中都是重要的研究对象和分析内容，有助于人们理解和解释各种现象和数据之间的内在联系。

17.1.4 相关关系与因果关系之间的区别

两者确定的关系不同。相关关系只是表明变量之间存在某种关联或共变关系，但不确定哪个变量是因，哪个变量是果，甚至可能不存在因果关系，它们的变化可能是由其他共同因素或随机因素导致的。因果关系则明确了变量之间的因果顺序和作用机制，原因变量的变化是结果变量变化的直接驱动力。

两者的研究方法不同。确定相关关系通常可以通过计算相关系数、绘制散点图等简单的统计方法来实现，通过观察变量之间的数值变化趋势来判断是否存在相关关系。确定因果关系则需要更复杂和严格的研究方法，如随机实验、自然实验、工具变量法、双重差分法等，以排除其他干扰因素，准确地识别出因果效应。

两者的应用场景不同。相关关系常用于数据挖掘、市场趋势分析等领域，帮助人们发现变量之间的潜在联系，以便进行预测和决策。例如，在市场营销中，通过分析消费者的购买行为数据，发现某些商品之间存在较高的相关性，从而进行关联销售。

因果关系则更侧重于解释现象的本质和内在机制，在政策制定等领域具有重要意义。例如，在制定经济政策时，需要明确政策变量与经济目标之间的因果关系，以确保政策的有效性和针对性。

在研究和分析中，不能仅仅根据变量之间的相关关系就轻易得出因果关系的结论，需要运用科学合理的研究方法和技术手段，深入探究变量之间的内在联系和作用机制，才能准确地判断和确定因果关系。

17.2 因果关系推断的基本逻辑

判断两个变量之间的相关关系是否为因果关系是一个复杂的过程，需要综合运用多种方法从不同角度进行分析和验证，例如，理论分析、时间顺序判断、统计检验与模型分析、实验与准实验方法等。

17.2.1　因果关系的理论分析

因果关系的理论分析，如逻辑合理性分析、传导机制分析等。

逻辑合理性分析，即从理论和专业知识角度出发，分析两个变量之间是否存在合理的因果逻辑。例如，根据经济学理论，利率上升会增加企业的融资成本，进而可能导致投资减少，这种逻辑符合经济运行的基本原理，存在潜在的因果关系可能性。

传导机制分析是指深入探讨变量之间可能的传导机制和作用路径。以货币政策与通货膨胀的关系为例，货币供应量增加可能通过影响市场上的资金供求关系、企业和居民的投资消费行为等一系列中间环节，最终导致物价水平上升，即通货膨胀。如果能够清晰地梳理出这样的传导机制，那么两者之间更有可能存在因果关系。

17.2.2　时间顺序判断

时间顺序判断是指明确先后顺序，依据"原因在前，结果在后"的原则，确定两个变量的时间先后顺序。比如，在研究居民收入与消费的关系时，通常是先有收入的变化，然后才会有消费的相应变动。如果变量之间的时间顺序不符合因果关系的基本逻辑，那么就不太可能存在直接的因果关系。

17.2.3　统计检验与模型分析

统计检验与模型分析，如使用控制变量、传统检验方法、结构方程模型、格兰杰因果检验等。这里的传统检验方法主要是指当前较为流行的倾向得分匹配（PSM）、双重差分（DID）和工具变量（IV）等方法，这些方法将在本章后文详述。

使用控制变量是指，在多元回归分析等统计模型中，尽可能控制其他可能影响结果的变量，观察两个变量之间的关系是否依然显著。例如，在研究教育程度与收入水平的关系时，控制年龄、工作经验、行业等因素后，若教育程度对收入的影响仍然显著，那么两者之间的因果关系更具可信度。

结构方程模型（SEM）可以同时考虑多个变量之间的相互关系，通过构建理论模型并估计模型参数，检验变量之间的直接和间接因果关系是否符合理论假设。比如，在研究企业创新能力、市场竞争力与企业绩效之间的关系时，利用结构方程模型可以更全面地分析它们之间的因果结构。

格兰杰因果检验（GCT）是一种常用的时间序列分析方法，用于检验变量之间在时间序列上的因果关系。它通过判断一个变量的过去值是否能够显著预测另一个变量的未来值来确定因果关系。例如，在分析股票价格和宏观经济指标之间的关系时，可以运用格兰杰因果检验来判断宏观经济指标是否是股票价格变动的格兰杰原因。

17.2.4 实验与准实验方法

实验与准实验方法，如随机对照实验、自然实验与准实验等。

随机对照实验指的是，在可控的实验环境下，将研究对象随机分配到实验组和对照组，对实验组施加处理变量（原因变量），对照组则不施加，然后观察两组结果变量的差异。例如，在药物研发中，通过随机对照实验来判断药物是否对疾病治疗有因果效果。在财经领域，也可以通过对不同企业或地区进行随机分组，实施不同的政策或干预措施，以研究政策对经济行为和结果的因果影响。

自然实验与准实验是指，利用自然发生的外生事件或政策变化等作为"自然实验"的条件，近似模拟随机对照实验。比如，某些地区因为政策调整、自然灾害等外生因素导致某个变量发生变化，而其他地区没有，就可以将其作为准实验来分析该变量变化对其他变量的因果影响。如研究税收政策调整对企业投资的影响，若某个地区实施了新的税收优惠政策，而其他地区没有，就可以对比两个地区企业投资行为的变化来判断税收政策与企业投资之间的因果关系。

【例 17-1】研究问题：探究企业广告投入与产品销售额之间是否存在因果关系。如何判断两个变量之间是否存在因果关系？

第一步，理论分析。从市场营销理论角度来看，企业增加广告投入能够提高产品的知名度和曝光度，吸引更多消费者的关注，进而有可能促进产品销售额的增长，存在一定的逻辑合理性和潜在的因果传导机制。

第二步，时间顺序判断。通常情况下，企业会先进行广告投入，然后才会观察到产品销售额的变化。所以从时间顺序上，广告投入在前，产品销售额变动在后，符合因果关系的基本时间顺序。

第三步，统计检验与模型分析，包括初步数据分析、多元回归分析、格兰杰因果检验、随机对照实验和自然实验方法。

初步数据分析：收集一定时期内多家企业的广告投入和产品销售额数据，计算两者的相关系数，发现呈现出较高的正相关关系，即广告投入较高的企业，产品销售额往往也较高。

多元回归分析：构建多元回归模型，将产品销售额作为因变量，广告投入作为自变量，同时控制其他可能影响销售额的变量，如产品质量、价格、市场竞争程度、宏观经济环境等。如果在控制其他变量后，广告投入变量的系数仍然显著为正，说明在其他条件不变的情况下，广告投入与产品销售额之间存在显著的相关关系，但还不能确定为因果关系。

随机对照实验：选取一批相似的企业，随机将它们分为实验组和对照组。实验组企业在一段时间内大幅增加广告投入，而对照组企业保持原有的广告投入水平。在实验期间，控制其他可能影响产品销售额的因素尽量保持一致。实验结束后，对比两组企业的产品销售额变化情况。如果实验组企业的产品销售额显著高于对照组企业，那么可以初步认为广告投入与产品销售额之间存在因果关系。

自然实验：假设某地区出台了一项针对广告行业的补贴政策，使得该地区企业的广告投入成本大幅降低，从而导致企业增加了广告投入，而其他地区没有这项政策，广告投入水平相对稳定。以该地区企业为处理组，其他地区企业为对照组，进行双重差分分析，如果处理组企业在政策实施后的产品销售额相对对照组企业有显著提高，且排除了其他因素的干扰，那么可以认为在这种情况下，广告投入的增加是产品销售额增长的原因，即两者之间存在因果关系。

格兰杰因果检验：对广告投入和产品销售额的时间序列数据进行格兰杰因果检验。假设检验结果显示，在一定的显著性水平下，拒绝"广告投入不是产品销售额的格兰杰原因"的原假设，同时不能拒绝"产品销售额不是广告投入的格兰杰原因"的原假设，这表明广告投入的过去值能够显著预测产品销售额的未来值，而产品销售额的过去值不能显著预测广告投入的未来值，从时间序列的角度为广告投入与产品销售额之间的因果关系提供了一定的证据，但还不能完全确定。

综合以上多种方法的分析和验证，如果都能支持广告投入与产品销售额之间存在因果关系的结论，那么就可以较为有信心地判断两者之间存在因果关系，即企业增加广告投入会导致产品销售额的增长。但如果在某些分析中出现不一致的结果或存在其他干扰因素无法排除，就需要进一步深入研究和分析，不能轻易得出因果关系的结论。

17.3 用随机对照实验方法 RCT 推断因果关系

随机对照实验（randomized controlled trial，RCT）是因果推断的"黄金标准"，其核心原理在于随机分配，即将研究对象随机地分为处理组和对照组。随机分配使得处理组和对照组在干预实施之前，在所有可观测和不可观测的特征上都具有相似性，保证了两组的可比性。当对处理组施加特定干预，而对照组不施加或施加安慰剂时，实验结束后两组在结果变量上的差异就可以归因于所施加的干预，从而实现对因果关系的推断。例如，在药物试验中，将患者随机分为服药组和服用安慰剂组，若服药组病情改善明显优于安慰剂组，就可以认为药物与病情改善存在因果关系。

17.3.1 使用随机对照实验方法的前提条件

使用随机对照实验方法的前提条件是：随机分配可行性、干预可操控性、独立性、样本稳定性。

随机分配可行性是指，研究对象必须能够被随机地分配到处理组和对照组。这要求研究环境允许研究者控制分配过程，排除人为因素、研究对象自身偏好等对分配的干扰。

干预可操控性是指，研究者能够对处理组施加明确、可控制的干预措施，并且干预的内容、强度和持续时间等在处理组内保持相对一致。

独立性是指，各个研究对象之间的结果相互独立，即一个研究对象的结果不会受到其他研究对象干预状态的影响。例如，在教育实验中，一个学生的学习成果不会因其他学生是否接受新教学方法而改变。

样本稳定性是指，在实验过程中，处理组和对照组的成员应保持相对稳定，尽量减少退出、失访等情况，否则可能会导致样本偏差，影响实验结果的可靠性。

17.3.2 基于随机对照实验的因果关系判断方法

基于随机对照实验的因果关系判断方法有：均值比较、统计显著性检验、效应量估计等。

均值比较是指，直接对比处理组和对照组结果变量的均值，若存在明显差异，可能暗示干预产生了效果。例如，研究学历对员工收入的影响时，若处理组的平均收入显著高于对照组，可能说明干预对收入有积极影响。

统计显著性检验，常用 t 检验（针对连续型结果变量）或卡方检验（针对分类结果变量）来判断两组结果的差异是否具有统计学意义。若 p 值小于预先设定的显著性水平（如 0.05），则拒绝原假设（干预对结果没有影响），认为干预对结果变量有显著的因果影响。

效应量估计是指，除了统计显著性，还需估计效应量，如 Cohen's d（用于连续型变量）、风险比或优势比（用于分类变量）。效应量能衡量干预效果的实际大小和重要性，有助于判断干预的实际价值和经济意义。

17.3.3 随机对照实验方法适用的研究问题

经济学和公共政策领域：评估某项经济政策、福利项目或干预措施对经济指标、社会福利等的影响。例如，研究税收优惠政策对企业投资的影响、就业培训项目对失业率的影响。

教育领域：研究新的教学方法、课程设置或教育政策对学生学习成绩、学习态度等方面的影响。例如，比较传统教学和在线教学对学生成绩的影响。

17.3.4 随机对照实验方法的局限性

随机对照实验方法的局限性有外部有效性受限、成本和时间制约、样本选择偏差、伦理限制等。

外部有效性受限是指实验环境往往是人为控制的，与现实世界存在差异。实验结果可能无法直接推广到其他人群、环境或条件，即外部有效性较差。

成本和时间制约指的是，进行随机对照实验通常需要大量的资源和时间，包括招募研究对象、实施干预、跟踪随访等，成本较高，实践起来很可能受到研究人员时间、精力、经费和人脉等因素的制约。

样本选择偏差是指，即使进行了随机分配，如果样本不能代表目标总体，也可能导致结果的偏差。例如，只选取了某一特定年龄段或地域的人群进行实验，结果可能不适用于其他人群。

伦理限制指的是在某些情况下，随机分配干预可能涉及伦理问题。例如，在医学实验中不能将患者随机分配到已知有害或明显无效的治疗组。

【例 17-2】研究问题：以 auto. dta 数据集为例，研究汽车是否配备涡轮增压（turbo）对汽车价格（price）的因果影响。如何基于随机对照实验方法推断因果关系？

基于随机对照试验方法推断因果关系的 Stata 过程

17.4 用断点回归方法 RDD 推断因果关系

断点回归（regression discontinuity design，RDD）是一种用于因果推断的准实验方法，其核心原理是基于一个连续的驱动变量（forcing variable），当该变量的值达到或超过某个特定的断点（cut-off）时，个体接受某种处理（treatment）的概率会发生突变。

在断点附近，除了处理状态的改变，其他可能影响结果变量（outcome variable）的因素应该是平滑变化的。因此，断点两侧结果变量的差异可以归因于处理效应，从而实现因果关系的推断。例如，在研究奖学金对学生成绩的影响时，以考试成绩 80 分为断点，成绩达到 80 分及以上的学生获得奖学金（处理组），低于 80 分的学生没有奖学金（对照组），若其他影响成绩的因素在 80 分附近是连续变化的，那么成绩在 80 分附近学生的后续成绩差异就可认为是奖学金的作用。

17.4.1 使用断点回归方法的前提条件

使用断点回归方法的前提条件是：清晰的断点、连续性假设、单调性假设等。

清晰的断点是指必须存在一个明确、可观测的断点，且个体接受处理的概率在断点两侧有明显且不连续的变化，这种变化完全由驱动变量和断点决定。

连续性假设指的是，在断点处，除了处理状态的改变，所有可能影响结果变量的其他混淆变量（confounding variables）都应该是连续变化的。这保证了结果变量在断点处的变化是由处理引起，而非其他因素的突然改变。

单调性假设指的是，驱动变量与接受处理的概率之间存在单调关系，即随着驱动变量值的增加（或减少），接受处理的概率单调递增（或递减）。

17.4.2 基于断点回归推断因果关系的判断方法

基于断点回归推断因果关系的判断方法有：图形判断、参数估计与显著性检验、稳健性检验等。

图形判断是指，绘制驱动变量与结果变量的散点图，并添加拟合曲线。如果在断点处，结果变量的拟合曲线出现明显的跳跃，这初步提示可能存在因果关系。通过图形可以直观地观察数据在断点附近的变化趋势。

局部线性回归模型

参数估计与显著性检验是指，构建回归模型来估计断点处的处理效应参数。常用的是局部线性回归模型，通过对模型参数进行统计显著性检验，若估计的处理效应参数显著不为零，则表明在断点处处理变量对结果变量存在因果影响。

这里的稳健性检验包括两部分内容：带宽敏感性分析和安慰剂检验。

带宽敏感性分析：带宽是指在断点附近用于估计回归模型的数据范围。尝试不同的带宽进行估计，如果处理效应估计值在不同带宽下保持相对稳定，说明结果具有稳健性。

安慰剂检验：在不存在真实断点的位置人为设定"伪断点"，重复上述分析过程。若在伪断点处未得到显著的处理效应，说明原断点处的结果并非由偶然因素导致，增强了因果推断的可信度。

17.4.3 断点回归方法的局限性

断点回归方法的局限性有：外推性问题、连续性假设难以验证、样本限制等。

外推性问题指的是，断点回归的结果通常只能推断断点附近的因果效应，对于远离断点的区域，结果可能不适用，外推性较差。

连续性假设难以验证指的是，虽然连续性假设是断点回归的关键前提，但在实践中很难完全验证所有混淆变量在断点处都是连续的，可能存在未观测到的变量违反该假设，从而影响因果推断的准确性。

样本限制指的是，断点附近的样本数量可能有限，导致估计的标准误较大，降低了统计功效，使得难以检测到真实的处理效应。

17.4.4 断点回归方法适用的研究问题

教育研究领域：研究入学政策、奖学金政策等对学生学业成绩、升学情况等的影响。例如，以入学考试成绩的某个分数线为断点，分析达到该分数线入学的学生与未达到的学生在后续学业表现上的差异。

政策研究领域：评估政策实施的因果效应，如福利政策、税收政策等。比如，以收入水平的某个值为断点，研究达到该收入水平后享受福利政策对家庭消费、储蓄等方面的影响。

使用断点回归方法推断因果关系的 Stata 过程

【例17-3】研究问题：以 gpa2.dta 数据集为例，研究高考分数 SAT 成绩（sat）对大学平均绩点（colgpa）的因果影响，以 1200 分为断点。如何使用断点回归方法推断因果关系？

17.5 用 RCT 和 RDD 方法推断因果关系有何区别？

基于断点回归（RDD）的因果推断和随机对照实验（RCT）的因果推断都是重要的因果分析方法，但它们存在多方面的区别，例如：原理差异、前提条件不同、适用场景有别、数据要求不同、局限性各异等。

17.5.1 原理差异

（1）随机对照实验：核心原理是随机化原则，将研究对象随机分配到处理组和对照组。随机分配确保了两组在干预实施前，在所有可观测和不可观测的特征上都具有相似性，保证了组间的可比性。当对处理组施加特定干预，而对照组不施加或施加安慰剂时，实验结束后两组在结果变量上的差异就可归因于所施加的干预，从而推断因果关系。例如，在药物试验中，随机将患者分为服药组和服用安慰剂组，若服药组病情改善明显优于安慰剂组，可认为药物与病情改善存在因果关系。

（2）断点回归：基于一个连续的驱动变量，当该变量的值达到或超过某个特定的断点时，个体接受某种处理的概率会发生突变。在断点附近，除处理状态改变外，其他影响结果的因素应是平滑变化的。因此，断点两侧结果变量的差异可归因于处理效应，实现因果推断。比如，研究奖学金对学生成绩的影响，以考试成绩 80 分为断点，成绩达 80 分及以上的学生获得奖学金，低于 80 分则无，若其他影响成绩的因素在80 分附近连续变化，那么成绩在 80 分附近学生的后续成绩差异可认为是奖学金的作用。

17.5.2 前提条件不同

（1）随机对照实验的前提条件有：随机分配可行性、干预可操控性、独立性、样本稳定性。其中，随机分配可行性要求研究对象必须能被随机分配到处理组和对照组，要求研究环境允许研究者控制分配过程，排除人为因素、研究对象自身偏好等对分配的干扰。干预可操控性要求研究者能够对处理组施加明确、可控制的干预措施，且干预的内容、强度和持续时间等在处理组内保持相对一致。独立性要求各个研究对象之间的结果相互独立，即一个研究对象的结果不会受到其他研究对象干预状态的影响。样本稳定性要求在实验过程中，处理组和对照组的成员应保持相对稳定，尽量减少退出、失访等情况。

（2）断点回归的前提条件：清晰的断点、连续性假设、单调性假设。其中，清晰的断点要求必须存在一个明确、可观测的断点，且个体接受处理的概率在断点两侧有明显且不连续的变化，这种变化完全由驱动变量和断点决定。连续性假设要求在断点处，除处理状态改变外，所有可能影响结果变量的其他混淆变量都应是连续变化的，保证结果变量在断点处的变化是由处理引起，而非其他因素的突然改变。单调性假设要求驱动变量与接受处理的概率之间存在单调关系，即随着驱动变量值的增加（或减少），接受处理的概率单调递增（或递减）。

17.5.3 适用场景有别

（1）随机对照实验适用于下述场景：

经济学和公共政策领域，评估某项经济政策、福利项目或干预措施对经济指标、社会福利等的影响。例如，研究税收优惠政策对企业投资的影响、就业培训项目对失业率的影响。

教育领域，研究新的教学方法、课程设置或教育政策对学生学习成绩、学习态度等方面的影响。例如，比较传统教学和在线教学对学生成绩的影响。

（2）断点回归适用的场景有：

教育领域，研究入学政策、奖学金政策等对学生学业成绩、升学情况等的影响。例如，以入学考试成绩的某个分数线为断点，分析达到该分数线入学的学生与未达到的学生在后续学业表现上的差异。

公共政策领域，评估政策实施的因果效应，如福利政策、税收政策等。比如，以收入水平的某个值为断点，研究达到该收入水平后享受福利政策对家庭消费、储蓄等方面的影响。

17.5.4 数据要求不同

（1）随机对照实验重点在于能够准确记录研究对象的分组情况（处理组或对照组）、干预措施的具体内容和实施情况，以及结果变量的测量值。对样本的随机性和代表性要求较高，通常需要较大的样本量以保证组间的可比性和统计功效。

（2）断点回归需要有一个明确的驱动变量和对应的断点，以及准确测量的结果变量。对驱动变量的连续性和断点的清晰界定要求较高，数据应能清晰反映在断点两侧个体接受处理的概率变化。虽然也需要一定的样本量，但更关注断点附近的数据，断点附近样本量的充足性对估计的准确性影响较大。

17.5.5 局限性各异

（1）随机对照实验的局限性有：外部有效性受限、成本和时间、伦理限制、样本选择偏差。其中，外部有效性受限是指实验环境往往是人为控制的，与现实世界存在差异，实验结果可能无法直接推广到其他人群、环境或条件。成本和时间是指进行随机对照实验通常需要大量的资源和时间，包括招募研究对象、实施干预、跟踪随访等，成本较高。伦理限制指的是在某些情况下，随机分配干预可能涉及伦理问题。例如，不能将患者随机分配到已知有害或明显无效的治疗组。样本选择偏差表明，即使进行了随机分配，如果样本不能代表目标总体，也可能导致结果的偏差。

（2）断点回归的局限性有：外推性问题、连续性假设难以验证、样本限制。其中，外推性问题指的是，断点回归的结果通常只能推断断点附近的因果效应，对于远离断点的区域，结果可能不适用，外推性较差。连续性假设难以验证指的是，虽然连续性假设是断点回归的关键前提，但在实践中很难完全验证所有混淆变量在断点处都是连续的，可能存在未观测到的变量违反该假设，从而影响因果推断的准确性。样本限制指的是，断点附近的样本数量可能有限，导致估计的标准误较大，降低了统计功效，使得难以检测到真实的处理效应。

17.6 用倾向得分匹配方法 PSM 推断因果关系

倾向得分匹配（propensity score matching，PSM）方法的核心在于通过构建倾向得分来平衡处理组和对照组。倾向得分是指个体在给定一系列协变量的情况下接受处理的条件概率。

PSM 的主要过程可分为三大步骤：首先，利用逻辑回归等方法，以处理变量为因变量，一系列可能影响处理分配和结果的协变量（主回归模型中的控制变量）为自变量，估计每个个体的倾向得分。其次，根据倾向得分将处理组和对照组中的个体进行匹配，使得匹配后的两组在协变量上尽可能相似。最后，比较匹配后处理组和对照组的结果变量差异，该差异就可以近似看作处理效应，从而实现因果关系的推断。

17.6.1 PSM 方法的前提条件

PSM 方法的前提条件有：可忽略性假设、重叠假设、单调性假设。

可忽略性假设是指，在给定可观测协变量的条件下，处理分配与潜在结果相互独立。也就是说，除了所考虑的协变量外，不存在其他未观测到的因素同时影响处理分配和结果。

重叠假设指的是，对于任意一组协变量取值，处理组和对照组中都有一定数量的个体具有该协变量取值，即两组的倾向得分分布存在重叠区域，这样才能保证在每个协变量取值范围内都能找到可匹配的个体。

单调性假设指的是，处理对所有个体的影响方向是一致的，不存在处理对某些个体有正效应、对另一些个体有负效应且相互抵消的情况。

17.6.2 PSM 的判断方法

PSM 的判断方法有：平衡性检验、共同支撑检验、敏感性分析。

平衡性检验又分为均值差异检验和标准化偏差。均值差异检验是指比较匹配后处理组和对照组各协变量的均值，使用 t 检验或非参数检验判断是否存在显著差异。如果匹配后各协变量在两组间无显著差异，说明匹配有效，协变量得到了较好的平衡。标准化偏差是指计算各协变量在匹配前后的标准化偏差，一般认为标准化偏差小于10%，表明协变量平衡效果较好。

共同支撑检验指的是，绘制处理组和对照组倾向得分的分布直方图或核密度图，观察两者的重叠情况。若重叠区域足够大，说明满足重叠假设，有足够的样本用于匹配和因果推断；若重叠区域过小，可能需要重新考虑协变量的选择或调整匹配方法。

敏感性分析指的是，通过改变匹配方法（如改变匹配邻居数、使用不同的匹配算法）、匹配比例或协变量集合，观察处理效应估计值的稳定性。如果处理效应估计值在不同设定下变化不大，说明结果具有较好的稳健性和可靠性。

17.6.3 PSM 方法适用的研究问题

政策评估，即评估某项政策、项目或干预措施对特定目标群体的影响。例如，评估教育补贴政策对学生学业成绩的影响，通过匹配接受补贴和未接受补贴的学生来消除协变量的影响，进而推断政策的因果效应。

经济学研究，即研究某种经济现象或决策的因果影响。例如，研究企业创新投入对企业绩效的影响，通过匹配创新投入高和低的企业，控制企业规模、行业特征等因素，推断创新投入的因果效应。

17.6.4 PSM 方法的局限性

PSM 方法的局限性有：未观测到的混杂因素、匹配质量问题、倾向得分模型的设定。

未观测到的混杂因素是指，PSM 方法只能控制可观测的协变量，对于未观测到的混杂因素无法进行调整。如果存在未观测到的因素同时影响处理分配和结果，可能会导致因果推断出现偏差。

匹配质量问题指的是，即使经过匹配，处理组和对照组在协变量上也很难达到完全平衡，可能仍然存在一定的残余偏差。而且匹配过程可能会丢弃一些样本，导致样本量减少，降低统计功效。

倾向得分模型的设定指的是，倾向得分的估计依赖于所选择的协变量和模型形式。如果协变量选择不当或模型设定不准确，会影响倾向得分的估计精度，进而影响匹配效果和因果推断的准确性。

【例 17-4】研究问题：以 lalonde. dta 数据集为例①，该数据集包含了关于职业培训项目（处理变量）对员工收入（结果变量）影响的信息，同时还有一些可能影响培训分配和收入的协变量，如年龄、教育程度等。如何基于 PSM 方法推断因果关系？

基于 PSM 方法
推断因果关系的
Stata 过程

17.7　用双重差分法 DID 推断因果关系

双重差分法（difference-in-differences，DID）是一种常用的因果推断方法，主要用于评估政策、项目或事件等干预措施对结果变量的因果影响，其基本原理是利用处理组和对照组在干预前后的变化差异来识别处理效应。

DID 的主要过程：将研究对象分为处理组（受到干预的群体）和对照组（未受到干预的群体），分别观察两组在干预前和干预后的结果变量值。处理组在干预前后的结果变化包含了干预效应和其他随时间变化的因素的影响；对照组在干预前后的结果变化则只包含其他随时间变化的因素的影响。通过计算处理组和对照组结果变化的差值（双重差分），就可以消除其他随时间变化的因素的影响，从而得到干预措施的净因果效应。

17.7.1　DID 方法的前提条件

DID 方法的前提条件有：平行趋势假设、共同冲击假设、干预外生性。

平行趋势假设是指在干预发生之前，处理组和对照组的结果变量的变化趋势是平行的。也就是说，如果没有干预，处理组和对照组的结果变量会按照相同的趋势变化。这是 DID 方法最关键的假设，是准确估计因果效应的前提。

共同冲击假设指的是，除了所研究的干预措施外，处理组和对照组在研究期间受到的其他外部冲击是相同的。这样可以保证两组结果的差异主要是由干预措施引起的，而不是其他外部因素。

---

① 注意：lalonde. dta 数据集比较有名，互联网流传着各种改造过的变种。从不同来源下载的 lalonde. dta 数据集，其变量名和字段结构可能稍有不同。例如，来自 http：//pped. org/lalonde. dta 的数据集就与本书的稍有不同。

常见的 Stata 数据集来源：Stata 出版社 https：//www. stata-press. com/data/，哈佛大学数据仓库 https：//dataverse. harvard. edu/，github 数据仓库 https：//github. com/（搜索引擎可选 Claude 或 ChatGPT），加州大学洛杉矶分校统计方法与数据分析数据库 https：//stats. oarc. ucla. edu/等。此外，https：//users. nber. org/~rdehejia/data/和 https：//github. com/也提供了与 lalonde. dta 类似的数据集 nsw_dw. dta。

小技巧 1：搜索数据集时不带. dta 后缀有助于发现更多的数据集来源。

小技巧 2：Stata 如何读取非. dta 后缀的数据集？

Stata 读取后缀. txt 和. csv 的数据集一般需要指定数据项之间的分隔符，例如：import delimited " data. txt"，delimiter (",") clear 命令读取文本文件 data. txt，其中数据项的分隔符（delimiter）是逗号（","），默认第一行是变量名。Stata 读取 Excel 文件：import excel " data. xlsx"，sheet ("Sheet1") firstrow clear 命令读取 Excel 文件 data. xlsx 中的表 Sheet1，并把其中第一行作为变量名。

干预外生性指的是，干预措施的实施是外生的，即干预的分配不依赖于个体的潜在结果。例如，政策的实施不是根据个体的预期反应来决定的。

17.7.2　使用 DID 的判断方法

使用 DID 的判断方法有：平行趋势检验、双重差分估计与显著性检验。

（1）平行趋势检验可以使用图形法或进行回归检验。使用图形法：绘制处理组和对照组在干预前后多个时间点上结果变量的变化趋势图。如果在干预前两条趋势线基本平行，说明平行趋势假设可能成立；若明显不平行，平行趋势假设可能被违反。使用回归检验：在回归模型中加入时间趋势变量和处理组虚拟变量的交互项，检验交互项在干预前是否显著。如果不显著，则支持平行趋势假设。

（2）双重差分估计与显著性检验：构建双重差分回归模型，一般形式为：

$$Y_{it} = \alpha + \beta_1 Treat_i + \beta_2 Post_t + \beta_3 Treat_i \times Post_t + \varepsilon_t$$

其中，Y_{it} 是个体 i 在时间 t 的结果变量，$Treat_i$ 是个体 i 的处理组虚拟变量（处理组为 1，对照组为 0），$Post_t$ 是时间虚拟变量（干预后为 1，干预前为 0），$Treat_i \times Post_t$ 是两者的交互项，β_3 就是双重差分估计的处理效应。通过 t 检验判断 β_3 是否显著不为零，如果显著，则说明干预措施对结果变量有显著的因果影响。

17.7.3　DID 方法适用的研究问题

政策评估：评估各种政策的实施效果，如税收政策、补贴政策、监管政策等。例如，研究税收减免政策对企业投资的影响，将享受税收减免的企业作为处理组，未享受的企业作为对照组。

项目评价：评价各类项目的成效，如教育项目、扶贫项目等。比如，评估一项新的教育改革项目对学生成绩的影响，将实施改革的学校作为处理组，未实施的学校作为对照组。

事件研究：研究某些事件对经济、社会等方面的影响，如自然灾害、重大政策出台等。例如，研究地震对当地房地产市场的影响，将受灾地区作为处理组，未受灾地区作为对照组。

17.7.4　DID 方法的主要局限性

DID 方法的主要局限性有：平行趋势假设难以完全满足、样本选择偏差、外部有效性问题。

平行趋势假设难以完全满足，是指在实际研究中，很难保证处理组和对照组在干预前的变化趋势完全平行，可能存在一些未观测到的因素导致趋势不一致，从而影响因果效应估计的准确性。

样本选择偏差，是指处理组和对照组的划分可能不是随机的，可能存在选择偏差。

例如，某些个体可能因为自身特征更容易被纳入处理组，这会导致估计结果存在偏差。

外部有效性问题，是指 DID 方法的结果通常是基于特定的处理组和对照组以及特定的研究时间段得出的，可能无法推广到其他群体或时间段。

【例 17-5】研究问题：以 nlswork.dta 数据集为例，研究某一政策（虚拟的）对女性工资的影响，将一部分女性作为处理组，另一部分作为对照组，政策实施时间为某个特定年份。如何使用 DID 方法推断因果关系？

使用 DID 方法
推断因果关系的
Stata 过程

17.8 用 PSM 和 DID 方法推断因果关系有何区别？

倾向得分匹配（PSM）方法和双重差分（DID）方法都是实证研究中用于因果关系推断的重要方法，但它们在原理、前提假设、数据要求、适用场景和局限性等方面存在明显区别。

17.8.1 两者的原理差异

（1）PSM 方法的核心是通过构建倾向得分来平衡处理组和对照组。倾向得分是个体在给定一系列协变量的情况下接受处理的条件概率，先利用逻辑回归等方法估计每个个体的倾向得分，再依据倾向得分对处理组和对照组个体进行匹配，使匹配后的两组在协变量上尽可能相似，最后比较匹配后两组结果变量的差异以推断因果效应。例如，在研究某种教育干预对学生成绩的影响时，通过 PSM 匹配接受干预和未接受干预的学生，控制学生的年龄、性别、家庭背景等协变量，进而比较匹配后两组学生的成绩差异。

（2）DID 方法基于处理组和对照组在干预前后的变化来识别处理效应。将研究对象分为处理组（受干预群体）和对照组（未受干预群体），分别观察两组在干预前和干预后的结果变量值。处理组干预前后的结果变化包含干预效应和其他随时间变化因素的影响，对照组的变化只包含其他随时间变化因素的影响，通过计算两组结果变化的差值（双重差分），消除其他随时间变化因素的影响，得到干预措施的净因果效应。比如，研究税收政策对企业投资的影响，将享受税收政策的企业作为处理组，未享受的作为对照组，对比两组企业在政策实施前后投资的变化情况。

17.8.2 两者的前提假设不同

（1）PSM 方法的主要前提假设有可忽略性假设、重叠假设、单调性假设。其中，可忽略性假设是指在给定可观测协变量的条件下，处理分配与潜在结果相互独立，即除所考虑的协变量外，不存在其他未观测因素同时影响处理分配和结果。重叠假设指的是处理组和对照组的倾向得分分布存在重叠区域，确保每个协变量取值范围内都能找到可匹配的个体。单调性假设是指处理对所有个体的影响方向一致。

（2）DID 方法的主要前提假设有平行趋势假设、共同冲击假设、干预外生性。其中，平行趋势假设指的是干预发生前处理组和对照组结果变量的变化趋势平行，即若无干预，两组结果变量会按相同趋势变化。共同冲击假设是指除研究的干预措施外，处理组和对照组在研究期间受到的其他外部冲击相同。干预外生性是指干预措施的实施是外生的，不依赖于个体的潜在结果。

17.8.3 两者的数据要求有差别

（1）PSM 方法需要详细的个体层面协变量数据，这些协变量既要影响处理分配，又要影响结果变量。对样本量有一定要求，且匹配过程可能会丢弃部分样本，因此，初始样本量应足够大，以保证匹配后有足够的样本进行分析。PSM 方法主要关注个体在某一时刻的特征数据，对时间维度的要求相对较低。

（2）DID 方法要求有处理组和对照组在干预前后多个时间点的结果变量数据，强调数据的时间序列特征。数据应能清晰反映出干预的时间点以及处理组和对照组在不同时间的状态变化。DID 方法对样本量也有要求，但重点在于能观察到两组在不同时间的变化情况。

17.8.4 两者的适用场景差异

（1）PSM 方法适用于处理组和对照组划分并非随机的情况，通过匹配来消除协变量差异，从而更准确地估计处理效应，常用于政策评估、医学研究、经济学研究等领域。例如，评估教育补贴政策对学生学业成绩的影响、比较不同治疗方法的效果、研究企业创新投入对企业绩效的影响等。

（2）DID 方法主要用于评估政策、项目或事件等干预措施的效果，尤其是当干预是在某个特定时间点对部分群体实施时。在政策评估、项目评价和事件研究等方面应用广泛，例如，研究税收减免政策对企业投资的影响、评估新的教育改革项目对学生成绩的影响、分析地震对当地房地产市场的影响等。

17.8.5 两者的局限性不同

（1）PSM 方法的局限性：未观测到的混杂因素、匹配质量问题、倾向得分模型设定。其中，未观测到的混杂因素指的是只能控制可观测协变量，无法调整未观测到的混杂因素，可能导致因果推断偏差。匹配质量问题指的是即使匹配后，处理组和对照组在协变量上也难以完全平衡，存在残余偏差，且匹配可能丢弃样本，降低统计功效。倾向得分模型设定指的是倾向得分估计依赖协变量选择和模型形式，选择不当或设定不准确会影响估计精度和匹配效果。

（2）DID 方法的局限性：平行趋势假设难以满足、样本选择偏差、外部有效性问题。

其中，平行趋势假设难以满足是指实际研究中很难保证处理组和对照组在干预前变化趋势完全平行，未观测因素可能导致趋势不一致，影响因果效应估计准确性。样本选择偏差指的是处理组和对照组划分可能不随机，存在选择偏差，影响估计结果。外部有效性问题是指结果基于特定处理组、对照组和研究时间段，可能无法推广到其他群体或时间段。

17.9 用工具变量方法 IV 推断因果关系

工具变量（instrumental variable，IV）方法主要用于解决内生性问题，从而更准确地推断因果关系。内生性问题指的是解释变量与误差项相关，这会导致普通最小二乘法（OLS）估计的结果产生偏差，无法得到解释变量对被解释变量的真实因果效应。

工具变量是一个与内生解释变量相关，但与误差项不相关的变量。通过工具变量与内生解释变量的相关性，将工具变量的变化传递给内生解释变量，进而观察被解释变量的变化，这样就可以绕过内生性问题，得到内生解释变量对被解释变量的因果效应估计。

17.9.1 使用工具变量法的前提条件

使用工具变量法的前提条件有：相关性、外生性、排他性约束。

相关性要求工具变量必须与内生解释变量高度相关。只有当工具变量能够有效地影响内生解释变量的变化时，才能通过工具变量来研究内生解释变量对被解释变量的影响。

外生性要求工具变量必须与误差项不相关，即工具变量只能通过影响内生解释变量来影响被解释变量，而不能直接影响被解释变量，也不能与其他影响被解释变量的未观测因素相关。

排他性约束要求工具变量对被解释变量的影响只能通过内生解释变量来实现，不存在其他间接或直接的影响路径。

17.9.2 工具变量法的检验判断

工具变量法的检验判断有：相关性检验、外生性检验、因果效应估计。

工具变量法一般使用两阶段最小二乘法（2SLS），其中相关性检验使用第一阶段回归：将内生解释变量对工具变量和其他外生控制变量进行回归，得到回归系数和相应的统计量。通常使用 F 统计量来检验工具变量的联合显著性，如果 F 统计量的值较大（一般认为大于 10），说明工具变量与内生解释变量之间存在较强的相关性。

外生性检验可以使用过度识别检验（适用于工具变量个数多于内生解释变量个数的情况），常用的是 Sargan 检验或 Hansen J 检验。原假设是所有工具变量都是外生的，如果检验的 p 值大于设定的显著性水平（如 0.05），则不能拒绝原假设，认为工具变量满足外生性条件。

因果效应估计通常使用两阶段最小二乘法（2SLS），这是最常用的工具变量估计方法。第一阶段，将内生解释变量对工具变量和其他外生控制变量进行回归，得到内生解释变量的预测值；第二阶段，将被解释变量对内生解释变量的预测值和其他外生控制变量进行回归，得到的回归系数就是内生解释变量对被解释变量的因果效应估计。

17.9.3　工具变量法适用的研究问题

经济学研究：在研究经济变量之间的因果关系时，常常会遇到内生性问题。例如，研究教育水平对收入的影响时，教育水平可能受到个人能力等不可观测因素的影响，导致内生性，可以寻找一些与教育水平相关但与个人能力等不可观测因素不相关的工具变量，如地区教育政策、学校距离等来进行因果推断。

社会学研究：在研究社会现象之间的因果关系时，也可能存在内生性问题。比如，研究社交网络对个人健康的影响时，社交网络的形成可能受到个人性格等不可观测因素的影响，可以使用一些外生的事件或因素作为工具变量，如社区活动的组织情况等来进行因果推断。

17.9.4　工具变量法的局限性

工具变量法的局限性有：工具变量难找、弱工具变量问题、外生性难以验证等。

工具变量难找是指找到同时满足相关性、外生性和排他性约束的工具变量非常困难。在实际研究中，合适的工具变量往往难以确定，需要研究者有较强的理论知识和对研究问题的深入理解。为缓解这个问题，本书中有专门的章节列举了数十个经管领域常见的工具变量，并说明了这些工具变量的内在逻辑及其在 2SLS 中的回归模型建议。

弱工具变量问题是指如果工具变量与内生解释变量的相关性较弱，会导致估计结果的偏差和方差增大，甚至可能比普通最小二乘法的估计结果更差。

外生性难以验证指的是虽然有一些检验方法，但外生性是一个较强的假设，很难完全验证工具变量与误差项确实不相关。可能存在未被发现的其他影响路径，导致工具变量不满足外生性条件。

使用工具变量法
推断因果关系的
Stata 过程

【例 17-6】研究问题：以 auto. dta 数据集为例，研究汽车的马力（hp）对价格（price）的影响，但马力可能存在内生性问题，选择发动机排量（displacement）作为工具变量。如何使用工具变量法推断因果关系？

17.10　已用 PSM 和 DID，还需要 IV 法吗？

在已经使用倾向得分匹配（PSM）方法和双重差分（DID）方法进行因果关系推断后，仍然可能需要使用工具变量（IV）方法。主要原因有三个方面：存在内生性问题、

PSM 和 DID 方法的局限性、工具变量的独特优势。

17.10.1　存在内生性问题

存在内生性问题，如遗漏变量偏误、反向因果关系等。

遗漏变量偏误指的是，PSM 方法依赖于可观测协变量的平衡，DID 方法假定平行趋势和外生干预。然而，在实际研究中可能存在一些重要的不可观测变量，这些变量同时影响解释变量（处理变量）和被解释变量（结果变量），从而导致内生性问题。例如，在研究教育政策对学生成绩的影响时，学生的学习动机是一个难以观测的变量，它既可能影响学生是否受到政策影响（如是否参与特定教育项目），又会直接影响学生成绩。PSM 和 DID 可能无法有效控制这类不可观测的遗漏变量，而工具变量方法可以通过找到与内生解释变量相关但与不可观测遗漏变量不相关的工具变量来解决遗漏变量偏误问题。

反向因果关系指的是，当存在反向因果关系时，即被解释变量也会影响解释变量，PSM 和 DID 方法难以准确识别因果方向。例如，在研究企业创新投入与企业绩效的关系时，可能存在企业绩效越好、越有能力增加创新投入的反向因果关系。PSM 和 DID 可能无法清晰区分这种双向影响，而工具变量可以通过外生的冲击来打破这种双向反馈，从而更准确地估计创新投入对企业绩效的因果效应。

17.10.2　PSM 和 DID 方法的局限性

PSM 的局限性有：PSM 方法主要基于可观测协变量进行匹配，只能控制已知的、可测量的因素。对于未观测到的混杂因素，PSM 无法进行调整，而且匹配过程可能会丢弃一些样本，导致样本量减少，降低统计功效。当存在未观测到的重要混杂因素时，PSM 估计的因果效应可能存在偏差，此时工具变量方法可以提供一种补充的估计方式。

DID 的局限性有：DID 方法依赖于平行趋势假设，即处理组和对照组在干预前的结果变量变化趋势相同，但在实际研究中，很难保证该假设完全成立。如果存在未观测到的因素导致处理组和对照组在干预前的趋势不一致，DID 估计的因果效应会产生偏差。工具变量方法不依赖于平行趋势假设，可以从另一个角度解决因果推断问题。

17.10.3　工具变量的独特优势

工具变量的独特优势，如利用外生冲击、解决样本选择问题等。

利用外生冲击指的是，工具变量方法可以利用外生的事件或政策变化作为工具变量，这些外生冲击与内生解释变量相关，但与误差项不相关。例如，在研究贸易开放对经济增长的影响时，可以使用地理距离、贸易协定的签署等外生因素作为工具变量。通过这种方式，可以更有效地识别因果关系，避免内生性问题的干扰。

解决样本选择问题指的是，在一些情况下，样本选择可能存在非随机性，导致内生性问题。PSM 和 DID 可能无法完全地解决样本选择偏差。工具变量方法可以通过引入合适的工具变量，将外生的变化传递给内生解释变量，从而在一定程度上克服样本选择问题，得到更可靠的因果效应估计。

综上所述，即使使用了 PSM 和 DID 方法推断因果关系，在可能的情况下也建议使用工具变量法再次进行验证。

17.11　用结构方程模型 SEM 推断因果关系

结构方程模型（structural equation modeling，SEM）是一种综合运用多元回归分析、路径分析和因子分析的统计方法，用于检验和估计变量之间的因果关系。SEM 的核心原理是基于协方差结构分析，通过构建一个包含测量模型和结构模型的理论模型，来描述观测变量和潜变量（不可直接观测的变量）之间的关系，以及潜变量之间的因果关系。其中，测量模型描述了观测变量与潜变量之间的关系，反映了如何通过可观测的指标来测量潜在的概念。结构模型则描述了潜变量之间的因果关系，体现了研究人员所假设的变量之间的因果机制。通过比较模型预测的协方差矩阵和实际观测到的协方差矩阵，利用最大似然估计等方法来估计模型参数，使两者尽可能接近，从而验证假设的因果关系是否成立。

17.11.1　使用 SEM 的前提条件

使用 SEM 的前提条件有理论基础、变量的测量、数据分布、样本量等方面。

（1）理论基础是指需要有明确的理论框架来指导模型的构建，即要清楚地知道哪些变量之间存在因果关系，以及这种因果关系的方向和性质。理论基础是结构方程模型的灵魂，没有合理的理论假设，模型就失去了意义。

（2）变量的测量要求观测变量应该能够有效地测量相应的潜变量，即测量模型要具有良好的信度和效度。信度指的是测量的稳定性和一致性，效度指的是测量能够准确反映所测概念的程度。

（3）数据分布通常假设观测变量服从多元正态分布。虽然结构方程模型在一定程度上对正态分布的偏离具有稳健性，但严重的非正态分布可能会影响参数估计的准确性和统计检验的有效性。

（4）样本量是指需要足够大的样本量来保证参数估计的稳定性和统计检验的功效。一般来说，样本量越大，估计结果越可靠。通常建议样本量至少为模型中自由参数数量的 5~10 倍。

17.11.2　SEM 的判断方法

SEM 的判断方法有模型拟合度检验、参数显著性检验、中介效应和调节效应分析等。

（1）模型拟合度检验又包括卡方检验和拟合指数。卡方检验用于比较模型预测的协方差矩阵和实际观测的协方差矩阵的差异。原假设是模型与数据完全拟合，如果 p 值大于设定的显著性水平（如 0.05），则不能拒绝原假设，认为模型拟合良好。但卡方检验对样本量比较敏感，样本量较大时，即使模型拟合较好，也可能得到显著的结果。拟合指数方面，常用的拟合指数包括比较拟合指数（CFI）、塔克-刘易斯指数（TLI）、近似误差均方根（RMSEA）等。一般来说，CFI 和 TLI 的值越接近 1，RMSEA 的值越接近 0，说明模型拟合越好。例如，CFI 和 TLI 大于 0.9、RMSEA 小于 0.08 通常会被认为是较好的拟合。

（2）参数显著性检验用于检验结构模型中潜变量之间因果关系的参数是否显著不为零。通常使用 t 检验或 z 检验，如果参数的 p 值小于设定的显著性水平（如 0.05），则认为该因果关系是显著的。

（3）中介效应和调节效应分析指的是，如果模型中包含中介变量或调节变量，可以通过特定的方法来检验中介效应和调节效应是否显著。例如，使用 Bootstrap 方法来检验中介效应的显著性。

17.11.3　SEM 方法适用的研究问题

管理学研究：分析组织行为、管理策略、员工满意度等变量之间的因果关系，为企业的管理决策提供理论支持。例如，研究领导风格对员工绩效和工作满意度的影响机制。

社会学研究：探讨社会现象之间的因果关系，如研究教育程度、社会经济地位、社会网络等因素对个体的社会流动、健康状况等方面的影响。

市场营销研究：研究消费者行为、品牌形象、营销策略等变量之间的因果关系，帮助企业制定更有效的市场营销策略。例如，分析广告宣传、产品质量、品牌声誉等因素对消费者购买意愿的影响。

心理学研究：研究心理变量之间的因果关系，如研究人格特质、认知能力、情绪状态等潜变量之间的相互影响，以及它们如何影响个体的行为和心理健康。

17.11.4　SEM 方法的局限性

SEM 方法的局限性有理论依赖性强、模型识别问题、数据要求高、因果推断的局限性等。

（1）理论依赖性强是指结构方程模型的有效性高度依赖于理论假设的合理性。如果理论假设不准确或不完整，可能会导致模型设定错误，从而得到错误的因果关系推断。

（2）模型识别问题指的是模型需要满足一定的识别条件才能得到唯一的参数估计。如果模型不识别，可能无法得到合理的估计结果。识别问题可能由于模型设定过于复杂、变量之间的关系不明确等原因导致。

（3）数据要求高是指对数据的质量和分布有较高要求。数据中存在缺失值、异常值或严重的非正态分布等问题，都可能影响模型的拟合和参数估计的准确性。

（4）因果推断的局限性指的是，虽然结构方程模型可以检验变量之间的因果关系，但它本质上仍然是基于观测数据的分析，无法完全排除其他未考虑到的因素对结果的影响。因此，得出的因果关系推断仍然是基于一定假设的，需要谨慎解释。

【例 17-7】研究问题：以 hsb2. dta 数据集为例，研究学生的家庭背景（用父母教育程度等变量测量）、学习动机（潜变量）对学生成绩（用数学成绩和阅读成绩等测量）的因果关系。如何基于 SEM 方法进行因果关系推断？

**基于 SEM 方法
进行因果关系
推断的 Stata 过程**

17.12　用 SEM 推断因果关系与其他方法的对比

在因果关系推断中，倾向得分匹配（PSM）、双重差分（DID）、工具变量方法和结构方程模型（SEM）各有特点。下面将详细阐述结构方程模型相对于 PSM、DID 和工具变量方法在推断因果关系时的独特优势和局限性。

17.12.1　SEM 的独特优势

SEM 的独特优势有处理潜变量、分析复杂关系、模型拟合评估、理论验证和发展等。

（1）处理潜变量方面。PSM、DID 和工具变量方法的局限在于：PSM 主要基于可观测的协变量进行匹配；DID 通常处理可观测的分组和时间效应；工具变量方法虽可解决内生性，但关注的也是可观测变量之间的关系。它们难以直接处理潜变量（无法直接测量的抽象概念，如智力、满意度、动机等）。

SEM 的优势在于：能够同时处理观测变量和潜变量，它可以通过多个观测指标来测量潜变量，从而更准确地反映抽象概念的本质。例如，在研究消费者行为时，消费者满意度是一个潜变量，结构方程模型可以用多个问题的回答（观测变量）来测量满意度，并分析其与其他变量（如产品质量、品牌形象等）之间的因果关系。

（2）分析复杂关系方面。PSM、DID 和工具变量方法的局限在于：PSM 侧重于平衡处理组和对照组的协变量，以估计处理效应；DID 主要分析处理组和对照组在干预前后的差异；工具变量方法主要解决单个内生解释变量的问题。它们在处理多个变量之间复杂的因果关系网络时相对困难。

SEM 的优势在于：可以同时考虑多个变量之间的直接和间接因果关系，构建复杂的因果关系网络。例如，在研究教育对收入的影响时，结构方程模型可以同时考虑教育通过技能提升、社会网络拓展等多个中介变量对收入产生的间接影响，以及教育对收入的直接影响。

（3）模型拟合评估方面。PSM、DID 和工具变量方法的局限在于：PSM 主要关注匹配后的协变量平衡情况；DID 重点在于检验平行趋势假设和估计处理效应；工具变量方法主要检验工具变量的有效性。它们缺乏对整体模型拟合程度的综合评估。

SEM 的优势在于：提供了多种拟合指数（如卡方检验、CFI、TLI、RMSEA 等）来评估模型与数据的拟合程度。通过这些指数，可以全面了解模型对数据的解释能力，判断模型设定是否合理。如果模型拟合不佳，可以对模型进行修正和改进。

（4）理论验证和发展方面。PSM、DID 和工具变量方法的局限在于：这些方法主要侧重于估计因果效应，对理论的验证和发展作用相对有限，它们更多的是在给定理论框架下进行实证分析。

SEM 的优势在于：它是基于理论构建的，可以对理论模型进行严格的检验和验证，通过比较不同理论模型的拟合优度，可以判断哪个理论更能解释数据，从而推动理论的发展和完善。例如，在心理学研究中，可以通过结构方程模型比较不同的人格理论模型，确定哪种理论更符合实际数据。

17.12.2 SEM 的局限性

SEM 的局限性主要有理论依赖性强、模型识别困难、数据要求高、因果推断的不确定性等。此外，SEM 一般不用于解决内生性问题。

（1）理论依赖性强。结构方程模型高度依赖于理论假设，模型的构建需要有明确的理论基础，如果理论假设不准确或不完整，可能会导致模型设定错误，从而得到错误的因果关系推断。而且不同的理论可能会导致不同的模型设定，增加了研究的主观性。

PSM、DID 和工具变量方法的优势在于：PSM 主要依赖于协变量的选择和匹配方法；DID 依赖于平行趋势假设和干预的外生性；工具变量方法依赖于工具变量的有效性。它们对理论的要求相对较低，更侧重于数据和方法的应用。

（2）模型识别困难。结构方程模型需要满足一定的识别条件才能得到唯一的参数估计。模型识别问题可能由于模型设定过于复杂、变量之间的关系不明确等原因导致，如果模型不识别，可能无法得到合理的估计结果，需要对模型进行调整和简化。

PSM、DID 和工具变量方法的优势在于：PSM 的操作相对简单，主要是进行协变量匹配；DID 的模型设定相对固定，重点在于检验假设和估计效应；工具变量方法主要关注工具变量的选择和有效性。它们一般不存在模型识别问题。

（3）数据要求高。结构方程模型对数据的质量和分布有较高要求，数据中存在缺失值、异常值或严重的非正态分布等问题，都可能影响模型的拟合和参数估计的准确性，而且为了保证参数估计的稳定性和统计检验的功效，通常需要较大的样本量。

PSM、DID 和工具变量方法的优势在于：PSM 对数据的分布和样本量要求相对较低，主要关注协变量的匹配；DID 主要需要处理组和对照组在干预前后的数据；工具变量方法对数据的要求主要集中在工具变量的有效性上。它们在数据质量和分布方面的要求相对宽松。

（4）因果推断的不确定性。虽然结构方程模型可以检验变量之间的因果关系，但它本质上仍然是基于观测数据的分析，无法完全排除其他未考虑到的因素对结果的影响。

因此，得出的因果关系推断仍然是基于一定假设的，存在一定的不确定性。

PSM、DID 和工具变量方法的优势在于：PSM 通过匹配控制协变量，DID 通过比较处理组和对照组的差异，工具变量方法通过引入外生工具变量，都在一定程度上控制了内生性问题，使因果推断更加可靠。

17.13　用格兰杰因果检验 GCT 推断因果关系

格兰杰因果检验（Granger causality test，GCT）是一种用于检验时间序列变量之间因果关系的统计方法，其基本思想并非从传统的因果概念出发（即原因导致结果的发生），而是基于时间序列数据的预测能力。如果一个变量 X 的过去值能够帮助预测另一个变量 Y 的未来值，且这种帮助在统计上是显著的，那么就称 X 是 Y 的格兰杰原因。这里之所以称之为"格兰杰原因"而不是真正的原因，是因为这种原因仅仅是通过了时间序列层面的检验，还需要使用其他检验方法进行验证和从经济意义角度进行解释。

GCT 的主要过程：假设有两个时间序列变量 X_t 和 Y_t，格兰杰因果检验通过比较包含 X 的过去值和不包含 X 过去值两种情况下对 Y 进行预测的效果，如果加入 X 的过去值能够显著提高对 Y 的预测精度，那么就认为 X 在格兰杰意义上导致了 Y。

17.13.1　使用 GCT 方法的前提条件

使用 GCT 方法的前提条件是：时间序列的平稳性（且变量需为同阶整合）、合适的滞后阶数。

时间序列的平稳性指的是，进行格兰杰因果检验的时间序列变量需要是平稳的。平稳时间序列是指其统计特性（如均值、方差、自协方差等）不随时间的推移而发生变化。如果时间序列不平稳，可能会导致伪回归问题，即检验结果可能显示出变量之间存在因果关系，但实际上这种关系是虚假的。

合适的滞后阶数是指需要确定合适的滞后阶数。滞后阶数表示在回归模型中使用的变量过去值的期数。滞后阶数选择不当可能会影响检验结果的准确性。如果滞后阶数太小，可能会遗漏重要的信息；如果滞后阶数太大，则会增加模型的复杂度，降低估计的效率。

17.13.2　GCT 的判断方法

第一步，构建回归模型。对于两个时间序列变量 X_t 和 Y_t，构建两个回归模型：无约束模型和约束模型。无约束模型可表示为：

$$Y_t = \alpha_0 + \sum_{i=1}^{p} \alpha_i \times Y_{t-i} + \sum_{j=1}^{q} \beta_j \times X_{t-j} + \varepsilon_t$$

约束模型可以表示为：

$$Y_t = \alpha_0 + \sum_{i=1}^{p} \alpha_i \times Y_{t-i} + \varepsilon_t$$

其中，p 和 q 分别是 Y 和 X 的滞后阶数，ε_t 是误差项。

第二步，进行 F 检验。原假设 $H_0: \beta_1 = \beta_2 = \cdots = \beta_q = 0$，即 X 不是 Y 的格兰杰原因。通过计算 F 统计量来检验原假设是否成立。

第三步，确定显著性水平。根据给定的显著性水平（如 0.05）查找 F 分布的临界值。如果计算得到的 F 统计量大于临界值，则拒绝原假设，认为 X 是 Y 的格兰杰原因；否则，不能拒绝原假设，即不能认为 X 是 Y 的格兰杰原因。

17.13.3 GCT 方法适用的研究问题

经济学领域：研究宏观经济变量之间的因果关系，如货币供应量与通货膨胀率、利率与投资等。例如，检验货币供应量的变化是否是通货膨胀率变化的格兰杰原因，有助于理解货币政策对物价水平的影响。

金融学领域：分析金融市场变量之间的因果关系，如股票价格指数与利率、汇率与股票市场等。例如，检验利率的变化是否是股票价格指数变化的格兰杰原因，对于投资者制定投资策略具有重要意义。

社会学和心理学领域：研究社会和心理现象随时间的变化关系，如犯罪率与失业率、心理健康指标与社会支持等。例如，检验失业率的变化是否是犯罪率变化的格兰杰原因，有助于制定社会政策。

17.13.4 GCT 方法的局限性

（1）格兰杰因果不等同于实际因果：格兰杰因果检验只是基于时间序列数据的预测能力来判断因果关系，它并不等同于传统意义上的因果关系。即使一个变量是另一个变量的格兰杰原因，也不能确定它们之间存在真正的因果联系，可能只是存在统计上的关联。

（2）对滞后阶数敏感：检验结果对滞后阶数的选择非常敏感。不同的滞后阶数可能会导致不同的检验结果，而且确定合适的滞后阶数并没有一个统一的标准，需要研究者根据具体情况进行选择。

（3）忽略其他因素：格兰杰因果检验只考虑了两个变量之间的关系，忽略了其他可能影响这两个变量的因素。在实际应用中，可能存在多个变量相互作用的情况，仅使用格兰杰因果检验可能会得出不准确的结论。

（4）要求平稳序列：要求时间序列是平稳的，而实际经济和社会数据中很多时间序列是非平稳的。在进行检验之前，需要对数据进行平稳性处理，如差分等，这可能会改变数据的原始含义。

基于 GCT 方法推断格兰杰因果关系的 Stata 过程

【例 17-8】研究问题：以 grunfeld.dta 数据集为例，该数据集包含了企业投资、企业价值等时间序列数据，将检验企业价值（value）是否是企业投资（invest）的格兰杰原因。如何基于 GCT 方法推断格兰杰因果关系？

17.14　用 SEM 和 GCT 推断因果关系有何异同？

结构方程模型和格兰杰因果检验方法都是用于因果关系推断的重要统计手段，但它们在诸多方面存在相似与不同[①]。

17.14.1　SEM 和 GCT 的相似之处

（1）目的相同。两者的核心目的都是推断变量之间的因果关系。结构方程模型旨在通过构建包含潜变量和观测变量的模型，揭示变量之间复杂的因果机制；格兰杰因果检验则专注于时间序列数据，判断一个变量的过去值是否能帮助预测另一个变量的未来值，以此确定变量间是否存在因果联系。例如，在经济学研究中，两者都可用于分析宏观经济变量（如利率、通货膨胀率等）之间的因果关系。

（2）基于统计检验。两者都依赖统计检验来验证因果关系的存在性。结构方程模型通过计算拟合指数（如卡方检验、CFI、TLI、RMSEA 等）来评估模型与数据的拟合程度，进而判断假设的因果关系是否合理；格兰杰因果检验则运用 F 检验来判断一个变量是否是另一个变量的格兰杰原因，根据检验的 p 值来决定是否拒绝原假设。

（3）对数据质量有要求。两者都需要一定质量的数据来保证推断结果的可靠性。结构方程模型要求数据具有较好的信度和效度，且通常假设观测变量服从多元正态分布，样本量要足够大；格兰杰因果检验要求时间序列数据是平稳的，如果数据不平稳，可能会导致伪回归问题，影响因果推断的准确性。

17.14.2　SEM 和 GCT 的不同之处

（1）数据类型不同。

结构方程模型的数据类型既可以处理横截面数据，也可以处理纵向数据（面板数据），它能够同时考虑多个变量之间的关系，包括潜变量和观测变量，适用于分析复杂的因果关系网络。例如，在心理学研究中，可使用结构方程模型分析人格特质、认知能力等潜变量与行为表现等观测变量之间的因果关系。

格兰杰因果检验主要针对时间序列数据，它基于变量的时间顺序和预测能力来推断因果关系，强调变量在时间维度上的先后顺序和相互影响。比如，在金融领域，用于分析股票价格指数、利率等时间序列变量之间的因果关系。

（2）因果概念不同。

结构方程模型基于理论假设构建因果模型，注重变量之间的直接和间接因果关系，

[①]　需要说明的是，SEM 和 GCT 是完全不同的两种方法，本身并不具备多少可比性。为了帮助初学者进一步理解这两种方法，这里"强行"把它们放在一起对比。

以及潜变量对观测变量的影响。它试图从理论层面解释变量之间的因果机制，通过模型拟合来验证理论假设的合理性。例如，在管理学研究中，构建一个包含领导风格、员工满意度和工作绩效的结构方程模型，以探究领导风格如何通过影响员工满意度进而影响工作绩效。

格兰杰因果检验定义的因果关系是基于预测能力，即一个变量的过去值能否提高对另一个变量未来值的预测精度，它并不关注因果关系的内在机制，只是从统计意义上判断变量之间是否存在因果联系。例如，检验货币供应量的变化是否能帮助预测通货膨胀率的变化，但不解释货币供应量是如何影响通货膨胀率的。

（3）模型复杂性不同。

结构方程模型可以构建非常复杂的模型，包括多个潜变量和观测变量，以及它们之间的复杂关系，如中介效应、调节效应等。模型的构建需要有明确的理论基础，并且需要进行模型识别和拟合度评估等复杂的操作。例如，在市场营销研究中，一个复杂的结构方程模型可能会包含品牌形象、消费者态度、购买意愿等多个潜变量，以及它们之间的相互作用。

格兰杰因果检验的模型相对简单，主要是通过比较包含和不包含某个变量过去值的回归模型的预测效果来进行因果检验。它不需要构建复杂的理论模型，重点在于确定合适的滞后阶数和进行 F 检验。

（4）局限性不同。

结构方程模型高度依赖理论假设，模型的有效性取决于理论的合理性。如果理论假设不准确，可能会导致模型设定错误，从而得到错误的因果推断。此外，模型识别和估计过程较为复杂，对数据的质量和样本量要求较高。

格兰杰因果关系并不等同于实际的因果关系，只是一种基于时间序列预测的统计关系，它忽略了其他可能影响变量的因素，并且检验结果对滞后阶数的选择非常敏感，不同的滞后阶数可能会导致不同的结论。

✒ 本章小结

本章的主题是因果关系推断，主要介绍了因果关系推断的常见方法，包括随机对照试验（RCT）方法、断点回归（RDD）方法、倾向得分匹配（PSM）方法、双重差分（DID）方法、结构方程模型（SEM）方法以及格兰杰因果关系检验（GCT）方法。这些内容有助于初学者深入了解进行因果关系推断的方法。

本章中的 Stata 代码片段（包含二维码中的内容）仅为示意性的说明，目的在于介绍关键的代码指令。如需了解更多细节，可参阅第 21 章提供的演示，里面包含了多篇高质量期刊论文中数据处理过程的完整 Stata 代码。

思考与练习题

1. 在高质量专业期刊上选择一篇采用随机对照试验方法处理因果关系推断的研究论文，简述采用这种处理方法的主要原因、过程和效果。

2. 在高质量专业期刊上选择一篇采用断点回归方法处理因果关系推断的研究论文，简述采用这种处理方法的主要原因、过程和效果。

3. 在高质量专业期刊上选择一篇采用倾向得分匹配方法处理因果关系推断的研究论文，简述采用这种处理方法的主要原因、过程和效果。

4. 在高质量专业期刊上选择一篇采用双重差分方法处理因果关系推断的研究论文，简述采用这种处理方法的主要原因、过程和效果。

5. 在高质量专业期刊上选择一篇采用结构方程模型处理因果关系推断的研究论文，简述采用这种处理方法的主要原因、过程和效果。

6. 在高质量专业期刊上选择一篇采用格兰杰因果检验处理因果关系推断的研究论文，简述采用这种处理方法的主要原因、过程和效果。

第6篇
进一步分析

在前面进行了主回归和稳健性检验，已经完成了研究假设的检验工作。为何还要做进一步分析？

进一步分析部分的主要作用是深入挖掘主回归的已有结果，争取发现更多的细节性结论，增加论文的研究发现，提升论文的档次。例如，对主回归结果进行异质性分析、调节效应分析、中介效应分析、路径分析乃至更加综合性的机制分析等。本篇的内容就是完成上述工作。

18 进一步分析 I：如何进行异质性分析？

📚 学习要点

　　主回归和稳健性检验之后通常需要进行进一步分析，其作用主要是扩展或增强主回归的结论，提升论文的研究贡献。进一步分析中最简便的做法就是对主回归的结论进行异质性分析。本章将介绍异质性分析的内涵、常见类型和处理方法等。

18.1 进一步分析有哪些常见类型？

　　在实证研究论文中，除了主回归、稳健性检验和内生性分析之外，进一步分析是提升研究深度、广度和可信度，增强论文学术贡献的重要环节。这些进一步分析的常见类型包括异质性分析、中介效应分析、路径分析、调节效应分析、机制分析、拓展性分析等。

18.1.1 异质性分析

　　异质性分析（heterogeneity analysis）是指在不同的情境（如不同行业、不同规模企业、不同地区等）下研究结论是否一致。通过异质性分析，可以揭示研究结果在不同群体中的差异性。以研究审计质量对企业财务绩效的影响为例，主回归发现审计质量与企业财务绩效正相关。在进一步分析中，按企业规模（大型企业与中小企业）分组进行异质性分析，发现审计质量对大型企业的财务绩效影响更为显著，而对中小企业的财务绩效影响较小。这种分析有助于理解审计质量在不同规模企业中的作用差异，为审计机构和企业管理者提供更有针对性的建议。

18.1.2 中介效应分析

　　中介效应分析（mediation analysis）用于探讨自变量通过中介变量对因变量的影响路径。它揭示了变量之间的作用机制，而不仅仅是直接关系。以研究企业研发投入与财务绩效的关系为例，主回归发现研发投入与财务绩效正相关。在进一步分析中，引入"技术创新能力"作为中介变量，通过逐步回归法、Sobel 检验或 Bootstrap 检验等方法，发现研发投入通过提升企业的技术创新能力，进而促进财务绩效的提升。这种分析有助于揭示研发投入对财务绩效的间接作用机制，为企业的研发决策提供更深入的理论支持。

18.1.3　路径分析

一般而言，路径分析探讨自变量影响因变量的具体途径，可以基于检验自变量通过多个中介变量同时影响因变量的方式进行分析，可以简单理解为多个中介效应的联合分析。以研究企业数字化转型对财务绩效的影响为例，主回归发现企业数字化转型对提升财务绩效具有正向影响。在进一步分析中，同时检验多个中介变量（如运营效率、市场竞争力、创新能力）在数字化转型和财务绩效之间的路径关系后发现，数字化转型通过提升运营效率、市场竞争力和创新能力，间接提升了财务绩效。

18.1.4　调节效应分析

调节效应分析（moderation analysis）用于探讨某一变量（调节变量）如何改变自变量与因变量之间的关系强度或方向。以研究企业财务透明度对投资效率的影响为例，主回归发现财务透明度与投资效率正相关。在进一步分析中，引入"市场竞争程度"作为调节变量，发现市场竞争程度越高，财务透明度对投资效率的正向影响越强。这种分析有助于理解在不同市场环境下，财务透明度对投资效率的影响差异，为政策制定和企业管理提供更精准的建议。

18.1.5　机制分析

机制分析（mechanism analysis）是一种研究方法，旨在深入探讨变量之间的作用原理、内在过程以及影响因素。它不仅关注变量之间的相关性或因果关系，更注重解释这些关系背后的"为什么"和"如何发生"。机制分析的目的是揭示隐藏在数据背后的理论逻辑和实际运作过程，从而为理论发展和实践应用提供更深入的理解。

18.1.6　拓展性分析

拓展性分析是指在主回归的基础上，进一步探讨与研究主题相关的其他问题，拓展研究的边界。以研究会计准则变更对企业财务报告质量的影响为例，主回归发现会计准则变更显著提高了企业的财务报告质量。在进一步分析中，探讨会计准则变更对企业信息披露质量、市场反应等方面的影响，发现会计准则变更不仅提高了财务报告质量，还增强了市场对企业的信心。这种分析有助于全面评估会计准则变更的经济后果，为会计准则的制定和修订提供更全面的参考。

综上所述，进一步分析在实证研究中具有重要意义。通过异质性分析、中介效应分析、路径分析、调节效应分析、机制分析、拓展性分析等方法，研究者可以更全面、深入地理解研究问题，揭示变量之间的作用机制和差异性，为理论发展和实践应用提供更丰富的参考。

18.2 什么是异质性?

实证研究中的异质性是指在研究过程中所关注的变量或关系在不同个体、群体、时间、空间或其他维度上存在的差异性或非一致性。

18.2.1 异质性的表现形式

异质性又分为个体异质性、群体异质性、时间异质性、空间异质性等。其中，个体异质性是指在研究对象为个体（如企业、消费者、员工等）的实证研究中，不同个体之间的特征差异会导致异质性。比如，在研究企业创新行为时，不同企业由于规模大小、行业属性、技术基础、管理水平等方面存在差异，使得它们在创新投入、创新产出等方面表现出不同的特征，这就是个体异质性的体现。

群体异质性是指当研究将个体划分为不同群体进行分析时，群体之间可能存在异质性。例如，将企业按照所有制类型分为国有企业和民营企业，研究发现国有企业和民营企业在融资渠道、投资决策、经营目标等方面存在显著差异，这种群体间的差异就是群体异质性。

时间异质性是指变量或关系在不同时间点上可能存在异质性。以宏观经济数据为例，在经济繁荣时期和经济衰退时期，货币政策对企业投资的影响可能不同。在经济繁荣时，宽松的货币政策可能更容易刺激企业增加投资；而在经济衰退时，企业可能由于市场需求不足等原因，对宽松货币政策的反应不敏感，这就是时间异质性。

空间异质性是指研究对象在不同地理位置或空间范围内表现出的异质性。比如，在研究区域经济发展时，不同地区由于资源禀赋、产业结构、政策环境等因素的不同，经济增长速度、产业发展模式等会存在差异。在研究企业财务行为时，不同地区的企业可能因为当地金融市场发达程度、税收政策、劳动力成本等方面的不同，而在融资行为、成本控制等方面表现出空间异质性。

18.2.2 异质性产生的原因

异质性产生的原因，有个体特征差异、环境因素差异、样本选择偏差等方面。其中，个体特征差异是指个体自身的属性和特征是异质性产生的重要原因。如消费者的年龄、性别、收入水平、教育程度等个人特征不同，会导致他们在消费行为、储蓄习惯等方面存在差异；企业的资产规模、股权结构、企业文化等特征的不同，也会使其在经营决策、财务状况等方面表现出异质性。

环境因素差异是指外部环境的不同会导致异质性。不同国家或地区的政治、经济、文化、法律等环境存在差异，会影响企业或个体的行为和决策。比如，不同国家的税收政策不同，会使得跨国企业在不同国家的子公司在税务筹划等方面采取不同的策略；不同地区的市场竞争程度不同，也会导致当地企业在市场开拓、产品定价等方面表现出差异。

样本选择偏差指的是，在实证研究中，样本的选择方式可能会引入异质性。如果样本不是随机抽取的，而是存在一定的选择性，那么不同样本组之间可能存在系统性差异。例如，在研究某一政策对企业绩效的影响时，如果只选择规模较大的企业作为样本，那么得到的结果可能不能代表所有企业的情况，与包含各种规模企业的样本结果存在异质性。

18.3 为何要做异质性分析？

在实证研究中，异质性分析具有重要意义，它有助于研究者更深入地理解变量关系、提升研究的准确性与可靠性，并为政策制定等提供更有价值的参考。异质性分析的意义主要体现在以下四个方面：更全面深入地理解研究对象，提高研究结论的准确性和可靠性，为政策制定和实践应用提供更有价值的参考，拓展研究边界和推动理论发展。

18.3.1 更全面深入地理解研究对象

更全面深入地理解研究对象，如揭示内在差异、挖掘复杂关系等。其中，揭示内在差异指的是，不同个体、群体、时间或空间下的研究对象往往存在内在差异，通过异质性分析可以将这些差异清晰地展现出来。例如，在研究企业财务绩效时，不同行业的企业面临的市场竞争、技术创新压力和监管环境不同，通过异质性分析，按行业分类研究，能发现制造业企业可能更依赖固定资产投资来提升绩效，而服务业企业更看重人力资源和品牌建设。

挖掘复杂关系指的是，许多经济管理现象并非单一的线性关系，异质性分析有助于挖掘变量之间在不同情境下的复杂关系。以税收政策对企业研发投入的影响为例，对大型企业来说，税收优惠可能更能激励它们增加研发投入，因为其有更多的资源和能力来利用这些政策；而对于小型企业，可能由于资金和技术人才的限制，对税收政策的反应相对较弱，通过异质性分析可以揭示出这种复杂的关系。

18.3.2 提高研究结论的准确性和可靠性

提高研究结论的准确性和可靠性，如避免平均效应的误导、增强结果的稳健性等。其中，避免平均效应的误导指的是，如果只进行总体层面的分析，可能会得到一个平均意义上的结果，掩盖了不同群体之间的真实差异，导致结论不准确。比如，在研究员工培训对工作绩效的影响时，总体分析可能显示培训对绩效有一定的提升作用，但通过异质性分析可能发现，对于年轻员工和高学历员工，培训的效果更为显著，而对于年龄较大或低学历员工，效果不明显甚至没有效果，避免了仅看平均效应所得出的片面结论。

增强结果的稳健性指的是，当研究结论在不同的异质性分组中都能保持相对一致时，说明该结论具有更强的稳健性和可靠性。例如，在研究货币政策对经济增长的影响时，若在不同经济发展水平的地区、不同产业结构的行业等多种异质性条件下，都能发现货币政策对经济增长有类似的影响趋势，那么就可以更有信心地认为这一结论是可靠的；反之，如果在某些异质性条件下结论不成立，就需要进一步审视研究的假设和模型设定。

18.3.3　为政策制定和实践应用提供更有价值的参考

为政策制定和实践应用提供更有价值的参考，如制定精准政策、优化实践策略等。其中，制定精准政策指的是，政策的实施对象往往具有多样性，异质性分析可以帮助政策制定者了解不同群体对政策的不同反应和需求，从而制定更具针对性和差异化的政策。以社会保障政策为例，通过异质性分析发现不同年龄段、不同收入水平的人群对社会保障的需求和依赖程度不同，政策制定者就可以根据这些差异，制定出更符合不同群体利益的社会保障政策，提高政策的实施效果。

优化实践策略指的是，在企业管理等实践领域，异质性分析有助于企业根据不同客户群体、不同市场区域等特点，制定更有效的营销策略、生产计划等。比如，在市场营销中，通过异质性分析发现不同地区的消费者对产品的偏好和购买能力存在差异，企业就可以根据这些差异进行产品差异化设计和市场细分，提高市场占有率。

18.3.4　拓展研究边界和推动理论发展

拓展研究边界和推动理论发展，如发现新的研究问题、完善和丰富理论体系和填补现有文献的研究空白等。其中，发现新的研究问题指的是，异质性分析可能会揭示出一些在总体分析中未被发现的新现象和新问题，为进一步的研究提供方向。例如，在研究企业国际化与绩效的关系时，进行异质性分析可能会发现企业进入不同国家市场时，由于当地文化、制度等因素的差异，国际化对绩效的影响存在不同的机制和路径，这就为后续研究开辟了新的方向，如深入研究文化距离、制度差异等因素对企业国际化的影响。

完善和丰富理论体系指的是，通过对不同情境下异质性的研究，可以对现有的理论进行补充和完善。例如，在财务理论中，传统的资本结构理论可能只考虑了企业规模、盈利能力等一般性因素对资本结构的影响，通过异质性分析发现企业的股权结构、行业竞争态势等因素也会对资本结构产生重要影响，从而丰富和完善了资本结构理论。

18.4　何时需要进行异质性分析？

在实证研究中，进行异质性分析的时机通常取决于研究问题的复杂性、数据的多样性以及研究结论的稳健性需求。下面以具体的研究问题为例说明何时需要进行异质性分析以及原因。

【例18-1】研究企业财务透明度对投资效率的影响。

何时需要进行异质性分析？当主回归分析发现财务透明度与投资效率正相关，但怀疑这种关系可能因企业规模而有所不同。

原因是企业规模差异：大型企业和中小企业在资源获取、市场影响力和内部治理机制上存在显著差异，可能导致财务透明度对投资效率的影响不同。

异质性分析：按企业规模（大型企业与中小企业）分组进行回归分析，发现财务透明度对大型企业的投资效率提升作用更为显著，而对中小企业的投资效率影响较小。这种分析有助于理解财务透明度在不同规模企业中的作用差异，为政策制定和企业管理提供更有针对性的建议。

【例18-2】研究会计准则变更对企业财务报告质量的影响。

何时需要进行异质性分析？当主回归分析发现会计准则变更显著提高了企业的财务报告质量，但怀疑这种影响可能因行业而有所不同。

原因是行业差异：不同行业在市场竞争、技术更新和政策环境等方面存在显著差异，可能导致会计准则变更的影响不同。

异质性分析：按行业（如制造业、服务业、金融行业）进行分组分析，发现会计准则变更对制造业企业的财务报告质量提升作用更为显著，而对金融行业的提升作用较小。这种分析有助于全面评估会计准则变更的经济后果，为会计准则的制定和修订提供更全面的参考。

【例18-3】研究高管异质性对会计信息质量的影响。

何时需要进行异质性分析？当主回归分析发现高管特征（如性别、年龄、学历）与会计信息质量显著相关，但怀疑这种关系可能因企业所有权性质而有所不同。

原因在于企业所有权性质差异：国有企业、民营企业和外资企业在治理结构、决策机制和目标导向等方面存在显著差异，可能导致高管特征对会计信息质量的影响不同。

异质性分析：按企业所有权性质（国有企业、民营企业、外资企业）进行分组分析，发现高管性别异质性（如 CEO 和 CFO 性别不同）对会计信息质量的提升作用在民营企业中更为显著。这种分析有助于理解高管特征在不同所有权性质企业中的作用差异，可为企业管理提供更有针对性的建议。

【例18-4】研究企业社会责任与财务绩效的关系。

何时需要进行异质性分析？当主回归分析发现企业社会责任与财务绩效正相关，但怀疑这种关系可能因地区而有所不同。

原因在于地区差异：不同地区的经济发展水平、政策环境和市场成熟度存在显著差异，可能导致企业社会责任对财务绩效的影响不同。

异质性分析：按地区（如东部、中部、西部）进行分组分析，发现东部地区企业的社会责任对财务绩效的促进作用更为显著。这种分析有助于理解企业社会责任在不同地区的作用差异，为政策制定和企业管理提供更有针对性的建议。

【例 18-5】研究研发投入对企业财务绩效的影响。

何时需要进行异质性分析？当主回归分析发现研发投入与企业财务绩效正相关，但怀疑这种关系可能因企业生命周期阶段而有所不同。

原因在于企业生命周期阶段差异：初创期、成长期、成熟期和衰退期企业在资源获取能力、市场地位和战略选择等方面存在显著差异，可能导致研发投入对财务绩效的影响不同。

异质性分析：按企业生命周期阶段进行分组分析，发现研发投入对成长期和成熟期企业的财务绩效提升作用更为显著。这种分析有助于理解研发投入在不同生命周期阶段作用的差异，为企业的研发决策提供更有针对性的建议。

综上所述，在实证研究中，进行异质性分析的时机通常取决于以下三点：研究问题的复杂性、数据的多样性、研究结论的稳健性需求。其中，研究问题的复杂性是指，当研究问题涉及多个维度（如企业规模、行业、地区等）时，需要进行异质性分析。数据的多样性是指，当数据包含不同群体（如不同规模企业、不同行业企业等）时，需要进行异质性分析。研究结论的稳健性需求是指，当主回归结果可能存在偏差或不全面时，需要通过异质性分析来加强结论的稳健性。

通过异质性分析，研究者可以更全面、深入地理解研究问题，揭示变量之间的作用机制和差异性，为理论发展和实践应用提供更丰富的参考。

18.5 异质性分析的常见维度

在实证研究中，确定异质性分析的维度需要综合考虑研究问题的背景、理论基础以及数据的可获得性。下面以经管领域为例，介绍一些常见的异质性分析维度及其应用。

18.5.1 企业规模

维度说明：企业规模是财会研究中常用的异质性维度之一，通常以总资产、营业收入或员工人数等指标衡量。不同规模的企业在资源、市场影响力、管理复杂性等方面存在差异，这些差异可能导致研究变量之间的关系有所不同。

应用示例：在研究审计质量对企业财务绩效的影响时，可以将企业按规模分为大型企业和中小企业，分别进行回归分析。研究发现，审计质量对大型企业的财务绩效影响更为显著，而对中小企业的财务绩效影响较小。

18.5.2 企业所有权性质

维度说明：企业所有权性质（如国有企业、民营企业、外资企业）反映了企业的治理结构、决策机制和目标导向等方面的差异。不同所有权性质的企业在财务决策、资源获取和运营效率等方面可能存在显著差异。

应用示例：在研究企业社会责任与财务绩效的关系时，可以按企业所有权性质（国有企业、民营企业、外资企业）进行分组分析。结果表明，国有企业在履行社会责任方面表现更好，但对财务绩效的提升作用不如民营企业显著。

18.5.3　行业差异

维度说明：不同行业在市场竞争、技术更新、政策环境等方面存在显著差异，这些差异可能导致企业对同一变量的反应不同。行业差异是财会研究中常用的异质性分析维度之一。

应用示例：在研究会计准则变更对企业财务报告质量的影响时，可以按行业（如制造业、服务业、金融行业）进行分组分析。研究发现，会计准则变更对制造业企业的财务报告质量提升作用更为显著，而对金融行业的提升作用较小。

18.5.4　地区差异

维度说明：地区差异反映了不同地区的经济发展水平、政策环境、市场成熟度等方面的差异。这些差异可能导致企业在财务决策和绩效表现上存在显著差异。

应用示例：在研究 ESG 表现对企业财务绩效的影响时，可以按地区（如东部、中部、西部）进行分组分析。研究发现，东部地区企业的 ESG 表现对财务绩效的促进作用更为显著，而中部和西部地区的影响较小。

18.5.5　管理层特征

维度说明：管理层的性别、年龄、学历、职业背景等特征可能影响企业的决策和运营效率。这些特征反映了管理层在认知能力、风险偏好和管理风格等方面的差异。

应用示例：在研究高管异质性对会计信息质量的影响时，可以按高管性别、年龄、学历等特征进行分组分析。研究发现，高管性别异质性（如 CEO 和 CFO 性别不同）对会计信息质量有显著提升作用，年龄异质性的影响则不显著。

18.5.6　市场环境

维度说明：市场环境包括市场竞争程度、行业集中度、市场成熟度等。不同市场环境下的企业可能面临不同的竞争压力和市场机会，从而影响其财务决策和绩效表现。

应用示例：在研究企业财务透明度对投资效率的影响时，可以按市场竞争程度（高竞争行业与低竞争行业）进行分组分析。研究发现，在高竞争行业中，财务透明度对投资效率的提升作用更为显著。

18.5.7 企业生命周期阶段

维度说明：企业生命周期阶段（如初创期、成长期、成熟期、衰退期）反映了企业在不同发展阶段的资源获取能力、市场地位和战略选择等方面的差异。这些差异可能导致企业在财务决策和绩效表现上存在显著差异。

应用示例：在研究研发投入对企业财务绩效的影响时，可以按企业生命周期阶段进行分组分析。研究发现，在成长期和成熟期企业中，研发投入对财务绩效的提升作用更为显著，而在初创期和衰退期企业中，研发投入的提升作用不显著。

18.5.8 会计政策和制度环境

维度说明：不同的会计政策和制度环境可能影响企业的财务报告质量和财务决策。例如，不同国家或经济体的会计准则、税收政策等制度环境差异可能导致企业在财务表现上存在显著差异。

应用示例：在研究会计稳健性对企业财务风险的影响时，可以按会计政策（如会计估计变更、折旧政策）或制度环境（如不同国家或经济体）进行分组分析。研究发现，在会计政策较为稳健的地区，企业的财务风险较低。

18.5.9 确定异质性分析维度的考虑因素

一般而言，确定异质性分析的维度需要考虑下列因素：理论基础，文献回顾，数据可获得性等。其中，理论基础指的是基于研究问题的理论框架，确定可能影响研究结论的异质性因素。例如，委托代理理论、信息不对称理论等可能提示某些维度的重要性。文献回顾是指参考已有研究中使用的异质性维度，结合研究问题的具体背景选择合适的维度。数据可获得性指的是确保所选择的维度在数据层面具有可操作性，能够获取到相应的数据进行分析。

18.5.10 确定异质性分析维度的过程

初步分析：通过描述性统计或相关性分析，初步判断所选择的维度是否具有显著的异质性特征。

分组回归：按所选择的维度对样本进行分组，分别进行回归分析，检验研究结论在不同组别中的差异性。

结果解释：结合理论和实际情况，对异质性分析的结果进行解释，探讨其可能的原因和机制。

通过以上步骤，研究者可以系统地确定异质性分析的维度，并在实证研究中深入探讨研究问题的复杂性和多样性，从而为理论发展和实践应用提供更丰富的参考。

18.6 异质性分析的常见方法

在实证研究中，异质性分析是揭示不同群体或情境下研究结果差异的重要手段。常见的异质性分析方法主要有：分组回归、加入交互项、分位数回归、因变量条件分位数回归、双重差分等。

18.6.1 分组回归

通过将样本分为不同的组别，分别进行回归分析，直观地展示不同群体之间的差异。

内在逻辑：假设不同群体（如不同规模企业、不同行业企业等）对同一变量的反应存在显著差异（异质性），通过分组回归可以分别估计这些差异。

实现过程分为四个步骤：①确定分组变量，选择一个合适的分组变量，如企业规模（大型企业与中小企业）；②数据分组，根据分组变量将样本分为不同的组；③分别回归，对每组分别进行回归分析；④结果比较，比较不同组的回归系数，判断是否存在显著差异。

Stata 代码示例：以 auto 数据集为例，分析汽车价格（price）与汽车重量（weight）的关系，按汽车类型（foreign）分组：

```
sysuse auto, clear   // 导入数据
regress price weight if foreign == 0   //分组回归：国内汽车
regress price weight if foreign == 1   //分组回归：进口汽车
```

18.6.2 加入交互项

通过在回归模型中加入交互项，检验某一变量对因变量的影响是否因其他变量的不同而有所差异。

内在逻辑：交互项的显著性可以表明自变量对因变量的影响是否因分组变量的不同而存在差异（异质性）。

实现过程分为三个步骤：①生成交互项，创建自变量与分组变量的交互项。②回归分析，将交互项加入回归模型中。③结果解释，通过交互项的系数和显著性判断是否存在异质性，显著则存在异质性（即假设汽车价格受车重影响，但同等重量的进口汽车价格与国产汽车显著不同）。

Stata 代码示例：以 auto 数据集为例，分析汽车价格（price）与汽车重量（weight）的关系，加入汽车类型（foreign）的交互项：

```
sysuse auto, clear   // 导入数据
gen weight_foreign=weight * foreign   // 生成自变量与分组变量的交互项
regress price weight foreign weight_foreign   // 回归分析：加入了交互项
```

18.6.3　分位数回归

通过分位数回归（quantile regression）分析自变量对因变量不同分位数的影响，揭示因变量分布的异质性。

内在逻辑：通过分位数回归，可以揭示自变量对因变量不同分位数的影响，捕捉因变量分布的异质性。

应用场景：经济学方面，分析收入分布、消费行为等。金融方面，评估风险价值（VaR）、资产定价等。社会科学方面，研究教育对工资的影响、健康对生活质量的影响等。

样本数据要求：适用于条件分布①的分析。

实现过程分为三个步骤：①选择因变量的分位数，选择感兴趣的分位数（如0.1、0.5、0.9）。②分位数回归，对每个分位数进行回归分析。③结果比较，比较不同分位数下的回归系数，判断是否存在异质性。若系数显著不同，因变量存在异质性。

Stata 代码示例：以 auto 数据集为例，分析汽车价格（price）与汽车重量（weight）的关系，进行分位数回归。若各个分位数回归的系数显著不同，表明低中高价位汽车价格受汽车重量的影响具有异质性。

```
sysuse auto, clear //  导入数据
qreg price weight, quantile (0.1) //  分位数回归：10%分位数（低价位汽车）
qreg price weight, quantile (0.5) //  分位数回归：50%分位数（中价位汽车）
qreg price weight, quantile (0.9) //  分位数回归：90%分位数（高价位汽车）
```

18.6.4　因变量条件分位数回归

通过因变量条件分位数回归（outcome conditioned quantile regression，OCQR）直接识别并估计因变量位于其无条件分布的某一分位点时，解释变量对因变量的平均边际影响。

内在逻辑：直接识别并估计因变量位于其无条件分布的某一分位点时，解释变量对因变量的平均边际影响，具有更清晰的经济学解释。

应用场景：政策效应分析，评估政策对不同收入水平、财富水平或健康水平的影响。异质性效应分析，研究不同群体对某一变量的反应差异，如不同行业、不同地区的企业对政策的反应。

样本数据要求：OCQR 旨在估计因变量总体分位数上解释变量的影响，无样本分位数限制。

实现过程分为三个步骤：①选择因变量的分位数，选择感兴趣的分位数。②OCQR 回归，使用 OCQR 方法进行回归分析。③结果解释，通过 OCQR 的估计结果判断因变量分

---

① 在概率论和统计学中，条件分布是指在给定其他随机变量取值的条件下某个随机变量的概率分布。它描述了在已知某些条件发生的情况下，另一个随机变量的取值规律。

布的异质性。

Stata 代码示例：以 auto 数据集为例，分析汽车价格（price）与汽车重量（weight）的关系，进行 OCQR 回归：

```
sysuse auto, clear //  导入数据
ssc install ocqr //   安装指令
ocqr price weight, quantile (0.1) //  OCQR 回归：10%分位数
ocqr price weight, quantile (0.5) //  OCQR 回归：50%分位数
ocqr price weight, quantile (0.9) //  OCQR 回归：90%分位数
```

在使用分位数回归方法分析政策效应的异质性时，建议首选 OCQR 回归。

18.6.5 双重差分

双重差分（DID）通过比较处理组和对照组在政策实施前后的变化差异，评估政策效应的异质性。

内在逻辑：DID 方法能够有效控制不可观测的异质性，提供因果推断。

实现过程分为四个步骤：①确定处理组和对照组，根据研究问题确定处理组和对照组。②构建 DID 模型，包括交互项。③进行回归分析，估计政策效应。④结果解释，通过交互项的系数和显著性判断政策效应的异质性。

Stata 代码示例：以 auto 数据集为例，假设 foreign 为处理组（'foreign == 1'），分析汽车价格（price）与汽车重量（weight）的关系，进行 DID 分析：

```
sysuse auto, clear   // 导入数据
*构建 DID 模型
gen post=year >= 1980   //假设 1980 年为某项政策的实施年份，分析政策实施前后对处理组与对照组影响的差异（异质性）
gen treatment=foreign * post
regress price weight foreign post treatment   // 回归分析
```

注意：网上一些 auto. dta 数据集可能无时间变量 year，本例需要带有时间变量 year 的 auto. dta 数据集。如若不希望使用这个数据集，亦可更换为其他数据集（如 nlswork. dta）。

综上所述，异质性分析是实证研究中不可或缺的一部分。通过分组回归、交互项、分位数回归、OCQR 和 DID 等方法，研究者可以更全面地理解研究结果在不同群体或情境下的差异性，为理论发展和实践应用提供更丰富的参考。

18.7　异质性交互作用分析

在异质性分析中，分析多个维度之间的交互作用是一个关键且复杂的任务。下面从模型构建、结果解读及增强稳健性验证等方面分别进行介绍。

18.7.1 构建异质性交互作用模型

构建异质性交互作用模型，如纳入交互项、采用分层模型或多水平模型、使用调节效应模型等。

（1）纳入交互项，最直接的方法就是在回归模型中加入交互项。例如，若要研究企业规模和行业竞争程度对企业绩效的交互影响，可设企业规模变量为 Size，行业竞争程度变量为 Competition，企业绩效变量为 Performance，构建模型如下：

$$Performance = \beta_0 + \beta_1 Size + \beta_2 Competition + \beta_3 Size \times Competition + \varepsilon$$

其中，β_3 是交互项系数，通过检验 β_3 的显著性来判断交互作用是否存在。

（2）采用分层模型或多水平模型指的是，当数据具有层次结构时，如个体嵌套于群体中，可采用分层模型。比如，研究员工绩效、员工个体特征（如年龄、性别比例、学历、工龄等）和所在部门特征（如销售部门、生产部门、仓储部门、财务部门、研发部门等）可能存在交互作用，分层模型可将员工层面变量和部门层面变量同时纳入，能更准确地估计不同层次变量间的交互作用，有效处理组内和组间异质性。

（3）使用调节效应模型指的是，若一个变量（调节变量）会影响另外两个变量之间的关系，可使用调节效应模型。以研究激励政策对员工绩效的影响为例，假设员工的工作自主性会调节激励政策与绩效的关系，可将激励政策设为自变量，员工绩效设为因变量，工作自主性设为调节变量，构建调节效应模型来分析交互作用。

18.7.2 解读异质性交互作用的结果

解读异质性维度交互作用的结果需要综合考虑交互项系数的显著性、方向、大小以及相关的统计量等。

18.7.2.1 交互项系数的显著性

（1）系数显著。若交互项系数通过了显著性检验（如在常见的 t 检验中，p 值小于设定的显著性水平，如 0.05），表明两个维度之间存在显著的交互作用。例如，在研究企业创新投入与市场竞争程度对企业绩效的影响时，若创新投入与市场竞争程度的交互项系数显著，说明市场竞争程度会调节创新投入与企业绩效之间的关系，即创新投入对企业绩效的影响会因市场竞争程度的不同而不同。

（2）系数不显著。若交互项系数不显著，意味着在当前的研究模型和数据下没有足够证据表明两个维度之间存在交互作用。此时可以认为两个维度对因变量的影响是相互独立的，不存在一个维度改变另一个维度对因变量影响的情况。

18.7.2.2 交互项系数的符号方向

（1）正交互作用。当交互项系数为正时，一般表示两个维度的交互效应会增强对因变量的影响。比如，在分析教育程度和工作经验对收入的影响时，如果教育程度与工作经验的交互项系数为正，说明高教育程度与丰富工作经验相结合，会使收入增加的幅度大于两者单独作用时增加幅度的简单相加，两者相互促进，对收入有正向的协同作用。

（2）负交互作用。交互项系数为负时，说明两个维度的交互会削弱对因变量的影响。例如，在研究广告投入和产品价格对产品销量的影响时，若广告投入与产品价格的交互项系数为负，可能意味着高价格产品即使增加广告投入，对销量的提升效果也会受到限制，或者说高广告投入下，产品价格上涨对销量的负面影响更大，两者存在一定的拮抗作用。

18.7.2.3　交互项系数的大小

交互项系数的大小反映了交互作用对因变量影响的相对重要性。在比较多个交互作用时，系数绝对值越大，说明该交互作用对因变量的影响相对越强。比如，在一个包含多个异质性维度交互作用的模型中，发现某个交互项的系数绝对值明显大于其他交互项，那么在解释因变量的变化时，这个交互作用可能更关键。

如何解读交互项系数的实际意义？结合具体研究情境，考虑交互项系数大小所代表的实际意义。例如，在研究研发投入和政府补贴对企业创新产出的交互作用中，若交互项系数为 0.3，意味着在其他条件不变的情况下，研发投入和政府补贴每增加一个单位，企业创新产出的增加量会在两者单独作用的基础上额外增加 0.3 个单位，可据此评估交互作用在实际经济或社会现象中的影响程度。

18.7.2.4　结合其他统计量解读交互性

在加入交互项后，观察模型的 R^2 和调整 R^2 变化。如果 R^2 和调整 R^2 显著提高，说明加入交互项后模型对因变量的解释能力增强，进一步支持了交互作用的存在和重要性。

对于包含交互项的模型整体进行 F 检验，若 F 统计量显著，表明模型中至少有一个自变量（包括交互项）对因变量有显著影响，也为交互作用的存在提供了一定的证据。

18.7.3　增强交互作用的稳健性验证

增强交互作用的稳健性验证，例如，进行分组回归、采用不同指标或变量、改变样本范围或数据来源等。

分组回归指的是按照不同维度对样本进行分组，然后在每个子样本中进行回归分析。如研究性别和地区对就业收入的交互作用，可先按地区分组，再分别在各地区组内分析性别对收入的影响，观察不同地区组内性别效应是否一致，与包含交互项的整体模型结果进行对比验证。

采用不同指标或变量指的是，对于维度变量尝试采用不同的测量指标或变量进行替换。如在分析企业创新能力和市场份额对企业利润的交互作用时，若最初用专利数量衡量创新能力，可再尝试用研发投入强度等指标替换，重新进行交互作用分析，看结果是否稳健。

改变样本范围或数据来源是指扩大或缩小样本范围，或使用不同来源的数据进行分析。如在研究消费者特征和产品属性对购买意愿的交互作用时，若原样本来自某几个城市，可扩大到更多城市或更换数据来源，重新分析交互作用，检验结果的稳定性和普遍性。

18.7.4　异质性交互作用样例

以经管领域的研究为例，常见的异质性维度包括企业规模、产权性质、行业竞争程度、财务杠杆、管理层持股比例等。以下是基于这些维度进行交互作用分析的例子。

【例18-6】 企业规模与财务杠杆对企业绩效的交互作用分析。

模型构建：建立以企业绩效（如净资产收益率 ROE）为因变量，企业规模（以总资产的自然对数衡量，Size）、财务杠杆（资产负债率，leverage）以及两者的交互项为自变量的回归模型：

$$ROE = \beta_0 + \beta_1 Size + \beta_2 Leverage + \beta_3 Size \times Leverage + \varepsilon$$

结果解读：收集一定数量企业的相关数据进行回归分析，若 β_3 显著且为正，表明企业规模与财务杠杆对企业绩效有正向交互作用，即大规模企业利用财务杠杆提升绩效的效果更明显；若 β_3 不显著，说明两者不存在明显的交互作用。

【例18-7】 产权性质与行业竞争程度对企业创新投入的交互作用分析。

模型构建：以企业创新投入强度（研发投入占营业收入的比例，Innovation）为因变量，产权性质（Property：国有企业为1，非国有企业为0）、行业竞争程度（Competition，用赫芬达尔-赫希曼指数衡量）及二者交互项为自变量构建模型：

$$Innovation = \beta_0 + \beta_1 Property + \beta_2 Competition + \beta_3 Property \times Competition + \varepsilon$$

结果解读：对样本数据进行分析，若 β_3 显著且为负，意味着在竞争激烈的行业中，国有企业的创新投入强度相对较低，即产权性质与行业竞争程度对企业创新投入存在负向交互作用。

【例18-8】 财务杠杆与管理层持股比例对企业价值的交互作用分析。

模型构建：设企业价值（托宾 Q 值）为因变量（TobinQ），财务杠杆（Leverage）、管理层持股比例（ManagerShare）及它们的交互项为自变量，构建模型：

$$TobinQ = \beta_0 + \beta_1 Leverage + \beta_2 ManagerShare + \beta_3 Leverage \times ManagerShare + \varepsilon$$

结果解读：经过数据回归，若 β_3 显著且为正，说明财务杠杆与管理层持股比例对企业价值有正向交互作用，即管理层持股比例较高时，适当增加财务杠杆能更有效地提升企业价值。

【例18-9】 企业规模与行业竞争程度对会计信息质量的交互作用分析。

模型构建：以会计信息质量（用修正的琼斯模型计算的操控性应计利润的绝对值衡量，值越小质量越高）为因变量（AQ），企业规模（Size）、行业竞争程度（Competition）及二者交互项为自变量，构建模型：

$$AQ = \beta_0 + \beta_1 Size + \beta_2 Competition + \beta_3 Size \times Competition + \varepsilon$$

结果解读：分析数据后，若 β_3 显著且为负，说明企业规模与行业竞争程度对会计信息质量存在负向交互作用，即在竞争激烈的行业中，大规模企业的会计信息质量相对更高。

**企业融资约束
SA 指数**

【例 18-10】产权性质与财务杠杆对企业融资约束的交互作用分析。

模型构建：以企业融资约束（用 SA 指数衡量，值越大约束越大）为因变量（SA），产权性质（Property）、财务杠杆（Leverage）及它们的交互项为自变量，构建模型：

$$SA = \beta_0 + \beta_1 Property + \beta_2 Leverage + \beta_3 Property \times Leverage + \varepsilon$$

结果解读：通过数据处理和分析，若 β_3 显著且为正，表明产权性质与财务杠杆对企业融资约束有正向交互作用，例如，国有企业在高财务杠杆下，融资约束可能会更大，这可能是由于其受到更多的政策限制或监管要求等因素导致。

【例 18-11】关于管理层持股比例与企业成长性对企业投资效率的交互作用分析研究。前面的例子相对简略，本例将详细描述分析过程，供初学者参考。

（1）理论基础与假设提出。管理层持股比例较高时，管理层与股东的利益更趋一致，会更有动力做出有利于企业长期发展的投资决策，提升投资效率。企业成长性高意味着有更多的投资机会和发展空间，若管理层持股比例合适，能够更好地把握这些机会，进一步提高投资效率。基于此，提出假设：管理层持股比例与企业成长性对企业投资效率存在正向交互作用。

（2）研究设计 1：选取合适的变量。

因变量：投资效率（IE），可以采用数据包络分析（DEA）方法计算得到的投资效率值来衡量，也可以用 Richardson 模型计算的残差来表示，残差绝对值越小，投资效率越高。

自变量：管理层持股比例（MSR），用管理层持有的公司股份数占总股份数的比例来表示；企业成长性（GROWTH），可以用营业收入增长率、总资产增长率或托宾 Q 值等指标来衡量。

控制变量：为了更准确地分析交互作用，还需要控制其他可能影响投资效率的因素，如企业规模（SIZE）、财务杠杆（LEV）、资产收益率（ROA）、现金流（CFO）等。

（3）研究设计 2：构建回归模型。

$$IE = \beta_0 + \beta_1 MSR + \beta_2 GROWTH + \beta_3 MSR \times GROWTH + \beta_4 SIZE + \beta_5 LEV + \beta_6 ROA + \beta_7 CFO + \varepsilon$$

其中，β_0 为截距项，β_1，β_2，$\cdots$，β_7 等为回归系数，ε 为随机误差项。

（4）数据收集与初步分析。

数据收集：选取一定数量的上市公司作为样本，收集其连续多年的财务数据和管理层持股数据。数据来源可以是国泰安数据库、万得数据库等专业金融数据库。

描述性统计：对收集到的数据进行描述性统计分析，了解各变量的均值、标准差、最小值、最大值等基本特征，初步判断数据的合理性和分布情况。

相关性分析：计算各变量之间的相关性系数，查看自变量之间是否存在严重的多重共线性问题。若相关性系数过高，可能需要对变量进行调整或采用其他方法来解决多重共线性问题。

（5）回归分析与结果解读。

若 β_3 显著为正，表明管理层持股比例与企业成长性对企业投资效率存在显著的正向交互作用。即当企业成长性较高时，管理层持股比例的增加会更显著地提高投资效率；反之，当管理层持股比例较高时，企业成长性的提升也会更有效地促进投资效率的提高。例如，在高科技行业中，企业成长性普遍较高，若管理层持有一定比例的股份，他们会更积极地投入研发和市场拓展等投资活动，并且能够更精准地把握投资机会，从而使企业的投资效率得到显著提升。

若 β_3 显著为负，说明管理层持股比例与企业成长性对企业投资效率存在负向交互作用。可能是由于管理层过度关注自身利益，在企业高成长阶段盲目追求规模扩张或进行高风险投资，导致投资效率下降；或者是管理层持股比例过高，形成内部人控制，阻碍了企业对高成长机会的有效利用，进而降低了投资效率。比如，某些家族企业中，管理层由家族成员主导且持股比例过高，可能会过于保守或为了家族利益而牺牲企业的长期投资机会，在企业高成长时期反而出现投资效率低下的情况。

若 β_3 不显著，意味着管理层持股比例与企业成长性之间不存在明显的交互作用对投资效率产生影响。可能是因为企业所处的行业环境、市场竞争等其他因素对投资效率的影响更为显著，掩盖了管理层持股比例和企业成长性的交互作用；或者是样本企业在管理层持股和企业成长性方面的特征不够明显，导致无法观察。

（6）稳健性检验。为了确保交互作用分析结果的可靠性，需要进行稳健性检验。可以采用以下几种方法：更换变量衡量指标，例如，用主营业务收入增长率替代营业收入增长率来衡量企业成长性，或者用其他投资效率衡量指标重新进行回归分析，观察交互项系数的稳定性；改变样本范围，剔除某些特殊样本，如 ST 公司、金融行业公司等，重新进行分析；或者扩大样本时间范围，观察结果是否保持一致；采用不同的估计方法，如使用固定效应模型、随机效应模型或工具变量法等不同的估计方法进行回归，比较交互作用结果的差异。

通过以上全面的分析过程，可以较为准确地探究管理层持股比例与企业成长性对企业投资效率的交互作用，为企业的管理层激励机制设计和投资决策提供有价值的参考。

18.8　异质性分析的更多例子

以下是基于经管研究领域的若干异质性分析例子，内容涵盖研究问题、异质性分析的内在逻辑、分析过程和研究结论等方面。

【例 18-12】研究问题：企业数字化转型对财务绩效的影响。

异质性分析：企业数字化转型是否对不同规模企业的财务绩效产生不同的影响？

异质性假设：企业规模是影响企业资源获取能力和运营效率的重要因素。大型企业通常具有更强的资源基础和技术吸收能力，而中小企业可能面临资源约束和技术应用难度。因此，数字化转型对不同规模企业的财务绩效影响可能存在显著差异。

分析过程分为四个步骤：①数据收集。收集企业财务数据、数字化转型指标（如信息技术投入、数字化平台使用等）以及企业规模数据。②分组回归。将企业按规模分为大型企业和中小企业两组，分别进行回归分析。③加入交互项。在回归模型中加入企业规模与数字化转型的交互项，检验交互项的显著性。④结果比较。比较两组的回归系数，判断是否存在显著差异。

研究结论与政策建议：①分组回归结果：数字化转型对大型企业的财务绩效提升作用显著，而对中小企业的财务绩效影响不显著。②交互项结果：交互项显著，进一步证实了数字化转型对不同规模企业的财务绩效存在异质性影响。③政策建议：政策制定者应针对中小企业提供更多的数字化转型支持，以缩小其与大型企业在数字化转型上的差距。

【例18-13】 研究问题：企业社会责任与财务绩效的关系。

异质性分析：企业社会责任（CSR）对不同行业企业的财务绩效是否存在不同的影响？

【例18-14】 研究问题：会计准则变更对企业财务报告质量的影响。

异质性分析：会计准则变更是否对不同地区企业的财务报告质量产生不同的影响？

【例18-15】 研究问题：高管异质性对会计信息质量的影响。研究问题：高管特征（如性别、学历）是否对不同所有权性质企业的会计信息质量产生不同的影响？

【例18-16】 研究问题：研发投入对企业财务绩效的影响。

异质性分析：研发投入是否对不同生命周期阶段企业的财务绩效产生不同的影响？

| 企业社会责任影响财务绩效的行业异质性分析 | 会计准则变更影响企业财务报告质量的地区异质性分析 | 高管特征影响企业会计信息质量在所有权性质方面的异质性分析 | 研发投入影响企业财务绩效在企业生命周期方面的异质性分析 |

综上所述，异质性分析在经管研究领域具有重要意义。通过分组回归、交互项分析等方法，研究者可以揭示研究结果在不同群体或情境下的差异性，为政策制定和企业管理提供更有针对性的建议。上述例子展示了异质性分析在不同研究问题中的应用，可以帮助研究者更好地理解研究问题的复杂性和多样性。

📝 本章小结

本章的主题是进一步分析概述及其第一步工作——异质性分析，介绍了实证论文构建中进一步分析的常见类型、异质性的内涵和产生原因、异质性分析的常见维度和分析方法等。这些内容有助于初学者深入了解异质性分析的内容。

本章中的 Stata 代码片段（包含二维码中的内容）仅为示意性的说明，目的在于介绍关键的代码指令。如需了解更多细节，可参阅第 21 章提供的演示，里面包含了多篇高质量期刊论文中数据处理过程的完整 Stata 代码。

❓ 思考与练习题

1. 在高质量专业期刊中选择多篇采用不同维度（每篇至少使用一种维度）进行异质性分析的研究论文，简述采用这些维度的主要原因、分析过程和效果。

2. 在高质量专业期刊中选择一篇采用分组回归方法进行异质性分析的研究论文，简述采用这种处理方法的主要原因、分析过程和效果。

3. 在高质量专业期刊中选择一篇采用交互项方法进行异质性分析的研究论文，简述采用这种处理方法的主要原因、分析过程和效果。

4. 在高质量专业期刊中选择一篇采用分位数回归方法（QR）进行异质性分析的研究论文，简述采用这种处理方法的主要原因、分析过程和效果。

5. 在高质量专业期刊中选择一篇采用因变量条件分位数回归方法（OCQR）进行异质性分析的研究论文，简述采用这种处理方法的主要原因、分析过程和效果。

6. 在高质量专业期刊中选择一篇采用 DID 方法进行异质性分析的研究论文，简述采用这种处理方法的主要原因、分析过程和效果。

19　进一步分析Ⅱ：
如何分析调节效应和中介效应？

📚 学习要点

　　调节效应和中介效应是统计分析中两种常见的效应类型，它们在研究中有着不同的作用，但也存在一定的关联。本章主要介绍调节效应和中介效应的内涵、常见类型、处理方法以及两者之间的关联。

19.1　什么是调节效应？

　　调节效应（moderation effect）是指调节变量（moderator variable）对自变量（independent variable）和因变量（dependent variable）之间关系的改变作用。换句话说，调节效应描述的是在不同条件下，自变量对因变量的影响强度或方向可能会发生变化。调节变量就像一个"调节器"，改变了自变量和因变量之间关系的表现形式。

19.1.1　调节效应的核心在于"条件性"

　　调节变量不是直接作用于因变量，而是通过改变自变量和因变量之间关系的强度或方向来发挥作用。例如，假设学习时间（自变量）对考试成绩（因变量）有影响。学习方法不同，学习时间对成绩的影响也会不同。如果学习方法是"死记硬背"，学习时间对成绩的提升可能不明显；但如果学习方法是"理解记忆"，学习时间对成绩的提升效果会更显著。在这里，学习方法就是调节变量，它改变了学习时间对考试成绩的影响程度。

　　调节效应在社会科学、经济学、管理学等多个领域都有广泛应用，以下是对其内涵、外延及其内在逻辑的详细说明。

19.1.2　调节效应的表现形式

　　调节效应主要体现在调节变量对自变量和因变量关系的强度、方向以及曲线形态的影响上。

　　（1）按关系强度划分为增强型调节和减弱型调节。

　　增强型调节指的是，当调节变量取值较高时，自变量与因变量之间的关系会增强。

例如，在研究企业研发投入对创新绩效的影响时，可引入高管技术背景作为调节变量。高管技术背景可以增强企业研发投入对创新绩效的正向影响，使其更加显著。

减弱型调节指的是，调节变量取值较高时会使自变量与因变量之间的关系减弱。比如，在探究广告投入与产品销售额的关系时，若市场饱和度为调节变量，当市场饱和度较高时，广告投入对产品销售额的提升作用会比市场饱和度低时要弱，因为市场接近饱和时，消费者对产品的需求增长空间有限，广告投入的效果就会受到限制。

（2）按关系方向划分为正向调节和负向调节。

正向调节指的是，调节变量的存在使得自变量与因变量之间保持正相关关系，并且可能增强这种正相关程度。例如，在企业研发投入与创新绩效的研究中，若知识产权保护力度为调节变量，在知识产权保护力度强的环境下，企业研发投入与创新绩效之间的正相关关系会更明显，即企业更愿意投入研发并能更好地收获创新成果带来的绩效提升。

负向调节指的是，调节变量会使自变量与因变量之间的关系方向发生改变，从正相关变为负相关或从负相关变为正相关。例如，在研究企业负债水平与企业价值的关系时，若行业竞争程度为调节变量，在竞争程度低的行业中，适度的负债可能会提升企业价值，二者呈正相关关系；但在竞争激烈的行业中，过高的负债可能会增加企业风险，导致企业价值下降，此时负债水平与企业价值呈负相关关系，行业竞争程度起到了负向调节作用。

（3）按关系曲线形态划分为线性调节和非线性调节。

线性调节指的是，调节变量使得自变量与因变量之间的关系在不同水平上呈现不同的线性关系，即直线的斜率发生变化，但关系仍为线性。例如，在研究教育程度与收入的关系时，若地区经济发展水平为调节变量，在经济发达地区和经济欠发达地区，教育程度与收入都呈线性关系，但发达地区教育程度对收入的提升斜率可能更大，即相同教育程度提升带来的收入增加幅度更大。

非线性调节指的是，调节变量会使自变量与因变量之间呈现出非线性关系，如倒 U 型、U 型等。比如，在研究管理者薪酬激励与企业绩效的关系中，以企业规模为调节变量，可能在小规模企业中，管理者薪酬激励与企业绩效呈正相关线性关系；而在大规模企业中，随着薪酬激励水平的提高，企业绩效先上升后下降，呈现倒 U 型关系，这就是企业规模对二者关系产生的非线性调节效应。

19.1.3 调节效应的来源

调节效应的来源通常包括理论基础、现实情境的复杂性、因果关系的条件性等。

理论基础是指许多理论都隐含着调节效应的思想，如权变理论认为，组织或个体的行为和绩效受到多种因素的交互影响，不存在一种普遍适用的最佳方式，而要根据具体情境（调节变量）来确定。

现实情境的复杂性指的是，现实世界中变量之间的关系往往不是简单的线性关系，而是受到多种因素的制约和影响。调节效应就是对这种复杂性的一种反映，它承认自变量和因变量之间的关系会因其他因素的不同而有所变化。

因果关系的条件性。调节效应强调因果关系具有条件性，即自变量对因变量的影响不是绝对的，而是在一定条件下才成立。这种条件性体现了事物之间相互联系、相互作用的特点，有助于更准确地揭示变量之间的真实关系。

19.1.4 调节效应的应用场景

调节效应在不同学科和研究领域有着广泛的应用。

在心理学领域：以研究压力（X）与心理健康（Y）的关系为例，个体的应对方式（M）可能是调节变量。积极的应对方式可能会减弱压力对心理健康的负面影响，而消极的应对方式可能会增强这种负面影响。

在教育学领域：以探讨教学方法（X）与学生学习成绩（Y）的关系为例，学生的学习动机（M）可能起到调节作用。高学习动机的学生可能在某种教学方法下成绩提升更明显，而低学习动机的学生可能效果不显著。

在管理学领域：以研究员工培训（X）与工作绩效（Y）的关系为例，组织文化（M）可能是调节变量。在积极创新的组织文化中，员工培训对工作绩效的提升作用可能更突出；而在保守僵化的组织文化中，这种作用可能会被削弱。

在经济学领域：以分析货币政策（X）对经济增长（Y）的影响为例，金融市场结构（M）可能作为调节变量。在完善的金融市场结构下，货币政策对经济增长的刺激作用可能更有效；而在不完善的金融市场中，这种作用可能会受到限制。

19.1.5 为何需要研究调节效应？

调节效应在实证研究中具有多方面的重要价值，主要体现在理论贡献、实践指导以及研究方法优化等层面。

（1）理论贡献层面：深化理论认识，拓展理论边界，构建理论体系。其中，深化理论认识是指调节效应能帮助研究者更深入地理解经济管理现象中变量之间的关系。例如，在研究企业创新投入与创新绩效的关系时，引入调节变量，如市场竞争程度，可以发现市场竞争程度不同时，创新投入与创新绩效的关系会有所差异。这就深化了对企业创新活动的理论认识，不再局限于简单的线性关系理解。

拓展理论边界是指通过发现新的调节变量，能够拓展现有理论的适用范围和边界。比如，在传统的消费者购买决策理论中，加入文化价值观作为调节变量，可以发现不同文化价值观下消费者的购买决策机制存在差异，从而使理论能够更好地解释不同文化背景下的消费行为，拓展了理论的解释力。

构建理论体系是指调节效应有助于构建更完整、更复杂的理论体系。例如，在战略管理领域，研究战略选择与企业绩效的关系时，考虑到组织文化、资源禀赋等作为调节变量，能够更全面地阐述企业在不同内外部条件下战略选择与绩效的关系，促进战略管理理论体系的完善。

（2）实践指导层面：精准决策支持，资源优化配置，风险预警与应对。其中，精准决策支持指的是为企业管理者提供更精准的决策依据。例如，在制定营销策略时，若研究发现消费者年龄对广告效果与购买意愿的关系有调节作用，企业就可以针对不同年龄段的消费者制定更有针对性的广告策略，提高营销效果。

资源优化配置是指帮助企业优化资源配置。比如，在研究研发投入与企业创新成果的关系时，发现技术人才储备具有调节作用，那么，企业可以根据自身的技术人才储备情况合理分配研发资源，在人才充足时加大研发投入，以更好地促进创新成果的产出。

风险预警与应对是指有助于企业进行风险预警和应对。例如，在研究宏观经济环境与企业财务风险的关系时，若发现企业资产负债率具有调节作用，那么，当宏观经济环境出现波动时，企业可以根据自身资产负债率情况提前采取相应的风险防范措施。

（3）优化研究方法层面：提高模型准确性，增强研究可靠性，挖掘潜在关系。其中，提高模型准确性指的是，使实证研究模型更符合实际经济管理现象的复杂性，从而提高模型的准确性和拟合度。例如，在构建企业绩效影响因素模型时，加入调节变量可以更好地捕捉变量之间的非线性关系和交互作用，使模型能够更准确地描述现实情况。

增强研究可靠性指的是，调节效应的检验需要严格的研究设计和统计方法，如分层回归分析、结构方程模型等，这有助于增强经管类实证研究的科学性和可靠性，避免模型设定偏误等问题，使研究结果更具说服力。

挖掘潜在关系是指鼓励研究者从更多维度去探索变量之间的关系，挖掘潜在的影响因素和作用机制。例如，在研究员工激励与工作绩效的关系时，可能会发现团队氛围、领导风格等潜在的调节变量，从而为进一步深入研究提供方向。

19.2 常见的调节效应：社会责任研究

在企业社会责任研究领域，常见的调节效应主要包括企业特征、行业属性、制度环境等方面。

19.2.1 企业特征相关的调节效应

企业特征相关的调节效应，如企业规模、企业所有制性质等。

（1）企业规模的调节作用。以企业规模对社会责任与企业声誉关系的调节效应为例。大规模企业由于其社会影响力大，承担社会责任往往更容易引起公众的关注，对企业声誉的提升效果更显著。而小规模企业资源有限，即使承担相同程度的社会责任，在提升企业声誉方面的效果可能相对较弱。

再以企业规模对社会责任与财务绩效关系的调节效应为例。大规模企业有更多的资源投入社会责任活动中，且可能通过规模经济等方式更好地将社会责任转化为财务收益，如吸引更多客户、获得更有利的融资条件等，社会责任与财务绩效的正相关关系可能更明显。小规模企业可能因资源约束，在承担社会责任时面临成本压力，对财务绩效的积极影响可能不显著，甚至在短期内可能会有一定的负面影响。

（2）企业所有制性质的调节作用。以所有制性质对社会责任与员工忠诚度关系的调节效应为例。国有企业通常更注重社会责任的履行，在保障员工权益、提供稳定就业等方面表现突出，员工对企业的认同感和忠诚度较高，社会责任对员工忠诚度的提升作用更明显。民营企业可能更关注经济效益，在社会责任履行上的侧重点不同，社会责任对员工忠诚度的影响可能相对较弱，或者需要通过不同的方式来实现。

再以所有制性质对社会责任与市场竞争力关系的调节效应为例。国有企业在一些战略性行业具有主导地位，履行社会责任有助于提升其在政策支持、资源获取等方面的优势，进而增强市场竞争力。民营企业则更多地依赖市场机制，其履行社会责任对市场竞争力的影响可能更多体现在品牌形象和客户关系上，调节机制与国有企业有所不同。

19.2.2 行业属性相关的调节效应

行业属性相关的调节效应，如行业竞争程度、行业敏感度等。

（1）行业竞争程度的调节作用。以行业竞争程度对社会责任与消费者认可度关系的调节效应为例。在竞争激烈的行业中，企业履行社会责任可以作为一种差异化竞争策略，更容易获得消费者的认可，从而提升市场份额。而在垄断性或竞争程度较低的行业，消费者的选择相对有限，企业社会责任对消费者认可度的影响可能相对较小。

再以行业竞争程度对社会责任与企业创新关系的调节效应为例。竞争激烈的行业促使企业不断创新以保持竞争力，履行社会责任可能会激发企业的创新动力，如开发更环保的产品、采用更可持续的生产技术等，社会责任与企业创新之间的正相关关系更显著。在竞争不激烈的行业，企业创新压力较小，社会责任对创新的推动作用可能不明显。

（2）行业敏感度的调节作用。以行业敏感度对社会责任与企业风险关系的调节效应为例。在食品、医药等行业，消费者对企业社会责任高度敏感，企业一旦出现社会责任问题，如产品质量安全事故，可能会面临巨大的声誉损失和市场风险，社会责任与企业风险之间的负相关关系非常明显。而在一些对社会责任敏感度较低的行业，如基础原材料行业，社会责任问题对企业风险的影响可能相对较小。

再以行业敏感度对社会责任与利益相关者关系的调节效应为例。对于能源、金融等敏感行业，利益相关者对企业社会责任的关注度较高，企业履行社会责任能够更好地满足利益相关者的期望，增强与利益相关者的合作关系。而在一些传统制造业等敏感度相对较低的行业，利益相关者对社会责任的要求和期望相对较低，社会责任对利益相关者关系的影响可能相对较弱。

19.2.3　制度环境相关的调节效应

制度环境相关的调节效应，如法律制度完善程度、社会文化环境等。

（1）法律制度完善程度的调节作用。以法律制度完善程度对社会责任与企业合规成本关系的调节效应为例。在法律制度完善的环境下，企业必须严格遵守法律法规来履行社会责任，否则将面临高额的法律成本，此时社会责任与企业合规成本呈正相关关系，企业会更加注重社会责任的履行以避免法律风险。在法律制度不完善的地区，企业可能存在侥幸心理，社会责任履行的动力不足，合规成本也相对较低，二者关系不明显。

再以法律制度完善程度对社会责任与企业可持续发展关系的调节效应为例。完善的法律制度能够为企业履行社会责任提供良好的保障和规范，促使企业将社会责任纳入长期发展战略，社会责任对企业可持续发展的促进作用更显著。而在法律制度不健全的环境中，企业可能更关注短期利益，社会责任与企业可持续发展的关系可能受到削弱。

（2）社会文化环境的调节作用。以社会文化环境对社会责任与企业品牌形象关系的调节效应为例。在注重社会公益和环保的文化环境中，企业积极履行社会责任能够更好地塑造良好的品牌形象，得到消费者和社会的认可。而在一些文化观念更注重经济利益的地区，企业社会责任对品牌形象的提升作用可能相对较小。

再以社会文化环境对社会责任与员工价值观契合关系的调节效应为例。在强调集体主义和社会责任感的文化背景下，员工更倾向于与履行社会责任的企业建立联系，认为企业的社会责任行为与自己的价值观相契合，从而提高工作满意度和忠诚度。在个人主义文化较强的环境中，员工可能更关注个人职业发展和薪酬待遇，社会责任与员工价值观的契合度相对较弱。

19.3　常见的调节效应：金融市场研究

在金融和证券市场研究领域，常见的调节效应包括宏观经济环境、公司治理结构、投资者情绪等对证券市场关系的调节作用等方面。

19.3.1　宏观经济环境的调节效应

以经济环境对货币政策与股市波动关系的调节效应为例。在经济繁荣时期，宽松的货币政策可能会进一步刺激企业投资和居民消费，从而推动股市上涨，货币政策与股市波动之间的正相关关系较为明显。然而在经济衰退时期，由于市场信心不足、企业盈利困难等因素，宽松的货币政策对股市的刺激作用可能会减弱，甚至可能因为市场对经济前景的担忧而效果不明显，宏观经济环境调节着货币政策与股市波动的关系。

再以经济环境对行业发展与股票回报关系的调节效应为例。在宏观经济上行期，行业的发展状况对股票回报的影响更为显著。例如，新兴产业在经济繁荣时，市场需求旺盛、资金充裕，其股票回报往往较高，行业发展与股票回报呈强正相关。而在宏观经济下行期，即使是具有良好发展前景的行业，也可能受到市场整体环境的影响，股票回报受到抑制，行业发展对股票回报的促进作用被削弱。

19.3.2 公司治理结构的调节效应

以公司治理结构对企业业绩与股价关系的调节效应为例。拥有完善公司治理结构的企业，信息披露更规范、更透明，股东权益更有保障，市场对其信任度更高。当企业业绩提升时，股价往往能够更及时、准确地反映业绩的增长，企业业绩与股价之间的正相关关系更紧密。而公司治理结构不完善的企业可能存在信息不对称、内部人控制等问题，即使企业业绩有所提升，投资者可能也会因为对公司治理风险的担忧而对股价反应不敏感，从而弱化了企业业绩与股价的关系。

再以公司治理结构对管理层激励与企业市场价值关系的调节效应为例。合理的管理层激励机制，如股票期权、绩效奖金等，能够促使管理层更加努力地为股东创造价值。在有效的公司治理结构下，管理层激励与企业市场价值之间的正相关关系更易实现，因为完善的监督和制衡机制能确保激励措施真正发挥作用。但如果公司治理结构存在缺陷，管理层可能会利用激励机制为自己谋取私利，而不是提升企业价值，导致管理层激励与企业市场价值的关系变得复杂甚至扭曲。

19.3.3 投资者情绪的调节效应

以投资者情绪对市场信息与股价波动关系的调节效应为例。在投资者情绪高涨时，市场对利好信息会过度反应，股价可能会出现大幅上涨，而对利空信息可能反应不足，导致股价下跌幅度相对较小，市场信息与股价波动之间的关系表现出不对称性。当投资者情绪低落时，情况则相反，市场对利空信息更加敏感，股价下跌幅度可能更大，而对利好信息反应迟缓，投资者情绪放大或缩小了市场信息对股价波动的影响。

再以投资者情绪对股票估值与投资决策关系的调节效应为例。投资者情绪会影响其对股票估值的判断和投资决策。在牛市中，投资者情绪乐观，往往会给予股票更高的估值，即使股票的基本面没有明显变化，也愿意以较高的价格买入，使得股票估值与投资决策之间的关系更倾向于积极投资。在熊市中，投资者情绪悲观，对股票估值更为谨慎，即使股票估值已经较低，也可能因为担心市场继续下跌而持币观望，导致股票估值与投资决策之间的关系受到投资者情绪的抑制。

19.3.4 市场监管政策的调节效应

以监管政策对企业融资行为与股价关系的调节效应为例。当市场监管政策宽松时，企业融资相对容易，融资规模的扩大可能会被市场视为企业发展的积极信号，从而推动股价上涨，企业融资行为与股价之间呈现正相关关系。当监管政策趋严时，企业融资难度增加，融资行为可能会受到市场的质疑，即使企业有合理的融资需求，股价也可能会因为市场对融资难度和企业未来发展的担忧而下跌，监管政策调节着企业融资行为与股价的关系。

再以监管政策对违规行为与市场稳定性关系的调节效应为例。严格的市场监管政策能够对证券市场中的违规行为形成强大的威慑力，一旦发现违规行为，会进行严厉处罚，从而维护市场的公平、公正，增强投资者信心，保持市场的稳定性。在这种情况下，违规行为与市场稳定性之间呈现明显的负相关关系，即违规行为越少，市场越稳定。而如果监管政策宽松、执法力度不足，违规行为可能会增多，市场的稳定性就会受到冲击，违规行为对市场稳定性的破坏作用会更加明显。

19.4　常见的调节效应：财会研究

在财会研究领域，常见的调节效应包括公司治理结构、宏观经济环境、行业竞争程度等对相关财务关系的调节等。这些调节效应的具体内容可扫码阅读。

财会研究中的
调节效应案例

19.5　常见的调节效应：新质生产力研究

不同的研究领域往往有不同的调节变量，对应着不同的调节效应。即使是相同的调节变量，在不同的研究领域很可能具有着不同的调节效应。下面以新质生产力研究领域中常见的调节变量为例，说明其在该领域的调节效应。

新质生产力研究领域中常见的调节效应通常可分为企业层面、产业层面、区域层面、政策层面等。这些调节效应的具体内容可扫码阅读。

新质生产力研究
中的调节效应案例

19.6　常见的调节效应：国际贸易研究

国际贸易研究领域常见的调节效应主要体现在国家、产业和企业等层面。这些调节效应的具体内容可扫码阅读。

国际贸易研究中的
调节效应案例

19.7　常见的调节效应：内部控制研究

内部控制研究领域常见的调节效应主要体现在公司治理、外部监管、企业文化等方面。这些调节效应的具体内容可扫码阅读。

内部控制研究中的
调节效应案例

19.8 常见的调节效应：管理学研究

管理学研究中的
调节效应案例

在管理学研究领域，常见的调节效应主要体现在组织文化、领导风格、环境不确定性等对管理关系的调节作用等方面。这些调节效应的具体内容可扫码阅读。

19.9 调节效应的常见处理方法有哪些?

调节效应在经管领域应用广泛，常用的处理方法主要有交互项、分组回归、多层次模型、结构方程模型等，下面分别举例说明。

19.9.1 使用交互项分析调节效应

交互项分析是最常用的调节效应检验方法。通过在回归模型中加入自变量和调节变量的交互项，检验交互项的显著性来判断调节效应是否存在。

【例 19-1】以 auto 数据集为例，研究 mpg（每加仑行驶里程）对 price（汽车价格）的影响，以 weight（汽车重量）为调节变量。这里，mpg 为自变量，price 为因变量。

Stata 代码示例：

```
sysuse auto, clear// 加载数据
gen mpg_weight=mpg * weight  // 生成自变量与调节变量的交互项
regress price mpg weight mpg_weight  // 进行回归分析
```

查看结果：如果 mpg_weight 的系数显著，说明 weight 对 mpg 和 price 的关系有调节作用。

19.9.2 使用分组回归分析调节效应

分组回归分析是将数据根据调节变量的水平分成不同的组，然后在每组内分别进行回归分析，比较不同组的回归系数差异。如果不同组的回归系数存在显著差异，说明具有调节效应。

【例 19-2】以 auto 数据集为例，研究 mpg（每加仑行驶里程）对 price（汽车价格）的影响，以 foreign（是否进口车）为调节变量。这里，mpg 为自变量，price 为因变量。

Stata 代码示例：

```
sysuse auto, clear
regress price mpg if foreign == 0 // 分组回归分析：国产车组
regress price mpg if foreign == 1 // 分组回归分析：进口车组
```

比较两组的回归系数：如果两组的回归系数有显著差异，说明 foreign 有调节作用。

19.9.3 使用多层次模型分析调节效应

多层次模型适用于数据具有层次结构的情况，例如，员工嵌套在企业中，企业嵌套在行业中。通过在模型中加入交互项，检验调节效应。

【例 19-3】以 auto 数据集为例，研究 mpg 自变量对 price 因变量的影响，以 weight 为调节变量，make（汽车品牌）为层次结构变量。

Stata 代码示例：

```
sysuse auto, clear
xtset make // 设置面板数据结构
gen mpg_weight = mpg * weight   // 生成自变量与调节变量的交互项
xtreg price mpg weight mpg_weight, fe  // 进行多层次回归分析
```

查看结果：如果 mpg_weight 的系数显著，说明 weight 有调节作用。

19.9.4 使用结构方程模型分析调节效应

结构方程模型（SEM）可以同时处理多个方程和多个变量，适用于复杂的调节效应分析。

【例 19-4】以 auto 数据集为例，研究自变量 mpg 对因变量 price 的影响，以 weight 为调节变量。

Stata 代码示例：

```
sysuse auto, clear
gen mpg_weight = mpg * weight // 生成自变量与调节变量的交互项
sem (price <- mpg weight mpg_weight)    // 进行结构方程模型分析
```

查看结果：如果 mpg_weight 的系数显著，说明 weight 有调节作用

以上是几种常见的调节效应统计处理方法及其应用示例。交互项分析是最常用的方法，适用于大多数情况。分组回归分析适用于调节变量是分类变量的情况。多层次模型分析适用于数据具有层次结构的情况。结构方程模型分析适用于需要同时处理多个方程和多个变量的情况。

19.10 什么是中介效应？

中介效应是指在研究自变量对因变量的影响过程中，自变量通过影响一个或多个中介变量，进而对因变量产生间接影响的现象。

19.10.1 中介效应的内涵

中介效应描述的是自变量（X）通过中介变量（M）对因变量（Y）产生影响的一种间接作用机制。简单来说，就是 X 不是直接影响 Y，而是先影响 M，然后 M 再影响 Y，M

在这个过程中起到了传递作用，就像一座桥梁一样连接了自变量和因变量。例如，在研究工作压力（X）对员工离职意愿（Y）的影响时，可能发现工作压力会先导致员工的工作满意度（M）降低，而工作满意度的降低又会进一步导致离职意愿的增加，这里工作满意度就是中介变量，工作压力通过工作满意度对离职意愿产生了中介效应。

19.10.2　中介效应的内在逻辑

从因果关系的角度来看，自变量（X）是中介变量（M）的原因，中介变量（M）又是因变量（Y）的原因，形成了一个链式的因果关系结构，即 $X \rightarrow M \rightarrow Y$。自变量（$X$）对因变量（$Y$）的总效应可以分解为直接效应和通过中介变量（$M$）产生的间接效应，即总效应=直接效应+间接效应。当存在中介效应时，说明自变量对因变量的影响不仅是直接的，还存在通过中介变量传递的间接路径，只有同时考虑直接效应和间接效应，才能全面理解自变量和因变量之间的关系。

19.10.3　中介效应的表现形式——完全中介效应与部分中介效应

完全中介效应指的是，如果自变量（X）对因变量（Y）的影响完全是通过中介变量（M）来实现的，即当控制了中介变量（M）后，自变量（X）与因变量（Y）之间不再存在显著的直接关系，这种情况就是完全中介效应。即直接效应=0，总效应=间接效应。比如，在某种营销活动（X）与消费者购买行为（Y）之间，品牌认知度（M）很可能起到完全中介作用，即营销活动完全是通过提高品牌认知度来影响消费者购买行为的，没有其他直接影响路径。

部分中介效应是指，在更多情况下，自变量（X）对因变量（Y）既存在直接影响，又通过中介变量（M）产生间接影响，这就是部分中介效应。即直接效应$\neq 0$，间接效应$\neq 0$，总效应=直接效应+间接效应。例如，在学习时间（X）与学习成绩（Y）的关系中，学习方法（M）可能是一个中介变量，学习时间不仅可以直接影响学习成绩，还可以通过影响学习方法间接影响学习成绩，这就是部分中介效应的情况。

19.10.4　为何需要研究中介效应？

中介效应在经管类实证研究中具有重要价值，主要体现在揭示作用机制、提升理论深度、指导管理实践、优化模型构建等方面。

（1）揭示内在作用机制方面：剖析复杂关系，挖掘深层原因。其中，剖析复杂关系是指，经济管理现象往往涉及多个因素之间的复杂关系，中介效应能够帮助研究者深入剖析自变量如何通过中介变量对因变量产生影响，揭示出变量之间的内在作用路径。例如，在研究企业创新投入与企业绩效的关系时，通过引入创新能力作为中介变量，可发现创新投入是通过提升企业的创新能力进而影响企业绩效的，使研究者对企业创新投入的作用机制有更清晰的认识。

挖掘深层原因是指有助于挖掘经济管理现象背后的深层原因。以消费者购买决策研究为例，研究发现广告宣传对消费者购买行为的影响可能是通过消费者对产品的感知价值这一中介变量来实现，即广告宣传影响消费者对产品的价值感知，进而影响购买行为，这就挖掘出了广告宣传影响购买行为的深层原因。

（2）理论构建与拓展方面：完善理论体系，发现新理论关系。其中，完善理论体系指的是，研究中介效应可以为现有的经济管理理论增添新的内容和维度，使其更加完善和细化。例如，在供应链管理理论中，通过研究发现信息共享通过提高供应链协同度这一中介变量，对供应链绩效产生积极影响，这就丰富了供应链管理理论中关于信息共享作用机制的内容。

发现新理论关系是指，研究中介效应能够帮助研究者发现新的理论关系和研究视角，推动经管理论的创新发展。例如，在研究企业社会责任与企业财务绩效的关系时，发现企业声誉可以作为中介变量，揭示企业社会责任通过提升企业声誉进而影响财务绩效的新路径，为企业社会责任理论和企业财务理论的融合提供了新的视角和依据。

（3）指导管理实践方面：精准制定策略，优化资源配置。其中，精准制定策略指的是管理者可以根据中介效应的研究结果，更有针对性地制定管理策略。比如，研究发现员工培训对员工绩效的影响是通过员工技能提升这一中介变量实现的，企业就可以在培训内容和方式上更加注重提升员工技能，以增强培训效果和员工绩效。

优化资源配置指的是研究中介效应有助于企业优化资源配置。例如，在研究市场营销策略对市场份额的影响时，发现品牌形象是重要的中介变量，企业就可以合理分配资源，加大在品牌建设方面的投入，通过提升品牌形象来扩大市场份额，提高资源利用效率。

（4）优化研究方法方面：提高模型解释力，增强研究的科学性。其中，提高模型解释力指的是，考虑中介效应可以使实证研究模型更加符合实际情况，提高模型对因变量的解释力和预测能力。例如，在构建企业成长模型时，加入中介变量如技术创新能力、市场拓展能力等，能够更全面地解释企业成长的影响因素，使模型更准确地预测企业未来的发展趋势。

增强研究的科学性指的是，中介效应分析要求对变量之间的关系进行更细致的梳理和检验，遵循严格的研究设计和统计方法，有助于提高实证研究的科学性和严谨性，避免简单地得出自变量与因变量之间的表面关系，使研究结果更具可靠性和说服力。中介效应的研究有助于深入剖析变量之间的内在作用机制，揭示那些隐藏在直接关系背后的间接影响路径，使研究者能够更全面、更深入地理解现象背后的因果关系，在心理学、社会学、管理学、经济学等多个领域都有广泛的应用。

19.11   常见的中介效应有哪些？

以财经研究领域为例，下面是常见的二十余种中介效应案例，列举方式为：自变量-

中介变量-因变量。

19.11.1 企业社会责任-企业声誉-企业财务绩效

企业社会责任通过影响企业声誉（中介变量）进而影响企业财务绩效。

影响路径和机制：企业积极履行社会责任，会通过提升在公众、投资者等利益相关者心中的形象和声誉，进而吸引更多客户、投资者，增加市场份额，降低融资成本等，最终提升企业财务绩效。

这是一种部分中介效应，因为企业社会责任也可能通过其他途径，如创新能力等，影响财务绩效。

19.11.2 货币政策-市场利率-企业投资

货币政策通过影响市场利率（中介变量）进而影响企业投资。

影响路径和机制：央行通过调整货币政策，如公开市场操作、调整准备金率等，会影响市场上的资金供求关系，进而改变市场利率。市场利率的变化会影响企业的融资成本和投资回报率预期，从而影响企业的投资决策。

这是一种部分中介效应，货币政策还可能通过影响信贷可得性等其他途径影响企业投资。

19.11.3 宏观经济政策-企业预期-企业生产决策

宏观经济政策通过影响企业预期（中介变量）进而影响企业生产决策。

影响路径和机制：宏观经济政策的调整，如财政政策的松紧、产业政策的导向等，会影响企业对未来市场需求、成本、竞争等方面的预期。企业根据这些预期来调整生产规模、产品结构等生产决策。

这是一种部分中介效应，宏观经济政策也可能直接影响企业的生产要素成本等，进而影响生产决策。

19.11.4 税收政策-企业现金流-企业研发投入

税收政策通过影响企业现金流（中介变量）进而影响企业研发投入。

影响路径和机制：税收政策的变化，如税收优惠、减免等，会直接影响企业的税负，进而影响企业的现金流。企业现金流的充裕程度会影响其对研发投入的资金安排，现金流充足时，企业更有能力和意愿进行研发投入。

这是一种部分中介效应，税收政策也可能通过影响企业的融资环境等间接影响研发投入。

19.11.5 品牌营销-消费者认知-消费者购买行为

品牌营销通过影响消费者认知（中介变量）进而影响消费者购买行为。

影响路径和机制：企业通过各种品牌营销手段，如广告宣传、公关活动等，会影响消费者对品牌的认知，包括品牌形象、品牌价值等方面的认知。消费者对品牌的认知会影响其购买意愿和购买行为。

这是一种部分中介效应，品牌营销也可能通过影响消费者的情感、情怀等其他因素影响购买行为。

19.11.6　金融创新–金融市场效率–经济增长

金融创新通过影响金融市场效率（中介变量）进而影响经济增长。

影响路径和机制：金融创新（如推出新的金融产品、金融服务模式等）会改善金融市场的资源配置功能，提高金融市场的效率，如降低交易成本、提高资金融通速度等。金融市场效率的提高有利于将社会资金更有效地配置到生产领域，促进技术进步和经济增长。

这是一种部分中介效应，金融创新也可能通过影响金融稳定等其他途径对经济增长产生影响。

19.11.7　股权激励–管理层努力–企业业绩

股权激励通过影响管理层努力（中介变量）进而影响企业业绩。

影响路径和机制：企业实施股权激励计划，会使管理层的利益与股东利益更趋一致，从而激励管理层更加努力地工作，提高管理效率，制定更有利于企业发展的战略决策等，最终提升企业业绩。

这是一种部分中介效应，股权激励也可能通过影响管理层的风险偏好等其他因素影响企业业绩。

19.11.8　贸易政策–企业出口成本–企业出口绩效

贸易政策通过影响企业出口成本（中介变量）进而影响企业出口绩效。

影响路径和机制：贸易政策的变化，如关税调整、贸易壁垒设置等，会直接影响企业的出口成本。企业出口成本的高低会影响其产品在国际市场上的价格竞争力，进而影响出口绩效，如出口额、市场份额等。

这是一种部分中介效应，贸易政策也可能通过影响国际市场需求等其他因素影响企业出口绩效。

19.11.9　银行信贷–企业资金流动性–企业发展

银行信贷通过影响企业资金流动性（中介变量）进而影响企业发展。

影响路径和机制：银行向企业提供信贷，会直接增加企业的资金流动性，使企业有更多的资金用于采购原材料、支付工资、投资项目等，从而促进企业的生产经营和发展壮大。

这是一种部分中介效应，银行信贷还可能通过影响企业的信用评级等其他途径影响企业发展。

19.11.10　数字化转型-企业运营效率-企业竞争力

数字化转型通过影响企业运营效率（中介变量）进而影响企业竞争力。

影响路径和机制：企业进行数字化转型，如引入大数据、人工智能等技术，会优化企业的业务流程、生产管理、供应链管理等，提高企业的运营效率。运营效率的提高有助于企业降低成本、提高产品质量和服务水平，从而增强企业的竞争力。

这是一种部分中介效应，数字化转型也可能通过影响企业的创新能力等其他途径提升企业竞争力。

19.11.11　财政补贴-技术创新投入-企业创新绩效

财政补贴通过影响技术创新投入（中介变量）进而影响企业创新绩效。

影响路径和机制：政府给予企业财政补贴，使企业有更多资金和资源投入技术研发、新产品开发等技术创新活动中，通过增加研发人员、购置先进设备、开展产学研合作等方式，提升企业的创新能力，最终提高企业创新绩效，如专利申请数量增加、新产品销售额提高等。

这是一种部分中介效应，财政补贴也可能通过改善企业现金流等其他方式间接影响创新绩效。

19.11.12　汇率波动-出口产品价格-出口企业利润

汇率波动通过影响出口产品价格（中介变量）进而影响出口企业利润。

影响路径和机制：汇率波动会直接影响出口产品在国际市场上的价格。本币升值时，出口产品价格相对上升，可能导致出口量减少；本币贬值时，出口产品价格相对下降，可能增加出口量。出口产品价格的变化进而会影响出口企业的销售收入和利润。

这是一种部分中介效应，汇率波动还可能通过影响原材料进口成本等其他途径影响出口企业利润。

19.11.13　金融监管-银行风险承担-金融稳定

金融监管通过影响银行风险承担（中介变量）进而影响金融稳定。

影响路径和机制：金融监管机构加强金融监管，如提高资本充足率要求、加强对银行信贷业务的监管等，会影响银行的风险承担行为。银行可能会更加谨慎地发放贷款，优化资产结构，降低风险资产占比，从而增强金融体系的稳定性，减少银行危机等风险事件的发生概率。

这是一种部分中介效应，金融监管也可能通过影响市场信心等其他因素维护金融稳定。

19.11.14 行业竞争-企业成本控制-企业市场份额

行业竞争通过影响企业成本控制（中介变量）进而影响企业市场份额。

影响路径和机制：行业竞争激烈程度的增加，会促使企业加强成本控制，通过优化生产流程、降低原材料采购成本、提高运营效率等方式来降低总成本。成本的降低使企业能够在价格上更具竞争力，或者在相同价格下提供更好的产品和服务，从而有助于企业扩大市场份额。

这是一种部分中介效应，行业竞争也可能通过推动企业创新等其他途径影响企业市场份额。

19.11.15 企业战略转型-组织学习能力-企业绩效提升

企业战略转型通过影响组织学习能力（中介变量）进而影响企业绩效提升。

影响路径和机制：企业进行战略转型，需要不断适应新的市场环境和业务模式，这会促使企业组织加强学习，包括引进新的知识和技术、培养员工的新技能、建立新的知识管理体系等，提高组织学习能力。组织学习能力的提升有助于企业更好地实施战略转型，优化业务流程，提高生产效率和创新能力，进而提升企业绩效。

这是一种部分中介效应，企业战略转型也可能通过调整组织结构等其他方式影响企业绩效。

19.11.16 投资者情绪-股票市场交易活跃度-股票价格波动

投资者情绪通过影响股票市场交易活跃度（中介变量）进而影响股票价格波动。

影响路径和机制：投资者情绪会影响其买卖股票的意愿和行为。当投资者情绪高涨时，会增加股票的买入行为，导致股票市场交易活跃度上升；投资者情绪低落时，会减少买入或增加卖出行为，使交易活跃度下降。股票市场交易活跃度的变化会影响股票的供求关系，进而导致股票价格波动。

这是一种部分中介效应，投资者情绪也可能通过影响市场预期等其他因素影响股票价格波动。

19.11.17 产业政策-企业技术升级-产业竞争力提升

产业政策通过影响企业技术升级（中介变量）进而影响产业竞争力提升。

影响路径和机制：政府出台的产业政策，如鼓励科技创新、支持新兴产业发展的政策等，会引导企业加大技术研发投入，推动企业进行技术改造和升级，促进企业采用新的生产技术、工艺和设备，提高产品质量和生产效率。企业技术升级能够增强整个产业的创新能力和竞争力，提高产业在国际市场上的地位。

这是一种部分中介效应，产业政策也可能通过改善产业配套环境等其他途径提升产业竞争力。

19.11.18　税收筹划-企业税后利润-企业价值

税收筹划通过影响企业税后利润（中介变量）进而影响企业价值。

影响路径和机制：企业通过合理的税收筹划，利用税收优惠政策、优化税务结构等方式，降低企业的税负，从而增加企业的税后利润。企业税后利润的增加可以为企业提供更多的资金用于再投资、扩大生产规模、提升企业形象等，进而提升企业的价值，具体表现为企业市场价值的提高、股东财富的增加等。

这是一种部分中介效应，税收筹划也可能通过影响企业的现金流状况等其他因素影响企业价值。

19.11.19　供应链整合-物流效率-企业运营效益

供应链整合通过影响物流效率（中介变量）进而影响企业运营效益。

影响路径和机制：企业加强供应链整合，与供应商、分销商等建立更紧密的合作关系，优化供应链流程，可以提高物流配送的速度、准确性和可靠性，降低物流成本，提高物流效率。物流效率的提升有助于企业及时供应原材料，快速交付产品，减少库存积压和资金占用，提高企业的运营效益。

这是一种部分中介效应，供应链整合也可能通过提升信息流通效率等其他途径影响企业运营效益。

19.11.20　高管薪酬激励-高管团队凝聚力-企业经营业绩

高管薪酬激励通过影响高管团队凝聚力（中介变量）进而影响企业经营业绩。

影响路径和机制：合理的高管薪酬激励机制，如绩效奖金、股票期权等，可以使高管团队成员的个人利益与企业利益更好地结合，增强高管团队成员之间的合作意愿和协同效应，提高高管团队的凝聚力。高管团队凝聚力的提升有助于团队成员更好地发挥各自的专业能力，制定和执行更有效的战略决策，提高企业的经营业绩。

这是一种部分中介效应，高管薪酬激励也可能通过影响高管的创新动力等其他因素影响企业经营业绩。

以上都是部分中介效应的例子，实际研究过程中多数情况是部分中介效应。下面再列举一些完全中介效应或接近完全中介效应的例子。

19.11.21　货币政策-货币供应量-通货膨胀

货币政策通过影响货币供应量（中介变量）进而影响通货膨胀。

影响路径和机制：央行通过调整货币政策，如公开市场操作、调整准备金率等手段，直接影响货币供应量。当采取扩张性货币政策时，货币供应量增加，市场上的资金变得更加充裕，导致社会总需求上升。在供给相对稳定的情况下，过多的货币追逐相对较少的商品和服务，推动物价水平持续上涨，引发通货膨胀。而如果没有货币供应量这个中间环节的变化，货币政策很难直接导致通货膨胀，所以货币供应量在这里起到完全中介作用。这个之所以是完全中介效应，因为理论上货币政策主要是通过改变货币供应量来影响通货膨胀，不存在绕过货币供应量直接影响通货膨胀的其他主要路径。

19.11.22 企业广告投入-品牌知名度-产品销量

企业广告投入通过影响品牌知名度（中介变量）进而影响产品销量。

影响路径和机制：企业增加广告投入，通过各种媒体渠道广泛传播品牌信息和产品特点，能够提高品牌在消费者中的知名度。当品牌知名度提高后，消费者对该品牌的认知度和信任感增强，更有可能选择购买该品牌的产品，从而推动产品销量上升。品牌知名度在企业广告投入和产品销量之间起到了桥梁作用，没有品牌知名度的提升，广告投入很难直接带来产品销量的增长。

这个是完全中介效应，广告投入一般是通过提升品牌知名度进而影响产品销量，基本不存在不通过提高品牌知名度就使产品销量增加的情况，除非有其他特殊的营销手段介入，但那就不属于广告投入的直接影响路径了。

19.11.23 贸易壁垒-进口商品价格-进口量

贸易壁垒通过影响进口商品价格（中介变量）进而影响进口量。

影响路径和机制：当一个国家设置贸易壁垒，如提高关税、设置进口配额等，会直接导致进口商品的成本增加，从而使进口商品在国内市场的价格上升。价格上升后，消费者对该进口商品的购买意愿和购买能力下降，进而导致进口量减少。进口商品价格完全主导了贸易壁垒对进口量的影响，贸易壁垒主要通过改变进口商品价格来影响进口量。

这个是完全中介效应，贸易壁垒主要通过影响进口商品价格来影响进口量，基本上不存在其他不通过价格因素而直接对进口量产生主要影响的途径。至于影响进口量的其他因素，那些就不属于贸易壁垒的直接影响路径了。

19.11.24 员工培训-员工技能提升-工作绩效

员工培训通过影响员工技能提升（中介变量）进而影响工作绩效。

影响路径和机制：企业为员工提供培训，涵盖专业知识、工作技能、管理能力等方面的培训课程和活动，员工通过参与这些培训，能够学习到新的知识和技能，提升自己的专业素养和工作能力。员工技能提升后，在工作中能够更高效地完成任务，提高工作质量和工作效率，从而提升工作绩效。员工技能提升是员工培训影响工作绩效的必经之路，没有员工技能的提升，员工培训很难直接带来工作绩效的提高。

这个是完全中介效应，因为员工培训通常是通过提升员工技能来提高工作绩效，不存在不依赖员工技能提升而使培训直接提升工作绩效的主要方式。至于影响工作绩效的其他因素，那些就不属于员工培训的直接影响路径了。

19.11.25　税收优惠-企业研发投入增加-创新成果产出

税收优惠通过影响企业研发投入增加（中介变量）进而影响创新成果产出。

影响路径和机制：政府给予企业税收优惠政策，如研发费用加计扣除、税收减免等，这会降低企业的研发成本，增加企业的可支配资金，从而激励企业增加在研发方面的投入，包括投入更多的资金用于购买研发设备、招聘研发人才、开展研发项目等。企业研发投入的增加有助于提升企业的创新能力，促进新技术、新产品、新工艺等创新成果的产出。企业研发投入增加在税收优惠和创新成果产出之间起到了完全中介的作用，税收优惠主要是通过促使企业增加研发投入来推动创新成果的产出。

这个是完全中介效应，税收优惠一般要通过增加企业研发投入这个环节才能有效促进创新成果产出，不存在不通过增加研发投入而由税收优惠直接导致创新成果产出的主要路径。至于影响创新成果产出的其他因素，那些就不属于税收优惠的直接影响路径了。

19.12　中介效应的常见处理方法有哪些?

中介效应的常见处理方法主要有因果逐步回归法、Sobel 检验法、Bootstrap 法等。

19.12.1　因果逐步回归法

因果逐步回归法通过依次进行三步回归来判断中介效应是否存在：第一步检验自变量对因变量的总效应；第二步检验自变量对中介变量的效应；第三步将自变量和中介变量同时纳入对因变量的回归，观察中介变量的系数以及自变量系数的变化。如果中介变量系数显著且自变量系数相比第一步减小，则认为存在中介效应。

使用该方法的前提条件是：样本数据满足线性回归的基本假设，如正态性、独立性、方差齐性等；变量之间的关系较为简单，符合线性模型的设定。该方法通常用于中介效应的初步检验，检验中介效应是否存在，但难以检验中介效应的显著性。

【例19-5】使用因果逐步回归法检验中介效应。以 auto.dta 数据集为例，研究自变量汽车的重量（weight）对因变量价格（price）的影响，并且认为汽车的里程数（mpg）可能作为中介变量，但需要进行检验。

使用因果逐步回归法检验中介效应的 Stata 过程

19.12.2　Sobel 检验法

Sobel 检验基于因果逐步回归法得到的系数结果，通过计算 Sobel 统计量来检验中介效应的显著性。

使用该方法的前提条件是：已通过因果逐步回归法初步判断可能存在中介效应的情况；样本量相对较大，以保证 Sobel 统计量渐近分布理论的有效性。该方法通常用来检验已经存在的中介效应的显著性。

使用 Sobel 法
检验中介效应的
Stata 过程

【例19-6】使用 Sobel 法检验中介效应，仍以 auto.dta 数据集为例。

19.12.3　Bootstrap 方法

Bootstrap 方法通过从原始样本中进行有放回的抽样，构建大量的 Bootstrap 样本，对每个样本进行中介效应模型估计，得到中介效应的估计值，然后根据这些估计值构建中介效应的置信区间。如果置信区间不包含 0，则认为中介效应显著。

使用该方法的前提条件是：不依赖于数据的分布假设，适用于各种类型的数据，尤其在小样本情况下表现较好；对样本量没有严格要求，但抽样次数通常需要足够多（如 1000 次）以保证结果的稳定性。

使用 Bootstrap 方法
检验中介效应的
Stata 过程

【例19-7】使用 Bootstrap 方法检验中介效应，仍以 auto.dta 数据集为例。

19.12.4　结果综合解读

如果三种方法都表明存在中介效应，那么结论相对更可靠。例如，因果逐步回归法检验中介效应的存在性，Sobel 检验中介效应的显著性，Bootstrap 置信区间不包含 0 则可以检验中介效应的稳健性。最终可以较为确定地认为每加仑汽车行驶的里程数（mpg）在汽车重量（weight）对价格（price）的影响中具有显著的中介效应作用。如果不同方法结果不一致，需要进一步分析数据是否满足各方法的假设条件，或者考虑样本量、变量关系的复杂性等因素。

19.13　调节效应与中介效应的对比

初学者可能对调节效应与中介效应之间的异同容易感到困惑，这里集中归纳对比一下调节效应与中介效应，方便进一步理解调节效应与中介效应的关联、作用机制、变量角色、关注重点和统计检验方法等。

调节效应和中介效应是在社会科学、经济学、管理学等多个领域的实证研究中常用的分析方法，它们都有助于深入理解变量之间的关系，但也存在明显的区别，以下是对它们关联和异同的详细分析。

19.13.1　调节效应和中介效应之间的关联

调节效应和中介效应之间的关联：研究目的相通，相互补充，可能相互影响。研究目的相通指的是两者的研究目的都是为了更深入地理解自变量和因变量之间的关系，探究在这一关系中是否存在其他变量也起到了重要作用，从而丰富对变量间作用机制的认识。

相互补充是指在实际研究中，调节效应和中介效应可以相互补充，共同揭示变量之间复杂的关系机制。例如，在研究自变量对因变量的影响时，可能同时存在中介变量和调节变量。中介变量解释了自变量影响因变量的内在机制，调节变量则说明了这种影响在不同条件下的变化情况。通过同时考虑两者，可以更全面、深入地理解变量之间的关系。

可能相互影响是指调节变量可能影响中介效应的大小和显著性。例如，在不同的调节变量水平下，自变量通过中介变量对因变量的间接效应可能不同。同样，中介变量也可能影响调节效应的表现形式。比如，中介变量的存在可能会改变自变量与调节变量之间的交互作用对因变量的影响方式。

19.13.2　调节效应和中介效应之间的区别

调节效应和中介效应之间的区别：关注重点不同，作用机制不同，变量角色不同，统计检验方法不同。

（1）关注重点不同。调节效应重点关注的是在不同的调节变量水平下，自变量和因变量之间关系的变化情况，即探讨关系的边界条件。研究的核心在于确定调节变量的作用以及这种作用如何改变自变量与因变量之间的关系。

中介效应主要关注的是自变量通过中介变量影响因变量的具体机制和过程，即解释为什么自变量会对因变量产生影响。研究的关键在于验证中介变量的存在以及确定中介效应的大小和显著性。

（2）作用机制不同。调节效应强调的是调节变量对自变量和因变量之间关系强度或方向的影响。调节变量就像是一个"情境因素"，它不参与自变量到因变量的直接因果链，而是改变了自变量与因变量之间关系的条件。例如，在研究工作压力与工作绩效的关系时，员工的心理韧性可能作为调节变量。心理韧性高的员工，工作压力与工作绩效之间的负向关系可能较弱；而心理韧性低的员工，这种负向关系可能更强。

中介效应侧重于解释自变量如何通过中介变量对因变量产生影响，即揭示自变量与因变量之间的因果传导路径。中介变量是自变量和因变量之间的桥梁，它处于自变量和因变量的因果链之中。例如，在研究教育程度与收入水平的关系时，职业技能可能是中介变量。教育程度通过提高个体的职业技能，进而影响收入水平。

（3）变量角色不同。在调节效应中，调节变量与自变量和因变量之间不存在因果顺序上的先后关系，它主要是对自变量和因变量的关系起到调节作用。调节变量可以是分类变量（如性别、地区），也可以是连续变量（如年龄、智商）。

在中介效应中，中介变量是自变量影响因变量的中间环节，存在明确的因果顺序，即自变量先影响中介变量，中介变量再影响因变量。中介变量通常是与自变量和因变量相关的一个内在因素。

（4）统计检验方法不同。调节效应通常通过构建包含自变量、调节变量以及它们交互项的回归模型，检验交互项的显著性来判断调节效应是否存在。如果交互项的系数显著，则表明存在调节效应。

中介效应常用的检验方法有因果逐步回归法、Sobel 检验、Bootstrap 法等，这些方法主要是通过检验自变量对中介变量的影响、中介变量对因变量的影响以及自变量和中介变量同时对因变量的影响等来确定中介效应的存在和大小。

19.14   调节效应与中介效应的混合作用

分析调节效应与中介效应混合作用的目的是在综合现有文献研究结果的基础上发现潜在的新问题，从而产生新的研究选题方向。

调节效应与中介效应的混合作用是指在同一个实证研究模型中，调节效应和中介效应同时存在且相互影响。这种混合作用可以分为两种主要类型：有调节的中介效应和有中介的调节效应。其中，有调节的中介效应（moderated mediation）是指调节变量影响中介变量与因变量之间的关系，即调节变量改变了中介效应的强度或方向。有中介的调节效应（mediated moderation）是指调节变量影响自变量对中介变量的作用，或者调节变量通过中介变量对因变量产生影响。

19.14.1   有调节的中介效应

有调节的中介效应：这种模型关注的重点是中介效应，同时考虑调节变量影响中介变量对因变量的作用。例如，调节变量 Z 如何"打扰"中介变量 M 对自变量 X 与因变量 Y 之间关系的中介效应。

【例 19-8】研究企业研发投入（自变量 X）对企业绩效（因变量 Y）的影响，同时考虑企业战略（中介变量 M）的作用，以及市场竞争程度（调节变量 Z）的调节作用。企业研发投入可能通过影响企业战略来提升企业绩效，但这种影响在市场竞争程度不同的情况下会有所不同。

分析过程：

（1）检验总效应：检验企业研发投入对绩效的总效应。

$$Y = \alpha + \beta_1 X + \varepsilon$$

（2）检验中介效应：检验企业研发投入对战略的影响，以及战略对绩效的影响。

$$M = \alpha + \beta_2 X + \varepsilon$$

$$Y = \alpha + \beta_3 X + \beta_4 M + \varepsilon$$

（3）检验调节效应：检验市场竞争程度对战略和绩效关系的调节作用。

$$Y = \alpha + \beta_3 X + \beta_4 M + \beta_5 M \times Z + \varepsilon$$

如果 β_5 显著，说明市场竞争程度调节了企业战略对绩效的影响。

19.14.2 有中介的调节效应

有中介的调节效应：这种模型关注的重点是调节效应。例如，中介变量 M 如何"打扰"调节变量 Z 与自变量 X 和因变量 Y 之间的关系。

【例19-9】研究企业规模（自变量 X）对企业绩效（因变量 Y）的影响，同时考虑企业创新能力（中介变量 M）的作用，以及行业竞争程度（调节变量 Z）的调节作用。企业规模可能通过提升创新能力来提升绩效，但这种影响在行业竞争程度不同的情况下会有所不同。

分析过程：

（1）检验总效应：检验企业规模对绩效的总效应。

$$Y = \alpha + \beta_1 X + \varepsilon$$

（2）检验中介效应：检验企业规模对创新能力的影响，以及创新能力对绩效的影响。

$$M = \alpha + \beta_2 X + \varepsilon$$

$$Y = \alpha + \beta_3 X + \beta_4 M + \varepsilon$$

（3）检验调节效应：检验行业竞争程度对规模和创新能力关系的调节作用。

$$M = \alpha + \beta_2 X + \beta_6 X \times Z + \varepsilon$$

如果 β_6 显著，说明行业竞争程度调节了企业规模对创新能力的影响。

19.14.3 调节效应和中介效应的混合模型

调节效应和中介效应的混合模型：在某些情况下，调节效应和中介效应可能同时存在且具有相互作用。例如，调节变量可能同时影响自变量对中介变量的作用，以及中介变量对因变量的作用。

【例19-10】研究企业研发投入（自变量 X）对企业绩效（因变量 Y）的影响，同时考虑企业战略（中介变量 M）的作用，以及市场竞争程度（调节变量 Z）的调节作用。企业研发投入可能通过影响企业战略来提升绩效，但这种影响在市场竞争程度不同的情况下会有所不同，同时市场竞争程度也可能直接影响企业绩效。

分析过程：

（1）检验总效应：检验企业研发投入对绩效的总效应。

$$Y = \alpha + \beta_1 X + \varepsilon$$

（2）检验中介效应：检验企业研发投入对战略的影响，以及战略对绩效的影响。

$$M = \alpha + \beta_2 X + \varepsilon$$
$$Y = \alpha + \beta_3 X + \beta_4 M + \varepsilon$$

（3）检验调节效应：检验市场竞争程度对研发投入和战略关系的调节作用，以及对战略和绩效关系的调节作用。

$$M = \alpha + \beta_2 X + \beta_6 X \times Z + \varepsilon$$
$$Y = \alpha + \beta_3 X + \beta_4 M + \beta_7 M \times Z + \varepsilon$$

如果 β_6 和 β_7 都显著，说明市场竞争程度既调节了研发投入对战略的影响，也调节了战略对绩效的影响。

总之，调节效应与中介效应的混合作用在经管类研究中比较常见，它们可以帮助研究人员更全面地理解变量之间的复杂关系。通过有调节的中介效应模型和有中介的调节效应模型，可以分析调节变量如何影响中介过程，以及中介变量如何传递自变量对因变量的影响。这种混合作用模型为研究提供了更丰富的解释框架，有助于揭示隐藏在数据背后的因果机制。

本章小结

本章的主题是进一步分析中的第二步工作：调节效应和中介效应。本章介绍了调节效应和中介效应的内涵、常见类型和分析方法等。这些内容有助于初学者应用调节效应和中介效应发现新的研究机会和研究问题，或者提升在现有研究框架中发掘进一步的学术贡献。

本章中的 Stata 代码片段（包含二维码中的内容）仅为示意性的说明，目的在于介绍关键的代码指令。如需了解更多细节，可参阅第 21 章提供的演示，里面包含了多篇高质量期刊论文中数据处理过程的完整 Stata 代码。

思考与练习题

1. 在高质量专业期刊上选择一篇仅采用调节效应做进一步分析的研究论文，简述采用这种处理方法的主要原因、分析过程和效果。

2. 在高质量专业期刊上选择一篇仅采用中介效应做进一步分析的研究论文，简述采用这种处理方法的主要原因、分析过程和效果。

3. 在高质量专业期刊上选择一篇同时采用调节效应和中介效应但未检验两者混合效应的研究论文，简述采用这种处理方法的主要原因、分析过程和效果，并尝试能否检验两者的混合效应进而发现新的研究结论。

4. 在高质量专业期刊上选择一篇同时采用调节效应和中介效应且检验了两者混合效应的研究论文，简述采用这种处理方法的主要原因、分析过程和效果。

20 进一步分析Ⅲ：
如何进行路径分析和机制分析？

📚 学习要点

路径分析可以通俗地理解为中介效应分析的升级版，机制分析则可以理解为调节效应、中介效应和路径分析的综合版。本章将介绍这两种分析的内涵、常见类型和处理方法等。

20.1 路径分析与中介效应

路径分析可以理解为中介效应的升级版，而中介效应是路径分析的一个特例。简言之，中介效应分析的是自变量通过一条路径（一个中介变量）对因变量的影响；路径分析则是通过多条路径（多个中介变量）对因变量的多重影响。路径分析不仅要考虑多个中介变量的叠加效应，还要比较各路径影响的相对重要性。因此，路径分析和中介效应在研究重点、模型结构和分析方法方面既有联系又有区别。

可以说中介效应是路径分析的一个特例，以下从研究重点、模型结构和分析方法等方面具体说明。

20.1.1 研究重点的差异

中介效应聚焦于探究自变量对因变量的影响是否是通过单个中介变量（单个路径）来实现的，以及这种间接影响的大小和显著性，更侧重于解释自变量和因变量之间的内在作用机制。以研究广告投入对产品销量的影响为例，若考虑品牌知名度作为中介变量，中介效应分析主要关注广告投入是否通过提高品牌知名度进而影响产品销量，以及这种间接影响占总影响的比例等。

路径分析的重点在于全面考察和揭示变量之间的整个因果关系网络和结构，它不仅关注变量之间是否存在直接影响和间接影响，还关注不同路径（通过多个中介变量）之间的相对重要性等。

【例20-1】以研究企业数字化转型对企业绩效的影响路径为例，在数字经济时代，企业数字化转型成为提升竞争力的关键。许多企业纷纷投入资源进行数字化转型，但转型对绩效的影响路径尚不明确。通过问卷调查、企业年报数据收集等方式获取了一定数量样本企业的相关数据。

（1）变量设定：因变量为企业绩效（Y），采用财务指标（如利润率、资产回报率）和市场指标（如市场份额增长率）综合衡量；自变量为企业数字化转型程度（X），通过企业在数字技术基础设施建设、数字化业务流程改造等方面的投入与举措衡量。

考虑两条影响路径：数字化技术应用水平（M_1）评估企业对大数据、人工智能等技术的实际应用程度和效果；组织变革程度（M_2）涉及企业为适应数字化转型在组织结构、管理模式等方面的调整幅度。将 M_1 和 M_2 都作为中介变量进行检验。

（2）研究假设：这里是为了说明路径分析而罗列了多个假设，实际研究中不必同时提出示例中罗列的所有假设，可根据主线需求聚焦关键假设。

假设1：企业数字化转型程度正向影响数字化技术应用水平（$X{\rightarrow}M_1$）。企业在数字化转型过程中投入越大，越能有效应用先进数字技术。

假设2：数字化技术应用水平正向影响企业绩效（$M_1{\rightarrow}Y$）。更好的数字化技术应用能优化业务流程，提升生产效率，进而提高企业绩效。

假设3：企业数字化转型程度正向影响组织变革程度（$X{\rightarrow}M_2$）。数字化转型促使企业进行组织变革以适配新的运营模式。

假设4：组织变革程度正向影响企业绩效（$M_2{\rightarrow}Y$）。合理的组织变革能够提升企业内部协同效率，助力企业绩效提升。

假设5：数字化技术应用水平和组织变革在企业数字化转型与企业绩效间起中介作用（$X{\rightarrow}M_1{\rightarrow}Y$ 和 $X{\rightarrow}M_2{\rightarrow}Y$）。

（3）研究方法：

模型构建：构建路径分析模型，可用路径图展示 X、M_1、M_2、Y 之间的关系，箭头从 X 指向 M_1 和 M_2，再分别从 M_1 和 M_2 指向 Y。

分析工具：结构方程模型。可运用 Stata 的 SEM 指令或结构方程模型软件（如AMOS、SPSS Process 插件等）进行分析，估计路径系数，检验假设。

（4）结果分析：

直接效应：若 X 到 Y 的直接路径系数显著，说明数字化转型对企业绩效有直接影响；若不显著，表明主要通过中介变量起作用。

路径分析：若 M_1 到 Y、X 到 M_1 的路径系数都显著，说明数字化技术应用存在中介效应，是企业数字化转型对企业绩效的一条影响路径；同理，可判断组织变革的中介效应，若其路径系数都显著，可判定也是企业数字化转型对企业绩效的一条影响路径。

若两者都显著，证实双中介假设，还可比较两种中介效应的间接作用大小等。

20.1.2 模型结构的差异

中介效应模型在结构上相对较为简单，它主要聚焦于一个自变量通过一个中介变量对一个因变量产生间接影响的情况，存在明确的"自变量→中介变量→因变量"这样一条特定的路径。比如，在研究压力对心理健康的影响时，假设压力通过应对方式这个中介变量来影响心理健康，这就是一个典型的中介效应模型结构，其结构相对路径分析中的一些模型更为单一和明确。

路径分析的模型结构更为复杂和灵活，它可以包含多个自变量、多个因变量以及多个中介变量等，这些变量之间可以存在多种不同方向和性质的路径关系。例如，在一个复杂的组织管理研究中，可能会同时考虑员工的个人能力、工作态度、组织文化、领导风格等多个变量之间的相互关系，它们之间可能存在多条直接和间接的路径。

20.1.3 分析方法的差异

中介效应分析通常采用因果逐步回归法（Baron-Kenny 法）、Sobel 检验、Bootstrap 法等，主要是针对"自变量→中介变量→因变量"这一特定路径的系数进行检验和分析。以研究学习动机对学习成绩的中介效应分析为例，使用 Bootstrap 法来检验学习策略作为中介变量时，可以判定相应路径系数的显著性和中介效应的大小。

路径分析通常采用结构方程模型（SEM）等方法，需要估计多个路径系数，并且要对整个模型的拟合度等进行综合评估，涉及多个统计指标和检验方法。例如，在分析城市发展水平、产业结构与居民生活质量的关系时，使用结构方程模型进行路径分析，要考虑模型的整体适配度指标如卡方值、RMSEA、CFI 等，以及各个路径系数的显著性等。

20.2 路径分析中多个中介变量的关系类型

路径分析中经常涉及多个中介变量，这些中介变量之间既可能是并行关系，也可能是链式关系，甚至有可能是复合关系。

20.2.1 并行多中介变量

并行多中介变量指的是在同一个研究问题的路径分析中，各个中介变量在自变量对因变量的影响路径中相互独立，各自对应不同的影响路径。并行多中介变量不分前后顺序，但其中介效应的大小可能不同。

【例 20-2】在研究经济发展水平（自变量 X）对居民健康水平（因变量 Y）的影响时，存在收入水平（中介变量 M_1）、医疗资源可及性（中介变量 M_2）和教育程度（中介变量 M_3）三个并行中介变量。路径影响关系如下：

经济发展水平提高，会使居民收入水平增加，而更高的收入水平可以让居民获得更好的医疗保健、更健康的生活方式等，从而提高健康水平，即路径 $X \to M_1 \to Y$。

经济发展水平提升会促进当地医疗资源可及性的提高，使得居民更容易获得优质的医疗服务，进而提升健康水平，即路径 $X \to M_2 \to Y$。

经济发展也会推动教育事业的进步，使居民教育程度提高，教育程度高的居民可能更注重健康知识的学习和健康生活方式的养成，从而有利于健康水平的提升，即路径 $X\rightarrow M_3\rightarrow Y$。

20.2.2　链式多中介变量

链式多中介变量指的是在一条影响路径上，多个中介变量依次传递自变量的影响，使得这种影响最终能够作用到因变量。链式多中介变量具有明确的前后影响顺序，这种顺序一般不可颠倒。

【例20-3】在研究员工职业压力（自变量 X）对员工离职意愿（因变量 Y）的影响中，存在工作倦怠（中介变量 M_1）和工作满意度（中介变量 M_2）两个链式中介变量。其作用路径为：

员工职业压力大，会导致工作倦怠感增加，即 $X\rightarrow M_1$。

工作倦怠感增加，会降低员工的工作满意度，即 $M_1\rightarrow M_2$。

工作满意度降低，会使员工的离职意愿增强，即 $M_2\rightarrow Y$。

整体形成了 $X\rightarrow M_1\rightarrow M_2\rightarrow Y$ 的链式中介路径。

20.2.3　复合多中介变量

复合多中介变量指的是，在研究同一个问题的影响路径时同时存在多个中介变量，这些中介变量的路径影响既有并行关系又有链式关系。

【例20-4】在研究企业创新战略（自变量 X）对企业市场竞争力（因变量 Y）的影响路径时，存在研发投入（中介变量 M_1）、技术人才吸引力（中介变量 M_2）和产品创新度（中介变量 M_3）等中介变量。其中，M_1 和 M_2 存在并行关系，M_2 和 M_3 又存在链式关系。具体表现为：

企业采取创新战略，会加大研发投入，研发投入的增加有助于直接提升产品创新度，进而增强企业市场竞争力，即路径 $X\rightarrow M_1\rightarrow M_3\rightarrow Y$。

企业采取创新战略也会吸引更多的技术人才，技术人才的增加有利于提升产品创新度，最终增强企业市场竞争力，即路径 $X\rightarrow M_2\rightarrow M_3\rightarrow Y$。

与此同时，企业创新战略可能通过加大研发投入，吸引更多技术人才，即路径 $X\rightarrow M_1\rightarrow M_2$，再通过技术人才提升产品创新度来增强市场竞争力，形成 $X\rightarrow M_1\rightarrow M_2\rightarrow M_3\rightarrow Y$ 的复合中介路径。

20.2.4　路径分析的其他类型

例如，多个自变量通过一个或多个中介变量影响同一个因变量的路径分析，同一个自变量通过一个或多个中介变量影响多个因变量的路径分析等。这些复杂情形不在本书的讨论范围之内，有兴趣的读者可以参阅高级计量经济学相关的学习资料。

20.3 路径分析的处理过程

路径分析的常见处理方法是结构方程模型（SEM）。

为介绍具体的处理过程，以下将以数据集 auto. dta 为例，使用结构方程模型（SEM）来分析自变量汽车的价格（price）是否通过两个中介变量——汽车的重量（weight）和每加仑汽油的行驶里程（mpg）这两条路径影响汽车的维修记录（rep78）。该例中有一个自变量 price，两个中介变量 weight 和 mpg（代表自变量影响因变量的两个潜在路径，需要被检验是否显著），一个因变量 rep78。

20.3.1 使用 SEM 进行路径分析的处理过程

使用 SEM 进行路径分析的处理过程大致上可分为六个步骤：数据准备、构建结构方程模型、查看模型拟合度、查看路径系数及显著性、计算间接效应和总效应、解释结果。

【例20-5】基于数据集 auto. dta，使用 SEM 进行路径分析。

使用 SEM 进行路径分析的 Stata 演示

通过以上步骤，可完成路径分析的 SEM 建模，判断路径系数的显著性，并计算各条间接效应及其占总效应的比重。

20.3.2 使用 SEM 进行路径分析的适用性

适用情况：处理潜在变量、复杂因果关系、理论验证。其中，处理潜在变量是指，当研究中涉及无法直接测量的潜在变量（如智力、满意度等）时，SEM 可以通过多个观测变量来测量潜在变量，同时分析潜在变量之间以及潜在变量与观测变量之间的关系。复杂因果关系是指，对于存在多个变量且变量之间存在复杂的因果关系，包括直接效应、间接效应和中介效应等情况，SEM 能够全面地分析这些关系。理论验证是指可以根据已有的理论构建模型，然后使用 SEM 来验证理论模型是否与数据拟合，有助于理论的检验和完善。

不适用情况：小样本数据、变量关系简单、数据质量差。其中，小样本数据指的是，SEM 对样本量有一定要求，一般建议样本量不少于200，当样本量较小时，模型估计的结果可能不稳定，参数估计的准确性和可靠性会受到影响。变量关系简单指的是，如果研究的变量关系非常简单，只是几个变量之间的线性关系，使用其他方法分析可能更加简便有效，SEM 的复杂性可能会带来不必要的麻烦。数据质量差指的是，如果数据存在大量缺失值、异常值或者变量之间存在严重的共线性问题，会影响 SEM 模型的估计和拟合效果，需要先对数据进行预处理。

20.4　路径分析案例：股价崩盘风险

本案例聚焦于公司治理如何通过影响信息披露质量和市场信心进而影响股价崩盘风险。

【例 20-6】 公司治理（Corporate Governance，CG）如何通过影响信息披露质量（Information Disclosure Quality，IDQ）和市场信心（Market Confidence，MC）进而影响股价崩盘风险（Crash Risk，CR）？

在这个案例中，CG 是自变量，CR 是因变量，IDQ 和 MC 是两个中介变量，代表白变量影响因变量的两条路径（需要被检验是否显著）。

1. 研究假设及路径设计

假设 H1：公司治理（CG）对股价崩盘风险（CR）有直接影响。这个是主要假设。

假设 H2：公司治理（CG）对信息披露质量（IDQ）有直接影响。

假设 H3：公司治理（CG）对市场信心（MC）有直接影响。

假设 H4：信息披露质量（IDQ）对股价崩盘风险（CR）有直接影响。

假设 H5：市场信心（MC）对股价崩盘风险（CR）有直接影响。

假设 H6：公司治理（CG）通过提升信息披露质量（IDQ）对股价崩盘风险（CR）有间接影响。这个是路径假设 1。

假设 H7：公司治理（CG）通过提升市场信心（MC）对股价崩盘风险（CR）有间接影响。这个是路径假设 2。

为进行演示，这里详细列举了各种研究假设，实际写作论文时仅需假设 H1、H6 和 H7 即可。

2. 研究设计

（1）样本数据：选取中国 A 股上市公司（剔除金融业和 ST 企业），时间跨度为 2010—2020 年。

数据来源：公司治理数据来自公司年报和治理数据库；信息披露质量数据来自深交所信息披露考核结果；市场信心数据通过市场交易数据计算；股价崩盘风险数据通过财务数据计算。

（2）变量测量：公司治理（CG）通过董事会独立性、股权集中度、管理层持股比例等指标的综合得分衡量，信息披露质量（IDQ）通过信息披露评级（1~4 分，优秀为 4 分）和财务报表透明度衡量，市场信心（MC）通过投资者情绪（如市场交易活跃度）

衡量，股价崩盘风险（CR）通过负收益偏态系数（NCSKEW）和涨跌波动比（DUVOL）衡量。

（3）统计方法：使用结构方程模型（SEM）进行路径分析。

3. 结果解读

为演示计算过程和结果，这里使用了虚拟的回归结果数值。

（1）路径系数估计：

CG→CR：路径系数为-0.20，$p<0.05$，表明公司治理对股价崩盘风险有显著的负向直接影响（支持 H1）。此为自变量对因变量的直接影响。

CG→IDQ：路径系数为 0.40，$p<0.01$，表明公司治理对信息披露质量有显著的正向影响（支持 H2）。

CG→MC：路径系数为 0.35，$p<0.01$，表明公司治理对市场信心有显著的正向影响（支持 H3）。

IDQ→CR：路径系数为-0.30，$p<0.05$，表明信息披露质量对股价崩盘风险有显著的负向影响（支持 H4）。

MC→CR：路径系数为-0.45，$p<0.01$，表明市场信心对股价崩盘风险有显著的负向影响（支持 H5）。

（2）间接效应计算：

CG 通过 IDQ 对 CR 的间接效应：$0.40\times(-0.30)=-0.12$，表明公司治理通过提升信息披露质量对股价崩盘风险有显著的负向间接影响（支持 H6）。

CG 通过 MC 对 CR 的间接效应：$0.35\times(-0.45)=-0.1575$，表明公司治理通过提升市场信心对股价崩盘风险有显著的负向间接影响（支持 H7）。

（3）总效应计算：

CG 对 CR 的总效应：直接效应（-0.20）+间接效应（$-0.12-0.1575=-0.2775$）=-0.4775，表明公司治理对股价崩盘风险的总影响为-0.4775。

（4）模型拟合指标：*RMSEA* 为 0.04（小于 0.05，拟合良好），*CFI* 为 0.96（大于 0.90，拟合良好），*GFI* 为 0.95（大于 0.90，拟合良好）。

4. 研究结论

直接效应：公司治理对股价崩盘风险有显著的负向直接影响，表明良好的公司治理可以直接降低股价崩盘风险。

间接效应：公司治理通过提升信息披露质量和市场信心对股价崩盘风险有显著的负向间接影响，表明信息披露质量和市场信心在公司治理与股价崩盘风险之间起到了重要的中介作用。

总效应：公司治理对股价崩盘风险的总影响为-0.4775，表明公司治理对降低股价崩盘风险既有直接作用，也有通过信息披露质量和市场信心的间接作用。

5. 管理建议

优化公司治理结构：企业应提高董事会独立性，优化股权结构，增加管理层持股比例，以提升公司治理水平。

提升信息披露质量：企业应加强信息披露管理，提高财务报表透明度，确保信息的真实性和及时性，以增强投资者信心。

增强市场信心：企业应通过良好的市场表现和积极的投资者关系管理，提升市场信心，降低股价崩盘风险。

通过路径分析，研究不仅揭示了公司治理对股价崩盘风险的直接影响，还揭示了其通过信息披露质量和市场信心的间接影响机制，为企业的治理优化和风险管理提供了科学依据。

20.5 路径分析案例：高阶理论

下面是一个基于高阶理论（Upper Echelons Theory）的实证研究案例，通过路径分析探讨高管团队特征如何通过影响企业战略决策和组织绩效进而影响企业创新绩效。

【例 20-7】高管团队的异质性（top management team heterogeneity，TMTH）如何通过影响企业战略决策（strategic decision-making，SDM）和组织绩效（organizational performance，OP）进而影响企业创新绩效（innovation performance，IP）？

高管团队异质性
影响企业创新绩效
的路径分析演示

在本案例中，TMTH 是自变量，IP 是因变量，SDM 和 OP 是两个中介变量，代表自变量影响因变量的两条路径（需要被检验是否显著）。

20.6 路径分析案例：盈余管理

本案例聚焦于公司治理如何通过影响内部控制质量和信息披露质量进而影响盈余管理程度。

【例 20-8】公司治理（corporate governance，CG）如何通过影响内部控制质量（internal control quality，ICQ）和信息披露质量（information disclosure quality，IDQ）进而影响盈余管理程度（earnings management，EM）？

公司治理影响
盈余管理的路径
分析演示

在本案例中，CG 是自变量，EM 是因变量，ICQ 和 IDQ 是两个中介变量，代表自变量影响因变量的两条路径（需要被检验是否显著）。

20.7　路径分析案例：高质量发展

本案例聚焦于绿色金融对区域经济高质量发展的影响及其作用机制，并引入中介变量进行路径分析。

【例20-9】绿色金融（green finance，GF）如何通过影响企业创新能力（innovation capability，IC）和生态环境质量（environmental quality，EQ）进而影响区域经济高质量发展（high-quality economic development，HED）？

绿色金融影响区域
经济高质量发展的
路径分析演示

在本案例中，自变量是GF，因变量是HED，IC和EQ是两个中介变量，表示自变量GF影响因变量HED的两条路径（需要被检验是否显著）。

20.8　路径分析案例：新质生产力

本案例聚焦于科技创新对新质生产力形成的影响及其作用机制，并引入中介变量进行路径分析。

【例20-10】科技创新如何通过影响企业数字化转型和劳动生产率进而影响新质生产力的形成？

科技创新影响
新质生产力的
路径分析演示

在本案例中，科技创新是自变量，新质生产力是因变量，企业数字化转型和劳动生产率是两个中介变量，代表两条自变量影响因变量的路径（需要被检验是否都显著）。

20.9　路径分析案例：国际贸易便利化

本案例聚焦于国际贸易便利化对企业出口绩效的影响及其作用机制，并引入中介变量进行路径分析。

【例20-11】国际贸易便利化（trade facilitation，TF）如何通过影响企业出口成本（export cost，EC）和市场拓展能力（market expansion，ME）进而影响企业出口绩效（export performance，EP）？

国际贸易便利化影响
企业出口绩效的
路径分析演示

在本案例中，TF是自变量，EP是因变量，EC和ME是两个中介变量，代表两条自变量影响因变量的路径（需要被检验是否都显著）。

20.10 路径分析案例：化解地方债务

本案例聚焦于地方政府债务化解（化债）对区域经济高质量发展的影响及其作用机制。

【例 20-12】地方政府债务化解措施（debt resolution，DR）如何通过影响财政可持续性（fiscal sustainability，FS）和企业投资环境（business investment environment，BIE）进而影响区域经济高质量发展（high-quality economic development，HED）？

在本案例中，DR 是自变量，HED 是因变量，FS 和 BIE 是两个中介变量，代表两条自变量影响因变量的路径（需要被检验是否都显著）。

地方债化解措施
影响区域经济
高质量发展的
路径分析演示

20.11 路径分析案例：领导风格

本案例聚焦于领导风格对员工工作绩效的影响及其作用机制，并引入中介变量进行路径分析。

【例 20-13】领导风格如何通过影响员工的工作满意度和组织承诺进而影响员工的工作绩效？

在本案例中，领导风格是自变量，员工的工作绩效是因变量，员工的工作满意度和组织承诺是两个中介变量，代表自变量影响因变量的两条路径（需要被检验是否显著）。

领导风格影响
员工工作绩效的
路径分析演示

20.12 路径分析案例：内部控制质量

本案例聚焦于企业内部控制质量对企业绩效的影响及其作用机制，并引入中介变量进行路径分析。

【例 20-14】：企业内部控制质量（internal control quality，ICQ）如何通过影响财务报告质量（financial reporting quality，FRQ）和运营效率（operational efficiency，OE）进而影响企业绩效（firm performance，FP）？

在这个案例中，ICQ 是自变量，FP 是因变量，FRQ 和 OE 是两个中介变量，代表自变量影响因变量的两条路径（需要被检验是否显著）。

企业内控质量
影响企业绩效的
路径分析演示

20.13　路径分析案例：企业社会责任

本案例聚焦于企业社会责任对财务绩效的影响及其作用机制，并引入中介变量进行路径分析。

【例20-15】：企业社会责任（CSR）如何通过品牌形象（BI）和客户满意度（CS）对财务绩效（FP）的影响及其作用机制是什么？

在本案例中，CSR是自变量，FP是因变量，BI和CS是两个中介变量，代表自变量影响因变量的两条路径（需要被检验是否显著）。

企业社会责任
影响财务绩效的
路径分析演示

20.14　路径分析案例：企业韧性

本案例聚焦于企业韧性如何通过影响企业的创新能力和资源配置效率进而影响企业绩效。

【例20-16】企业韧性（enterprise resilience，ER）如何通过影响企业的创新能力（innovation capability，IC）和资源配置效率（resource allocation efficiency，RAE）进而影响企业绩效（firm performance，FP）？

在本案例中，企业韧性是自变量，企业绩效是因变量，创新能力和资源配置效率是两个中介变量，代表自变量影响因变量的两条路径（需要被检验是否显著）。

企业韧性影响
企业绩效的路径
分析演示

20.15　路径分析案例：货币政策

本案例聚焦于货币政策对企业投资行为的影响及其作用机制，并引入中介变量进行路径分析。

【例20-17】货币政策如何通过影响金融市场变量（如利率、信贷规模）进而影响企业投资行为？

在本案例中，货币政策是自变量，企业投资行为是因变量，利率和信贷规模是两个中介变量，代表自变量影响因变量的两条路径（需要被检验是否显著）。

货币政策影响
企业投资行为的
路径分析演示

20.16　路径分析案例：财务透明度

本案例聚焦于企业财务透明度对企业价值的影响及其作用机制，并引入中介变量进行路径分析。

【例 20-18】企业财务透明度（financial transparency，FT）如何通过影响投资者信心（investor confidence，IC）和融资成本（financing cost，FC）进而影响企业价值（firm value，FV）？

在本案例中，FT 是自变量，FV 是因变量，IC 和 FC 是两个中介变量，代表自变量影响因变量的两条路径（需要被检验是否显著）。

财务透明度
影响企业价值的
路径分析

20.17　路径分析案例：企业债务危机

本案例以企业债务危机如何通过影响企业财务灵活性和经营效率进而影响企业绩效为研究主题。

【例 20-19】企业债务危机（debt crisis，DC）如何通过影响企业财务灵活性（financial flexibility，FF）和经营效率（operational efficiency，OE）进而影响企业绩效（firm performance，FP）？

在本案例中，DC 是自变量，FP 是因变量，FF 和 OE 是两个中介变量，代表自变量影响因变量的两条路径（需要被检验是否显著）。

企业债务危机
影响企业绩效的
路径分析

20.18　路径分析案例：股利政策

本案例聚焦于公司治理如何通过影响股利政策进而影响公司价值。

【例 20-20】公司治理（corporate governance，CG）如何通过影响股利政策（dividend policy，DP）进而影响公司价值（firm value，FV）？

在本案例中，CG 是自变量，FV 是因变量，DP 是中介变量，代表自变量影响因变量的路径（需要被检验是否显著）。

公司治理通过股利
政策影响公司
价值的路径分析

20.19　什么是机制分析？

一些研究人员将机制分析狭义地理解为中介效应分析，其实机制分析并不等同于中介效应。机制分析是一个更广义的概念，它不仅包含了中介效应，甚至还可以理解为调节效应、中介效应、因果关系和路径分析的综合体。

20.19.1　机制分析的内涵

机制分析旨在全面剖析经济管理现象的运作逻辑，展示各因素如何交互作用进而生成研究目标中的结果。它就像一台精密的仪器，帮助研究人员看清现象背后错综复杂的因果网络，而不只是停留在表面的相关关系。

以研究企业多元化经营与绩效之间的关系为例。机制分析不会仅仅关注两者是否存在关联，而是深入探究多元化经营通过何种方式影响企业绩效：可能是多元化经营分散了企业风险，使得企业在不同市场环境下都能保持一定的收益；也可能是多元化经营促进了企业内部资源的共享和协同效应，提高了生产效率；还可能是多元化经营带来了管理复杂度的增加，导致管理成本上升，进而影响绩效。通过全面深入的分析，才能真正理解多元化经营与企业绩效之间的内在联系。

20.19.2 机制分析与调节效应

（1）相同点。

机制分析和调节效应都聚焦于变量关系的复杂性，试图在多变的经济管理环境中更精准地把握各因素间的相互作用，为企业决策和政策制定提供科学依据。

以企业创新投入和绩效的关系研究为例，无论是机制分析还是调节效应分析，都不会简单认为创新投入必然带来绩效提升。它们都意识到这一关系会受到多种因素干扰，需要深入探究背后的复杂机制。

（2）不同点。

机制分析是一个宏观且全面的概念，像一幅宏大的画卷，试图描绘出整个现象产生和发展的全貌，涵盖多个层面和多种因素的复杂交互。调节效应则像一个放大镜，专注于某个特定变量（调节变量）对另外两个变量之间关系强度或方向的影响。机制分析是一种综合性的研究思路，可能会综合运用多种方法，调节效应分析只是其中一种具体的统计分析手段。

例如，在研究企业数字化转型与竞争力提升的关系时，机制分析会考虑数字化转型通过改变企业的生产流程、营销模式、组织架构等多个方面，进而影响企业竞争力的整个过程。调节效应分析可能会发现企业的战略柔性是一个调节变量：当企业战略柔性高时，数字化转型对竞争力提升的促进作用会更显著；当企业战略柔性低时，数字化转型对竞争力提升的效果可能会大打折扣。

（3）研究价值。

通过机制分析，企业能够全面了解数字化转型如何从各个方面影响竞争力，从而制定出涵盖技术引进、流程改造、组织变革等多方面的综合性转型策略。例如，一家传统制造企业，通过机制分析发现数字化转型不仅要引入先进的生产设备，还要对员工进行数字化技能培训，同时调整组织架构以适应数字化运营，这样才能真正提升竞争力。

调节效应分析可以帮助企业在不同情境下做出更精准的决策。对于上述制造企业，如果发现自身战略柔性较低，就可以先着力提升战略柔性，如建立灵活的组织架构、培养员工的创新意识等，再推进数字化转型，以增强转型效果。

20.19.3 机制分析与中介效应

（1）相同点。

两者都致力于挖掘变量之间的间接联系，就像侦探寻找案件背后的线索链，帮助我们理解因果关系背后的内在逻辑，使研究结果更具解释力。

以研究金融科技发展对中小企业融资可得性的影响为例，机制分析和中介效应分析都不会满足于发现两者之间的表面关联，而是要深入探究金融科技通过哪些中间环节影响中小企业融资。

（2）不同点。

机制分析是一个广泛的概念，如同一个巨大的拼图，追求对现象的全面解释，可能包含多个中介效应以及其他复杂的作用关系。中介效应则是这个拼图中的一块特定图案，关注自变量通过中介变量对因变量产生影响的具体过程。机制分析需要综合运用多种研究方法和视角，中介效应分析有相对固定的分析流程和统计方法。

例如，在研究消费者绿色认知对绿色购买行为的影响时，机制分析会考虑消费者绿色认知通过影响其价值观、态度、社会规范认知等多个方面，进而影响绿色购买行为的整个复杂过程。中介效应分析可能会发现消费者的绿色态度是一个中介变量，即消费者绿色认知先影响其绿色态度，然后绿色态度再影响绿色购买行为。

（3）研究价值。

在机制分析方面，企业可以根据机制分析的结果，制定全方位的营销策略。比如，一家环保产品企业通过机制分析发现消费者绿色认知对购买行为的影响是多方面的，就可以从宣传环保理念、塑造企业绿色形象、引导社会绿色消费规范等多个角度入手，促进消费者的绿色购买行为。

在中介效应方面，企业可以针对中介变量采取更有针对性的营销策略。对于上述环保产品企业，如果发现绿色态度是中介变量，就可以通过开展环保教育活动、提供产品环保信息等方式，先提升消费者的绿色态度，进而促进其绿色购买行为。

20.19.4 机制分析与因果关系推断

（1）相同点。

两者都以探究变量之间的因果联系为核心目标，是经管实证研究中理解经济管理现象的基石，为企业决策和政策制定提供科学依据。以研究货币政策调整对房地产市场价格的影响为例，因果关系推断和机制分析都旨在明确货币政策调整是否会以及如何影响房地产市场价格。

（2）不同点。

因果关系推断主要聚焦于确定变量之间是否存在因果关系，就像法官判断案件中的因果责任一样，重点在于判断因果关系的存在性和方向，机制分析则在确定因果关系的基础上，像科学家研究物质的微观结构一样，进一步深入探究因果作用的具体方式和内在机制。因果关系推断通常依赖于严格的实验设计或统计方法来排除其他干扰因素，以确定因果关系，机制分析更注重对因果过程的详细描述和解释。

例如，在研究税收政策调整对企业投资决策的影响时，因果关系推断可能通过双重差分法等方法，确定税收政策调整与企业投资决策之间存在因果关系，而机制分析会进一步探究税收政策调整通过改变企业的资金成本、预期收益、风险偏好等多种机制来影响企业投资决策的具体过程。

（3）研究价值。

在机制分析方面，政策制定者可以根据机制分析的结果优化税收政策设计。比如，发现税收政策通过影响企业资金成本来影响投资决策，就可以调整税收政策的具体条款，如税收减免的幅度和时间，以更精准地引导企业投资。

因果关系推断能够为政策制定提供初步的证据支持。通过因果关系推断确定税收政策调整与企业投资决策之间存在因果关系，政策制定者就可以考虑将税收政策作为调节企业投资的一种手段。

20.19.5 机制分析与路径分析

（1）相同点。

两者都通过构建变量之间的关系模型来理解经济管理现象，就像绘制地图一样，试图清晰地呈现变量之间的相互作用关系，为研究和实践提供可视化的分析框架。以研究企业品牌建设与市场份额增长的关系为例，机制分析和路径分析都需要构建相关变量之间的关系模型来分析品牌建设如何影响市场份额。

（2）不同点。

机制分析强调对现象背后原理的深入理解和全面解释，如同挖掘宝藏的深层秘密，注重理论层面的阐释和对复杂因果关系的综合考量。路径分析是一种具体的统计方法，侧重于通过建立路径模型来量化变量之间的直接和间接影响，并通过路径系数来表示影响的强度和方向。机制分析可以采用多种方法进行研究，路径分析只是其中可能用到的一种工具。路径分析则更侧重于模型的构建和参数估计。

例如，在研究企业国际化战略与绩效的关系时，机制分析会从企业国际化战略如何影响企业的资源配置、市场拓展、技术创新等多个方面进行深入分析，同时考虑外部环境因素的影响。路径分析则会构建一个路径模型，分析企业国际化战略通过市场进入模式、海外子公司运营效率等中间变量对绩效的直接和间接影响路径，并计算各路径的系数。

（3）研究价值。

在机制分析方面，企业可以根据机制分析的结果，制定全面的国际化战略。比如，一家企业通过机制分析发现国际化战略通过影响资源配置和技术创新来影响绩效，就可以在国际化过程中注重资源的合理分配和技术的引进与创新。

在路径分析方面，企业可以明确国际化战略影响绩效的具体路径和关键环节。对于上述企业，如果路径分析发现市场进入模式对绩效的影响系数较大，就可以在选择市场进入模式时更加谨慎，以提高国际化绩效。

20.20 如何进行机制分析？

在实证研究领域，机制分析旨在全面、深入地探究经济现象背后的作用原理和内在逻辑。下面对比机制分析与调节效应、中介效应、因果关系推断、路径分析在处理方法思路上的异同。

20.20.1 机制分析与调节效应分析

机制分析需要综合运用多种方法全面探究因果关系的内在逻辑，除了定量模型分析，还强调定性分析。例如，在研究企业社会责任对财务绩效的影响机制时，不仅构建回归模型分析两者之间的关系，还可以通过案例研究分析企业履行社会责任的具体行为如何通过影响企业声誉、客户忠诚度、员工满意度等多个方面，最终影响财务绩效。

调节效应分析重点在于验证调节变量对自变量和因变量关系的影响，通常采用层次回归分析方法，先将自变量和因变量进行回归，然后加入调节变量以及自变量与调节变量的交互项进行回归。例如，在研究货币政策对企业投资的影响时，假设企业规模是调节变量，先对货币政策变量和企业投资进行回归，然后加入企业规模变量以及货币政策变量与企业规模的交互项进行回归，通过检验交互项的显著性来判断调节效应是否存在。

20.20.2 机制分析与中介效应分析

机制分析可能包含多个中介环节和复杂的作用路径，分析过程更为全面和深入，可以采用结构方程模型等方法，同时考虑多个中介变量之间的相互关系和对因变量的综合影响。例如，在研究金融发展对经济增长的影响机制时，可能存在金融效率、资本积累、技术创新等多个中介变量，通过结构方程模型可以分析这些中介变量之间的相互作用以及它们如何共同影响经济增长。

中介效应分析主要关注自变量通过特定中介变量对因变量的间接影响，常用的分析方法有 Baron-Kenny 三步法、Sobel 检验、Bootstrap 法等。以研究教育水平对收入的影响为例，假设职业技能是中介变量，Baron-Kenny 三步法首先检验教育水平对收入的总效应，然后检验教育水平对职业技能的影响，最后检验在控制职业技能后，教育水平对收入的直接效应是否减弱。如果满足相应的条件，则说明职业技能存在中介效应。

20.20.3 机制分析与因果关系推断

机制分析在确定因果关系的基础上，深入挖掘因果作用的具体方式和过程，可以采用过程追踪法，详细描述和分析从原因到结果的各个环节。例如，在研究税收政策调整对企业创新的影响机制时，通过收集企业的创新决策过程数据、财务数据等，追踪税收政策调整如何影响企业的资金状况、创新激励机制，进而影响企业的创新投入和产出。

因果关系推断则侧重于确定变量之间是否存在因果关系，主要采用实验设计、工具变量法、断点回归等方法。例如，在研究教育投入对经济增长的因果关系时，采用工具变量法寻找一个与教育投入相关但与经济增长的误差项不相关的工具变量，如地区的教育政策改革等，通过工具变量来解决内生性问题，从而更准确地推断教育投入与经济增长之间的因果关系。

20.20.4　机制分析与路径分析

机制分析强调对因果关系背后原理的解释和理论阐释，分析过程更加注重经济意义和逻辑关系。在构建模型时，会考虑多种因素的综合作用和相互影响，而不仅仅局限于变量之间的直接路径。例如，在研究国际贸易对产业结构升级的影响机制时，除了分析国际贸易通过技术溢出、市场竞争等直接路径影响产业结构升级外，还会考虑国际贸易通过影响国内政策、要素流动等间接路径对产业结构升级的影响。

路径分析则侧重于构建变量之间的路径模型，通过估计路径系数来量化变量之间的直接和间接影响。通常采用线性回归模型或结构方程模型，明确变量之间的因果路径和效应大小。例如，在研究企业研发投入、技术创新和市场绩效之间的关系时，构建路径模型，分析研发投入如何通过技术创新影响市场绩效，以及各路径的系数大小，从而确定各因素的相对重要性。

20.20.5　机制分析的常见过程

简言之，机制分析通常要求进行"定性分析+定量分析"。在定性分析方面，机制分析可以使用理论分析、过程剖析以及使用案例研究等方式。在定量分析方面，机制分析通常需要借助调节效应、中介效应、因果关系乃至路径分析等方法进行。在实证论文写作中，机制分析的内容通常放在进一步分析中进行，用于扩展和深化主回归的研究结论，丰富研究主题的文献，提升论文的学术贡献。

以下通过一个具体的例子来说明调节效应、中介效应、路径分析和机制分析之间的异同之处。

【例20-21】使用调节效应、中介效应、路径分析和机制分析方法，研究企业数字化转型（自变量）对财务绩效（因变量）的影响。

注意：为演示简洁起见，这里的模型都忽略了控制变量，实际建模时需要加入控制变量，还可能要添加一些哑元变量（如使用固定效应/随机效应模型时）。

1. 调节效应分析

验证企业规模是否调节数字化转型对财务绩效的影响。分析步骤：主效应、调节效应。

（1）主效应检验数字化转型对财务绩效的主效应。

回归模型：财务绩效 $=\beta_0 +\beta_1$ 数字化转型 $+\varepsilon$。

若 β_1 显著，表明数字化转型对财务绩效有显著的主效应。

（2）调节效应检验企业规模是否调节数字化转型对财务绩效的影响。

回归模型：财务绩效 $=\beta_0 +\beta_1$ 数字化转型 $+\beta_2$ 企业规模 $+\beta_3$（数字化转型 × 企业规模）$+\varepsilon$。

若 β_3 显著，表明企业规模调节了数字化转型对财务绩效的影响。

结论：企业规模越大，数字化转型对财务绩效的提升作用越强。

2. 中介效应分析

验证企业数字化转型是否通过某个中介变量（如运营效率）对财务绩效产生影响。分析步骤：总效应、中介效应。

（1）总效应检验企业数字化转型对财务绩效的总效应。

回归模型：财务绩效 $=\beta_0 +\beta_1$ 数字化转型 $+\varepsilon$。

若 β_1 显著，表明数字化转型对财务绩效有显著的总效应。

（2）中介效应检验企业数字化转型是否通过提升运营效率对财务绩效产生影响。采用三步回归法检验中介效应。

第一步：检验数字化转型对运营效率的影响。

回归模型：运营效率 $=\alpha_0 +\alpha_1$ 数字化转型 $+\varepsilon$。

若 α_1 显著，表明数字化转型显著提升运营效率。

第二步：检验运营效率对财务绩效的影响。

回归模型：财务绩效 $=\beta_0 +\beta_2$ 运营效率 $+\varepsilon$。

若 β_2 显著，表明运营效率显著提升财务绩效。

第三步：在控制运营效率后，检验数字化转型对财务绩效的直接效应。

回归模型：财务绩效 $=\gamma_0 +\gamma_1$ 数字化转型 $+\gamma_2$ 运营效率 $+\varepsilon$。

若 γ_1 系数减弱、显著性降低或不显著，表明运营效率在数字化转型和财务绩效之间起到了中介作用。

结论：企业数字化转型可通过提升运营效率对财务绩效产生显著的间接效应。

3. 路径分析

同时检验多个中介变量（如运营效率、市场竞争力、创新能力）在数字化转型和财务绩效之间的多路径关系。分析步骤：总效应、路径分析。

（1）总效应检验数字化转型对财务绩效的总效应。

回归模型：财务绩效 $=\beta_0 +\beta_1$ 数字化转型 $+\varepsilon$。

若 β_1 显著，表明数字化转型对财务绩效有显著的总效应。

（2）路径分析：通过结构方程模型（SEM）同时检验多个中介变量。对每个中介变量设定路径模型。注意下列模型的检验方法是 SEM 而不是 OLS，详情参见本章前面的路径分析部分。

$$运营效率 = \alpha_0 + \alpha_1 数字化转型 + \varepsilon_1$$
$$市场竞争力 = \beta_0 + \beta_1 数字化转型 + \varepsilon_2$$
$$创新能力 = \gamma_0 + \gamma_1 数字化转型 + \varepsilon_3$$
$$财务绩效 = \delta_0 + \delta_1 运营效率 + \delta_2 市场竞争力 + \delta_3 创新能力 + \varepsilon_4$$

若 SEM 检验结果显著，就可以认为数字化转型通过提升运营效率、市场竞争力和创新能力，间接提升了财务绩效。

结论：数字化转型通过多个中介变量（运营效率、市场竞争力、创新能力）对提升财务绩效能够产生间接效应。

4. 机制分析

全面探讨数字化转型对财务绩效的作用机制，包括中介变量、调节变量以及作用原理。分析步骤：定量分析（调节效应、中介效应、路径分析等）、定性分析。

（1）定量分析。

调节效应：检验企业规模是否调节数字化转型对财务绩效的影响。

结果：企业规模越大，数字化转型对财务绩效的提升作用越强。

中介效应：检验数字化转型是否通过提升运营效率、市场竞争力和创新能力对财务绩效产生间接效应。

结果：数字化转型通过提升运营效率、市场竞争力和创新能力，间接提升了财务绩效。

路径分析：通过结构方程模型（SEM）同时检验多个中介变量的路径关系。

结果：数字化转型通过多个中介变量对财务绩效产生间接效应。

（2）定性分析：探讨上述影响的原理和作用机制等。

理论解释：结合经济学理论解释为什么运营效率、市场竞争力和创新能力会提升财务绩效。

边界条件：探讨在何种条件下（如企业规模、行业竞争程度）这些机制会增强或减弱。

结果：数字化转型通过提升运营效率、市场竞争力和创新能力，进而提升财务绩效。这一机制在大型企业和高竞争行业中更为显著。

5. 综合结论

数字化转型通过提升运营效率、市场竞争力和创新能力对财务绩效产生间接效应，且这一效应在大型企业和高竞争行业中更为显著。机制分析不仅验证了中介效应和调节效应的存在，还解释了其背后的理论原理和边界条件。

通过上面的案例，再次概括机制分析与调节效应、中介效应和路径分析的异同。相同点：具有共同目标，方法重叠。其中，共同目标是旨在揭示变量之间的作用路径和内在联系。方法重叠指的是，机制分析通常包含调节效应分析、中介效应分析和路径分析。不同点：具体目的不同，检验方法不同。其中，调节效应分析的目的是验证调节变量如何改变自变量与因变量之间的关系强度或方向。主要方法是交互项分析和分组回归等。

中介效应分析的目的是验证自变量是否通过中介变量对因变量产生间接效应。主要方法是逐步回归法、Sobel 检验和 Bootstrap 方法等。

路径分析的目的是同时检验多个中介变量的路径关系。主要方法是结构方程模型（SEM）。

机制分析的目的是全面探讨变量之间的作用原理、调节变量、中介变量以及边界条件等，主要方法是结合调节效应分析、中介效应分析、路径分析和进行理论推导等。

通过这些分析方法，研究者可以更全面、深入地理解变量之间的复杂关系，为理论发展和实践应用提供更丰富的参考。

✎ 本章小结

本章的主题是进一步分析中的第三步工作——路径分析和机制分析。路径分析可认为是中介效应分析的升级版，能够处理多个中介变量同时存在的复杂路径问题。机制分析更像是调节效应、中介效应和路径分析的综合体。这些内容有助于初学者应用路径分析和机制分析发现新的研究机会和研究问题，以及在现有研究框架中发掘进一步的学术贡献。

本章中的 Stata 代码片段（包含二维码中的内容）仅为示意性的说明，目的在于介绍关键的代码指令。如需了解更多细节，可参阅第 21 章提供的演示，里面包含了多篇高质量期刊论文中数据处理过程的完整 Stata 代码。

❓ 思考与练习题

1. 在高质量专业期刊选择一篇采用 SEM 做单个路径分析的研究论文，简述采用这种处理方法的主要原因、分析过程和效果。

2. 在高质量专业期刊选择一篇采用 SEM 做多个并行路径分析的研究论文，简述采用这种处理方法的主要原因、分析过程和效果。

3. 在高质量专业期刊选择一篇采用 SEM 做链式路径分析的研究论文，简述采用这种处理方法的主要原因、分析过程和效果。

4. 在高质量专业期刊选择一篇采用 SEM 做混合路径分析的研究论文，简述采用这种处理方法的主要原因、分析过程和效果。

5. 在高质量专业期刊选择一篇进行全面机制分析的研究论文，简述其中采用的各种机制分析方法、分析过程和效果。

21 实证论文数据处理演示

📚 学习要点

　　学习完主回归、稳健性检验和进一步分析之后，实证论文的数据处理方法已经学习完毕。作为实证论文数据处理的案例，本章精选十余篇高质量期刊论文，完整全面地展示这些论文的全部数据处理流程。

21.1　复刻论文：居民杠杆与企业债务风险①

21.1.1　论文摘要

　　中国正面临经济增速放缓与杠杆率高企的双重压力，为实现稳增长与稳杠杆间的平衡，在结构性去杠杆中各部门杠杆有升有降，居民部门加杠杆能否为企业去杠杆腾挪出空间，进而降低企业的债务风险呢？

　　本文利用2010—2018年中国沪深两市非金融企业的面板数据，结合宏观层面的居民杠杆率，对"居民杠杆—企业债务风险"的关系和影响渠道进行了系统研究。

　　结果显示：居民部门加杠杆不仅不能为企业去杠杆创造更有利的宏观经济环境，反而会通过企业债务期限变短、偿债能力减弱、金融化趋势增强、"僵尸化"程度加深等渠道机制致使企业的债务风险恶化。

　　而且，居民部门加杠杆对企业债务风险的影响在不同的企业经营模式下呈现显著的异质性，在直接融资占比高的企业、融资约束低的企业、民营企业和高新技术企业中，居民部门加杠杆对企业债务风险的增加呈现出更为强烈的正向驱动效应。

21.1.2　实证处理演示内容

　　样本数据处理：缩尾、变量取对数、替换代理变量。

　　回归与检验处理：面板回归、logit回归、固定效应、解释变量滞后一期、工具变量+两阶段回归2SLS、交互项、广义矩估计GMM、弱工具变量检验、工具变量外生性检验、

---

① 何德旭，张斌彬. 居民杠杆与企业债务风险 [J]. 中国工业经济，2021 (2)：155-173.

渠道机制检验、异质性分析。

21.1.3 实证处理复刻过程演示短视频

《居民杠杆与企业债务风险》的
数据处理演示

21.2 复刻论文：有效激励还是激励扭曲①

21.2.1 论文摘要

本文以 2014—2020 年中国沪深 A 股上市公司为样本，探究员工持股计划对股价崩盘风险的影响。

研究发现：①员工持股计划的实施增大了股价崩盘风险；②员工持股计划主要通过大股东侵占机制、管理层自利机制以及信息披露质量机制来影响股价崩盘风险；③员工持股计划中高管认购比例越高，公司股价崩盘风险越大；④异质性分析表明，当大股东不具有相对控股权并且公司未面临外部收购风险时，员工持股计划使股价崩盘风险增加的效果更加显著。

本文集中探讨了 2014 年《指导意见》出台后，上市公司重新推行的员工持股计划的实施效果，拓展了员工持股计划的经济后果，揭示了员工持股计划实施过程中大股东侵占及管理层自利行为抑制了其积极作用的发挥并产生的严重激励扭曲问题。本文对推动员工持股计划良性发展以及完善员工持股计划制度设计具有一定的参考意义。

21.2.2 实证处理演示内容

回归与检验处理：多维固定效应、PSM、平衡性检验、Heckman 两阶段检验（处理反向因果关系）、逆米尔斯比率、DID 模型（排除时间序列干扰因素）、平行趋势检验、多种机制分析、异质性分析、分组回归。

其他特点：竞争性假设、描述性统计、相关性分析、保存结果至 Word 文件。

---

① 王德宏，孙亚婕．有效激励还是激励扭曲：员工持股计划对股价崩盘风险的影响［J］．金融评论，2023，15（5）：77-102.

21.2.3 实证处理复刻过程演示短视频

《有效激励还是激励扭曲》的
数据处理演示

21.3 复刻论文：决策权配置与实际税负①

21.3.1 论文摘要

企业集团作为现代企业的高级组织形式，其实际税负的决定机制受到广泛关注。本文尝试从内部资本配置的关键机制——决策权配置视角切入，考察决策权配置的集权程度对企业集团实际税负的影响。事实上，囿于数据和方法的限制，对企业集团的决策权配置问题的"黑箱"还缺乏深入研究。

鉴于此，本文基于中国企业集团母子公司独立纳税的规定以及资本市场"双重披露制"提供的研究契机，利用 2008—2019 年 A 股上市公司数据，检验了决策权配置的集权程度对企业集团实际税负的影响。

实证结果表明，伴随着企业集团决策权配置集权程度的提高，其实际税负显著降低。机制检验表明，集权管理模式降低企业集团税收负担的作用路径包括提高决策权与税收专业知识的匹配程度、缓解母子公司之间的委托代理问题以及促进组织间协调等。

进一步研究表明，集权管理模式降低实际税负的作用在子公司业务承担比重较高以及子公司数量较多的情况下更为显著；实际税负下降对企业集团价值的提升作用在集权管理模式下更为明显。

本文的研究不仅提供了关于企业集团实际税负影响因素的新经验证据，而且丰富了决策权配置经济后果领域的学术文献，对理解决策权配置如何影响公司价值具有启示意义。

---

① 王亮亮，施超，阮语，等.企业集团的决策权配置与实际税负 [J].中国工业经济，2023（6）：156-173.

21.3.2　实证处理演示内容

回归与检验处理：面板数据、固定效应模型、准自然实验、工具变量法、2SLS、多种机制检验、交互项、调节效应。

其他特点：描述性统计、相关性分析、保存结果至 Word 文件。

21.3.3　实证处理复刻过程演示短视频

《决策权配置与实际税负》的
数据处理演示

21.4　复刻论文：数字技术创新与企业市场价值①

21.4.1　论文摘要

党的二十大报告提出"加快发展数字经济，促进数字经济和实体经济深度融合"。数字技术是数字经济的技术支撑，对数字时代的企业市场价值具有重要影响。有鉴于此，本文基于国际经典文献对数字技术创新的界定，在 IPC 小组层面识别出与数字创新活动技术信息相契合的数字发明专利，进而构造出 2013—2020 年中国上市公司包含 22 万余件数字发明专利申请的数据样本，首次考察了数字技术创新对企业市场价值的影响及其传导机制。

研究发现，数字技术创新可以显著提升企业市场价值，但上述提升作用只在中小型企业、民营企业、高竞争性行业、数字应用与效率提升行业以及低技术的传统行业中成立。

机制检验表明，数字技术创新可以通过推动企业数字化转型、改善生产经营效率以及提高市场获利能力这三重机制影响企业市场价值。

本文的研究拓展了微观层面数字经济效应的研究范畴，为我国政府优化数字经济政策和企业制定数字创新战略提供了有益参考。

---

① 陶锋，朱盼，邱楚芝，等．数字技术创新对企业市场价值的影响研究［J］．数量经济技术经济研究，2023，40（5）：68-91．

21.4.2　实证处理演示内容

样本数据：双边缩尾处理。

回归与检验处理：面板数据、双固定效应模型（分别控制/同时控制）、解释变量滞后一期、工具变量回归、多种异质性分析、多种机制分析。

其他处理：描述性统计。

21.4.3　实证处理复刻过程演示短视频

《数字技术创新与企业市场价值》的
数据处理演示

21.5　复刻论文：金融投资行为与企业技术创新[①]

21.5.1　论文摘要

本文以中国A股市场的非金融企业为样本，探索企业金融投资对企业技术创新的影响。

研究发现，企业金融投资行为对企业技术创新投入和企业技术创新产出均具有负效应。在分样本讨论后发现，企业金融投资对企业技术创新投入与产出依旧具有负效应，且倾向投机逐利动机与倾向风险平滑动机的企业金融投资行为对企业技术创新的影响程度存在异质性。

进一步检验发现，资金蓄水池和短期财富效应两种机制在企业金融投资与技术创新投入之间表现为遮掩效应，资源挤占机制在企业金融投资与技术创新产出之间存在中介效应。对中国企业而言，企业金融投资是流动性储备行为与风险平滑手段这一理论的解释力较小，企业金融投资更是一种管理者短视行为与投机逐利手段，而且是一种创新资源侵占行为与投资替代手段，抑制了企业技术创新投入与产出。

本文的研究有助于解释中国企业金融投资行为的动机与影响，从政府引导和企业实践层面缓解经济"脱实向虚"问题，具有重要的现实意义。

---

① 段军山，庄旭东. 金融投资行为与企业技术创新：动机分析与经验证据［J］. 中国工业经济，2021
（1）：155-173.

21.5.2　实证处理演示内容

回归与检验处理：面板回归、固定效应模型、解释变量滞后一期处理、子区间估计、缩小样本再估计、分组回归对比、似不相关回归 SUR、工具变量回归（处理反向因果关系）、异质性分析、部分/完全中介效应、多个中介效应检验。

其他特点：描述性统计、相关性检验、保存 Stata 结果至 Word 文件。

21.5.3　实证处理复刻过程演示短视频

《金融投资行为与企业技术创新》的
数据处理演示

21.6　复刻论文：金融科技与企业创新[①]

21.6.1　论文摘要

金融科技催生出新的金融服务模式，这能否解决实体经济的融资难题从而促进企业创新呢？

通过"金融科技"关键词百度新闻高级检索，本文创新性地构建了地区金融科技发展水平指标，并利用 2011—2016 年新三板上市公司数据，考察了金融科技发展对企业创新的影响及其机制。

实证结果表明，金融科技发展显著促进了企业创新。就经济意义而言，城市的金融科技发展水平每提高 1%，当地企业专利申请数量平均会增加约 0.17 项。作为一个宏观变量，地区金融科技发展水平受单个企业创新行为的影响较小，但是依然会存在测量误差和遗漏变量等内生性问题。本文运用接壤城市金融科技发展水平的均值作为工具变量，得到了一致的估计结果。本文的结果在替换企业创新指标、使用不同回归模型等一系列稳健性检验后仍然成立。

机制分析表明，金融科技通过两个渠道促进企业创新，一是缓解企业的融资约束，二是提高税收返还的创新效应。异质性分析表明，金融科技促进企业创新的作用在东部

---

① 李春涛，闫续文，宋敏，等. 金融科技与企业创新：新三板上市公司的证据 [J]. 中国工业经济，2020 (1)：81-98.

地区和高科技行业表现得更为明显。

在中国经济高质量发展的背景下，持续推进金融科技发展，重塑金融行业生态格局，才能为实体经济提供源源不断的创新活力，从而推动创新型国家建设。

21.6.2　实证处理演示内容

样本数据处理：双侧缩尾、对数变换。

回归与检验处理：面板回归、固定效应、聚类处理、工具变量回归、交互项、更换模型设定（probit / logit / Poisson 回归）、异质性分析、路径/机制分析。

其他特点：描述性统计，保存 Stata 结果至 Word 文件，纵向文件合并。

21.6.3　实证处理复刻过程演示短视频

《金融科技与企业创新》的
数据处理演示

21.7　复刻论文：绿色信贷政策与企业环境社会责任[①]

21.7.1　论文摘要

绿色信贷是引导企业积极参与环境治理、促进经济发展方式转变和结构调整的重大政策创新。本文使用 2006—2020 年中国 A 股上市公司数据，以 2012 年印发的《绿色信贷指引》为准自然实验，使用连续双重差分模型检验了绿色信贷政策对企业环境社会责任的影响及其内外部机制。

研究发现，绿色信贷政策显著提高了企业开展前端治理和绿色办公的可能性，加快了企业环境治理从末端治理向其他治理方式的转型。以上结果具有条件异质性，商业信用融资规模和资金使用效率对绿色信贷政策的实施成效存在不同的调节作用。

机制分析表明，绿色信贷政策通过提高资金成本、收窄融资渠道的外部约束，增加企业环境关注两种方式影响企业环境社会责任水平。绿色信贷政策对具有不同特征的企业影响存在差异性，位于环境规制强度较高的地区和高管教育背景较好的企业更容易受

---

① 斯丽娟，曹昊煜. 绿色信贷政策能够改善企业环境社会责任吗：基于外部约束和内部关注的视角[J]. 中国工业经济，2022（4）：137-155.

到绿色信贷的影响。

本文研究结论的政策含义在于，要进一步完善绿色信贷政策体系，关注企业行为对政策实施效果的影响，强化资金管理能力对企业环境社会责任的放大效应。同时，重视企业内部环境治理意识的培育，有机结合命令型环境规制和激励机制，促进不同类型企业绿色协调发展。

21.7.2　实证处理演示内容

回归与检验处理：准自然实验、双重差分模型 DID、PSM（近邻匹配/熵平衡匹配、一对多）、安慰剂检验、Heckman 两阶段检验（处理样本选择偏差）、政策排除检验、固定效应模型、中介效应/内外部机制分析、更换模型设定（指数回归、Poisson 回归、威布尔回归（Weibull 回归）、刚珀茨回归（Gompertz 回归）、条件异质性、调节效应。

21.7.3　实证处理复刻过程演示短视频

《绿色信贷政策与企业环境社会责任》
的数据处理演示

21.8　复刻论文：东道国数据保护与电商跨境并购①

21.8.1　论文摘要

数字经济时代，大量的经济活动依托数据展开，政府部门的数据管制会对企业经营活动，特别是跨区域经营活动产生深远的影响。本文以欧盟《通用数据保护条例》（GDPR）为例，基于 SDC 数据库 2009—2021 年中国跨境并购数据，考察个人数据保护对中国电商跨境并购的影响以及潜在机制。

研究发现，GDPR 显著抑制了中国电商跨境并购，这一结论在考虑一系列可能干扰估计结果的因素后依然成立。动态效应分析发现，GDPR 对中国电商跨境并购的影响存在明显的预期效应，GDPR 的负面影响始于实施前的 3 期，从颁布到正式生效，负面影响有所增加。随着对政策的预期趋于稳定，负面影响有所减少，而且 GDPR 短期的负面效应大

---

① 马述忠，吴鹏，房超. 东道国数据保护是否会抑制中国电商跨境并购 [J]. 中国工业经济，2023（2）：93-111.

于长期的负面效应。

基于成本和收益视角的机制分析表明，东道国对数据限制程度和敏感程度越高、东道国电商市场和在线广告业务越发达，GDPR 实施对跨境并购的负面冲击越大。这意味着 GDPR 不仅提高了中国电商企业跨境并购的成本，而且降低了中国电商企业跨境并购能够获得的潜在收益。两方面共同作用下，GDPR 显著抑制了中国电商企业的跨境并购。

本文的研究丰富了数字经济时代跨境并购的相关理论，为中国数字企业"走出去"，提供了重要参考。

21.8.2 实证处理演示内容

样本处理：对数变换、反双曲正弦变换。

回归与检验处理：双重差分法 DID、间接安慰剂检验、负二项回归、事件研究法、交互项、短期影响与长期影响、作用机制分析。

21.8.3 实证处理复刻过程演示短视频

《东道国数据保护与中国电商跨境并购》的
数据处理演示

21.9 复刻论文：企业合作研发与创新质量①

21.9.1 论文摘要

本文使用 1992—2016 年第一申请人为企业的授权发明专利数据，通过手动整理申请人类别信息，构建合作研发模式指标，分析企业合作研发以及不同合作研发模式对企业高质量创新能力的影响。

研究发现：整体而言，企业合作研发并不能提高企业创新质量；但将合作研发区分为不同模式后，产学研合作相比其他合作模式产生的专利被引数量更高，表明产学研合作对企业创新成果质量有显著的正向影响。在使用工具变量处理内生性问题、替换被解

---

① 龙小宁，刘灵子，张靖. 企业合作研发模式对创新质量的影响：基于中国专利数据的实证研究 [J]. 中国工业经济，2023（10）：174-192.

释变量以及增加控制变量进行稳健性检验后，该结果仍然保持稳健。

机制分析显示，产学研合作对企业创新绩效产生影响的机制是更高水平的信息共享。信息共享程度的提高能够显著提升企业创新质量，而与其他合作研发模式相比，产学研合作对信息共享的促进作用更大，因而能够显著提高合作创新质量。

异质性分析揭示了产学研合作为何能够更好地促进信息共享，产学研合作中合作主体之间较弱的竞争关系以及产学研合作技术的较强初创性和基础性特征，均有利于提高合作者之间的信息共享程度。

本文的研究发现揭示了产学研合作对企业高质量创新的重要性，对于中国如何建设成为创新型国家具有启示意义。

21.9.2 实证处理演示内容

样本数据：纵向合并数据。

回归与检验处理：面板数据、固定效应模型、交互项、工具变量法、logit 两阶段回归、弱工具变量检验、机制分析、异质性分析。

21.9.3 实证处理复刻过程演示短视频

《企业合作研发与创新质量》的
数据处理演示

21.10 复刻论文：双层股权与企业创新[①]

21.10.1 论文摘要

作为金融有效支持实体经济的重要制度创新，双层股权结构既能够激励高管的人力资本专用性投资从而促进企业创新，也会降低对高管代理行为的监督和约束从而抑制企业创新，这使得引入双层股权结构时需要考虑配套机制的协同作用。本文以在美国、英国资本市场上市的中国公司为样本，考察科技董事作为一种配套机制，能否协同双层股权结构促进企业创新。

---

① 李云鹤，吴文锋，胡悦. 双层股权与企业创新：科技董事的协同治理功能 [J]. 中国工业经济，2022（5）：159-176.

研究发现，科技董事能够发挥协同治理功能，从而促进企业创新。机制分析表明，科技董事的协同治理功能主要通过强化人力资本专用性投资对创新的促进作用和弱化代理问题所产生的抑制作用来实现。另外，在创始人控制或实施股权激励的公司中，科技董事的协同治理功能更突出。而且相对于内部科技董事，外部科技董事的作用更显著。

本文结论表明，引入科技董事进行董事会配置，能够协同双层股权结构发挥对企业创新的促进作用。因此，监管机构和上市公司在对待双层股权制度时需要重视科技董事等配套机制的协同治理安排，从而推动双层股权治理制度不断完善，提升资本市场对企业创新的支持实效。

21.10.2　实证处理演示内容

样本数据：对数变换。

回归与检验处理：固定效应模型、稳健标准误、多个工具变量法、交互项、PSM（近邻匹配，一对三）、平行检验、更换模型设定（Probit 模型）、机制分析、异质性分析。

其他处理：描述性统计。

21.10.3　实证处理复刻过程演示短视频

《双层股权与企业创新》的
数据处理演示

21.11　复刻论文："互联网+"信披与股价崩盘①

21.11.1　论文摘要

现有关于股价崩盘成因的研究主要基于信息操纵理论，该理论认为企业对负面消息的隐藏是导致股价崩盘的重要原因。本文延续信息操纵与股价崩盘的理论分析框架，从隐藏负面消息的对立面——夸大正面消息出发，提出夸大正面消息同样会导致股价崩盘。

---

① 赵璨，陈仕华，曹伟．"互联网+"信息披露：实质性陈述还是策略性炒作：基于股价崩盘风险的证据 [J]．中国工业经济，2020（3）：174-192.

具体来讲，本文使用上市公司年报中披露的"互联网+"相关信息，研究了"互联网+"信息披露对股价崩盘风险的影响。

研究发现，企业披露的"互联网+"信息越多，股价崩盘风险越高，支持了"互联网+"信息披露的策略性炒作假说。同时，企业的资源获取动机，市值管理动机及宏观层面的炒作环境强化了"互联网+"信息披露的股价崩盘效应。

进一步研究发现，"互联网+"信息披露的股价崩盘效应仅存在于夸大披露的情况下，但企业信息环境的改善会弱化上述效应。

本文的实证结果支持了夸大正面消息也是导致股价崩盘的理论推断。

21.11.2　实证处理演示内容

回归与检验处理：分组回归对比、交互项、标准误聚类效应、调节效应、中位数回归、Heckman 两阶段检验（处理样本选择偏差）、DID（处理遗漏变量/不可观测变量）。

其他特点：分组描述性统计。

21.11.3　实证处理复刻过程演示短视频

《"互联网+"信披与股价崩盘》的
数据处理演示

21.12　复刻论文：税收数字化与内部薪酬差距[①]

21.12.1　论文摘要

近年来，企业内部高管与普通员工的薪酬差距持续扩大已成为中国收入分配差距不断拉大的缩影，备受各界关注。本文基于 2009—2020 年中国 A 股上市公司数据，利用金税三期工程这一税收征管数字化实践的准自然实验，检验了税收征管作为外部监督机制对企业内部薪酬差距的治理作用。

研究发现，金税三期工程这一税收征管数字化举措对企业内部薪酬差距具有显著的抑制效应，并且这种抑制效应主要表现为税收征管数字化减小了超额薪酬差距，进而缩小了企业内部薪酬差距。

---

① 魏志华，王孝华，蔡伟毅 . 税收征管数字化与企业内部薪酬差距 [J]. 中国工业经济，2022（3）：152–170.

进一步研究发现，税收征管数字化发挥治理效应的影响路径并不在于提高普通员工的工资，而在于抑制高管薪酬尤其是高管超额薪酬；税收征管数字化降低企业内部薪酬差距的作用机制是通过改善企业信息环境和缓解代理问题，促使企业内部薪酬差距更趋合理；税收征管数字化对企业内部薪酬差距的治理效应在内部控制质量较低、外部审计监督不力和高管薪酬操纵动机强烈的企业中表现更明显。此外，税收征管数字化还增强了企业合理薪酬差距的激励效应，最终提升了企业业绩。

本文的研究在理论上为探索企业内部薪酬差距的治理机制提供了新视角，在实践上为进一步完善税收征管体制与深化收入分配制度改革提供了决策参考。

21.12.2 实证处理演示内容

回归与检验处理：面板数据、双固定效应模型、公司层面聚类、平行趋势检验、PSM检验（近邻匹配）、安慰剂检验、中介效应模型/影响机制分析、异质性分析。

其他特点：描述性统计。

21.12.3 实证处理复刻过程演示短视频

《税收数字化与内部薪酬差距》的
数据处理演示

21.13 复刻论文：数字化转型与企业分工①

21.13.1 论文摘要

在"十四五"规划明确提出要加快数字化发展的背景下，由企业推动的数字化转型逐渐成为学术界关注的重点。本文利用机器学习方法刻画微观企业数字化水平，并在构建数理模型的基础上实证考察了企业数字化转型对企业分工的影响及其机理。

研究发现：企业数字化转型显著提升了中国上市企业专业化分工水平，并且该结论在考虑内生性问题以及一系列稳健性检验基础上仍然成立。机制分析表明，数字化转型对企业专业化分工的促进作用主要通过降低企业面临的外部交易成本来实现。数字化转

---

① 袁淳，肖土盛，耿春晓，等．数字化转型与企业分工：专业化还是纵向一体化 [J]．中国工业经济，2021（9）：137-155.

型对企业专业化分工的影响具有明显的异质性，在内部管控成本较低的企业、制造业以及竞争性行业中促进效果更加显著。数字化通过促进企业专业化分工提高了企业全要素生产率。

本文研究不仅揭示了数字技术的发展对企业边界的影响机理及经济后果，也为数字经济与实体经济的融合效果提供了微观证据，研究结论对于数字化相关政策的制定以及经济高质量发展具有重要的政策启示。

21.13.2　实证处理演示内容

回归与检验处理：面板数据、双固定效应模型、异方差性校正、工具变量法、机制检验、多种异质性分析、分行业回归。

21.13.3　实证处理复刻过程演示短视频

《数字化转型与企业分工》的
数据处理演示

✎ 本章小结

本章精选十余篇高质量期刊的实证论文，全面复盘了其实证分析的完整过程，内容主要覆盖基准回归与主回归、稳健性检验与内生性助力、机制检验与异质性分析等方面。本章的内容有助于初学者深入了解实证分析数据处理的 Stata 命令和步骤。

? 思考与练习题

1. 参照本章案例视频中提供的 Stata 方法，基于 Stata 系统自带的数据集进行描述性统计，并将结果保存到一个 Word 文件中。

2. 参照本章案例视频中提供的 Stata 方法，基于 Stata 系统自带的数据集进行相关性统计，并将结果保存到一个 Word 文件中。

3. 参照本章案例视频中提供的 Stata 方法，基于 Stata 系统自带的数据集进行面板回归分析，采用固定效应模型，进行聚类控制和方差齐性矫正，并将结果保存到一个 Word 文件中。

4. 参照本章案例视频中提供的 Stata 方法，基于 Stata 系统自带的数据集进行分组回归分析，对比组间差异，并将结果保存到一个 Word 文件中。

5. 参照本章案例视频中提供的 Stata 方法，基于 Stata 系统自带的数据集进行 Heckman 两阶段回归，检查是否存在样本数据偏差，并将结果保存到一个 Word 文件中

6. 参照本章案例视频中提供的 Stata 方法，基于 Stata 系统自带的数据集进行异质性分析，并将结果保存到一个 Word 文件中。

7. 参照本章案例视频中提供的 Stata 方法，基于 Stata 系统自带的数据集进行 PSM 回归，并将结果保存到一个 Word 文件中。

8. 参照本章案例视频中提供的 Stata 方法，基于 Stata 系统自带的数据集进行工具变量回归，并将结果保存到一个 Word 文件中。

9. 参照本章案例视频中提供的 Stata 方法，基于 Stata 系统自带的数据集进行 DID 回归，并将结果保存到一个 Word 文件中。

第7篇
收尾

实证研究的主体工作到此已经完成了，需要进行收尾。

若从论文写作者的角度来说，收尾工作不仅包括结论与建议、参考文献部分，还包括论文标题、摘要与引言等部分，因为这些部分的确切内容只有在实证研究的主体工作完成之后才能最终确定。

不过，考虑到读者阅读的顺序和习惯，标题、摘要与引言等部分内容还是放到了第一篇中进行介绍。因此，本篇的主要内容就是结论与建议以及参考文献部分。

一些初学者觉得参考文献部分不重要，其实这是一个误区。一些审稿人（包括本书作者）有一个审稿习惯，就是先看参考文献，因为参考文献是最容易发现论文问题的捷径，没有之一。若参考文献中的条目标记不规范或格式不统一，往往说明论文作者态度不认真，连参考文献这么简单的事情都做不好，正文里面那些复杂内容可想而知。若参考文献中的文章普遍较老、缺乏近期论文，要么说明论文研究的话题已经过时缺乏研究意义，要么说明论文作者查阅文献的能力存在问题。若参考文献中出现了非学术性或非权威性来源的文章（如学位论文、低质量期刊文章、非学术非权威媒体的文章、自媒体文章等），容易让审稿人产生质疑，认为建立在非高质量文献基础上的研究结果就像是矗立在沙滩上的建筑一样不可靠，从而对论文的研究结果产生怀疑。若参考文献中缺失了研究问题所在领域中的经典文献，特别是那些与研究问题高度相关的几乎难以绕过的知名文献，也容易让审稿人产生质疑，认为论文作者并不十分了解研究问题及其相关领域，进而怀疑论文的实际研究意义。

另一个典型的误区是认为论文的结论部分只是引言的文字翻版。其实，两者的定位和作用是有区别的。

22　如何撰写研究结论与建议？

📖 学习要点

　　实证论文的主体工作完成了，还需要撰写最后一部分内容——结论与建议。俗话说："编筐编篓，尤在收口。故善制筐篓者，必精心于收尾，方得成品之完美。"结论与建议就是实证论文的"收口"，是实证论文"画龙点睛"的"点睛"部分，其重要性不言而喻。本章将介绍撰写研究结论与研究建议部分的一般方法和常见误区，帮助做好实证论文的"收口"工作。

22.1　如何撰写研究结论？

　　实证论文研究结论的撰写有其特定的要求和重点，其内容主要包括但不限于以下内容：总结实证结果、回答研究问题与验证假设、解读经济管理意义、说明研究局限与展望等。

22.1.1　总结实证结果

　　总结实证结果，如概括核心发现、呈现关键数据和统计结果、对比不同模型或分组结果等。

　　概括核心发现是指清晰阐述通过实证分析所得到的核心结果。例如，若研究的是企业数字化转型对财务绩效的影响，需明确说明数字化转型是否提升了财务绩效、是在短期还是长期产生影响等。

　　呈现关键数据和统计结果指的是，适当列举关键的统计数据、指标和检验结果来支撑核心发现，让读者能直观了解结果的可靠性和有效性。比如，回归结果显示数字化转型程度每提高 1 个单位，企业财务绩效指标（如 ROE）在 5% 的显著性水平下提高 0.2 个百分点等。

　　对比不同模型或分组结果指的是，若研究中采用多种模型设定或开展分组分析，应总结各模型或各组结果的异同点。比如，分行业进行研究发现，在制造业中，数字化转型对财务绩效的提升作用更为显著，而在服务业中的作用相对较弱等。

22.1.2　回答研究问题与验证假设

回答研究问题与验证假设，如明确回应问题、检验假设成立与否等。

明确回应问题是指针对论文开头提出的研究问题给出确切的答案。例如，研究问题是"货币政策宽松是否能促进中小企业融资"，结论中需明确回答货币政策宽松在实证上是否确实促进了中小企业融资。

检验假设成立与否指的是将实证结果与研究假设进行对照，说明每个假设是否得到支持。若假设未得到支持，需分析可能的原因，如模型设定问题、数据偏差、外部环境变化等。

22.1.3　解读经济管理意义

解读经济管理意义，如理论贡献、实践启示、行业影响分析等。

理论贡献是指说明研究结果对经济管理理论的创新或补充。比如，研究可能发现了一种新的影响企业竞争力的因素，从而丰富了企业竞争力理论；或验证了某种经济管理理论在特定情境下的适用性，为理论的推广提供了实证依据。

实践启示指的是为企业管理决策、政府政策制定等提供具体的建议。例如，研究企业多元化经营与风险分散的关系，可为企业管理者在制定战略规划时提供参考，帮助其合理选择多元化业务领域；若研究涉及宏观经济政策对行业发展的影响，可为政府部门调整和优化政策提供依据等。

行业影响分析指的是分析研究结果对所在行业或领域的影响，如可能改变行业的竞争格局、推动行业的创新发展等。例如，研究表明新兴技术的应用将对传统零售行业的运营模式产生重大变革，可能促使企业加快数字化转型步伐。

22.1.4　研究局限与展望

研究局限与展望，如研究局限性、未来研究方向等。

研究局限性主要是指出本研究在数据、方法、样本等方面可能存在的不足。如数据可能存在时间跨度不够长、样本覆盖不够全面的问题；研究方法可能存在某些假设与现实不符的情况等。

未来研究方向是基于研究局限，提出未来研究的方向。比如，可以建议后续研究扩大样本范围，涵盖更多地区和企业类型；采用更先进的计量方法，以更准确地识别因果关系；或者进一步探讨其他相关因素对研究主题的影响等。

22.1.5　撰写研究结论时的注意事项

撰写注意事项，如语言规范、逻辑连贯完整、态度客观中立等。

语言规范是指使用严谨、规范的经济管理学术语言，避免口语化和模糊性表述。对于专业术语和概念，要准确使用和解释。

逻辑连贯完整指的是确保结论与研究目的、文献综述、研究方法和实证结果等部分相呼应，形成一个逻辑严密的整体。各部分内容之间要有清晰的逻辑关系，过渡自然。

态度客观中立要求以客观、中立的态度呈现研究结论，避免夸大研究成果或过度解读。对于不确定的结果或存在争议的问题，要如实说明。

22.1.6 语言规范表达

如何保证语言表达的准确性和专业性？常见的做法有：精确使用专业词汇、构建严谨语句结构、注重逻辑表达等。

在精确使用专业词汇方面，应运用行业术语，区分易混概念，并适当采用学术前沿词汇。其中，运用行业术语指的是，研究所在领域往往有大量专业术语和特定概念，需精准使用。例如，分析财务状况时，用"资产负债率""流动比率""净利润率"等术语，不能随意替换或误用。区分易混概念指的是，对一些相似但有区别的概念，要明确区分。如"财务杠杆"和"经营杠杆"，"通货膨胀"和"通货紧缩"，准确理解并在合适的语境中使用，避免混淆。紧跟学术前沿词汇要求关注研究领域学术研究的新动态，使用前沿术语和概念，如"数字金融""绿色金融""ESG 投资"等，让论文跟上学科发展，体现专业性。

构建严谨语句结构方面要求使用规范句式、合理运用从句和修饰语、确保句子成分完整等。其中，使用规范句式是指多采用陈述句、判断句等规范句式表达观点和结论。如"通过实证分析可知，企业的创新投入与市场绩效呈正相关关系"，避免使用口语化的表达句式。合理运用从句和修饰语要求适当使用定语从句、状语从句等，对研究对象和结果进行更精确的描述和限定。如"在宏观经济环境稳定的情况下，那些具有多元化业务结构的企业，其抗风险能力通常更强"，表达方式更加严谨。确保句子成分完整要求每个句子都要有完整的主谓宾等基本成分，避免成分残缺或赘余，让读者能清晰容易地理解句子的含义。

注重逻辑表达方面要求做到遵循逻辑顺序、正确使用逻辑联结词、整体逻辑自洽等。其中，遵循逻辑顺序要求按照一定的顺序组织内容，如先总述核心结论，再分点阐述具体结果和分析，使结论部分层次分明、逻辑连贯。正确使用逻辑联结词，建议用"因此""所以""然而""同时""此外"等逻辑联结词，清晰体现句子间和段落间的因果、转折、并列等关系。例如，"金融科技的发展降低了交易成本，提高了金融服务效率。然而也带来了新的风险，如数据安全和隐私问题"。整体逻辑自洽要求确保研究结论与前文的研究目的、假设、方法和实证结果一致，不能出现前后矛盾或上下脱节等现象。

语言方面的其他注意事项还有数据和符号准确无误、语言风格客观中立、仔细校对审核等。其中，数据和符号准确要求涉及的数据、图表、公式和符号要准确无误，数据引用要注明来源，图表要清晰规范，公式和符号要符合学术规范且在文中正确解释和使用等。语言风格客观中立指的是要以客观、冷静的态度陈述结论，避免使用带有强烈感情色彩或主观臆断的词汇。例如，不能用"显然""绝对"等词，而要用"可能""在一定程度上"等词汇体现研究的客观性和某些情况下的不确定性。仔细校对审核要求完成初稿后反复校对审核，检查语言表达是否准确、专业，有无错别字、语病和逻辑问题，也可请他人帮忙审阅，提出修改意见。

22.2 撰写研究结论的一个样例

撰写实证论文的研究结论，需要全面总结研究成果，清晰阐述研究价值，同时客观指出研究局限。下面以实证论文"金融科技发展对商业银行盈利能力影响"为例，具体说明如何撰写研究结论的各个部分。

22.2.1 总结核心发现

（1）概括关键结果：清晰表明金融科技发展对商业银行盈利能力的总体影响。例如，"本研究通过实证分析发现，金融科技发展在整体上对商业银行盈利能力产生显著影响。在过去五年的样本数据研究中，发现金融科技指数每提升10个单位，商业银行平均净资产收益率（ROE）随之提高0.2个百分点。"

（2）列举重要数据：给出关键的统计指标和检验结果，增强结论的可信度。例如，"回归分析结果显示，核心解释变量金融科技发展指数的系数为0.02，在1%的显著性水平下通过检验，表明金融科技发展与商业银行盈利能力之间存在显著的正向关系。同时，调整后的 R^2 达到0.4，说明模型对商业银行盈利能力变化的解释力度较强。"

（3）对比分析结果：若研究涉及不同类型银行或分阶段分析，需对比不同组别结果。例如，"进一步分规模考察发现，大型国有商业银行凭借丰富资源和广泛网点，受金融科技发展的冲击相对较小，其盈利能力受影响的弹性系数为0.1；小型股份制银行由于业务灵活性高但基础薄弱，受金融科技影响更为敏感，弹性系数达0.15。在时间维度上，前期金融科技发展对银行盈利能力冲击较大，随着银行数字化转型的推进，后期影响逐渐减弱。"

22.2.2 回答研究问题与假设

（1）回答研究问题：针对开篇提出的研究问题，给出明确答复。例如，假设研究问题是"金融科技发展如何改变商业银行盈利能力"，结论中可表述为"金融科技发展主要通过改变商业银行的收入结构和成本结构来影响其盈利能力：一方面，金融科技催生的新兴金融业态分流了商业银行的部分传统业务，压缩利息收入；另一方面，银行运用金融科技优化运营流程，降低了运营成本，同时拓展了非利息收入渠道。"

（2）验证研究假设：对照研究假设说明是否得到支持。比如，假设 H1 为"金融科发展对商业银行盈利能力有负面影响"，结论中可写"根据实证结果，假设 H1 得到支持。金融科技发展带来的竞争加剧，使得商业银行在存贷款市场面临压力，净息差收窄，进而降低了盈利能力"。当然，实际研究发现，金融科技发展对商业银行盈利能力既有正向影响，又有负向影响。

22.2.3　阐述经济与金融意义

（1）理论贡献：阐述研究对金融理论的丰富或拓展。例如，"本研究丰富了金融创新与传统金融机构发展关系的理论研究。传统理论多聚焦于金融机构内部创新，而本研究揭示了外部金融科技发展对商业银行盈利能力的复杂影响机制，为金融创新理论在金融科技时代的应用提供了新的视角。"

（2）实践启示：为商业银行经营管理和金融监管提供建议。例如，"对于商业银行而言，应加大金融科技投入，加快数字化转型，优化业务流程，提升服务效率，积极拓展非利息收入业务。监管部门需完善金融科技监管框架，平衡创新与风险，营造公平竞争的市场环境，促进金融科技与传统金融的良性互动。"

（3）行业影响剖析：分析对金融行业的影响。例如，"金融科技发展促使银行业加快变革，推动行业格局重塑。未来，商业银行将更加依赖科技赋能，金融科技与金融业务深度融合将成为行业发展的主流趋势，同时也会加剧行业竞争，倒逼中小银行差异化发展。"

22.2.4　指出研究局限与未来方向

（1）研究局限性：坦诚指出研究不足。例如，"本研究存在一定的局限性。数据方面，仅涵盖国内主要商业银行，未纳入部分区域性小型银行和外资银行，可能影响研究结果的普适性；方法上，仅考虑了金融科技发展的部分量化指标，未能全面衡量金融科技的创新活力和应用深度。"

（2）未来研究方向：基于局限性提出后续研究建议。例如，"未来研究可扩大样本范围，纳入更多类型银行，以增强结论的可靠性；同时，构建更全面的金融科技指标体系，结合定性与定量分析，深入探究金融科技对商业银行盈利能力的长期动态影响。"

22.3　撰写研究结论与论文引言有何区别？

一些初学者误以为撰写研究结论只是论文引言内容的文字翻版。其实，研究结论与论文引言是实证论文的不同组成部分，两者在目的、内容、语言风格方面等方面存在诸多的区别。

22.3.1　研究结论与论文引言的目的不同

（1）研究结论旨在总结研究的核心成果，给读者提供明确的研究答案和价值体现。

例如，在一篇研究"货币政策对股市波动性影响"的实证论文中，研究结论要明确指出货币政策中的哪些变量（如利率、货币供应量等）对股市波动性有显著影响，以及这种影响的具体方向和程度，为投资者和政策制定者提供确切的参考依据。

（2）论文引言是为了引出研究主题，让读者了解研究的背景和意义，激发读者的阅读兴趣。在上述论文中，引言部分会描述当前宏观经济中货币政策的频繁调整以及股市波动的复杂性，指出研究货币政策对股市波动性影响在指导投资决策和宏观政策制定方面的重要性，从而引出研究的必要性。

22.3.2　研究结论与论文引言的内容不同

（1）研究结论部分需要概括核心发现、验证假设与回答问题、解读研究结论的意义、指出研究局限与展望等。

概括核心发现需要清晰总结实证分析的主要结果。例如，在研究"企业并购对财务绩效的影响"的论文中，结论部分会明确说明并购行为是否提升了企业的财务绩效，具体体现在哪些财务指标上，如净利润、资产负债率、净资产收益率等指标的变化情况。

验证假设与回答问题要明确研究假设是否成立。比如，研究假设是"企业横向并购比纵向并购对财务绩效的提升更显著"，结论部分就需要根据实证结果说明该假设是否得到支持。

解读研究结论的意义要说明研究在理论和实践上的贡献。例如，该研究在理论上丰富了企业并购理论，在实践上为企业选择合适的并购方式提供了参考等。

指出研究局限与展望要客观分析研究的不足和未来研究方向。例如，研究可能仅考虑了短期财务绩效，未涉及长期绩效，未来研究可增加长期绩效指标进行深入研究等。

（2）论文引言中通常需要介绍研究背景、提出研究问题、说明研究目的和意义、简述研究方法等。

介绍研究背景会阐述宏观经济环境、行业趋势等。例如，在研究"互联网金融对传统商业银行盈利性影响"的论文中，引言会描述互联网金融的快速发展现状，如各类互联网金融产品的涌现和市场规模的不断扩大等。需要注意的是，介绍研究背景的真正目的是为其后提出研究问题进行必要的铺垫。

提出研究问题是指基于背景指出存在的现象、待解决的问题或研究空白。例如，当前对于互联网金融影响传统银行盈利性的具体路径和程度尚缺乏深入研究，进而引出本文的研究问题。

说明研究目的和意义是指阐述研究要达到的目标以及对理论和实践的价值。例如，研究目的是分析互联网金融对传统银行盈利性的影响机制，意义在于为传统银行应对互联网金融冲击提供策略依据。

简述研究方法要求简要提及研究采用的方法。例如，本文将采用面板数据分析方法，选取若干家传统商业银行的财务数据和互联网金融发展指标进行实证分析。

值得注意的是，越来越多的实证论文在引言部分提前"剧透"主要研究结论和学术贡献。其主要原因不外乎两个方面：一是吸引读者兴趣进一步阅读论文；二是方便一些只看论文引言不看研究结论的审稿人，避免审稿人产生论文研究结论不明确或缺乏学术创新的误解。

22.3.3 研究结论与论文引言的语言风格不同

研究结论的语言要求精准、简洁、客观，以准确传达研究结果为主要目标。比如，"实证结果表明，在控制其他变量的情况下，货币供应量每增加1个百分点，股市波动率平均增加××个百分点"，避免使用带有感情色彩或模糊的表述。

论文引言的语言可以更具引导性和启发性，可以适当使用一些生动的数据或现象来吸引读者。例如，"近年来，互联网金融如雨后春笋般崛起，以蚂蚁金服、腾讯金融科技等为代表的互联网金融企业迅速抢占市场份额，据统计，20××年互联网金融交易规模已达到××万亿元，同比增长×%，这对传统商业银行的经营模式和盈利性带来了巨大挑战，因此，研究互联网金融对传统商业银行盈利性的影响具有重要的现实意义"。

22.4 撰写研究结论的常见误区有哪些？

撰写研究结论时，存在误读研究结果、内容不完整、语言表述不规范等常见误区。

22.4.1 对研究结果的不当解读

对研究结果的不当解读如过度推断、因果关系误判等。

过度推断指的是，根据有限的研究数据和结果进行过度延伸和推断，得出超出研究范围和证据支持的结论。例如，在一项针对某地区小型企业的融资偏好研究中，样本仅涵盖了该地区100家小型企业，却得出了适用于全国所有企业的普适性结论，忽略了不同地区、不同规模企业之间的差异。

因果关系误判指的是，仅仅基于变量之间的相关性就直接判定存在因果关系，而没有充分考虑其他可能的影响因素和潜在的混淆变量。比如，研究发现企业的广告投入和销售额同时增长，就简单地认为广告投入是销售额增长的原因，而没有考虑可能是市场需求增加、产品质量提升等其他因素同时影响了广告投入和销售额。

22.4.2 内容不完整或不准确

内容不完整或不准确，如遗漏关键信息、与研究内容脱节、缺乏实际意义等。

遗漏关键信息指的是在结论中未全面覆盖研究的主要发现，忽略了对研究问题的核心回答。比如，在研究企业创新策略对绩效的影响时，只提到了创新策略对财务绩效的影响，而忽略了对市场绩效、创新能力等其他方面的影响。

与研究内容脱节是指结论与前文的研究内容、研究目的不一致，没有很好地呼应和回答研究问题。例如，研究目的是探讨数字化转型对企业运营效率的影响，但结论却主要围绕数字化转型对企业品牌形象的作用展开。

缺乏实际意义指的是，结论部分只是简单地重复研究结果，没有进一步阐述研究结果在理论和实践层面的意义和价值，使读者无法明确该研究对相关领域的贡献。比如，研究得出了某种投资策略能在特定市场条件下获得一定的收益，但没有说明该策略对投资者、市场监管者或金融机构有何实际的指导意义等。

22.4.3　语言表达和逻辑方面的其他问题

语言表达和逻辑方面的常见问题，如表述模糊或歧义、逻辑不连贯、语言过于复杂等。

表述模糊或歧义是指使用模糊不清、容易产生歧义的语言来表达结论，导致读者难以准确理解研究的核心观点。例如，"某种因素可能对结果有较大影响"，"可能"和"较大"这样的表述过于模糊，无法让读者确切了解影响的程度和确定性。

逻辑不连贯指的是结论部分的内容组织混乱，逻辑关系不清晰，各个观点之间缺乏合理的过渡和衔接。比如，在阐述多个研究发现时，没有按照一定的逻辑顺序进行排列，而是随意罗列，使得结论部分显得杂乱无章。

语言过于复杂指的是使用了过于复杂的句子结构、过多的专业术语或行话，使结论难以被更多的读者理解，降低了研究的可读性和传播性等。

22.4.4　对研究局限性认识不足

对研究局限性认识不足，如忽视局限性、对局限性轻描淡写等。

忽视局限性指的是完全不提及研究过程中存在的局限性，给读者一种研究完美无缺的错觉。事实上，任何研究都不可能是绝对完善的，都存在样本限制、方法缺陷等问题，如果不加以说明，可能会影响读者对研究结果的正确评估和应用。

对局限性轻描淡写指的是，虽然提到了研究的局限性，但只是简单带过，没有深入分析局限性可能对研究结果产生的影响以及在未来研究中如何改进。

22.5　如何撰写研究建议？

在经管类实证研究中，研究建议是研究报告的重要组成部分，它基于研究结论，为政策制定者、企业管理者等提供具体的行动方向和参考依据。一般来说，研究建议要遵循五个方面的原则：基于研究结论提出针对性建议、明确建议的对象和实施主体、确保建议的可行性和可操作性、全面性与前瞻性相结合、逻辑清晰与语言表达准确等。

22.5.1　基于研究结论提出针对性建议

基于研究结论提出针对性建议，如紧扣研究发现、解决研究揭示的问题等。

紧扣研究发现指的是研究建议必须紧密围绕研究结论展开，确保建议与研究内容直接相关。例如，若研究发现企业创新投入与绩效之间存在显著正相关关系，但当前行业内企业创新投入普遍不足，那么研究建议可针对提高企业创新投入提出，如政府出台税收优惠政策，对研发投入达到一定比例的企业给予税收减免，以鼓励企业增加创新投入等。

解决研究揭示的问题指的是，若研究揭示了某些经济现象或管理实践问题，建议应聚焦于提出切实可行的解决方案。比如，研究发现中小企业面临融资难问题是由于信息不对称和缺乏抵押物，那么可以建议政府搭建银企信息共享平台，降低信息不对称，同时推动金融机构创新金融产品，推出基于企业信用和知识产权等无形资产的贷款产品等。

22.5.2　明确建议的对象和实施主体

明确建议的对象和实施主体，如针对不同主体分类提出、考虑多方协同合作等。

针对不同主体分类提出指的是明确研究建议是针对政府、企业、行业协会还是其他相关机构。针对政府的建议可能涉及宏观经济政策调整、法律法规制定等，给企业的建议则通常围绕战略规划、管理决策、市场拓展等方面。例如，对于政府，可建议加强市场监管，规范市场秩序，打击不正当竞争行为；对于企业，可建议优化内部管理流程，提高运营效率，加强品牌建设等。

考虑多方协同合作是指，有时问题的解决需要多个主体协同合作，研究建议应体现这种协同性。比如，在推动绿色金融发展的研究中，可建议政府制定支持绿色金融的政策框架，金融机构加大对绿色项目的资金支持，企业积极开展绿色生产和投资项目，行业协会加强行业自律和标准制定，共同促进绿色金融市场的发展等。

22.5.3　确保建议的可行性和可操作性

确保建议的可行性和可操作性，如结合实际情况、具体细化措施等。

结合实际情况指的是，研究建议要充分考虑现实的经济、社会、政治等环境和条件，具有实际可行性。例如，建议企业扩大生产规模时，要考虑企业的资金实力、市场需求、原材料供应等实际情况，不能提出过于理想化或不切实际的建议。

具体细化措施是指研究建议应具体、明确，具有可操作性，避免过于笼统和抽象。比如，不能只说政府应加大对教育的投入，而应具体说明加大投入的方式和金额，如政府每年从财政收入中划拨一定比例的资金用于教育基础设施建设、教师培训等。

22.5.4　全面性与前瞻性相结合

全面性与前瞻性相结合，如全面考虑多方面因素、具有一定前瞻性等。

全面考虑多方面因素指的是，研究建议要全面考虑经济、社会、环境等多方面的因素和影响，避免只关注单一目标而忽视其他方面。例如，在制定产业政策时，不仅要考虑促进产业发展、提高经济效益，还要考虑环境保护、就业增加、社会公平等因素，实现经济、社会和环境的协调发展。

具有一定前瞻性是指研究建议应具有前瞻性，能够预见未来可能出现的问题和趋势，为未来的发展提供指导。比如，在研究数字经济发展时，可建议政府提前布局数字基础设施建设，加强数字人才培养，制定相关法律法规和标准，以应对数字经济快速发展带来的各种挑战和机遇。

22.5.5　逻辑清晰与语言表达准确

逻辑清晰与语言表达准确，如逻辑结构合理、语言简洁准确等。

逻辑结构合理是指研究建议部分要有清晰的逻辑结构，可采用分点阐述、分类讨论等方式，使建议层次分明、条理清晰。例如，可按照宏观政策、中观行业、微观企业的层次依次提出建议，或者按照政策目标、政策措施、政策保障等方面进行组织。

语言简洁准确指的是应该使用简洁明了、准确无误的语言表达研究建议，避免使用模糊、歧义或过于专业晦涩的词汇和语句。确保政策制定者和相关人员能够准确理解建议的内容和意图，便于实施和执行。

22.6　如何让研究建议紧贴研究发现?

提出合理研究建议的关键在于研究建议必须紧贴论文的研究发现。下面列举若干案例进行说明，这些案例的内容包括研究问题、研究发现、研究结论以及研究建议。

【例22-1】研究问题：货币政策对通货膨胀的影响。

研究发现和研究结论：货币供应量的增长与通货膨胀率之间存在显著的正相关关系，且时滞约为6个月。货币供应量是影响通货膨胀的关键因素，货币供应量每增长10%，约6个月后通货膨胀率将上升××个百分点。

研究建议：央行在制定货币政策时，需密切关注货币供应量的变化，以有效控制通货膨胀水平。

【例22-2】研究问题：企业研发投入对投资回报率的影响。

研究发现和研究结论：通过对多家企业的面板数据实证分析，发现企业研发投入强度与投资回报率呈显著的U型关系，即当研发投入强度低于一定阈值时，投资回报率随研发投入增加而下降；超过该阈值后，投资回报率随研发投入增加而上升。研究结果显示，企业研发投入与投资回报率并非简单的线性关系。

研究建议：企业在进行研发决策时，应充分考虑自身的研发能力和资源状况，合理确定研发投入强度，以实现投资回报率的最大化。当企业研发投入强度低于××时，需谨慎增加研发投入；当超过该阈值后，可适当加大研发投入力度。

【例22-3】研究问题：金融科技对传统银行信贷业务的影响。

研究发现和研究结论：实证研究表明，金融科技的发展显著降低了传统银行信贷业务的市场份额，主要通过分流客户、降低信贷需求和提高竞争压力等途径实现。本研究证实，金融科技的兴起对传统银行信贷业务产生了负面冲击，导致其市场份额下降。

研究建议：传统银行应积极应对金融科技挑战，加强数字化转型，提升金融服务效率和创新能力，拓展多元化业务渠道，以增强自身竞争力，稳定信贷业务市场份额。

【例22-4】研究问题：贸易壁垒对出口企业绩效的影响。

研究发现和研究结论：研究发现，贸易壁垒（如关税、非关税壁垒）的增加显著降低了出口企业的销售额和利润率，且对中小企业的影响更为明显。研究结果表明，贸易壁垒严重制约了出口企业的绩效，尤其是对中小企业造成了较大冲击。

研究建议：政府应加强国际贸易合作，积极推动贸易自由化，通过谈判、协商等方式降低贸易壁垒。同时，出口企业应加强自身能力建设，提高产品质量和技术含量，优化出口产品结构，降低对单一市场的依赖，以应对贸易壁垒带来的不利影响。

【例22-5】研究问题：资本市场开放对股票市场波动性的影响。

研究发现和研究结论：实证分析显示，资本市场开放在短期内会增加股票市场的波动性，但从长期来看，有助于降低市场波动性，提高市场稳定性。本研究表明，资本市场开放对股票市场波动性的影响具有阶段性特征。短期内，由于市场结构调整和资金流动变化，股票市场波动性会有所上升；长期来看，随着市场制度的完善和投资者结构的优化，市场波动性将逐渐降低。

研究建议：监管部门在推进资本市场开放过程中，应充分考虑市场的承受能力，采取渐进式开放策略，并加强市场监管，防范短期市场波动带来的风险，以实现资本市场的平稳健康发展。

22.7 撰写研究建议有哪些常见的误区？

在实证论文中，撰写研究建议常出现与研究内容脱节、缺乏可行性等误区，以下将结合具体实例详细说明。

22.7.1 与研究内容脱节

与研究内容脱节，如建议与结论无关、忽略研究限制等。

建议与结论无关指的是研究建议没有建立在研究结论的基础上，出现"两张皮"现象。例如，论文通过实证研究发现某地区中小企业融资难主要源于金融机构与企业间的信息不对称，但在研究建议部分却大谈特谈如何加强企业内部财务管理，与信息不对称这一核心问题毫无关联。

忽略研究限制指的是忽视研究的局限性和适用范围，提出超出研究范畴的研究建议。例如，研究仅针对某一特定行业的上市公司进行分析，却在建议中提出适用于所有行业、所有规模企业的普适性政策，没有考虑到不同行业和企业的差异。

22.7.2　缺乏可行性

缺乏可行性，如脱离实际条件、缺乏具体措施等。

脱离实际条件指的是未能充分考虑现实中的经济、社会、政治等因素和条件，提出不切实际的建议。比如，建议政府在一年内将所有企业的税收降低50%以刺激经济增长，却没有考虑政府财政收入的承受能力和可能引发的财政风险等。

缺乏具体措施指的是研究建议过于笼统和抽象，没有具体的实施步骤和操作方法，难以落地执行。例如，提出要加强金融监管，但没有说明具体由哪个部门负责、通过何种手段监管、监管的具体标准是什么等内容。

22.7.3　缺乏针对性

缺乏针对性，如过于宽泛普适、未区分对象差异等。

过于宽泛普适指的是没有针对研究中发现的具体问题和特定对象提出建议，而是给出一些放之四海而皆准的通用型建议，缺乏实际指导意义。例如，在研究某一新兴金融产品的风险问题时，研究建议只是简单地说要加强风险管理、提高风险意识等，没有针对该新兴金融产品的特点和风险点提出具体措施。

未区分对象差异指的是对不同类型的企业、地区或群体等没有进行区分，采取"一刀切"的研究建议。比如，在研究不同规模企业的融资问题时，没有考虑到大型企业和中小企业在融资渠道、融资需求等方面的差异，提出的研究建议对两者完全相同，无法有效解决各自的实际问题。

22.7.4　缺乏系统性和协调性

缺乏系统性和协调性，如考虑问题片面、忽视配套政策等。

考虑问题片面指的是，只从单一角度或单一部门出发提出研究建议，没有考虑政策之间的相互关联和协同作用，可能导致政策冲突或效果不佳。例如，在研究货币政策对经济增长的影响时，只建议央行采取扩张性货币政策，而没有考虑与财政政策等其他政策的配合，可能会使货币政策的效果大打折扣。

忽视配套政策指的是未考虑政策实施所需的配套制度和措施，因而使建议难以落地。比如，建议推动绿色金融发展，但没有提及如何建立相应的绿色金融标准体系、信息披露制度以及监管协调机制等配套措施，绿色金融政策可能难以落地。

22.7.5 主观臆断与缺乏依据

主观臆断与缺乏依据，如个人主观偏好、忽视其他因素等。

个人主观偏好是指研究建议受个人主观意愿和偏好影响，缺乏客观依据和严谨的分析。例如，研究者个人倾向于某种政策手段，在没有充分实证证据支持的情况下就大力推荐该政策，而对其他可能更有效的政策选择视而不见。

忽视其他因素指的是，只根据自己的研究结果提出研究建议，没有综合考虑其他相关因素和已有的政策研究成果，可能导致建议片面或不准确。比如，在提出税收政策调整建议时，没有考虑到当前税收制度的整体框架、其他税收政策的影响以及国内外税收政策的发展趋势等因素。

本章小结

本章的主题是研究结论和研究建议，不仅介绍了研究结论和研究建议的一般撰写方法，指出了撰写研究结论和研究建议时的常见误区。本章的内容有助于初学者初步掌握撰写研究结论和研究建议的原则和方法。

思考与练习题

1. 在高质量专业期刊上选择一篇研究论文，简述其研究结论部分与论文引言的异同。
2. 在高质量专业期刊上选择一篇研究论文，简述其研究建议与研究结论的关联性。
3. 在中国知网学位论文数据库中选择一篇结论与建议部分不尽合理的文章，分析其结论与建议部分写作方面的不足之处，并探讨如何进行改进。

23 如何选择和引用参考文献？

📖 学习要点

参考文献是实证论文提出研究问题、进行文献综述、提出研究假设和进行研究设计的基础。如果不能合理引用参考文献，或者引用的参考文献质量良莠不齐，实证论文的基础就不扎实，其研究结论就容易引起质疑。本章将介绍选择和引用参考文献的一般方法和常见误区，帮助实证论文奠定良好的研究基础。

23.1 参考文献有哪些常见的种类和来源？

在实证论文写作过程中，查找参考文献是一项基本技能。因此，有必要了解参考文献的常见种类和主要来源。

23.1.1 参考文献的常见种类

参考文献的常见种类有学术期刊文章、学术专著、权威机构的研究报告、著名报纸的文章以及顶级国际会议论文等。

学术期刊文章（J）是经管类实证论文中最常见的参考文献类型。学术期刊文章通常经过严格的匿名同行评审，具有较高的学术价值和权威性。例如，《经济研究》《管理世界》《中国社会科学》《中国软科学》《财贸研究》《金融研究》等国内知名期刊，以及 *American Economic Review*、*Journal of Finance*、*Journal of Financial Economics*、*Accounting Review* 等国际顶级期刊，都发表了许多高质量的实证研究成果。知名学术期刊上发表的文章通常具有较高的引用价值，是实证论文查找、选择和引用参考文献的首选对象。知名学术期刊上的综述类文章往往能够帮助初学者迅速了解相关领域内的文献分布情况。

学术专著（M）是作者对某一领域进行系统研究后撰写的书籍，通常具有较高的学术性和权威性。在经管类实证研究中，一些经典的理论著作和方法论书籍可以为研究提供理论基础和研究方法指导，如阿尔钦和德姆塞茨的《生产、信息成本和经济组织》等，为企业的经济性质研究提供了重要的理论框架。知名学术专著中的内容往往也具有较高的引用价值。

权威机构的研究报告（R）包括政府部门、著名研究咨询机构或智库发布的研究报告，这些报告通常基于大量的数据和实际调研，具有较高的实用性和参考价值。例如，世界银行定期发布的《全球经济展望》报告等。权威机构研究报告的内容也具有一定的引用价值。

著名报纸的文章（N）可以提供一些最新的经济动态和政策解读，对于研究宏观经济环境和政策背景具有一定的参考价值。例如，《人民日报》《经济日报》《21世纪经济报道》等报纸经常发表与经济管理相关的时事分析文章。著名报纸的文章同样具有引用价值。

顶级国际会议论文（C）是在顶级国际学术会议上发表的论文，通常反映了该领域的最新研究成果和研究动态。一些重要的国际会议如美国经济学会年会（AEA）、美国金融学会年会（AFA）、美国会计学会年会（AAA）等都会发表许多高质量的工作论文（Working Paper）。这些论文的特点是思想非常活跃，对于追踪最新研究动态非常具有参考价值，但对于引用到学术论文中仍需谨慎对待。

优秀学位论文（D）主要指硕士论文和博士论文，是研究者在攻读学位期间完成的研究成果。学位论文通常具有较为深入的研究内容和详细的数据分析，对于实证研究具有相当的参考价值。例如，中国知网的学位论文数据库收录了大量的国内优秀学位论文，是获取相关研究的重要资源。学位论文虽然引用价值有限，但优秀学位论文的选题、文献综述、研究设计和样本数据来源渠道却对初学者迅速了解相关主题的研究线索具有帮助价值。

标准（S）和专利（P）。在一些特定的经管研究领域，如质量管理、技术创新等，相关的标准和专利也可以作为参考文献。例如，ISO质量管理标准等。

23.1.2　参考文献的常见来源

（1）学术数据库。

国内数据库：如中国知网（CNKI）、维普、万方等，收录了大量的期刊文章、优秀硕博学位论文、会议论文等资源。

国际数据库：Web of Science、WRDS、EconLit、ProQuest、ScienceDirect、JSTOR等是国际上常用的经管类学术数据库，提供了丰富的英文文献资源。

在高等学校中，学术数据库通常可通过其图书馆网站中的电子资源平台进行访问。此外，图书馆的馆藏书籍也是重要的参考文献来源。

（2）专业机构网站。一些专业机构网站也提供了丰富的文献资源。例如，世界银行网站提供了许多经济研究报告等。

（3）学术搜索引擎。Google Scholar、百度学术等学术搜索引擎可以帮助研究人员快速查找相关的文献资源。通过这些搜索引擎，可以快速检索到国内外的学术期刊、学位论文、会议论文等。

（4）学术社区，例如SSRN、ResearchGate、Academia.edu等学术社区平台，研究人

员可以在这些平台上分享自己的研究成果，也可以获取其他研究人员的文献资源和研究动态。

（5）导师和同行推荐。导师和同行的研究经验和文献积累对于参考文献的收集也非常重要。他们可以推荐一些经典的研究文献和最新的研究成果，帮助研究人员更好地把握研究方向和文献资源。

在撰写经管类实证论文时，合理选择和引用参考文献对提升论文质量和学术水平至关重要。

23.2 如何查找高质量的参考文献？

在实证论文写作中，高质量的参考文献往往可以直接作为论据和研究推断的基础。查找高质量参考文献的快捷途径是基于国内外知名的高质量学术引用索引进行搜索。

23.2.1 国内外主要的学术引用索引

（1）中文社会科学引文索引（CSSCI）：专注于中文社会科学领域的高质量期刊，涵盖法学、管理学、经济学等多个学科。该索引可通过关键词、作者、期刊等进行检索，查看文献的引用情况。CSSCI 适用于中文社会科学领域的研究，尤其是需要查找国内高质量期刊文献的场景。

（2）中国科学引文数据库（CSCD）：涵盖经管领域，数据准确，检索功能强大。该数据库支持关键词、作者、机构等多种检索方式，提供引文索引功能。CSCD 适用于需要查找国内高质量期刊文献的场景。

（3）Web of Science（包括 SCI、SSCI、A&HCI）：涵盖自然科学（SCI）、社会科学（SSCI）和艺术与人文（A&HCI）等多个领域，收录的期刊经过严格筛选，通常具有较高的学术影响力。可通过关键词、作者、机构等进行检索，查看文献的引用情况，追踪研究的起源和最新进展。Web of Science 适用于需要查找国际前沿研究、高影响力文献的场景。

（4）Scopus：涵盖广泛的学科领域，收录的文献数量庞大，提供详细的引用分析和文献计量工具。支持多种检索方式，如关键词、作者、期刊等，可以查看文献的引用次数和引用文献。Scopus 适用于需要全面检索和文献计量分析的场景。

23.2.2 基于研究问题选择文献

（1）明确研究问题的核心概念和关键词。例如，研究"数字化转型对企业绩效的影响"，核心概念为"数字化转型"和"企业绩效"，关键词包括"数字化技术""企业绩效指标"等。

（2）利用引用索引的检索功能。在学术文章索引平台输入核心关键词，查找高被引文献。查看这些高被引文献的参考文献，进一步挖掘相关研究。

（3）关注高影响力期刊。在学术文章索引平台，筛选出被收录在高影响力期刊中的文献。

23.2.3　评估文献的质量

（1）引用次数：高引用次数的文献通常具有较高的学术价值。在一些学术文章索引平台中可以查看文献的引用次数。

（2）期刊影响因子：选择发表在高影响因子期刊上的文献。例如，在 Web of Science 中查看期刊的 Q1、Q2 分区。

（3）作者和机构：选择知名学者和权威机构的研究成果。在学术文章索引平台可以通过作者和机构检索功能筛选。

23.2.4　利用二次文献辅助查找

（1）综述文章：查找相关领域的综述文章，这些文章通常会系统总结前人的研究成果。例如，在 Web of Science 中输入"review"作为关键词。

（2）引文索引：利用引文索引功能，查找引用了经典文献的最新研究。例如，在 CNKI 中国引文数据库中，通过被引文献检索功能查找引用了某篇经典文献的其他文献。

通过以上方法，可以基于国内外知名的高质量学术引用索引，系统查找高质量的参考文献，为经管类实证论文提供坚实的理论和实证基础。

23.3　如何基于研究问题寻找参考文献？

以研究问题为出发点去查找文献是一种常用的方法，下面通过几个例子具体说明如何基于研究问题寻找参考文献。

【例 23-1】研究问题：数字化转型对企业绩效的影响。

研究问题剖析：核心概念是"数字化转型"和"企业绩效"，涉及的外延包括数字化技术（如大数据、人工智能）、企业绩效的衡量指标（如盈利能力、市场份额）等。

关键词搜索：在学术数据库（如中国知网、维普、万方）和学术搜索引擎（如谷歌学术）中输入"数字化转型""企业绩效""数字化技术""盈利能力""市场份额"等关键词组合，查找相关的文章、学位论文等。

利用综述文章：查找数字化转型领域的综述文章，这类文章会系统总结前人的研究成果，从中可以获取大量有价值的参考文献。

关注权威期刊，如《经济研究》《管理世界》《中国工业经济》等国内权威期刊，以及 *Journal of Business Research* 等国际期刊，查找近期发表的相关实证研究论文。

从现有文献中挖掘：阅读已找到的文献的参考文献部分，寻找更多相关的经典文献或最新研究。

【例 23-2】 研究问题：金融发展与经济增长的关系。

研究问题剖析：核心概念是"金融发展"和"经济增长"，涉及的外延包括金融发展指标（如金融深化指标、金融机构数量）、经济增长指标（如 GDP 增长率）等。

关键词搜索：在知网等数据库中输入"金融发展""经济增长"等关键词，查找相关的实证研究论文。

利用经典理论文献：查找如罗纳德·麦金农《经济发展中的货币与资本》等经典著作，这些理论文献为研究提供了理论基础。

关注国际顶级期刊：关注 *Journal of Finance*、*Journal of Economic Growth* 等国际顶级期刊，查找该领域的前沿研究成果。

参考政策研究报告：查找世界银行、国际货币基金组织等发布的关于金融发展与经济增长关系的研究报告，这些报告通常基于大量的数据和实证分析，具有较高的参考价值。

【例 23-3】 研究问题：股权激励对高管行为的影响。

研究问题剖析：核心概念是"股权激励"和"高管行为"，涉及的外延包括股权激励的具体形式（如股票期权、限制性股票）、高管行为的衡量指标（如工作努力程度、风险偏好）等。

关键词搜索：在学术数据库中输入"股权激励""高管行为""股票期权""高管风险偏好"等关键词，查找相关的期刊文章和学位论文。

利用行业报告：查找证券公司、咨询公司等发布的关于股权激励的行业研究报告，这些报告通常会结合实际案例进行分析，具有一定的参考价值。

关注专业期刊：关注《会计研究》《金融研究》等专业期刊，查找该领域的最新研究成果。

从导师和同行推荐：向导师和同行请教，获取他们推荐的相关文献，尤其是经典文献和最新研究。

【例 23 4】 研究问题：绿色金融对产业结构调整的作用。

研究问题剖析：核心概念是"绿色金融"和"产业结构调整"，涉及的外延包括绿色金融工具（如绿色信贷、绿色债券）、产业结构调整的衡量指标（如高耗能产业占比下降、新兴产业占比上升）等。

关键词搜索：在知网、万方等数据库中输入"绿色金融""产业结构调整""绿色信贷""产业结构优化"等关键词，查找相关的实证研究论文。

利用政策文件：查找国家相关部门发布的关于绿色金融和产业结构调整的政策文件，这些文件通常会提出一些理论依据和实证分析结果。

关注国际期刊：关注 *Environmental and Resource Economics* 等国际期刊，查找该领域的前沿研究成果。

参考学术会议论文：查找绿色金融相关学术会议的论文集，这些论文集通常会收录一些最新的研究成果和研究动态。

【例23-5】研究问题：消费者信任对电商平台销售的影响。

研究问题剖析：核心概念是"消费者信任"和"电商平台销售"，涉及的外延包括消费者信任的衡量指标（如信任度评分、口碑评价）、电商平台销售的衡量指标（如销售额、用户购买频率）等。

关键词搜索：在学术数据库和学术搜索引擎中输入"消费者信任""电商平台销售"等关键词，查找相关的期刊文章、学位论文等。

利用行业报告：查找电商平台发布的行业报告，这些报告通常会结合实际数据进行分析，具有一定的参考价值。

关注专业期刊：关注《电子商务研究》《管理科学学报》等专业期刊，查找该领域的最新研究成果。

参考新闻报道：查找《经济日报》《21世纪经济报道》等报纸中关于电商平台销售和消费者信任的新闻报道，这些报道可以提供一些最新的市场动态和实际案例。

23.4   选择参考文献有哪些常见误区？

在经管类实证论文中，选择参考文献时存在一些常见误区，这些误区可能会影响论文的质量和学术严谨性。本节将介绍一些常见误区及改进建议。

23.4.1   参考文献与研究主题不匹配

主要表现：引用的文献与研究主题关联度低，甚至完全偏离主题。为了凑字数或显示文献量大，引用大量无关文献。

改进建议：精准选择与研究主题直接相关的文献。确保引用的文献能够有力地支持论文的论点。在选择文献时，始终围绕研究问题的核心概念和关键词进行筛选。

23.4.2   过度依赖二手引用

主要表现：直接引用综述文章或二手文献而非原始文献，极端情况下，作者甚至未阅读过原始文献。引用未经核实的转述内容，可能导致信息不准确。

改进建议：尽量追溯并引用原始文献，尤其是关键结论和数据。对于二手引用，需查阅原始文献核实其准确性和可靠性。

23.4.3   文献引用不规范

主要表现：文献著录不符合规范，如漏写项目、项目过杂、次序杂乱、数字和标点符号不规范。同一篇文献在文中多次引用时，格式不一致。

改进建议：严格按照学术规范著录参考文献，确保同一篇文章内引用的参考文献格式统一。可使用文献管理工具（如 EndNote、Zotero）帮助规范引用格式。

23.4.4　文献引用过多或过少

主要表现：引用文献过多，尤其是无关紧要的文献，导致论文冗长；或者引用文献过少，缺乏足够的理论和实证支持。

改进建议：合理控制文献引用数量，确保文献与研究内容紧密相关。在论文写作初期，不建议过多关注参考文献数量，而是注重文献的质量和相关性。

23.4.5　文献年代过旧

主要表现：引用大量年代久远的文献，缺乏对近期研究进展的关注。过时文献可能导致研究观点陈旧。

改进建议：尽量引用近 3~5 年的文献，以体现研究的前沿性。对于经典文献，可在引用时注明其在当前研究中的相关性和影响。

23.4.6　文献来源不权威

主要表现：过度依赖学位论文、会议论文、报纸等非期刊文献。引用的文献来源不够权威，影响论文的可信度。

改进建议：优先选择发表在高影响力期刊上的文献，如 SSCI、SCI、CSSCI、CSCD 索引的期刊文献。合理搭配期刊文献、工作论文、学术专著等不同类型的文献，但应以期刊文献为主。

23.4.7　数据引用不准确

主要表现：引用数据时出现错误，如数字、日期等关键信息不准确。引用数据时未进行核实，导致信息偏差。

改进建议：建立引用核查清单，对数字、日期等关键信息进行多次校对。对于重要数据，建议直接引用原始数据来源。

23.4.8　忽视文献综述部分的重要性

主要表现：论文的文献综述部分过于简略，未能系统总结前人研究。文献综述未能清晰界定研究问题和研究空白。

改进建议：通过文献综述梳理研究领域的现状和发展趋势，明确研究的切入点。文献综述应涵盖国内外相关研究，尤其是近 3~5 年的前沿研究。

通过避免这些常见误区，可以提高参考文献的质量，增强论文的学术性和可信度。

23.5 参考文献常见的格式规范

在经管类实证论文中，参考文献的格式规范至关重要，它不仅体现了学术严谨性，还能帮助读者快速查找相关文献。常见的参考文献格式规范包括 APA（美国心理学会）、Chicago（芝加哥手册）、MLA（现代语言协会）和 GB/T 7714—2015（中国国家标准）等。

23.5.1 GB/T 7714—2015 格式（中国国家标准）

GB/T 7714—2015 是中国国家标准，适用于中文文献的引用，广泛应用于国内学术论文中。其格式规范如下：

（1）期刊文章：作者. 文章标题［J］. 期刊名称，年份，卷号（期号）：页码范围.

示例：王德宏，孙亚婕. 有效激励还是激励扭曲：员工持股计划对股价崩盘风险的影响［J］. 金融评论，2023，15（5）：77-102.

（2）书籍：作者. 书名［M］. 出版地：出版社，出版年.

示例：王德宏. 证券投资分析：理论、实务、方法与案例［M］. 北京：机械工业出版社，2023.

（3）学位论文：作者. 论文标题［D］. 城市：授予学位的学校名称，年份.

示例：张馨元. 中国企业数字化转型的驱动因素及效应研究［D］. 吉林大学，2024.

23.5.2 APA 格式（美国心理学会）

APA 格式是社会科学领域最常用的引用格式之一，尤其在心理学、教育学、管理学等领域广泛应用。

（1）期刊文章：作者姓氏，名字首字母.（年份）. 文章标题. 期刊名称，卷号（期号），页码范围.

示例：王德宏 & 孙亚婕，（2023）. 有效激励还是激励扭曲：员工持股计划对股价崩盘风险的影响. 金融评论，15（5），77-102.

（2）书籍：作者姓氏，名字首字母.（年份）. 书名. 出版社.

示例：王德宏，（2023）. 证券投资分析：理论、实务、方法与案例. 机械工业出版社.

（3）学位论文：作者姓氏，名字首字母.（年份）. 论文标题.（博士论文/硕士论文，授予学位的学校名称，城市）.

示例：张馨元，（2024）. 中国企业数字化转型的驱动因素及效应研究.（博士论文，吉林大学，长春）.

23.5.3 Chicago 格式

Chicago 格式适用于人文和社会科学领域，其特点是强调注释和参考文献的详细性。

（1）期刊文章：作者姓名，文章标题，期刊名称卷号，期号（年份）：页码范围。

示例：王德宏，& 孙亚婕．有效激励还是激励扭曲：员工持股计划对股价崩盘风险的影响．金融评论 15, no. 5（2023）：77-102.

（2）书籍：作者姓名，书名（城市：出版社，年份），页码。

示例：王德宏，证券投资分析：理论、实务、方法与案例（北京：机械工业出版社，2023）．

（3）学位论文：作者姓名，论文标题（学位名称，授予学位的学校名称，年份）。

示例：张馨元，中国企业数字化转型的驱动因素及效应研究（博士论文，吉林大学，2024）．

23.5.4 MLA 格式（现代语言协会）

MLA 格式主要用于文学、语言学和人文领域，但在某些经管类论文中也可能会用到。

（1）期刊文章：作者姓氏，名字．文章标题．期刊名称卷号．期号（年份）：页码范围．

示例：王德宏，& 孙亚婕．有效激励还是激励扭曲：员工持股计划对股价崩盘风险的影响．金融评论 15.5（2023）：77-102.

（2）书籍：作者姓氏，名字．书名．城市：出版社，年份．

示例：王德宏．证券投资分析：理论、实务、方法与案例．北京：机械工业出版社，2023.

（3）学位论文：作者姓氏，名字．论文标题．学位名称，授予学位的学校名称，年份．

示例：张馨元．中国企业数字化转型的驱动因素及效应研究．博士论文，吉林大学，2024.

23.5.5 IEEE 格式（电气和电子工程师协会）

IEEE 格式主要用于工程和技术领域，但在某些跨学科的经管类研究中也会用到。

（1）期刊文章：作者姓名，文章标题，期刊名称，卷号，期号，年份，页码范围．

示例：王德宏 & 孙亚婕，有效激励还是激励扭曲：员工持股计划对股价崩盘风险的影响，金融评论, vol. 15, no. 5, 2023, pp. 77-102.

（2）书籍：作者姓名，书名，出版社，年份．

示例：王德宏，证券投资分析：理论、实务、方法与案例，机械工业出版社，2023.

（3）学位论文：作者姓名，论文标题，学位名称，授予学位的学校名称，年份．

示例：张馨元，中国企业数字化转型的驱动因素及效应研究，博士论文，吉林大学，2024.

总之，不同的参考文献格式规范适用于不同的学术领域和期刊要求。在撰写经管类实证论文时，应根据目标期刊或学术机构的要求选择合适的格式规范。

23.5.6 编写参考文献列表的注意事项

编写参考文献列表的注意事项有一致性、准确性、完整性、最新性等。

一致性：整篇论文中引用格式必须保持一致。

准确性：确保作者姓名、文章标题、期刊名称、页码等信息准确无误。

完整性：引用的文献信息应完整，避免遗漏关键信息。

最新性：优先引用最新发表的文献，以体现研究的前沿性。

通过遵循这些格式规范，可以提升论文的学术性和专业性，同时方便读者查找和验证相关文献。

23.6 如何在引言中引用参考文献?

在实证论文的引言中，通过引用高引用的参考文献，可以有效地引出研究问题，并展示该问题的重要性和研究的迫切性。下面通过案例进行具体说明。

【例 23-6】 在引言中引用参考文献引出研究问题。研究问题：企业社会责任与财务表现①。

近年来，企业社会责任（corporate social responsibility，CSR）在学术界和实务界引起了广泛关注。大量研究表明，CSR 对企业的财务表现（financial performance，FP）具有显著影响（例如，Margolis & Walsh, 2003；Orlitzky, Schmidt, & Rynes, 2003）。Margolis 和 Walsh（2003）在其经典的综述中指出，在过去的几十年里，CSR 与 FP 之间的关系是企业研究中的一个重要议题，受到了广泛的关注和探讨。

尽管已有研究揭示了 CSR 对企业财务表现的正面影响（Orlitzky et al., 2003），但关于这一关系的具体机制仍不完全清楚。尤其是在不同行业和不同地区的背景下，CSR 与 FP 之间的关系是否存在差异，尚需进一步研究（McWilliams & Siegel, 2000）。

因此，本研究旨在通过实证分析，探讨在中国背景下 CSR 对企业财务表现的影响机制。具体而言，我们将利用中国上市公司的数据，考察 CSR 对企业财务表现的影响，并分析行业和地区差异对这一关系的调节作用。通过这些分析，我们希望能够为企业管理者和政策制定者提供有价值的参考，同时丰富现有文献中关于 CSR 与 FP 关系的研究。

---

① 参考文献：

Margolis, J. D., & Walsh, J. P. (2003). Misery loves companies: Rethinking social initiatives by business. Administrative Science Quarterly, 48 (2), 268-305.

Orlitzky, M., Schmidt, F. L., & Rynes, S. L. (2003). Corporate social and financial performance: A meta-analysis. Organization Studies, 24 (3), 403-441.

McWilliams, A., & Siegel, D. (2000). Corporate social responsibility and financial performance: Correlation or misspecification? Strategic Management Journal, 21 (5), 603-609.

说明：在上述示例中，通过引用 Margolis & Walsh（2003）和 Orlitzky et al.（2003）的高引用文献，说明了 CSR 与 FP 的关系是一个重要的研究课题，并指出现有研究的不足，从而自然地引出本文的研究问题和研究目标。

在实证论文的引言中，通过引用高引用的参考文献对比和凸显本研究的学术贡献，可以有效地展示本研究的独特性和重要性。

【例 23-7】在引言中引用参考文献，突出研究贡献。研究问题：企业社会责任与财务表现。

近年来，企业社会责任（corporate social responsibility，CSR）对企业财务表现（financial performance，FP）的影响成为学术界的研究热点。大量研究表明，CSR 对 FP 具有显著的正面影响（例如，Margolis & Walsh，2003；Orlitzky，Schmidt，& Rynes，2003）。Margolis 和 Walsh（2003）在其综述中指出，大多数研究发现 CSR 与 FP 之间存在正相关关系，这一结论在后续的元分析中也得到了进一步验证（Orlitzky et al.，2003）。

尽管已有研究为 CSR 与 FP 之间的关系提供了大量证据，但这些研究主要集中在发达国家的企业，而对发展中国家的企业关注较少（McWilliams & Siegel，2000）。例如，McWilliams 和 Siegel（2000）指出，不同行业和地区的企业在 CSR 实践和效果上可能存在显著差异，因此有必要进一步探讨这些差异。

本研究旨在填补这一研究空白，特别关注中国这一新兴市场背景下，CSR 对企业财务表现的影响。与现有研究相比，本研究具有以下三方面的学术贡献：

（1）地区差异：大多数现有研究集中于发达国家，而本研究将重点放在中国这一新兴市场，探讨其独特的经济和制度环境对 CSR 与 FP 关系的影响。

（2）行业差异：本研究将进一步分析不同行业之间 CSR 与 FP 关系的差异，揭示行业特征对这一关系的调节作用。

（3）实证分析方法：采用更为先进的实证分析方法，如面板数据回归模型和稳健性检验，以提高研究结果的可靠性和有效性。

综上所述，本研究不仅丰富了 CSR 与 FP 关系的研究文献，还为企业管理者和政策制定者提供了在中国背景下实施 CSR 战略的实证依据。

案例说明：在上述示例中，通过引用 Margolis & Walsh（2003）和 Orlitzky et al.（2003）的高引用文献，展示了现有研究的发现，并通过对比指出了现有研究的不足之处，如对发展中国家和行业差异的关注不足。然后详细说明本研究的学术贡献，从而凸显了本研究的独特性和重要性。

23.7 如何在文献综述中引用参考文献？

在文献综述中通过引用高引用文献可以展开研究脉络、识别研究空白并提出研究假设。下面通过案例进行具体说明：

【例23-8】在文献综述中引用参考文献，展开研究主题的相关文献、探讨研究现状与不足，并提出研究假设。研究问题：企业创新与知识溢出①。

（1）企业创新与知识溢出的相关文献。创新作为企业竞争优势的重要来源，一直是管理学研究的核心议题。Cohen 和 Levinthal（1990）在其开创性研究中提出了"吸收能力"（absorptive capacity）的概念，指出企业需要具备识别、吸收和利用外部知识的能力才能实现创新。这一观点为后续研究奠定了重要理论基础。

知识溢出（knowledge spillover）作为创新的重要外部源泉，其影响机制受到学者们的广泛关注。Jaffe，Trajtenberg 和 Henderson（1993）通过专利引用数据实证研究发现，地理邻近性显著促进了企业间的知识溢出。进一步地，Audretsch 和 Feldman（1996）发现知识密集型产业具有较强的地理集聚效应，这与知识溢出的地域性特征密切相关。

（2）研究现状与不足。尽管已有研究为理解企业创新与知识溢出提供了重要洞见，但仍存在以下几个方面的研究空白和分歧：

知识溢出的异质性效应。现有研究主要关注知识溢出的总体效应，而对不同类型企业在吸收和利用外部知识方面的差异关注不足。如 Cassiman 和 Veugelers（2002）指出，企业的内部研发能力会影响其对外部知识的吸收效率，但这种异质性效应在不同所有制企业中如何表现尚未得到充分研究。

制度环境的调节作用。虽然制度环境对企业创新具有重要影响（North，1990），但现有研究较少关注制度环境如何调节知识溢出与企业创新之间的关系。特别是在转型经济体中，制度环境的区域异质性可能显著影响知识溢出的效果。

动态演化过程。大多数研究采用静态截面数据，难以揭示知识溢出对企业创新的动态影响过程。正如 Dosi（1988）所强调的，技术创新是一个动态累积的过程，需要通过长期面板数据来捕捉其演化特征。

（3）研究假设。基于上述文献综述和研究空白，本研究提出以下假设：

H1：地理邻近性对企业创新具有正向影响，且这种影响随着数字技术的发展而减弱。这一假设基于 Jaffe et al.（1993）的发现，但进一步考虑了数字技术对地理距离约束的削

① 参考文献：

Audretsch, D. B., & Feldman, M. P. (1996). R&D spillovers and the geography of innovation and production. American Economic Review, 86 (3), 630-640.

Cassiman, B., & Veugelers, R. (2002). R&D cooperation and spillovers: Some empirical evidence from Belgium. American Economic Review, 92 (4), 1169-1184.

Cohen, W. M., & Levinthal, D. A. (1990). Absorptive capacity: A new perspective on learning and innovation. Administrative Science Quarterly, 35 (1), 128-152.

Dosi, G. (1988). Sources, procedures, and microeconomic effects of innovation. Journal of Economic Literature, 26 (3), 1120-1171.

Jaffe, A. B., Trajtenberg, M., & Henderson, R. (1993). Geographic localization of knowledge spillovers as evidenced by patent citations. Quarterly Journal of Economics, 108 (3), 577-598.

North, D. C. (1990). Institutions, institutional change and economic performance. Cambridge University Press.

弱作用。

H2：企业的所有制性质会调节知识溢出对其创新的影响。

H2a：相比国有企业，民营企业对产业集群中的知识溢出具有更强的吸收能力。

H2b：相比民营企业，国有企业对高校研究机构的知识溢出具有更强的吸收能力。

H3：区域制度环境的完善程度会增强知识溢出对企业创新的正向影响。

案例说明：这个示例展示了如何在文献综述部分引用参考文献的主要过程，例如：通过引用经典文献（如 Cohen & Levinthal，1990；Jaffe et al.，1993）建立研究的理论基础；系统梳理现有研究的主要发现；明确指出研究空白和分歧；基于文献综述逻辑地推导出研究假设。

论文建议：每个关键论点都有引用文献支持，研究假设与已识别的研究空白直接对应，假设的提出建立在现有理论基础之上，并指向新的研究方向。

23.8 如何在研究设计中引用参考文献？

在研究设计部分通过引用高引用文献可以支持研究方法的选择。下面通过案例进行具体说明。

【例 23-9】 在研究设计中引用文献，支持模型设定、变量测量指标、估计方法等，并预测回归结果。研究问题：企业创新与知识溢出①。

---

① 参考文献：

1. Aiken, L. S., & West, S. G. (1991). Multiple regression: Testing and interpreting interactions. Sage Publications.

2. Blundell, R., & Bond, S. (1998). Initial conditions and moment restrictions in dynamic panel data models. Journal of Econometrics, 87 (1), 115-143.

3. Bloom, N., Schankerman, M., & Van Reenen, J. (2013). Identifying technology spillovers and product market rivalry. Econometrica, 81 (4), 1347-1393.

4. Cohen, W. M., & Levinthal, D. A. (1990). Absorptive capacity: A new perspective on learning and innovation. Administrative Science Quarterly, 35 (1), 128-152.

5. Wang, X. L., Fan, G., & Zhu, H. P. (2018). Marketization Index of China's Provinces: NERI Report. Beijing: Social Sciences Academic Press (China).

6. Hall, B. H., Jaffe, A. B., & Trajtenberg, M. (2005). Market value and patent citations. RAND Journal of Economics, 36 (1), 16-38.

7. Heckman, J. J. (1979). Sample selection bias as a specification error. Econometrica, 47 (1), 153-161.

8. Jaffe, A. B. (1986). Technological opportunity and spillovers of R&D: Evidence from firms' patents, profits, and market value. American Economic Review, 76 (5), 984-1001.

9. Jaffe, A. B., Trajtenberg, M., & Henderson, R. (1993). Geographic localization of knowledge spillovers as evidenced by patent citations. Quarterly Journal of Economics, 108 (3), 577-598.

10. Lychagin, S., Pinkse, J., Slade, M. E., & Van Reenen, J. (2016). Spillovers in space: Does geography matter? Journal of Industrial Economics, 64 (2), 295-335.

11. North, D. C. (1990). Institutions, institutional change and economic performance. Cambridge University Press.

（1）模型设定：基准模型、交互项分析。

基准模型。参考 Jaffe et al.（1993）和 Audretsch & Feldman（1996）的研究设计，本文构建如下基准回归模型：

$$INNOV_{i,\,t} = \beta_0 + \beta_1 SPILL_{i,\,t} + \beta_2 CONTROLS_{i,\,t} + \alpha_i + \gamma_t + \varepsilon_{i,\,t}$$

其中，i 表示企业，t 表示年份，$INNOV$ 表示企业创新产出，$SPILL$ 表示知识溢出，$CONTROLS$ 表示控制变量，α_i 表示企业固定效应，γ_t 表示年份固定效应，$\varepsilon_{i,\,t}$ 表示随机扰动项。

交互项分析。为检验制度环境的调节作用，我们采用 Aiken 和 West（1991）提出的交互项分析方法，在基准模型中加入制度环境变量（INST）及其与知识溢出的交互项。

$$INNOV_{i,\,t} = \beta_0 + \beta_1 SPILL_{i,\,t} + \beta_2 INST_{i,\,t} + \beta_3 SPILL_{i,\,t} \times INST_{i,\,t} +$$
$$\beta_4 CONTROLS_{i,\,t} + \alpha_i + \gamma_t + \varepsilon_{i,\,t}$$

（2）变量测量：因变量、自变量、调节变量、控制变量。

因变量：基于 Hall, Jaffe, & Trajtenberg（2005），我们使用两种指标衡量企业创新产出，即发明专利申请数量的自然对数和专利引用加权的创新产出指标。

自变量：参考 Lychagin et al.（2016）的方法，我们构建两种知识溢出指标，即地理距离加权的知识溢出和技术距离加权的知识溢出。

地理距离加权的知识溢出（企业 j）：$SPILL_{geo} = \sum_{j \neq i} \dfrac{K_j}{d_{ij}}$

其中，d_{ij} 表示企业 i 和 j 之间的地理距离，K_j 表示企业 j 的知识存量。

技术距离加权的知识溢出：根据 Jaffe（1986）的方法，我们使用专利分类构建企业间的技术距离矩阵。

调节变量：基于 Wang, Fan & Zhu（2018），我们采用市场化指数衡量区域制度环境的完善程度。

控制变量：参考 Cohen 和 Levinthal（1990）以及后续研究，我们控制了变量企业规模（总资产的自然对数）、R&D 强度（R&D 支出/销售收入）、企业年龄（企业成立年限的自然对数）、资本密集度（固定资产/员工人数）、财务杠杆（总负债/总资产）。

（3）估计方法：基准回归、内生性处理。

基准回归。考虑企业创新的动态特征，我们采用 Blundell 和 Bond（1998）提出的系统 GMM 方法进行估计，该方法能有效处理内生性问题。

内生性处理。为解决潜在的反向因果关系，我们采用 Heckman（1979）的两阶段方法处理样本选择偏差，并使用工具变量法处理其他内生性问题。参考 Bloom, Schankerman 和 Van Reenen（2013）的做法，我们选择行业平均 R&D 支出作为工具变量。

（4）回归系数预期。基于前文的理论分析和研究假设，我们对回归系数有如下预期：
① $\beta_1 > 0$：根据 Jaffe et al.（1993）的发现，知识溢出对企业创新具有显著正向影响；
② $\beta_3 > 0$：基于 North（1990）的制度理论，我们预期更完善的制度环境会增强知识溢出的

正向效应。

案例说明：这个示例展示了在研究设计中引用文献的主要做法，即通过引用经典文献支持模型设定的合理性，基于高引用文献选择合适的变量测量方法，引用相关文献支持估计方法的选择，基于理论研究预期回归结果。

论文建议：每个关键方法选择都有相应的高引用文献支持，变量测量方法的选择建立在成熟的研究基础上，回归方法的选择考虑了可能存在的计量问题，回归系数预期与理论预测相一致。

23.9　如何让参考文献前后互相呼应？

让主要参考文献在论文各部分之间相互呼应，形成参考文献之间的有机联系，有助于实证论文全文线索清晰和前后更加具有一致性。下面通过一个案例进行具体说明：

【例 23-10】将若干关键文献贯穿引言、文献综述、研究设计、实证结果等部分，在论文中形成有机的逻辑链接。研究问题：区域制度环境对企业知识获取与创新的调节作用。

（1）在引言部分。企业创新能力的提升依赖于内部研发投入和外部知识获取。Cohen 和 Levinthal（1990）在其开创性研究中提出，企业需要具备足够的吸收能力才能有效识别和利用外部知识。这一观点为理解企业创新过程提供了重要的理论基础。然而，关于制度环境如何影响企业吸收和利用外部知识的机制仍缺乏系统研究。本文将基于 North（1990）的制度理论，探讨区域制度环境对企业知识获取与创新的调节作用。

（2）在文献综述部分。

理论基础。Cohen 和 Levinthal（1990）的吸收能力理论强调，企业需要通过持续的研发投入来建立和维持吸收外部知识的能力。这一理论获得了大量实证研究的支持。例如，Zahra 和 George（2002）进一步拓展了吸收能力的概念框架，将其区分为潜在吸收能力和实现吸收能力。

知识溢出与创新。Jaffe et al.（1993）通过专利引用数据首次系统验证了知识溢出的地理特征，发现地理邻近性显著促进了企业间的知识传播。这一发现启发了后续大量关于创新地理学的研究。Audretsch 和 Feldman（1996）进一步发现，知识密集型产业具有较强的地理集聚效应。

制度环境。North（1990）的制度理论为理解创新环境提供了重要视角。他指出，正式制度（如法律法规）和非正式制度（如商业规范）共同塑造了经济行为。这一理论框架对理解转型经济体中的创新活动特别有启发意义。

理论假设。基于上述文献，我们提出以下假设：

H1：企业的吸收能力（以 R&D 强度衡量）正向调节知识溢出对其创新的影响（基于 Cohen & Levinthal，1990 的理论框架）。

H2：地理邻近性增强知识溢出对企业创新的正向影响（基于 Jaffe et al.，1993 年的实证发现）。

H3：区域制度环境的完善程度增强知识溢出对企业创新的正向影响（基于 North，1990 年的制度理论）。

（3）在研究设计部分。

因变量：基于 Hall et al.（2005），使用专利申请数量及其引用次数衡量企业创新产出。

自变量：知识溢出参考 Jaffe et al.（1993）的方法，构建地理距离加权的知识溢出指标。吸收能力参考 Cohen 和 Levinthal（1990），使用 R&D 强度衡量

调节变量：制度环境采用 Wang et al.（2018）开发的市场化指数。

（4）在实证结果部分。

基准回归结果：实证结果支持了 Cohen 和 Levinthal（1990）关于吸收能力重要性的论断，企业 R&D 强度显著增强了其对外部知识的吸收能力（$\beta = 0.156$，$p<0.01$）。

机制检验：与 Jaffe et al.（1993）的发现一致，地理邻近性显著促进了知识溢出（$\beta = 0.183$，$p<0.01$）。同时，制度环境的调节作用也得到验证，支持了 North（1990）的理论预期。

（5）在讨论与结论部分。本研究的发现丰富了 Cohen 和 Levinthal（1990）的吸收能力理论，通过引入制度视角（North，1990），揭示了企业创新过程中制度环境的重要作用。研究结果不仅验证了 Jaffe et al.（1993）关于知识溢出地理特征的经典发现，还展示了这一效应在不同制度环境下的异质性表现。

案例说明：在这个示例中，关键文献在各部分之间形成了清晰的逻辑链接：

一是理论基础的连贯性：Cohen 和 Levinthal（1990）的吸收能力理论贯穿全文，North（1990）的制度理论支撑了制度环境的分析框架，Jaffe et al.（1993）的发现为知识溢出的地理特征提供了实证基础。

二是研究设计的承接：变量测量方法都基于经典文献，研究假设与理论基础直接对应。

三是结果讨论的呼应：实证结果与理论预期形成对话，研究发现丰富了已有理论。

通过这种方式，引用文献不再是简单罗列，而是形成了有机的理论框架，支撑了整个研究的逻辑推进。

23.10 引用参考文献有哪些常见误区？

本节归纳总结了初学者在实证论文写作过程中引用参考文献的常见误区，大致可分为七种类型：引用不恰当的文献层次、引用文献的时效性问题、引用内容与论点不匹配、引用格式与规范性问题、引用密度与分布不当、缺乏文献间的逻辑联系、忽视方法类文

献的引用等。

23.10.1 引用不恰当的文献层次

主要表现：过分依赖教科书或综述性文献，忽视领域内的经典原创性文献，大量引用质量较低的期刊论文等。例如，原文"企业社会责任对财务绩效有积极影响（张三，2022《××学报》）。"

可修改为："企业社会责任与财务绩效的关系一直是学术界关注的重要议题。早期的元分析研究（Orlitzky et al.，2003，Organization Studies）发现两者存在显著的正相关关系，这一结论在后续研究中得到进一步验证（Margolis & Walsh，2003，ASQ）。"

23.10.2 引用文献的时效性问题

主要表现：引用过于陈旧的文献作为最新研究证据，忽视近期重要进展，新旧文献搭配不当等。例如，原文"近期研究表明……（Smith，1995）"。

可修改为："这一研究领域的早期工作（Smith，1995）奠定了理论基础，近期研究（Johnson et al.，2023；Wang & Li，2024）进一步发展了这一理论框架，发现在数字经济背景下……"

23.10.3 引用内容与论点不匹配

主要表现：断章取义或曲解原文观点，用二手引用替代原始文献，过度延伸文献结论等。例如，原文"Cohen 和 Levinthal（1990）指出外部知识对企业创新至关重要。"

可修改为："Cohen 和 Levinthal（1990）提出企业需要具备足够的吸收能力（absorptive capacity）才能有效识别、吸收和利用外部知识，这种能力与企业自身的 R&D 投入密切相关。"

23.10.4 引用格式与规范性问题

主要表现：引用格式不统一，参考文献信息不完整，正文引用与参考文献列表不一致等。例如，原文"根据 Porter 研究……"

可修改为："如 Michael Porter（1980）所述……"，或"Porter（1980）提出……"，或"战略定位理论指出……（Porter，1980）"

23.10.5 引用密度与分布不当

主要表现：某些段落过度密集引用，部分重要论点缺乏文献支持，引用分布不均衡等。例如，原文"企业创新受多种因素影响（A，2020；B，2021；C，2022；D，2023；E，2024）。"

可修改为："企业创新受到内部因素和外部环境的共同影响。在内部因素方面，R&D

投入（Cohen & Levinthal，1990）和组织学习能力（March，1991）起着关键作用。外部环境方面，制度环境（North，1990）和产业特征（Porter，1990）显著影响企业的创新行为。"

23.10.6 缺乏文献间的逻辑联系

主要表现：文献引用缺乏逻辑递进，不同流派文献混杂使用，忽视文献间的理论联系等。例如，原文"A 研究发现 X，B 研究发现 Y，C 研究发现 Z。"

可修改为："关于企业创新的研究经历了几个重要发展阶段。早期研究关注创新的线性模型（Nelson & Winter，1982），随后学者们发现创新过程具有互动性特征（Kline & Rosenberg，1986）。近期研究进一步强调创新生态系统的重要性（Adner & Kapoor，2010）。"

23.10.7 忽视方法类文献的适当引用

主要表现：研究设计缺乏方法文献支持，统计方法使用缺乏依据，变量测量方法来源不明等。例如，原文"本研究采用面板数据回归方法……"

可修改为："考虑到企业创新的动态特征和潜在的内生性问题，本研究采用 Blundell 和 Bond（1998）提出的系统 GMM 方法进行估计。该方法能有效处理动态面板数据中的内生性问题，在创新研究中得到广泛应用（Hall et al.，2005；Bloom et al.，2013）。"

通过避免这些引用参考文献的误区并采取相应的改进措施，初学者可以显著提高论文的学术规范性和研究质量。

23.11 选择和引用参考文献的建议

下面归纳总结了初学者写作实证论文中选择和引用参考文献的一些具体建议：选择高质量参考文献、建立系统的文献阅读策略、规范文献引用方式等。

23.11.1 选择高质量参考文献

（1）期刊层次：优先关注领域内的顶级期刊文献。

（2）文献类型。

经典基础文献：奠定理论基础的开创性工作、被大量后续研究引用的里程碑文献、获得重要奖项的研究成果。

方法类文献：计量方法的原始文献、变量测量的权威来源、研究设计的典型范例。

最新研究进展：近 3~5 年的相关研究、新兴研究方向的代表性文献、对经典理论的重要拓展。

23.11.2　建立系统的文献阅读策略

（1）由经典到前沿三步走：

第一步，经典文献。通过综述文章识别领域经典文献，仔细阅读被大量引用的开创性研究，掌握理论发展的主要脉络。

第二步，重要分支。确定研究主题相关的理论分支，追踪重要理论观点的发展历程，识别不同研究流派的差异。

第三步，最新进展。追踪近期高质量研究，关注方法创新和新发现，把握研究前沿动态。

（2）文献管理建议。

建立分类系统：如按主题分类、按理论框架分类、按研究方法分类等。

记录关键信息：如核心论点和发现、研究方法和数据、重要的引用段落、与自己研究的关联等。

23.11.3　规范文献引用方式

（1）引用的基本原则。

准确性：忠实原文意思，避免断章取义，核实二手引用。

相关性：引用内容与论点相关，避免过度引用，保持逻辑连贯。

时效性：理论观点优先引用原创文献、实证发现优先引用近期研究、研究方法参考权威文献。

（2）常见引用场景示例。

引入研究问题：企业创新能力的提升是管理学研究的核心议题之一。自 Cohen 和 Levinthal（1990）提出吸收能力理论以来，学者们对企业如何获取和利用外部知识进行了广泛探讨。

支持理论论点：已有研究表明，制度环境显著影响企业的创新行为（North，1990）。特别是在转型经济体中，制度环境的异质性可能导致企业创新策略的差异（Peng，2003）。

介绍研究方法：本研究采用 Blundell 和 Bond（1998）提出的系统 GMM 方法处理可能存在的内生性问题。这一方法在创新研究中得到广泛应用（Hall et al.，2005）。

23.11.4　运用参考文献的技巧

（1）文献检索技巧。

利用关键词：使用精准的关键词组合、注意同义词和相关概念、利用高被引文献的关键词。

追踪引用关系：向前追踪，查看谁引用了这篇文献；向后追踪，查看这篇文献引用了谁；关注共同引用的文献。

（2）使用文献工具。

文献管理软件：EndNote，Mendeley，Zotero 等。

文献分析软件：CiteSpace，VOSviewer，Pajek 等。

23.11.5　解决使用文献的常见问题

（1）避免过度依赖某些文献：拓展阅读范围、寻找不同观点、平衡新旧文献。

（2）处理文献观点冲突：客观呈现不同观点、分析差异产生原因、选择合适的理论视角。

23.11.6　使用文献的总体建议

（1）循序渐进：从经典文献入手，逐步扩展阅读范围，持续跟踪研究前沿。

（2）重视积累：建立个人文献库，养成读书笔记习惯，定期整理和更新文献。

（3）注重规范：遵循引用规范，保持引用的一致性，重视学术诚信。

通过遵循这些建议，初学者可以逐步建立起科学的文献阅读和引用体系，提高论文的学术质量。

23.12　利用工具高效管理参考文献

这里重点推荐两个支持中文且容易上手的免费文献管理软件，并详细说明它们在处理中文文献时的优势。

23.12.1　Zotero（推荐，支持中文）

推荐原因：完全免费开源，优秀的中文文献支持，与知网、万方等中文数据库兼容性好，中文 PDF 元数据识别准确，有完整的中文社区支持。

中文文献管理特点：

（1）文献抓取功能：支持知网直接抓取，支持万方文献导入，支持维普数据抓取，中文期刊元数据识别准确。

（2）中文引用格式支持：GB/T 7714—2015，支持中文期刊引用格式，中英文混排处理得当。

23.12.2　NoteExpress

主要优势：可与中文数据库深度整合，提供免费版本使用，中文界面，使用直观。其基础功能有文献导入、中文处理等。

文献导入：知网一键导入，万方数据支持，维普资讯兼容。

中文处理：准确识别中文作者，支持作者单位信息，中文关键词提取。

23.12.3　文献管理工具的使用技巧

（1）中文文献管理要点。

文件命名规范：作者_年份_中文标题.pdf。例：张三_2023_创新研究.pdf

分类建议：按中文期刊分类、按研究主题分类、区分中英文文献。

（2）常见问题解决。

中文乱码：检查系统语言设置，使用 UTF-8 编码，更新软件版本。

引用格式：选择合适的中文引用格式，检查作者姓名格式，注意标点符号使用。

23.12.4　快速上手指南

（1）Zotero 中文设置。

基础设置：安装中文语言包，设置默认编码为 UTF-8，安装知网导入插件。

文献导入：试用知网文献导入，导入本地中文 PDF，检查元数据准确性。

引用设置：设置中文引用格式，测试 Word 中引用，检查参考文献格式。

（2）常用功能。

文献整理：批量重命名，添加中文标签，建立分类目录。

数据备份：定期导出库文件，同步云端存储，备份重要笔记。

23.12.5　使用文献管理工具的建议

（1）选择建议。

新手用户：推荐使用 Zotero，界面简单，容易上手，中文支持全面。

专业用户：可以考虑 NoteExpress，提供更多中文专业功能，适合深度中文文献研究。

（2）使用技巧。

文献导入：优先使用直接导入功能，检查中文信息准确性，及时补充缺失信息。

数据管理：建立清晰的分类体系，定期整理文献库，做好数据备份。

（3）使用习惯：养成规范的命名习惯，建立有效的分类系统，重视数据安全。

（4）进阶学习：逐步探索高级功能，参与用户社区，及时更新软件版本。

上述建议有助于快速开始使用支持中文的文献管理软件。建议先深入使用一款工具，熟练掌握后再考虑尝试其他选择。遇到问题时，可以通过软件的中文社区或官方支持渠道寻求帮助。

✎ 本章小结

本章的主题是参考文献，内容包括参考文献的种类、来源和格式，以及选择和使用参考文献的常见误区和建议等。本章的内容有助于初学者掌握参考文献的查找、选择和引用方法，从而为实证研究奠定坚实的基础。

🌐 思考与练习题

1. 在高质量专业期刊上选择一篇研究论文，简述其参考文献的种类、来源和列报格式特点。

2. 在中国知网学位论文数据库中选择一篇论文，简述其选择和引用参考文献的薄弱之处，并建议相应的改进方法。

3. 尝试使用一款文献管理工具，归纳其特点、功能和中文文献处理能力。